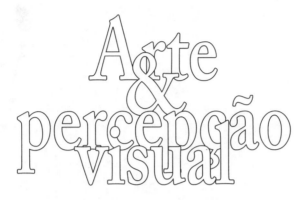

Uma psicologia da visão criadora

Dados Internacionais de Catalogação na Publicação (CIP)

A748a   Arnheim, Rudolf.
         Arte & percepção visual : uma psicologia da visão
         criadora / Rudolf Arnheim ; tradução Ivone Terezinha
         de Faria ; supervisão editorial Vicente di Grado ;
         participação Emiko Sooma. – Ed. rev. – São Paulo,
         SP : Cengage Learning, 2021.
         528 p. : il. ; 23 cm.

         4. reimpr. da edição revista de 2016.
         Inclui bibliografia e índice.
         Tradução de: Art and visual perception.
         ISBN 978-85-221-2600-2

         1. Arte – Psicologia. 2. Percepção visual. I.
         Faria, Ivone Terezinha de. II. Grado, Vidente di. III.
         Sooma, Emiko. IV. Título.

CDU 7:159.954.4   CDD 701.15

Índice para catálogo sistemático:
1. Arte : Psicologia 7:159.954.4

(Bibliotecária responsável: Sabrina Leal Araújo – CRB 10/1507)

Uma psicologia da visão criadora

Edição revista

Rudolf Arnheim

Tradução
Ivone Terezinha de Faria

Supervisão Editorial
Vicente di Grado

Participação
Emiko Sooma

Austrália • Brasil • México • Cingapura • Reino Unido • Estados Unidos

Arte e percepção visual – Uma psicologia da visão criadora

Edição revista

Rudolf Arnheim

Gerente editorial: Noelma Brocanelli

Editora de desenvolvimento: Gisela Carnicelli

Supervisora de produção gráfica: Fabiana Alencar Albuquerque

Editora de aquisições: Guacira Simonelli

Especialista em direitos autorais: Jenis Oh

Título original: Art and Visual Perception – The New Vision

Revisão: Fábio Gonçalves, Beatriz Simões, FZ Consultoria

Projeto gráfico e diagramação: PC Editorial Ltda.

Capa: Buono Disegno

© 1954, 1974 The Regents of the University of California.
© 1980, 2017 Cengage Learning Edições Ltda.

Todos os direitos reservados. Nenhuma parte deste livro poderá ser reproduzida, sejam quais forem os meios empregados, sem a permissão, por escrito, da Editora. Aos infratores aplicam-se as sanções previstas nos artigos 102, 104, 106 e 107 da Lei nº 9.610, de 19 de fevereiro de 1998.

Esta editora empenhou-se em contatar os responsáveis pelos direitos autorais de todas as imagens e de outros materiais utilizados neste livro. Se porventura for constatada a omissão involuntária na identificação de alguns deles, dispomo-nos a efetuar, futuramente, os possíveis acertos.

A Editora não se responsabiliza pelo funcionamento dos sites contidos neste livro que possam estar suspensos.

Para informações sobre nossos produtos, entre em contato pelo telefone **0800 11 19 39**

Para permissão de uso de material desta obra, envie seu pedido para
direitosautorais@cengage.com

© 2017 Cengage Learning. Todos os direitos reservados.

ISBN-13: 978-85-221-2600-2
ISBN-10: 85-221-2600-3

Cengage Learning
Condomínio E-Business Park
Rua Werner Siemens, 111 – Prédio 11 – Torre A – Conjunto 12
Lapa de Baixo – CEP 05069-900 – São Paulo – SP
Tel.: (11) 3665-9900 – Fax: (11) 3665-9901
SAC: 0800 11 19 39

Para suas soluções de curso e aprendizado, visite
www.cengage.com.br

Impresso no Brasil
Printed in Brazil
4. reimpr. – 2021

Sumário

Prefácio à nova versão, **vii**
Introdução, **ix**

I. **EQUILÍBRIO**
A estrutura oculta de um quadrado, **3**. Que são forças perceptivas?, **9**. Dois discos num quadrado, **10**. Equilíbrio psicológico e equilíbrio físico, **11**. Por que equilíbrio?, **13**. Peso, **15**. Direção, **18**. Padrões de equilíbrio, **21**. Alto e baixo, **21**. Direita e esquerda, **25**. O equilíbrio e a mente humana, **27**. Madame Cézanne numa cadeira amarela, **29**

II. **CONFIGURAÇÃO**
A visão como exploração ativa, **35**. Captação do essencial, **36**. Conceitos perceptivos, **37**. O que é configuração?, **39**. A influência do passado, **41**. Ver a configuração, **44**. Simplicidade, **47**. Simplificação demonstrada, **55**. Nivelamento e aguçamento, **57**. Um todo se mantém, **59**. Subdivisão, **61**. Por que os olhos com frequência dizem a verdade?, **64**. Subdivisão nas artes, **65**. O que é uma parte?, **67**. Semelhança e diferença, **69**. Exemplos tomados da arte, **79**. O esqueleto estrutural, **83**

III. **FORMA**
Orientação no espaço, **91**. Projeções, **95**. Qual é o melhor aspecto?, **99**. O método egípcio, **103**. O escorço, **107**. Sobreposição, **112**. Qual é a vantagem da sobreposição?, **114**. Interação entre o plano e a profundidade, **118**. Aspectos competitivos, **120**. Realismo e realidade, **124**. O que é que tem aparência de realidade?, **126**. A forma como invenção, **129**. Níveis de abstração, **134**. A Fonte, **142**. Informação visual, **146**

IV. **DESENVOLVIMENTO**
Por que as crianças desenham assim?, **153**. A teoria intelectualista, **155**. Elas desenham o que veem, **158**. Conceitos representativos, **159**. O desenho como movimento, **162**. O círculo primordial, **165**. A lei da diferenciação, **169**. Vertical e horizontal, **172**. Obliquidade, **177**. A fusão de partes, **179**. Tamanho, **184**. Os erroneamente chamados girinos, **186**. Tradução para duas dimensões, **188**. Consequências educacionais, **192**. O nascimento da forma na escultura, **196**. Hastes e placas, **198**. O cubo e a esfera, **203**

V. **ESPAÇO**
Linha e contorno, **210**. Rivalidade de contorno, **214**. Figura e fundo, **217**. Níveis de profundidade, **223**. Aplicação na pintura, **225**. Molduras e janelas, **229**. Concavidade na escultura,

231. Por que se vê profundidade?, 236. Profundidade por sobreposição, 237. Transparência, 242. As deformações criam espaço, 247. Caixas em três dimensões, 250. Ajuda do espaço físico, 258. Simples em vez de verdadeiro, 260. Os gradientes criam profundidade, 264. No sentido de uma convergência de espaço, 268. As duas raízes da perspectiva central, 271. Não uma projeção fiel, 274. Espaço piramidal, 276. O simbolismo de um mundo focalizado, 282. Centralidade e infinito, 285. Jogando com as regras, 286

VI. LUZ

A experiência da luz, 293. Claridade relativa, 295. Iluminação, 297. A luz cria espaço, 300. Sombras, 304. Pintura sem iluminação, 310. O simbolismo da luz, 313

VII. COR

Da luz à cor, 321. Configuração e cor, 323. Como as cores acontecem, 328. As primárias geradoras, 330. Adição e subtração, 332. Complementares geradoras, 333. Um meio instável, 334. A busca da harmonia, 336. Os elementos da escala, 340. Sintaxe das combinações, 344. As complementares fundamentais, 347. Interação da cor, 352. Matisse e El Greco, 354. Reação à cor, 358. Cor quente e cor fria, 360

VIII. MOVIMENTO

Acontecimentos e tempo, 365. Simultaneidade e sequência, 368. Quando vemos o movimento?, 371. Direção, 375. As revelações da velocidade, 376. Movimento estroboscópico, 379. Alguns problemas de montagem de filme, 384. Forças motoras visíveis, 386. Uma escala de complexidade, 390. O corpo como instrumento, 396. A imagem corporal cinestésica, 399

IX. DINÂMICA

A simplicidade não é o suficiente, 405. A dinâmica e suas interpretações tradicionais, 407. Um diagrama de forças, 411. Experimentos sobre tensão dirigida, 413. Movimento imóvel, 417. A dinâmica da obliquidade, 419. A tensão na deformação, 422. Composição dinâmica, 426. Efeitos estroboscópicos, 428. Como ocorre a dinâmica?, 431. Exemplos tomados da arte, 433

X. EXPRESSÃO

Teorias tradicionais, 442. Expressão inserida na estrutura, 446. A prioridade da expressão, 451. Simbolismo na arte, 453

Notas, 459

Bibliografia, 487

Índice remissivo, 503

Prefácio
à nova versão

Este livro foi inteiramente reescrito. Tal revisão pode ocorrer mais naturalmente a um professor do que a outros autores, porque aquele está acostumado a ter novas oportunidades todos os anos: para formular suas ideias de modo mais claro, para desprezar o supérfluo e acrescentar novos fatos e "insights", para melhor organizar seu material e, em geral, aproveitar o acolhimento que sua apresentação recebeu.

Há cerca de vinte anos, a primeira versão deste livro foi escrita às pressas. A elaboração deveria ser feita em quinze meses se eu realmente quisesse fazê-la. Eu o escrevi de uma assentada, levantando apenas raramente para consultar dados além daqueles armazenados em minha cabeça, e deixei que as demonstrações e argumentos se seguissem um após outro à medida que se apresentavam à minha mente. Foi um esforço divertido e muito pessoal. A recepção cordial que o livro tem recebido talvez seja em parte devido a esta verve despreocupada de um homem descontraído, incomum num trabalho sistemático de exposição teórica.

Contudo, algumas desvantagens do procedimento tornaram-se evidentes, quando, ao prosseguir lecionando o assunto do livro, observei reações às minhas apresentações. Muito do que havia descrito derivou-se de alguns princípios básicos, mas esta derivação nem sempre se tornou explícita no texto, nem foram os próprios princípios esclarecidos com suficiente ênfase. Este estilo não era avesso à mentalidade dos artistas e estudiosos de arte que se fixaram nas qualidades visuais e captaram o sentido geral que impregnava o todo. Mas mesmo eles, concluí, seriam mais bem servidos por uma organização mais unificada. E certamente eu poderia fazer melhor pelos cientistas e pensadores que preferiam algo mais sistemático.

Além disso, os princípios subjacentes não estavam tão claramente delineados em minha mente duas décadas atrás como estão agora. Na versão nova, procurei mostrar que a tendência para a estrutura mais simples, o desenvolvimento por estágios de diferenciação, o caráter dinâmico daquilo que se percebe e outros elementos fundamentais aplicam-se a cada e a todo fenômeno visual. Esses princípios não me parecem ter sido substituídos por desenvolvimentos mais recentes. Ao contrário, minha impressão é de que eles estão conseguindo se impor lentamente, e espero que uma insistência mais explícita sobre sua presença ubíqua permitirá ao leitor ver os vários aspectos da forma, cor, espaço e movimento mais convincentemente como manifestações de um meio coerente.

Em cada capítulo, algumas passagens suportaram a prova do tempo, e se de qualquer modo o julgamento de meus leitores coincidir com o meu, eles não deverão provavelmente perder muitas das formulações às quais, como usuários fiéis, devem ter se acostumado e talvez estar ligados. Eles as podem encontrar, contudo, em pontos diferentes do capítulo ou mesmo num capítulo diferente, e posso apenas esperar que estas transmudações tenham favorecido um contexto mais lógico.

Embora uma sentença aqui, toda uma página ali, tenha sido reduzida ou suprimida, a maior parte do texto é nova, não apenas no fraseado, mas também no conteúdo. Vinte anos de preocupação ativa com um assunto deixam seus traços. É provável também que se tenham suprimido muitos aspectos superficiais para aumentar a parte essencial. Novos pensamentos se acumularam, novos exemplos vieram ao meu encontro, e muitos estudos pertinentes têm sido publicados. Mesmo assim, a nova versão não faz maior reivindicação do que fez a antiga, de ser uma pesquisa exaustiva da literatura profissional. Continuei a procurar demonstrações ou confirmações notórias dos fenômenos visuais relevantes para as artes. Ao mesmo tempo, eliminei do livro certas dificuldades e digressões, algumas das quais receberam tratamento em separado em ensaios coletados agora no meu *Toward a Psychology of Art*. Se os leitores notarem que a linguagem deste livro parece ter sido espanada, lubrificada e reapertada, gostaria que soubessem que estes melhoramentos se devem aos esforços de um excelente editor, Muriel Bell. Devo muitos agradecimentos também a minha esposa, Mary, que decifrou e datilografou o manuscrito inteiro.

A maior parte das ilustrações usadas na primeira edição foi conservada, embora algumas tenham sido substituídas por outras mais atraentes. De um modo geral, posso apenas esperar que o livro azul com o olho preto de Arp na capa continue com as pontas das páginas dobradas, anotado e manchado com pigmentos e gesso nas mesas e escrivaninhas daqueles que se relacionam ativamente com a teoria e prática das artes, e mesmo com seu traje mais limpo continue a ser admitido ao tipo de jargão de que as artes visuais precisam, a fim de executar seu trabalho silencioso.

RUDOLF ARNHEIM
Departamento de Estudos Visuais e Ambientais
Harvard University
Cambridge, Mass. 02138

Introdução

Pode parecer que a arte corre o risco de ser sufocada pelo palavrório. Raramente se nos apresenta um novo espécime que estejamos dispostos a aceitar como arte genuína, todavia somos subjugados por um dilúvio de livros, artigos, dissertações, discursos, conferências, guias – todos prontos a nos dizer o que é e o que não é arte, o que foi feito, por quem, quando e por quê e por causa de quem e do quê. Somos perseguidos pela visão de um pequeno corpo delicado dissecado por multidões de ávidos cirurgiões e analistas leigos. E sentimo-nos tentados a afirmar que a arte está insegura em nossa época porque pensamos e falamos demais sobre ela.

Provavelmente tal diagnóstico é superficial. É verdade que esse estado de coisas parece insatisfatório para quase todos; mas se procurarmos suas causas com algum cuidado, descobriremos que somos herdeiros de uma situação cultural que, além de ser insatisfatória para a criação da arte, ainda encoraja o modo errado de considerá-la. Nossas experiências e ideias tendem a ser comuns, mas não profundas, ou profundas, mas não comuns. Temos negligenciado o dom de compreender as coisas por meio de nossos sentidos. O conceito está divorciado do que se percebe, e o pensamento se move entre abstrações. Nossos olhos foram reduzidos a instrumentos para identificar e para medir; daí sofrermos de uma carência de ideias exprimíveis em imagens e de uma capacidade de descobrir significado no que vemos. É natural que nos sintamos perdidos na presença de objetos com sentido apenas para uma visão integrada e procuremos refúgio num meio mais familiar: o das palavras.

O mero contato com as obras-primas não é suficiente. Pessoas em demasia visitam museus e colecionam livros de arte sem conseguir acesso à mesma. A capacidade inata para entender por meio dos olhos está adormecida e deve ser despertada. E a melhor maneira é manusear lápis, pincéis, escalpelos e talvez câmaras. Mas também nesse âmbito, maus hábitos e conceitos errôneos costumam bloquear o caminho daquele que trabalha sem orientação. Na maioria das vezes, a evidência visual ajuda-o com mais eficácia apontando seus pontos fracos ou apresentando-lhe bons exemplos. Mas tal orientação raramente toma a forma de uma pantomima silenciosa. Os seres humanos têm excelentes razões para se comunicarem pelas palavras. Acredito que isto seja verdade também no campo das artes.

Aqui, contudo, deve-se prestar atenção aos conselhos dos artistas e professores de arte contra o uso de palavras no estúdio e na aula de arte, mesmo que eles próprios as usem para expressar suas advertências. Podem afirmar, antes de tudo, que é impossível comunicar as coisas visuais por meio da linguagem verbal. Há um fundo de verdade nisto. As qualidades particulares da experiência despertadas por uma pintura de Rembrandt são apenas parcialmente redutíveis à descrição e à explanação. É uma limitação, contudo, não só da arte, mas de qualquer objeto da experiência. Uma descrição ou explicação – seja ela o retrato verbal que uma secretária faz de seu chefe ou o relatório de um médico sobre o sistema glandular de um paciente – não pode fazer mais do que apresentar algumas categorias gerais numa configuração especial. O cientista constrói modelos conceituais que, se for feliz, refletirão as essências daquilo que quer entender sobre um dado fenômeno. Mas sabe que é impossível a representação plena de um exemplo individual. Sabe, também, que não há necessidade de duplicar o que já existe.

O artista, também, usa suas categorias de forma e cor para apreender algo universalmente significativo no particular. Não está nem empenhado em competir com a unicidade em si como nem é capaz de fazê-lo. Admita-se, o resultado de seu esforço é um objeto ou desempenho exclusivamente particular. Quando olhamos um quadro de Rembrandt, aproximamo-nos de um mundo que nunca foi mostrado por qualquer outra pessoa; e penetrar neste mundo significa receber um clima especial e o caráter de suas luzes e sombras, os rostos e gestos de seus seres humanos e a atitude face à vida por ele comunicada – recebê-lo por meio da imediação de nossos sentidos e sensações. Palavras podem e devem esperar até que nossa mente deduza, da unicidade da experiência, generalidades que podem ser captadas por nossos sentidos, conceitualizadas e rotuladas. É árduo extrair tais generalidades de uma obra de arte, mas não é diferente em princípio da tentativa de descrever a natureza de outras coisas complexas como a estrutura física e mental das criaturas vivas. Arte é o produto de organismos e por isso provavelmente nem mais nem menos complexa do que estes próprios organismos.

Acontece com frequência vermos e sentirmos certas qualidades numa obra de arte sem poder expressá-las com palavras. A razão de nosso fracasso não está no fato de se usar uma linguagem, mas sim porque não se conseguiu ainda fundir essas qualidades percebidas em categorias adequadas. A linguagem não pode executar a tarefa diretamente porque não é via direta para o contato sensório com a realidade; serve apenas para nomear o que vemos, ouvimos e pensamos. De modo algum é um veículo estranho, inadequado para coisas perceptivas; ao contrário, refere-se apenas a experiências perceptivas. Estas experiências, contudo, antes de receberem um nome, devem ser codificadas por análise perceptiva. Felizmente, a análise perceptiva é muito sutil e pode ir além. Ela aguça a visão para a tarefa de penetrar uma obra de arte até os limites mais impenetráveis.

Outro preconceito afirma que a análise verbal paralisa a criação e a compreensão intuitivas. Novamente há um fundo de verdade. A história do passado e a experiência do presente proporcionam muitos exemplos da destruição provocada por fórmulas e receitas. Mas deve-se concluir que nas artes uma capacidade da mente deva ser suprimida para que outra possa funcionar? Não é verdade que os distúrbios ocorrem precisamente quando qualquer uma das faculdades mentais opera com o prejuízo de outra? O delicado equilíbrio de todas as potencialidades de uma pessoa – que lhe permite viver plenamente e trabalhar bem – é perturbado não apenas quando o intelecto se choca com a intuição, mas igualmente quando a sensação expulsa a razão. O tatear na incerteza é tão improdutivo quanto a cega obediência a regras. A autoanálise descontrolada pode ser prejudicial como também o primitivismo artificial da pessoa que se recusa a entender como e por que trabalha. O homem moderno pode e, portanto, deve viver tendo uma autoconsciência sem precedentes. Talvez a tarefa de viver tenha se tornado mais difícil – mas quanto a isto, nada se pode fazer.

O propósito deste livro é discutir algumas das qualidades da visão e por meio disto ajudar a revigorá-las e dirigi-las. Sempre estive envolvido com a arte, estudado sua natureza e história, treinado os olhos e as mãos para ela, e procurado a companhia de artistas, de teóricos e de educadores de arte. Este interesse tem aumentado com meus estudos de psicologia. Toda a visão se encontra no campo do psicólogo, e ninguém ainda discutiu os processos de criar ou experimentar arte sem falar de psicologia. Alguns teóricos da arte utilizam as descobertas dos psicólogos com vantagem. Outros aplicam-nas unilateralmente ou sem admitir que o fazem; mas inevitavelmente todos eles usam a psicologia, alguns a moderna, outros a caseira ou remanescente de teorias do passado.

Por outro lado, alguns psicólogos têm-se interessado profissionalmente pelas artes. Mas é justo dizer que, em boa parte, contribuíram apenas marginalmente para o entendimento daquilo que nos importa. Isto ocorre, antes de tudo, porque muitas vezes os psicólogos encaram a atividade artística principalmente como um instrumento de exploração da personalidade humana, como se entre arte e um borrão de tinta de Rorschach ou as respostas de um questionário houvesse pouca diferença. Ou limitam sua abordagem ao que se pode medir e contar, e a conceitos que extraíram da prática experimental, clínica ou psiquiátrica. Talvez esta precaução seja uma boa advertência porque as artes, como qualquer outro objeto de estudo, requerem um tipo de conhecimento íntimo que só nasce por um amor prolongado e uma devoção paciente. A boa teoria de arte deve cheirar a estúdio, embora sua linguagem deva diferir da conversa coloquial dos pintores e escultores.

Meu próprio empreendimento aqui fica limitado de muitas maneiras. Refere-se apenas aos meios visuais, e entre eles principalmente à pintura, desenho e escultura. Esta ênfase, admite-se, não é inteiramente arbitrária. As artes tradicionais acumularam inúmeros exemplos de grande variedade e da mais alta qualidade. Ilustram aspectos da forma com uma precisão somente possível com o esforço da mente. Estas manifestações, contudo, indicam fenômenos similares, embora com frequência manifestos com menos clareza, na fotografia e nas artes de representação. De fato, o presente estudo desenvolveu-se da análise psicológica e estética dos filmes realizados nos anos 1920 e 1930.

A parte psicológica do meu trabalho também é limitada. Todos os aspectos da mente encontram-se na arte, sejam eles cognitivos, sociais ou motivadores. O lugar do artista na comunidade, a consequência de sua atividade em suas relações com outros seres humanos, a função da atividade criadora no esforço da mente para a realização e sabedoria – nenhum deles constitui o ponto focal deste livro. Tampouco estou interessado na psicologia do consumidor. Mas espero que o leitor se sinta compensado pela rica fantasia de formas, cores e movimentos que encontrará aqui. Estabelecer alguma ordem nesta rica exuberância, planejar uma morfologia e deduzir alguns princípios nos dá muito o que fazer.

A primeira tarefa será: a descrição dos tipos de coisas que se veem e quais os mecanismos perceptivos que se devem levar em consideração para os fatos visuais. Parar ao nível da superfície, contudo, deixaria todo o empreendimento truncado e sem significado. Não há motivo para que as formas visuais se desassociem daquilo que nos dizem. Esta é a razão pela qual procedemos constantemente dos padrões percebidos para o significado que comunicam; e uma vez que nos esforçamos para ampliar o campo de visão, podemos esperar recuperar em profundidade o que perdemos em extensão estreitando deliberadamente nosso horizonte.

Os princípios de meu pensamento psicológico e muitos dos experimentos que citarei em seguida provêm da teoria da Gestalt – uma disciplina psicológica, deveria provavelmente acrescentar, que não tem nenhuma relação com as várias formas de psicoterapia que adotaram o nome. A palavra *Gestalt*, substantivo comum alemão, usada para configuração ou forma tem sido aplicada desde o início do nosso século a um conjunto de princípios científicos extraídos principalmente de experimentos de percepção sensorial. Admite-se, geralmente, que as bases de nosso conhecimento atual sobre percepção visual foram assentadas nos laboratórios dos psicólogos gestaltistas, e meu próprio desenvolvimento formou-se nos trabalhos teóricos e práticos desta escola.

Mais especificamente, desde suas origens, a psicologia da Gestalt teve afinidade com a arte. A arte permeia os escritos de Max Wertheimer, Wolfgang Köhler e Kurt Koffka. Aqui e ali as artes são explicitamente mencionadas, mas o que se leva mais em consideração é que o espírito subjacente no pensamento desses homens faz o artista sentir-se à vontade. Na verdade, foi necessário algo semelhante à visão artística da realidade para que os cientistas se lembrassem de que não se consegue descrever adequadamente a maioria dos fenômenos naturais se não os analisar parte por parte. Não foi preciso dizer aos artistas que se consegue um todo acrescentando-lhe partes isoladas. Durante séculos, os cientistas conseguiram dizer coisas valiosas sobre a realidade descrevendo entrelaçamentos de relações mecânicas; mas nunca uma obra de arte pôde ser feita ou entendida por uma mente incapaz de conceber a estrutura integrada de um todo.

No ensaio que deu à teoria da Gestalt seu nome, Christian von Ehrenfels demonstrou que se doze observadores escutassem cada um dos doze tons de uma melodia, a soma de suas experiências não corresponderia à experiência de alguém que a ouvisse inteira. Muitas das experiências posteriores dos teóricos da Gestalt propuseram-se a demonstrar que a aparência de qualquer elemento depende de seu lugar e de sua função num padrão total. Uma pessoa que raciocina não pode ler esses estudos sem admirar o esforço ativo para conseguir unidade e ordem manifesta no simples ato de olhar para um mero padrão de linhas. Longe de ser um registro mecânico de elementos sensórios, a visão prova ser uma apreensão verdadeiramente criadora da realidade – imaginativa, inventiva, perspicaz e bela. Tornou-se evidente que as qualidades que dignificam o pensador e o artista caracterizam todas as manifestações da mente. Os psicólogos começaram também a ver que este fato não era coincidência: os mesmos princípios atuam em todas as várias capacidades mentais porque a mente sempre funciona como um todo. Toda a percepção é também pensamento, todo o raciocínio é também intuição, toda a observação é também invenção.

É evidente a importância destes pontos de vista para a teoria e prática das artes. Não se pode mais considerar o trabalho do artista como uma atividade independente, misteriosamente inspirada do alto, sem relação e sem possibilidades de relacionar-se com outras atividades humanas. Pelo contrário, reconhecemos como elevada a observação que leva à criação da grande arte como um produto da atividade visual mais humilde e mais comum, baseada na vida diária. Assim como a procura prosaica de informação é "artística" porque envolve o ato de dar e de encontrar forma e significado, também a concepção do artista é um instrumento de vida, uma maneira refinada de entender quem somos e onde estamos.

Enquanto a matéria-prima da experiência foi considerada um aglomerado amorfo de estímulos, o observador parecia livre para manejá-la a seu bel-prazer.

O ato de ver era uma imposição inteiramente subjetiva da configuração e do significado sobre a realidade; e de fato nenhum estudioso de artes negaria que os artistas ou as culturas individualistas dão forma ao mundo segundo sua própria imagem. As pesquisas gestaltistas, contudo, deixaram claro que, com muita frequência, as situações que enfrentamos têm suas próprias características que exigem que as percebamos apropriadamente. O ato de olhar o mundo provou exigir uma interação entre propriedades supridas pelo objeto e pela natureza do sujeito que observa. Este elemento objetivo da experiência justifica as tentativas para distinguir entre concepções adequadas e inadequadas da realidade. Além disso, poder-se-ia esperar que todas as concepções adequadas tivessem um fundo comum de verdade, o que tornaria a arte de todos os tempos e lugares potencialmente relevante para todos os homens. Se se pudesse demonstrar no laboratório que uma figura linear bem organizada se impõe a todos os observadores como basicamente a mesma forma, a despeito das associações e fantasias que ela estimula em alguns deles de acordo com sua base cultural e disposição individual, poder-se-ia esperar o mesmo, pelo menos em princípio, com relação às pessoas que observam obras de arte. Esta confiança na validade objetiva da afirmação artística proporcionou um antídoto muito necessário ao pesadelo do subjetivismo e relativismo ilimitados.

Finalmente, foi uma lição salutar a descoberta de que a visão não é um registro mecânico de elementos, mas sim a apreensão de padrões estruturais significativos. Se isto era legítimo para o simples ato de perceber um objeto, era tanto mais provável sê-lo também para a abordagem artística da realidade. Obviamente o artista nada mais era do que um registrador mecânico, tanto quanto seu instrumento de visão. Não se podia mais considerar a representação artística de um objeto como uma transcrição tediosa de sua aparência acidental, detalhe por detalhe. Em outras palavras, aqui houve uma analogia científica pelo fato das imagens da realidade terem validade mesmo distanciadas da semelhança "realística".

Encorajou-me descobrir que se tirara, independentemente, conclusões semelhantes no campo da educação artística. Em especial Gustaf Britsch, a cuja obra me havia familizarizado por meio de Henry Schaefer-Simmern, assegurou que a mente na luta por uma concepção ordenada da realidade procede de um modo legítimo e lógico desde padrões perceptivamente mais simples aos de complexidade aumentada. Era evidente, então, que os princípios revelados pelos experimentos gestaltistas eram também geneticamente ativos. A interpretação psicológica do processo de crescimento desenvolvida no Capítulo 4 deste livro baseia-se maciçamente nas formulações teóricas e na experiência de toda a vida de Schaefer-Simmern como educador. Seu trabalho, *The Unfolding of Artistic Activity*, demonstrou que a capacidade de relacionar-se com a vida artisticamente não é privilégio de alguns especialistas dotados, mas uma possibilidade que todas as pessoas normais têm, a quem a natureza favoreceu com um par de olhos. Para os psicólogos, isto significa que o estudo de arte é uma parte indispensável ao estudo do homem.

Com o risco de dar a meus colegas cientistas boas razões para descontentamento, vou adotar os princípios nos quais acredito com uma unilateralidade um tanto temerária, em parte porque a instalação cautelosa das fugas dialéticas entusiasmadas, entradas laterais, reservados de emergência e salas de espera teriam tornado a estrutura impraticavelmente ampla e a orientação difícil, em parte porque em certos casos é conveniente afirmar um ponto de vista com simplicidade crua e deixar os refinamentos para o jogo de ataque e contra-ataque subsequente. Tenho também que agradecer aos historiadores de arte por terem usado seu material de modo menos competente do que se poderia desejar. É provável, no momento, estar além da capacidade de alguém proceder a um exame plenamente satisfatório das relações entre a teoria das artes visuais e o trabalho pertinente em psicologia. Se tentarmos combinar duas coisas que, embora relacionadas, não tenham sido feitas uma para a outra, muitos ajustamentos serão necessários e muitas lacunas terão de ser preenchidas provisoriamente. Tive de especular onde não pude provar, e usar meus próprios olhos onde não pude confiar nos dos outros. Esforcei-me em indicar problemas que aguardavam pesquisa sistemática. Mas depois de tudo dito e feito, sinto-me como que exclamando como Herman Melville: "Este livro inteiro é apenas um esboço – não somente isto, mas o esboço de um esboço. Oh Tempo, Energia, Dinheiro e Paciência!".

O livro trata daquilo que todos podem ver. Baseio-me apenas na literatura da crítica de arte e estética, visto que isto tem auxiliado a mim e a meus alunos a ver melhor. Tentei poupar o leitor da ressaca causada pela leitura de muitas coisas que não servem para nada. Uma das razões de ter escrito este livro é que acredito que muitas pessoas estejam cansadas da fascinante obscuridade da conversa artificiosa, dos jogos malabarísticos com frases feitas, do exibicionismo pseudocientífico, da busca impertinente de sintomas clínicos, da medição elaborada de bagatelas e dos epigramas encantadores. A arte é a coisa mais concreta do mundo, e não há justificativa para confundir a mente de qualquer pessoa que queira conhecê-la mais profundamente.

Para alguns leitores, a abordagem pode parecer inapropriadamente sóbria e prosaica. Poder-se-ia responder-lhes com o que Goethe escreveu uma vez a um amigo, Christian Gottlob Heyne, professor de retórica em Göttingen: "Como pode perceber, meu ponto de partida é muito terra a terra, e talvez pareça a alguns que tenho tratado o assunto mais espiritual de um modo demasiadamente terreno; mas posso me permitir observar que os deuses dos gregos não eram colocados em tronos no sétimo ou décimo céu, mas no Olimpo, dando um passo largo de gigante não de sol a sol, no máximo de montanha a montanha". Entretanto, alguns cuidados sobre como utilizar este livro podem ser vantajosos. Recentemente, um jovem instrutor em Dartmouth College exibiu uma montagem que, com prazer relato, chamava-se *Homage to Arnheim*. Consistia de dez ratoeiras idênticas, dispostas em fileira. No lugar onde se deveria fixar a isca, escreveu os títulos dos dez capítulos deste livro, um em cada dispositivo. Se o trabalho deste artista foi uma boa advertência, advertência contra o quê?

Este livro pode na verdade funcionar como uma armadilha se for usado como manual para abordagem de obras de arte. Qualquer pessoa que tenha observado grupos de crianças em um museu sabe que responder às obras dos mestres, na melhor das hipóteses, é difícil. No passado, os visitantes podiam concentrar-se no assunto e portanto evitar enfrentar a arte. Então uma geração de críticos influentes ensinou que mesmo considerar o assunto era um sinal certo de ignorância. Desde então, intérpretes de arte começaram a pregar as relações formais. Mas desde que consideraram formas e cores num vácuo, esta atitude não foi nada mais que uma nova maneira de evitar a arte. Porque, como sugeri anteriormente, não há razão para que as formas visuais se separem daquilo que elas nos dizem. Imagine se um professor usasse superficialmente o método deste livro como guia para a abordagem da obra de arte. "Agora, crianças, vamos ver quantas manchas vermelhas podemos encontrar nessa pintura de Matisse!" Prosseguimos sistematicamente estabelecendo uma lista de todas as formas redondas e todas as angulosas. Buscamos linhas paralelas, exemplos de sobreposição e de figura e fundo. Nas séries mais adiantadas, procuramos esquemas de gradientes. Quando todos os itens estão colocados em ordem, fazemos justiça a todo o trabalho. Pode ser e tem sido feito, mas é a última abordagem que um adepto da psicologia da Gestalt gostaria de colocar a seu alcance.

Se alguém quiser entender uma obra de arte, deve antes de tudo encará-la como um todo. O que acontece? Qual é o clima das cores, a dinâmica das formas? Antes de identificarmos qualquer um dos elementos, a composição total faz uma afirmação que não podemos desprezar. Procuramos um assunto, uma chave com a qual tudo se relacione. Se houver um assunto, instruímo-nos o mais que pudermos a seu respeito, porque nada que um artista põe em seu trabalho pode ser negligenciado impunemente pelo observador. Guiado com segurança pela estrutura total, tentamos então reconhecer as características principais e explorar seu domínio sobre detalhes dependentes. Gradativamente, toda a riqueza da obra se revela e toma forma, e, à medida que a percebemos corretamente, começa a engajar todas as forças da mente em sua mensagem.

É para isto que o artista trabalha. Mas isto se encontra também na natureza do homem que ele quer definir, o que ele vê, e entender porque vê o que faz. Neste ponto, o presente livro pode ser útil. Tornando explícitas as categorias visuais, extraindo princípios subjacentes e mostrando relações estruturais em ação, esta inspeção no mecanismo formal visa não substituir a intuição espontânea, mas aguçá-la, sustentá-la, e tornar seus elementos comunicáveis. Se os instrumentos aqui providos matam a experiência em vez de enriquecê-la, algo deve estar errado. A armadilha deve ser evitada.

Minha primeira tentativa para escrever este livro data dos anos 1941-1943, quando recebi uma subvenção da John Simon Guggenheim Memorial Foundation para este fim. No decorrer de meu trabalho, concluí que os dados então disponíveis no campo da psicologia da percepção eram inadequados para tratar de alguns dos problemas visuais mais importantes nas artes. Em vez de escrever o livro que havia planejado, empreendi, então, uma série de estudos específicos, principalmente nas áreas de espaço, expressão e movimento, destinados a preencher algumas lacunas. O material foi testado e ampliado durante os meus cursos de psicologia da arte no Sarah Lawrence College e na New School for Social Research em Nova York. Quando, no verão de 1951, uma bolsa de estudos da Rockefeller Foundation me possibilitou uma licença de um ano, senti-me em condições de escrever um relatório razoavelmente coerente neste campo. Qualquer que seja o valor deste livro, sinto-me profundamente grato aos funcionários da Divisão de Humanidades da Fundação, por me terem possibilitado satisfazer minha necessidade de colocar os resultados no papel. Deve-se entender que a Fundação não exerceu nenhum controle sobre o projeto e não tem nenhuma responsabilidade pelo resultado.

Em 1968, mudei para a Universidade de Harvard. O Departamento de Estudos Visuais e Ambientais, situado num belo edifício projetado por Le Corbusier, deu-me uma nova inspiração. Na companhia de pintores, escultores, arquitetos, fotógrafos e produtores de filmes, pude, pela primeira vez, devotar todo meu ensino à psicologia da arte e testar minhas suposições em contraposição ao que vi ao meu redor nos estúdios. Os comentários atentos de meus alunos continuaram a agir como uma torrente de água, polindo cascalhos que construíram este livro.

Quero expressar minha gratidão a três amigos, Henry Schaefer-Simmern, o educador de arte, Meyer Schapiro, o historiador de arte, e Hans Wallach, o psicólogo, pela leitura de capítulos da primeira edição manuscrita e pelas sugestões e correções valiosas. Devo agradecer também a Alice B. Sheldon por me alertar para um grande número de falhas técnicas depois que o livro foi editado em 1954. Agradecimentos a instituições e a proprietários individuais que me permitiram reproduzir obras de arte de sua propriedade ou fazer citações extraídas de suas publicações que constam nos títulos e nas notas no final deste volume. Quero explicitamente agradecer às crianças, a maioria delas desconhecidas para mim, de cujos desenhos me utilizei. Em particular, sinto-me satisfeito pelo fato de meu livro preservar alguns dos desenhos de Allmuth Laporte cuja juventude de beleza e talento foi destruída por uma enfermidade na idade de treze anos.

1. EQUILÍBRIO

A estrutura oculta de um quadrado

Recorte um disco de cartão escuro e coloque-o sobre um quadrado branco na posição indicada pela Figura 1.

A localização do disco poderia ser determinada e descrita por meio de medidas. Um metro poderia indicar em centímetros as distâncias existentes entre o disco e as bordas do quadrado. Poder-se-ia assim concluir que o disco se encontra fora de centro.

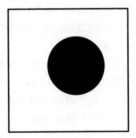

Figura 1

Este resultado não seria uma surpresa. Não é preciso medir – percebemos de relance que o disco está fora de centro. Como ocorre este "ato de ver"? Será que nos comportamos como um instrumento de medida, observando primeiro o espaço entre o disco e a borda esquerda e, em seguida, transportando a imagem apreendida dessa distância para o outro lado, para compararmos as duas distâncias? Provavelmente não. Não seria o melhor procedimento.

Observando a Figura 1 como um todo, percebemos, provavelmente, a posição assimétrica do disco como uma propriedade visual do padrão. Não se vê disco e quadrado separadamente. Sua relação espacial dentro do todo faz parte do que se vê. Tais observações relacionais constituem um aspecto indispensável da experiência comum em muitas áreas sensoriais. "Minha mão direita é maior que a esquerda." "Este mastro de bandeira não está reto." "Aquele piano está desafinado." "Este chocolate é mais doce que o que tomamos antes."

Percebem-se imediatamente os objetos com determinado tamanho, isto é, algo situado entre um grão de sal e uma montanha. Na escala de valores de claridade, o quadrado branco em questão encontra-se alto, o disco escuro, baixo. Da mesma forma, vê-se localizado cada objeto. O livro que você está lendo aparece num certo lugar, definido pela sala ao redor e os objetos que nela se encontram – entre eles notoriamente você mesmo. O quadrado da Figura 1 encontra-se em um certo lugar na página do livro, e o disco está descentralizado no quadrado. Não se percebe nenhum objeto como único ou isolado. Ver algo implica determinar-lhe um lugar no todo: uma localização no espaço, uma posição na escala de tamanho, claridade ou distância.

Já mencionamos a diferença existente entre a medição feita com instrumento e a efetuada com juízos visuais. Não estabelecemos simplesmente tamanhos, distâncias, direções para em seguida compará-los parte por parte. Especificamente, vemos estas características como propriedades do campo visual total. Há, contudo, uma outra diferença igualmente importante. As várias qualidades das imagens produzidas pelo sentido da visão não são estáticas. O disco da Figura 1 não está deslocado apenas em relação ao centro do quadrado. Há uma certa instabilidade nele. É como se, deslocado do centro, quisesse voltar, ou como se desejasse movimentar-se para mais longe ainda. E as relações do disco com as bordas do quadrado são semelhantes a um jogo de atração e repulsão.

A *experiência visual* é *dinâmica*. Este tema ocorrerá do começo ao fim deste livro. O que uma pessoa ou animal percebe não é apenas um arranjo de objetos, cores e formas, movimentos e tamanhos. É, talvez, antes de tudo, uma interação de tensões dirigidas. Estas tensões não constituem algo que o observador acrescente, por razões próprias, a imagens estáticas. Antes, estas tensões são inerentes a qualquer percepção como tamanho, configuração, localização ou cor. Uma vez que as tensões possuem magnitude e direção pode-se descrevê-las como "forças" psicológicas.

Note, além disso, que o disco visto esforçando-se em direção ao centro do quadrado deve estar sendo atraído por algo que não está fisicamente presente na figura. Na Figura 1, o ponto central não é identificado por nenhuma marca; tão invisível quanto o Polo Norte ou o Equador, é, não obstante, uma parte do padrão percebido, um foco invisível de força, estabelecido a uma distância considerável pelo contorno do quadrado. E "induzido", como uma corrente elétrica pode ser induzida em relação a outra. Há, portanto, mais coisas no campo da visão do que as que estimulam a retina. Exemplos de "estrutura induzida" existem em abundância. O desenho de um círculo incompleto parece um círculo completo com uma falha. Num quadro executado em perspectiva central pode-se estabelecer o ponto de fuga por meio das linhas convergentes, mesmo que não se possa ver o ponto real de encontro. Numa melodia pode-se "ouvir" por indução a medida regular da qual um tom sincopado se desvia, como o nosso disco se desvia do centro.

Tais induções perceptivas diferem das inferências lógicas. Inferências são operações mentais que acrescentam algo aos fatos visuais dados, ao interpretá-los. Induções perceptivas são às vezes interpolações que se baseiam em conhecimento adquirido previamente. Caracteristicamente, contudo, são conclusões derivadas de modo espontâneo durante a percepção de determinada configuração do padrão.

Uma figura visual como o quadrado na Figura 1 é e, ao mesmo tempo, não é vazia. Seu centro é parte de uma complexa estrutura oculta que se pode explorar por meio do disco, do mesmo modo que se exploram as linhas de força de um campo magnético usando-se limalhas de ferro. Colocando-se o disco em vários lugares dentro do quadrado, parecerá em completo repouso em alguns pontos: em outros apresentará um impulso para uma direção definida; em outros, sua situação parece incerta e oscilante.

O disco mostra maior estabilidade quando seu centro coincide com o do quadrado. Na Figura 2 pode-se ver o disco atraído pela borda direita. Se a distância for alterada, este efeito se enfraquece ou torna-se até reverso. Pode-se encontrar uma distância na qual o disco parece "demasiadamente próximo", dominado pela urgência de ultrapassar a borda. Neste caso, o intervalo vazio entre a borda e o disco parecerá comprimido, como se mais espaço fosse necessário. Para qualquer relação espacial entre objetos, há uma distância "correta", que o olho estabelece intuitivamente. Os artistas são sensíveis a esta exigência quando organizam os objetos pictóricos numa pintura ou os elementos numa peça escultórica. Os "designers" e arquitetos buscam constantemente a distância apropriada entre os edifícios, janelas e móveis. Seria conveniente examinar, de maneira mais sistemática, as condições para estes juízos visuais.

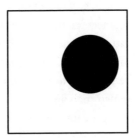

Figura 2

As explorações informais mostram que o disco sofre influência não apenas das bordas e do centro do quadrado, mas também da estrutura em cruz formada pelos eixos vertical, horizontal e pelas diagonais (Figura 3). O centro, o principal lugar exato de atração e repulsão, se estabelece por meio do cruzamento dessas quatro principais linhas estruturais. Outros pontos das linhas são menos fortes do que o centro, mas exercem atração da mesma forma. O padrão esquematizado na Figura 3 será chamado esqueleto estrutural do quadrado. Mostrar-se-á posteriormente que estes esqueletos variam de figura para figura.

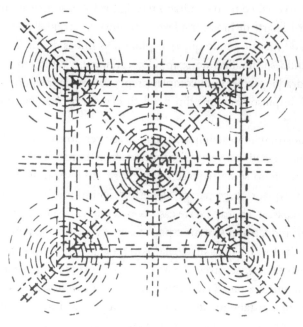

Figura 3

Onde quer que o disco se localize, será afetado pelas forças de todos os fatores estruturais ocultos. A força e distância relativas destes fatores determinarão seu efeito na configuração total. No centro, todas as forças se equilibram e por isso a posição central conduz ao repouso. Uma outra posição comparativamente estável pode ser encontrada, por exemplo, movendo-se o disco ao longo da diagonal. O ponto de equilíbrio parece localizar-se pouco mais próximo do ângulo do quadrado do que do centro, o que pode significar que o centro é mais forte do que o ângulo e que esta preponderância deve ser compensada por maior distância como se ângulo e centro fossem dois ímãs de atrações diferentes. Em geral, qualquer localização que coincida com um aspecto do esqueleto estrutural introduz um elemento de estabilidade, o qual, naturalmente, pode ser contrabalançado por outros fatores.

Se houver predomínio de uma direção em particular, resultará uma atração naquela direção. Quando se coloca o disco no ponto médio exato entre o centro e o ângulo, ele tenta esforçar-se na direção daquele.

Um efeito desagradável resulta das localizações nas quais as atrações são tão equívocas e ambíguas que o olho não pode decidir se o disco pressiona em uma direção em particular. Tal oscilação torna a afirmação visual obscura, interferindo no juízo perceptivo do observador. Em situações ambíguas, o padrão visual cessa de determinar o que se vê, entrando em jogo fatores subjetivos do observador, como o foco de atenção ou preferência por uma direção em particular. A menos que o artista pretenda ambiguidades deste tipo, elas induzi-lo-ão a uma procura de arranjos mais estáveis.

Nossas observações foram testadas experimentalmente por Gunnar Goude e Inga Hjortzberg no Laboratório de Psicologia da Universidade de Estocolmo. Ligou-se magneticamente um disco escuro de 4 cm de diâmetro a um quadro branco de 46 × 46 cm. À medida que o disco se movia em direção a várias localizações, solicitava-se às pessoas que indicassem se ele apresentava uma tendência a se esforçar em uma direção qualquer, e se tal ocorresse qual seria a força desta tendência em relação às oito principais direções do espaço. A Figura 4 ilustra os resultados. Os oito vetores em cada localização resumem as tendências de movimento obser-

Figura 4

GOUDE, Gunnar; HJORTZBERG, Inga. *En Experimentell Prövning, etc.* Universidade de Estocolmo, 1967.

vadas pelas pessoas. É óbvio que o experimento não prova que a dinâmica visual seja experimentada espontaneamente; mostra apenas que, ao se sugerir uma tendência direcional às pessoas, suas respostas não se distribuem ao acaso mas se agrupam ao longo dos eixos principais do esqueleto estrutural. Notável também é o esforço em direção às bordas do quadrado. Nenhuma atração clara se evidenciou em relação ao centro, mas sim, uma área de relativa estabilidade ao seu redor.

Quando as condições forem tais que os olhos não puderem estabelecer claramente a real localização do disco, as forças visuais discutidas aqui podem, possivelmente, produzir um genuíno deslocamento na direção do impulso dinâmico. Observando-se a Figura 1 por apenas uma fração de segundo, vê-se o disco mais próximo do centro do que ocorreria num exame mais demorado? Ter-se-á muitas ocasiões para observar que sistemas físicos e psicológicos apresentam uma tendência muito geral a mudar para a direção do nível mais baixo de tensões atingíveis. Obtém-se tal redução de tensão quando elementos de padrões visuais podem ceder às forças perceptivas dirigidas, inerentes a eles. Max Wertheimer demonstrou que não se vê um ângulo de 93 graus como realmente é, mas como um ângulo reto um tanto inadequado. Quando se apresenta o ângulo taquistoscopicamente, isto é, com curta exposição, os observadores frequentemente dizem ver um ângulo reto, temerosos talvez de alguma imperfeição indefinível.

O disco oscilante, então, revela que um padrão visual consiste de algo mais que formas registradas pela retina. Quanto ao que concerne ao "input" registrado na retina, as linhas pretas e o disco são tudo o que existe para a figura em questão. Na experiência perceptiva, este padrão estimulador cria um esqueleto estrutural, um esqueleto que ajuda a determinar a função de cada elemento pictórico dentro do sistema de equilíbrio da totalidade; serve como moldura de referência, da mesma maneira que uma escala define o valor de altura de cada tom numa composição musical.

Ainda de outro modo, deve-se ir além do quadro em preto e branco desenhado no papel. O quadro mais a estrutura oculta induzida por ele é mais do que uma gelosia de linhas. Conforme a Figura 3, a percepção é realmente um campo contínuo de forças. É uma paisagem dinâmica, onde as linhas são realmente cumes que se inclinam em ambas as direções. Estes cumes são centros de forças atrativas e repulsivas cuja influência se estende aos arredores, dentro e fora dos limites da figura.

Nenhum ponto da figura está livre desta influência. Aceita-se como verdadeiro a existência de pontos "estáveis", mas sua estabilidade não significa ausência de forças ativas. O "centro morto" não está morto. Nenhum impulso para qualquer direção se faz sentir quando atrações em todas as direções se equilibram. Para o olho sensível, o equilíbrio de tais pontos é animado de tensão. Considere uma corda imóvel enquanto dois homens de igual força puxam-na em direções opostas. Ela está em repouso, mas carregada de energia.

Resumindo, da mesma forma que não se pode descrever um organismo vivo por um relatório de sua anatomia, também não se pode descrever a natureza de uma experiência visual em termos de centímetros de tamanho e distância, graus de ângulo ou comprimentos de onda de cor. Estas medições estáticas definem apenas o "estímulo", isto é, a mensagem que o mundo físico envia para os olhos. Mas a vida daquilo que se percebe – sua expressão e significado – deriva inteiramente da atividade das forças perceptivas. Qualquer linha desenhada numa folha de papel, a forma mais simples modelada num pedaço de argila, é como uma pedra arremessada a um poço. Perturba o repouso, mobiliza o espaço. O ver é a percepção da ação.

Que são forças perceptivas?

O leitor deve ter notado, com apreensão, o uso do termo "forças". São estas forças meras figuras de retórica ou são reais? Se forem reais, onde existem?

Foram admitidas como reais em ambos os domínios da existência – isto é, tanto como forças psicológicas como físicas. Psicologicamente, os impulsos no disco existem na experiência de qualquer pessoa que o observe. Desde que estes impulsos tenham um ponto de aplicação, uma direção e uma intensidade, preenchem as exigências que os físicos estabeleceram para forças físicas. Por esta razão, os psicólogos falam de forças psicológicas, embora, até hoje, somente alguns deles tenham aplicado o termo, como faço aqui, para a percepção.

Em que sentido pode-se dizer que estas forças existem não apenas na experiência, mas também no mundo físico? Seguramente não estão contidas nos objetos que se observam, como o papel branco onde se desenhou o quadrado ou o disco de cartão escuro. É claro que as forças moleculares e gravitacionais são ativas nestes objetos, mantendo unidas suas micropartículas e impedindo que se desintegrem. Mas não existem quaisquer forças físicas conhecidas que tenderiam a empurrar uma mancha de tinta de impressão descentralizada de um quadrado, na direção do centro do mesmo. Tampouco linhas traçadas a tinta exercerão qualquer força magnética sobre a superfície de papel circundante. Onde, então, estão estas forças?

A fim de responder a esta pergunta, deve-se recordar como um observador toma conhecimento do quadrado e do disco. Os raios luminosos emanados do sol ou de alguma outra fonte incidem no objeto, que em parte os absorve e em parte os reflete. Alguns dos raios refletidos atingem a lente do olho projetando-se no fundo sensível, a retina. Muitos dos pequenos órgãos receptores situados na retina combinam-se em grupos por meio de células ganglionares. Por meio destes agrupamentos consegue-se uma primeira organização elementar da forma visual muito próxima do nível da estimulação retiniana. À medida que as mensagens eletroquímicas caminham em direção ao seu destino final no cérebro, são sujeitas a uma posterior conformação em outros estágios do percurso até que se complete o padrão nos vários níveis do córtex visual.

Em que fase deste complexo processo a contraparte fisiológica de nossas forças perceptivas se origina e por meio de que mecanismos especiais acontece, está além de nosso conhecimento. Se, contudo, se fizer a razoável conjetura de que cada aspecto de uma experiência visual tem sua contraparte fisiológica no sistema nervoso, pode-se antecipar, de um modo geral, a natureza destes processos cerebrais. Pode-se afirmar, por exemplo, que devem ser processos de campo. Isto significa que tudo o que acontece em qualquer lugar é determinado por interação entre as partes e o todo. Se fosse de outra maneira, as várias induções, atrações e repulsões não poderiam ocorrer no campo da experiência visual.

O observador vê as atrações e repulsões nos padrões visuais como propriedades genuínas dos próprios objetos percebidos. Ele não pode distinguir melhor, por mera observação, a inquietação do disco descentralizado daquilo que ocorre fisicamente na página do livro, como não pode também separar a veracidade de um sonho ou alucinação partindo da realidade das coisas fisicamente existentes.

Se se escolhe ou não chamar estas forças perceptivas de "ilusões" pouco importa, contanto que se as reconheça como componentes genuínos de tudo que se vê. O artista, por exemplo, não precisa preocupar-se pelo fato destas forças não estarem contidas no pigmento sobre a tela. O que ele cria com materiais físicos são experiências. A obra de arte é a imagem que se percebe, não a tinta. Se uma parede parece vertical num quadro, ela é vertical; e se num espelho se vê espaço livre onde caminhar, não há razão para que imagens de homens não devam caminhar nele, como acontece em alguns filmes. As forças que impulsionam nosso disco são "ilusórias" apenas para o homem que resolve usar suas energias para acionar um motor. Perceptiva e artisticamente são absolutamente reais.

Dois discos num quadrado

Para uma maior aproximação à complexidade da obra da arte, introduzimos agora um segundo disco no quadrado (Figura 5). Qual é o resultado? Antes de mais nada, algumas das relações previamente observadas entre disco e quadrado tornam a suceder. Quando os dois discos permanecem bem juntos, atraem-se mutuamente e podem parecer quase que uma coisa indivisível. A uma dada distância, eles se repelem porque se encontram demasiadamente próximos. A distância na qual estes efeitos ocorrem depende do tamanho dos discos e do quadrado, bem como da localização daqueles dentro deste.

As localizações dos discos podem equilibrar-se mutuamente. Qualquer uma das duas localizações isoladas na Figura 5a poderia parecer desequilibrada. Juntos formam um par simetricamente localizado, estável. O mesmo par, contudo, pode parecer demasiadamente desequilibrado se deslocado para outra posição (Figura 5 b). A análise anterior do mapa estrutural ajuda a explicar o porquê. Os dois discos formam um par devido a sua proximidade e semelhança de tamanho e configuração e também porque são o "conteúdo" único do quadrado. Como membros de um par, nossa tendência é percebê-los simétricos; isto é, eles têm valor e função iguais no todo. Este juízo perceptivo, contudo, conflita com outro, resultante da localização do par. O disco inferior encontra-se no centro, que é uma posição proeminente e estável. A localização do disco superior é menos estável. Assim, a localização cria uma distinção entre ambos, que conflita com a paridade simétrica. Este dilema é insolúvel. O espectador encontra-se entre duas concepções incompatíveis. O exemplo mostra que mesmo o mais simples padrão visual é fundamentalmente afetado pela estrutura do espaço circundante, e que o equilíbrio pode ser perturbadoramente ambíguo quando a configuração e a localização espacial entram em contradição.

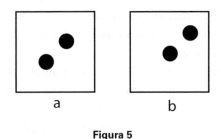

Figura 5

Equilíbrio psicológico e equilíbrio físico

É tempo de expor mais explicitamente o que queremos dizer com balanceamento ou equilíbrio. Se se insiste em que numa obra de arte todos os elementos devam ser distribuídos de tal modo que resulte um estado de equilíbrio, deve-se saber como consegui-lo. Além disso, alguns leitores podem acreditar que a necessidade de equilíbrio seja nada mais que uma particular preferência estilística, psicológica ou social. Algumas pessoas gostam de equilíbrio, outras não. Por que, então, deveria o equilíbrio ser uma qualidade necessária dos padrões visuais?

Para o físico, equilíbrio é o estado no qual as forças, agindo sobre um corpo, compensam-se mutuamente. Consegue-se o equilíbrio, na sua maneira mais simples, por meio de duas forças de igual resistência que puxam em direções opostas. A definição é aplicável para o equilíbrio visual. Como um corpo físico, cada padrão visual finito tem um fulcro ou centro de gravidade. E da mesma forma que o fulcro físico mesmo do objeto plano mais irregularmente configurado pode ser determinado, localizando-se o ponto no qual ele será equilibrado na ponta de um dedo, também o centro de um padrão visual pode ser determinado por ensaio e erro. Segundo Denman W. Ross, a maneira mais simples de fazer isto é movimentar um visor ao redor do padrão até que moldura e padrão se equilibrem; então o centro da moldura coincide com o centro de peso do padrão.

Com exceção das configurações mais regulares, nenhum método de cálculo racional conhecido pode substituir o sentido intuitivo de equilíbrio do olho. De nossa suposição anterior, segue-se que o sentido da visão experimenta equilíbrio quando as forças fisiológicas correspondentes no sistema nervoso se distribuem de tal modo que se compensam mutuamente.

Se, contudo, alguém pendurar uma tela vazia numa parede, o centro visual de gravidade do padrão coincide apenas aproximadamente com o centro físico verificado pelo balanceamento da tela num dedo. Como veremos, a posição vertical da tela na parede influencia a distribuição do peso visual, e o mesmo acontece com as cores, configuração e espaço pictórico quando a tela exibe uma pintura. Da mesma forma, não se pode determinar o centro visual de uma peça escultórica pendurando-a em um pedaço de corda. Aqui novamente a orientação vertical importará. Faz também diferença o fato da escultura estar pendurada no ar ou assentada numa base, em pé num espaço vazio ou em um nicho.

Há outras diferenças entre equilíbrio físico e equilíbrio perceptivo. Por um lado, a fotografia de uma bailarina pode parecer desequilibrada embora o corpo estivesse em uma posição confortável ao ser fotografada. Por outro, um modelo pode achar impossível fazer uma pose que pareça perfeitamente equilibrada num desenho. Uma escultura pode precisar de uma armação interna para se manter na vertical, mesmo sendo visualmente bem equilibrada. Um pato dorme tranquilamente apoiando-se em uma perna oblíqua. Estas discrepâncias existem porque fatores como tamanho, cor ou direção contribuem para o equilíbrio visual de maneiras não necessariamente paralelas fisicamente. Um traje de palhaço – vermelho do lado esquerdo, azul do direito – pode parecer assimétrico ao olho como esquema de cor, mesmo que as duas metades do vestuário e, na realidade, a do próprio palhaço sejam iguais em peso físico. Numa pintura, um objeto não relacionado fisicamente, como uma cortina no fundo, pode contrabalançar a posição assimétrica de uma figura humana.

Um exemplo interessante é uma pintura do século XV representando *São Miguel Pesando Almas* (Figura 6). Pela simples força da oração, uma frágil figurinha despida excede, em peso, quatro grandes demônios mais duas mós. Infelizmente a oração tem apenas o peso espiritual e não proporciona nenhuma atração visual. Como solução, o pintor utilizou uma grande mancha escura sobre a vestimenta do anjo exatamente abaixo da balança que sustenta a alma santa. Por atração visual, que não existe no objeto físico, a mancha cria o peso que adapta a aparência da cena ao seu significado.

Figura 6
Autor Desconhecido. *São Miguel Pesando Almas*. Têmpera sobre painel. Séc. XV. Allen Memorial Art Museum, Oberlin College, Ohio. THE BRIDGEMAN ART LIBRARY/KEYSTONE BRASIL.

Por que equilíbrio?

Por que o equilíbrio pictórico é indispensável? Deve-se lembrar que, tanto visual como fisicamente, o equilíbrio é o estado de distribuição no qual toda a ação chegou a uma pausa. A energia potencial do sistema, diz o físico, atingiu o mínimo. Numa composição equilibrada, todos os fatores como configuração, direção e localização determinam-se mutuamente de tal modo que nenhuma alteração parece possível, e o todo assume o caráter de "necessidade" de todas as partes. Uma composição desequilibrada parece acidental, transitória, e, portanto, inválida. Seus elementos apresentam uma tendência para mudar de lugar ou forma a fim de conseguir um estado que melhor se relacione com a estrutura total.

Sob condições de desequilíbrio, a proposição do artista torna-se incompreensível. O padrão ambíguo não permite nenhuma decisão sobre qual das possíveis configurações seja a proposta. Tem-se a impressão de que o processo de criação imobilizou-se acidentalmente em algum lugar ao longo de seu percurso. Uma vez que a configuração requer mudança, a tranquilidade do trabalho torna-se um obstáculo. A atemporalidade dá lugar à frustradora sensação de tempo aprisionado. Exceto nos raros casos em que isto é exatamente o efeito que o artista pretende, ele se esforçará para conseguir equilíbrio a fim de evitar tal instabilidade.

É claro que o equilíbrio não requer simetria. Simetria, na qual, por exemplo, as duas partes de uma composição são iguais, é a maneira mais elementar de criar equilíbrio. Na maioria das vezes, o artista trabalha com algum tipo de desigualdade. Em uma das pinturas da Anunciação, de El Greco, o anjo é muito maior que a Virgem. Mas esta desproporção simbólica é convincente apenas porque é determinada por fatores de compensação; caso contrário, o tamanho desigual das duas figuras não teria finalidade, e, consequentemente, significado. É apenas aparentemente paradoxal afirmar que se pode expressar desequilíbrio somente por meio do equilíbrio, da mesma forma que se pode mostrar desordem pela ordem ou separação pela ligação.

Os exemplos que seguem são adaptações feitas de um teste elaborado por Maitland Graves para determinar a sensibilidade artística dos estudantes. Compare *a* e *b* na Figura 7. A figura da esquerda é bem equilibrada. Há bastante vida nesta combinação de quadrados e retângulos de vários tamanhos, proporções e direções, mas eles se prendem uns aos outros de tal modo que cada elemento permanece em seu lugar, tudo é necessário, nada está procurando mudar. Compare a vertical interna claramente estabelecida de *a* com sua patética contraparte vacilante em *b*. Em *b*, as proporções baseiam-se em diferenças tão pequenas que deixam os olhos na incerteza de contemplar igualdade ou desigualdade, simetria ou assimetria, quadrado ou retângulo. Não se pode dizer o que a figura tenta transmitir.

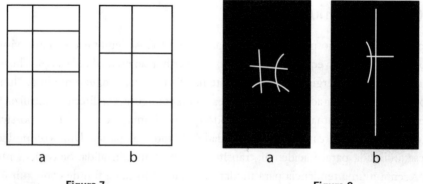

Figura 7   Figura 8

Um tanto mais complexa, mas de uma ambiguidade não menos irritante, é a Figura 8a. As relações não são nem claramente retangulares nem decididamente oblíquas. As quatro linhas não são suficientemente diferentes em comprimento para que os olhos se assegurem de que são desiguais. A figura sem rumo no espaço aproxima-se, por um lado, da simetria de uma figura em cruz de orientação vertical--horizontal e, por outro, a forma de um tipo de papagaio com um eixo de simetria diagonal. Nenhuma das interpretações, contudo, é conclusiva; nem admite a clareza tranquila traduzida pela Figura 8b.

Nem sempre o desequilíbrio torna toda a configuração fluida. Na Figura 9, a simetria da cruz latina é tão firmemente estabelecida que se percebe o desvio da curva como uma falha. Neste caso, então, um padrão equilibrado estabelece-se com tanto vigor que tenta preservar sua integridade segregando qualquer alteração como intrusa. Sob tais condições, o desequilíbrio provoca uma interferência local na unidade do conjunto. Seria útil estudar, a este respeito, os pequenos desvios da simetria em retratos frontalmente orientados ou em representações tradicionais do crucifixo, onde se contrabalança a inclinação da cabeça de Cristo com a ligeira modulação do corpo, que, ao contrário, se apresenta frontalmente.

Figura 9

Peso

Duas propriedades dos objetos visuais exercem influência particular no equilíbrio: peso e direção.

No mundo de nossos corpos, chama-se peso a intensidade da força gravitacional que atrai os objetos para baixo. Pode-se observar uma atração semelhante, para baixo, nos objetos pictóricos e escultóricos, mas o peso visual manifesta-se em outras direções também. Por exemplo, quando se olha para os objetos numa pintura, seu peso parece provocar tensão ao longo do eixo que os liga aos olhos do observador, e não é fácil dizer se eles se afastam ou se avançam na direção da pessoa que os observa. Tudo o que se pode dizer é que o peso é sempre um efeito dinâmico, mas a tensão não é necessariamente orientada ao longo de uma direção dentro do plano pictórico.

O peso sofre influência da *localização*. Uma posição "forte" no esquema estrutural (Figura 3) pode sustentar mais peso do que uma localizada fora de centro ou afastada da vertical ou horizontal centrais. Isto significa, por exemplo, que um objeto pictórico localizado no centro pode ser contrabalançado por outros menores colocados fora dele. O grupo central nas pinturas, com frequência, é totalmente pesado, com os pesos diminuindo na direção das bordas, mesmo assim todo o quadro parece equilibrado. Além disso, de acordo com o princípio da alavanca, que pode ser aplicado à composição visual, o peso de um elemento aumenta em relação a sua distância do centro. Em qualquer exemplo em particular, é claro, todos os fatores que determinam o peso devem ser considerados juntos.

Outro fator que influencia no peso é a *profundidade espacial*. Ethel Puffer observou que as "vistas" que levam o olhar para o espaço distante têm grande força para contrabalançar. Esta regra, provavelmente, pode ser generalizada como segue: quanto maior for a profundidade alcançada por uma área do campo visual, maior será seu peso. Pode-se apenas considerar por que isto deve ser assim. Na percepção, há uma estreita correlação entre distância e tamanho de modo que se vê maior um objeto mais distante e talvez mais substancial do que seria se estivesse localizado perto do plano frontal do quadro. No *Déjeuner sur l'herbe* (Almoço na Relva), de Manet, a figura de uma moça colhendo flores à distância tem peso considerável em relação ao grupo das três grandes figuras em primeiro plano. Até que ponto o peso provém do aumento de tamanho que a perspectiva distante lhe confere? É também possível que o volume de espaço vazio na frente de uma parte distante do cenário tenha peso. O fenômeno pode ser observado mesmo em objetos tridimensionais. Quais são os fatores, por exemplo, que equilibram o peso das partes em balanço de alguns edifícios da Renascença, com o Palácio Barberini ou o Cassino Borghese em Roma, contra o peso da parte central em rebaixo e o volume cúbico do espaço da área fechada criada por tal plano?

O peso depende também do *tamanho*. Os outros fatores sendo iguais, o maior objeto será o mais pesado. Quanto à *cor*, o vermelho é mais pesado do que o azul, e as cores claras são mais pesadas do que as escuras. A mancha de uma colcha vermelho-clara na pintura que Van Gogh fez de seu quarto cria um forte peso fora de centro. Uma área preta deve ser maior que uma branca para contrabalançá-la; isto se deve em parte à irradiação, que faz com que uma superfície clara pareça relativamente maior.

Puffer descobriu também que o *interesse intrínseco* afeta o peso compositivo. Um fragmento de pintura pode prender a atenção do observador ou devido ao assunto – por exemplo, o lugar ao redor do Menino Jesus numa Adoração – ou devido a sua complexidade formal, complicação ou outras peculiaridades. (Note-se nesta conjuntura o buquê de flores multicoloridas na *Olimpia* de Manet.) Exatamente a pequenez de um objeto pode exercer um fascínio que compensa o reduzido peso que de outra forma teria. Experiências recentes têm sugerido que a percepção pode também ser influenciada pelos desejos e temores do observador. Poder-se-ia tentar averiguar se o equilíbrio pictórico se altera com a introdução de um objeto altamente desejável ou por outro assustador.

O *isolamento* favorece o peso. O sol ou a lua num céu vazio pesa mais do que um objeto de aparência semelhante rodeado por outras coisas. No teatro, o isolamento é uma técnica já estabelecida para se conseguir ênfase. Por esta razão, o ator, com frequência, insiste para que os outros elementos do elenco fiquem à distância durante as cenas importantes.

A *configuração* parece influir no peso. A forma regular das figuras geométricas simples as faz parecerem mais pesadas. Pode-se observar este efeito nas pinturas abstratas, notadamente em algumas obras de Kandinsky, nas quais círculos ou quadrados proporcionam acentos fortes notáveis dentro de composições de formatos menos definidos. A densidade – isto é, o grau em que a massa se concentra ao redor de seu centro – também parece produzir peso. A Figura 10, tirada do teste de Graves, mostra um círculo relativamente pequeno contrabalançando um retângulo e um triângulo maiores. Formas verticalmente orientadas parecem mais pesadas que as oblíquas. A maioria destas regras, contudo, aguarda exata comprovação experimental.

Figura 10

Qual é a influência do *conhecimento*? Num quadro, nenhum conhecimento da parte do observador fará um fardo de algodão parecer mais leve do que uma massa de chumbo de aparência semelhante. O problema surgiu na arquitetura. Segundo Mock e Richards: "Conhecemos, por experiências repetidas, a resistência da madeira ou da pedra, pois com frequência as manejamos em outros contextos, e quando olhamos para um pedaço de madeira ou uma construção de alvenaria ficamos imediatamente satisfeitos pela capacidade que eles têm de cumprir o trabalho a que estão destinados. Mas a construção de cimento armado é diferente; assim também é um edifício de aço e vidro. Não podemos ver as barras de aço dentro do concreto e assegurarmo-nos de que ele pode, com segurança, abarcar várias vezes a distância do lintel de pedra com o qual tanto se parece, tampouco ver as colunas de aço atrás da vidraça de um edifício em balanço, de modo que o mesmo pode parecer inseguro sobre uma base de vidro. Deve-se entender, contudo, que a expectativa de que percebamos de relance por que um edifício se mantém de pé é um remanescente da idade artesanal que já havia desaparecido mesmo nos tempos de William Morris."

Este tipo de raciocínio é comum nos dias de hoje, mas parece discutível. Devem-se distinguir duas coisas. Por um lado, há o entendimento técnico do artífice, que trata desses fatores como métodos de construção e resistência dos materiais. Tais informações não podem ser conseguidas comumente olhando-se para o edifício terminado, e não há nenhuma razão artística para que isto deva ser assim. A relação visual entre, digamos, a resistência que se percebe nas colunas e o peso do telhado que elas parecem suportar é um assunto bem diferente. A informação técnica ou a desvirtuada tem pouca influência na avaliação visual. O que talvez realmente se deva levar em consideração são certas convenções estilísticas – com respeito, por exemplo, à largura do vão. Tais convenções se opõem à mudança, em toda parte nas artes, e podem ajudar a explicar a resistência à estética visual da arquitetura moderna. Mas o ponto principal é que a discrepância visual entre uma grande massa e um suporte em estaca delgado, em absoluto, não diminui pelo simples fato do arquiteto garantir que a estrutura não entrará em colapso. Em alguns dos primeiros edifícios de Le Corbusier, cubos ou paredes sólidas, cuja aparência é um remanescente dos métodos de construção abandonados, parecem apoiar-se precariamente em delgados pilotis. Frank Lloyd Wright chamou tais edifícios de "grandes caixas sobre pilares". Quando mais tarde os arquitetos revelaram o esqueleto de vigas mestras, reduzindo assim, drasticamente, o peso visual do edifício, o estilo nivelou-se com a tecnologia e os olhos deixaram de ser perturbados.

Direção

Já se percebeu que se consegue equilíbrio quando as forças que constituem um sistema se compensam mutuamente. Tal compensação depende das três propriedades das forças: a localização do ponto de aplicação, sua intensidade e direção. Vários fatores determinam a direção das forças visuais, entre eles a atração exercida pelo peso dos elementos vizinhos. Na Figura 11, o cavalo é atraído para trás pela força de atração exercida pela figura do cavaleiro, enquanto, na Figura 12, é atraído para frente pelo outro cavalo. Na composição de Toulouse-Lautrec da qual foi feito este esboço, os dois fatores se equilibram. O peso por atração já foi demonstrado anteriormente na Figura 6.

A configuração dos objetos também gera direção ao longo dos eixos de seu esquema estrutural. Percebe-se dinamicamente como uma flecha ou cunha o grupo triangular da *Pietà* de El Greco (Figura 13) arraigada em sua ampla base e voltada para cima. Este vetor contrabalança a atração gravitacional dirigida para baixo. Na arte europeia, a tradicional figura em pé da escultura clássica grega ou da Vênus de Botticelli deve sua variedade compositiva à distribuição assimétrica do peso do corpo. Isto permite uma variedade de direções em vários níveis do corpo (ver, por exemplo, a Figura 115), produzindo assim um complexo equilíbrio de forças visuais.

Figura 11

Figura 12

Figura 13

O assunto também cria direção. Ele pode definir uma figura humana avançando ou retrocedendo. No *Retrato de uma Jovem,* de Rembrandt, no Instituto de Arte de Chicago, os olhos da moça voltam-se para a esquerda, acrescentando assim à forma quase simétrica da figura frontal uma intensa força lateral. O olhar do ator cria direções especiais que, no teatro, são conhecidas como "linhas visuais".

Em qualquer obra de arte em particular, os fatores que acabamos de enumerar podem se apoiar ou se opor para criar o equilíbrio do todo. O peso conseguido por meio da cor pode ser contrabalançado pelo peso por meio da localização. A direção da forma pode ser equilibrada pelo movimento em direção a um centro de atração. A complexidade destas relações contribui grandemente para a vivacidade de uma obra.

Quando se usa o movimento real na dança, no teatro e no cinema, indica-se direção pelo movimento. Pode-se conseguir equilíbrio entre fatos que ocorrem simultaneamente – como quando dois dançarinos caminham simetricamente um em direção ao outro – ou em sucessão. Em cinema, os técnicos de montagem, com frequência, apresentam um movimento em direção à direita, seguido, ou precedido, por um em direção à esquerda. A necessidade elementar dessa compensação de equilíbrio foi mostrada claramente por experiências nas quais os observadores, depois de fixarem o olhar numa linha curva cujo ponto médio se encontrava num ângulo obtuso, viram objetivamente uma linha reta como se estivesse curvada na direção oposta. Numa outra experiência, quando observadores examinaram uma linha reta ligeiramente inclinada em relação à vertical ou horizontal, o elemento vertical ou horizontal mais tarde apareceu inclinado na direção oposta.

A palavra cria peso visual no lugar de onde provém. Por exemplo, num dueto entre um bailarino que recita poesia e outro silencioso, a assimetria pode ser compensada pelo movimento mais ativo do bailarino em silêncio.

Padrões de equilíbrio

Pode-se obter o equilíbrio visual de maneiras infinitamente diferentes. O mero número de elementos pode variar de uma figura simples – digamos, um quadrado preto preso ao centro de uma superfície, de outra maneira vazia – até uma tela com inúmeras partículas que cobrem o campo inteiro. A distribuição de pesos pode ser dominada por um acento forte ao qual tudo o mais se submete, ou por duas figuras como Adão e Eva, o anjo da Anunciação e a Virgem, ou a combinação de bola vermelha e massa do penacho preto que aparecem numa série de pinturas de Adolph Gottlieb. Em trabalhos que consistem de apenas uma ou duas unidades num plano simples, pode-se dizer que o "gradiente hierárquico" é muito abrupto. Com maior frequência, um conjunto de muitas unidades leva em etapas da mais forte para a mais fraca. Uma simples figura humana pode ser organizada ao redor de centros de equilíbrio secundários: no rosto, no colo, nas mãos. O mesmo é válido para a composição total.

O gradiente hierárquico aproxima-se de zero quando um padrão se compõe de muitas unidades de igual peso. Os padrões repetitivos de papel de parede ou das janelas de altos edifícios conseguem equilíbrio por homogeneidade. Em algumas obras de Pieter Brueghel, o espaço retangular do quadro é preenchido com pequenos grupos episódicos, quase de igual peso, que representam jogos infantis ou provérbios flamengos. Esta abordagem se adapta mais à interpretação do caráter total de um clima ou modo de existência do que à descrição da vida controlada por forças centrais. Exemplos extremos de homogeneidade podem ser encontrados nos relevos esculturais de Louise Nevelson, que são prateleiras de compartimentos coordenados, ou nas últimas pinturas de Jackson Pollock, uniformemente preenchidas com texturas homogêneas. Essas obras apresentam um mundo no qual se sente no mesmo lugar onde quer que se vá. Pode-se chamá-los também de atonal, pois qualquer relação com uma chave estrutural subjacente é abandonada e substituída por uma rede de conexões entre os elementos da composição.

Alto e baixo

A força da gravidade dominando nosso mundo faz-nos viver no espaço anisótropo, isto é, espaço no qual a dinâmica varia com a direção. Levantar significa sobrepujar a resistência – é sempre uma vitória. Descer ou cair é render-se à atração de baixo, e por isso experimenta-se a submissão passiva. Conclui-se desta desigualdade de espaço que diferentes localizações são dinamicamente desiguais. Neste caso novamente, os físicos podem nos ajudar indicando que, devido ao movimento de afastamento do centro de gravidade requerer trabalho, a energia potencial em uma massa de alta pressão é maior do que em uma de baixa pressão. Um objeto de um certo tamanho, forma ou cor, visualmente terá mais peso quando colocado mais alto. Portanto o equilíbrio na direção vertical não pode ser conseguido colocando-se objetos iguais em diferentes alturas. O mais alto deve ser mais leve. Langfeld faz menção a uma demonstração experimental com relação ao tamanho: "Se a alguém se pede que divida uma linha perpendicular em duas partes iguais sem medida prévia, essa pessoa quase que invariavelmente coloca a marca demasiadamente alto. Se a linha já estiver realmente dividida, é com dificuldade que alguém se convence de que a metade superior não é mais longa que a inferior". Isto significa que se alguém quiser que as duas metades pareçam idênticas, deve fazer a parte superior mais curta.

Se a conclusão foi que o peso é maior na parte superior do espaço percebido do que na parte inferior, deve-se lembrar, contudo, que no mundo físico se define a perpendicularidade de modo não ambíguo, enquanto no espaço perceptivo, não. Quando se trata de um totem como objeto físico, sabe-se o que quer dizer alto e baixo; mas aplicado ao que se vê quando se *olha* para um objeto, o significado do termo não é claro. Para o sentido da visão, a verticalidade significa mais de uma coisa. Quando ficamos de pé ou deitamos numa cama ou inclinamos a cabeça, estamos pelo menos aproximadamente cônscios da direção objetiva, física vertical. É "orientação ambiental". Contudo, fala-se também do alto e baixo da página de um livro ou de um quadro colocado horizontalmente sobre a mesa. À medida que nossas cabeças se inclinam por sobre a mesa, o "alto" da página fica de fato no alto de nosso campo visual. É "orientação retiniana". Não se sabe ainda se a distribuição do peso visual difere dependendo do lugar de onde se vê o quadro, na parede ou sobre a mesa.

Embora se considere o peso mais na parte superior do espaço visual, observa-se no mundo circundante que um número maior de coisas, geralmente, se reúne próximo do solo do que no alto. Portanto, habituou-se a considerar a situação visual normal da parte inferior como pesada. A pintura, escultura e mesmo alguma arquitetura modernas têm tentado emancipar-se da atração da terra distribuindo o peso visual uniformemente em todo o padrão. Para este fim, o peso do alto deve ser ligeiramente aumentado. Um dos últimos quadros de Mondrian, na posição vertical pretendida, não mostra mais peso na parte inferior do que na superior. Mas vire-o de cabeça para baixo e o quadro parecerá pesado na parte superior.

A preferência estilística para sobrepujar a atração para baixo está em harmonia com o desejo do artista de se libertar da imitação da realidade. Certas experiências modernas em particular podem ter contribuído para esta atitude, por exemplo, a experiência de voar e a quebra das convenções das fotografias tiradas de cima. A câmara cinematográfica não conserva a sua linha de visão invariavelmente paralela ao solo apresentando assim vistas nas quais o eixo gravitacional está livremente deslocado e a parte inferior do quadro não é necessariamente mais cheia do que a superior. A dança moderna incorreu num conflito interno interessante acentuando o peso do corpo humano, que o balé clássico tentou negar, e ao mesmo tempo seguindo a tendência geral de ir da pantomima realística à abstração.

Uma tradição influente, contudo, ainda tenta fazer a parte inferior de um objeto visual parecer mais pesada. Horatio Greenough observou: "É um princípio estabelecido que os edifícios, ao se elevarem da terra, sejam amplos e simples em suas bases, e à proporção que ascendem se desenvolvam mais leves não apenas de fato mas também na expressão. As leis da gravidade se encontram na raiz deste axioma. A espiral a obedece. O obelisco é sua expressão mais simples". Aqui o arquiteto confirma para os observadores o que eles conhecem das sensações musculares de seus corpos, a saber, que as coisas no nosso planeta são atraídas para baixo. Peso suficiente na parte inferior faz o objeto parecer solidamente arraigado, seguro e estável.

Nas paisagens realísticas dos séculos XVII e XVIII, a parte inferior tende a ser claramente mais pesada. O centro de gravidade é colocado abaixo do centro geométrico. Mesmo os tipógrafos e os "layout designers" observam a regra. O número 3 na Figura 14 parece confortavelmente colocado. Vire-o de cabeça para baixo e ele se torna macrocéfalo. O mesmo acontece com letras com S e B; e os "designers" de livros e de molduras de quadro deixam, costumeiramente, mais espaço na parte inferior do que no alto.

Figura 14

O edifício rigorosamente esférico da Feira Mundial de Nova York e, de 1939, causou a desagradável impressão de querer elevar-se do solo, estando a ele ligado. Enquanto um edifício seguramente equilibrado aponta livremente para cima, a contradição entre a esfera simétrica e o espaço assimétrico favoreceu a locomoção frustrada desta estrutura em particular. O uso de uma forma totalmente simétrica num contexto assimétrico é um empreendimento delicado. A colocação da rosácea na fachada da Notre Dame em Paris (Figura 15) é uma boa solução. Relativamente bastante pequena para evitar o perigo de se deslocar, ela "personifica" o equilíbrio dos elementos verticais e horizontais que se conseguiu ao seu redor. A janela encontra seu lugar de repouso um pouco acima do centro da superfície de forma quadrada que representa a massa principal da fachada.

Figura 15

Conforme mencionei anteriormente, pode haver uma discrepância entre a orientação no espaço físico e no campo visual, isto é, entre a orientação ambiental e a retiniana. Um piso de mosaico romano pode descrever uma cena realística, cujas partes inferior e superior se acham no plano horizontal, mas que se cercam de um quadrado ou borda ornamental circular destituído de tal assimetria. Jackson Pollock sentia-se bastante à vontade trabalhando no chão: "Eu me sinto mais próximo, mais como parte da pintura, uma vez que desta forma posso caminhar ao seu redor, trabalhar dos quatro lados e literalmente estar *dentro* da pintura". Isto, disse ele, se assemelha ao método dos pintores de areia, índios do oeste dos Estados Unidos. Uma tradição similar prevaleceu entre artistas chineses e japoneses. As pinturas de Pollock deveriam ser vistas na parede, mas a diferença na orientação parece não ter perturbado seu senso de equilíbrio.

Em pinturas de teto, os artistas adotaram vários princípios. Quando Andrea Mantegna pintou no teto da Camera degli Sposi no Palácio Ducal em Mântua um "oculus" realístico com uma vista do céu aberto juntamente com senhoras e crianças aladas espiando para baixo por sobre uma balaustrada, tratou o espaço pictórico como uma extensão direta do espaço físico da sala. Ele confiou na "orientação ambiental". Quando porém, uns trinta e cinco anos mais tarde, Michelangelo pintou a história da Criação no teto da Capela Sistina, os espaços das cenas eram totalmente independentes dos da capela. O observador tem de confiar na "orientação retiniana"; ele tem de equilibrar a parte inferior e a superior com as dimensões de seu próprio campo visual dirigindo-se na direção apropriada à medida que olha para cima. Os tetos foram penetrados visualmente mais uma vez nas igrejas barrocas; mas enquanto os pintores do século XV estenderam o espaço físico para incluir o da pintura, os do XVII, pode-se dizer, ao contrário, desmaterializaram a presença física do edifício tornando-a uma parte da visão pictórica.

Direita e esquerda

A anisotropia do espaço físico faz-nos distinguir entre alto e baixo, menos porém entre esquerda e direita. Um violino na posição vertical parece mais simétrico do que um apoiado sobre seu lado. Tanto o homem como o animal são criaturas suficientemente bilaterais para ter dificuldade na distinção entre esquerda e direita, *b* de *d*. Corballis e Beale afirmaram que essa resposta simétrica é biologicamente vantajosa, contanto que o sistema nervoso seja concentrado no movimento e orientação num mundo onde há probabilidade de ataque ou recompensa de ambos os lados.

Não obstante, logo que o homem aprendeu a usar ferramentas operadas com mais facilidade com uma das mãos do que com as duas, o manuseio assimétrico tornou-se um recurso; e quando se começou a registrar o pensamento sequencial na escrita linear, uma direção lateral passou a dominar a outra. Nas palavras de Goethe: "Quanto mais perfeita a criatura, mais desiguais passam a ser suas partes."

Visualmente, a assimetria lateral se manifesta numa distribuição desigual de peso e num vetor dinâmico que vai da esquerda para a direita do campo visual. É improvável que se note o fenômeno em padrões totalmente simétricos, por exemplo, a fachada de um edifício, mas é absolutamente efetivo nas pinturas. O historiador de arte Heinrich Wölfflin mostrou que os quadros mudam a aparência e perdem o significado quando se os observa pela imagem que projetam num espelho. Concluiu que isto acontece porque os quadros são "lidos" da esquerda para a direita, e naturalmente a sequência muda quando o quadro se inverte. Wölfflin observou que a diagonal que vai da parte inferior esquerda até a parte superior direita é vista em ascensão, a outra como se descesse. Qualquer objeto pictórico parece mais pesado no lado direito do quadro. Por exemplo, quando a figura de Sixto, na *Madonna Sistina*, de Rafael se move para a direita pela inversão da pintura, parece tão pesada que toda a composição parece perder o equilíbrio (Figura 16). Isto está de acordo com a observação experimental de que quando dois objetos iguais são apresentados nas metades esquerda e direita do campo visual, o da direita parece maior. Para que eles pareçam iguais, o da esquerda tem de ser aumentado de tamanho.

A investigação foi levada adiante por Mercedes Gaffron, notadamente num livro que tentou demonstrar que as águas-fortes de Rembrandt revelam o seu verdadeiro significado apenas quando vistas como o artista as desenhou na prancha, não nas impressões invertidas, às quais se está acostumado. Segundo Gaffron, observador frui um quadro como se o estivesse olhando de seu lado esquerdo. Ele se identifica subjetivamente com a esquerda e qualquer coisa que ali apareça assume a maior importância. Quando se comparam fotografias com suas imagens no espelho, um objeto de primeiro plano numa cena assimétrica parece mais próximo no lado esquerdo do que se estivesse no direito. E quando a cortina sobe no tea-

Figura 16

tro, a tendência da plateia é olhar para seu lado esquerdo primeiro e identificar-se com os personagens que aparecem naquele lado. Por isto, de acordo com Alexander Dean, entre as assim chamadas áreas cênicas, o lado esquerdo (do ponto de vista da plateia) é considerado o mais forte. Num grupo de atores, o que se encontra mais afastado à esquerda domina a cena. A plateia se identifica com ele e, desta posição, vê os outros como oponentes.

Gaffron relaciona o fenômeno com o predomínio do córtex cerebral esquerdo que contém os centros cerebrais mais desenvolvidos para a fala, escrita e leitura. Se este predomínio se aplicar igualmente ao centro visual esquerdo, então "existe uma diferença em nossa consciência dos dados visuais em favor daqueles percebidos dentro do campo visual direito". A visão do lado direito deve ser mais articulada, o que explica por que os objetos que aparecem ali são mais visíveis. A atenção aumentada para o que se desenrola à esquerda compensa essa assimetria, e o olho se move espontaneamente do lugar que primeiro chamou a atenção para a área da visão mais articulada. Se esta análise for correta, distingue-se o lado direito por ser o mais conspícuo e por aumentar o peso visual de um objeto – talvez porque quando o centro de atenção está no lado esquerdo do campo visual, o "efeito de alavanca" acrescenta peso aos objetos à direita. O lado esquerdo, por sua vez, distingue-se por ser mais central, o mais importante e o mais enfatizado pelo fato de o observador se identificar com ele. Na Crucificação do altar de Isenheim, de Grunewald, o grupo de Maria e o Evangelista à esquerda assume maior importância depois de Cristo, que ocupa o centro, enquanto João Batista à direita é o arauto visível, apontando para a cena. Se um ator entra no palco pelo lado direito dos observadores ele é notado imediatamente, mas o foco da ação continua à esquerda se não permanecer no centro. Na tradicional pantomima inglesa, a Rainha Fada, com a qual se supõe que a plateia se identifique, sempre aparece da esquerda, enquanto o Rei Demônio entra do lado do ponto, à direita da plateia.

Uma vez que um quadro é "lido" da esquerda para a direita, percebe-se o movimento pictórico em direção à direita como o mais fácil, requerendo menos esforço. Se, ao contrário, vê-se um cavaleiro atravessar o quadro da direita para a esquerda, ele parece sobrepujar maior resistência, investir mais esforço e portanto avançar mais lentamente. Os artistas, às vezes, preferem um efeito, outras vezes outro. O fenômeno prontamente observado, quando se comparam quadros com suas imagens no espelho, pode ser relacionado com as descobertas da psicóloga H. C. van der Meer segundo as quais "os movimentos espontâneos da cabeça são executados mais rapidamente da esquerda para a direita do que na direção oposta", e que, quando se pede a alguém para comparar velocidade de duas locomoções, uma indo da esquerda para a direita, a outra da direita para a esquerda, o movimento para a esquerda é visto como o mais rápido. Pode-se considerar que o movimento para a esquerda é visto como se sobrepujasse maior resistência; ele avança contra a corrente ao invés de segui-la.

Deve-se notar que o vetor direcional que torna as composições assimétricas tem pouco a ver com os movimentos dos olhos. Pelo traçado dos movimentos dos olhos, sabe-se que os observadores exploram a cena visual perambulando irregularmente e concentrando-se nos pontos de maior interesse. O vetor esquerda-direita resulta desta exploração, mas não provém da direção dos próprios movimentos dos olhos. Nem há qualquer evidência pronunciada de que a tendência lateral se relaciona com o uso de uma das mãos ou com o predomínio de um olho. Van der Meer afirma que o treino escolar pode ter alguma influência: ele acha que as pessoas de educação limitada são menos inclinadas a perceber tensões diretas em direção à direita dos objetos pictóricos do que estudantes universitários. Ela também relata, contudo, que a sensibilidade para os vetores esquerda-direita aparece um tanto repentinamente aos quinze anos – estranhamente tarde se o treino na leitura e na escrita for decisivo.

O equilíbrio e a mente humana

Percebemos que o peso se distribui desigualmente em padrões visuais e que esses padrões são penetrados por uma flecha que aponta o "movimento" da esquerda para a direita. Isto introduz um elemento de desequilíbrio, que deve ser compensado se o equilíbrio deve permanecer.

Por que os artistas devem se esforçar para conseguir o equilíbrio? Nossa resposta a esta altura tem sido que, para estabilizar as inter-relações entre as várias forças de um sistema visual, o artista faz suas afirmações de maneira não ambígua.

Dando um passo à frente, compreende-se que o homem procura equilíbrio em todas as fases de sua existência física e mental e que esta mesma tendência pode ser observada não apenas em toda a vida orgânica, mas também nos sistemas físicos.

Na física, o princípio da entropia, também conhecido como a Segunda Lei da Termodinâmica, afirma que, em qualquer sistema isolado, cada estado sucessivo representa um decréscimo irreversível da energia ativa. O Universo tende para um estado de equilíbrio no qual todas as assimetrias de distribuição existentes serão eliminadas, verificando-se o mesmo para os sistemas menores mais restritos se eles forem suficientemente independentes de influências externas. Segundo o "princípio unitário" do físico L. L. Whyte, que ele acredita ser a base de toda atividade natural, "a assimetria diminui em sistemas isoláveis". Seguindo as mesmas linhas, os psicólogos definiram a motivação como "o desequilíbrio do organismo que conduz à ação para a restauração da estabilidade". Freud, em particular, interpretou seu "princípio de prazer" mostrando que os acontecimentos mentais são ativados por tensões desagradáveis, e procuram um meio que levam à redução de tensão. Pode-se dizer que a atividade artística é um componente do processo motivador tanto no artista como no consumidor, e como tal participa da busca do equilíbrio. O equilíbrio que se consegue na aparência visual não apenas das pinturas e esculturas, mas também dos edifícios, móveis e cerâmica é desfrutado pelo homem como uma imagem de suas aspirações mais amplas.

A busca de equilíbrio, contudo, não é suficiente para explicar as tendências que controlam a motivação humana em geral ou a arte em particular. Isto nos leva a uma concepção unilateral, intoleravelmente estática sobre o organismo humano se o descrevermos como sendo semelhante a um poço estagnado, estimulado à atividade apenas quando uma pedra perturba a paz equilibrada de sua superfície e limitando sua atividade ao restabelecimento dessa paz. Freud foi o que chegou mais próximo em aceitar as consequências radicais deste ponto de vista. Ele descreveu os instintos básicos do homem como uma expressão da natureza conservadora de toda matéria viva, como uma tendência inerente ao retorno a um estado anterior. Ele atribuiu um papel fundamental ao "instinto morto", um esforço para o retorno à existência inorgânica. Segundo o princípio de economia de Freud, o homem tenta constantemente consumir o mínimo possível de energia. O homem é preguiçoso por natureza.

Mas será isto verdade? Um ser humano em bom estado físico e mental sente-se realizado não na inatividade, mas fazendo, movendo-se, mudando, crescendo, avançando, produzindo, criando, explorando. Não há justificativa para a estranha noção de que a vida consiste de tentativas para pôr um fim em si da maneira mais rápida possível. Na verdade, é bem possível que a principal característica do organismo vivo seja que ele representa uma anomalia da natureza em travar um penoso combate contra as leis universais da entropia retirando constantemente nova energia de seu ambiente.

Isto não deve negar a importância do equilíbrio. O equilíbrio continua sendo a meta final de qualquer desejo a ser realizado, de qualquer trabalho a ser completado, qualquer problema a ser solucionado. Mas a competição não é feita apenas para o momento da vitória. Em um capítulo posterior, sobre a *Dinâmica*, terei ocasião de abordar o contraprincípio ativo. Somente observando a interação entre a força energética da vida e a tendência ao equilíbrio pode-se conseguir uma concepção mais completa da dinâmica que ativa a mente humana e que se reflete nos seus produtos.

Madame Cézanne numa cadeira amarela

Conclui-se pela argumentação anterior que um artista interpretaria a experiência humana um tanto unilateralmente se permitisse que o equilíbrio e a harmonia monopolizassem seu trabalho. Ele só pode recorrer a sua ajuda no esforço que emprega para dar forma a um tema significativo. *O significado da obra emerge da interação das forças ativantes e equilibradoras.*

O retrato que Cézanne fez de sua mulher em uma cadeira amarela (Figura 17) foi pintado entre os anos 1888 e 1890. O que logo chama a atenção do observador

Figura 17
Paul Cézanne. *Mme. Cézanne numa Cadeira Amarela*, 1888-90. Art Institute, Chicago.

é a combinação de tranquilidade externa e intensa atividade potencial. A figura em repouso está carregada de energia que impulsiona na direção de seu olhar. A figura está firme e plantada, mas ao mesmo tempo tão leve como se estivesse suspensa no espaço. Eleva-se, contudo repousa em si mesma. Esta mescla sutil de serenidade e vigor, de firmeza e liberdade descorporalizada, pode descrever-se como a configuração particular das forças que representam o tema da obra. Como se consegue o efeito?

O quadro tem um formato vertical, sendo a proporção de aproximadamente 5:4. Isto estende todo o retrato na direção da vertical e reforça o caráter vertical da figura, da cadeira, da cabeça. A cadeira é um tanto mais delgada que a moldura, e a figura mais delgada que a cadeira. Isto cria uma escala de delgadeza crescente que vai em direção frontal a partir do fundo, atrás da cadeira até a figura em primeiro plano. Em correspondência, uma escala crescente de claridade leva, da faixa escura na parede por meio da cadeira e da figura até o rosto e mãos iluminadas, os dois pontos focais da composição. Ao mesmo tempo, os ombros e braços formam uma oval em torno do setor médio do quadro, um núcleo central de estabilidade que contrabalança o padrão de retângulos e é repetido em escala menor pela cabeça (Figura 18).

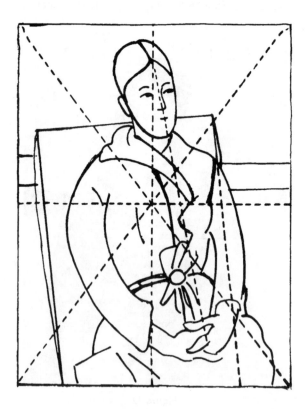

Figura 18

A faixa escura na parede divide o fundo em dois retângulos horizontais. Ambos são mais alongados que toda a moldura, sendo o inferior de 3:2 e o superior de 2:1. Isto significa que estes retângulos acentuam mais vigorosamente a horizontal, que a moldura, a vertical. Embora os retângulos proporcionem um contraponto para a vertical, eles também realçam o movimento vertical do todo pelo fato de que verticalmente o retângulo inferior é mais alto do que o superior. Segundo Denman Ross, o olho se move na direção dos intervalos que diminuem – isto é, neste quadro, para cima.

Os três planos principais do quadro – parede, cadeira, figura – sobrepõem-se num movimento que vai da esquerda distante para a direita próxima. Este movimento lateral para a direita é contrabalançado pela localização da cadeira, que está principalmente na metade esquerda do quadro estabelecendo assim um contramovimento de retardamento. Por outro lado, o movimento dominante para a direita é enfatizado pela colocação assimétrica da figura em relação à cadeira: a figura, ocupando principalmente a metade direita da cadeira, projeta-se para a frente. Além disso, a própria figura não é absolutamente simétrica, sendo o lado esquerdo um pouco maior e assim novamente enfatizando a inclinação para a direita.

A figura e a cadeira estão inclinadas quase no mesmo ângulo em relação a moldura. A cadeira, contudo, tem seu pivô na parte inferior do quadro e portanto inclina-se para a esquerda, enquanto o eixo da figura é a cabeça, que inclina para a direita. A cabeça está firmemente assentada na vertical do centro. O outro foco da composição, as mãos, projeta-se ligeiramente para a frente numa atitude de atividade potencial. Um contraponto secundário adicional enriquece ainda mais o tema: a cabeça, embora em repouso, contém atividade claramente dirigida nos olhos vigilantes e na assimetria dinâmica do quarto de perfil. As mãos, embora movimentadas para a frente, neutralizam a ação recíproca, entrelaçando-se.

O livre erguimento da cabeça é controlado não apenas pela sua localização central, mas também pela proximidade da borda superior do quadro. Ela se ergue tanto que fica segura por uma nova base. Da mesma maneira que a escala musical se eleva da base do tom-chave apenas para retornar a uma nova base na oitava, assim a figura eleva-se da base inferior do quadro para encontrar novo repouso na borda superior. (Há, então, uma semelhança entre a estrutura da escala musical e a composição estruturada. Ambas combinam dois princípios estruturais: uma elevação gradual de intensidade com a ascensão da parte inferior para a superior; e a simetria da parte inferior para a superior que finalmente transforma a ascensão da base para uma queda em direção da vertical para uma nova base. Afastada de um estado de repouso volta a ser a imagem de espelho do retorno a um estado de repouso.)

Se a análise anterior da pintura de Cézanne for correta, ela não apenas aludirá à riqueza das relações dinâmicas da obra, mas também sugerirá como estas relações estabelecem o equilíbrio particular de repouso e atividade que nos impressionam como tema ou conteúdo do quadro. Entender como este padrão de forças visuais reflete o conteúdo é útil para a tentativa de avaliar a excelência artística da pintura.

Dois comentários gerais devem ser acrescentados. Primeiro, o assunto do quadro é uma parte integral da concepção estrutural. Apenas pelo fato de formas serem reconhecidas como cabeça, corpo, mãos, cadeira, elas desempenham seu papel compositivo especial. O fato da cabeça abrigar a mente é pelo menos tão importante quanto sua forma, cor ou localização. Como um padrão abstrato, os elementos formais do quadro deveriam ser completamente diferentes para traduzir significado semelhante. O conhecimento do observador sobre o que significa uma mulher de meia idade, sentada, contribui grandemente para o sentido mais profundo da obra.

Segundo, deve-se ter notado que a composição repousa em ponto e contraponto – isto é, em muitos elementos equilibradores. Mas estas forças antagônicas não são contraditórias ou conflitantes. Elas não criam ambiguidade. A ambiguidade confunde a afirmação artística porque deixa o observador errando entre duas ou mais afirmações que não acrescentam nada a um todo. Como regra, o contraponto pictórico é hierárquico – isto é, ele estabelece uma força dominante contra uma subserviente. Cada relação é desequilibrada em si; juntas elas todas se equilibram na estrutura de toda a obra.

2. CONFIGURAÇÃO

Vejo um objeto. Vejo o mundo ao meu redor. Qual é o significado destas afirmações? Para os fins da vida cotidiana, o ver é essencialmente um meio de orientação prática, de determinar com os próprios olhos que uma certa coisa está presente num certo lugar e que está fazendo uma determinada coisa. Isto é identificação no seu sentido simples. Um homem que entra em seu quarto à noite pode perceber uma mancha escura no travesseiro branco e assim "ver" que a esposa está no lugar habitual. Sob melhores condições de iluminação, verá mais, mas, em princípio, a orientação num ambiente familiar requer um mínimo de indícios. Uma pessoa que sofre de agnosia visual, devido a uma lesão cerebral, pode perder a capacidade de reconhecer, de um relance, mesmo as formas básicas como um círculo ou um triângulo. Não obstante, é capaz de manter um emprego e viver bem o cotidiano. Como ele se orienta na rua? "Na calçada todas as coisas são delgadas – são pessoas; no meio da rua tudo é muito barulhento, volumoso, alto – podem ser ônibus, automóveis." Muitas pessoas com sentido visual perfeito usam-no sem tirar maior vantagem durante a maior parte do dia.

A visão como exploração ativa

Obviamente, o ver pode significar mais do que isto. No que implica? A descrição do processo óptico, conforme os físicos, é bem conhecida. A luz é emitida ou refletida pelos objetos do ambiente. As lentes dos olhos projetam as imagens destes objetos nas retinas que transmitem a mensagem ao cérebro. Mas o que acontece com a experiência psicológica correspondente? Vem-nos a tentação de confiar em analogias com eventos fisiológicos. A imagem óptica da retina estimula cerca de 130 milhões de receptores microscopicamente pequenos, e cada um deles reage ao comprimento de onda e à intensidade da luz que recebe. Muitos destes receptores não desempenham seu trabalho independentemente. Conjuntos de receptores constituem-se em sistema neural. De fato, sabe-se, pelo menos, por meio dos olhos de certos animais, que tais conjuntos de receptores retinianos cooperam na reação a certos movimentos, bordas, tipos de objetos. Mesmo assim, alguns princípios ordenadores são necessários para transformar a infinidade de estímulos individuais nos objetos que vemos.

Somos tentados a deduzir, com base nesta descrição dos mecanismos fisiológicos, que os processos correlatos da percepção de formas são quase inteiramente passivos e procedem de um modo linear partindo do registro de elementos menores para a composição de unidades maiores. Ambas as suposições são enganadoras. Primeiro, o mundo das imagens não se satisfaz em imprimir-se simplesmente sobre um órgão fielmente sensível. Ao contrário, ao olhar para um objeto, nós procuramos alcançá-lo. Com um dedo invisível, movemo-nos por meio do espaço que nos circunda, transportamo-nos para lugares distantes onde as coisas se encontram, tocamos, agarramos, esquadrinhamos suas superfícies, traçamos seus contornos, exploramos suas texturas. O ato de perceber formas é uma ocupação eminentemente ativa.

Impressionados por essa experiência, os primeiros pensadores descreveram o processo físico da visão de maneira análoga. Por exemplo, Platão afirma no *Timeo* que o fogo ameno que aquece o corpo humano emana por meio dos olhos num fluxo de luz suave e denso. Assim estabelece-se uma ponte tangível entre o observador e a coisa observada, e por sobre esta ponte os impulsos de luz que emanam do objeto transportam-se para os olhos e destes para a alma. A ótica primitiva já teve sua época, mas a experiência da qual proveio permanece viva e pode ainda tornar-se explícita na descrição poética. T. S. Eliot, por exemplo, escreveu: "And the unseen eyebeam crossed, for the roses had the look of flowers that are looked at."*

Captação do essencial

Se a visão é uma captação ativa, o que ela apreende? Todos os inúmeros elementos de informação? Ou alguns deles? Se um observador examina atentamente um objeto, percebe que seus olhos estão bem equipados para ver detalhes diminutos. Ainda mais, a percepção visual não opera com a fidelidade mecânica de uma câmara, que registra tudo imparcialmente: todo o conjunto de pequeninos pedaços de forma e cor que constituem os olhos e a boca da pessoa que posa para o fotógrafo, bem como a extremidade do telefone projetando-se acidentalmente atrás da cabeça dele ou dela. O que vemos realmente quando olhamos?

Ver significa captar algumas características proeminentes dos objetos – o azul do céu, a curva do pescoço do cisne, a retangularidade do livro, o brilho de um pedaço de metal, a retitude do cigarro. Umas simples linhas e pontos são de imediato reconhecidos como "um rosto", não apenas pelos civilizados ocidentais, que podem ser suspeitos por estarem de acordo com o propósito dessa "linguagem de signos", mas também por bebês, selvagens e animais. Köhler aterrorizou seus chimpanzés mostrando-lhes os "mais primitivos brinquedos de pano" com botões pretos no lugar dos olhos. Um hábil caricaturista pode criar a semelhança expressiva de uma pessoa por meio de algumas linhas bem escolhidas. Identificamos um conhecido a grande distância unicamente pelas proporções e movimentos mais elementares.

---

* "O olhar não visto passou, porque as rosas tinham um aspecto de flores contempladas."

Alguns traços relevantes não apenas determinam a identidade de um objeto percebido como também o faz parecer um padrão integrado completo. Isto se aplica não apenas à imagem que fazemos do objeto como um todo, mas também a qualquer parte em particular sobre a qual nossa atenção se focaliza. Capta-se um rosto humano, exatamente como todo o corpo é captado, como um padrão total de componentes essenciais – olhos, nariz, boca – aos quais se podem adaptar mais detalhes. E se decidirmos nos concentrar no olho de uma pessoa, perceberemos aquele olho também como um padrão total: a íris circular com a pupila central escura, rodeada pela moldura acanoada das pálpebras ciliadas.

Não quero em absoluto dizer que o sentido da visão negligencia detalhes. Ao contrário, até crianças de tenra idade notam ligeiras mudanças nas aparências das coisas que conhecem. Notam-se imediatamente as mínimas modificações na tensão muscular e na cor da pele que fazem um rosto parecer cansado ou alarmado. Talvez, contudo, o observador não possa descobrir o que causou a mudança na aparência total porque os sinais indicadores adaptam-se facilmente a uma estrutura integrada. Quando falta à coisa observada esta integridade, isto é, quando a vemos como um aglomerado de partes, os detalhes perdem o significado e o todo torna-se irreconhecível. Isto com frequência se aplica ao instantâneo no qual nenhum padrão de formas proeminentes é organizado em massa de nuanças vagas e complexas. Os antropólogos ficaram surpreendidos ao descobrir que, em grupos não familiarizados com a fotografia, as pessoas têm dificuldade em identificar as figuras humanas em tipo de imagens que nos parecem tão "realísticas" pelo fato de termos aprendido a decifrar suas formas divergentes.

Conceitos perceptivos

Há provas suficientes de que, no desenvolvimento orgânico, a percepção começa com a captação dos aspectos estruturais mais evidentes. Por exemplo, depois que a criança de dois anos e chimpanzés aprenderam que de duas caixas que lhes foram apresentadas, uma com um triângulo de um tamanho e forma particulares sempre continha alimento saboroso, não tiveram nenhuma dificuldade em aplicar a aprendizagem a triângulos de aparência muito diferente. O triângulo podia ser menor ou maior, ou invertido. Um triângulo preto num fundo branco foi substituído por um triângulo branco num fundo preto ou um triângulo desenhado por um triângulo sólido. Estas mudanças não parecem inibir o reconhecimento. Resultados similares foram obtidos com ratos. Lashley afirma que as simples transposições deste tipo "são universais, desde os insetos aos primatas".

Os psicólogos ainda definem o processo perceptivo que revela este tipo de comportamento como "generalizações". O termo é um vestígio de uma abordagem intelectualista refutada pelos inúmeros experimentos aos quais foi aplicado.

Supunha-se que a percepção começa com o registro de casos individuais, cujas propriedades comuns podiam ser entendidas apenas por criaturas capazes de formar conceitos intelectualmente. Assim a similaridade de triângulos diferentes em tamanho, orientação e cor era considerada passível de reconhecimento apenas aos observadores cujo cérebro era suficientemente desenvolvido para deduzir o conceito geral de triangularidade a partir de uma variedade de observações individuais. O fato das crianças muito pequenas e animais não treinados na abstração lógica executarem essas tarefas sem dificuldade causou embaraçosa surpresa.

Os resultados experimentais exigiram uma reviravolta completa na teoria da percepção. Não parecia mais possível considerar a visão como se esta procedesse do particular para o geral. Ao contrário, tornou-se evidente que as características estruturais globais são os dados primários da percepção, de modo que a triangularidade não é um produto posterior à abstração intelectual, mas uma experiência direta e mais elementar do que o registro de detalhe individual. A criança pequena vê "o caráter canino" antes mesmo de ser capaz de diferenciar um cão de outro. Em breve, mostrarei que esta descoberta psicológica é de decisiva importância para o entendimento da forma artística.

A nova teoria coloca um problema peculiar. As características estruturais globais das quais se supõe consistir a percepção não são obviamente produzidas de maneira explícita por nenhum padrão de estímulo determinado. Se se pode ver redonda, por exemplo, uma cabeça humana – ou várias cabeças –, essa redondez não é uma parte do estímulo. Toda cabeça tem seu contorno complexo particular, que se aproxima da redondez. Se essa redondez não for concebida intelectualmente, mas realmente vista, como passa a fazer parte do percebido? Uma resposta plausível é que a configuração de estímulos entra no processo perceptivo apenas no sentido de que desperta no cérebro um padrão específico de categorias sensoriais gerais. Este padrão "substitui" a estimulação, tanto quanto numa descrição científica uma trama de conceitos gerais "substitui" um fenômeno observado. Assim como a própria natureza dos conceitos científicos exclui a possibilidade de captarem o fenômeno "em si", aquilo que se percebe não pode conter o material de estímulo "em si", quer total ou parcialmente. O máximo que um cientista pode se aproximar de uma maçã é calcular seu peso, tamanho, forma, localização e gosto. O máximo que a percepção pode se aproximar do estímulo "maçã" consiste em representá-la por meio de um padrão específico de qualidades sensoriais gerais como rotundidade, peso, sabor de fruta e cor.

Enquanto olhamos uma forma simples, regular – digamos um quadrado –, esta atividade formadora da percepção não se evidencia. O caráter de quadrado parece dar-se literalmente no estímulo. Mas se deixamos o mundo das formas bem definidas, feitas pelo homem, e olhamos uma paisagem real que nos rodeia, o que vemos? Talvez uma massa de árvores e arbustos um tanto caótica. Alguns dos troncos e ramos de árvore podem mostrar direções definidas às quais os olhos se prendem e a árvore ou arbusto inteiros frequentemente apresentam uma forma bastante compreensível, esférica ou cônica. Pode-se perceber também uma textura geral de folhagem e uma coloração verde, mas há muito na paisagem que os olhos são simplesmente incapazes de captar. É só na medida em que se vê o panorama confuso como uma configuração de direções definidas, tamanhos, formas geométricas, cores ou textura, pode-se dizer que o percebemos realmente.

Se essa descrição for válida, somos forçados a admitir que a percepção consiste na formação de "conceitos perceptivos". Conforme os padrões tradicionais, esta terminologia é incômoda, porque se supõe que os sentidos se limitam ao concreto enquanto os conceitos tratam do abstrato. O processo visual conforme descrito acima, contudo, parece encontrar as condições de formulação de conceitos. A visão atua no material bruto da experiência criando um esquema correlato de formas gerais, que são aplicáveis não somente a um caso individual concreto, mas a um número indeterminado de outros casos semelhantes também.

O uso da palavra "conceito" não pretende de modo algum sugerir que a percepção seja uma operação intelectiva. Os processos em questão devem ser considerados como se ocorressem dentro do setor visual do sistema nervoso. Mas o termo conceito tem a intenção de sugerir uma similaridade notável entre as atividades elementares dos sentidos e as mais elevadas do pensamento ou do raciocínio. Tão grande é esta similaridade que muitos psicólogos atribuem as realizações dos sentidos à ajuda secreta que supostamente lhes proporciona o intelecto. Esses psicólogos falaram de conclusões ou computações inconscientes porque supunham que a própria percepção não podia fazer mais do que registrar mecanicamente as influências do mundo exterior. Parece agora que os mesmos mecanismos operam tanto ao nível perceptivo como ao nível intelectual, de modo que termos como conceito, julgamento, lógica, abstração, conclusão, computação são necessários para descrever o trabalho dos sentidos.

O pensamento psicológico recente nos encoraja então a considerar a visão uma atividade criadora da mente humana. A percepção realiza ao nível sensório o que no domínio do raciocínio se conhece como entendimento. O ato de ver de todo homem antecipa de um modo modesto a capacidade, tão admirada no artista, de produzir padrões que validamente interpretam a experiência por meio da forma organizada. O ver é compreender.

O que é configuração?

Determina-se a forma física de um objeto por suas bordas – o contorno retangular de um pedaço de papel, as duas superfícies que delimitam os lados e a base de um cone. Geralmente não se consideram outros aspectos espaciais como propriedades da forma física: se o objeto está colocado em pé ou de cabeça para baixo ou se outros objetos estão próximos. A configuração perceptiva por contraste pode mudar consideravelmente quando sua orientação espacial ou seu ambiente muda. As formas visuais se influenciam mutuamente. Além disso, veremos posteriormente (Figura 72) que a forma de um objeto é determinada não somente por seus limites; o esqueleto de forças visuais criado pelas bordas pode por sua vez influir na maneira como as mesmas são vistas.

A configuração perceptiva é o resultado de uma interação entre o objeto físico, o meio de luz agindo como transmissor de informação e as condições que prevalecem no sistema nervoso do observador. A luz não atravessa os objetos, exceto os que chamamos de translúcidos ou transparentes. Isto significa que os olhos recebem informação somente sobre as formas exteriores e não sobre as formas interiores. Além disso, a luz se propaga em linha reta e, portanto, as projeções formadas na retina correspondem apenas àquelas partes da superfície externa que estão ligadas aos olhos por meio de linhas retas. A vista frontal de um navio é diferente da lateral.

A forma de um objeto que vemos, contudo, não depende apenas de sua projeção retiniana num dado momento. Estritamente falando, a imagem é determinada pela totalidade das experiências visuais que tivemos com aquele objeto ou com aquele tipo de objeto durante toda a nossa vida. Se, por exemplo, nos apresentam um melão que sabemos ser apenas uma casca côncava, uma meia concha cuja parte que falta não é visível, ele pode parecer completamente diferente de um melão completo que nos apresenta na superfície aspecto idêntico. O fato de se saber que um carro não tem motor pode realmente fazer com que o mesmo pareça diferente de outro que se sabe ter um.

Analogamente, se alguém fizer uma imagem de algo que experimentou pode escolher o quanto da configuração deseja incluir. O estilo de pintura ocidental criado pela Renascença limitou a configuração ao que se pode ver de um ponto fixo de observação. Os egípcios, os índios americanos e os cubistas ignoram esta restrição. As crianças desenham bebês no ventre materno, os bosquímanos incluem órgãos internos e intestinos ao representar um canguru, e um escultor cego pode aprofundar as cavidades oculares numa cabeça de argila e em seguida nelas colocar globos oculares. Conclui-se também do que disse que se pode omitir os contornos de um objeto e mesmo assim desenhar uma imagem reconhecível dele (Figura 19). Mas quando uma

Figura 19

pessoa a quem se perguntou com o que se assemelha uma escada em caracol descreve com seu dedo uma aspiral em ascensão, ela não está traçando o contorno mas o eixo principal característico que em realidade não existe no objeto. Assim representa-se a forma de um objeto pelas características espaciais consideradas essenciais.

A influência do passado

Toda experiência visual é inserida num contexto de espaço e tempo. Da mesma maneira que a aparência dos objetos sofre influência dos objetos vizinhos no espaço, assim também recebe influência do que viu antes. Mas admitir estas influências não é dizer que tudo que rodeia um objeto automaticamente modifica sua forma e cor, ou levar o argumento ao extremo de que a aparência de um objeto é apenas o produto de todas as influências exercidas sobre ele. Tal visão aplicada às relações espaciais seria um absurdo evidente, e todavia tem sido com frequência aplicada a relações de tempo. O que uma pessoa vê agora, segundo nos disseram, é somente o resultado do que viu no passado. Se percebo os quatro pontos da Figura 26 como um quadrado agora, é porque vi muitos quadrados no passado.

As relações de forma entre o presente e o passado devem ser consideradas de uma maneira menos ingênua. Primeiro, não podemos continuar passando a responsabilidade para o passado sem admitir que deveria ter havido um início em algum ponto. Gaetano Kanizsa coloca o problema desta maneira: "Somos capazes de nos familiarizar com as coisas de nosso ambiente precisamente porque elas se constituem para nós por meio das forças da organização perceptiva agindo a priori, e independente da experiência, permitindo-nos, por isso, experimentá-la". Segundo, a interação entre a configuração do objeto presente e a das coisas vistas no passado não é automática e ubíqua, mas dependente do fato de uma relação ser ou não percebida entre elas. Por exemplo, a Figura 20d, tomada isoladamente, parece um triângulo ligado a uma linha vertical. Mas em conjunto com as Figuras 20a, b, e c, será provavelmente vista como um ângulo de um quadrado prestes a desaparecer atrás de uma parede. Este efeito é provocado pelo contexto espacial como na Figura 20, ou mesmo de modo mais forçado pelo contexto temporal, por exemplo, se a, b, c, d seguem-se uma após outra como fases de um desenho animado. O efeito

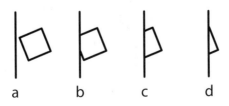

Figura 20

ocorre porque uma semelhança estrutural suficientemente forte mantém as figuras unidas. De modo similar, a Figura 21 pode mudar sua configuração abruptamente quando nos dizem que ela representa uma girafa passando atrás de uma janela. Aqui a descrição verbal suscita em nós um traço da memória visual que se assemelha ao desenho o suficiente para estabelecer contato com ele.

Figura 21

Num experimento familiar a todos os estudantes de psicologia, mostrou-se que a percepção e reprodução de formas ambíguas estão sujeitas à influência da instrução verbal. Por exemplo, a Figura 22a foi reproduzida como 22b quando disseram à pessoa que um relógio de areia apareceria em breve na tela, enquanto resultou *c* quando ela aguardava uma mesa. Tais experimentos não provam que o que vemos seja determinado inteiramente pelo que já vimos antes, sem considerar que tal determinação acontece por meio da linguagem. Eles realmente mostram que os traços de objetos familiares retidos na memória podem influenciar a forma que percebemos, e que elas podem fazê-la parecer-nos de maneiras completamente diferentes se sua estrutura permitir. A maioria dos padrões de estímulo é de certo modo ambígua. Pode-se ler a Figura 22a de diferentes maneiras porque oferece uma série de liberdades dentro das quais a experiência e expectativa passadas podem determinar se se vê um relógio de areia ou uma mesa. Mas nenhuma força do passado far-nos-á ver uma girafa na Figura 22a.

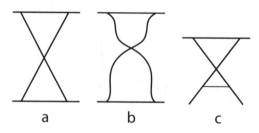

Figura 22

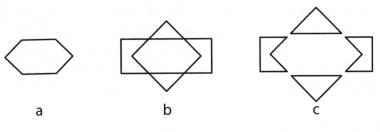

a   b   c

Figura 23

Outros experimentos mostraram que, mesmo que se apresente uma dada figura centenas de vezes aos observadores, ela pode, não obstante, continuar invisível quando apresentada em seu novo contexto. Por exemplo, depois que se conheceu a Figura 23a inteiramente, *b* ainda aparece espontaneamente como um retângulo e um quadrado, e não como o hexágono familiar, rodeado por outras configurações conforme apresentado em *c*. É improvável também que o observador veja espontaneamente o conhecido número 4 da Figura 24. Em tais casos, consegue-se a camuflagem pondo fora de ação antigas conexões e introduzindo novas, transformando ângulos em cruzamentos, e manipulando correspondências, eixos estruturais e simetrias. Mesmo uma dose excessiva de experiência passada não pode contrabalançar tais artifícios. Admite-se que quadrados e retângulos sejam tão familiares quanto hexágonos e a forma do número quatro. O que importa é saber quais estruturas são favorecidas pela configuração dada.

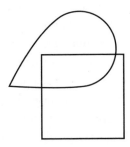

Figura 24

A influência da memória é aumentada quando intensa necessidade pessoal faz o observador desejar ver objetos com certas propriedades perceptivas. Gombrich diz: "Quanto maior for a importância biológica que um objeto tem para nós, mais estaremos capacitados a reconhecê-lo – e mais tolerante será portanto nosso padrão de correspondência formal". Um homem que espera sua namorada numa esquina vê-la-á em quase todas as mulheres que se aproximam, e esta tirania do traço da memória tornar-se-á mais forte à medida que os minutos passam. Um psicanalista descobrirá órgãos genitais e úteros em toda obra de arte. Os psicólogos, pelo teste de Rorschach, exploram a influência que as necessidades exercem na percepção. A ambiguidade estrutural das manchas de tinta usadas neste teste permite uma grande variedade de interpretações, de modo que há a probabilidade do observador escolher espontaneamente um que se relacione com seu próprio estado mental.

Ver a configuração

Como se podem descrever os aspectos espaciais que representam a configuração? O modo mais adequado pareceria consistir em determinar as localizações de todos os pontos que constituem estes aspectos. Em seu tratado *Della Statua*, Leon Battista Alberti recomendou muito aos escultores da Renascença o procedimento ilustrado na Figura 25. Por meio de régua, transferidor e fio de prumo, pode-se descrever qualquer ponto da estátua em termos de ângulos e distâncias. Com um número suficiente de tais medidas, poder-se-ia fazer uma duplicata da estátua. Ou, diz Alberti, pode-se fazer a metade da figura na ilha de Paros e a outra nas montanhas de Carrara, mesmo assim as partes se ajustarão. É característico deste método permitir a reprodução de um objeto particular, sendo o resultado, porém, uma surpresa. Não se pode, de modo algum, deduzir a natureza da forma da estátua a partir das medidas, as quais devem ser aplicadas antes que o resultado seja conhecido.

O procedimento é muito semelhante ao que acontece em geometria analítica quando, a fim de determinar a forma de uma figura, se definem espacialmente os pontos dos quais a figura consiste pelas suas distâncias da vertical (y) e horizontal (x), coordenadas cartesianas. Neste caso, também um número suficiente de medidas permitirá a construção da figura. Sempre que possível, contudo, os geômetras irão além do mero acúmulo de dados que não se relacionem. Eles tentarão encontrar uma fórmula que indique a localização de cada um e de todos os pontos da figura – isto é, procurarão uma lei geral de construção. Por exemplo, a equação para um círculo com o raio r é: $(x - a)^2 + (y - b)^2 = r^2$ se o centro do círculo permanecer na distância a do eixo y e numa distância b do eixo x. Mesmo uma fórmula deste tipo, contudo, faz pouco mais que resumir as localizações de um número infinito de pontos, que unidos constituem um círculo. Não nos diz muito a respeito da natureza da figura resultante.

De que modo o sentido da visão se apodera da forma? Nenhuma pessoa dotada de um sistema nervoso perfeito aprende a forma alinhavando os retalhos da cópia de suas partes. A agnosia visual, à qual me referi anteriormente, é uma incapacidade patológica de captar um padrão como um todo. O portador desta lesão pode seguir um contorno com os movimentos da cabeça ou do dedo e em seguida concluir, partindo da soma de suas explorações, que o todo deve ser, digamos, um triângulo. Mas é incapaz de ver um triângulo. Ele não pode fazer nada melhor que um turista que, pela reconstrução do seu caminho sinuoso por meio da confusão de uma cidade desconhecida, conclui ter caminhado numa espécie de círculo.

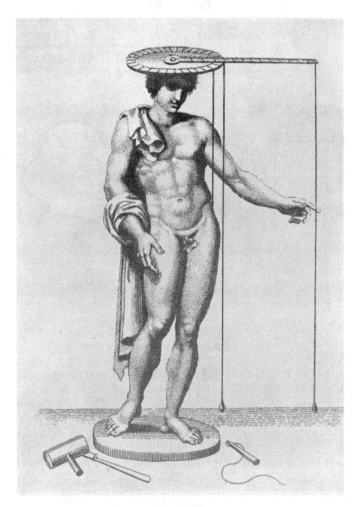

Figura 25

O sentido normal da visão não funciona deste modo. Na maioria das vezes, capta a forma imediatamente. Ele apreende um padrão global. Mas como se determina este padrão? No encontro do estímulo projetado nas retinas e o sistema nervoso que processa essa projeção, o que conduz à forma que aparece na consciência? Quando se olha para um simples contorno de figura, parece não haver problema, não há quase escolha. E todavia, por que a tendência a ver os quatro pontos da Figura 26 como um quadrado semelhante à Figura 27a, mas dificilmente como um rombo inclinado ou um rosto de perfil (Figura 27b, c), mesmo que as últimas formas também contenham os quatro pontos?

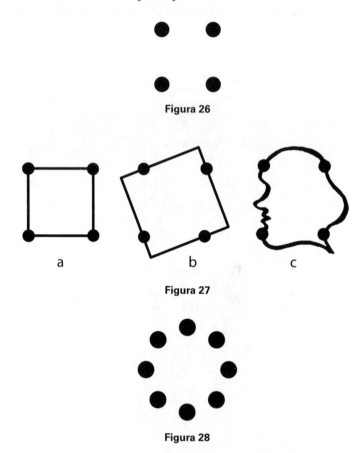

Figura 26

Figura 27

Figura 28

Se mais quatro pontos forem acrescentados à Figura 26, o quadrado desaparece do padrão agora octogonal ou mesmo circular (Figura 28). Círculos brancos ou – para alguns observadores – quadrados aparecem nos centros das cruzes apresentadas na Figura 29, mesmo que não haja nenhum vestígio dos contornos circular ou quadrado. Por que círculos e quadrados em vez de qualquer outra figura?

Figura 29

Os fenômenos deste tipo encontram sua explicação naquilo que os psicólogos da Gestalt descrevem como a lei básica da percepção visual: *qualquer padrão de estímulo tende a ser visto de tal modo que a estrutura resultante é tão simples quanto as condições dadas permitem.*

Simplicidade

O que se entende por simplicidade? Primeiro, pode-se defini-la como a experiência subjetiva e julgamento de um observador que não sente nenhuma dificuldade em entender o que se lhe apresenta. Pode-se aplicar à simplicidade o que Spinoza disse sobre a ordem. Segundo uma passagem da *Ética*, acreditamos firmemente que existe ordem nas próprias coisas mesmo que não saibamos nada a respeito delas ou de sua natureza. "Pois, quando as coisas se dispõem de tal modo que ao nos serem apresentadas pelos sentidos podemos facilmente imaginá-las e, em consequência, com facilidade recordá-las, as chamamos bem ordenadas e, no caso oposto, mal ordenadas ou confusas." Um pesquisador pode usar critérios para determinar quão fácil ou difícil certos padrões se mostram aos observadores. Christopher Alexander e Susan Carey fizeram as seguintes perguntas: Numa série de padrões, qual deles pode ser reconhecido mais rapidamente? Como os padrões se enfileiram em ordem da simplicidade que aparentam? Quais são os padrões mais fáceis de lembrar? Quais os que têm maior possibilidade de ser confundidos com outros? Quais os mais fáceis para se descrever com palavras?

As reações subjetivas exploradas em tais experimentos são apenas um aspecto do nosso problema. Deve-se também determinar a simplicidade objetiva dos objetos visuais analisando suas propriedades formais. A simplicidade objetiva e subjetiva nem sempre são paralelas. Um ouvinte pode achar uma escultura simples porque não percebe sua complexidade; ou pode achá-la confusamente complexa porque tem pouco conhecimento mesmo de estruturas restritamente elaboradas. Ou pode ficar embaraçado apenas por não estar habituado a um estilo novo "moderno" de dar forma às coisas, por mais simples que esse estilo possa ser em si. A despeito de como certos observadores reagem, pode-se perguntar: como se pode determinar a simplicidade pela análise das formas que constituem um padrão? Uma abordagem tentadoramente simples e exata seria aquela de apenas contar o número de elementos: de quantas linhas ou cores consiste este quadro? Tal critério, contudo, é errôneo. Se for admitido, o número de elementos tem uma influência na simplicidade do todo, mas como os exemplos musicais da Figura 30 mostram, a sequência mais longa pode ser mais simples do que a mais curta. Os sete elementos da escala tonal completa *(a)* combinam-se num padrão que cresce numa direção coerente e a intervalos iguais. Se considerarmos esta sequência isoladamente – não, por exemplo, em relação ao modo diatônico é com certeza mais simples do que o tema de quatro tons da Figura 30b, que consiste de uma quarta descendente, uma sexta ascendente e uma terceira ascendente. O tema usa duas direções diferentes e três intervalos diferentes. Sua estrutura é mais complexa.

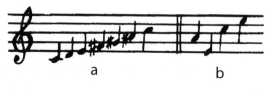

Figura 30

Pode-se encontrar um exemplo visual elementar no experimento de Alexander e Carey, acima mencionado, para o qual foi usada uma série horizontal de três quadrados pretos e quatro brancos. O menor número de partes obteníveis é dois: uma faixa de três quadrados pretos adjacentes a uma de quatro brancos (Figura 31). Em realidade, as pessoas julgaram este arranjo a segunda combinação mais simples entre as 35 possíveis se a faixa preta estivesse à esquerda, e a quarta mais simples quando a faixa branca se encontrava à esquerda. Considerada a mais simples do que as duas anteriores foi a organização que continha o maior número possível de unidades: a alternância regular de quadrados pretos e brancos foi considerada a estrutura mais simples possível.

Figura 31

Se procedermos de uma sequência linear para a segunda dimensão, descobriremos, por exemplo, que o quadrado regular, com seus quatro lados e quatro ângulos, é mais simples do que o triângulo irregular (Figura 32). No quadrado, todos os quatro lados são iguais em comprimento e equidistam do centro. Somente duas direções são usadas, a vertical e horizontal, e todos os ângulos são iguais. O padrão inteiro tem um alto grau de simetria ao redor dos quatro eixos. O triângulo tem menos elementos, que variam em tamanho e localização, não havendo nenhuma simetria.

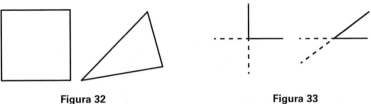

Figura 32　　　　　　　Figura 33

Uma linha reta é simples porque possui uma direção constante. As linhas paralelas são mais simples do que as que se encontram num ângulo porque a relação entre elas é definida por uma distância constante. Um ângulo reto é mais simples do que outros ângulos porque produz uma subdivisão de espaço baseada na repetição de um e mesmo ângulo (Figura 33). As Figuras 34a e b são constituídas de partes, mas b é o padrão mais simples porque as partes têm um centro comum. Um fator simplificador adicional é a conformidade com a moldura espacial de orientação vertical e horizontal. Na Figura 32, o quadrado se conforma a esta moldura em todos os lados, o triângulo em nenhum.

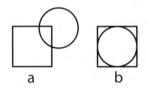

Figura 34

Estes exemplos sugerem que podemos chegar a uma boa definição aproximada de simplicidade contando não os elementos, mas os aspectos estruturais. Em se tratando da forma, tais aspectos podem ser descritos pela distância e ângulo. Se aumentar de dez para vinte o número de raios de espaços iguais desenhados num círculo, o número de elementos aumenta, mas o número das características estruturais permanece constante; para qualquer que seja o número de raios, uma distância e um ângulo são suficientes para descrever a construção do todo.

As características estruturais devem ser determinadas pela estrutura total. Poucas características em uma área limitada muitas vezes exigem maior número de características do todo, o que equivale dizer que o que faz uma parte mais simples pode tornar o todo mais complexo. Na Figura 35, a linha reta é a conexão mais simples entre os pontos *a* e *b* só enquanto negligenciarmos o fato de que uma curva levará a um padrão total mais simples.

Julian Hochberg tentou definir simplicidade (ele preferiu o termo carregado de valor "boa forma") por meio da teoria da informação: "Quanto menor a quantidade de informação necessária para definir uma dada organização em relação a

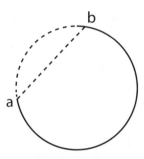

Figura 35

outras alternativas, tanto mais provável que a figura seja prontamente percebida". Posteriormente especificou as informações necessárias por meio de três aspectos quantitativos: o número de ângulos inscritos na figura, o número de ângulos diferentes divididos pelo número total de ângulos e o número de linhas contínuas. Deve-se notar que os aspectos em questão não são aqueles realmente desenhados no papel, mas os percebidos no desenho. Por exemplo, um cubo de arame desenhado em perspectiva central contém apenas um tamanho de ângulo e um tamanho de lado quando percebido como um cubo regular, mas pelo menos nove tamanhos de ângulo e dez tamanhos de lado no desenho real. Precisamente por esta razão, o cubo tridimensional é considerado mais simples do que sua projeção bidimensional.

Se alguns desses métodos de contar aspectos estruturais corresponderem suficientemente com o nível de simplicidade dos padrões percebidos, isto será suficiente para a medição científica. Contudo, tanto o psicólogo como o artista devem entender que não se pode descrever a experiência perceptiva do ato de olhar para uma figura como a soma dos componentes percebidos. O caráter de uma esfera, por exemplo, reside na sua simetria concêntrica e na curvatura constante de sua superfície, mesmo que uma esfera possa ser construída, identificada e encomendada por telefone somente pelo comprimento de seu raio. Além disso, as figuras geométricas simples acham-se, obviamente, a uma longa distância do intrincado tipo de padrão que comumente se encontra na arte e na natureza. Mas então as construções teóricas nunca pretendem, realmente, mais do que se aproximar das complexidades da realidade.

Até agora examinei a simplicidade absoluta. Num sentido absoluto, uma canção folclórica é mais simples do que uma sinfonia e o desenho de uma criança é mais simples do que uma pintura de Tiepolo. Mas deve-se considerar também a simplicidade relativa, que se aplica a todos os níveis de complexidade. Quando alguém deseja fazer uma declaração ou necessita preencher uma função deve relacionar-se com duas perguntas: qual é a estrutura mais simples que servirá o objetivo (parcimônia) e qual o modo mais simples de organizar essa estrutura (ordenação)?

As composições dos adultos raramente são tão simples quanto as concepções das crianças; quando o são, nossa tendência é duvidar da maturidade do autor. Isto ocorre porque o cérebro humano é o mecanismo mais complexo da natureza e, quando uma pessoa formula uma afirmação que deva ser digna dela, deve torná-la suficientemente rica para refletir a riqueza de sua mente. Os objetos simples podem nos agradar e satisfazer preenchendo adequadamente funções limitadas, mas todas as verdadeiras obras de arte são absolutamente complexas mesmo quando parecem "simples". Se examinamos as superfícies de uma boa estátua egípcia, as formas que compõem um templo grego, ou as relações formais de uma boa peça da escultura africana, achamos que elas são tudo, menos elementares. E isto também é válido para os bisões das cavernas pré-históricas, os santos bizantinos, ou as pinturas de Henri Rousseau e Mondrian. A razão que nos faz hesitar em descrever os desenhos infantis comuns ou uma pirâmide egípcia ou altos edifícios de escritórios como "obras de arte" é precisamente que um mínimo de complexidade ou riqueza parece ser indispensável. Há algum tempo, o arquiteto Peter Blake escreveu: "Em um ano mais ou menos haverá apenas um tipo de produto industrial nos EUA – um losango brilhante, polidamente acabado. Os losangos pequenos serão cápsulas de vitaminas; os maiores serão aparelhos de televisão ou máquinas de escrever; e os grandes serão automóveis, aeroplanos ou trens". Blake não estava sugerindo que na sua opinião nos dirigíamos ao ápice de uma cultura artística.

A simplicidade relativa, já disse, implica parcimônia e ordenamento qualquer que seja o nível de complexidade. Uma vez Charlie Chaplin disse a Jean Cocteau que, depois de completar um filme, deve-se "sacudir a árvore" e conservar apenas o que fica bem preso aos ramos. O *princípio da parcimônia,* adotado por cientistas, exige que se aceite a mais simples quando várias hipóteses se adaptam aos fatos. Segundo Cohen e Nagel, "Diz-se que uma hipótese é mais simples do que uma outra se o número de tipos de elementos independentes da primeira for menor do que os da segunda". A hipótese escolhida deve permitir que os cientistas expliquem todos os aspectos do fenômeno em investigação com o mínimo de suposições, e se possível deve explicar não apenas um conjunto de coisas ou acontecimentos em particular, mas toda a série de fenômenos da mesma categoria.

O princípio da parcimônia é esteticamente válido uma vez que o artista não deve ir além do necessário para o seu propósito. Ele segue o exemplo da natureza que, nas palavras de Isaac Newton, "não faz nada em vão, e quanto menos servir mais será em vão; pois a natureza contenta-se com a simplicidade e não ostenta a pompa das coisas supérfluas". Falar em demasia é tão ruim quanto falar muito pouco, e tornar a ideia principal demasiadamente complicada é tão ruim quanto fazê-la simples demais. Os escritos de Martin Heidegger e os poemas de Wallace Stevens não são mais intrincados do que precisam ser.

As grandes obras de arte são complexas, mas também as louvamos por "conterem simplicidade", queremos dizer com isso que organizam uma riqueza de significado e forma numa estrutura total que define claramente o lugar e a função de cada detalhe no conjunto. Este modo de organizar uma estrutura desejada da maneira mais simples possível pode ser chamado sua *ordenação*. Pode parecer paradoxal para Kurt Badt dizer que Rubens é um dos artistas mais simples. Ele explica, "É verdade que, para captar sua simplicidade, é preciso entender uma ordem que domina um mundo enorme de forças ativas". Badt define a simplicidade artística como "a mais sábia ordenação dos recursos baseada no entendimento dos dados essenciais, aos quais tudo o mais deve se submeter". Como exemplo de simplicidade artística, ele menciona o método que Ticiano adotou para criar uma pintura partindo de uma trama de pinceladas curtas. "Abandona-se o duplo sistema de superfícies e contornos. Alcança-se um novo grau de simplicidade. Executa-se toda a pintura por um único procedimento. Até então a linha era determinada pelos objetos; era usada somente para contornos ou sombras ou, talvez, para os pontos luminosos. Agora a linha também representa claridade, espaço e ar, preenchendo assim uma necessidade de maior simplicidade, exigindo que a estabilidade duradoura da forma se identifique com o processo da vida sempre em mudança." De modo similar, numa certa altura de seu desenvolvimento, Rembrandt por amor à simplicidade renunciou ao uso da cor azul porque ela não se adaptava a suas harmonias de castanho-dourado, de vermelho, de ocre e de verde-oliva. Badt também cita a técnica gráfica de Durer e seus contemporâneos que representavam a sombra e o volume com os mesmos traços curvos que usavam para contornar suas figuras, conseguindo assim novamente simplicidade pela unificação do recurso.

Numa obra de arte madura, todas as coisas parecem se assemelhar umas com as outras. O céu, o mar, o solo, as árvores e as figuras humanas aos poucos parecem como se fossem feitos de uma mesma substância, a qual não falseia a natureza de nada, mas recria tudo, submetendo ao poder unificador do grande artista. Todo grande artista faz nascer um novo universo, no qual as coisas familiares se apresentam como jamais foram vistas. Esta nova aparência, em vez de ser uma deformação ou traição, reinterpreta a antiga verdade de um modo vivificante e esclarecedor. A unidade da concepção do artista leva a uma simplicidade que, longe de ser incompatível com a complexidade, mostra sua virtude só quando domina a abundância da experiência humana e não quando escapa para a pobreza da abstinência.

Pode-se obter uma complexidade sutil combinando-se formas geometricamente simples; tais combinações, por sua vez, podem ser ligadas por uma ordenação simplificadora. A Figura 36 mostra o esquema compositivo de um relevo de Ben Nicholson. Seus elementos são os mais simples que se podem encontrar em uma obra de arte. A composição consiste de um círculo regular e completo, mais diversas figu-

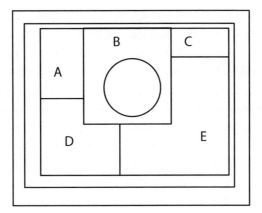

Figura 36

ras retangulares paralelas entre si e em relação às bordas do quadro. Contudo, mesmo não considerando as diferenças de profundidade que no relevo original determinam os vários planos em suas relações mútuas, o efeito total não é elementar. A maior parte das unidades formais não interfere entre si, mas o retângulo B se sobrepõe ao D e ao E (Figura 37). Os três retângulos externos que emolduram a composição são quase, mas não exatamente da mesma proporção, e seus centros, embora próximos, não coincidem. A grande proximidade de proporção e localização produz considerável tensão forçando o observador a fazer sutis distinções. Isto é válido para toda a composição. Duas das unidades internas, A e C, são claramente retangulares; a unidade D, uma vez completada, é percebida como um quadrado (uma vez que é um pouco mais larga do que alta, o que compensa a comum superestimação da vertical); o B e o E completo parecem retangulares, mas suas proporções se aproximam às do

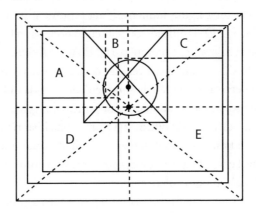

Figura 37

quadrado. O centro de todo o padrão não coincide com qualquer ponto da composição, nem a horizontal central toca qualquer ângulo. O eixo vertical central aproxima-se o suficiente do centro de B para criar um elemento de simplicidade na relação entre aquele retângulo e a área total da obra. O mesmo vale para o círculo, contudo ambos, B e o círculo, desviam o suficiente da vertical central para parecer claramente assimétrico em relação recíproca. O círculo não se encontra nem no centro de B nem no centro do esquema total; e os ângulos sobrepostos de B não possuem relação simples com as estruturas dos retângulos D e E, nos quais se introduzem.

Por que, entretanto, o padrão total conserva-se unido? Alguns dos fatores de simplificação já foram mencionados. Além disso, o prolongamento da borda inferior de C tocaria o círculo; e se A fosse ampliado transformando-se num quadrado, o ângulo desse quadrado tocaria o círculo também. Estas coincidências contribuem para manter o círculo no lugar. E, naturalmente, há o equilíbrio geral de proporções, distâncias e direções, analisado com menos facilidade, mas igualmente importante para a unidade do conjunto.

Toda pintura ou escultura possui significado. Quer seja representativa ou "abstrata", é "sobre alguma coisa"; é uma afirmação sobre a natureza da nossa existência. De modo similar, um objeto útil, como um edifício ou um bule de chá, interpreta sua função para os olhos. A simplicidade de tais objetos, por conseguinte, envolve não somente sua aparência visual em si e por si só, mas também a relação entre a imagem vista e a afirmação que ela pretende comunicar. Na linguagem, uma sentença intrincada cuja estrutura verbal corresponde exatamente à intrincada estrutura do pensamento a ser expresso tem uma agradável simplicidade; enquanto qualquer discrepância entre forma e significado interfere na simplicidade. Palavras curtas em sentenças curtas não conduzem necessariamente a uma afirmação simples – contrariando, todavia, um preconceito comum.

Nas artes, uma porção de argila modelada ou um arranjo de linhas podem pretender representar uma figura humana. Uma pintura abstrata pode chamar-se *Boogie-Woogie da Vitória*. O significado ou conteúdo pode ser relativamente simples (*Nu em Repouso*) ou absolutamente complexo (*A Rebelião Dominada por um Governo Sábio*). O caráter do significado e sua relação com a forma visível que o pretende expressar ajudam a determinar o grau de simplicidade de toda a obra. Se se emprega o percebido, em si absolutamente simples, para expressar algo complexo, o resultado não é simples. Se um surdo-mudo que deseja contar uma história emite um gemido, a estrutura do som é bastante simples, mas o resultado total implica tanta tensão entre a forma audível e aquilo que se deseja comunicar quanto o esforço de adaptação de um corpo humano num colete cilíndrico.

A discrepância entre o significado complexo e a forma simples pode produzir algo sumamente complicado. Suponhamos que um pintor representasse Caim e

Abel por meio de duas figuras exatamente iguais que se defrontam simetricamente em atitudes idênticas. Aqui o significado implicaria as diferenças entre o bem e o mal, o assassino e a vítima, a aceitação e a rejeição, enquanto a pintura transmitiria a semelhança dos dois homens. O efeito da afirmação pictórica não seria simples.

Estes exemplos mostram que a simplicidade requer uma correspondência em estrutura entre significado e padrão tangível. Os psicólogos da Gestalt chamam tal correspondência estrutural de "isomorfismo". É também um requisito para o "design" nas artes aplicadas. Retornando a um exemplo que usei anteriormente: se um aparelho de televisão e uma máquina de escrever parecessem exatamente iguais, seríamos privados de uma correspondência simples desejável entre forma e função. A simplificação da forma diminuiria a comunicação – para não mencionar o empobrecimento do nosso mundo visual.

Simplificação demonstrada

Segundo a lei básica da percepção visual, qualquer padrão de estímulo tende a ser visto de tal modo que a estrutura resultante é tão simples quanto permitem as condições dadas. Esta tendência será menos evidente quando o estímulo for tão forte ao ponto de exercer um controle forçado. Sob tais condições, o mecanismo receptor é livre apenas para organizar os elementos dados do modo mais simples possível. Quando o estímulo é fraco, o poder organizador da percepção pode manter-se de um modo mais completo. Segundo Lucrécio, "quando se vê de longe as torres quadrangulares de uma cidade, elas muitas vezes parecem ser redondas", e Leonardo da Vinci observa que ao ver de longe a figura de um homem "ela parecerá um corpo escuro redondo muito pequeno. Parecerá redondo porque a distância diminui tanto as várias partes ao ponto de não deixar nada visível, exceto a massa maior". Por que a redução faz o observador ver uma forma redonda? A resposta consiste em que a distância enfraquece o estímulo a tal ponto que o mecanismo perceptivo fica livre para impor a forma mais simples possível – isto é, o círculo. Esse enfraquecimento do estímulo também ocorre sob outras condições, por exemplo, quando o padrão percebido é pouco iluminado ou exposto por apenas uma fração de segundo. A distância no tempo tem o mesmo efeito que a distância no espaço; quando o estímulo real desaparece, os traços mnemônicos remanescentes enfraquecem.

Pesquisadores investigaram os efeitos dos estímulos enfraquecidos sobre a percepção. Os resultados destas experiências podem parecer confusos e mesmo contraditórios. Em primeiro lugar, percepções e traços mnemônicos não são diretamente acessíveis ao experimentador. O observador deve comunicá-los ao experimentador de algum modo indireto. O observador faz uma descrição verbal ou um desenho, ou escolhe de uma série de padrões o que mais se assemelha à figura que viu. Nenhum destes métodos é muito satisfatório, uma vez que é difícil dizer em que grau o resultado se deve à própria experiência primária e em que grau, ao meio de comunicação. Contudo, para nosso propósito, esta distinção não é essencial.

Ao considerar os desenhos feitos pelos observadores, deve-se levar em conta sua habilidade técnica bem como seus critérios pessoais de exatidão. Uma pessoa pode considerar uma garatuja um tanto irregular como a imagem suficientemente exata da forma lembrada, neste caso os detalhes de seus desenhos não podem ser tomados num sentido literal. A interpretação dos resultados levará à confusão, a menos que não se tenha levado em consideração o desenho com que se pretende representar a imagem. Além disso, o perceber e o lembrar de um padrão não constituem um processo isolado. Estão sujeitos à influência de inúmeros traços mnemônicos potencialmente ativos na mente do observador. Sob estas condições, não se pode esperar que as tendências subjacentes se manifestem claramente em todos os casos. É melhor, portanto, basear a interpretação em exemplos que ilustrem algum efeito bem nítido.

Afirmava-se tradicionalmente que, com o passar do tempo, os traços de memória se desvanecem lentamente. Dissolvem-se, tornam-se indistintos, perdem as características individuais parecendo assim cada vez mais com tudo e com nada. Isto equivale a uma perda gradual de estrutura articulada. Mais tarde os investigadores levantaram a questão da possibilidade deste processo envolver modificações mais tangíveis de uma forma estrutural para outra, mudanças que se pudessem descrever em termos concretos. Na verdade, tais mudanças foram identificadas. Como simples demonstração, a Figura 38 é exposta por uma fração de segundo a um grupo de pessoas às quais se pediu antecipadamente que mantivessem papel e lápis à mão e que desenhassem sem muita reflexão, mas de um modo mais exato possível o que viram. Os exemplos na Figura 39 ilustram esquematicamente a espécie de resultado que tipicamente se obteve.

Figura 38

Os exemplos dão uma ideia da impressionante variedade de reações, o que se deve em parte às diferenças individuais e em parte a fatores como diferenças de tempo de exposição e a distância do observador. Todos os exemplos representam simplificações do padrão de estímulo. Admira-se a engenhosidade das soluções, o poder imaginativo da visão, que se revela mesmo quando os desenhos são feitos rápida e espontaneamente e sem nenhuma outra pretensão senão registrar fielmen-

CONFIGURAÇÃO 57

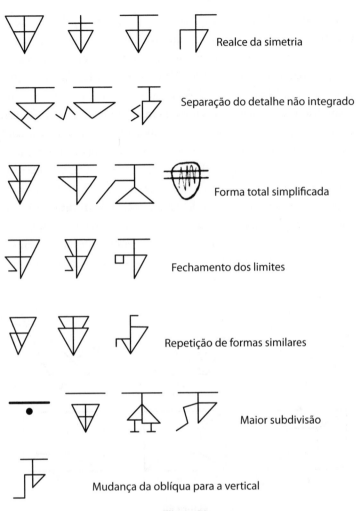

Figura 39

te o que foi visto. Alguns aspectos das figuras podem ser interpretações gráficas do percebido em vez de propriedades dele próprio. Não obstante, tal experimento evidencia suficientemente que o ato de ver e o de lembrar envolvem a criação de totalidades organizadas.

Nivelamento e aguçamento

Embora os observadores revelem em seus desenhos (Figura 39) uma tendência a reduzir o número de características estruturais e consequentemente a simplificar o padrão, outras tendências são ativas também. Por exemplo, o quarto desenho da fileira "Maior subdivisão" é mais complexo do que o modelo pelo fato de quebrar a linha horizontal do centro e desse modo intensificar, em vez de reduzir a dinâmica do modelo. Esta contratendência se manifesta com mais clareza nos experimentos feitos pela primeira vez por Friedrich Wulf. Ele usou figuras contendo ligeiras ambiguidades, como a Figura 40a e d. As duas asas de a são quase mas não absolutamente simétricas, e o retângulo pequeno em d está ligeiramente descentralizado. Quando tais figuras se apresentam sob condições que mantêm o controle do estímulo suficientemente fraco para deixar os observadores com uma margem de liberdade, seguem-se dois principais tipos de reação. Ao fazer desenhos daquilo que viram, algumas pessoas aperfeiçoam a simetria do modelo *(b, e)*, aumentando assim sua simplicidade; reduzem o número de características estruturais. Outras exageram a assimetria (*c, f*). Elas, também, simplificam o modelo, mas da maneira oposta. Em vez de reduzir o número de características estruturais, estabelecem distinções mais claras do que as dadas. Eliminando as ambiguidades, elas certamente tornam mais simples a tarefa do observador.

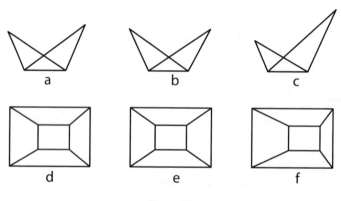

Figura 40

Ambas as tendências, uma no sentido do "nivelamento", a outra no sentido do "aguçamento", são aplicações de uma tendência superordenada, a saber, a de tornar a estrutura perceptiva mais nítida possível. Os psicólogos da Gestalt chamaram essa tendência "a lei da prägnanz", e infelizmente não a distinguiram suficientemente da tendência no sentido de uma estrutura mais simples. (Para compor a confusão, os tradutores traduziram o alemão *"Prägnanz"* pela palavra inglesa *pregnance,* que significa quase o oposto.)

O nivelamento caracteriza-se por alguns artifícios como unificação, realce da simetria, redução das características estruturais, repetição, omissão de detalhes não integrados, eliminação da obliquidade. O aguçamento realça as diferenças, intensifica a obliquidade. O nivelamento e o aguçamento frequentemente ocorrem no mesmo desenho, do mesmo modo que na memória de uma pessoa as coisas grandes podem ser relembradas como se fossem maiores, as pequenas, menores do que realmente eram, mas ao mesmo tempo a situação total pode sobreviver numa forma mais simples, mais ordenada.

É evidente que o nivelamento e o aguçamento diferem não apenas nas configurações que criam, mas em seu efeito sobre a dinâmica. O nivelamento envolve também uma redução da tensão inerente ao padrão visual. O aguçamento aumenta essa tensão. Isto será evidente nos exemplos da Figura 40. Os historiadores de arte lembrar-se-ão aqui da diferença entre estilos clássico e expressionista. O classicismo tende à simplicidade, simetria, normalidade e redução de tensão. O expressionismo enfatiza o irregular, o assimétrico, o incomum e o complexo, e se esforça para aumentar a tensão. Os dois tipos de estilos resumem duas tendências cuja interação, em diferentes proporções, constitui a estrutura de qualquer obra de arte visual e, na verdade, de qualquer padrão visual. Posteriormente voltaremos a este assunto.

Um todo se mantém

Parece que as coisas que vemos se comportam como totalidades. Por um lado, o que se vê numa dada área do campo visual depende muito do seu lugar e função no contexto total. Por outro, alterações locais podem modificar a estrutura do todo. Esta interação entre todo e parte não é automática e universal. Uma parte pode ou não ser visivelmente influenciada por uma mudança da estrutura total; e uma alteração na configuração ou cor pode ter pouco efeito no todo quando a mudança permanece, por assim dizer, fora da trilha estrutural. Estes são aspectos do fato de que qualquer campo visual se comporta como uma Gestalt.

Isto não se aplica necessariamente aos objetos físicos que servem como estímulos para o sentido da visão. Uma massa d'água é uma Gestalt desde que o que aconteça num dado lugar tenha um efeito sobre o todo. Mas uma rocha não é; e, em um campo, árvores, nuvens e água interagem apenas dentro dos limites de confinamentos severos. Além disso, qualquer interação física que ocorra no mundo que vemos não tem necessariamente um correspondente visual. Um radiador elétrico tem um efeito forte, mas invisível sobre um violino próximo, enquanto um pálido rosto humano que parece verde, por contraste com um vestido vermelho adjacente, sofre devido a um efeito perceptivo que não possui contraparte física.

Não teve importância para o torso de mármore da Madonna de Michelangelo que um desvairado quebrasse um de seus braços com um martelo; tampouco o pigmento sobre uma tela sofre qualquer alteração física quando se corta a metade do quadro. As interações que visualmente observamos devem-se aos processos do nosso sistema nervoso. O arquiteto Eduardo Torroja observa: "A visão total de uma linha reta, uma curva ou um volume é influenciada pelas outras linhas e planos circundantes. Assim, por exemplo, a linha reta do membro tirante de um arco abatido pode parecer uma curva, cuja convexidade é oposta à do arco. Um retângulo colocado dentro de uma ogiva apresenta uma forma alterada".

Anteriormente sugeri que as interações dentro do campo visual são controladas pela lei da simplicidade, segundo a qual as forças perceptivas que constituem tal campo organizam-se nos padrões mais simples, mais regulares e mais simétricos possíveis, sob dadas circunstâncias. Até que ponto esta lei pode se impor, depende, em cada caso, da limitação que prevalece no sistema. Uma vez que um padrão de estímulo articulado se projeta sobre as retinas dos olhos, a organização perceptiva deve aceitar essa dada configuração; ela deve limitar-se a agrupar ou subdividir a forma existente de tal modo que resulte a estrutura mais simples. A simplificação posterior, como mostraram as Figuras 38 e 39, torna-se possível quando o efeito do "input" sobre o estímulo torna-se débil devido à curta exposição, à luz fraca ou alguma condição semelhante.

Na experiência visual, observamos apenas os resultados deste processo organizador. Suas causas devem ser procuradas no sistema nervoso. Quase nada se sabe sobre a exata natureza de tal organização fisiológica. Pode-se dizer que a organização deve envolver processos de campo, por inferência do que ocorre na visão. Wolfgang Köhler demonstrou que os processos de campo são frequentemente observados na física e portanto podem ocorrer no cérebro também, uma vez que o sistema nervoso pertence ao mundo físico. "Como exemplo familiar", escreveu Köhler, "tome a distribuição estacionária de água corrente de uma rede de canos. Por influência mútua, no sistema inteiro, o processo ampliado mantém-se como um todo".

Bastam três exemplos para ilustrar a força e ubiquidade da tendência numa totalidade visual para manter ou restabelecer seu estado mais simples. O psicólogo Ivo Köhler tem trabalhado com óculos de distorção. Sua curiosidade surgiu pelo fato de que, considerando os defeitos do aparelho visual do homem, "a imagem é melhor do que deveria ser". Por exemplo, a lente do olho não está corrigida para aberração esférica, e contudo as linhas retas não parecem curvas. Köhler usou lentes prismáticas que criam um "mundo de borracha": quando a cabeça vira para a direita ou para a esquerda, os objetos tornam-se mais largos ou mais estreitos; quando a cabeça se move para cima ou para baixo, os objetos parecem inclinar-se primeiro para um lugar e depois para outro. Depois dos óculos terem sido usados por várias semanas contudo, as distorções desaparecem e a simplicidade estável usual das formas visuais se restabelece.

Outras observações mostram que, quando lesões cerebrais causam áreas cegas no campo visual, figuras incompletas são vistas como se fossem completas, contanto que sua forma seja suficientemente simples e boa parte dela apareça na área observada. Uma lesão extensiva a um dos lóbulos corticais da parte posterior do cérebro pode provocar a completa perda dos sentidos quer da metade direita quer da esquerda do campo visual, uma condição conhecida como hemiopia. Se se fizer o paciente olhar fixamente para o centro de um círculo por um décimo de segundo, mesmo assim, apenas a metade dele realmente estimula os centros visuais do cérebro, ele diz ver um círculo completo. Se lhe apresentarem uma porção menor do círculo dirá ver "um tipo de arco", e o mesmo ocorre com a metade de uma elipse. O paciente não está apenas adivinhando por inferência de experiência passada, mas realmente vê a figura completa ou incompleta. De fato, mesmo as pós-imagens de figuras completadas são percebidas como se fossem completas. Evidentemente, quando parte suficiente da figura projetada é recebida pelo córtex visual, o processo eletroquímico causado pela projeção pode completar-se no cérebro e por causa disso produz a percepção de um todo completo na consciência.

Finalmente, o psicólogo Fabio Metelli contribuiu com uma referência particularmente elegante a um fenômeno elementar, o que provavelmente deve ser tomado como verdade. Se alguém fizer girar um disco preto ao redor de seu centro, nenhuma locomoção será percebida, embora todos os pontos de toda a superfície do disco estejam realmente em movimento. Se, contudo, alguém girar um quadrado preto ao redor de seu centro, toda a superfície é vista girando, incluindo qualquer superfície circular (Figura 41), que sozinho não mostraria absolutamente nenhum movimento. Para se perceber se um ponto está em movimento ou em repouso, depende da situação visual mais simples possível para o padrão total: para o quadrado é rotação, para o disco é o repouso.

Figura 41

Subdivisão

Mesmo que as figuras organizadas se aproximem de sua integridade e se completem quando mutiladas ou distorcidas, não presumiríamos que tais figuras sejam sempre percebidas como massas compactas indivisíveis. Naturalmente um disco preto é visto como uma coisa indivisa em vez de, digamos, duas metades. Isto ocorre porque a unidade indivisa é a maneira mais simples de perceber o disco. Mas o que acontece com a Figura 42? Embora sobre o papel seja uma massa contínua, um observador tem grande dificuldade em vê-la deste modo. À primeira vista, a figura pode parecer de má configuração, forçada, não em sua forma final. Logo que ela aparece como uma combinação de retângulo e triângulo a tensão cessa, a figura se assenta e parece confortável e definitiva. Ela assumiu a estrutura mais simples possível, compatível com o estímulo dado.

Figura 42

A regra deriva-se imediatamente da Figura 43. Quando o quadrado (*a*) se divide ao meio, o padrão completo prevalece sobre suas partes porque a simetria de 1:1 do quadrado é mais simples do que as formas de 1:2 dos retângulos. Mesmo assim, podemos controlar e ao mesmo tempo selecionar as duas metades sem muito esforço. Se agora dividirmos um retângulo de 1:2 (*b*) da mesma maneira, a figura imediatamente se separa porque a simplicidade dos dois quadrados se impõe contra a configuração menos compacta do todo. Se, por outro lado, quisermos obter um retângulo particularmente coerente, podemos aplicar nossa divisão ao retângulo da secção de ouro (*c*), no qual o lado horizontal mais longo se relaciona com o lado vertical mais curto como a soma de ambos está para o mais comprido. Tradicional e psicologicamente, esta proporção de 1,618... tem sido considerada particularmente satisfatória por sua combinação de unidade e variedade dinâmica. O todo e as partes estão bem ajustados quanto à resistência, de modo que o todo prevalece sem ser ameaçado por uma separação, mas ao mesmo tempo as partes mantêm certa autossuficiência.

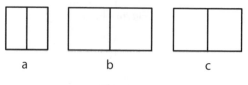

Figura 43

Se a subdivisão depende da simplicidade do todo em se comparando com a das partes, podemos estudar a relação entre os dois fatores, mantendo constantes as formas das mesmas enquanto variamos sua configuração. Na Figura 44, movemo-nos da máxima coerência da forma de cruz para o desaparecimento virtual de qualquer padrão integrado. Também percebemos nos dois exemplos centrais uma tensão visual distinta: maior simplicidade e um correspondente abrandamento de tensão seriam obtidos se as duas faixas se separassem, ou na dimensão de profundidade – e de fato as duas faixas parecem permanecer em planos ligeiramente diferentes – ou dos lados. Esta tensão está ausente nas duas figuras externas, nas quais os dois componentes ou se adaptam a um todo simétrico ajustado ou são impedidos de interferência mútua.

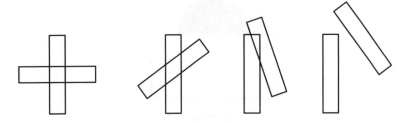

Figura 44

O que se aplica para a divisão das figuras isoladas deve-se aplicar também a todo o campo visual. Na completa escuridão ou quando observamos um céu sem nuvens, defrontamo-nos com uma unidade ininterrupta. Na maioria das vezes, contudo, o mundo visual se compõe de unidades mais ou menos distintas. Uma dada área do campo distingue-se de seus arredores na medida em que sua configuração não só é clara, como simples por si só, e independente da estrutura da área circundante. Ao contrário, é difícil de isolar uma área do campo quando sua própria configuração é absolutamente irregular ou, quando parcial ou totalmente, ela se adapta de modo satisfatório a um contexto mais amplo. (A Figura 23a desaparece no contexto *b*, enquanto mantém muito da sua identidade na Figura 45.)

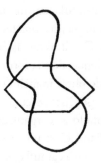

Figura 45

A configuração não é o único fator que determina a subdivisão. As similaridades e as diferenças de claridade e cor podem ser até mais decisivas, o mesmo acontecendo com as diferenças entre movimento e repouso. Pode-se tomar, dos experimentos de Metelli, um exemplo que envolve a percepção de movimento. Percebe-se espontaneamente a Figura 46 como uma combinação de uma faixa branca e um disco ou círculo completos ou incompletos. Se subsequentemente se faz girar a figura vagarosamente ao redor do centro do círculo, ela se subdivide ainda mais radicalmente. O disco preto tem a possibilidade de permanecer imóvel, enquanto a faixa branca circula ao seu redor, não cobrindo porções diferentes do disco imoto.

Figura 46

Por que os olhos com frequência dizem a verdade?

A subdivisão da forma tem imenso valor biológico porque é uma das condições principais para discernir os objetos. Goethe observou que "Erscheinung und Entzweien sind Synonymy", significando que a aparência e a segregação são uma e a mesma coisa. Mas ver formas não é o suficiente. Se as formas visuais devem ser úteis, devem corresponder aos objetos do mundo físico. O que nos capacita ver um automóvel como uma coisa e a pessoa dentro dele, outra, em vez de parte do automóvel e parte da pessoa paradoxalmente unificadas num monstro enganador? Às vezes nossos olhos nos enganam. Wertheimer citou o exemplo de uma ponte que constitui um todo convincente com sua própria imagem refletida na água (Figura 47). Veem-se no céu as constelações que não correspondem às posições reais das estrelas no espaço físico. A camuflagem militar quebra a unidade dos objetos em partes que se fundem com o ambiente, uma técnica que também a natureza utiliza para a proteção dos animais. Os olhos de rãs, peixes, pássaros e mamíferos, pela notável simplicidade e independência de sua forma arredondada, tendem a denunciar a presença do animal, que de outra maneira estaria bem protegido, sendo por isso frequentemente escondidos por listas escuras que atravessam a cabeça. Os artistas modernos têm experimentado a reorganização de objetos de maneiras que contradizem a experiência cotidiana. Gertrude Stein relata que, durante a Primeira Guerra Mundial, quando Picasso viu a camuflagem aplicada a armas exclamou com surpresa: "Nós fizemos isto, é cubismo!"

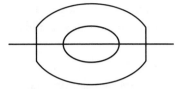

Figura 47

Por que, então, nossos olhos nos servem quase sempre bem? Não é apenas uma coincidência feliz. Primeiro, a parte do mundo feita pelo homem adapta-se às necessidades humanas. Só as portas secretas dos velhos castelos e dos automóveis modernos misturam-se com as paredes. Em Londres, caixas postais são pintadas de vermelho vivo para diferenciá-las daquilo que as rodeia. Contudo, não apenas a mente humana, mas a natureza física também deve obedecer à lei da simplicidade. A forma exterior das coisas naturais é tão simples quanto as condições permitem; e esta simplicidade de configuração favorece a separação visual. O avermelhado e a redondez das maçãs, que se distinguem das diferentes cores e formas das folhas e ramos, existem não como uma conveniência para quem as colhe, mas são a manifestação externa do fato de que as maçãs crescem diferente e separadamente das folhas e ramos. Processos internos separados e materiais diferentes criam, como um subproduto, aparência diferente.

Um terceiro fator que favorece a subdivisão perceptiva não é independente dos outros dois, mas merece uma menção explícita. A configuração simples, notadamente a simetria, contribui para o equilíbrio físico. Ela impede que as paredes, árvores e garrafas caiam, sendo, portanto, preferida no trabalho de construção pela natureza e também pelo homem. Em última análise, então, a útil correspondência entre o modo que vemos as coisas e o seu real modo de ser acontece porque a visão, como um reflexo do processo físico do cérebro, está sujeita à mesma lei básica de organização das coisas da natureza.

Subdivisão nas artes

No trabalho dos pintores, escultores ou arquitetos, a subdivisão da forma visual é particularmente necessária e evidente. Aqui, de novo, preponderantemente no caso da arquitetura, ela pode facilitar a orientação. Essencialmente, contudo, a subdivisão transmite afirmações visuais por si própria. Na escultura *Os Amantes* (Figura 48), Constantin Brancusi adaptou as duas figuras que se abraçam num bloco quadrangular de forma regular de modo tão ajustado, que a unidade do todo domina a subdivisão, os dois seres humanos. O simbolismo óbvio desta concepção contrasta notadamente, por exemplo, com a bem conhecida representação do mesmo assunto de Auguste Rodin, na qual a luta infrutífera pela união é comunicada pela independência indomável das duas figuras. Aqui a finalidade das partes é pôr em jogo a unidade do todo.

Figura 48

Para os objetivos do artista, a subdivisão tende a ser muito mais complexa do que é nas figuras esquemáticas que usei para demonstrar os princípios básicos. Nas artes, a subdivisão raramente se limita a um nível como o de um tabuleiro de xadrez, mas prossegue em níveis hierárquicos, subordinados uns aos outros.

Uma segregação primeira estabelece os aspectos principais da obra. As partes maiores são novamente subdivididas em menores, e a tarefa do artista é adaptar o grau e tipo de segregação e conexões ao significado que pretende. Na pintura de Manet, *O Guitarrista* (Figura 49), a primeira subdivisão separa toda a cena de primeiro plano do fundo neutro. Na cena frontal, o músico, o banco, e a pequena natureza morta com o jarro constituem uma divisão secundária. A separação entre o homem e o banco é em parte contrabalançada por um agrupamento que une o banco e a calça de cor semelhante que os destaca da parte escura superior do homem. A divisão deste, obtida mediante a claridade e cor, acrescenta peso ao violão, que é colocado entre as seções superior e inferior de seu corpo. Ao mesmo tempo, a unidade comprometida da figura é reforçada mediante vários recursos, notadamente a distribuição das áreas brancas ao redor, ligando os sapatos, as mangas, o lenço e a camisa; da camisa aparece um pedaço pequeno, mas importante, abaixo do cotovelo esquerdo.

Cada uma destas partes maiores da pintura é por sua vez subdividida e em cada nível uma ou várias concentrações locais de forma mais densamente organizada

CONFIGURAÇÃO 67

Figura 49
MANET, Edouard. O Cantor Espanhol, 1860. Óleo sobre tela. MoMA, New York.

aparecem em zonas circundantes relativamente vazias. Assim, a figura solidamente articulada se destaca do fundo vazio, e, de modo similar, o rosto e a camisa, as mãos e o braço do violão, os sapatos e a natureza morta são ilhas de atividade realçada a um nível secundário da hierarquia. A tendência é ver os vários focos juntos como uma espécie de constelação; eles constituem os pontos de máxima importância, transportam grande parte do significado.

O que é uma parte?

Chuang Tzu refere-se a um cozinheiro cuja faca permaneceu afiada por dezenove anos, pois, quando trinchava um boi, não cortava arbitrariamente, mas respeitava as subdivisões naturais dos ossos, músculos e órgãos do animal; em resposta a mais leve batida nos interstícios certos, as partes pareciam prestes a desligar-se. O príncipe chinês ouvindo a explicação do cozinheiro disse que isto o havia ensinado como proceder com sucesso na vida.

Saber distinguir entre pedaços e partes é, na verdade, uma chave para o sucesso na maior parte das ocupações humanas. Num sentido puramente quantitativo, qualquer secção de um todo pode ser chamada parte. O seccionamento pode ser imposto a um objeto a partir do exterior, ao capricho de um trinchador ou por meio da força mecânica de uma máquina de cortar. Partir para obter mera quantidade ou número é ignorar a estrutura. Nenhum outro procedimento é válido, naturalmente, quando a estrutura está ausente. Uma secção do céu azul é tão boa quanto qualquer outra. Mas a subdivisão de uma escultura não é arbitrária, mesmo que, como objeto físico, possa ser desmontada em qualquer tipo de secção para fins de transporte.

As partes das formas mais simples são determinadas com maior facilidade. Vê-se um quadrado constituído de quatro linhas retas com divisões nos ângulos. Mas quando as configurações são menos nítidas e mais complexas, os componentes estruturais não são tão óbvios. É fácil cometer enganos na compreensão de uma estrutura artística quando um observador julga, por meio de relações dentro de limites estreitos, em vez de levar em consideração toda a estrutura. O mesmo erro pode também levar ao fraseado imperfeito na execução de uma passagem musical ou a má interpretação de uma cena por um ator. A situação local sugere uma concepção, o contexto total prescreve outra. Max Wertheimer usou a Figura 50 para mostrar que em termos locais restritos a base horizontal move-se como um todo indiviso para a asa direita da curva, embora a estrutura total divida a mesma linha em duas secções, pertencentes a subtotais diferentes. A suástica da Figura 51*a* é parte da Figura 51 *b*? Claro que não, porque as conexões e segregações locais que formam a suástica submetem-se a outras do contexto do quadrado. É necessário portanto distinguir entre "partes genuínas" – isto é, secções que revelam um subtotal segregado dentro do contexto total – e meras porções ou pedaços – isto é, secções segregadas apenas em relação a um contexto local limitado ou a nenhuma divisão inerente à figura.

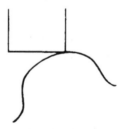

Figura 50

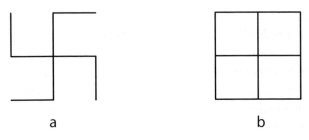

a   b

Figura 51

Quando falo em partes neste livro, refiro-me sempre a partes genuínas. A afirmação "o todo é maior que a soma de suas partes" refere-se a estas partes. A afirmação é contudo enganadora porque sugere que num contexto particular as partes continuam sendo o que são, ligam-se porém por uma qualidade adicional misteriosa, o que é importante. Ao contrário, a aparência de qualquer parte depende, em maior ou menor extensão, da estrutura do todo, e este por sua vez sofre influência da natureza de suas partes. Nenhuma porção de uma obra de arte é absolutamente autossuficiente. As cabeças separadas das estátuas, com frequência, parecem desapontadoramente vazias. Se levavam consigo próprias expressão em demasia, devem ter desfigurado a unidade da obra completa. Por essa razão, os bailarinos que falam por meio de seus corpos amiúde usam deliberadamente expressões faciais vazias; e esta é a razão que levou Picasso, depois de experimentar esboços de mãos e figuras um tanto complexos para o mural da *Guernica*, a fazê-las muito mais simples na obra final.

O mesmo é válido para a inteireza. Um subtotal verdadeiramente autocontido é muito difícil de adaptar-se como já mencionei com referência às janelas circulares (Figura 15). Bons fragmentos não são nem supreendentemente completos nem lastimavelmente incompletos; têm a graça particular de revelar méritos inesperados de partes, enquanto, ao mesmo tempo, indicam uma entidade perdida além deles próprios. Uma coerência similar da estrutura total existe na forma orgânica. O geneticista Waddington diz que embora os esqueletos inteiros apresentem uma "qualidade de inteireza", que resiste a adições ou omissões, os ossos em separado têm apenas "um certo grau de inteireza". Sua forma inclui alusões sobre as outras partes às quais se ligam e quando isoladas são "semelhantes a uma melodia interrompida pela metade".

Semelhança e diferença

Uma vez entendido que as relações entre partes dependem da estrutura do todo, podemos sem perigo e com vantagem isolar e descrever algumas destas relações parte por parte. Em seu estudo pioneiro de 1923, Wertheimer descreveu várias das propriedades que ligam os itens visuais. Alguns anos mais tarde, Cesare L. Musatti mostrou que as leis de Wertheimer podiam ser reduzidas a uma, a lei da homogeneidade ou semelhança.

A semelhança e subdivisão são polos opostos. Enquanto a subdivisão é um dos pré-requisitos da visão, a semelhança pode tornar as coisas invisíveis, como uma pérola sobre uma fronte branca – "perla in bianca fronte" – para usar a imagem de Dante. A homogeneidade é o caso limite, no qual, como alguns pintores modernos demonstraram, a visão se aproxima ou atinge a ausência de estrutura. A semelhança atua como um princípio estrutural apenas em conjunção com a separação, isto é, como uma força de atração entre coisas separadas.

O agrupamento por semelhança ocorre tanto no tempo como no espaço. Aristóteles considerava a semelhança como uma das qualidades que criam associações mentais, uma condição da memória que liga o passado ao presente. Para demonstrar a semelhança independentemente de outros fatores, deve-se selecionar padrões nos quais a influência da estrutura total seja fraca ou pelo menos que não afete diretamente a lei de agrupamento particular a ser demonstrada.

Qualquer aspecto daquilo que se percebe – forma, claridade, cor, localização espacial, movimento etc. – pode causar agrupamento por semelhança. Um princípio geral que se deve ter em mente é que, embora todas as coisas sejam diferentes em alguns aspectos e semelhantes em outros, as comparações só têm sentido quando provêm de uma base comum. Sob tais circunstâncias, não há termo de comparação entre o David de Michelangelo e o Mare Tranquillitatis da lua, embora a lógica nos permita dizer que a estátua é menor e parece maior que o Mare. Os adultos ocidentais podem ser persuadidos com comparações sem sentido, as crianças pequenas não. Num experimento com crianças pré-escolares, Giuseppe Mosconi mostrou seis imagens, das quais cinco representavam grandes mamíferos, e uma, um navio de guerra. Perguntaram-lhes qual dessas imagens era a "mais diferente" de uma sétima, representando um carneiro. Embora os adultos e as crianças de mais idade apontassem para o navio de guerra sem hesitação, apenas quatro em 51 pré-escolares fizeram o mesmo. Se lhes perguntassem porque não escolheram o navio respondiam: "Porque não é um animal!"

A mesma atitude sensata prevalece na percepção. Comparações, conexões e separações não serão feitas entre coisas não relacionadas, mas apenas quando o arranjo como um todo sugere uma base suficiente. A semelhança é um pré-requisito para se notar as diferenças.

Na Figura 52, a configuração, a orientação espacial e a claridade mantêm-se constantes. Estas semelhanças mantêm todos os quadrados ligados e ao mesmo tempo forçosamente evidenciam a diferença de tamanho entre eles. A diferença de tamanho, por sua vez, resulta numa subdivisão, pela qual os dois quadrados grandes, contra os quatro pequenos, ligam-se a um nível secundário. Este é um exemplo de *agrupamento por semelhança de tamanho*.

Figura 52

Agrupamentos e separações são produzidos por outras características perceptivas nas Figuras 53 a 56. Vê-se agrupamento por diferença de *configuração* na Figura 53. Diferença de *claridade* reúne os discos pretos aos brancos na Figura 54. Observa-se que similaridades de tamanho, configuração ou cor costumam unir itens distantes um do outro no espaço. Mas a localização espacial por si só é também um fator de agrupamento; a Figura 55 ilustra a "proximidade" ou "vizinhança", na terminologia de Wertheimer; preferimos falar como Musatti, de agrupamento por semelhança e diferença de *localização espacial*, que produz conjuntos visuais. Finalmente, a Figura 56 mostra o efeito da *orientação espacial*.

Figura 53

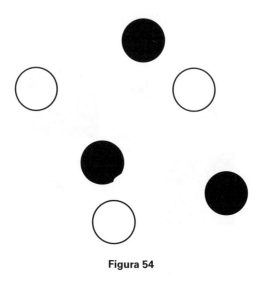

Figura 54

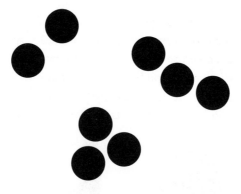

Figura 55

O movimento introduz os fatores adicionais de *direção e velocidade*. Se num grupo de cinco bailarinos, três se movem numa direção, dois na outra, eles se separarão de uma maneira muito mais notável do que a imóvel Figura 57 pode mostrar. O mesmo é válido para as diferenças de velocidade (Figura 58). Se num filme um homem agitado abrir passagem numa multidão, ele atrai a atenção; numa fotografia ele poderia não ser notado. Diferenças subjetivas de velocidade intensificam a percepção em profundidade quando se observa uma paisagem de um trem ou de um automóvel ou quando se fotografa com uma câmara em movimento. Isto acontece porque a velocidade aparente das coisas que se movimentam rapidamente devido ao movimento do veículo depende da distância a que elas se encontram do observador. Os postes de telégrafo ao longo das estradas de ferro movem-se com maior rapidez do que as casas e árvores vistas a algumas dezenas de metros. Assim a semelhança e diferença de velocidade ajudam a definir a distância.

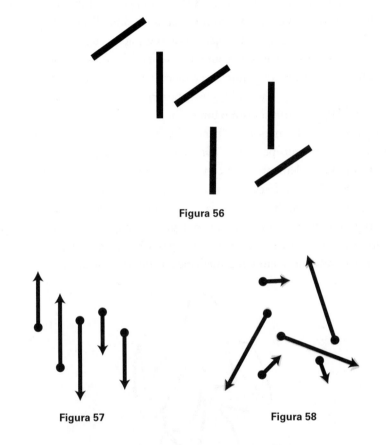

Figura 56

Figura 57   Figura 58

Admite-se que os efeitos do agrupamento e da separação em nossos exemplos não são particularmente fortes. Isto acontece porque, a fim de mostrar o que a semelhança e a diferença podem fazer por si próprias, evitei o máximo possível que os vários elementos formassem padrões. Em realidade, os fatores de semelhança são mais efetivos quando suportam padrões. Sente-se que a abordagem "por baixo" é completamente limitada, e que se deve completá-la pela "por cima". Wertheimer usou estes termos para descrever a diferença entre começar a análise de um padrão por seus componentes e prosseguir para suas combinações – o método que usei com as leis de agrupamento – e começar pela estrutura global do todo e proceder dali para as partes cada vez mais subordinadas.

O agrupamento por baixo e a subdivisão por cima são conceitos recíprocos. Uma diferença importante entre os dois procedimentos é que, ao começar por baixo, pode-se aplicar o princípio da simplicidade apenas à semelhança que se obtém entre unidades, ao passo que, ao se aplicar por cima, o mesmo princípio vale também para toda a organização. O Kunst-historisches Museum de Viena possui um grupo de pinturas do pintor do século XVI Giuseppe Arcimboldo, nas quais o Verão, o Inverno, o Fogo e a Água são representados simbolicamente por retratos de perfil. Cada figura se compõe de objetos, por exemplo, o Verão, de frutas, o Fogo, de toras, velas, candeias, pedras etc., ardendo. Quando o observador procede dos componentes de uma destas pinturas, reconhece os objetos e aprecia a maneira artística com que foram ajustados. Mas não chegará nunca, deste modo, à figura de perfil constituída pela estrutura como um todo.

Um passo além da mera semelhança de unidades separadas encontra-se o princípio de agrupamento por *forma consistente*. Este princípio repousa na semelhança intrínseca dos elementos que constituem uma linha, uma superfície ou um volume. A Figura 59 é um traçado sumário de uma pintura de Picasso. Por que vemos a perna direita da mulher como uma forma contínua, a despeito da interrupção ocasionada pela perna esquerda? Embora saibamos com que a mulher deva parecer, as duas formas que representam a perna não passariam a ser uma, se as linhas de contorno não se relacionassem por semelhança de direção e localização.

Figura 59
© Succession Pablo Picasso / AUTVIS, Brasil, 2016.

O que nos faz combinar as sete estrelas do Grande Mergulhador na sequência contínua especial à qual estamos acostumados? Poderíamos vê-las como pontos luminosos separados ou ligá-las de outro modo. A Figura 60 mostra o resultado de um experimento no qual o biólogo Paul Weiss usou sete gotas de sal de prata numa chapa de gelatina que tinha sido mergulhada numa solução de cromato. À medida que as gotas se difundem lentamente, anéis concêntricos periódicos de cromato de prata insolúvel ligam os sete pontos na mesma ordem espontaneamente produzida na percepção dos observadores de estrela. Pergunta Weiss, esta inequívoca correspondência não sugere que "um padrão de interação dinâmica semelhante no cérebro do homem guiou esta interpretação" da constelação?

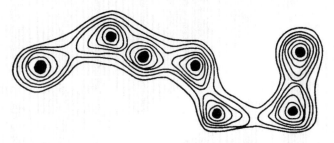

Figura 60

Neste último exemplo, a forma consistente não foi produzida por linhas, mas por uma simples sequência de pontos. Há outras maneiras de criar consistência convincente. Num desenho do artista italiano Pio Semproni (Figura 61), os contornos da figura branca, tão claramente visíveis, são ocasionados indiretamente pelas extremidades das linhas de fundo, cada uma das quais contribui com um elemento do tamanho de um ponto para o limite virtual.

Quanto mais consistente for a forma da unidade, tanto mais prontamente se destacará do seu ambiente. A Figura 62 mostra que a linha reta é identificada com mais facilidade do que as linhas irregulares – um efeito que seria intensificado se as linhas fossem trilhas de movimentos reais. Quando há uma escolha entre várias sequências possíveis de linhas (Figura 63), a preferência espontânea é por aquela que possui a estrutura intrínseca de modo mais consistente. A Figura 63*a* será vista com maior facilidade como uma combinação das duas partes indicadas em *b* do que as duas indicadas em *c*, porque *b* proporciona a estrutura mais simples.

O princípio da forma consistente encontra aplicações interessantes no que se conhece por progressão harmônica na música. Neste caso, o problema consiste em manter a unidade "horizontal" das linhas melódicas em oposição à coerência harmônica vertical dos acordes. Isto se consegue mantendo as linhas melódicas tão simples e consistentes quanto a tarefa musical permite. Progressão de um acorde ao próximo significa, por exemplo, o uso de agrupamento por "semelhança de localização". Walter Piston escreve: "Se duas tríades têm uma ou mais notas em comum, estas se repetem na mesma voz, a voz ou as vozes restantes deslocam-se em direção a condições mais próximas possíveis" (Figura 64).

Figura 61

SEMPRONI, Pio. Analisi dello Spazio, 1971.

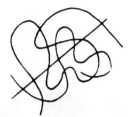

Figura 62

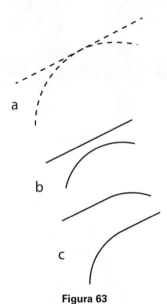

Figura 63

Figura 64

Indo-se além das relações entre as partes, chega-se a semelhanças definíveis apenas com referência ao padrão total. Semelhança de localização pode por extensão aplicar-se não apenas a unidades que permanecem juntas, mas também à posição similar dentro do todo. Tal semelhança é o que se chama simetria (Figura 65).

Do mesmo modo, a semelhança de direção pode ir além do mero paralelismo – por exemplo, quando os bailarinos se movem ao longo de percursos simétricos (Figura 66).

Figura 65

Figura 66

O caso limite da semelhança de localização é a contiguidade. Quando não há quaisquer intervalos entre as unidades, resulta um objeto visual compacto. Pode parecer artificial considerar uma linha ou uma área como um aglomerado de unidades, e pode não se perceber imediatamente a necessidade de explicar por que se vê uma cereja vermelha como um objeto coerente. Percebe-se o problema com mais facilidade se se pensar na retícula por meio da qual o impressor representa tons contínuos de claridade e cor variadas, bem como contornos que podem ser lidos, mesmo quando os pontos que compõem a imagem são um tanto grandes. Deve-se lembrar também que as imagens formadas pelas lentes dos olhos são captadas ponto por ponto por milhares de minúsculos receptores retinianos, cujas mensagens, embora ligadas até certo ponto antes de atingirem os centros do cérebro, devem ser agrupadas em objetos para o propósito da percepção. A formação do objeto é consumada pelo princípio da simplicidade, do qual as leis de semelhança constituem uma aplicação especial. Um objeto visual é tanto mais unitário quanto mais estritamente semelhantes forem seus elementos em fatores como cor, claridade, velocidade e direção de movimento.

Exemplos tomados da arte

Todas as obras de arte devem ser olhadas "por cima", isto é, com uma captação inicial da organização total. Ao mesmo tempo, contudo, as relações entre as partes frequentemente desempenham um papel compositivo importante. A semelhança e a dessemelhança dão forma ao tema principal, por exemplo, a *Parábola dos Cegos* de Pieter Brueghel, que ilustra a passagem bíblica "se o cego conduzir o cego, ambos cairão na vala". Um grupo de seis figuras coordenadas encontra-se ligado pelo princípio da forma consistente (Figura 67). As cabeças formam uma curva descendente ligando as seis figuras em uma fileira de corpos, que se inclinam e, por fim, caem rapidamente. A pintura representa estágios sucessivos de um processo: caminhar despreocupado, hesitação, alarme, tropeço e queda. A semelhança das figuras não é de estrita repetição, mas de mudança gradual, e os olhos do observador são levados a seguir o curso da ação. O princípio do cinema é aplicado aqui a uma sequência de fases simultâneas no espaço. Mais tarde será demonstrado que o movimento ilusório do cinema baseia-se na aplicação das leis de semelhança à dimensão temporal.

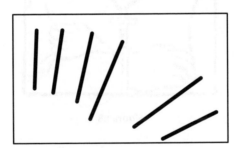

Figura 67

Em outras obras, um grupo de itens dispersos mantém-se junto pela similaridade. Na Crucificação do altar de Isenheim de Grünewald, as figuras de João, o Batista e de João, o Evangelista, situados em lados opostos do painel, estão ambos vestidos de vermelho vivo, o branco é reservado para o manto da Virgem, o cordeiro, a Bíblia, a tanga de Cristo, e a inscrição no alto da cruz. Deste modo, os vários suportes simbólicos de valores espirituais – virgindade, sacrifício, revelação, castidade e realeza – que se encontram distribuídos no painel inteiro são ligados não apenas compositivamente, mas são também interpretados aos olhos do observador segundo um significado comum. Em contraste, o símbolo da carne é sugerido pelo vestido rosa de Maria Madalena, a pecadora, que deste modo se associa aos braços e pernas nuas dos homens. Gombrich mostrou que nesta pintura há também uma escala de grandeza, não realística mas simbolicamente significativa que vai da figura gigantesca de Cristo até a da minúscula Maria Madalena.

Cézanne emprega simbolicamente o poder unificador da forma consistente em *Tio Dominic* (Figura 68). Os braços cruzados parecem acorrentados em sua posição como se nunca pudessem se separar. Este efeito é conseguido em parte pela fixação da borda da manga na vertical central estabelecida pela simetria do rosto e da cruz. Assim, a poderosa conexão entre a mente do homem e o símbolo da fé ao qual seu pensamento se consagra prende a atividade física do corpo e cria a tranquilidade da energia acumulada.

Figura 68

Ligando dois ou mais pontos por meio da semelhança, um pintor pode estabelecer um movimento visual significativo. A *Expulsão do Templo* de El Greco (Figura 69) é pintada em pardo amarelado e sombras acastanhadas. Reserva-se o vermelho intenso para as vestes de Cristo e para as de um dos mercadores que se inclina no canto esquerdo inferior do quadro. À medida que a atenção do observador é atraída para a figura central de Cristo, a semelhança cromática faz seu olhar se voltar para a segunda mancha vermelha inferior da esquerda. Este movimento duplica o golpe do látego de Cristo, cujo percurso é posteriormente realçado pelos braços levantados das duas figuras interpostas. Desta maneira, o olho realmente executa a ação que constitui o principal assunto do quadro.

Figura 69

Comparação perceptiva requer, como vimos antes, algum tipo de semelhança como base. Do mesmo modo que as diferenças de tamanho na Figura 52 mostraram claramente por que a forma e a orientação espacial se mantinham constantes, também as diferenças de tamanho entre as duas cadeiras na pintura *O Quarto*, de Van Gogh (Figura 70) são realçadas pelo mesmo recurso. A diferença de tamanho que ajuda a criar profundidade é sublinhada pela notável semelhança de cor, forma e orientação espacial.

Figura 70

A semelhança e a diferença das partes contribuem visivelmente para a pequena composição a guache de Picasso, *Mulher Sentada* (Prancha I). A semelhança das formas geométricas que compõem o quadro inteiro acentua a unidade do conjunto e suaviza, à moda cubista, a distinção entre a mulher e o fundo que se assemelha a um anteparo. A distinção, contudo, torna-se evidente por meio de outros recursos. Uma inclinação à esquerda é essencialmente usada para a figura, uma à direita para o fundo; fator de orientação que é, serve para subdividir o quadro em seus dois principais assuntos. Quanto à forma, as unidades circulares limitam-se à figura da mulher, e distribuem-se de tal modo que enfatizam a estrutura piramidal da figura. A única curva além do corpo feminino é o braço da cadeira verde – um intermediário entre o suporte angular e o corpo orgânico.

 A cor suporta a subdivisão produzida pela orientação e pela forma, mas ao mesmo tempo acrescenta variedade à composição contrabalançando até certo ponto essas tendências estruturais. Com exceção da gama dos castanhos escuros, usada tanto fora quanto dentro da figura, cada cor pertence ou à figura ou ao fundo. A cadeia vertical de amarelos confere unidade e destaque à mulher. A progressão escalonada da cabeça-ombro-corpo à esquerda é unificada pelo castanho claro, e o alaranjado serve para manter o lado direito unido e o liga à mancha ovalada abaixo. A continuidade do fundo interrompido pela figura se restabelece pela semelhança de cor. Os verdes "remendam" a cadeira partida, e, do lado direito, o castanho um tanto escuro liga duas partes do fundo que o braço saliente da mulher separa. O jogo recíproco de semelhanças e dessemelhanças correspondentes cria neste quadro uma trama de relações bem ajustadas.

 Dois pontos gerais são bem ilustrados pelo exemplo de Picasso. Primeiro, semelhança e diferença são julgamentos relativos. Se os objetos se parecem, depende da diferença que apresentam em contraste com seu ambiente. Assim, as formas arredondadas forçosamente se assemelham a despeito de suas diferenças porque são rodeadas de formas angulares, retilíneas. Segundo, na complexidade da composição artística os fatores de agrupamento são, com frequência, estabelecidos em oposição recíproca. As formas quebradas são emendadas por meio da distância espacial pela semelhança de cor. A diferença de cor é contrabalançada pela semelhança de forma. Esse contraponto de conexão e segregação realça a riqueza da concepção artística.

Prancha I
PICASSO, Pablo. Mulher Sentada. Guache, 1918. Museu de Arte Moderna, Nova York.
© Succession Pablo Picasso/AUTVIS, Brasil, 2016.

O esqueleto estrutural

Embora a configuração visual de um objeto se determine em grande parte por seus contornos externos, não se pode dizer que eles *constituam* a forma. Quando se pede a um homem na rua que tome o itinerário indicado na Figura 71*a*: "Caminhe dois quarteirões, vire à esquerda, caminhe mais dois quarteirões, vire à direita, caminhe um quarteirão...", ele acabará chegando ao ponto de partida. Isto provavelmente o surpreenderá. Embora se tenha movimentado ao longo de todo o contorno, não é provável que a experiência tenha abarcado os elementos essenciais da imagem que repentinamente formará em sua mente, quando perceber a forma de cruz que efetuou em seu caminho (Figura 71*b*). O par de eixos, embora não coincidente com os limites físicos reais, determina o caráter e a identidade da configuração. De modo similar, na Figura 67 foi possível apresentar o tema compositivo básico da pintura de Brueghel por meio de linhas retas que de modo algum se parecem com o contorno real das figuras. Concluímos que em se tratando de "configuração" referimo-nos a duas propriedades completamente diferentes dos objetos visuais: (1) os limites reais que o artista produz: as linhas, as massas, os volumes e (2) o esqueleto estrutural que estas formas materiais criam na percepção, mas que raramente coincide com elas.

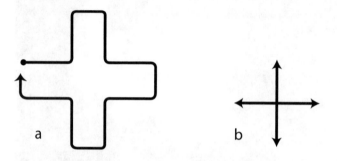

Figura 71

Delacroix disse que, ao desenhar um objeto, a primeira coisa que dele se deve captar é o contraste de suas linhas principais: "é necessário estar bem consciente disto antes de colocar o lápis no papel". Durante todo o trabalho, o artista deve ter em mente o esqueleto estrutural que está configurando, enquanto, ao mesmo tempo, deve prestar atenção aos contornos, superfícies, volumes completamente diferentes que está realmente fazendo. Por necessidade, o trabalho manual humano procede em sequência; o que será visto como um todo na obra final, cria-se parte por parte. A imagem condutora da mente do artista não é tanto uma previsão fiel de como se parecerá a pintura ou escultura acabada, mas principalmente o esqueleto estrutural, a configuração de forças visuais que determina o caráter do objeto visual. Todas as vezes que se perde de vista a imagem condutora, a mão perde o rumo.

Uma discrepância semelhante entre ação física e forma física de um lado e a imagem obtida do outro existe naquilo que o observador faz quando olha um objeto. Nos últimos anos, registros exatos de movimentos dos olhos têm demonstrado para que partes de um quadro o observador olha, quantas vezes e quanto tempo eles fixam cada lugar, e em que sequência de tempo. De maneira não surpreendente, as fixações se encontram formando um conjunto nas áreas de maior interesse do observador. Por outro lado, contudo, há pouca relação entre os percursos e direções dos movimentos dos olhos e a estrutura perceptiva da imagem final que emerge do exame. Não se deve o esqueleto estrutural mais aos movimentos dos olhos do observador do que aos das mãos do artista.

Triângulos diferentes têm caracteres visuais nitidamente diferentes, o que não se pode inferir de sua forma real, mas somente do esqueleto estrutural que ela cria por indução. Obtêm-se os cinco triângulos da Figura 72 deslocando-se verticalmente um dos vértices, enquanto se mantém os outros dois constantes. Wertheimer observou que, enquanto o vértice em movimento desliza continuamente para baixo, as mudanças que acontecem no triângulo não são constantes. Antes, há uma série de transformações que culminam nas cinco formas apresentadas. Embora resultantes de mudanças de contorno não se pode descrever em termos dos mesmos as diferenças estruturais entre os triângulos.

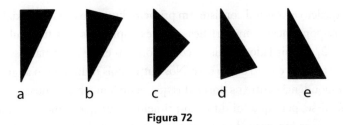

Figura 72

O triângulo *a* (Figura 73) caracteriza-se por um eixo vertical principal e um horizontal secundário que se encontram em ângulos retos. Em *b*, o eixo principal inclina-se para a direita, dividindo o todo em duas metades simétricas. A borda esquerda, embora ainda objetivamente uma vertical, agora dificilmente é vista como tal. Tornou-se um desvio oblíquo do eixo principal da figura. Em *c*, a obliquidade do todo desapareceu, mas então o eixo horizontal, mais curto, tornou-se dominante porque é o centro de uma nova divisão simétrica. O triângulo *d* retorna à obliquidade e assim por diante.

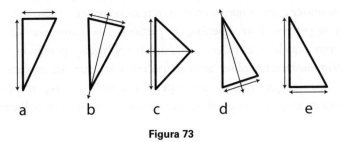

Figura 73

O esqueleto estrutural de cada triângulo deriva seu contorno pela lei da simplicidade: o esqueleto resultante é a estrutura mais simples obtenível com a forma dada. É preciso esforço para visualizar estruturas menos simples – por exemplo, *c* como um triângulo oblíquo irregular ou *d* como um desvio do tipo *e*, triângulo retângulo (Figura 74). Usa-se a simetria onde for possível *(b, c, d)*: em *a* e em *e*, a retangularidade proporciona o padrão mais simples possível.

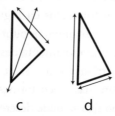

Figura 74

O esqueleto estrutural consiste, em primeiro lugar, do esquema axial, e os eixos criam correspondências características. Por exemplo, nos três triângulos isósceles da Figura 72, os dois lados iguais se correspondem entre si; tornam-se as "pernas" enquanto o terceiro é visto como base. Nos outros dois triângulos, o ângulo reto cria uma correspondência entre os dois lados que se opõem à hipotenusa.

Conclui-se, pelo que foi dito, em primeiro lugar que o mesmo esqueleto estrutural pode ser incorporado por uma grande variedade de formas. Examinando a Figura 95, veem-se três das inúmeras versões da figura humana produzida por artistas de diferentes culturas. É surpreendente a prontidão para reconhecer o corpo humano na figura de bastão mais primitiva ou a paráfrase mais elaborada – se apenas os eixos básicos e correspondências são respeitados.

Segue-se, em segundo lugar, que se um dado padrão visual pode produzir dois diferentes esqueletos estruturais, pode ser percebido como dois objetos totalmente diferentes. Um exame do famoso pato-coelho de Ludwig Wittgenstein, um desenho que pode ser visto como a cabeça de um pato, olhando para a esquerda ou como a de um coelho, olhando para a direita, mostra que enigma se deve enfrentar se se quiser afirmar que os contornos reais no papel contêm tudo que existe para o que se percebe. Este desenho, em particular, dá margem a duas contradições, mas com esqueletos estruturais igualmente aplicáveis, apontando em direções opostas. Wittgenstein, um observador atento, entendeu que este não era um assunto de duas interpretações aplicado a uma percepção, mas de duas percepções. O fato de duas percepções poderem provir de um mesmo estímulo causou-lhe espanto.

3. FORMA

"Forma é a configuração visível do conteúdo" escreveu o pintor Ben Shahn, e esta é uma fórmula tão boa quanto qualquer outra para mostrar a distinção entre "shape" (configuração, figura, aspecto, forma) e "form" (forma) que estou considerando nestes capítulos. Sob o título "Configuração", examinei alguns dos princípios pelos quais o material visual que os olhos recebem se organiza de modo que a mente humana possa captá-lo. Apenas para fins de análise extrínseca, contudo a configuração pode separar-se daquilo que ela significa. Todas as vezes que percebemos a configuração, consciente ou inconscientemente, nós a tomamos para representar algo, e desse modo ser a forma de um conteúdo.

De um modo mais prático, a configuração serve, antes de tudo, para nos informar sobre a natureza das coisas pela sua aparência externa. O que vemos da configuração, cor, e comportamento externo de um coelho nos diz muito sobre sua natureza, e a diferença na aparência entre uma xícara de chá e uma faca indica qual o objeto que serve para conter um líquido e qual para cortar um bolo. Além disso, enquanto o coelho, a xícara e a faca nos falam sobre seus seres individuais, cada um deles nos instrui, automaticamente, sobre a espécie toda – coelhos, xícaras e facas em geral – e, por extensão, a respeito de animais, recipientes, instrumentos de corte. Assim, uma configuração nunca é percebida como apenas a forma de uma coisa em particular, mas sempre como a de um tipo de coisa. A configuração é um conceito que se aplica de dois modos diferentes: primeiro, porque vemos cada configuração como um *tipo* de configuração (comparemos o que foi dito a respeito dos conceitos perceptivos à p. 37); segundo, porque cada tipo de configuração é visto como a forma de espécies inteiras de objetos. Para usar um exemplo de Wittgenstein: pode-se ver o desenho linear de um triângulo como um orifício triangular, um sólido, uma figura geométrica, apoiado em sua base ou dependurado por seu vértice superior, como uma montanha, uma cunha, uma flecha, um ponteiro etc.

Nem todos os objetos se concentram, ao comunicar por meio de sua configuração, em sua própria natureza física. Uma paisagem pintada tem pouca relação com um pedaço plano de tela coberto com traços de pigmento. Uma figura esculpida na pedra fala sobre criaturas vivas, criaturas que diferem muito dos pedaços inertes de mármore. Tais objetos são feitos apenas para a visão. Mas também servem como forma para espécies inteiras de coisas: a vista pintada do Grand Canyon informa sobre paisagens, o busto de Lincoln fala sobre pensadores.

Além disso, a forma sempre ultrapassa a função prática das coisas encontrando em sua configuração as qualidades visuais como rotundidade ou agudeza, força ou fragilidade, harmonia ou discordância. Portanto são lidas simbolicamente como imagens da condição humana. De fato, estas qualidades puramente visuais da aparência são as mais intensas. São elas que nos atingem mais direta e profundamente. Tudo isto aparecerá repetidas vezes neste livro. Todavia, deve-se fazer ainda mais uma observação antes de prosseguirmos para os detalhes. Toda configuração, conclui, é semântica; isto é, só tem valor para afirmar sobre tipos de assuntos quando vista. Assim fazendo, contudo, ela não representa simplesmente réplicas de seus assuntos. Nem todas as configurações reconhecidas como coelhos são idênticas, e a imagem de um coelho, de Durer, não é exatamente idêntica a qualquer coelho que alguém tenha visto.

Esta condição fundamental de todas as imagens não precisaria ser mostrada a um camponês vivendo na idade clássica Maia – pelo menos não em se tratando da semelhança pictórica e escultórica, porque as imagens de sua época tecidas e em cerâmica diferiam claramente dos assuntos que representavam. O fato é menos evidente em nossa própria tradição, baseada em séculos de arte mais ou menos realística. O coelho de Durer de fato parece tão exatamente com o animal real que é preciso um exame esclarecedor para descobrir a diferença fundamental. "Ele foi um artista muito hábil", diz Goethe de um pintor seu amigo, "e estava entre os poucos que sabiam como transformar artifício integralmente em natureza e natureza inteiramente em arte. São exatamente aqueles cujos méritos mal compreendidos continuam dando ênfase à doutrina do falso naturalismo".

A doutrina à qual se referiu Goethe muito tempo atrás afirmava e ainda afirma que a arte visa uma ilusão enganadora, e que qualquer desvio deste ideal mecânico deve ser explicado, desculpado e justificado. É uma abordagem desenvolvida a partir de alguns princípios subjacentes na arte da Renascença do século XV em diante. Se um estilo de pintura não se adapta a este padrão – e nisto todos os estilos de arte, moderno ou antigo, na prática fracassam de um modo mais ou menos claro –, a discrepância é explicada de um dos seguintes modos. O desenhista carece de destreza para executar o que quer fazer; ele representa mais o que conhece do que o que vê; adota cegamente as convenções pictóricas de seus pares, percebe erroneamente devido aos defeitos da vista ou do sistema nervoso; aplica o princípio correto de um ponto de vista anormal; viola deliberadamente as regras da representação correta.

Esta doutrina ilusionística, como eu a chamaria, continua a dar origem a muita interpretação falsa. Portanto, é preciso dizer com ênfase e repetidas vezes que a *feitura da imagem, artística ou não, não provém simplesmente da projeção ótica do objeto representado, mas é um equivalente, interpretado com as propriedades de um meio particular, do que se observa no objeto.*

A doutrina ilusionística provém de uma dupla aplicação do que se conhece em filosofia como "realismo ingênuo". De acordo com este ponto de vista, não há diferença entre o objeto físico e a sua imagem percebida pela mente; a própria mente vê o objeto. Da mesma forma, considera-se a obra de um pintor ou escultor simplesmente uma réplica do objeto percebido. Assim como se supõe que a mesa vista pelos olhos seja idêntica à mesa como objeto físico, também a imagem da mesa reproduzida na tela é simplesmente uma réplica da mesa que o artista viu. Na melhor das hipóteses, o artista é capaz de "melhorar" a realidade ou enriquecê-la com produtos da fantasia, omitindo ou acrescentando detalhes, selecionando exemplos adequados, reorganizando a ordem dada das coisas. Como exemplo, podemos citar a famosa anedota de Plínio, amplamente citada nos tratados da Renascença. O pintor grego Zeuxis, não conseguindo encontrar uma mulher suficientemente bela para servir de modelo em sua pintura de Helena de Tróia, "examinou, despidas, as donzelas da cidade e escolheu cinco cujas belezas peculiares se propôs reproduzir em seu quadro".

As manipulações que esta teoria atribui ao artista poderiam chamar-se "cosméticas", porque em princípio poderiam ser perfeitamente executadas no próprio objeto modelo. O procedimento reduz a arte a um tipo de cirurgia plástica. Os ilusionistas esquecem-se da diferença fundamental entre o mundo da realidade física e sua imagem na pintura ou na pedra.

Orientação no espaço

O que acabei de dizer sobre a forma das imagens refere-se, especificamente, à representação em meios específicos, quer bi ou tridimensionais. Contudo, há características da forma que atuam mesmo na percepção comum quando se consegue ou não reconhecer um objeto individualmente ou como um de sua espécie. A aparência de um objeto em particular não é sempre a mesma, e um espécime individual não se parece exatamente com todos os outros membros da mesma espécie. Por isso, deve-se perguntar: quais as condições que a forma visual deve satisfazer para que uma imagem seja reconhecível?

Para começar com um fator relativamente simples, que importância tem a orientação espacial? O que acontece quando se vê um objeto não numa posição normal, mas numa incomum?

A identidade de um objeto visual depende, como já foi mostrado, não tanto de sua configuração como tal, mas do esqueleto estrutural criado por ela. Uma inclinação lateral pode, num dado momento, não interferir em tal esqueleto, mas em outra ocasião sim. Quando um triângulo ou retângulo se inclina (Figura 75*a*), não se torna um objeto diferente. Vê-se apenas que se desviou de uma posição mais normal. Isto foi claramente demonstrado há muitos anos nos experimentos feitos por Louis Gellermann, nos quais crianças pequenas e chimpanzés defrontaram-se com variações de um triângulo comum. Quando o triângulo apresentava uma inclinação de 60 graus, as crianças bem como os animais inclinavam as cabeças no mesmo ângulo para restabelecer a orientação "normal" da Figura.

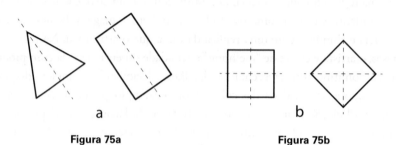

Figura 75a   Figura 75b

Se todavia se inclinar um quadrado num ângulo semelhante transformar-se-á numa figura completamente diferente, tão diferente que adquire um nome próprio – losango ou rombo (Figura 75*b*). Isto acontece porque o esquema estrutural não se inclinou com a figura. Uma nova simetria permite que os eixos verticais e horizontais passem por meio dos ângulos, realçando, portanto, a figura nos quatro pontos e transformando as bordas em configurações de topo oblíquo. Trata-se, visualmente, de uma nova figura, uma coisa pontiaguda, mais dinâmica, plantada com menor estabilidade.

Isto pode levar a enganos quando um experimentador baseia suas avaliações inquestionavelmente sobre uma definição materialística de identidade. Ele pode cortar um quadrado de cartão e mostrá-lo a crianças e, colocando-o em diferentes posições, perguntar: este é o mesmo quadrado? Até cerca de sete anos, as crianças negam que a figura inclinada seja o mesmo quadrado. O experimentador apressado pode concluir que a criança, enganada pela mera aparência, deixou de reconhecer a situação correta das coisas. Mas será que a criança se referia ao pedaço de cartão ou ao objeto visual? E quem decidiu que a igualdade deve basear-se no material e não nos critérios visuais? Certamente qualquer artista protestaria.

A orientação espacial pressupõe uma moldura de referência. No espaço vazio, não penetrado por quaisquer forças de atração, não deveria haver alto e baixo, nem verticalidade ou inclinação. Nosso campo visual provê tal esquema de referência – "orientação retiniana", chamei-a anteriormente. Quando as crianças e os chimpanzés inclinaram suas cabeças, eliminaram a inclinação da figura em relação ao seu campo visual. Mas há também "orientação ambiental". Quando um quadro dependurado na parede está torto, vê-se a inclinação, mesmo que se possa inclinar igualmente a cabeça, contanto que se relacione o quadro com o esquema de referência das paredes. Dentro do mundo mais restrito da própria pintura, contudo, as verticais e horizontais da moldura determinam os dois eixos básicos. Na Figura 76, tirada de uma pesquisa de percepção espacial por Hertha Kopfermann, a figura interna sob a influência da moldura inclinada tende a parecer um quadrado inclinado, embora por si própria ou dentro de uma moldura vertical ou horizontal ela pareça um rombo na posição vertical. Na Figura 77, tomada da decoração da toalha de mesa de uma natureza morta de Picasso, os rombos têm uma tendência a parecerem paralelos entre si, embora objetivamente eles difiram em orientação. As crianças, com frequência, desenham a chaminé perpendicular à borda inclinada do telhado mesmo que esta aderência ao esquema de referência mais específico coloque a chaminé numa posição oblíqua. Como regra, então, a orientação espacial de unidades num quadro é determinada por várias influências diferentes. Se um rosto está de perfil, percebe-se o nariz vertical em relação ao rosto, mas inclinado em relação ao quadro inteiro. O artista cuida não apenas que o efeito desejado prevaleça, mas também que a força dos vários esquemas locais de referência seja claramente proporcionada; eles devem se compensar entre si ou se subordinar uns aos outros hierarquicamente. De outra forma, o observador confrontar-se-á com um confuso antagonismo. Observe a perturbadora orientação indeterminada da linha central na Figura 78.

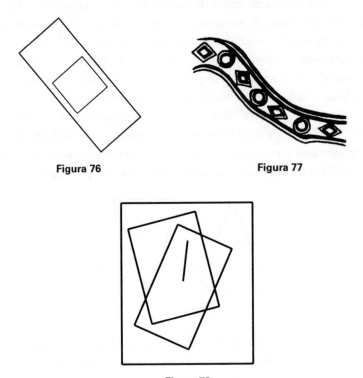

Figura 76   **Figura 77**

Figura 78

Em acréscimo às coordenadas do campo retiniano e às do ambiente visual, proporciona-se cinestesicamente um terceiro esquema de referência de orientação espacial, pelas sensações musculares do corpo e do órgão de equilíbrio do ouvido interno. Em qualquer posição que nosso corpo, cabeça ou olhos possam estar, sentimos a direção da força gravitacional. Na vida diária, essas sensações cinestésicas usualmente estão em harmonia com aquelas derivadas do esquema referencial visual do ambiente. Mas quando se olha para um alto edifício, mesmo a consciência da inclinação da cabeça pode não ser o suficiente para compensar a aparente inclinação para trás da fachada; e quando a mesma vista aparece numa teia cinematográfica, a postura vertical do observador, junto com a moldura referencial da tela de projeção também vertical, faz o mundo fotografado parecer oblíquo.

Experimentos feitos por Herman Witkin mostraram que as pessoas variam muito segundo as bases de orientação espacial, se se apoiam mais no sentido visual ou se mais no cinestésico. As pessoas mais visualmente responsivas, que tomam suas sugestões do mundo exterior, foram consideradas geralmente mais extrovertidas, mais dependentes de padrões do ambiente, enquanto as mais cinestesicamente responsivas, que ouvem sinais de dentro de seus corpos, pareciam ser mais introvertidas, seguindo antes seu próprio julgamento do que as doutrinas do mundo.

Até agora me referi a exemplos de inclinação moderada, que frequentemente deixam o esqueleto estrutural essencialmente inalterado. Um giro de 90 graus tende a interferir no caráter das configurações visuais de modo mais drástico, fazendo a vertical e horizontal trocarem de lugar. Quando se vê um violino ou uma figura esculpida apoiada sobre seu lado, o eixo de simetria perde muito de sua força coercitiva e a forma indica a direção lateral como um barco ou uma flecha. A mudança é ainda mais radical quando o objeto está de cabeça para baixo. As duas figuras da Figura 79 são ambas triangulares, mas suas configurações diferem. A versão *a* se eleva de uma base estável em direção a uma ponta aguda; na versão *b* um topo amplo se equilibra pesada e precariamente sobre uma base pontiaguda.

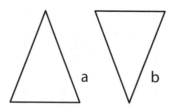

Figura 79

Estas são mudanças dinâmicas devidas à direção da força gravitacional. O efeito é maior em objetos para os quais a expressão dinâmica determina a identidade visual de modo mais intenso, notadamente o rosto humano. Nos filmes surrealistas, os rostos são algumas vezes apresentados de cabeça para baixo. O efeito é assustador: mesmo que não acreditemos, a evidência visual insiste em que vemos um novo tipo de rosto, uma variação monstruosa dominada pela cega abertura da boca, inclinando-se para a frente com a proa do nariz levantada e exibindo na base dois olhos que giram, aninhados em pálpebras ensacadas que se fecham para cima.

Naturalmente, é vantagem ser capaz de reconhecer objetos a despeito de sua posição espacial. Crianças pequenas parecem manusear livros de gravura sem considerar se as ilustrações estão na posição correta ou invertidas; e costuma-se afirmar geralmente que a orientação espacial dos objetos não tem importância nem para as crianças nem para os tribais primitivos. Experimentos recentes indicaram, contudo, que sob certas condições as imagens projetadas nas paredes são reconhecidas com maior facilidade pelas crianças pequenas quando estão em posição correta e que esta diferença se torna irrelevante quando a criança atinge idade escolar. Por esta altura, não podemos ter certeza até que ponto o reconhecimento de objetos visuais é influenciado pelas modificações da aparência perceptiva que acompanha a mudança de orientação espacial.

De qualquer modo, observar a orientação espacial dos objetos do mundo físico é uma coisa; desenhá-los é completamente diferente. Isto é particularmente válido para crianças pequenas. No mundo físico elas observam edifícios, árvores e automóveis plantados no chão, e ficariam surpreendidas em ver pessoas ou animais apoiados em suas cabeças. O espaço vazio do papel de desenho, contudo, não impõe tais restrições, e no início uma orientação espacial parece ser tão boa quanto qualquer outra, por exemplo para o desenho de figuras humanas. A orientação espacial ainda não está diferenciada. Apenas gradativamente a posição vertical "correta" se impõe, por razões ainda a serem exploradas. Uma delas deve ser com certeza que, sob condições normais, a projeção retiniana obtida a partir da imagem vertical corresponde à recebida quando a criança olha para o modelo físico. Além disso, é válido, mesmo para as simples imagens produzidas pelas crianças, que a unilateralidade do impulso gravitacional introduz a distinção entre alto e baixo, que enriquece nosso mundo visual tanto física como simbolicamente. Quando os pintores ou escultores modernos criam obras que podem ser observadas validamente em qualquer posição espacial, pagam por esta liberdade estabelecendo uma homogeneidade relativamente não diferenciada.

Projeções

Nos exemplos de orientação espacial examinados até agora, não se poderia ter esperado qualquer mudança na identidade visual, uma vez que a forma geométrica permaneceu inalterada. Ao contrário, notamos que, sob certas condições, uma nova orientação produz um novo esqueleto estrutural, o que dá ao objeto um caráter diferente. Voltando agora para os desvios que envolvem uma modificação de forma geométrica descobrimos que uma mudança "não rígida" pode ou não interferir na identidade do padrão, dependendo do que provoca no esqueleto estrutural.

Corte um retângulo de cartão suficientemente grande e observe sua sombra produzida por uma vela ou por outra pequena fonte luminosa. Pode-se conseguir inúmeras projeções do retângulo, algumas delas parecidas com os exemplos da Figura 80. A Figura 80*a* obtida colocando-se o retângulo exatamente em ângulos retos com a direção da fonte luminosa se assemelha muito com o objeto. Todos os outros ângulos de projeção levam a desvios mais ou menos drásticos da aparência. A Figura 80*b*, embora destituída de simetria e de ângulos retos, é imediatamente vista como um retângulo sem deformação, inclinado no espaço. Neste caso, novamente, o princípio da simplicidade está em ação. Todas as vezes que a versão tridimensional de uma figura é suficientemente mais estável e mais simétrica do que a projeção plana, o observador tenderá a ver a configuração mais simples estendida em profundidade. É muito menos provável que se veja a Figura 80*c* como a projeção do retângulo que de fato é. Como plano vertical, tem uma simetria vertical própria. É um trapezoide regular de forma um tanto simples e a tensão criada pelos ângulos desiguais é compensada dentro do plano. Seu esqueleto estrutural não indica um retângulo.

A Figura 80*d*, finalmente, deixa de ser uma projeção do retângulo, para ser a espessura do pedaço de cartão. Pode-se compreender intelectivamente que esta vista também provém do nosso objeto, mas não se pode mais *ver* o desvio. Este problema, específico da percepção de objetos tridimensionais, será em breve estudado novamente.

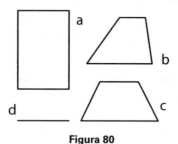

Figura 80

A observação de projeções colocou-nos frente aos fenômenos conhecidos como *constância de forma e tamanho*. Com mais frequência do que parece a constância perceptiva é interpretada por livros de textos de psicologia de um modo enganadoramente simplificado. Mostra-se, exatamente, que se víssemos os objetos físicos como são projetados na retina dos olhos, eles sofreriam transformações amébicas terríveis de forma e tamanho todas as vezes que os objetos mudassem a posição vindo em nossa direção ou nós mudássemos a nossa, em direção a eles. Felizmente isto não acontece. O objeto percebido que o cérebro produz a partir da projeção retiniana é tal que vemos o objeto como ele é fisicamente. Se mostrarmos a uma pessoa a sombra do nosso retângulo de cartão inclinado e lhe perguntarmos o que vê, dir-nos-á que *vê* um retângulo de forma estável e constante. Se lhe pedirmos para desenhar uma imagem dele, ela pode bem desenhar um retângulo.

Tudo isto é bastante válido, mas a impressão que se tem é de que esta "correção" particular do padrão de estímulo ocorre automática e universalmente, embora não absolutamente completa, e de que é devida, ou a um mecanismo inato que não requer maior explicação, ou a experiência acumulada, que corrige o *input* retiniano imperfeito com base em melhor conhecimento. Experiências como aquelas feitas por T. G. R. Bower mostraram que crianças entre duas e vinte semanas de idade discriminam os objetos testes, por exemplo, cubos, conforme seu tamanho objetivo, e veem retângulos inclinados como retângulos e não segundo a configuração de sua projeção retiniana. Isto mostra que pelo menos os elementos de constância de forma e tamanho estão já presentes numa tenra idade. Contudo, este não é realmente o principal ponto de interesse.

Outra olhada para a Figura 80 nos faz lembrar que de modo algum todas as projeções são percebidas segundo a forma objetiva, o mesmo acontecendo com o tamanho. Tudo depende da natureza particular da projeção e das outras condições que prevaleçam na situação dada. Dependendo destas condições pode haver ou não constância forçada, ou algum efeito intermediário. Não importa se o processamento da constância seja inerente ao sistema nervoso ou adquirido pela experiência, deve haver em ambos os casos um mecanismo intrincado, equipado para tratar os dados do "input" adequadamente. É preciso saber duas coisas: (1) que tipo de projeção leva a que tipo de percepção, e (2) por que princípios operam os mecanismos que executam o processamento?

O que importa ao artista em particular é saber que configurações produzirão tais efeitos. Ele pode adquirir este conhecimento estudando os princípios em ação na percepção da forma. Admite-se que as condições visuais que prevalecem na vida diária não são, de modo algum, idênticas àquelas que prevalecem num desenho ou numa pintura. Em vez das projeções isoladas escolhidas na Figura 80, por exemplo, no ambiente físico experimenta-se mais comumente sequências inteiras de projeções em mudança contínua e isto aumenta consideravelmente o efeito da constância. Quando o quadrado de cartão muda gradualmente de uma posição para outra, as projeções momentâneas suportam-se e interpretam-se reciprocamente. Neste aspecto, os meios imóveis como desenho, pintura ou fotografia são completamente diferentes dos móveis. Uma projeção que "congelada" em seu aspecto momentâneo parece forçada, misteriosa ou irreconhecível, passa despercebida como uma simples fase numa sequência de mudanças quando um ator se move no palco ou num filme, ou quando a câmara ou um observador humano se movimenta ao redor de uma peça escultórica. Em experimentos feitos sobre a percepção de forma e de profundidade em crianças, o fator mais influente provou ser o movimento paralaxe, isto é, a mudança de aparência espacial causada pelos movimentos da cabeça do observador.

A Figura 80*a* indicou que, contanto que se trate de um objeto plano, como um retângulo de cartão, existe uma projeção que faz justiça tão completa ao conceito visual do objeto, que ambos, projeção e objetos, podem ser considerados idênticos – a saber, a projeção ortogonal, obtida quando o plano do objeto é atingido pela linha de visão num ângulo reto. Nesta condição, o objeto e sua projeção retiniana têm aproximadamente a mesma configuração.

A situação é muito mais complicada com as coisas verdadeiramente tridimensionais, porque suas formas não podem ser reproduzidas por qualquer projeção bidimensional. Deve-se lembrar que a projeção na retina é criada por raios de luz que caminham do objeto ao olho em linhas retas, e que, consequentemente, a projeção mostra apenas aquelas áreas do objeto cuja conexão em linha reta com os olhos não é obstruída. A Figura 81 mostra como a seleção e posição relativas destas áreas se alteram no exemplo de um cubo (*b, c, d*), dependendo do ângulo em que o observador (*a*) o vê. As projeções correspondentes são indicadas aproximadamente em *b', c', d'*.

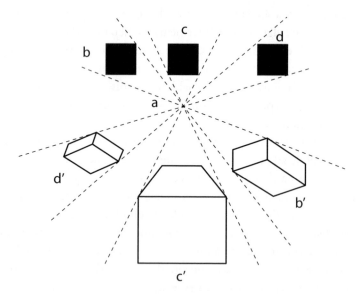

Figura 81

Nesse caso, uma vez mais, à medida que a projeção muda, esperar-se-ia que o observador visse a configuração do objeto mudar paralelamente. A sensação desagradável provocada por um espelho deformante seria a reação visual normal à maioria dos objetos, a maior parte do tempo. Isto interferiria nos negócios práticos da vida, uma vez que os imutáveis objetos físicos seriam representados por uma imagem que muda constantemente. Uma vez mais, "a constância de forma" entra como auxiliar. Deve-se perguntar, contudo, o que é que permanece constante uma vez que um sólido tridimensional não pode ser realmente representado por qualquer projeção plana?

Qual é o melhor aspecto?

O conceito visual do objeto que se deriva das experiências perceptivas tem três propriedades importantes. Concebe-se o objeto como tridimensional, de forma constante e não limitado a qualquer aspecto projetivo particular. Pode-se encontrar exemplos nas investigações de Francis Galton sobre as imagens visuais imaginadas. Ele afirma que "algumas pessoas podem, pelo que frequentemente descrevem como um tipo de visão táctil, visualizar simultaneamente a imagem completa de um corpo sólido. Em se tratando do globo terrestre muitos quase podem fazê-lo, mas não completamente. Um eminente mineralogista me assegura que é capaz de imaginar simultaneamente todas as faces de um cristal com o qual esteja familiarizado". Os exemplos de Galton servem para mostrar o que se entende por conceito tridimensional, o qual não se liga a qualquer aspecto isoladamente. Se alguém tem um conceito integral de um cristal ou de uma esfera, nenhum dos pontos de observação predomina. Isto acontece porque o conceito visual que se tem de um objeto baseia-se geralmente na totalidade das observações a partir de qualquer número de pontos de vista. No entanto, trata-se de um conceito visual e não de uma definição verbal obtida por abstração intelectual. O conhecimento intelectivo, às vezes, ajuda a formar um conceito visual, mas apenas enquanto possa ser traduzido em atributos visuais.

Os conceitos visuais devem ser distinguidos também das assim chamadas imagens eidéticas da memória, que tornam possível a certas pessoas projetarem sobre uma superfície vazia uma réplica exata de uma cena que perceberam antes, por exemplo, ler detalhes em mapas geográficos como se estes estivessem ainda na frente de seus olhos. Pode-se descrever as imagens eidéticas como vestígios fisiológicos de estimulação direta. Nesse sentido, pode-se compará-las às pós-imagens, embora, aquelas possam ser cuidadosamente examinadas pelos movimentos dos olhos, o que não acontece com as últimas. Imagens eidéticas são impressões substitutas do que se percebe e como tais mera matéria-prima para a visão ativa; não são construções da mente formadora como os conceitos visuais.

A rigor, só se pode representar o conceito visual de qualquer coisa que tenha volume num meio tridimensional, como a escultura ou a arquitetura. Se quisermos criar imagens sobre uma superfície plana, tudo que podemos esperar fazer é realizar uma tradução – isto é, apresentar algumas das características estruturais essenciais do conceito visual por recursos bidimensionais. As imagens obtidas desta maneira podem parecer planas como o desenho de uma criança ou ter profundidade como as obtidas com um estereoscópio ou hológrafo, mas em ambos subsiste o problema da impossibilidade de reproduzir a rotundidade integral da concepção visual diretamente sobre um único plano.

Se olharmos para uma cabeça humana a partir de um ângulo particular, compreenderemos que qualquer aspecto, embora bem selecionado, é arbitrário de duas maneiras: cria contorno onde não existe no objeto e exclui algumas partes da superfície, mostrando outras. Um estudante de arte, desenhando um modelo, enfrenta o problema de como comunicar a continuidade da rotundidade. Ele é tentado a tomar o contorno arbitrário literalmente e produzir a imagem de um escudo em vez de um volume. William Hogarth na *Análise da Beleza* descreve o dilema eloquentemente: "Mas na maneira de examinar qualquer objeto opaco, aquela parte da superfície frente ao olho é a única apta a ocupar toda a mente, e não a parte oposta, e nenhuma outra parte que não tenha sido considerada no momento; e o menor movimento que façamos para explorar qualquer outro lado do objeto confunde a primeira ideia que temos dele por falta de conexão entre as duas, que o conhecimento completo do todo, naturalmente, nos teria dado se antes o tivéssemos considerado de outro modo".

Torna-se mais evidente o quanto é arbitrário qualquer vista que seleciona as porções visíveis numa imagem projetiva quando se conhece quanta dificuldade o "problema da superfície oculta" cria ao praticante de computação gráfica. A imagem da estrutura de arame de um sólido pode ser girada e deformada pelo computador com relativa facilidade. Se o corpo transparente do sólido for dado em uma certa posição, o computador pode mostrá-la detrás ou do alto, poupando assim muito trabalho para os arquitetos de hoje. Mas quando chega a simular a verdadeira aparência do sólido opaco de um dado ponto de vista, não é mais suficiente manipular as propriedades do próprio sólido. Os efeitos arbitrários são sempre difíceis de calcular. O computador deve determinar a interação entre o sistema espacial do objeto e o sistema projetivo que lhe foi imposto – uma operação onerosa e demorada.

Uma vez que se aceita a redução de um volume a um de seus aspectos, deve-se decidir que vista selecionar para qualquer propósito em particular. Para alguns objetos, todos os aspectos são iguais ou igualmente bons – por exemplo, uma esfera ou um pedaço de pedra irregularmente configurado. Geralmente, contudo, há distinções definidas. Num cubo, a projeção ortogonal de qualquer superfície predomina. De fato, os aspectos oblíquos da superfície são vistos como simples desvios da forma. Esta distinção se baseia na lei da simplicidade. As projeções dominantes são aquelas que produzem os padrões de configurações mais simples.

São estes aspectos mais simples e perceptivamente preferidos os mais adequados para comunicar o conceito visual do objeto tridimensional? Alguns deles são. Os conceitos visuais que temos de muitos objetos caracterizam-se por simetrias estruturais que se evidenciam mais diretamente por certos aspectos do objeto. Assim, uma vista diretamente frontal de uma figura humana coloca em evidência os aspectos mais notáveis. Mas um perfil não distorcido de um cubo só pode ser mostrado à custa de esconder todos os outros. Ou então considere a Figura 82. É seguramente a representação mais simples de um mexicano usando um grande sombreiro. Entretanto tal representação seria usada apenas como uma pilhéria que resulta precisamente da contradição entre a correção incontestável da representação e sua evidente inadequação. Não há dúvida de que a representação é fiel – pode-se obter uma representação semelhante, fotograficamente, da janela do terceiro andar de um hotel –, mas é inadequada para a maioria dos propósitos porque não permite distinguir um mexicano de uma mó ou de uma rosca frita. O esqueleto estrutural da Figura 82 se relaciona muito pouco com a estrutura do conceito visual a ser comunicado; ao contrário, cria outras associações falsas.

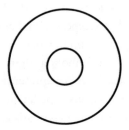

Figura 82

O exemplo nos faz lembrar que, para algum propósito especial, o desenhista pode deliberadamente escolher uma vista que mais falseie e esconda do que informa. Os primeiros estágios da representação pictórica evitam tal encobrimento. Eles almejam a visão mais clara e mais direta, e assim fazem também as ilustrações que pretendem instrução imediata. A níveis da mais alta sofisticação, as vistas detrás, cabeças inclinadas e coisas semelhantes são admitidas pelo enriquecimento que trazem à concepção espacial.

A tarefa elementar de representar numa superfície as propriedades principais da configuração de um objeto é difícil. Deveria o retrato de uma dada pessoa mostrar a vista de frente ou de perfil? G. K. Chesterton refere-se a "uma daquelas mulheres nas quais se pensa sempre como se estivessem de perfil, como a de uma afiada lâmina de espada". Registros policiais requerem ambas as vistas, como o fazem também os estudos antropométricos, porque as características importantes muitas vezes se apresentam numa vista e não na outra. Alberto Giacometti uma vez disse, brincando, a um homem cujo retrato estava pintando: "de frente você vai para a cadeia e de perfil para o manicômio". Introduz-se mais uma complicação quando algumas partes de um objeto revelam-se mais claramente de um ângulo enquanto outras, de outro. A figura típica do touro é comunicada de perfil, o que, contudo, esconde a forma característica de lira dos chifres. A abertura das asas de um pato em voo não é vista de perfil. O ângulo que se deve escolher para identificar a taça e o suporte de um copo de vinho destrói a circularidade da boca e do pé. Os problemas se multiplicam em se tratando de combinações de objetos: como é possível mostrar, no mesmo quadro, uma lagoa, cujos contornos se podem revelar sem distorção por meio de uma vista em voo de pássaro e as árvores que mostram sua configuração típica somente de perfil?

Tome um objeto aparentemente simples – uma cadeira (Figura 83). A vista de topo (*a*) faz justiça à forma do assento. A vista frontal (*b*) mostra a forma do espaldar da cadeira e sua relação simétrica com as pernas da frente. A vista lateral (*c*) esconde quase tudo, mas apresenta a organização retangular importante do espaldar, do assento e das pernas de modo mais claro do que qualquer outra vista. Finalmente, a vista de baixo (*d*) é a única que revela a organização simétrica das quatro pernas ligadas aos cantos do assento quadrado. Todas estas informações são indispensáveis e fazem parte da concepção visual normal do objeto. Como podem ser representadas numa só figura? Nenhuma demonstração mais eloquente da dificuldade pode ser dada do que os desenhos da Figura 84, derivados das descobertas de Georg Kerschensteiner. Estes desenhos apresentam esquematicamente tipos de soluções realizadas por escolares às quais se pediu que reproduzissem de memória "a imagem tridimensional de uma cadeira desenhada em perspectiva exata".

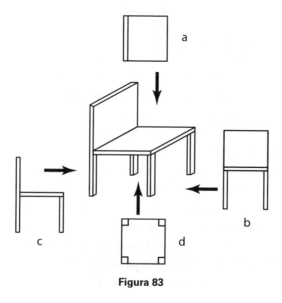

Figura 83

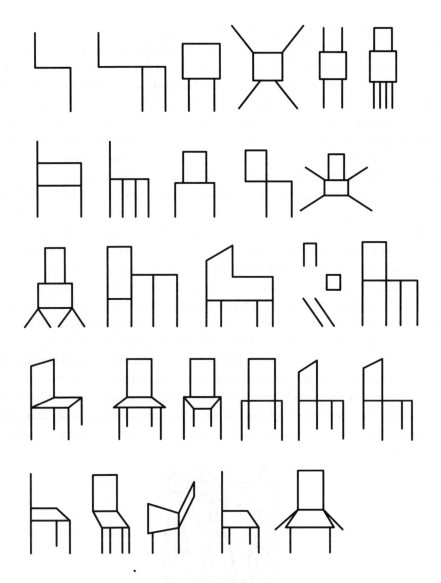

Figura 84

O método egípcio

Uma solução do problema é mais bem exemplificada nas pinturas murais e relevos dos egípcios e nos desenhos de crianças. Consiste em escolher para cada parte de um objeto ou combinação de objetos o aspecto que melhor se adapte à finalidade pictórica. As representações obtidas por este procedimento foram a princípio condenadas, ou na melhor das hipóteses toleradas, como criações inferiores de pessoas incapazes de fazer melhor ou que desenhavam o que conheciam em vez de desenhar o que viam. Em 1867, Ernst Mach numa conferência popular sobre "Por que o Homem tem Dois Olhos?" observou que se poderia descrever melhor o princípio empregado pelos egípcios dizendo que suas figuras eram prensadas no plano do desenho como plantas num herbário. Somente quando os artistas de nosso próprio século adotaram métodos similares, os teóricos começaram hesitantemente a entender que os desvios da projeção exata não são devidos a operações tais como torsão ou achatamento do objeto fielmente percebido, mas são equivalências livremente inventadas a partir da configuração observada no meio bidimensional.

Acreditava-se comumente que os egípcios – bem como os babilônios, antigos gregos e etruscos, que usaram um estilo semelhante de representação – evitavam o escorço por ser demasiadamente difícil. Heinrich Schaefer rejeitou este raciocínio como falso, mostrando que a vista lateral do ombro humano já aparece em alguns exemplos a partir da Sexta Dinastia, embora continue sendo uma exceção em toda a história da arte egípcia. Cita dois exemplos de relevos que representam operários no ato de esculpir ou erigir uma estátua de pedra; os ombros naqueles são representados conforme vista frontal convencional, mas os da estátua mostram uma vista lateral perspectivamente "correta" (Figura 85). Assim, a fim de expressar a rigidez sem vida, os egípcios recorreram a um procedimento que, na opinião do mestre de arte do século XIX, criou um efeito mais vivificante. Schaefer ainda mostra que, para esculpir uma esfinge, pelo menos já em 1.500 a.C. e provavelmente ainda antes, desenhavam-se elevações nos planos do bloco de pedra retangular a ser utilizado. Naturalmente, para estas elevações era indispensável recorrer a desenhos projetivos.

Figura 85

É evidente, portanto, que os egípcios usavam o método de projeção ortogonal não porque não tivessem escolha, mas porque o preferiam. Este método permitia-lhes preservar a simetria característica do tórax e ombros e a vista frontal do olho no rosto de perfil.

A representação pictórica baseia-se no conceito visual do objeto tridimensional total. O método de copiar um objeto ou conjunto de objetos de um ponto de observação fixo – aproximadamente, o procedimento da câmara fotográfica – não é mais fiel àquele conceito do que o método dos egípcios. Pintar ou desenhar diretamente do modelo é sumamente raro na história da arte. Mesmo na época da arte ocidental que começou com a Renascença italiana, trabalhar diretamente do modelo é, com frequência, limitado a esboços preparatórios e não resulta necessariamente em projeção mecanicamente fiel. Quando as figuras na arte egípcia parecem "inaturais" para um observador moderno, não é porque os egípcios não consigam apresentar o corpo humano como "realmente é", mas porque o observador julga o trabalho pelos padrões de um procedimento diferente. Uma vez livre deste preconceito distorcivo, torna-se sumamente difícil considerar errôneo os produtos do "método egípcio".

O que se requer do observador é muito mais do que uma tolerância esclarecida para um método que tem sido "substituído pela descoberta da perspectiva exata". Antes, deve entender que há diferentes soluções para o problema da representação de objetos tridimensionais num plano bidimensional. Cada método tem suas virtudes e suas desvantagens, e o que se prefere depende das exigências visuais e filosóficas de uma época e lugar em particular. É uma questão de estilo. Compare as Figuras 86 e 87. A Figura 87 é um decalque da pintura de Oskar Schlemmer. Desenhado aproximadamente de acordo com as regras da perspectiva central, correspondendo nesse aspecto com o que uma câmara registraria, se tal cena fosse tomada de um ponto de vista especial. Neste sentido, o quadro é absolutamente realístico.

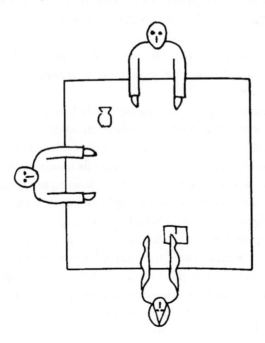

Figura 86

Figura 87

Um defensor do método realístico tradicional objetaria à Figura 86, que indica, esquematicamente, como uma cena semelhante seria representada nos desenhos infantis e nas formas primitivas de arte. Ele mostraria que a mesa está mais vertical do que horizontal, que as figuras do primeiro plano e do último são do mesmo tamanho e que uma figura se encontra deitada lateralmente e a outra está de cabeça para baixo. Contudo, um partidário deste método antigo contestaria a Figura 87, deplorando a representação de uma mesa retangular como um trapezoide torto. Mostraria que as três figuras, objetivamente de igual tamanho, no quadro variam do gigante ao anão. Embora todas as três apresentem a mesma relação com a mesa, uma se mostra frontalmente, a segunda de perfil, a terceira de costas; duas figuras são interceptadas pela mesa, enquanto a terceira encobre muito do tampo da mesma com seu próprio corpo e toca os ombros em seu vizinho que se supõe estar sentado a certa distância. Nada poderia ser mais realístico do que tal quadro loucamente distorcido.

Nosso *naïf* mostraria pouca consideração pelo fato de que a distorção de tamanho e configuração torna possível um forte efeito de profundidade, ou que a projeção oferece uma interpretação da cena do ponto de vista de uma localização espacial particular. Nem admitirá que a alteração de tamanhos, ângulos e configurações crie uma variação inteligente e fascinante da situação objetiva. Ao contrário, dirá ao autor da distorção perspectiva que deploravelmente perdeu toda a sensibilidade natural às exigências de um meio bidimensional que possuíra quando criança.

A exigência aparentemente modesta de que um quadro reproduza o esqueleto estrutural de uma concepção visual tem evidentemente consequências desconcertantes. O *naïf* preenche este requisito ao pé da letra combinando quadrangularidade com quadrangularidade, simetria com simetria, localização com localização.

Ora, é verdade que o desenho do quadrado distorcido perspectivamente se assemelha a um quadrado não apenas ao adulto ocidental como também a seu filho e a um "primitivo", se ele for capaz de olhar para o desenho em perspectiva não como uma decoração de superfície, mas como o objeto real. Schäefer relata a experiência de um artista que desenhava a casa de um camponês alemão enquanto o proprietário o observava. À medida que desenhava as linhas oblíquas que a perspectiva exigia, o camponês protestou: "Por que o senhor está desenhando meu telhado tão torto – minha casa é absolutamente direita!". Mas quando mais tarde viu o quadro terminado, admitiu com surpresa: "A pintura é um negócio estranho! Agora é minha casa, como ela é realmente!".

O enigma da representação em perspectiva é que ela faz com que as coisas pareçam certas fazendo-as erradas. Há uma diferença importante entre os dois procedimentos discutidos aqui. O primitivo ou a criança dão importância à quadrangularidade que veem na realidade, desenhando um quadrado exato, um método que reforça bastante o impacto direto da forma. Eles realmente fazem que esta seja o que sugere ser naturalmente. A distorção em perspectiva é compensada na percepção pela "constância" de tamanho e forma, mas há um enfraquecimento simulado neste método. O padrão distorcido de estímulo, que dá origem à experiência, influencia o percebido mesmo que o observador possa não ter consciência dele e seja incapaz de entendê-lo ou copiá-lo. Isto é particularmente válido em se tratando de imagens planas – mesmo as mais "naturais" – porque o efeito de profundidade diminui e por isso a constância de forma é bastante incompleta.

A força de toda a representação visual origina-se fundamentalmente das propriedades inerentes ao meio e apenas secundariamente daquilo que elas sugerem por vias indiretas. Assim, a solução mais verdadeira e efetiva é representar a quadrangularidade por meio de um quadrado. Não há dúvida de que, ao abandonar esta espontaneidade de representação, a arte ocidental sofreu uma séria perda. Agiu assim em troca de novas virtudes do realismo e da expressão, que eram mais importantes aos que desenvolviam a arte da perspectiva, do que as qualidades a que tinham de renunciar.

O escorço

Ambos os métodos, o egípcio e o ocidental, fazem com que determinados aspectos bidimensionais representem sólidos completos. Quer perspectivamente distorcido ou retangular, o tampo na mesa representa a mesa inteira. A fim de preencher esta função, um aspecto satisfaria duas condições. Ele indicaria que em si não é a coisa completa, mas apenas uma parte de algo maior; e a estrutura do todo que ele sugere deveria ser a correta. Quando olhamos para um cubo, de frente, não há nada no quadrado percebido que mostre ser ele parte de um corpo cúbico. Isto pode torná-lo insatisfatório como projeção, embora possa ser aceitável como um equivalente pictórico.

Segundo uma regra da percepção – mais uma vez uma aplicação do princípio da simplicidade –, a configuração do aspecto percebido (isto é, a projeção) é tomada espontaneamente para incorporar a estrutura do objeto total. Se nos apresentarem um quadrado plano, vemo-lo como um aspecto de uma prancha plana. O mesmo acontece com um disco que vemos como parte de uma prancha discoide. Se o objeto circular é arredondado, contudo – por exemplo, mediante um sombreado – vemo-lo como parte de uma esfera. Isto tem a possibilidade de levar a um erro. O objeto arredondado pode ser a parte inferior de uma lâmpada elétrica. Mesmo assim, a percepção automaticamente completa o corpo todo segundo a configuração mais simples compatível com a projeção percebida.

Esta tendência perceptiva frequentemente produz resultados satisfatórios. Uma esfera é de fato o que qualquer um de seus aspectos sugere. Até certo ponto isto também é válido para o corpo humano. O volume total conforma-se de modo aproximado com o que a vista frontal sugere. Quando se gira o corpo, não se experimenta nenhuma surpresa básica; nada de essencial se oculta. Dentro de limites óbvios, a configuração da projeção incorpora a lei do todo.

Isto não se aplica ao desenho do mexicano (Figura 82), onde a lei da inteireza sugere um objeto em forma de disco. Tampouco à vista frontal de um cavalo, como a da Figura 88, tomada de um vaso grego. O conhecimento pode nos dizer que se trata de um cavalo, mas a evidência perceptiva contrária domina – e deve sempre dominar nas artes – tal conhecimento, e nos diz que isto é uma criatura em forma de pinguim, um homem-cavalo monstruoso. Vistas frontais atípicas deste gênero são artisticamente temerárias, embora sejam às vezes procuradas precisamente por esta razão.

Figura 88

O termo "escorço" pode ser usado em três diferentes acepções: (1) pode significar que a projeção do objeto não é ortogonal – isto é, sua parte visível não aparece em sua extensão total mas projetivamente contraída. Neste sentido, uma vista frontal do corpo humano não deveria ser considerada escorço. (2) Só se pode definir uma imagem como escorço, quando não oferece uma vista característica do todo, mesmo que a parte visível do objeto seja apresentada em sua extensão total. Neste sentido, a vista em voo de pássaro de ambos, mexicano e cavalo grego, são escorços, mas são no sentido perceptivo e pictórico. É apenas o conhecimento que temos do objeto modelo que nos faz considerar estas vistas ortogonais como desvios de um objeto configurado de modo diferente. O olho não o vê. (3) Geometricamente, todas as projeções envolvem escorço, porque todas as partes do corpo não paralelas ao plano de projeção são mudadas em suas proporções ou desaparecem parcial ou completamente. Delacroix observa em seu diário que há sempre escorço, mesmo numa figura em pé com os braços pendentes. "As artes do escorço e da perspectiva são uma e a mesma coisa. Algumas escolas de pintura evitaram-no, realmente acreditando que não o utilizaram porque o que faziam não era escorço extremo. Numa cabeça de perfil, o olho, a fronte etc., são sempre vistos em escorço, e assim acontece com o resto."

A contração projetiva sempre envolve uma posição oblíqua no espaço. O que Max Wertheimer costumava chamar *Dingfront* ou "fachada" do objeto, é vista como se fosse virada e a projeção dada aparece como um desvio dessa "fachada". A obliquidade evidencia visualmente que as partes diferentes do objeto permanecem em distâncias diferentes do observador. Ao mesmo tempo preserva a percepção direta do esquema estrutural do qual a projeção desvia. O escorço de um rosto, determinado por um giro que o coloca em posição oblíqua, não é percebido como um padrão no seu justo sentido mas como uma simples variação da simetria frontal. Numa vista de perfil, não fica nenhum traço desta simetria, razão pela qual o perfil geralmente não é considerado como escorço. O perfil tem uma estrutura própria.

Parece melhor, então, considerar escorço quando um padrão for percebido como um desvio de outro estruturalmente mais simples, do qual se deriva por uma mudança de orientação na dimensão de profundidade. Nem todas as contrações projetivas conseguem tornar claro o padrão estrutural do qual se desviam. Trata-se aqui de inúmeros problemas perceptivos dos quais mencionarei apenas alguns. Se, por exemplo, o padrão projetivo apresentar uma configuração simples, esta simplicidade tenderá a interferir em sua função porque quanto mais simples for a configuração de um padrão bidimensional, mais ele resistirá ao ser percebido tridimensionalmente – tende a parecer plano. É difícil ver um círculo como o escorço de uma elipse ou um quadrado como o de um retângulo. Na Figura 89, um homem sentado, visto de cima, está em escorço numa projeção em forma de quadrado. Devido a sua quadrangularidade, a figura mostra grande estabilidade no plano e resiste à decomposição em um objeto tridimensional. As condições para a subdivisão em figuras planas aplicam-se também à terceira dimensão.

Figura 89

As contrações ao longo do eixo simétrico devem ser manejadas com cautela. Um rosto visto de baixo (Figura 90) produz uma distorção muito mais forçada do que uma vista oblíqua de lado. Isto ocorre porque a vista simétrica parece "congelada", muito mais estável em si. A vista lateral assimétrica implica claramente a vista

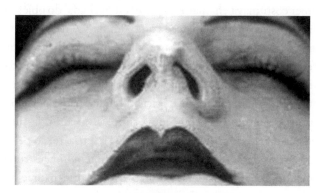

Figura 90
Fernand Léger. Do *Ballet Mécanique*, 1924.

frontal "normal" da qual se desvia, enquanto a vista frontal em escorço tem uma tendência perigosa a parecer uma criatura amassada com sua própria autenticidade. O mesmo é válido em relação às vistas simétricas em voo de pássaro e em olho de rã de figuras inteiras. Tais vistas "anormais" são raras nas artes, e na mais famosa delas – *Cristo morto*, de Mantegna – o efeito petrificante da simetria é atenuado pela inclinação lateral da cabeça e pés.

Outro problema surge frequentemente no escorço de formas voltadas para dentro, quando a continuidade do corpo é substituída na projeção por unidades descontínuas sobrepostas. O ressaltar das partes ocultas, junto com a mudança da continuidade para a descontinuidade, produz uma forte interferência no conceito visual subjacente. Na Figura 91*b*, uma das duas figuras decalcadas dos desenhos de Picasso, uma linha de contorno vai sem interrupção da nádega esquerda ao pé. Este mesmo contorno é interrompido na Figura 91*a*. Mais parecido com uma fuga do que com uma melodia linear, o desenho apresenta uma sequência de sobreposições, integradas pela capacidade do artista de tal modo que a despeito dos saltos locais os olhos fundem num todo coerente. No mau desenho, é precisamente nessas junções que a unidade da figura se quebra. Exemplos extremos de tal descontinuidade arriscada são encontrados em punhos que avançam da pintura em direção ao observador e com frequência parecem completamente destacadas de seus braços, e quando um cavalo é visto por detrás, com suas ancas cruzando transversalmente o pescoço. Aqui o entendimento visual atinge seus limites. Um escultor, acostumado à continuidade de suas superfícies tridimensionais, pode não gostar de tais rupturas projetivas. Ernst Barlach escreve: "Eu não represento o que de minha parte vejo, ou como o vejo daqui ou dali, mas aquilo que é, o real e verdadeiro, que tenho de extrair do que vejo na minha frente. Prefiro este tipo de representação em vez do desenho, porque elimina toda artificialidade. Eu diria que a escultura é uma arte sã, uma

Figura 91a

Figura 91b

arte livre, não atormentada por males necessários como a perspectiva, a expansão, o escorço, e outras artificialidades".

Sobreposição

A despeito da acrobacia visual que ela impõe, a sobreposição não pode ser evitada uma vez que os objetos e partes deles impedem, mutuamente, o acesso da visão ao todo; na verdade, uma vez que as relações de configurações nas composições pictóricas são levadas além da simples ordenação de unidades coordenadas, há grande prazer visual nas interferências e nas justaposições paradoxais produzidas pelo aglomerado de coisas no espaço.

Um requisito para a percepção adequada da sobreposição – ou superposição – é que as unidades que, devido à projeção, tocam-se entre si no mesmo plano devem ser vistas como: (*a*) separadas umas das outras, e (*b*) pertencentes a planos diferentes. Os dois desenhos da Figura 92, mais uma vez extraídos de Picasso, mostram que a sobreposição é percebida quando a configuração frontal – neste caso, o seio sobrepõe-se a outro, o braço, claramente incompleto (*a*). Em *b*, por contraste, ambos os elementos, braço e seio, são imperturbavelmente completos e por isso são vistos como se colocados ambiguamente lado a lado, em vez de um atrás do outro. Examinarei os problemas mais específicos de "figura e fundo" no Capítulo 5.

Figura 92a   Figura 92b

Quando as unidades sobrepostas constituem juntas uma configuração particularmente simples, a tendência é vê-las como uma e a mesma coisa. Assim, na Figura 93, o ombro e braço da mulher podem ser considerados como pertencentes ao homem – uma interpretação errônea, reforçada pelo fato de que a simetria simples resultante também se ajusta ao conceito visual básico do corpo humano.

Figura 93

Uma vez que em cada exemplo de sobreposição uma unidade é parcialmente coberta por outra, a unidade mutilada não somente deve ser executada de modo a parecer incompleta, como deve também evocar o tipo exato de inteireza. Quando bordas ou outros obstáculos interrompem os membros na altura das articulações (ombro, cotovelos, joelhos), o resultado é mais uma amputação visual do que uma sobreposição, porque o coto visível parece completo em si. Ainda, quando a direção do corte está em relação simples com a estrutura da unidade visível, é mais provável que o fragmento mostre uma inteireza inorgânica. Veja, por exemplo, no *Juízo Final*, de Michelangelo, a famosa figura do homem condenado ao inferno (Figura 94) cuja face está dividida ao longo do eixo sagital pela mão que protege um de seus olhos dos horrores com os quais se defronta, enquanto o outro olho domina a metade visível do rosto, como uma coisa monstruosa, com uma configuração própria. Os cortes oblíquos tendem a impedir tais efeitos. Quando a borda de um quadro encobre uma figura, o pintor ou fotógrafo geralmente evita o efeito de partes ou torsos amputados colocando o corte de modo que a configuração seja vista como se continuasse além da moldura.

Figura 94

Estas regras não se limitam de modo algum a imagens de objetos conhecidos da natureza, como animais ou seres humanos. O segmento de um disco aparecerá ou não como parte de uma configuração circular, dependendo da curvatura nos pontos de interrupção sugerir extensão contínua ou uma volta para dentro no sentido do fechamento. Não é nosso conhecimento anatômico, mas a natureza das configurações nas quais o corpo se funde que determina se o objeto orgânico é percebido como completo, transformado ou mutilado.

Qual é a vantagem da sobreposição?

O tipo mais simples de representação visual, como se encontra, por exemplo, nos desenhos das crianças pequenas, nos desenhistas do Mesolítico e nos ideogramas chineses de *homem* (Figura 95), se assemelha muito nas estruturas com as imagens modelo que criamos em nossas mentes. Estas imagens modelo servem como "chaves tonais" para sobreposições, que desviam da base de dois modos. Primeiro, a organização modelo, que apresenta um desdobramento de todos os membros que podem ser examinados na sua inter-relação típica, abre caminho para cruzamentos intrincados logo que o artista resolve representar as ações de trabalhar, gesticular, sentar, trepar, cair. Esta transformação é inevitável onde quer que o artista queira apresentar mais do que a mera existência não modificada. Segundo, o corpo é sujeito a alterações resultantes da projeção. É este tipo de transformação que requer uma justificação mais detalhada.

Figura 95

Se alguém comparar a Figura 96*a* com um desenho de dois patos caminhando em fila sem sobreposição (Figura 96*b*), entenderá que o paralelismo das duas aves, que se vê como associação, é evidenciada mais convincentemente quando ocorre dentro de uma unidade visual. Da mesma forma, na Figura 97 o contraste entre o

Figura 96

corpo vertical e o braço oblíquo se impõe mais intensamente quando as duas direções coincidem dentro de uma unidade (*a*), do que quando se desdobra em sucessão lateral mais solta como em *b*. Na música, o efeito da harmonia ou desarmonia é analogamente mais destacado quando vários tons se combinam num único acorde e não quando executados em sucessão. A sobreposição intensifica a relação formal concentrando-a num padrão mais ajustadamente unificado. A conexão não é apenas mais próxima como também mais dinâmica. Ela representa simultaneidade como interferência por meio da modificação mútua da configuração.

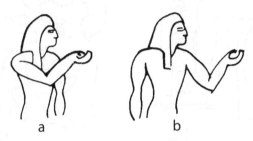

Figura 97

Estritamente falando, a interferência causada pela sobreposição não é mútua. Uma unidade permanece sempre por cima, intacta, violando a integridade da outra. Na Figura 98, o efeito é mais unilateral. O rei Sethos está à frente e íntegro, ao passo que Ísis, que lhe oferece o apoio de sua divindade, sofre todos os inconvenientes que advêm de uma posição sentada. Assim, a sobreposição estabelece uma hierarquia criando uma distinção entre unidades dominantes e unidades subservientes. Uma escala de importância leva, por meio de dois ou mais graus, do primeiro plano ao fundo.

A relação é unilateral, contudo, somente no exemplo específico. Num todo complexo, a relação domínio-submissão numa área pode ser contrabalançada pelo seu oposto na outra, de modo que cada elemento pode ser mostrado como ativo e passivo ao mesmo tempo. Uma comparação da Figura 98 com o esquema compositivo de uma pintura de Rubens (Figura 99) ilustra a diferença entre as relações simples, unilaterais da composição egípcia e o contraponto barroco da sobreposição e elementos sobrepostos em Rubens o que se soma à complexidade dos dois enamorados.

A sobreposição mostra o esconder e o deixar esconder de um modo particularmente expressivo. Vê-se o vestido cobrir ou destacar o corpo. Quando a projeção cinematográfica mostra um prisioneiro atrás das grades, haverá uma grande diferença para o significado da cena se a tomada for do interior ou do exterior da cela, mesmo que a situação especial objetiva continue imutável. Se a cena for tomada do interior da cela, veremos a margem de liberdade que resta ao homem em relação ao fundo da prisão; do lado de fora, vemos as grades fechando-o visualmente ao sobrepor-

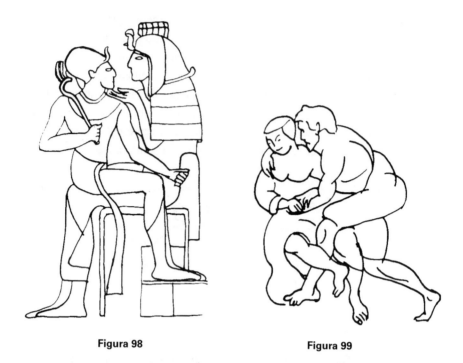

Figura 98   Figura 99

-se ao seu corpo. Alschuler e Hattwick descobriram que as crianças pequenas que sobrepunham uma mancha de cor à outra em suas pinturas "abstratas" de cavalete tendiam a ser "reprimidas" e (quando cores frias se sobrepunham a quentes) "a ser de natureza passiva", diferentes das que preferiam colocação justaposta. Supondo que tal correspondência entre atitude pessoal e expressão pictórica de fato exista, seria interessante saber até que ponto as crianças eram motivadas mais pelo ato físico de esconder por meio da sobreposição do que pelo efeito visual do resultado.

A sobreposição oferece uma solução conveniente ao problema de como representar a simetria em relação a uma figura dentro do quadro. Suponhamos que um pintor queira representar o Julgamento de Páris. As três deusas devem ser apresentadas de tal modo que pareçam ter igual oportunidade de ser escolhidas, o que significa, em termos visuais, que deveriam ser colocadas simetricamente em relação ao juiz. É suficientemente simples mostrar uma organização simétrica de três mulheres em relação à pessoa que olha o quadro (Figura 100a), porque seu olhar encontra o plano perpendicularmente. Isto, porém, não é possível empregando o mesmo meio quando o observador (Páris) se localiza no plano do quadro (*b*). As três mulheres não o enfrentam simetricamente; uma está mais próxima a ele, a segunda mais afastada, e a terceira apresenta o mínimo de oportunidade. Esta disposição transfigura o tema. O pintor pode mostrar a situação no plano (*c*). Isto restaura a simetria mas empilha as deusas inadequadamente umas sobre as outras como uma coluna totêmica. Para apresentar o esquema sobre plano, é necessário que se estenda o espaço pictórico em terceira dimensão por meio de uma disposição oblíqua, que amiúde (embora não necessariamente) implica numa sobreposição (*d*). A inclinação pode também ser aplicada verticalmente (*e*).

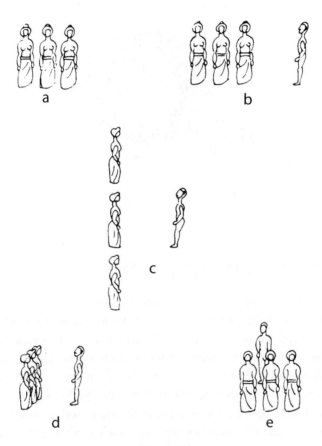

Figura 100

O cocheiro com seus cavalos nos vasos e moedas gregas é outra ilustração do mesmo problema. O conceito visual dos Horácios e Curiácios exige dois grupos de três, colocados de modo simétrico, um em oposição a outro. A tarefa é ainda mais difícil quando o grupo a ser relacionado com outro num quadro não é linear mas, por exemplo, circular. A Figura 101 mostra o esquema compositivo da ilustração de um calendário do século XI. Santa Ursula, rodeada pelas donzelas, é atacada por um arqueiro. O grupo é simétrico para o observador, mas não para o arqueiro. Somente a sobreposição poderia sobrepujar a inconsistência espacial.

O mesmo dilema surge da confrontação espacial de objetos individuais. Os pintores medievais eram atormentados pelo problema de como fazer o evangelista escrever em seu livro. O conceito espacial exige que o livro esteja voltado para o escritor, enquanto o quadro requer que ambos, escritor e livro, se mostrem em frontalidade reveladora.

Figura 101

Interação entre o plano e a profundidade

A terceira dimensão enriquece as possibilidades pictóricas de um modo um tanto semelhante aquele da adição de mais vozes à monofonia da linha melódica simples. Há paralelos notáveis no desenvolvimento das duas artes. Na música, as várias vozes são a princípio relativamente independentes umas das outras. Com a passagem do tempo, tornaram-se interligadas numa composição integrada; finalmente as vozes separadas fundem-se na homofonia moderna (compare as Figuras 186 e 187). De um modo um tanto semelhante, a profundidade pictórica em épocas antigas é representada por faixas horizontais separadas, uma sobre a outra. Num estágio posterior, a sobreposição é empregada para se obter um marco tridimensional de primeiro plano, plano médio e plano de fundo, mais ou menos inter-relacionados. Mais tarde ainda, a dimensão de profundidade total funde-se numa continuidade indivisível, indo da frente para trás, de trás para frente.

Quando as composições pictóricas pretendem ocupar o espaço tridimensional estão no ponto médio entre duas concepções espaciais extremas, às quais devem estar relacionadas. As duas concepções são aquelas de 0% de constância e de 100% de constância. Na de 0% de constância, o quadro é uma projeção total achatada num plano frontal aplanado. Na de 100% ele ocupa um cenário inteiramente tridimensional. Na prática, nenhum quadro ocupa quaisquer dessas posições extremas.

FORMA **119**

Qualquer quadro tem espacialidade intermediária, tendendo para um ou para o outro extremo de acordo com o seu estilo; ele extrai seu significado precisamente da interação de ambas as vistas.

A disposição tridimensional em *Batedoras de Seda* (Figura 102) mostra quatro mulheres em pé ao redor de uma mesa, formando um grupo retangular que constitui uma variação oblíqua da forma da própria mesa (Figura 103). Três das figuras se defrontam simetricamente (II, III, IV); a quarta, que se apresta a trabalhar, está em pé, voltada para fora. Assim o grupo de quatro se divide em um triângulo e um membro estranho, mulher IV, que constitui o vínculo entre as duas que já estão trabalhando e a que não está. As conexões entre os dois trajes escuros e os dois claros correspondem às diagonais do grupo retangular. As duas figuras escuras estabelecem os limites laterais do grupo. As claras fazem o mesmo para a dimensão em profundidade, onde a mulher II domina em primeiro plano e a III se desloca para a máxima distância.

Figura 102

As Batedoras de Seda. Imagem recortada de uma pintura da dinastia Song atribuída ao Imperador Huizong (Hui Tsung) no estilo do pintor Zhang Xuan da disnatia Tang. C. 1100 – 1133. Coleção online do Museum of Fine Arts.

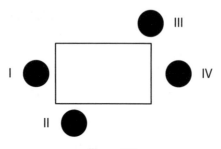

Figura 103

A disposição do padrão projetivo sobre o plano do quadro é completamente diferente. As mulheres não se localizam ao redor da mesa. Duas delas a flanqueiam, e, das outras duas, uma se sobrepõe e a outra é sobreposta por ela. O grupo agora subdivide-se com mais clareza em dois pares, cada um deles ligado pela sobreposição e separado do outro pelo espaço vazio. A simetria triangular das figuras II, III, IV desapareceu; a quarta não está mais separada. Ao contrário, há algo como uma sequência de quatro fases lunares que conduzem num decrescendo do rosto cheio, dominante da figura I sobre a obliquidade da III para o perfil da II e, finalmente, o rosto quase escondido da IV. Isto estabelece uma conexão linear em ziguezague que não existe na composição tridimensional. Há agora duas figuras externas (escuras) e duas figuras internas (claras) – uma simetria lateral aproximada ao redor de um eixo central formado pelos dois bastões. As quatro cabeças constituem os ângulos de um paralelogramo plano no qual as mulheres I e III dominam as outras duas pelo fato de suas cabeças se encontrarem em posição mais alta mas são sobrepostas por elas se se consideram as figuras na sua integridade.

Uma riqueza de forma e significado surge da interação das duas estruturas compositivas, que em parte se sustentam e em parte se opõem contrapontisticamente. Seria interessante estudar com mais precisão as funções relativas dos dois padrões. É óbvio que o agrupamento tridimensional sempre descreve de modo mais acurado a situação fatual ou "topográfica" (por exemplo, Cristo rodeado pelos discípulos), ao passo que sua expressão ou função simbólica pode bem ser mais débil que a do padrão projetivo visualmente mais direto. Uma vez que a intensidade relativa de ambas depende da intensidade do efeito de profundidade de cada quadro em particular, contudo, uma investigação de suas funções pode levar a diferentes resultados para estilos diversos.

Aspectos competitivos

Em qualquer lugar ou tempo, é visível apenas um aspecto do objeto tridimensional. No curso de sua vida e de fato durante quase todo episódio particular de sua experiência diária, uma pessoa suplanta esta limitação da projeção visual olhando as coisas de todos os lados e formando, desse modo, uma imagem ampla da totalidade das impressões parciais. Já mencionei a dificuldade que surge quando tais conceitos visuais integrais devem ser representados numa superfície pictórica.

Inevitavelmente alguns aspectos são selecionados em detrimento de outros. A tradição estabelecida pela arte da Renascença admite apenas uma solução para este dilema. O pintor tinha de escolher o único aspecto mais adequado para seu propósito e tinha que excluir o que estivesse escondido, em escorço ou desviado daquele ponto de vista em particular. Observamos que as antigas formas de arte não são afetadas por esta regra e combinam livremente os aspectos mais informativos de cada parte do objeto ou situação espacial, não considerando a discrepância concomitante dos pontos de vista. Tais estilos de representação são limitados ao objeto ou à situação como tal, não a qualquer uma de suas vistas.

Contudo, estes estilos antigos tendem a respeitar uma regra. Em geral, eles não usam mais do que um aspecto do objeto ou parte dele no mesmo quadro. Eles não poderiam, por exemplo, mostrar um mesmo objeto visto tanto de frente como de trás. Contudo, encontram-se transgressões ocasionais da regra, mesmo a níveis bem primitivos. Nos desenhos infantis, a combinação de um nariz frontal com um de perfil no mesmo rosto pode ocorrer em etapas de transição de uma forma de representação a outra.

Exemplos genuínos de tal representação de duplo aspecto ocorrem às vezes como invenções locais de âmbito limitado, usadas frequentemente para fins decorativos ou jocosos. Os índios americanos solucionaram o problema de representar, simultaneamente, a vista lateral característica e a simetria frontal de um animal dividindo o corpo em duas vistas de perfil que eram combinadas num todo simétrico e mantinham contato precário entre si participando ou da linha mediana das costas ou da cabeça, ou fazendo-as aderir na ponta do nariz ou na cauda (Figura 104). Morin-Jean mostrou que as formas similares, que ele interpreta erroneamente como "monstros com duplo corpo e cabeça única", aparecem na arte decorativa oriental, nos vasos e moedas gregas e ainda nos capitéis românicos. Todos estes exemplos, contudo, são exceções fantasiosas de uma regra geral.

A arte moderna, especialmente o cubismo, também valeu-se de combinações de vistas de vários ângulos no mesmo todo, mas o fez de maneira caracteristicamente diferente. O artista moderno herdou uma tradição que chegou a identificar um objeto com sua projeção pictórica. A exatidão da projeção parecia garantir a validade da imagem. Mais tarde, no século XIX, descobriu-se que tal representação era unilateral, subjetiva, acidental – o que a princípio provocou aplausos e, em seguida, apreensão. Embora as imagens fugazes refletissem com eficácia as experiências transitórias e superficiais que haviam chegado a caracterizar a vida do homem

Figura 104

ocidental, o mundo representado por estas imagens começou a parecer alarmantemente insubstancial. Os artistas evidenciavam o fato de que, em sua relação com a realidade, o homem moderno estava condenado a captar apenas cenas fugazes. Quando as gerações seguintes, reagindo à esta tendência, lutaram para recuperar o mundo estável do olho mais simples, recorreram ao procedimento "primitivo" de combinar aspectos, mas de um modo significativamente moderno.

    A representação, em épocas antigas, liga sempre as vistas de tal maneira que, a despeito das contradições espaciais inerentes, resulta um todo orgânico e característico. Uma vez que a intenção é reproduzir coisas do modo mais correto, claro e completo possível, as vistas se adaptam harmoniosa, orgânica e amiúde simetricamente. Os aspectos mais característicos são escolhidos, especialmente vistas frontais e laterais; a cabeça e o pescoço são colocados simetricamente entre os ombros; e um olho frontal pode ser colocado numa cabeça de perfil porque representa uma entidade relativamente independente. Num desenho infantil representando um copo d'água (Figura 105*a*), a combinação das vistas lateral e de topo num esquema simétrico expressa a inteireza sólida de uma realidade digna de confiança, ao passo que na panela executada por Picasso (Figura 105*b*) as vistas frontal e lateral, a rotundidade e a angularidade, as inclinações da esquerda e da direita, tudo coincide numa contradição gritante.

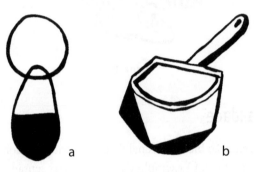

Figura 105

O procedimento cubista tem sido, às vezes, interpretado como se o artista quisesse simplesmente dar uma vista mais completa do objeto combinando vários aspectos. Para apreciar o resultado, o observador presumivelmente deve voar nas asas da mente, de uma vista perspectiva a outra ou encontrar-se simultaneamente em diferentes localizações. Por meio de tais acrobacias mentais, o próprio observador executaria a dinâmica realmente inerente à obra. De fato, naturalmente, ele olha não para o objeto tridimensional, mas para uma imagem plana dele, na qual os aspectos conflitam em contradição deliberada. A tensão criada pela incompatibilidade visual aumenta quando vistas distintas, mutuamente exclusivas, aparecem juntas, por exemplo, uma vista de perfil, adaptada a uma frontal. Quanto mais intimamente fundidas estiverem as duas vistas, mais forte será a tensão, como por exemplo na Figura 106, um decalque da cabeça de um touro, de Picasso. Mesmo na escultura, onde não há necessidade de coletar aspectos incompatíveis no interesse da inteireza realística, o artista cubista põe em prática a mesma interpenetração violenta das unidades. Ele apresenta a imagem de um mundo no qual a interação só é possível apenas com invasão mútua das unidades autocontidas, cada uma delas pretendendo atingir o seu próprio propósito. O todo é mantido em equilíbrio por princípios não mais elevados do que os de uma multiplicidade de impulso que se compensam mutuamente pela variedade de suas direções. As contradições das quais falam os marxistas tornam-se visuais.

Figura 106

Realismo e realidade

Ao tratar da representação bidimensional do espaço tridimensional, deparamo-nos com um paradoxo peculiar. O exemplo das três pessoas sentadas à mesa (Figuras 86 e 87) mostrou que, quando tal cena é apresentada como uma projeção mecanicamente correta, leva à deformação desagradável no plano frontal. Ao contrário, quando a cena é representada no seu equivalente bidimensional, pode ser lida como a projeção de uma cena fisicamente absurda, na qual o tampo da mesa permanece vertical e as três pessoas ligam-se a ela como abas. Concluiu-se que há maneiras apropriadas e inapropriadas de ler as representações pictóricas de espaço, e que o modo próprio é determinado em cada caso pelo estilo de um dado período ou estágio de desenvolvimento.

Foi conservando esta situação paradoxal que, quando a influência da óptica científica fez a representação pictórica voltar-se para a projeção mecânica, a correção objetiva deste procedimento autorizou uma liberdade sem precedentes do padrão estrutural. Ela possibilitou distorções radicais dos esqueletos visuais simples pelos quais as pessoas entendiam e continuam a entender a construção de um corpo humano, de um animal, de uma ave. Protegidos pela "exatidão" de seus escorços, os artistas torceram os eixos dos objetos, destruíram a correspondência simétrica das partes, alteraram as proporções e reorganizaram a localização relativa das coisas. Numa pintura realística, uma figura humana podia tocar o céu acima das árvores, os pés podiam confinar-se com o rosto, e o contorno do corpo podia assumir qualquer configuração. Heinrich Wölfflin escreve sobre os Escravos de Michelangelo pintados no teto da Sistina: "O desvio da norma na estrutura dos corpos é significativo pela comparação com a maneira pela qual Michelangelo dispõe os membros. Em suas relações descobre efeitos inteiramente novos. Ora aproxima um braço e duas pernas como uma série de três paralelas; ora faz cruzar a coxa com o braço que se estende para baixo de modo a formarem quase um ângulo reto; então novamente abrange a figura toda da cabeça aos calcanhares, numa fluente linha unitária. E estas não são variações matemáticas que ele se propõe como exercício. Mesmo a postura mais insólita parece convincente". Como exemplo semelhante veja a Figura de Abias na Figura 107.

Figura 107

Evidentemente, os artistas da Renascença praticaram a nova experiência da projeção fiel, não apenas em tributo ao ideal do realismo cientificamente autenticado, mas devido à variedade inexaurível de aparências deriváveis dos objetos naturais que, deste modo, conseguiam riqueza correspondente da interpretação individual. Não é de se surpreender que essa exploração extrema da deformação projetiva levasse eventualmente a um contramovimento radical, a um retorno às configurações e esquemas elementares de normas estruturais permanentes. A reação tornou-se manifesta nas simplificações geométricas de Seurat e Cézanne e no primitivismo que imbuiu muita arte no início do século XX.

Ao mesmo tempo, contudo, que a arte procurava refúgio contra as complexidades das deformações, que os olhos humanos não podiam mais organizar, uma tendência expressionista tirava vantagem da nova liberdade possibilitada pela norma básica e adotava todas as possibilidades da arte projetiva, sem nenhuma preocupação em justificá-la como projeção mecanicamente correta dos objetos físicos.

Os realistas haviam iniciado a destruição da integridade orgânica. Tinham tornado incompletos os objetos ou separado suas partes com a introdução de corpos estranhos. Os artistas modernos fizeram o mesmo, mas sem o pretexto da sobreposição. Tinha-se introduzido a obliquidade para representar a profundidade. Os artistas modernos desviaram a orientação axial sem recorrer a essa justificativa. Os impressionistas tinham levado ao extremo a destruição da cor local, usando reflexos para aplicar o verde de um prado ao corpo de uma vaca ou o azul do céu às pedras de uma catedral. Como consequência, os artistas modernos tiveram a liberdade não apenas de tornar vermelho um objeto azul, mas também de substituir a unidade de uma cor local por qualquer combinação de cores diferentes. No passado, os artistas aprenderam a reorganizar subdivisões orgânicas com resultados paradoxais. Eles fundiam várias figuras humanas em um triângulo ou destacavam um braço da massa do corpo unindo-o ao braço de outra figura, para criar uma nova globalidade contínua. Isto possibilitou ao artista moderno, por exemplo, a seccionar um rosto e fundir parte dele com o fundo. Iluminando os objetos de uma determinada direção, os artistas tinham conseguido projetar sombras por meio deles, subdividindo-os de tal modo que tinham pouca justificação orgânica. Levando ainda além este artifício, Braque criou uma figura de mulher formada de duas – uma mulher preta de perfil e outra clara de frente (ver Figura 233).

O que é que tem aparência de realidade?

Percorremos um longo caminho desde a restrita crença de que apenas a réplica mecanicamente fiel de fato reproduz a natureza. Compreendemos que toda a série de estilos de representação infinitamente diferentes é aceitável, não apenas para aqueles que compartilham da atitude particular de que os criou, mas também para aqueles, entre nós, que podem se adaptar a eles. Contudo, a mera tolerância por abordagens diferentes com o mesmo objetivo não é o suficiente. Devemos ir além e entender que, assim como pessoas de nossa própria civilização e século podem perceber uma maneira de representação específica como natural, mesmo que aos adeptos de outra abordagem ela não pareça natural em absoluto, assim tratam os adeptos daquelas outras abordagens de encontrar sua maneira preferida de representação, não apenas aceitável, mas inteiramente natural.

Seria difícil de acreditar nisto se não tivéssemos documentos para prová-lo. Histórias sobre pinturas e estátuas tão reais, que enganavam o homem e o animal, chegaram até nós, vindas dos períodos das artes chinesa e grega, cujo estilo de modo algum enganava, fazendo-nos acreditar que nos defrontávamos com a realidade, em vez de imagens feitas pelo homem. Não sabemos exatamente como eram as pinturas de Zeuxis, mas temos razões para duvidar de que suas uvas pintadas realmente fizeram as andorinhas bicá-las, achando que eram reais. Essas histórias, provavelmente, expressam as experiências visuais de observadores contemporâneos, para quem os quadros pareciam mais reais.

Boccaccio conta no *Decamerão* que o pintor Giotto "era um gênio de tal excelência que não havia nada da natureza ... que ele não representasse com o lápis, pena ou pincel de um modo tão fiel ao objeto que parecia ser a própria coisa em vez de sua imagem; tanto era assim que, muitas vezes, o sentido visual dos homens iludia-se com as coisas que ele fazia, acreditando ser verdadeiro o que era apenas pintado". Os quadros de Giotto são altamente estilizados e dificilmente poderiam ter enganado seus contemporâneos se tivessem julgado o realismo por comparação direta com a realidade. Contudo, comparado com a obra de seus predecessores imediatos, a maneira de Giotto representar gestos expressivos, profundidade, volume e cenário pode na verdade ser considerada muito realista, e foi este desvio do nível de representação pictórica normal, que prevalecia, que produziu o efeito espantoso sobre os contemporâneos de Giotto.

O princípio do nível de adaptação, introduzido em psicologia por Harry Helson, indica que um dado estímulo é julgado não de acordo com suas qualidades absolutas, mas em relação ao nível normal estabelecido na mente da pessoa. No caso da representação pictórica, este nível normal parece derivar-se não diretamente da percepção do mundo físico em si, mas do estilo de representações conhecido do observador.

Reações a fotografias e filmes mostraram que o progresso no realismo pictórico cria a ilusão da própria vida. Os primeiros filmes cinematográficos, apresentados por volta de 1890, eram tão tecnicamente deficientes, que nos dão hoje pouca ilusão de realidade, mas o mero acréscimo de movimento à imagem em preto e branco foi o suficiente para fazer os primeiros espectadores gritarem de medo quando o trem avançava impetuoso em sua direção. De modo bastante curioso, o advento da cor mal produziu alguma melhora adicional; mas a ressonância espacial do som temporariamente aumentou de modo considerável a profundidade visual e o volume da imagem. E o primeiro hológrafo de tamanho natural, que acrescentou a paralaxe de movimento poderoso à imagem fixa, era de uma realidade tão chocante que a ausência do movimento vivo fez a pessoa retratada parecer um cadáver.

Ilusões reais são, naturalmente, raras; mas constituem a manifestação extrema e mais tangível pelo fato de que, como regra, em qualquer contexto cultural dado, não se percebe de modo algum o estilo comum de representação pictórica como tal – a imagem parece simplesmente uma reprodução fiel do próprio objeto. Em nossa civilização, isto é válido para as obras "realísticas"; elas parecem "exatamente naturais" para muitas pessoas não conscientes de seu estilo altamente complicado e específico. Contudo, este "nível da realidade artística" pode mudar com bastante rapidez. Hoje dificilmente podemos imaginar que, há menos de um século, as pinturas de Cézanne e Renoir eram rejeitadas, não apenas por seu estilo incomum, mas por que de fato pareciam ofensivamente irreais. Não se tratava apenas de uma questão de julgamento ou gosto diferentes, mas de percepção diferente. Nossos antepassados viram naquelas telas manchas de tinta incoerentes que hoje vemos e basearam seu julgamento naquilo que viam.

Aqueles entre nós, que vivem com a arte de nosso século, encontram uma dificuldade crescente em entender o que "o homem comum" quer dizer quando critica as deformações da interpretação realística nos Picassos, nos Braques, nos Klees. No retrato que Picasso fez de uma escolar, vemos a vivacidade espontânea da criatura jovem, o repouso juvenil, a timidez do semblante, os cabelos penteados verticalmente, a tirania pesada do grande livro-texto. As formas geométricas de colorido intenso, agressivamente sobrepostas, não prejudicam o tema, mas sustentam sua expressão com tal maestria que não mais as vemos como meras configurações: incorporam-se na tarefa da representação. De fato, parece seguro afirmar que todas as grandes obras de arte, não importa quão estilizadas e remotas da exatidão mecânica, comunicam o sabor pleno do objeto que representam. A pintura de Picasso não apenas representa uma escolar; ela é uma escolar. "Meu objetivo é a semelhança", disse Picasso em 1966. E declarou que um artista deve observar a natureza, mas nunca confundi-la com a pintura. "Ela só pode ser traduzida em pintura por meio de signos."

Se, em vez do tema, alguém vir as configurações, talvez alguma coisa esteja errada no quadro. Ou o observador pode estar percebendo a um nível de adaptação inapropriado. (De fato, o "homem comum" muitas vezes se fixa em um nível de estilo estabelecido pelos pintores do século XVII.) É verdade que para ilustrações informativas em livros-texto sobre antropologia ou manuais de biologia, um estilo diferente, talvez o classicismo linear da escola de Ingres, seja adequado; uma pintura de Matisse, que pretendesse ser uma ilustração de um livro-texto, mostraria inevitavelmente suas configurações em vez do assunto.

Quanto aos próprios artistas, parece não haver dúvida de que eles veem em sua obra a corporificação do objeto pretendido. O escultor Jacques Lipchitz conta ter ele admirado um dos quadros de Juan Gris enquanto ainda se encontrava no cavalete. Era o tipo da obra cubista, na qual um leigo, mesmo hoje, descobre apenas um aglomerado de formas abstratas. Lipchitz exclamou: "Isto é bonito! Não toque nele mais! Está completo". Ao que Gris, irritando-se, gritou em resposta: "Completo? Você não vê que eu não terminei o bigode?". Para ele, o quadro continha a imagem tão clara de um homem que ele esperava que todos o vissem imediatamente em todos seus detalhes.

A opinião dos artistas deixa claro que eles consideram o "estilo" simplesmente como um meio de dar realidade a suas imagens. "A originalidade" é o produto não procurado e não percebido de uma tentativa feliz do artista dotado, em ser honesto e verdadeiro, em penetrar as origens, as raízes do que vê. A busca deliberada do estilo pessoal inevitavelmente interfere na validade do trabalho porque introduz um elemento de arbitrariedade num processo que pode ser governado somente pela necessidade. Picasso uma vez disse: "Lute sempre pela perfeição. Por exemplo, tente desenhar um círculo perfeito; e se não puder desenhá-lo perfeito, a imperfeição involuntária revelará sua personalidade. Mas se você quiser revelar a sua personalidade desenhando um círculo imperfeito – *seu* círculo –, você estragará tudo".

Quero evitar um mal-entendido. Quando afirmo que numa boa obra de arte percebe-se mais o assunto do que as configurações, pode parecer que eu esteja sugerindo que a forma não importa. Longe de mim tal intenção. De fato, a mesma sugestão é válida para a arte "abstrata" ou não mimética. Faz muita diferença se, numa pintura "abstrata", vemos um arranjo de simples configurações, isto é, objetos visuais que podem ser completamente descritos por sua área, contorno, cor, localização etc., ou ver, em vez disso, a ação organizada de forças visuais expressivas. No último caso, as configurações desaparecem no jogo dinâmico; e é apenas este jogo dinâmico que comunica o significado da obra. As colunas protuberantes torcidas, as volutas oscilantes e os telhados de uma fachada barroca deixam a geometria de suas configurações e a substância material da pedra atrás, à medida que a composição arquitetônica total se transfigura numa sinfonia de movimento. De modo similar, numa obra de pintura e escultura representativas, as configurações feitas pelo artista, e o pigmento, ou o metal, ou a madeira do meio são transformadas em ação visual, o que dá vida ao assunto. A boa forma não se mostra.

A forma como invenção

Muitos dos nossos exemplos terão ajudado a ilustrar o que sugeri inicialmente neste capítulo, isto é, que a feitura da imagem, artística ou não, não começa da projeção óptica do objeto representado, mas é um equivalente, executado com as propriedades de um meio específico daquilo que se observa no objeto. A forma visual pode ser evocada pelo que se vê, mas não pode ser tirada diretamente dela. Sabe-se muito bem que as máscaras mortuárias e os calcos em gesso das pessoas reais são mecanicamente naturais, não obstante, com frequência, têm uma presença puramente material e tendem a nos desapontar quando esperamos que elas interpretem o caráter pela aparência visual. Falta-lhes essencialmente a configuração e por isso não podem servir como forma. Qualquer principiante, que desenhe do modelo, descobre que as configurações que espera encontrar olhando cuidadosamente para um rosto, um ombro, uma perna, não estão realmente ali. O mesmo problema, contudo, parece ter causado a trágica luta que Alberto Giacometti nunca superou. Começou em 1921, quando ele quis retratar uma figura e descobriu que *tout m'échappait, la tête du modele devant moi devenait comme un nuage, vague et illimité* – "tudo me fugia, a cabeça do modelo na minha frente transformava-se numa nuvem, vaga e ilimitada". Ele tentou representar esta faculdade intocável do modelo nas superfícies evasivas de suas figuras esculpidas e pintadas, enquanto insistia ao mesmo tempo na busca de configurações que ele pensava que tinham de existir objetivamente naquelas cabeças e corpos humanos.

A tentativa para encontrar forma representativa no modelo foi condenada ao fracasso porque toda a forma deve provir do meio específico no qual a imagem é executada. O ato elementar de desenhar o contorno de um objeto no ar, na areia ou numa superfície de pedra ou papel significa a redução da coisa a seu contorno, o que não existe como regra na natureza. Esta tradução é uma realização muito elementar da mente – há indicações de que as crianças pequenas e os macacos reconhecem as imagens lineares de objetos conhecidos quase espontaneamente. Mas captar a semelhança estrutural entre uma coisa e qualquer representação dela é, contudo, uma enorme proeza de abstração.

Cada meio prescreve a maneira pela qual as características de um modelo são mais bem conseguidas. Por exemplo, um objeto redondo pode ser representado por uma linha circular com um lápis. Com pincel, que pode fazer grandes manchas, é possível produzir um simulacro do mesmo objeto por meio de uma mancha de tinta em forma de disco. No meio argila ou pedra, a esfera é o melhor equivalente da rotundidade. No meio dança, um bailarino representa-a fazendo um percurso circular, girando ao redor de seu próprio eixo, ou organizando um grupo de bailarinos num círculo. Num meio que não permite configurações curvas, a rotundidade pode ser expressa por linhas retas. A Figura 108 mostra uma cobra perseguindo uma rã conforme um motivo de cestaria feito pelos índios da Guiana. Uma configuração que melhor expressa a rotundidade num meio pode não fazê-lo em outro. Um círculo ou um disco podem ser a solução perfeita na superfície plana de uma pintura. Na escultura, tridimensional, contudo, círculo e disco combinam rotundidade com planura, representando, assim, a primeira de modo imperfeito. Uma maçã preta e branca torna-se "incolor" quando transferida de uma litografia monocromática para uma pintura a óleo. Numa pintura de Degas, uma bailarina imóvel é uma representação apropriada de uma em movimento, mas num filme ou no palco uma bailarina imóvel não estaria em movimento, mas paralisada.

Figura 108

A forma é determinada não apenas pelas propriedades físicas do material, mas também pelo estilo de representação de uma cultura ou de um artista individual. Uma mancha plana colorida pode ser uma cabeça humana no mundo essencialmente bidimensional de Matisse; mas a mesma mancha pareceria plana, em vez de arredondada, numa das pinturas acentuadamente tridimensional de Caravaggio. Numa estátua cubista de Lipchitz, um cubo pode representar uma cabeça, mas o mesmo cubo seria um bloco de matéria inorgânica numa obra de Rodin. A Figura 109 mostra o desenho *O fim de um monstro*, de Picasso. A maneira pela qual a cabeça do monstro é desenhada serve em outras obras do mesmo artista para representar forma não distorcida e não monstruosa (compare o touro da Figura 106). Não há nenhum paradoxo nisto. Um padrão que produz um monstro numa pintura relativamente realística pode ter os caracteres de uma "correta" anatomia em uma obra na qual se usa a mesma maneira de deformação para tudo.

Figura 109
PICASSO, Pablo. *La Fin d'un Monstre*. Lápis sobre papel. 1937. Coll. Roland Penrose, Londres. © Succession Pablo Picasso/AUTVIS, Brasil, 2016.

Tais traduções da aparência dos objetos físicos em forma apropriada a determinados meios não são convenções esotéricas inventadas pelos artistas. Na vida, elas são de uso comum em todos os lugares. Os modelos em escala, os desenhos lineares sobre lousas e mapas rodoviários, todos se afastam marcadamente dos objetos que representam. Com facilidade, descobrimos e aceitamos o fato de um objeto visual no papel representar um completamente diferente da natureza, desde que nos seja apresentado em seu equivalente estrutural para o meio dado. No próximo capítulo, demonstrarei a lógica sem erro e a coerência das crianças nesse assunto.

A razão psicológica deste fenômeno surpreendente é, primeiro, que, na percepção e pensamento humanos, a semelhança baseia-se não numa identidade meticulosa, mas na correspondência das características estruturais essenciais; segundo, que uma mente pura entende espontaneamente qualquer objeto dado conforme as leis do seu contexto.

É necessário um grau elevado de "deformação intelectual" para que cheguemos a pensar que a representação não seja apenas uma imitação do objeto, mas também de seu meio, de modo que esperamos que uma pintura não se pareça com uma pintura, mas com o espaço físico, e uma estátua não se pareça um pedaço de pedra, mas um corpo vivo de carne e osso. Este conceito de representação indiscutivelmente menos inteligente, longe de ser natural ao homem, é um produto posterior de uma determinada civilização na qual por acaso vivemos há um certo tempo.

Quando alguém caminha por um museu e olha para as configurações dadas por escultores de diferentes épocas e culturas à cabeça humana compreende que o mesmo protótipo simples pode ser refletido numa infinidade de representações igualmente válidas. A cabeça pode ser adaptada a muito poucas configurações completas ou subdividida em muitas configurações pequenas; as formas podem ser retas ou curvas, com bordas ou volumosas, claramente separadas ou fundidas; podem derivar de cubos ou esferas, elipsoides ou paraboloides; podem empregar cavidades profundas ou depressões leves. E cada uma cumpre sua finalidade.

Esta capacidade de inventar padrões notáveis, especialmente quando aplicada a configurações familiares como a uma cabeça ou a uma mão, é o que se conhece como imaginação artística. Imaginação não é, de modo algum, primordialmente a invenção de tema novo e nem mesmo a produção de qualquer tipo de forma nova. A imaginação artística pode ser descrita de modo mais aproximado como a descoberta de uma nova forma para um conteúdo velho, ou – se não se quer usar a cômoda dicotomia entre forma e conteúdo – como um novo conceito de um velho assunto. A invenção de coisas ou situações novas é válida apenas até onde servem para interpretar um velho – ou seja universal – tópico da experiência humana. Há mais imaginação na maneira que Ticiano pinta uma mão do que em centenas de pesadelos surrealistas pintados de maneira monótona e convencional.

A imaginação visual é um dom universal da mente humana, um dom que na pessoa mediana surge numa tenra idade. Quando as crianças começam a experimentar a configuração e a cor, elas enfrentam a tarefa de inventar um modo de representar, num dado meio, os objetos de sua experiência. Ocasionalmente são ajudadas observando outras, mas essencialmente agem por conta própria. A riqueza das soluções originais que produzem são as mais notáveis porque seus temas são bastante elementares. A Figura 110 mostra representações da figura humana copiadas de desenhos feitos por crianças em estágios iniciais de desenvolvimento.

Certamente estas crianças não tentavam ser originais, mesmo assim a tentativa de pôr no papel o que veem faz com que cada uma delas descubra uma fórmula visual nova para o tema já conhecido. Cada um destes desenhos, que pode, com facilidade, ser multiplicado às centenas, respeita o conceito visual básico do corpo humano – como é testemunhado pelo fato de que é entendido pelo observador – e ao mesmo tempo oferece uma interpretação que o distingue de outros desenhos.

Figura 110

É evidente que o próprio objeto determina apenas um mínimo de aspectos estruturais, requerendo assim "imaginação" no sentido literal da palavra – ou seja a atividade de transformar coisas em imagens. Se examinarmos os desenhos mais acuradamente, encontraremos amplas variações em muitos fatores formais. Na Figura 110, não se evidenciam as diferenças consideráveis no tamanho absoluto. Varia consideravelmente o tamanho relativo das partes, por exemplo, o da cabeça em comparação com o resto do corpo. Encontram-se muitas soluções diferentes para a subdivisão do corpo. Variam não apenas o número de partes, mas também a colocação das linhas de contorno. Há muito detalhe e diferenciação em algumas, pouco em outras. Formas arredondadas e formas angulares, barras finas e massas sólidas, justaposições e sobreposições, tudo é usado para representar o mesmo objeto. Mas uma simples enumeração de diferenças geométricas não faz justiça à individualidade evidente na aparência total destes desenhos. Algumas das figuras parecem estáveis e racionais, outras são arrastadas em ação incessante. Há algumas sensíveis e outras grosseiras, umas simples e outras sutilmente complexas, umas rechonchudas e outras frágeis. Cada uma delas expressa um modo de viver, de ser como pessoa. As diferenças são devidas em parte ao estágio de desenvolvimento, em parte ao caráter individual da criança, em parte ao objetivo do desenho. Juntas, estas representações demonstram os recursos abundantes da imaginação pictórica que são encontrados nas crianças medianas até que sejam suprimidos. Em todas elas, por falta de encorajamento, por ensino não apropriado e por um ambiente não adequado, com exceção de alguns felizardos.

Uma solução artística bem-sucedida é tão impositiva que parece a única possível do assunto. Devem-se comparar diferentes versões do mesmo tema antes de se apreciar verdadeiramente o papel da imaginação. Muito raramente têm-se dado relações sistemáticas dos vários modos de como um assunto particular pode ser representado. Um bom exemplo é a análise feita por Lucien Rudrauf sobre as anunciações como "variações de um tema plástico". Ele mostra quão diferentemente o famoso encontro tem sido interpretado, dependendo do momento do acontecimento que o artista escolhe e como sua imaginação distribui a função ativa e passiva, domínio e submissão, e assim por diante. São mais frequentes pesquisas históricas que seguem um dado tema por meio das épocas. Entre outras coisas, elas mostram como em certas ocasiões um artista encontra uma imagem que corporifica algum assunto básico com uma fascinante validez. A mesma história, a mesma composição ou a mesma postura continua vivendo por séculos como uma contribuição indelével à maneira como o homem consegue visualizar o seu mundo.

Níveis de abstração

Uma dimensão na qual o artista pode exercitar sua liberdade é o grau de abstração que ele usa para executar o assunto. Ele pode fazer uma cópia da aparência do mundo físico com a meticulosa fidelidade do pintor *trompe-l'oeil* ou, como Mondrian e Kandinsky, ele pode trabalhar com configurações completamente não miméticas, que refletem a experiência humana por meio da expressão visual pura e relações espaciais. No domínio representativo, muitos modos de fazer pintura limitam-se à retratação de coisas da natureza com muito poucas características estruturais. Este modo altamente abstrato é proeminente nos primeiros estágios de arte, isto é, no trabalho de crianças e "primitivos", mas também em certos aspectos do estilo bizantino da arte cristã, na arte ocidental moderna, e no trabalho de arte dos esquizofrênicos. Estes são estranhos companheiros, mas se admitirmos que a similaridade de forma mostra alguma semelhança correspondente de estado mental, teremos de recorrer a audaciosa generalização.

Os padrões que resultam da representação limitada apenas a alguns aspectos do objeto são, com frequência, simples, regulares e simétricos. De repente, parece não haver razão impositiva para isso. A configuração pode tornar-se mais complicada por omissões. Os teóricos do século passado, que eram propensos a extrair todas as propriedades das imagens dos aspectos observados da realidade, tentaram responder por esta tendência apontando as configurações regulares na natureza que o homem supostamente teria imitado – o disco solar, a construção simétrica da planta, do animal e do próprio homem. Como exemplo extremo, Wilhelm Worringer cita um antropólogo que tentou mostrar por meio de instantâneos que a configuração da cruz derivava-se do padrão feito pelas cegonhas em voo. Obviamente, esta abordagem não nos leva muito longe, uma vez que não pode explicar por que o homem teria selecionado o que percebe de conformações regulares entre as irregulares, muitíssimo mais frequentes. Ocasionalmente, a forma simples de uma imagem pode ser originada em parte da matéria da qual ela foi executada – por exemplo, vime – mas nada parecido com um princípio válido de modo geral pode ser obtido de tal observação.

De um modo mais plausível, poderíamos observar que quando, por alguma circunstância, a mente é libertada de sua sujeição comum às complexidades da natureza, ela organizará configurações de acordo com as tendências que governam seu próprio funcionamento. Temos muita evidência de que a tendência principal neste caso em ação é aquela em direção à estrutura mais simples, isto é, no sentido de uma configuração geométrica mais regular, mais simétrica que se pode conseguir sob tais circunstâncias.

Deve-se notar que, embora nos exemplos em discussão as características representativas derivadas do mundo físico sejam poucas, o artista pode, não obstante, desenvolver essas poucas características num jogo elaborado de configurações, que podem ser descritas de vários modos, tais como geométricas, ornamentais, formalísticas, estilizadas, esquemáticas ou simbólicas.

Como primeiro passo para o entendimento de tais estilos altamente abstratos, percebemos que, sob certas condições culturais, a arte mais realística não serviria melhor ao propósito do artista, mas, ao contrário, nele interferiria. As imagens primitivas, por exemplo, não surgem nem da curiosidade isolada sobre a aparência do mundo, nem como resposta "criativa" em si. Elas não são feitas para produzir ilusões de entretenimento. A arte primitiva é um instrumento prático para a importante ocupação da vida diária; ela dá corpo aos poderes sobre-humanos, sendo assim possível tomar parte em empreendimentos concretos. Substitui objetos reais, animais ou homens, assumindo suas obrigações na execução de todos os tipos de tarefas. Ela registra e transmite informações. Torna possível exercer "influências mágicas" sobre criaturas e coisas ausentes.

O importante em todas essas operações não é a existência material das coisas, mas os efeitos que exercem ou que sobre elas são exercidos. A ciência natural moderna nos acostumou a considerar muitos destes efeitos como acontecimentos físicos que refletem a composição e comportamento da matéria. Esta visão é de origem relativamente recente, e é completamente diferente de uma noção mais simples que encontra sua expressão mais pura na ciência primitiva. Achamos que o alimento é necessário porque contém certas substâncias físicas que nossos corpos absorvem e utilizam. Ao primitivo, o alimento é o transportador de poderes imateriais ou forças cuja virtude vitalizadora se transfere a quem o come. A doença é causada não pela ação física dos germes, venenos ou febre, mas por um "fluido" destrutivo emitido por alguns agentes hostis. Para o primitivo resulta que a aparência e o comportamento específico das coisas naturais, das quais tiramos informações sobre efeitos físicos prováveis, são tão irrelevantes a sua função como a configuração e a cor de um livro o são para o conteúdo que nele encontramos. Assim, por exemplo, ao representar animais, o primitivo limita-se a enumeração de características tais como membros e órgãos, e usa configuração e padrões geometricamente distintos para identificar seu tipo, função, importância e relações mútuas da maneira mais precisa possível. Ele pode usar meios pictóricos também para expressar qualidades "fisionômicas", como a ferocidade ou a amizade do animal. O detalhe realístico obscureceria, em vez de esclarecer estas características relevantes. (Princípios de representação semelhantes são encontrados em nossa própria civilização, nas ilustrações para tratados médicos escritos antes do advento da ciência natural moderna.)

Estados iniciais de desenvolvimento produzem configurações altamente abstratas porque o contato direto com as complexidades do mundo físico não é, ou ainda não é, pertinente à tarefa da arte de pintar. Não é possível, contudo, inverter a afirmação e supor que a forma altamente abstrata é sempre o produto de um estágio mental primitivo. As pessoas, com frequência, criam imagens elementares, não porque tenham avançado até um dado ponto, mas porque dele se afastaram. Pode-se encontrar um exemplo na arte bizantina que constitui um afastamento de um tipo de representação mais realístico que o mundo tinha então visto. A arte tornou-se uma serva de um estado mental que, em suas manifestações extremas, condenou completamente o uso de imagens. A vida na terra era considerada uma mera preparação para a vida no Paraíso. O corpo material era o receptáculo do pecado e do sofrimento. Assim, a arte visual, em vez de proclamar a beleza e importância da existência física, usava o corpo como um símbolo visual do espírito; eliminando volume e profundidade, simplificando a cor, a postura, o gesto e a expressão, foi bem-sucedida na desmaterialização do homem e do mundo. A simetria da composição representava a estabilidade da ordem hierárquica criada pela Igreja. Eliminando tudo que era acidental e efêmero, a postura e os gestos elementares enfatizavam qualidades duradouras. E as configurações simples e retas expressavam a disciplina estrita de uma fé ascética.

A arte de nosso próprio século oferece outro exemplo notável de alta abstração obtida por meio do afastamento. Como a arte bizantina, ela renunciou ao ilusionismo hábil de seus seguidores. Neste caso, pode-se encontrar uma razão psicológica específica na nova posição do artista. O artesão que preenchera uma necessidade estabelecida nos afazeres do governo e da religião transformou-se gradativamente num marginalizado – o produtor de mercadorias de luxo excessivo que serviam para ser guardadas nos museus ou usadas para exibir a riqueza e o gosto refinado do rico e do privilegiado. Esta exclusão do mecanismo econômico de oferta e procura tendeu a transformar o artista num observador voltado para si.

Tal marginalização do dar e receber da existência cívica tem seus prós e contras. Considerando o lado positivo, um espectador pode recuar, e assim ver melhor e de maneira mais independente. A certa distância, as limitações pessoais perdem sua força; o detalhe acidental desaparece e a essência revela sua ampla configuração. O artista segregado, como o cientista, afasta-se da aparência individual para se agarrar mais diretamente a qualidades fundamentais. O melhor da pintura e escultura modernas tenta pela abstração uma captação imediata das essências puras, e para Schopenhauer a música representa a mais elevada de todas as artes. A forma pura visa mais diretamente ao mecanismo oculto da natureza, que os estilos mais realísticos representam indiretamente por meio de suas manifestações nas coisas e acontecimentos materiais. A concentrada enunciação dessas abstrações é válida enquanto retém o apelo sensorial que distingue uma obra de arte de um diagrama científico.

Considerando o lado negativo, a elevada abstração arrisca-se a separar-se da riqueza da existência real. As grandes obras de arte e da ciência evitaram sempre essa limitação; elas abarcaram a série toda da experiência humana aplicando formas ou princípios mais gerais para as maiores variedades de fenômenos. Consideraremos apenas a abundante variedade de criaturas que um Giotto, um Rembrandt ou um Picasso subordinam aos princípios gerais que determinam sua visão da vida e portanto seu estilo. Quando se perde o contato com uma série ampla de experiências humanas, não resulta arte, mas jogo formalístico com formas ou conceitos vazios.

Exemplos extremos deste perigo podem ser estudados em certos tipos de arte esquizofrênica na qual padrões geométricos ornamentais são elaborados com tanta precisão e cuidado quanto a desorganização do estado mental do paciente permitir. Exemplos notáveis são os desenhos feitos pelo bailarino Nijinsky durante seus anos de reclusão em uma instituição de doenças mentais. Se procurarmos averiguar o estado de mente correspondente, encontraremos um congelamento do sentimento e da paixão acompanhado pelo afastamento da realidade. Uma concha de vidro parece envolver o esquizofrênico. A vida ao seu redor aparece como um espetáculo estranho, com frequência ameaçador, num palco o qual pode ser observado, mas que não permite dar e receber. O intelecto segregado tece cosmologias fantásticas, sistemas de ideias, visões, projetos missionários grandiosos. Uma vez que as fontes sensoriais da forma e do significado natural são obstruídas e as paixões vitais esgotadas, a organização formal permanece, por assim dizer, não modulada. A tendência à configuração simples opera sem impedimentos no vazio. O resultado é a ordem como tal, com pouca vida a ser ordenada. Os resquícios de pensamentos e experiências são organizados não de acordo com a interação significativa no mundo ou na realidade, mas por meio de similaridades puramente formais e simétricas. Padrões são construídos ao redor de "trocadilhos visuais" – a fusão de conteúdos heterogêneos na base de semelhança externa. Em algumas das últimas pinturas de Van Gogh, a forma pura subjugou a natureza dos objetos que ele representou. A violência de sua mente perturbada transformou o mundo em um tecido de chamas, de modo que as árvores deixaram de ser árvores e as casas de campo e os fazendeiros tornaram-se golpes caligráficos de pincel. Em vez de estar submersa no conteúdo, a forma se interpôs entre o observador e o tema da obra.

Um exemplo da arte esquizoide é *A Dança de Morte da Boneca – Cisne* (Figura 111), um dos muitos quadros executados em creiom colorido por Friedrich Schröder, que chamava a si mesmo "Estrela Sol". Depois de passar muito tempo de sua vida nas prisões e nos hospitais de alienados, este vagabundo alcoólatra, um curandeiro convicto e líder de uma seita religiosa, começou a pintar sistematicamente na idade de 57 anos. Todos os traços da arte alienada estão estritamente presentes. Um padrão ornamental rigidamente simétrico é colocado numa paisagem de profundidade reduzida. As configurações da natureza destituída de suas complexidades e imperfeições orgânicas apresentam a regularidade lisa de uma onda condutora sem modulação. Livre do contexto natural, os membros e troncos de animais e homens combinam-se sem restrições na base das afinidades puramente formais: os braços se adaptam às cabeças dos pássaros em vez das mãos, os pescoços dos cisnes dirigem-se às nádegas humanas.

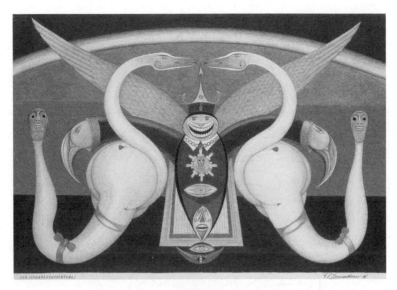

Figura 111
SCHRODER-SONNENSTERN, Friedrich. A Dança da Boneca – Cisne. Crayon colorido e lápis sobre prancha.
1961. Coleção particular. THE BRIDGEMAN ART LIBRARY / KEYSTONE BRASIL.
© Schroeder-Sonnenstern, Friedrich/ AUTVIS, Brasil, 2016.

Não é por acidente que características formalísticas similares são encontradas nos "rabiscos" de pessoas cujas mentes estão vazias ou concentradas em alguma outra cadeia de pensamento, enquanto seu sentido de organização visual, não controlado pela ideia ou experiência condutora, dirige os olhos e as mãos. As configurações geométricas geram-se umas das outras, às vezes se combinam para formar totalidades bem estruturadas, mas com maior frequência apenas aglomerados ocasionais de elementos (Figura 112).

Finalmente, há uma relação significativa entre o formalismo e o ornamento. Quando falamos de ornamento, queremos dizer em primeiro lugar forma visual subordinada a um todo maior, que ele completa, caracteriza ou enriquece. Assim, o cetro, a coroa ou a peruca servem como ornamentos ao rei ou ao juiz e volutas de madeira ou patas de leão enriquecem a aparência dos móveis tradicionais. Em segundo lugar, chamamos um padrão de ornamental quando ele é organizado por um princípio formal simples. Nas obras de arte, tais aspectos ornamentais são usados com precaução. A simetria estrita, por exemplo, é tão rara na pintura e escultura como é frequente nas decorações e nas artes aplicadas, como a cerâmica ou arquitetura. A Figura 113 mostra os contornos principais de uma paisagem de Ferdinand Hodler representando montanhas refletidas num lago. A composição básica é completamente simétrica em torno de um eixo horizontal e quase simétrica em torno da vertical central. Transformando a natureza em ornamento, o artista conseguiu

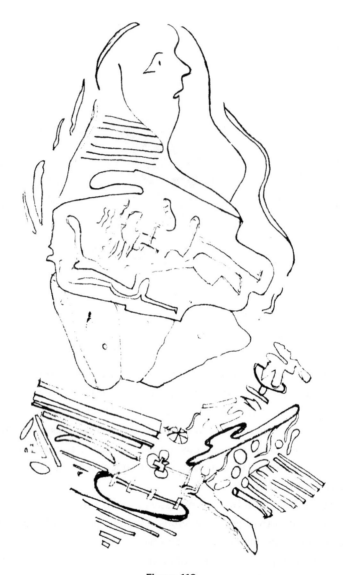

Figura 112

uma preponderância de ordem um tanto fria. William Hogarth tinha consciência deste perigo quando escreveu: "Pode-se imaginar que a maior parte dos efeitos da beleza resulta das partes simétricas do objeto que é belo: mas tenho quase certeza de que esta noção predominante parecerá logo ter pouco ou nenhum fundamento". Ele disse que era uma regra constante de composição na pintura evitar a regularidade. De fato, mesmo que em obras nas quais uma simetria total seja apropriada ao assunto, sua severidade é sempre atenuada pelas deformações vivificadoras.

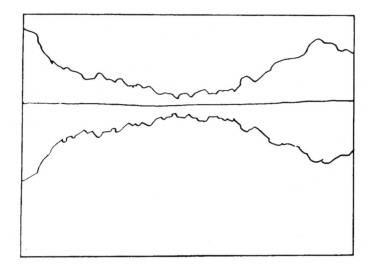

Figura 113

A simetria estrita e a repetição são frequentemente usadas para se obter um efeito cômico. A ação simetricamente disposta ocorre na comédia no palco. Como um exemplo da literatura, pode-se citar a cena humorística da abertura do romance de Flaubert *Bouvard et Pécuchet*. Dois homens da mesma profissão caminham no mesmo momento ao mesmo banco do parque vindo de direções opostas e ao sentarem-se descobrem que ambos têm o hábito de gravar os nomes nos chapéus. O uso de gêmeos, a repetição de situações, os maneirismos persistentes no comportamento de uma pessoa, tudo são recursos "ornamentais" favoritos na comédia porque eles revelam a ordem mecânica – isto é, sem vida – na vida, o que é precisamente o que Henri Bergson descreveu como a função de todo humorismo.

Se olharmos para um design ornamental como se fosse uma obra de arte, a unilateralidade de seu conteúdo e forma fá-lo parecer vazio e tolo. Se, por outro lado, uma obra de arte for usada para decoração, ela excederá sua função e perturbará a unidade do todo para o qual foi destinada. As últimas abstrações de Mondrian, embora compostas de alguns aspectos formais elementares, de modo algum são ornamentais. Um ornamento, como agora podemos defini-lo, apresenta uma ordem fácil, não perturbada pelas vicissitudes da vida. Tal visão é absolutamente justificada quando o padrão não pretende ser um todo independente, mas um mero componente de um contexto maior, no qual uma harmonia fácil encontra um lugar legítimo. Os padrões de papel de parede ou dos tecidos preenchem tal função limitada. O projeto arquitetônico em todas as culturas tem se baseado tão insistentemente na simetria porque os edifícios servem como um elemento de estabilidade e ordem no meio da existência humana, que é permeada de luta, acidente, discórdia, transformação e irracionalidade. O mesmo serve para a joalheria, cerâmica e mobiliário, mas não para obras de arte no sentido mais restrito do termo.

A pintura ou a escultura são afirmações reservadas para a natureza da existência humana, e por isso se referem a esta existência em todos os seus aspectos essenciais. Um ornamento apresentado como uma obra de arte torna-se o paraíso do imbecil no qual tragédia e discórdia são ignoradas e onde reina uma paz fácil. Uma obra de arte mostra a interação entre ordem subjacente e a variedade irracional dos conflitos. *Nostra res agitur.*

La Source (A Fonte)

Numa obra de arte, um padrão abstrato organiza o assunto visual de tal maneira que a expressão pretendida é diretamente comunicada aos olhos. Talvez isto seja mais notoriamente demonstrado analisando-se em alguns detalhes uma obra que à primeira vista parece oferecer pouco mais que uma bela trivialidade apresentada de um modo realístico padrão.

La Source, pintada por Ingres na idade de 76 anos em 1856, representa uma jovem de pé numa posição frontal, segurando um cântaro de água (Figura 114). À primeira vista, mostra qualidades tais como naturalidade, sensualidade, simplicidade. Richard Muther observa que os nus de Ingres fazem o observador quase esquecer que está olhando para obras de arte. "Um artista que era um deus parece ter criado seres humanos nus." Podemos muito bem compartilhar dessa experiência e ao mesmo tempo perguntar: até que ponto é natural, por exemplo, a postura da figura? Se julgarmos a jovem como uma pessoa de carne e osso, descobriremos que está segurando o cântaro de um modo desagradavelmente artificial. Esta descoberta torna-se uma surpresa porque para os olhos sua atitude era e é um tanto natural e simples. Dentro do universo bidimensional do plano do quadro, ela constitui uma solução clara e lógica. A jovem, o cântaro e o ato de derramar revelam-se completamente. Eles se alinham lado a lado no plano com uma paixão por clareza e negligência de postura realística inteiramente "egípcia".

Assim, a disposição básica da figura revela ser qualquer coisa menos uma solução óbvia. Fazer o braço direito dar tal volta ao redor da cabeça e "conseguir isto com sucesso" requer imaginação e maestria. Além disso, a localização, a configuração e a função do cântaro evocam associações significativas. O corpo do cântaro pode ser visto como uma réplica invertida do de sua vizinha, a cabeça da jovem. Não só são semelhantes na configuração, mas ambas têm um flanco livre, não obstruído, que tem uma orelha (asa) e um flanco que está ligeiramente escondido. Ambos se inclinam para a esquerda e há uma correspondência entre a água e os cabelos que fluem. Esta analogia formal serve para sublinhar a impecável geometria da configu-

Figura 114

Jean-Auguste Dominique Ingres. *La Source*, 1856. Louvre.

ração humana, mas, convidando à comparação, também acentua as diferenças. Em contraste com a "cara" vazia do cântaro, as características da jovem estabelecem um contato mais distinto com o observador. Ao mesmo tempo, o cântaro permite livremente o fluxo da água, enquanto a boca da jovem está quase fechada. Este contraste não se limita ao rosto. O cântaro, com as suas conotações uterinas, rima também com o corpo e novamente a semelhança serve para evidenciar que, enquanto o vaso deixa livremente fluir, a área pélvica do corpo se fecha. Em suma, o quadro trata do tema da feminilidade contida, mas prometedora.

Ambos os aspectos deste tema são desenvolvidos em invenções formais adicionais. A recusa virginal na compressão dos joelhos, a aderência justa do braço à cabeça, e o fechamento das mãos são contrabalançados pela exposição plena do corpo. Um antagonismo semelhante pode ser encontrado na postura da figura. Sua configuração total indica um eixo de simetria vertical reto; mas trata-se de uma simetria que não se completa em lugar algum estritamente, exceto no rosto, que é um pequeno modelo de total perfeição. Os braços, os seios, os quadris, os joelhos e os pés são apenas variações oscilantes de uma simetria potencial (Figura 115). Da mesma forma, a vertical não se realiza realmente em parte alguma; ela apenas resulta da obliquidade de eixos menores, que se compensam mutuamente. A direção muda pelo menos cinco vezes nos eixos da cabeça, do tórax, da bacia, das panturrilhas e dos pés. A retitude do conjunto é construída por meio de partes oscilantes. Oferece-nos uma serenidade de vida e não de morte. Há nesses movimentos ondulantes do corpo algo verdadeiramente áqueo, que suplanta o fluir reto do cântaro. A jovem estática está mais viva que a água corrente. O potencial é mais forte do que o real.

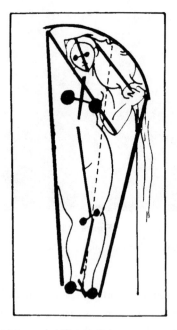

Figura 115

Olhando mais adiante para os eixos centrais oblíquos sobre os quais o corpo é construído, percebemos que tais eixos são curtos nas extremidades prolongando-se em direção ao centro. Um crescendo de tamanho leva da cabeça, acima do tórax, à ampla expansão do ventre e coxas, e o mesmo se verifica para a abordagem desde os pés, acima do joelho, até o centro. Esta simetria entre a parte alta e a baixa é enfatizada por um decrescendo da "ação" pictórica das extremidades em direção ao centro. Em ambas as áreas, nas superiores e nas inferiores, há uma abundância de pequenas unidades e quebras angulares, um aglomerado de detalhes e movimentos de avanço e retrocesso na dimensão de profundidade. Esta ação morre gradualmente à medida que as unidades crescem em tamanho, até além do limiar dos seios e joelhos todo o movimento pequeno se acalma e no centro desse plano silencioso se encontra o santuário fechado do sexo.

No contorno esquerdo da figura, do ombro para baixo, há pequenas curvas que conduzem para o grande arco do quadril seguido novamente por curvas de tamanhos decrescentes na panturrilha, no tornozelo e no pé. Este contorno esquerdo contrasta fortemente com o direito, que é quase uma reta perpendicular. Esta vertical é alongada e reforçada pelo braço direito erguido. Este contorno combinado de tronco e braço é um exemplo da interpretação formal de um assunto, porque é uma descoberta, uma nova linha, não prevista no conceito visual básico do corpo humano. O contorno direito afirma explicitamente a vertical que é apenas sugerida no ziguezague do eixo central. Incorpora o repouso e aproxima-se da geometria, e assim preenche a função semelhante àquela do rosto. O corpo, então, encontra-se entre afirmações puras dos dois princípios que reúnem em si: a calma perfeita do seu contorno direito, e a ação ondulante da esquerda.

A simetria da parte inferior e superior que o artista criou para esta figura não resulta da estrutura orgânica. É também justificada pelo contorno de toda a figura. A figura é inscrita num afilado triângulo inclinado, tendo o cotovelo levantado, a mão esquerda e os pés como vértices. O triângulo estabelece um eixo central oblíquo, secundário, que oscila instavelmente sobre uma base estreita. Sua oscilação acrescenta sutileza à vida da figura sem perturbar a sua verticalidade básica. Abranda de alguma rigidez a linha vertical do contorno direito porque o contorno vertical é lido como um desvio inclinado deste eixo secundário do triângulo (compare a Figura 72*b*). Finalmente, a simetria oblíqua dos dois cotovelos deve ser observada, pois aqui se encontra um elemento de angularidade que é absolutamente importante para dar o "sal" da agudeza a uma composição, que de outra maneira teria sofrido a monotonia que produz a doçura das curvas.

Alguns dos aspectos descritos acima resultam simplesmente da configuração objetiva e da construção do corpo humano, mas uma comparação entre *La Source* e a *Vênus* de Ticiano ou o *David* de Michelangelo demonstrará o quanto os corpos que os artistas criaram têm muito pouco em comum. O fato notável sobre uma pintura como *La Source* é que olhando para ela sentimos o efeito dos recursos formais que a fazem representar a vida tão plenamente, mesmo que possamos não ter absoluta consciência destes recursos. Eles se encontram tão delicadamente fundidos num todo de grande simplicidade, o esquema compositivo resulta tão organicamente do assunto e do meio pictórico que parece que vemos a simples natureza ao mesmo tempo que nos maravilhamos com a inteligência da interpretação que revela.

Informação visual

Pode ser que o que foi dito contra a réplica mecânica das coisas físicas e sobre a interpretação visual do significado por meio da forma abstrata organizada tenha parecido aplicar-se apenas à arte. Quando se aplica a imagem que quer transmitir informação real para textos científicos, dicionário, manuais técnicos etc., a exatidão mecânica de representação pareceria ser a única obviamente exigida. E, no entanto, isto não acontece.

O registro pela fotografia, o método mais fiel de feitura de imagem, na realidade não substituiu o fazer humano e por boas razões. A fotografia é na verdade mais autêntica na reprodução de uma cena de rua, de um hábitat natural, de uma textura, de uma expressão momentânea. O que importa nestas situações é a relação e a disposição acidental, a qualidade total, e o detalhe completo, em vez da precisão formal. Quando as reproduções devem servir a finalidades tecnológicas ou científicas – por exemplo, ilustrações de máquinas, de organismos microscópicos, ou de operações cirúrgicas –, a preferência é por desenhos ou pelo menos fotografias retocadas à mão. A razão é que as imagens nos dão a coisa "em si" revelando-nos a respeito de algumas de suas propriedades: o contorno característico de um pássaro, a cor de uma substância química, o número de camadas geológicas. Uma ilustração médica deve distinguir entre uma textura lisa e uma áspera, deve mostrar o tamanho relativo e a posição dos órgãos, a rede de vasos sanguíneos, o mecanismo de uma articulação. Uma ilustração técnica deve dar proporções e ângulos exatos, estabelecer a concavidade ou convexidade de uma dada parte e distinguir entre unidades. Propriedades deste tipo é tudo quanto necessitamos saber. Isto significa não apenas que a melhor ilustração é aquela que omite detalhes desnecessários e escolhe características reveladoras, mas também que os fatos relevantes devem ser comunicados aos olhos sem ambiguidade. Isto é realizado por meio de fatores perceptivos, alguns dos quais são discutidos neste livro: simplicidade de configuração, agrupamento ordenado, sobreposição clara, distinção de figura e fundo, uso de iluminação e perspectiva para interpretar valores espaciais. É necessária precisão de forma para comunicar as características visuais de um objeto.

Um desenhista encarregado de produzir a réplica fiel de um mecanismo elétrico ou o coração de uma rã deve inventar um esquema que se adapte ao objeto – exatamente como o artista deve fazer. E uma vez que produzir a semelhança significa nada mais do que evidenciar os traços relevantes, não é de se surpreender que o desenhista deva entender quais são estes traços. Para se fazer uma reprodução utilizável de um objeto, podem ser necessários os treinos biológico, médico e técnico. Este conhecimento sugerirá ao artista um padrão perceptivo adequado que deve ser encontrado no objeto e aplicado à imagem. Toda reprodução é interpretação visual. As interpretações de um desenhista mal informado, baseadas somente no que ele vê no momento, são com muita probabilidade errôneas ou imprecisas. Os desenhos científicos de Leonardo da Vinci são notáveis porque ele entendia perfeitamente a estrutura e a função das coisas que representava e ao mesmo tempo era capaz de organizar padrões perceptivos complexos com a maior clareza (Figura 116).

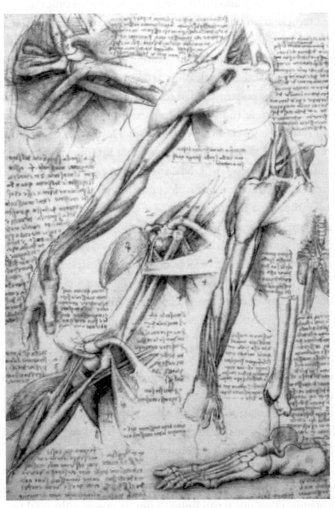

Figura 116

A relação entre conhecimento intelectual e representação visual com frequência é mal-entendida. Alguns teóricos afirmam que um conceito abstrato pode ser diretamente representado numa imagem; outros negam que o conhecimento teórico apenas perturba a concepção pictórica. Parece que a verdade é que qualquer proposição abstrata pode ser traduzida em algum tipo de forma visual e como tal tornar-se uma parte genuína de um conceito visual. A afirmação de Leonardo, "O pescoço tem quatro movimentos, dos quais, o primeiro consiste em levantar o rosto, o segundo em abaixá-lo, o terceiro em virar para a direita ou para a esquerda, o quarto em inclinar a cabeça para a direita ou para a esquerda", não impõe em si uma imagem particular. Mas ela se baseia numa concepção visual, e qualquer pessoa pode utilizar esta teoria aproximativa para procurar os mecanismos dos quatro movimentos do corpo humano e articular uma ideia visual própria.

Embora temporariamente fora de moda, o estudo de anatomia é valioso para o artista, pois permite-lhe adquirir um conceito visual das coisas que não são vistas diretamente, mas que podem ajudar a dar forma àquilo que se vê. O corpo humano é como uma meia de Natal, cheia de objetos cujas configurações, embora produzam saliências distintas, não podem ser discernidas claramente porque o saco dissimula os contornos e esconde tudo que não se exterioriza. Assim, a configuração do saco resulta provavelmente caótica e enganadora. Deve-se impor-lhe um padrão de forma, e, como mencionei anteriormente, há uma infinita variedade de modos de fazê-lo. Alguns deles podem ser derivados do conhecimento da forma dos músculos, tendões e ossos sob a pele e como eles se adaptam. Com a imagem mnemônica desta estrutura interna na mente, um artista pode inventar padrões que interpretem o exterior de maneiras que estejam de acordo com a parte interior. Algo muito semelhante é válido para o ilustrador de material anatômico, fisiológico ou biológico.

Uma vez que representar um objeto significa mostrar algumas de suas propriedades particulares, pode-se com frequência conseguir melhor a finalidade, afastando-se marcadamente da aparência "fotográfica". Em diagramas, isto é mais evidente. O mapa de bolso das linhas do metrô publicado pela London Transport Corporation oferece as informações necessárias com a maior clareza e, ao mesmo tempo, agrada aos olhos pela harmonia de seu projeto (Figura 117). Consegue-se isto renunciando-se a todo detalhe geográfico com exceção daqueles aspectos topológicos pertinentes – isto é, a sequência de paradas e interligações. Todas as vias são reduzidas a linhas retas; todos os ângulos, aos dois mais simples, de 90 e de 45 graus. O mapa omite e deforma muito, e por assim fazê-lo é a melhor imagem possível daquilo que quer mostrar. Ainda outro exemplo pode ser tirado novamente de Leonardo, que sugere: "Quando tiverdes representado os ossos da mão e quiserdes representar sobre eles os músculos que são articulados com os mesmos, fazei fios em lugar de músculos. Digo fios e não linhas a fim de que se saiba qual músculo passa

FORMA 149

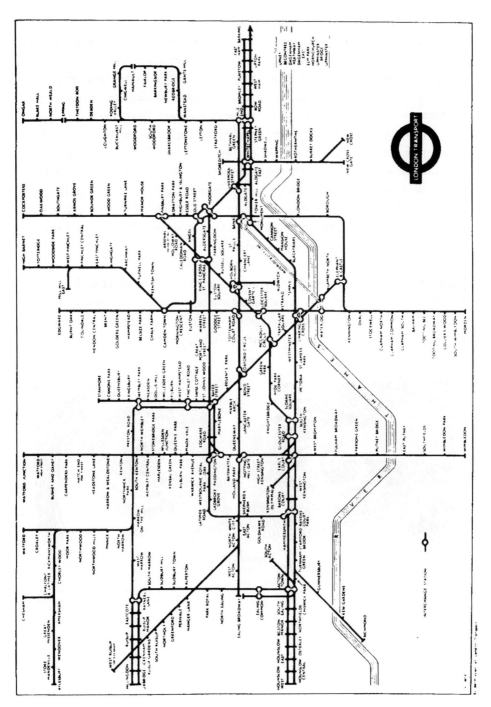

Figura 117

abaixo ou acima de outro, coisas que as linhas simples não podem mostrar". Apenas os pontos de ligação e os cruzamentos no espaço são considerados. A representação do tamanho e da forma dos músculos distrairia e obstruiria a visão.

A expressão comunicada por qualquer forma visual é apenas tão clara quanto os aspectos perceptivos que a transmitem. Uma linha decididamente curva expressa seu lance ou sua suavidade com a correspondente clareza. Mas uma linha cuja estrutura global seja confusa aos olhos não pode transmitir nenhum significado. Um artista pode pintar um quadro no qual um tigre feroz seja facilmente reconhecível; mas, a menos que haja ferocidade nas cores e nas linhas, o tigre parecerá taxidérmico, e poderá haver ferocidade nas cores e nas linhas somente se as qualidades perceptivas pertinentes forem destacadas com precisão. A Figura 118 é tomada de uma xilografia de Dürer que mostra a cabeça de Cristo coroado de espinhos. Direção, curvatura, claridade e posição espacial são definidas de tal modo que cada elemento perceptivo ajuda a comunicar aos olhos uma expressão precisa de angústia, que se baseia em aspectos como a pesada pálpebra pendente sobre a pupila fixa. Não é com frequência que a forma visual oferece um entrelaçado simples de elementos simples; mas embora complexo o padrão de cor, massa ou contorno, ele pode transmitir sua mensagem apenas se, a sua própria maneira, tenha a precisão das linhas de Dürer.

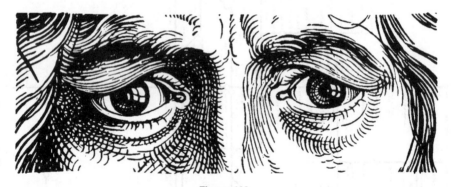

Figura 118

4. DESENVOLVIMENTO

Muito do que é dito sobre a percepção e representação visuais, neste livro, aplica-se ao comportamento humano em geral. A tendência no sentido de uma configuração mais simples, por exemplo, dirige as atividades do organismo a um nível fisiológico e psicológico tão básico que o país ou período histórico dos quais tomamos nossos exemplos humanos faz pouca diferença. Contudo, mesmo uma pesquisa de tais generalidades não pode ignorar certas diferenças características no manuseio de padrões visuais, diferenças que refletem os estágios sucessivos de desenvolvimento mental.

Estes estágios de desenvolvimento são evidenciados na sua forma mais pura e mais completa na arte infantil. Mas encontram-se analogias notáveis com a arte infantil nas fases iniciais da assim chamada arte primitiva em todo o mundo, e na verdade no que acontece quando um principiante de qualquer época ou lugar pela primeira vez experimenta sua mão num meio artístico. Obviamente, há diferenças importantes entre as atitudes e os produtos das crianças ocidentais e os das crianças esquimós, das crianças inteligentes e das menos dotadas, das bem cuidadas e das negligenciadas, das educadas em cidades e das caçadoras selvagens, mas neste caso, uma vez mais, será útil para o nosso propósito enfatizar as similaridades em vez das diferenças.

As formas iniciais de representação visual chamam nossa atenção não somente porque são de interesse educacional óbvio, mas também porque todas as características fundamentais que operam de maneiras refinadas, complicadas e modificadas na arte madura apresentam-se com clareza elementar nas pinturas de uma criança ou de um bosquímano. Isto acontece para as relações entre forma observada e inventada, para percepção de espaço em relação aos meios bidimensionais, para a interação de comportamento motor e controle visual, para a conexão íntima entre percepção e conhecimento e assim por diante. Não há, por isso, introdução mais esclarecedora para a arte do adulto do que um exame das primeiras manifestações dos princípios e tendências que sempre governam a criação visual.

Por que as crianças desenham assim?

Desde o início, insisti que não podemos esperar entender a natureza da representação visual se tentamos derivá-la diretamente das projeções ópticas dos objetos físicos que constituem nosso mundo. Pinturas e esculturas de qualquer estilo possuem propriedades que não podem ser explicadas como simples modificações da matéria-prima perceptiva recebida através dos sentidos.

Isto também é válido para a sequência de estágios nos quais a forma representativa caracteristicamente se desenvolve. Se admitíssemos que o ponto de partida para a experiência visual fossem as projeções áticas proporcionadas pelas lentes dos olhos, poderíamos esperar que as primeiras tentativas para a formação de imagens obedeceriam mais estritamente a essas projeções. Admite-se, elas se assemelhariam aos modelos não mais fielmente do que uma capacidade de observação e destreza técnica limitadas permitiriam, mas a imagem pretendida, transpirando através dessas tentativas canhestras, seriam certamente as da projeção óptica. Qualquer desvio desse modelo, poderíamos esperar, seria um desenvolvimento posterior, reservado à liberdade da sofisticação madura. Mas, em vez, o oposto é verdadeiro.

Os desenhos iniciais das crianças não mostram nem a prevista conformidade com a aparência real nem as projeções espaciais esperadas. Como se explica? Desde que se supôs que, para seres humanos normais, os aspectos visuais percebidos podiam ser apenas projeções fiéis, tinha de se encontrar uma razão para o desvio. Sugeriu-se, por exemplo, que as crianças são tecnicamente incapazes de reproduzir o que percebem. Assim como não podem atingir o alvo com uma arma de fogo porque lhes faltam a concentração no olhar e a firmeza de mão de um atirador adulto, assim seus olhos e suas mãos carecem da habilidade para conseguir linhas adequadas com um lápis ou um pincel. Nestas circunstâncias, é absolutamente verdade que os desenhos das crianças pequenas mostram controle motor incompleto. Suas linhas às vezes seguem um curso em ziguezague irregular e não se encontram exatamente onde deveriam. Quase sempre, contudo, as linhas são suficientemente perfeitas para indicar com que o desenho, se supõe, deva parecer, particularmente para o observador que compara muitos desenhos do mesmo tipo. Além disso, já em tenra idade, a imprecisão inicial do traço cede lugar a uma exatidão que é mais do que suficiente para mostrar o que a criança pretende fazer. Compare essas formas iniciais com os desenhos de um amador não treinado que tenta copiar fotografias ou pinturas realísticas, e notará a diferença fundamental. Convida-se o leitor a pôr um lápis na boca ou entre os dedos do pé e fazer um desenho realístico de uma orelha humana. Talvez as linhas fiquem tão deformadas a ponto de se tornarem totalmente irreconhecíveis; mas se o desenho de algum modo for bem-sucedido, ainda diferirá fundamentalmente do desenho comum que uma criança faz de uma orelha, isto é, dois círculos concêntricos, um para a borda externa e o outro para a cavidade interna. Nenhuma falta de habilidade motora pode explicar, em princípio, esta diferença.

Outros teóricos têm sustentado que as crianças procuram fazer linhas retas, círculos e ovais, porque estas formas simples são relativamente fáceis de desenhar. Isto é a pura verdade, mas não indica que processo mental induz as crianças a identificarem os objetos complexos com os padrões geométricos que não podemos interpretar como imagens projetivas simplificadas.

Tampouco se pode aduzir carência de interesse ou descuido de observação. As crianças observam com uma agudeza que faz os adultos ficarem envergonhados; e ninguém que já viu a expressão de fascinante ansiedade em seus olhos ou a intensa concentração com que desenham ou pintam aceitará a explicação baseada na negligência ou indiferença. É verdade que, até certa idade, se se pedir a uma criança que desenhe o retrato do pai, fará pouco uso do homem em particular que se encontra em sua frente como modelo. Este comportamento, contudo, não prova que a criança não tenha vontade ou seja incapaz de observar seu ambiente; ela ignora o modelo simplesmente porque os novos dados não são nem necessários nem utilizáveis para aquilo que ela considera como o desenho adequado de um homem.

Há então explicações que são pouco mais que jogo de palavras, como a afirmação de que os desenhos infantis são como são por não serem cópias, mas "símbolos" das coisas reais. O termo "símbolo" é usado tão indiscriminadamente hoje que pode ser aplicado todas as vezes que uma coisa substitui outra. Por esta razão, não tem valor como explicação e deveria ser evitado. Não é possível dizer se tal afirmação é certa, errada ou se não se trata de uma teoria.

A teoria intelectualista

A mais antiga – e ainda agora a mais difundida – explicação dos desenhos infantis diz que uma vez que as crianças não representam o que se supõe que elas vejam, alguma atividade mental diferente da percepção deve intervir. É evidente que as crianças se limitam a representar as características gerais dos objetos tais como as pernas retas, a cabeça arredondada, o corpo humano simétrico. Estes fatos são amplamente conhecidos; daí a famosa teoria que afirma que "a criança desenha o que conhece em vez de desenhar o que vê".

Então o conhecimento tem mais do que um significado. Muito da feitura de um quadro não se baseia na realidade daquilo que os olhos veem no momento em que o quadro é produzido. Em vez, o desenhista se apoia numa síntese de muitas de suas observações anteriores de um certo tipo de coisa, quer se trate de cavalos, árvores ou figuras humanas. Este processo pode na verdade ser definido como desenho com base no conhecimento; mas é um conhecimento que não pode ser considerado como uma alternativa do ver.

A teoria intelectualista afirma que os desenhos de crianças, bem como outra arte em estágios iniciais, derivam-se de uma fonte não visual, isto é, de conceitos "abstratos". O termo abstrato tem como objetivo definir o conhecimento não perceptivo. Mas deve-se perguntar em que outro domínio da atividade mental pode um conceito permanecer se for banido do âmbito das imagens? A criança se baseia em conceitos puramente verbais? Tais conceitos existem – por exemplo, a ideia de cinco na afirmação "a mão tem cinco dedos". A criança possui, de fato, verbalmente este conhecimento e, quando ela desenha a mão, conta os dedos para ter certeza de que o número está certo.

Isto é o que acontece quando uma criança foi alertada quanto ao número exato de dedos. Seu procedimento habitual é precisamente o oposto. A criança, na verdade, em seu trabalho, normalmente se baseia em conceitos, mas em conceitos visuais. O conceito visual da mão consiste de uma base arredondada, isto é, a palma, de onde os dedos avançam como pontas retas à maneira de raios de sol, sendo seu número determinado, como veremos, por meio de considerações puramente visuais.

A vida mental das crianças é intimamente ligada à sua experiência sensória. Para a mente jovem, as coisas são como se parecem, como soam, como se movimentam, como cheiram. Se a mente da criança contém quaisquer conceitos não perceptivos, devem ser muito poucos, e sua influência na representação pictórica pode, quando muito, ser desprezível. Mas mesmo que a criança tivesse conceitos não perceptivos de rotundidade, retitude ou simetria – e quem está disposto a nos revelar substância da qual tais conceitos pudessem ser feitos? –, como seriam traduzidos em forma visual?

Devemos também perguntar: em primeiro lugar, de onde viriam tais conceitos? Se eles se originam das experiências visuais, é de se esperar que acreditemos que a matéria-prima fundamentalmente visual está contida numa "abstração" não visual, apenas para ser traduzida em forma visual para o propósito de feitura de imagem? Ou, se esses conceitos são transmitidos para as crianças pelos mais velhos, e aos primitivos por convenção cultural, como isto pode ser feito de modo não visual?

A especulação psicológica tem dado uma grande importância ao sentido do tato. Na suposição de que a percepção visual se baseia na projeção óptica, o sentido da visão foi considerado incapaz de comunicar uma imagem fiel daquilo com que as coisas tridimensionais realmente se parecem. Tal conhecimento, por isso, tinha de vir do sentido do tato. Argumentou-se: o tato não depende das projeções transmitidas pela luz através do espaço vazio; o tato se baseia no contato direto com o objeto; aplica-se em todos os lados. Pode-se confiar no tato para provar informação objetiva.

A hipótese pareceu boa, e de fato não se pode pôr em dúvida a interação efetiva do tato e da visão em todos os estágios do desenvolvimento humano. Mas a prioridade do tato ou "comportamento motor" é outro assunto. Parece ser uma suposição, não sustentada pela evidência. O psicólogo de crianças Arnold Gesell afirmou há anos que a "preensão ocular precede a manual". Escreveu: "A natureza deu maior prioridade ao sentido da visão. Seis meses antes do nascimento os olhos do feto se movem de modo incompleto e independente sob as pálpebras cerradas. No momento exato, os olhos se movimentam em uníssono, de modo que a criança nasce com dois olhos parcialmente conjugados num único órgão... O recém-nascido apropria-se do mundo com os olhos muito antes de o fazer com as mãos – um fato extremamente significativo. Durante as oito primeiras semanas de vida as mãos permanecem predominantemente fechadas, enquanto os olhos e o cérebro estão ocupados em olhar, fitar, procurar e, de um modo rudimentar, em apreender." Recentemente, T. G. R. Bower sugeriu por meio de experimentos engenhosos que os recém-nascidos chegam a conhecer objetos físicos como sólidos palpáveis pela experiência visual, e não por uma confiança primordial no tato.

Isto não é surpreendente uma vez que compreendemos que apreender a forma de um objeto pelo tato não é em absoluto mais simples ou mais direto que a apreensão por meio da visão. Admite-se, há uma distância física entre os olhos e uma caixa que eles veem, enquanto as mãos se acham em contato imediato com a caixa. Mas a mente não participa da imediação do contato externo. Depende inteiramente das sensações despertadas nos órgãos dos sentidos. À medida que as mãos exploram a caixa, os assim chamados "pontos do tato", independentemente uns dos outros, são estimulados na pele. A imagem táctil de uma superfície, de uma configuração ou de um ângulo deve ser composta pelo cérebro, assim como deve criar a imagem visual partindo de uma abundância de estimulações retinianas. Não se transmitem nem tamanho físico nem distância diretamente ao sentido do tato. Tudo o que o cérebro recebe são mensagens sobre as expansões e contrações musculares que ocorrem quando a mão toca por fora e em volta de uma extremidade. À medida que uma pessoa se move pelo espaço, o cérebro é notificado de uma série de movimentos sucessivos da perna. Estas sensações, em si, não incluem espaço. Para experimentar espaço cinestesicamente, o cérebro deve criar aquela experiência proveniente das mensagens sensoriais que não são espaciais. Isto é, a cinestesia envolve o mesmo tipo de tarefa que a visão, exceto que o modo como se realiza parece muitíssimo mais difícil de entender no caso da cinestesia – tanto que, pelo que sei, nenhum psicólogo tentou descrever o processo. Não se pode duvidar de que as sensações procedentes dos órgãos do tato, dos músculos, das juntas e dos tendões contribuam muitíssimo para a nossa consciência de forma e espaço. Mas quem quer que tente evitar os problemas da percepção visual referindo-se à cinestesia está tornando pior a emenda do que o soneto.

A teoria intelectualista tem sido aplicada não apenas aos desenhos infantis, mas a todos os tipos de arte "geométrica" altamente formalizada, especialmente a dos povos primitivos. E uma vez que não se podia afirmar categoricamente que toda a arte provinha dos conceitos não visuais, a teoria levou à controvérsia de que existiam dois procedimentos artísticos que diferiam em princípio. As crianças, os pintores do neolítico, os índios americanos e os homens das tribos africanas trabalhavam partindo de abstrações intelectuais; eles praticavam "arte conceitual". Os habitantes da caverna paleolítica, os muralistas pompeanos e europeus, durante e após a Renascença, representavam o que viam com os olhos; eles praticavam arte "perceptiva". Esta dicotomia absurda era uma das principais desvantagens da teoria porque ocultava o fato essencial de que o mesmo tipo de forma bem definida, tão destacada na obra de muitos primitivos, é indispensável a qualquer representação "realística" que merece o nome de arte. Uma figura feita por uma criança não é mais "esquema" do que uma feita por Rubens. É apenas menos diferenciada. E, como mostrei, os estudos altamente naturalísticos de mãos, rostos e asas de pássaros feitos por Albrecht Dürer são obras de arte somente porque os inúmeros traços e formas constituem padrões bem organizados que, embora complexos, interpretam o tema.

Por outro lado, a teoria negligencia a importante contribuição da observação perceptiva mesmo para a obra altamente estilizada. Quando um ilhéu dos Mares do Sul pinta o mar agitado pelo vento como um retângulo listado com linhas oblíquas paralelas, o essencial da estrutura visual do modelo é executado de uma maneira simplificada, mas inteiramente não "simbólica".

Elas desenham o que veem

Uma teoria tão claramente em conflito com os fatos nunca poderia ter sido amplamente aceita se houvesse uma alternativa possível. Nenhuma existia até quando se acreditava que o percebido pode se referir apenas a exemplos particulares individuais: uma pessoa em particular, um cão em particular, uma árvore em particular. Qualquer noção geral sobre pessoas, cães ou árvores como tipos de coisas tinha de provir necessariamente de uma fonte não perceptiva.

Esta distinção artificial entre percepção e concepção foi substituída pela evidência de que a percepção não parte dos pormenores, secundariamente processados em abstrações pelo intelecto, mas de generalidades. A "triangularidade" é uma percepção fundamental, não um conceito secundário. A distinção entre triângulos diferentes vem depois, não antes. O caráter de cão é percebido antes da característica particular de qualquer cão. Se isto for verdade, é de se esperar que as primeiras representações artísticas, baseadas na observação ingênua, se refiram a generalidades – isto é, a aspectos estruturais gerais simples. Que é exatamente o que se verifica.

As crianças e os primitivos desenham generalidades e formas não projetivas precisamente porque desenham o que veem. Mas isto não é uma resposta completa. Sem dúvida, as crianças veem mais do que desenham. Numa idade em que distinguem facilmente uma pessoa de outra e percebem a menor mudança em um objeto familiar, seus desenhos são ainda sumamente indiferenciados. As razões devem estar na natureza e função da representação pictórica.

Neste caso, temos de pôr de lado um velho, mas forte, preconceito. Da mesma forma que se admitia que toda a percepção visual apreendia a totalidade da aparência individual, supunha-se também que os desenhos e outras imagens visavam a réplica fiel de tudo que os desenhistas viam no modelo. Isto de modo algum é verdade. Com que se parece a imagem aceitável de um objeto depende dos padrões dos desenhistas e do propósito de seu desenho. Mesmo na prática adulta, um mero círculo ou ponto pode ser suficiente para representar uma cidade, uma figura humana, um planeta; de fato, ele pode servir a uma dada função muito melhor do que uma semelhança mais detalhada. Portanto, quando uma criança se retrata com um simples padrão de círculos, ovais e linhas retas, pode fazê-lo não por ser isto tudo o que vê quando olha para o espelho, e não por ser incapaz de produzir um desenho mais fiel, mas porque o simples desenho preenche todas as condições que espera encontrar em um retrato.

Outra diferença fundamental entre o percebido e a representação deve ser considerada aqui. Se a percepção consiste não no registro "fotograficamente" fiel, mas na apreensão das características estruturais globais, parece evidente que tais conceitos visuais não possuem configuração explícita. Por exemplo, ver a configuração de uma cabeça humana pode envolver a visão de sua rotundidade. Mas obviamente esta redondez não é uma coisa perceptiva palpável. Não está materializada em uma cabeça ou em qualquer número de cabeças. Há configurações que representam a rotundidade na sua perfeição, como círculos ou esferas. Contudo, mesmo estas formas representam mais rotundidade em vez de sê-la e a cabeça não é nem um círculo nem uma esfera. Em outras palavras, se eu quiser representar a rotundidade de um objeto como a cabeça, não posso me basear em qualquer forma realmente contida nela, mas devo encontrar ou inventar uma configuração que corporifique satisfatoriamente a generalidade visual de "rotundidade" no mundo das coisas tangíveis. Se a criança fizer um círculo substituir uma cabeça, esse círculo não lhe é dado pelo objeto. É uma invenção genuína, uma conquista impressiva, à qual a criança chega somente após experimentação laboriosa.

Algo semelhante acontece com a cor. A cor da maioria dos objetos é tudo menos uniforme no espaço e no tempo; tampouco é idêntica em espécimens diferentes do mesmo grupo de coisas. A cor que a criança atribui às árvores em suas pinturas dificilmente é uma gradação específica de verde selecionada entre as centenas de matizes que se encontram nas árvores. É uma cor que combina com a impressão geral dada pelas árvores. Novamente encontramo-nos não com uma imitação, mas com uma invenção, a descoberta de um equivalente que representa as características significativas do modelo com os recursos de um meio particular.

Conceitos representativos

Pode-se expressar o mesmo fato de maneira mais exata dizendo que a feitura de imagem de qualquer tipo requer o uso de conceitos representativos. Os conceitos representativos proporcionam o equivalente, em um meio particular, dos conceitos visuais que se quer representar, e encontram sua manifestação externa no trabalho do lápis, do pincel e do cinzel.

A formação de conceitos representativos, mais do que qualquer outra coisa, diferencia o artista do não artista. O artista experimenta o mundo e a vida de modo diferente do homem comum? Não há forte razão para se pensar assim. Admite-se, estas experiências devem tocá-lo profundamente – e impressioná-lo. Ele deve também ter a sabedoria para encontrar significado nos diferentes eventos interpretando-os como símbolos de verdades universais. Estas qualidades são indispensáveis, mas não se limitam aos artistas. O privilégio do artista é a capacidade de apreender a natureza e o significado de uma experiência em termos de um dado meio, e assim torná-la tangível. O não artista fica "sem palavra" ante os frutos de sua sabedoria sensível. Ele não lhes pode dar forma material adequada. Ele pode expressar-se de um modo mais ou menos articulado, mas não a sua experiência. Nos momentos em que um ser humano é artista, encontra a forma para a estrutura incorpórea daquilo que experimentou. "Pois a rima pode criar o compasso da dificuldade".

Por que algumas paisagens, anedotas ou gestos "são bem-sucedidos"? Porque sugerem, em algum meio particular, uma forma significativa para uma verdade relevante. Na procura de tais experiências reveladoras, o artista olhará ao redor com os olhos do pintor, do escultor, do bailarino ou do poeta, respondendo ao que convém a sua forma. Num passeio pelos campos, um fotógrafo pode olhar o mundo com olhos de câmara e reagir apenas aquilo que "resultará" fotograficamente. Mas o artista não é todo o tempo artista. Perguntaram uma vez a Matisse se um tomate lhe parecia sob o mesmo aspecto quando o comia e quando o pintava. "Não", replicou, "quando como, eu o vejo como qualquer pessoa".

A capacidade para captar o "sentido" de tomate em forma pictórica distingue a resposta do pintor da tentativa frustrada e informe pela qual o não artista reage aquilo que pode ser uma experiência muito semelhante.

Experimentos com crianças têm-nos ajudado a entender a importância dos conceitos representativos, destacando a diferença entre reconhecer e imitar. David Olson fez um trabalho pioneiro sobre o problema do porquê, num certo estágio de desenvolvimento, as crianças podem reconhecer uma diagonal e distingui-la de uma vertical ou horizontal, e não podem imitar a diagonal de um modelo nem em desenho nem em disposição de peças num tabuleiro de xadrez. Em um de seus experimentos, mostraram às crianças uma formação em diagonal num tabuleiro modelo, mas com a pedra inferior direita desviada para um espaço à esquerda. Todas as crianças imediatamente disseram que a disposição não era "em linha cruzada" mas nenhuma delas pôde dizer ou mostrar como chegaram a essa conclusão, ou corrigir o desvio movimentando a pedra para o lugar certo.

A única maneira efetiva de fazer com que as crianças tivessem bom resultado foi atrair-lhes a atenção para os componentes formais envolvidos na feitura da diagonal: comece num canto inferior, atravesse em linha reta, termine no ângulo superior oposto, não se movimente na direção vertical ou horizontal etc. Em outras palavras, o que a criança devia aprender não era exatamente o conceito visual da diagonal, mas as características formais das quais se compõe. "A diferença", afirmei nesta relação, "não é principalmente entre percepção e representação, mas entre percepção de efeito e percepção de forma, sendo a última necessária à representação."

Quer sejam ensinadas ou não, as crianças eventualmente adquirem a arte de fazer diagonais. Como veremos, durante o desenvolvimento do desenho espontâneo, as crianças primeiro dominam a relação entre horizontal e vertical e, em seguida, procedem dali para as direções oblíquas. Isto é, elas conseguem os conceitos representativos necessários para manusear configurações de crescente complexidade e relações formais.

Os tipos de configurações que o novato pode controlar são às vezes descritos como "schemata". Este termo não seria tão errado se, como disse antes, fosse aplicado a toda arte e não contivesse conotações negativas. Infelizmente, o termo frequentemente significa que a criança é limitada por convenções rígidas que ligam seus olhos e mãos a modelos primitivos que devem ser quebrados como cascas de ovos se o principiante quiser adquirir sua liberdade de expressão. Tal visão pode apenas bloquear o entendimento e conduzir a práticas educacionais perniciosas. Quando alguém sobe uma escada, deve ultrapassar o primeiro degrau a fim de alcançar o segundo; contudo, o primeiro não foi um obstáculo para o segundo, mas antes um pré-requisito para atingi-lo. Do mesmo modo, os primeiros conceitos representativos não são camisas de força, mas formas indispensáveis de concepções iniciais. Sua simplicidade é apropriada ao nível de organização no qual a mente do jovem desenhista opera. À medida que a mente se torna mais refinada, os padrões que cria tornam-se mais complexos, e os dois processos de desenvolvimento se reforçam constante e mutuamente. A níveis de alta complexidade, os conceitos representativos não são mais tão facilmente detectados como o são em trabalho inicial, mas, longe de ser superados ou postos de lado pelo artista maduro, eles continuam sendo – a um nível apropriado à riqueza de seu pensamento – formas indispensáveis que por si só possibilitam-no expressar o que tem a dizer.

Deve-se reconhecer em Gustaf Britsch a primazia de demonstrar sistematicamente que a forma pictórica se desenvolve organicamente segundo regras definidas, desde os padrões mais simples aos progressivamente mais complexos, num processo de diferenciação gradual. Britsch mostrou a inadequação da abordagem "realística" que encontrava nos desenhos infantis nada mais que imperfeições encantadoras e que podia considerar as fases de seu desenvolvimento apenas em termos de "correção" crescente. Professor de arte, Britsch não se valeu da psicologia da percepção, mas suas descobertas sustentam e são sustentadas pelas correntes mais recentes nesse campo. Como muitos pioneiros, no ataque à abordagem realística, Britsch parece ter levado suas ideias revolucionárias ao extremo oposto. Até onde se pode determinar pelos artigos publicados com seu nome, sua análise deixa pouca margem à influência do objeto percebido sobre a forma pictórica. Para ele, o desenvolvimento da forma era um processo mental autônomo, um crescimento semelhante ao de uma planta. Mas esta unilateralidade torna sua consideração ainda mais impressiva; e reconheço que, à medida que tento descrever algumas fases do desenvolvimento formal como uma ação recíproca de conceitos perceptivos e de representação, estou procedendo da base estabelecida por Britsch.

O desenho como movimento

O olho e a mão são o pai e a mãe da atividade artística. Desenhar, pintar e modelar constituem tipos de comportamento motor humano, e pode-se supor que eles tenham se desenvolvido de dois tipos mais antigos e mais gerais de tal comportamento – movimento expressivo e descritivo.

Os primeiros rabiscos de uma criança não têm como objetivo a representação. Constituem uma forma de atividade motora agradável na qual a criança exercita seus membros, com o prazer maior de ter os traços visíveis produzidos pela vigorosa ação que o braço faz de um lado para o outro. É uma experiência fascinante fazer surgir alguma coisa visível que não existia antes. Este interesse no produto em si pode ser observado mesmo nos chimpanzés que branqueiam suas jaulas com pedaços de cal ou manejam uma brocha. É um simples prazer sensorial, que permanece vivo mesmo no artista adulto.

As crianças têm necessidade de muito movimento, desse modo, o desenho começa como cabriola sobre o papel. A configuração, a extensão e a orientação dos traços são determinados pela construção mecânica do braço bem como pelo temperamento e estado de espírito da criança. Aqui se encontra o início do movimento expressivo, isto é, as manifestações do estado de mente momentâneo do desenhista assim como seus mais permanentes traços de personalidade. Estas qualidades mentais refletem-se constantemente na velocidade, ritmo, regularidade ou irregularidade e configuração dos movimentos do corpo, e assim deixam sua marca nos traços de lápis ou de pincel. As características expressivas do comportamento motor têm sido estudadas sistematicamente na caligrafia por grafólogos, mas elas também contribuem consideravelmente para o estilo dos pintores e escultores, como será examinado posteriormente.

Além de ser expressivo, o movimento é também descritivo. A espontaneidade de ação é controlada pela intenção de imitar propriedades de ações ou objetos. Os gestos descritivos usam as mãos e os braços, frequentemente sustentados pelo corpo todo, para mostrar como alguma coisa é, foi ou poderia ser grande ou pequena, rápida ou lenta, arredondada ou angulosa, distante ou próxima. Tais gestos podem se referir a objetos ou eventos concretos – tais como camundongos ou montanhas ou o encontro entre duas pessoas –, mas também, de modo figurado, à grandeza de uma tarefa, à distância de uma possibilidade, ou a um choque de opiniões. A representação pictórica deliberada provavelmente tem sua origem motora no movimento descritivo. A mão que traça no ar, durante uma conversa, a forma de um animal não está longe de fixar este traço na areia ou num muro.

Costumamos admitir que o comportamento motor do artista é apenas um meio para produzir pintura ou escultura e que tem valor em si e por si próprio tanto quanto a ação do serrote e plaina no trabalho do marceneiro. Em nossa própria época, contudo, os assim chamados "action painters" acentuaram a qualidade artística do movimento executado durante a produção de uma obra de arte e provavelmente nunca houve um artista para quem algumas das propriedades expressivas do movimento do pincel e do corpo não entrassem como parte de sua "proposição".

Este aspecto representativo do comportamento motor é absolutamente evidente nas crianças pequenas. Jacqueline Goodnow relata que, quando as crianças de jardim da infância são solicitadas a combinar uma série de sons com uma série de pontos, desenham os pontos em fileira da esquerda para a direita, mas não deixam espaço em branco no papel para combinar os intervalos entre grupos de sons. Em vez disso, elas, com frequência, usam pausas motoras: fazem dois pontos, pausa, fazem outros dois pontos etc. Para elas, isto representa bem o som modelo mesmo que os intervalos não apareçam no papel. A Figura 119 é o desenho de um homem cortando grama, feito por uma menina de quatro anos. O segador, à direita, é descrito por um turbilhão não apenas porque as linhas em rotação traduzem, visualmente, o movimento característico da máquina, mas também porque o braço da criança reinterpreta o movimento como um gesto durante o desenho.

Figura 119

Da mesma maneira, a sequência na qual partes diferentes de um objeto são desenhadas é significativa para a criança mesmo que nada dele se apresente no desenho terminado. Nas primeiras etapas, a figura é, com frequência, desenhada primeiro, e posteriormente vestida com paletós e calças adequados. Crianças de mente débil e de vista fraca em particular se satisfazem, às vezes, com a mera conexão temporal dos itens que estão intimamente ligados no ato de desenhar. Elas não se importam em traduzir visualmente estas conexões no papel, mas espalham os olhos, as orelhas, a boca e o nariz do rosto sobre o papel numa desordem quase casual. A ordem na qual as crianças produzem as várias partes de seus desenhos é da maior importância para o significado psicológico do trabalho e não deveria ser negligenciada na pesquisa.

Isto nos faz lembrar de um dos aspectos mais fundamentais da arte visual, isto é, que toda a feitura manual do quadro – ao contrário da fotografia – surge em sequências, enquanto o produto final deve ser visto simultaneamente. A nível mais elementar, isto encerra a diferença entre a experiência de desenhar uma linha, de vê-la serpentear através do papel, como uma linha crescente num desenho animado, e o produto final estático do qual muito desta dinâmica desapareceu. O trajeto circular de uma linha é de natureza muito diferente da simetria central do círculo bidimensional que resta como produto final.

A tarefa do artista torna-se mais difícil não apenas pelo fato de não poder contar com o movimento vivo que sentiu enquanto desenhou ou esculpiu, mas também pela dificuldade de ter de conservar na mente um todo, em parte presente, em parte a ser completado à medida que o trabalho prossegue, enquanto produz uma pequena parte. Como se deve desenhar o contorno esquerdo de uma perna sem poder relacioná-lo com o direito que ainda não se encontra ali?

Como uma questão de estratégia geral, a sequência em que o artista produz uma obra é importante e característica. Por exemplo, se a composição toda deve depender de um esqueleto estrutural básico, este esqueleto é preferivelmente organizado primeiro em seus aspectos gerais e, gradualmente, aperfeiçoado como um todo. Charles Baudelaire escreve: "Uma boa pintura, fiel e igual ao sonho que a fez nascer, deve ser criada como um mundo. Do mesmo modo que a Criação que vemos é o resultado de várias criações, das quais as primeiras se tornaram sempre mais completas pelas seguintes, assim também uma pintura, se trabalhada harmoniosamente, consiste de uma série de imagens sobrepostas, onde cada nova camada dá mais realidade ao sonho e faz com que ele escale um outro degrau no sentido da perfeição. Ao contrário, contudo, eu me lembro de ter visto nos estúdios de Paul Delaroche e Horace Vernet pinturas enormes não esboçadas mas parcialmente feitas, isto é, absolutamente terminadas em certas áreas, enquanto outras estavam apenas indicadas com um contorno preto ou branco. Poder-se-ia comparar este tipo de trabalho com uma tarefa puramente manual que deve cobrir uma certa quantidade de espaço num dado tempo ou com uma longa rota dividida em muitas etapas. Quando uma seção estiver terminada, está pronta, e quando todo o curso estiver terminado, o artista está livre de sua pintura."

O círculo primordial

Ver a forma organizada emergir dos rabiscos das crianças é assistir a um dos milagres da natureza. Na verdade, o observador não pode deixar de lembrar daquele outro processo de criação, a formação de vórtices e esferas cósmicas a partir da matéria amorfa do universo. Formas circulares gradativamente aparecem nas nuvens de traços ziguezagueantes. A princípio são rotações, traços do movimento de braço correspondentes. Mostram o aplanamento ou simplificação de curvas que sempre resultam do treino motor. Qualquer operação manual chega depois de um certo tempo a movimentos fluentes de formas simples. Os cavalos viram a esquina do portão do curral que lhes é familiar, numa curva perfeita. Os caminhos curvos dos ratos que percorrem labirintos angulares e as belas espirais descritas por um bando de pombas em voo são outros exemplos de habilidade motora. A história da escrita mostra que as curvas substituem os ângulos e que a continuidade substitui a descontinuidade à medida que a lenta produção de inscrições dá lugar ao rápido cursivo. A construção em alavanca dos membros humanos favorece o movimento curvilíneo. O braço gira ao redor da articulação do ombro e rotação mais sutil é possibilitada pelo cotovelo, pulso e dedos. Assim, as primeiras rotações indicam organização de comportamento motor de acordo com o princípio da simplicidade.

O mesmo princípio também dá prioridade visual à forma circular. O círculo, que com sua simetria central não particulariza nenhuma direção, é o padrão visual mais simples. É do conhecimento geral que os objetos, que se encontram demasiadamente distantes para revelar seu contorno particular, são percebidos como redondos, em vez de como qualquer outra configuração. A perfeição da forma circular atrai a atenção. Observei que a redondez da pupila torna o olho do animal um dos fenômenos visuais mais notáveis da natureza. Um olho falso na asa de uma borboleta simula a presença de um adversário temível e nos répteis, peixes e pássaros, elaborados recursos miméticos escondem os discos reveladores das pupilas. Experimentos feitos por Charlotte Rice mostraram que as crianças pequenas, com frequência, escolhem os círculos em uma coleção de diferentes configurações mesmo que se lhes peça para procurar rombos, e Goodnow relata que as crianças ao desenhar figuras humanas começam pelo círculo da cabeça. De fato, como veremos, a figura humana se desenvolve geneticamente do "círculo primordial" que originalmente representa a figura toda.

O círculo é a primeira forma organizada que emerge dos rabiscos mais ou menos sem controle. É claro, não se deve procurar perfeição geométrica nestes desenhos. O controle motor e visual da criança não apenas é insuficiente para produzir forma exata, porém o mais importante é que do ponto de vista da criança é desnecessário. Segundo as colocações de Piaget e Inhelder, as primeiras configurações são topológicas em vez de geométricas, isto é, visam propriedades gerais, não métricas, como rotundidade, fechamento, retitude, não em corporificação específica ideal. Na maior parte do tempo, estas configurações se assemelham aos círculos ou bolas o suficiente para nos fazer entender o que se pretende; e quando se estuda um grande número de desenhos infantis, aprende-se a distinguir os círculos intencionais dos rabiscos sem objetivo ou outras formas como ovais ou retângulos. Em particular, percebe-se uma diferença clara entre o mero produto da rotação e a forma intencionalmente redonda e fechada, controlada pelo olho do desenhista. Pode-se supor também que muito cedo na experiência da criança a curva linear traçada a lápis ou pincel se transforma em um objeto visual bidimensional, um disco que é percebido como uma "figura" sobre um fundo. No capítulo sobre "Espaço", veremos mais sobre a natureza perceptiva de figura e fundo. É suficiente, aqui, notar que este fenômeno é responsável pela transformação da linha unidimensional a lápis em contorno perceptível de um objeto sólido.

Esta transformação perceptiva propicia outro evento fundamental na gênese da feitura de imagem: o reconhecimento de que as configurações desenhadas no papel ou feitas de argila podem substituir outros objetos do mundo, aos quais elas se relacionam como significante para o significado. Esta descoberta da jovem mente é tão especificamente humana que o filósofo Hans Jonas descreveu a feitura de imagem como o atributo mais decisivo e único do homem. Não temos meios para dizer com certeza em que ponto do desenvolvimento da criança ela começa a representar por meio de suas configurações. Provavelmente isto ocorre antes que ela confirme o fato ao observador adulto apontando para seu rabisco dizendo "Cachorrinhos!". Mesmo depois que o estágio tenha sido claramente alcançado não há razão para se supor que todas as configurações que fizer daí por diante serão percebidas pela criança como representativas.

Tem-se afirmado que a criança recebe a inspiração para suas formas iniciais de vários objetos redondos observados no ambiente. Os psicólogos freudianos derivam-nas dos seios maternos; os adeptos de Jung, da mandala; outros atribuem ao sol e à lua. Estas especulações baseiam-se na convicção de que cada qualidade formal das imagens deve, de algum modo, derivar-se de observações do mundo físico. Realmente a tendência fundamental no sentido de uma configuração mais simples no comportamento motor e visual é absolutamente suficiente para explicar a prioridade das formas circulares. O círculo é a forma mais simples possível no meio pictórico porque é centralmente simétrico em todas as direções.

Contudo, uma vez que a forma circular surge na obra pictórica, estabelece relação com a configuração similar dos objetos percebidos no ambiente. Esta similaridade apoia-se, no início, numa base muito ampla, inespecífica. A fim de entender este uso inicial das formas redondas, devemos lembrar que mesmo os adultos usam círculos ou esferas para representar qualquer forma ou todas as formas ou nenhuma em particular. Sendo a forma mais inespecífica e universal, as esferas, os discos e os anéis figuram preponderantemente em modelos iniciais da Terra e do Universo, não tanto com base na observação, mas devido ao fato da configuração desconhecida ou relações espaciais desconhecidas serem representadas da maneira mais simples possível. Depois que um deus separara os céus, as águas e a Terra seca umas da outra, relata Ovídio nas Metamorfoses, "seu primeiro cuidado foi conformar a terra em uma imensa esfera, de modo que ela pudesse ser igual em todas as direções".

Nos modelos moleculares dos químicos, as partículas são representadas por esferas; e em forma de bola eram os átomos dos quais, segundo os atomistas gregos, o mundo era feito. Da mesma maneira que o adulto usa esta configuração mais geral quando nenhuma outra especificação é necessária ou disponível, uma criança pequena usa formas circulares em seus desenhos para representar quase todos os objetos: uma figura humana, uma casa, um automóvel, um livro e mesmo os dentes de um serrote, como se pode ver na Figura 120, um desenho feito por uma criança de cinco anos. Seria um erro dizer que a criança negligencia ou representa mal a

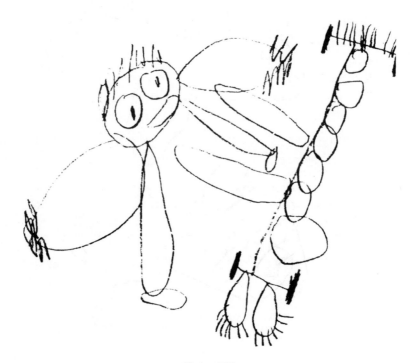

Figura 120

forma destes objetos. Apenas para os olhos do adulto representa-os redondos. Em realidade, a rotundidade intencional não existe antes que outras formas, tais como a retitude ou a angularidade, sejam acessíveis à criança. Na etapa em que ela começa a desenhar círculos, a forma ainda não está diferenciada. O círculo não representa a rotundidade, mas a qualidade mais geral de "coisa" – isto é, a compacidade de um objeto sólido diferenciado do fundo ignorado.

No decurso do enriquecimento das formas iniciais, mais cedo ou mais tarde a criança desenvolve o círculo primordial em duas direções. Uma é a combinação de vários círculos num padrão mais complexo. A Figura 121 é um exemplo de como a criança tenta colocar círculos concentricamente ou vários círculos menores em um maior. O "conter" é provavelmente a relação espacial mais simples entre unidades

Figura 121

pictóricas que a criança aprende a dominar. Ao nível mais elementar, dois círculos concêntricos podem ser usados para representar uma orelha com seu orifício ou uma cabeça com o rosto. Elaborações posteriores do tema continente servem para mostrar pessoas numa casa ou num trem, comida num prato, corpos rodeados por vestidos.

A outra elaboração do círculo torna seus raios nítidos e leva aos padrões de irradiação solar, nos quais as linhas retas ou oblongas irradiam de um círculo central ou de uma combinação de círculos concêntricos. Embora a mera rotundidade não indique, de modo algum, direção espacial, isto é feito por cada raio, mas uma vez que a família de raios cobre todas as direções de um modo mais ou menos uniforme, a figura irradiante como um todo ainda opera num estágio anterior ao da direção diferenciada. O padrão de irradiação solar pode ser usado como um desenho livre (Figura 122*a*); em vários níveis de diferenciação pode ocorrer como uma flor (*b*), uma árvore com folhas (*c*), o cocar de um índio (*d*), um lago rodeado de plantas (*e*), uma árvore com galhos (*f*), uma cabeça com cabelos (*g*), a mão com os dedos (*h*), o sol com um núcleo de fogo ou uma lâmpada com o bulbo no centro (*l*), um homem correndo (*k*).

Eis aqui uma boa ilustração de como um padrão formal, uma vez acrescentado ao repertório da criança, será usado – de um modo mais ou menos idêntico – para descrever objetos diferentes de estrutura análoga. Por exemplo, na Figura 122*i*, o círculo interno pintado de vermelho, o externo de amarelo, foi usado por uma criança para representar o sol, bem como uma lâmpada. As Figuras 122*g*, *h* e *k* mostram que, para manter a simetria radial estruturalmente simples, pode-se violentar consideravelmente o modelo. Cabelos, dedos e pernas crescem ao redor de uma base central a fim de preservar a simetria central do todo. Tal aplicação de um padrão adquirido a uma grande variedade de temas, com frequência, à custa da verossimilhança, pode ser encontrada mesmo nos mais altos níveis do pensamento humano – por exemplo, em configurações características do estilo de um artista ou nos conceitos-chave de uma teoria científica.

A lei da diferenciação

Ao tratar do círculo primordial, já me referi a diferenciação. Em sua forma mais elementar, este princípio indica que o desenvolvimento orgânico sempre procede do simples para o mais complexo. No século XIX, quando surgiu a ideia da evolução biológica, este princípio veio a significar a divisão de uma organizacão unitária em funções mais específicas. Herbert Spencer apresenta esta noção em *First Principles* de 1862 e relata que o encontrou no tratado de Karl von Baer sobre a evolução dos animais, publicado em 1828. Do ponto de vista de Spencer, a diferenciação implica também em um desenvolvimento partindo do indefinido para o definido, da confusão para a ordem. Em nossa própria época, o conceito é usado por Piaget para

170 ARTE E PERCEPÇÃO VISUAL

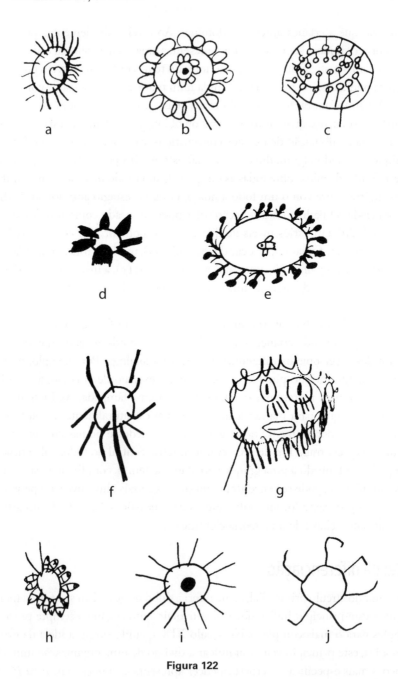

Figura 122

descrever, por exemplo, como o eu e o mundo externo, originalmente indiferenciados, vêm a se separar num certo estágio de desenvolvimento mental. Antes desta diferenciação, explica Piaget, "as impressões experimentadas e percebidas não estão ligadas a consciência pessoal sentida como um 'eu' tampouco aos objetos concebidos como exteriores ao eu. Eles simplesmente existem num bloco dissociado ou se espalham no mesmo plano, que não é nem interno nem externo, mas intermediário entre estes dois polos."

Para o nosso fim específico, será útil combinar o princípio da diferenciação com o princípio gestaltiano da simplicidade. Conservando a nossa premissa de que perceber e conceber procedem do geral para o específico, afirmamos em primeiro lugar que *qualquer configuração permanecerá tão indiferenciada quanto permitir a concepção que tem o desenhista do objeto em mira*. Se, por exemplo, o propósito de um desenho se limita a descrever a triangularidade de uma pirâmide como diferenciação da redondez de uma nuvem, ele pode mostrar nada mais específico do que triangularidade contra redondez.

Em segundo lugar, a lei da diferenciação afirma que *até que um aspecto visual se torne diferenciação, a série total de suas possibilidades será representada pela estruturalmente mais simples entre elas*. Por exemplo, mencionei que o círculo, sendo a mais simples de todas as formas possíveis, representa todas elas até que se diferenciem. Conclui-se que no estágio que precede a diferenciação, o círculo ainda não representa a rotundidade – os dentes da serra na Figura 120 não são intencionalmente redondos –, mas apenas incluem rotundidade na roupagem indiferenciada de todas as formas possíveis. Somente quando outras formas, por exemplo, linhas retas ou quadrados, se articulam, começam realmente as formas redondas a representar rotundidade: as cabeças, o sol, as palmas das mãos. Podemos expressar também este princípio dizendo, como E. H. Gombrich, que o significado de um aspecto visual particular depende das alternativas consideradas pelo desenhista. Um círculo é um círculo apenas quando triângulos são acessíveis como alternativa.

Nesta conjuntura, é útil referirmo-nos a uma distinção feita pelos linguistas entre unidades marcadas e não marcadas. Como exemplo, John Lyons usa as palavras "cão" e "cadela". Ele diz que "cão" é semanticamente não marcada (ou neutra), uma vez que pode ser aplicada tanto para machos como para fêmeas ("você tem um belo cão: é macho ou fêmea?"). Mas "cadela" é marcada (ou positiva) uma vez que se restringe às fêmeas. Pode ser usada, em contraste, com a palavra não marcada para determinar o sentido desta como negativa em vez de neutra ("É um cão ou uma cadela?"). Lyons conclui que "o termo não marcado tem um sentido mais geral, neutro em relação a um certo contraste; seu sentido negativo mais específico é derivado e secundário, sendo uma consequência de sua oposição contextual com o termo positivo (não neutro)".

O paralelo com a diferenciação de formas visuais está muito próximo. O círculo é uma forma não marcada ou neutra, que representa qualquer configuração, até que ela seja nitidamente oposta a outra, formas marcadas, tais como quadrados ou triângulos. Em resposta a oposição a elas, o círculo assume a função semântica específica de designar rotundidade. Não obstante, poder-se-ia ainda chamá-lo "não marcado" porque, mesmo entre as outras formas diferenciadas, o círculo retém uma generalidade e simplicidade não encontradas nas outras.

Apenas para sistematizar teorias, o desenvolvimento da forma pode ser apresentado como uma sequência padrão de etapas claramente separadas. É possível e útil isolar várias fases e dispô-las em ordens de complexidade crescente. Contudo, esta sequência ideal corresponde apenas aproximadamente ao que acontece em algum caso particular. Diferentes crianças permanecem em estágios diferentes por períodos de tempo diferentes. Elas podem omitir alguns e combinar outros de maneira própria. A personalidade da criança e as influências do meio serão responsáveis por essas variações. O desenvolvimento da estrutura perceptiva é apenas um fator, acrescentado e modificado por outros no processo total do crescimento mental. Além disso, os estágios anteriores permanecem ativos quando estágios posteriores já foram alcançados; e quando a criança se defronta com uma dificuldade, pode retroceder a qualquer solução anterior. A Figura 121 mostra a experimentação com círculos concêntricos; mas, ao mesmo tempo, um nível mais alto é indicado pela singularização da direção horizontal na figura oblonga que contém uma fileira de círculos. Os padrões radiantes simples da Figura 122 ocorrem em desenhos que contêm formas bastante avançadas de figuras humanas, árvores e casas.

Deve-se também mencionar que não há nenhuma relação fixa entre a idade de uma criança e o estágio de seus desenhos. Da mesma forma que as crianças da mesma idade cronológica variam na assim chamada idade mental, também seus desenhos refletem variações individuais em proporção ao crescimento artístico. Uma tentativa para correlacionar inteligência e capacidade no desenho foi iniciada por Goodenough com base em critérios bastante mecânicos de realismo e inteireza de detalhes. Para a determinação da maturidade cognitiva geral, valeria a pena seguir esta linha, usando critérios estruturais na avaliação de desenhos e alguns recursos mais adequados do que os testes de QI.

Vertical e horizontal

A variedade de configurações produzidas pelas crianças pequenas em seus desenhos é naturalmente ilimitada. Uma morfologia extensa foi apresentada por Rhoda Kellogg. Limitarei minha descrição aos poucos aspectos mais fundamentais, que são ao mesmo tempo aqueles encontrados não apenas no trabalho das crianças, mas onde quer que formas sejam manuseadas nos primeiros estágios de concepção visual.

A linha visualmente mais simples é a reta. Se considerarmos o círculo como o limite de uma superfície em vez de uma linha, a reta é a primeira forma de linha concebida pela mente. Isto é um tanto obscuro pelo fato de que para o braço e para a mão, que devem executar as linhas na prática, a linha reta é sem dúvida a mais simples. Ao contrário, um arranjo muscular complexo deve ser ativado para produzir retitude, sendo a razão disto que os braços e antebraços, mãos e dedos são alavancas que seguem naturalmente caminhos curvos. A Figura 123 indica, esquematicamente, as intrincadas mudanças de velocidade, ângulo e direção que são necessárias se uma alavanca articulada (girando ao redor do ponto C) deva traçar uma linha reta (L) a uma velocidade uniforme. É difícil produzir uma linha razoavelmente reta, especialmente para uma criança. Se, não obstante, linhas retas ocorrem frequentemente na arte inicial, isto prova como elas são altamente valorizadas.

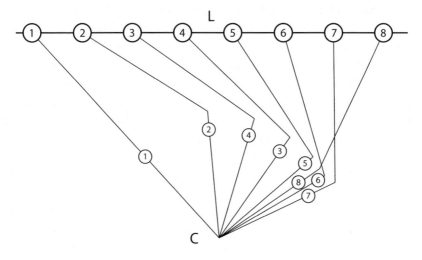

Figura 123

A linha reta é uma invenção do sentido da visão humana sob o mandato do princípio da simplicidade. É característica das formas feitas pelo homem, mas ocorre raramente na natureza, porque a natureza é uma configuração tão complexa de forças que a retitude, o produto de uma força única, tranquila, raramente tem oportunidade de acontecer. Delacroix observa em seu diário que a linha reta, a serpentina regular e as paralelas, retas ou curvas, "nunca ocorrem na natureza; elas existem apenas no cérebro humano. Onde os homens insistem em empregá-las, os elementos as corroem".

Sendo a mais simples, a linha reta representa todas as formas alongadas antes de ocorrer a diferenciação desta característica. Ela representa braços, pernas e troncos de árvore. Os assim chamados homens-palitos, contudo, parecem ser uma invenção dos adultos. Kerschensteiner que examinou um grande número de desenhos infantis declara nunca ter encontrado um homem-palito cujo tronco consistisse de uma simples linha. Aparentemente, um desenho deve preservar a solidez de "coisa" pelo menos numa unidade bidimensional, a fim de satisfazer a criança. Os ovais alongados são usados no início para combinar solidez com "direção" – por exemplo, em representações do corpo humano ou animal.

As linhas retas parecem rígidas em comparação com as curvas. Por esta razão, os adultos que interpretam a retitude como uma forma de linha entre muitas às vezes erroneamente consideram rígidas as pernas, braços ou dedos retos que aparecem nos primeiros desenhos e continuam a empregar diagnosticamente como sintoma de uma personalidade rígida ou um meio de expressar uma sensação momentânea de "imobilização", por exemplo, de medo. Estas interpretações errôneas mostram como é indispensável ter em mente a lei de diferenciação e evitar tomar a qualidade de reta como uma forma específica, antes dela abandonar sua função de representar todas as formas alongadas. Na história da arte, Heinrich Wölfflin alertou que a "rigidez" das representações arcaicas não devem ser julgadas como se as *Formmöglichkeiten* (possibilidades formais) posteriores já fossem conhecidas. "Todos os efeitos são relativos. A mesma forma não significa a mesma coisa em todas as épocas. O significado da vertical nos retratos da Renascença difere dos retratos dos primitivos. Neste caso é a única forma de representação: naquele é escolhido entre outras possibilidades e adquire assim sua expressão particular."

A linha reta introduz extensão linear no espaço e, desse modo, a noção de direção. De acordo com a lei da diferenciação, a primeira relação entre direções a ser adquirida é a mais simples, em ângulo reto. A intersecção em ângulo reto representa todas as relações angulares até que a obliquidade seja nitidamente dominada e diferenciada daquela em ângulo reto. O ângulo reto cria um padrão simétrico e por isso é o mais simples, e é a base para a estrutura da vertical e horizontal, sobre as quais se apoia toda nossa concepção de espaço.

De fato, quando as relações espaciais são pela primeira vez praticadas, limitam-se às do ângulo reto entre horizontal e vertical. Mencionei anteriormente que um quadrado com uma inclinação de 45 graus muda completamente seu caráter. O ângulo objetivamente reto nos vértices é percebido como um padrão em forma de telhado, pontiagudo, cujos dois lados se desviam obliquamente de um eixo de simetria central. Visualmente, este ângulo não é idêntico ao ângulo reto; e, devido a sua relação mais complexa com a estrutura vertical e horizontal, ele só é dominado mais tarde, de um modo geral, junto com a direção oblíqua. O Teste de Inteligência Stanford-Binet indica que a média das crianças de cinco anos consegue copiar um quadrado, enquanto apenas a média de sete anos resolve com sucesso o rombo.

A diferença fundamental entre horizontal e vertical é introduzida pela atração gravitacional. Isto não significa, contudo, que apenas as sensações cinestésicas sejam responsáveis pelo papel dominante destas direções espaciais da visão. Sabe-se agora que, no córtex visual do gato, grupos especiais de células respondem apenas aos estímulos verticais, outros apenas aos horizontais, outros ainda aos oblíquos. Maior número de células relaciona-se com as direções horizontal e vertical do que com as oblíquas. Se a mesma situação prevalecer no cérebro humano, significaria que, sob a influência da gravidade, a evolução estabeleceu o domínio de suas direções fundamentais no sistema nervoso humano.

A preferência perceptiva pela vertical e horizontal existe mesmo a um nível muito elementar. Fred Attneave relata que, quando quatro luzes são dispostas em um quadrado e as das diagonais são acesas ao mesmo tempo, o observador vê luzes que se movem de um lado para outro, quer horizontal ou verticalmente; ele não vê diagonais que acendem.

A introdução da estrutura básica está longe de estabelecer uma grade espacial sólida. A Figura 124 mostra esta ordem recentemente adquirida imposta a um padrão de círculos, oblongos e linhas retas no desenho de uma criança de quatro anos. O simples "cão" da Figura 125 é inteiramente construído neste sistema espacial. A Figura 126, *Mãe e Filha*, ilustra a consistência com a qual um tema intrincado se submete a uma dada lei formal. A construção total das duas figuras atém-se estritamente às duas direções principais e o desenho do vestido, meias e sapatos, bem como o dos dentes e o das dignificantes rugas, que estabelecem uma distinção entre

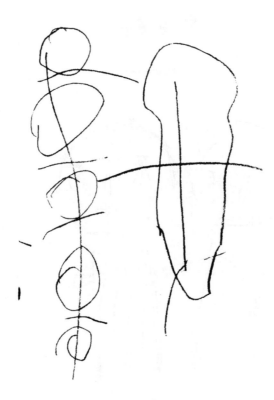

Figura 124

a fronte da mãe e a da filha, obedecem à lei com lógica visual igualmente rigorosa. Muitos artistas poderiam, com justa razão, invejar a disciplina incorruptível que a criança impõe à realidade e a clareza com que ela interpreta o tema em questão. O desenho pode também servir para mostrar como os estágios iniciais sobrevivem quando os mais avançados já foram alcançados. Para representar os cabelos, a criança retrocedeu aos movimentos desorganizados do estágio de rabisco, usando formas ziguezagueantes e espirais mais ou menos controladas. Círculos e formas radiantes aparecem nas faces, olhos e mão direita da mãe, e o braço direito parece indicar a transição da retangularidade para o nível mais elevado das formas curvas, que ainda não foi atingido. Finalmente, a Figura 127, copiada de um desenho mais complexo a creiom colorido, demonstra como um único recurso formal – o padrão

Figura 125

Figura 126

horizontal-vertical em T – é usado engenhosamente para traduzir duas coisas muito diferentes: o corpo e saia da menina e o poste do semáforo. Somente um grande número de exemplos poderia indicar a riqueza inexaurível das invenções formais que as crianças obtêm a partir de simples relação vertical-horizontal, cada uma delas surpreendentemente nova e ao mesmo tempo fiel ao conceito básico do objeto.

Como todos os recursos pictóricos, a relação vertical-horizontal é primeiro apresentada em unidades isoladas e, em seguida, aplicada, em um estágio posterior ao espaço total do quadro. Em desenhos iniciais, uma figura internamente bem organizada pode flutuar no espaço, totalmente desvinculada das outras ou do plano do quadro; enquanto na Figura 127 o quadro inteiro, incluindo os limites retangulares da folha de papel de desenho, está espacialmente integrado. As verticais das figuras, plantas e postes são vistas em relação ao piso horizontal. O desenho tornou-se uma entidade visual unificada, na qual cada detalhe ocupa um lugar claramente definido no todo.

Figura 127

A estrutura vertical-horizontal é inerente à composição visual, da mesma forma que o ritmo à música. Mesmo quando nenhuma forma corporifica nitidamente qualquer direção, todas as formas presentes num desenho são percebidas como desvios delas. Piet Mondrian em suas últimas pinturas reduziu sua concepção do mundo à relação dinâmica entre a vertical como a dimensão de aspiração e a horizontal como a base estável.

Obliquidade

Deve-se distinguir com cuidado o uso deliberado da obliquidade, da distribuição casual das direções espaciais nos primeiros trabalhos. Preocupamo-nos agora com o enriquecimento controlado da estrutura vertical-horizontal. Esta estrutura deve ter sido dominada primeiro e continua sendo a base de referência que por si só torna possível a obliquidade. A obliquidade é sempre percebida como um desvio, daí seu caráter fortemente dinâmico. Ela introduz no meio visual a diferença vital entre configurações estáticas e dinâmicas, ainda não diferenciadas na primeira fase. Quando voltamos a olhar para a Figura 126 sob este novo ponto de vista, talvez sejamos tentados a perceber os braços estendidos da mãe como um gesto de desespero, uma declaração de derrota. Isto seria uma interpretação errônea porque, ao nível inicial, a relação em ângulo reto, a máxima diferença direcional, serve para esclarecer a distinção funcional entre corpo e braços. Somente quando a divergência de membros e tronco for entendida por meio de seus contrastes maiores, pode ser manuseada com desvios mais sutis.

 Se considerarmos o porquê do trabalho de arte prosseguir do nível mais simples para o mais complexo, entendemos que fatores tanto internos como externos devem ser considerados. Internamente, o organismo amadurece, e, à medida que se torna capaz de funcionamento mais diferenciado, mostra necessidade de aplicar esta capacidade. Este desenvolvimento, contudo, não é concebível sem o mundo externo, que oferece toda a variedade de relações direcionais e que é mais bem entendida especialmente pela distinção entre coisas em repouso e coisas em movimento. O movimento é de importância tão vital para a criança que ela tem grande prazer em fazer com que as coisas se movimentem visivelmente em seus desenhos.

 As relações oblíquas são aplicadas gradualmente a tudo que a criança desenha. Elas ajudam a tornar sua representação mais rica, mais vívida, mais verossímil e mais específica. Isto pode ser constatado comparando as Figuras 128 e 129. São decalcadas de dois desenhos feitos pela mesma criança – um cerca de um ano antes do outro. A Figura 128 mostra dois detalhes separados do primeiro desenho; a Figura 129, uma parte do último. A árvore e a flor do primeiro desenho são feitas com os recursos limitados da angularidade vertical-horizontal, clara e consistentemente. Mas a árvore do último desenho é mais interessante aos olhos; parece mais uma árvore, e a constante aplicação de ângulos oblíquos dá a impressão de uma coisa viva, crescente. Na girafa do primeiro desenho, as principais relações entre cabeça, pescoço e corpo são executadas por meio de ângulos retos. Há o início da obliquidade nas pernas, mas parece que este aperfeiçoamento é devido não tanto à observação que a menina faz do animal, mas à falta de espaço. (Como frequentemente acontece, o planejamento espacial fora insuficiente, de modo que no momento de desenhar as pernas descobriu que tinha de comprimi-las lateralmente para que não cortassem a linha base do terreno.) Um ano mais tarde, o animal caminha livremente numa atitude mais viva, mais especificamente própria de girafa. A diferenciação serve não apenas para distinguir entre partes separadas, mas também para levar a uma execução mais sutil da configuração. O terreno ondulante substituiu a linha base reta.

DESENVOLVIMENTO   179

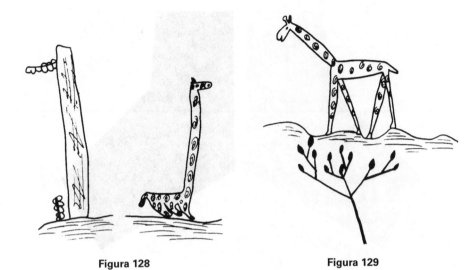

Figura 128   Figura 129

Em todos estes aspectos, o desenho mais recente faz o primeiro parecer rígido e esquemático; mas a última etapa poderia não ter sido verdadeiramente dominada se a primeira não a tivesse precedido. Por esta razão, não é aconselhável ensinar à criança como fazer configurações mais complexas – o que pode ser facilmente feito, exaltando as ambições sociais da criança, mesmo que perturbe seu desenvolvimento cognitivo. Uma vez que o primeiro estágio foi suficientemente explorado, o anseio para conseguir uma maior complexidade leva ao progresso na época conveniente, sem ajuda externa.

Se nós adultos achamos difícil imaginar que um assunto tão simples como a relação angular entre formas possa oferecer tanta dificuldade, talvez nos tornemos razoáveis com os enigmas perceptivos criados por uma peça de mobiliário, uma mesa que tem ângulos de 120 graus em acréscimo aos comuns, que chamamos de reto (Figura 130). Estas mesas são projetadas para que sejam mais versáteis na distribuição das pessoas sentadas na relação entre elas e o trabalho e na relação entre as pessoas. Combinadas em grupos, elas produzem novas configurações surpreendentes. Predizer como elas parecerão numa certa posição ou mesmo simplesmente lembrar sua forma requer considerável habilidade visual. Em assuntos práticos, tais como mobiliário, tendemos a nos ater às configurações e relações elementares em ângulo reto.

A fusão de partes

Durante os primeiros estágios, a diferenciação da forma é conseguida principalmente mediante o acréscimo de elementos autônomos. Por exemplo, a criança procede da primeira representação da figura humana como um mero círculo, acrescen-

Figura 130

tando linhas retas, formas oblongas ou outras unidades. Cada uma destas unidades é uma forma geometricamente simples, bem definida. São ligadas por meio de relações direcionais igualmente simples, a princípio vertical-horizontal, posteriormente oblíqua. A construção de padrões totais relativamente complexos torna-se possível por meio da combinação de vários padrões simples.

Isto não significa que, no primeiro estágio, a criança não tenha nenhum conceito integrado do objeto total. A simetria e unidade do todo e a planificação de proporções mostram que – dentro de limites – a criança conforma as partes tendo em vista a sua colocação final no padrão global. Mas o método analítico permite-lhe tratar a cada momento em particular uma simples forma ou direção. Algumas crianças desenvolvem este processo até a combinação sumariamente intrincada, construindo o todo seguindo essa hierarquia de detalhes, que revela observação cuidadosa. O resultado está longe de ser pobre.

Com o tempo, contudo, a criança começa a fundir várias unidades por meio de um contorno comum mais diferenciado. Tanto os olhos como a mão contribuem para este desenvolvimento. Os olhos se familiarizam com a forma complexa que resulta da combinação de elementos até que seja capaz de conceber o todo composto como uma unidade. Quando isto é conseguido, os olhos guiam com segurança o lápis continuamente em movimento ao redor do contorno ininterrupto de uma figura humana inteira, incluindo braços e pernas. Quanto mais diferenciado for o conceito, maior a habilidade exigida para trabalhar desta maneira. A níveis mais altos, mestres do "estilo linear", tais como Picasso ou Matisse, movem-se com resoluta precisão ao longo de um contorno que capta todas as sutilezas de músculos e ossos. Mas considerando a base sobre a qual a criança opera, mesmo as aplicações iniciais do método requerem coragem, virtuosismo e um bem diferenciado sentido da configuração.

A fusão do contorno também se adapta ao ato motor de desenhar. No estágio do rabisco, a mão da criança, com frequência, oscila ritmicamente por algum tempo sem levantar o lápis do papel. À medida que desenvolve a forma visualmente controlada, começa a fazer as unidades nitidamente separadas. Visualmente, a subdivisão do todo em partes claramente definidas conduz à simplicidade; mas para a mão em movimento, qualquer interrupção é um obstáculo. Na história da escrita, houve uma mudança das letras maiúsculas destacadas das inscrições monumentais às curvas fluentemente ligadas da caligrafia cursiva, na qual a mão tinha precedência sobre os olhos por razões de velocidade. De modo similar, a criança, com crescente facilidade, favorece o contínuo fluir da linha. A Figura 131, um cavalo desenhado por um menino de cinco anos, tem a elegância da assinatura de um homem de negócios. O grau de influência sobre a configuração permitida pelo desenhista ao fator motor depende consideravelmente da relação entre o temperamento espontaneamente expresso e o controle racional da sua personalidade. (Isto pode ser demonstrado convincentemente na análise grafológica da caligrafia.)

Figura 131

Os dois peixes (Figuras 132 e 133) são tomados de desenhos feitos pela mesma criança em épocas diferentes. No primeiro desenho, apenas se pode notar um primeiro indício de fusão nas barbatanas denteadas. Para o resto, o corpo é construído com elementos geometricamente simples em relação à vertical-horizontal. Posteriormente, o contorno inteiro é obtido num único traço audacioso, ininterrupto. Ver-se-á que este procedimento realça o efeito do movimento unificado, favorece a direção oblíqua e suaviza os ângulos – por exemplo, na cauda do peixe.

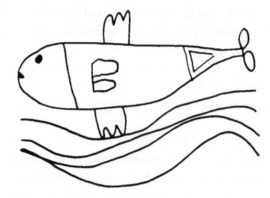

Figura 132

Figura 133

Há uma tendência também para produzir configurações mais complexas que as que os olhos podem efetivamente controlar e entender neste estágio; assim, o primeiro peixe, embora relativamente menos interessante e vivaz, é mais bem-sucedido quanto à organização.

A batalha de bolas de neve da Figura 134, desenhada ainda mais tarde pela mesma criança, demonstra como os experimentos com forma mais diferenciada, com o tempo, capacita-a a modificar a forma estática básica das unidades individuais do corpo. O movimento não se limita mais à orientação espacial relativa de partes diferentes, mas o próprio tronco se inclina. Neste estágio, a criança maneja mais convincentemente as figuras sentadas em cadeiras, que cavalgam ou que sobem em árvores. Em uma fase posterior à inclinação, encontra-se a deformação que é empregada no escorço. Esta diferenciação final, contudo, é tão sofisticada que raramente é conseguida espontaneamente, exceto nos casos simples de círculos, quadrados ou retângulos.

Figura 134

A diferença entre a combinação de elementos básicos e a conformação de unidades mais complexamente estruturadas encontra analogia em outras atividades da mente. Na linguagem, por exemplo, marca a diferença entre o sistema inglês que acrescenta preposições aos substantivos, indeclináveis, e o sistema latino mais complexo de inflexão do substantivo dentro de seu próprio corpo, mesmo na linguagem, o último não precede necessariamente o primeiro. Ou, para citar um exemplo tirado da psicologia da formação de conceito, o pensamento primitivo concebe a alma, a paixão ou a moléstia como entidades separadas acrescentadas ou subtraídas à unidade imutável do corpo ou espírito; enquanto um raciocínio mais altamente diferenciado as define como integradas no funcionamento interno da mente ou do próprio corpo ou produzidas por ele. Em nossa própria ciência e filosofia, testemunhamos a transição do "pensamento atomista", mais primitivo, que interpreta os fenômenos naturais por meio de inter-relações entre elementos constantes, concepção gestaltiana de processos de campo integrados. Poder-se-ia fazer lembrar ao musicólogo o desenvolvimento a partir de tons constantes, que mudam apenas na altura medida que se movimentam ao longo de uma linha melódica, para acordes integrados, que modificam sua estrutura interna durante a progressão harmônica.

Num sentido mais amplo, o desenvolvimento aqui descrito deve provavelmente ser considerado como uma fase de um processo contínuo no qual a subdivisão e fusão alternam-se dialeticamente. Uma primeira forma global diferencia-se pela subdivisão, por exemplo, quando uma figura oval se divide em cabeça e tronco separados. Esta nova combinação de unidades simples exige uma integração mais completa a um nível mais alto, que, por sua vez, terá necessidade de subdivisão para outros aprimoramentos num estágio posterior; e assim por diante.

Tamanho

O enfoque "ilusionístico" à representação visual nos faz pensar que qualquer imagem representa os tamanhos dos objetos da maneira como parecem ou do modo como são ou como o desenhista quer que sejam. Cita-se a falta de habilidade ou descuido na observação como responsáveis pelos desvios do tamanho "real". Termos repreensivos como "inexatidão de tamanho" ou "tamanho exagerado" são típicos em tais avaliações.

Do ponto de vista do desenvolvimento, reconhecemos que, como regra geral, os tamanhos dos objetos pictóricos provavelmente devam ser iguais antes de ser diferenciados. Presumimos que os tamanhos não sejam diferenciados a menos que hajam boas razões para isso. Assim, nossa pergunta não deveria ser "por que as relações de tamanho em algumas pinturas ou esculturas não correspondem à realidade?", mas, em vez disso, "o que faz com que as crianças e outros criadores de imagem deem tamanhos diferentes aos objetos em seus quadros?".

A hierarquia baseada na importância é certamente um fator. Nos relevos egípcios, os reis e os deuses são frequentemente mais do que duas vezes maiores que seus subalternos. Psicólogos e educadores de crianças afirmam que elas desenham coisas grandes quando as consideram importantes. Contudo, isto leva a interpretações dúbias; por exemplo, quando Viktor Löwenfeld afirma que, num desenho de um cavalo perturbado por moscas, a mosca tem aproximadamente o mesmo tamanho que a cabeça do cavalo devido à importância que tem para a criança. Tais explicações são fáceis, mas frequentemente escondem os mais decisivos fatores cognitivos.

Considere a Figura 135, uma ilustração tirada da edição veneziana das *Fábulas de Esopo*, publicada em 1491. A raposa faminta tenta induzir o corvo a derrubar um bocado apetecível, lisonjeando-o. A lógica visual da história exige duas coordenadas principais, raposa e corvo, comparável ao cavalo e mosca no exemplo de Löwenfeld. Devido aos dois serem de igual importância na história, não há razão para lhes dar diferentes tamanhos no mundo do quadro. De fato, qualquer diferença tornaria difícil a leitura da história como um diálogo entre iguais. Temos razões para admirar a conveniência da forma escolhida pelo desenhista, que não se desvia de sua tarefa pela imitação mecânica, visualmente injustificada dos tamanhos da natureza.

Figura 135

A semelhança de tamanho mantém juntos os itens. É quase impossível estabelecer uma relação visual direta entre, digamos, uma figura humana e um alto edifício, se ambos forem desenhados em escala. Onde tais diferenças grandes de tamanho são desejáveis, os artistas geralmente preenchem as lacunas entre as unidades grandes e pequenas de suas composições por outras de tamanho intermediário.

Na pintura medieval, não comprometida com o naturalismo mecânico, um homem pode ser do tamanho de um edifício. Ao mesmo tempo, um bispo pode carregar na mão a igreja que construiu. Não é o "modelo" de uma igreja, mas a própria Igreja; da mesma maneira que a pequena torre sempre representada próxima de Santa Bárbara não é um "símbolo", mas uma torre, embora tenha significado simbólico. Estes exemplos mostram como as diferenças de tamanho surgem em resposta a considerações de significado, por exemplo, quando a relação entre criador e criatura ou santo e sua imagem devam ser expressos. Mais tecnicamente: se um homem deve ficar em pé à porta ou olhar de uma janela, seu tamanho deve ser reduzido adequadamente. Se num desenho infantil um rosto deve acomodar olhos explícitos, uma boca com dentes e um nariz com ventas, com certeza ela o faz grandes – exatamente como Marc Chagall aumenta a cabeça de uma vaca para criar espaço interno para outra vaca e uma ordenhadora. Se, por outro lado, o tamanho ainda não for diferenciado, as várias partes do corpo – cabeça, tronco e membros – recebem aproximadamente a mesma ordem de tamanho (Figura 136).

Figura 136

O mesmo que acontece com o tamanho dos objetos ocorre também com os intervalos entre eles. A necessidade de apresentação clara faz com que a criança deixe espaço vazio suficiente entre os objetos – uma espécie de distância padrão que, do ponto de vista realístico, parece às vezes demasiadamente grande e às vezes demasiadamente pequeno, dependendo do assunto. Um braço demasiadamente longo pode ser necessário para ligar uma figura humana a uma maçã numa árvore, da qual a figura se conserva a uma distância adequada. A proximidade realística entre itens conserva-se visualmente incômoda por algum tempo.

O tamanho realístico é apenas parcialmente relevante em relação ao tamanho das coisas numa pintura porque a identidade perceptiva não se baseia muito no tamanho. A forma e a orientação espacial de um objeto não enfraquecem por uma alteração de tamanho, como na música um aumento ou diminuição moderada do tamanho temporal, por meio de uma mudança de velocidade, não interfere no reconhecimento de um tema. A irrelevância básica do tamanho visual é mostrada mais notadamente pelo nosso esquecimento habitual da constante mudança de tamanho dos objetos de nosso ambiente, motivado pelas mudanças de distância. Quanto às imagens, ninguém protesta contra a fotografia de um ser humano de alguns centímetros de altura ou contra uma estátua gigantesca. A tela de uma televisão parece pequena numa sala, mas é só nela concentrarmo-nos por um curto tempo para que se torne uma moldura aceitável para pessoas e edifícios "reais".

Os erroneamente chamados girinos

Talvez o caso mais notável de interpretação errônea devido às abordagens ilusionísticas seja aquele das figuras "girino", que os franceses chamam *hommes têtards*, e os alemães *Kopffussler*. O ponto de vista comum é que, nestes desenhos muito frequentes, a criança omite totalmente o tronco, e que erroneamente liga os braços à cabeça ou às pernas. As Figuras 137 e 138, feitas por crianças de quatro anos, mostram algumas destas criaturas misteriosas. Existem várias teorias. Acreditou-se que a criança omite ou esquece o corpo ou mesmo o "suprime" por razões de modéstia. Se examinarmos o processo de desenvolvimento, descobriremos que nenhuma das explicações é satisfatória, uma vez que nestes desenhos o tronco realmente não é omitido.

Figura 137

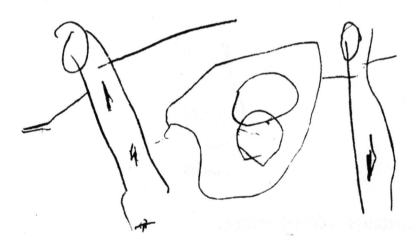

Figura 138

Nos primeiros estágios, o círculo representa a figura humana total, da mesma forma que representa muitos outros objetos completos. Posteriormente, sua forma é diferenciada pelo acréscimo de acessórios. Por exemplo, na Figura 139, desenho de uma igreja feito por um menino de oito anos, o círculo inicial ainda é claramente discernível. Na figura humana, o significado original do círculo é gradualmente limitado pelos acréscimos. Há essencialmente dois tipos. Na Figura 137, o círculo funciona como representação que não diferencia a cabeça do tronco. Portanto, a criança é inteiramente coerente ligando a ele pernas e braços. Somente aos adultos parece que alguma coisa foi omitida no desenho. O círculo frequentemente se estende para uma forma oblonga ovoide, que pode conter as feições de um rosto em sua parte superior ou sinais de vestuário na inferior. A Figura 138 ilustra o outro tipo. No centro, encontra-se uma casa contendo dois peixes, à direita um vaqueiro e à esquerda uma vaca. Há um estômago no corpo do vaqueiro e dois no da vaca. Estes estômagos vêm bem a propósito de nosso objetivo porque mostram que neste caso as duas linhas paralelas verticais constituem uma representação que não diferencia o tronco e as pernas, enquanto o círculo agora se limita a ser uma cabeça. Os braços se ligam onde costumam se ligar – às verticais. A dupla função da linha como unidade autônoma e como contorno não é ainda claramente diferenciada; as duas verticais são contornos (tronco) e linhas objeto (pernas) ao mesmo tempo. Pode-se acrescentar que uma falta de diferenciação semelhante é frequentemente evidente na maneira em que as outras partes do corpo são representadas. Antes dos traços do rosto se subdividirem em olhos, nariz e boca, eles podem ser desenhados como um único círculo, contido no círculo maior da cabeça; e, na Figura 136, os membros ainda não são articulados, de modo que para o observador adulto os dedos das mãos podem parecer estarem ligados aos braços e os dos pés, às pernas.

Figura 139

Tradução para duas dimensões

A lei de diferenciação nos leva a supor que a distinção entre a visão bidimensional e tridimensional nos desenhos não exista desde o início. Antes, a visão bidimensional, sendo a mais simples, é "não marcada" e serve indiferentemente para ambas. Nada diferencia, a princípio, a ausência de profundidade da profundidade, ou um objeto plano de um volumoso. As qualidades espaciais de um prato são tratadas sem diferenciá-las das de uma bola de futebol, e todas as coisas se encontram à mesma distância do observador.

Uma boa maneira de chegar a compreender como as crianças representam o espaço é ler o romance fantástico *Flatland* de E. A. Abbott. Planilândia é um país bidimensional no qual, comparando-se com nosso próprio mundo, tudo se reduz a uma única dimensão. As paredes das casas são meros contornos de figuras planas;

mas cumprem sua finalidade porque num mundo plano não há como penetrar um contorno fechado. Os habitantes são formas planimétricas. Seus corpos, também, acham-se adequadamente limitados por uma linha. Um visitante, vindo da Espaçolândia tridimensional, torna-se inconveniente dizendo-lhes que suas casas são abertas: ele as pode ver por dentro e por fora ao mesmo tempo. Mostra também que pode tocar os intestinos de um planilandês, produzindo uma dor lancinante no estômago do Quadrado. Para os planilandeses, suas casas não são nem fechadas nem abertas no topo, uma vez que não possuem tal dimensão; e os intestinos conservam-se adequadamente invisíveis e intocáveis pela linha de contorno que os rodeia.

Aqueles que afirmam que as crianças desenham casas abertas e estômagos vistos através de raio X se comportam como o inoportuno espacilandês. Não percebem a admirável lógica com que a criança adapta seus desenhos às condições do meio bidimensional. Não é suficiente dizer que as crianças desenham as partes internas das coisas porque estão interessadas nelas. Mesmo com o maior interesse, ficariam espantadas com a imagem de um homem com o estômago aberto. Vem à mente uma pintura australiana em casca de árvore na qual o contorno do corpo de um canguru é visivelmente preenchido com a anatomia de ossos, órgãos e intestinos. A pintura não representa uma "secção" do corpo do animal, como num livro de texto de zoologia. Mostra também a figura de um caçador que atinge sua presa com arco e flecha; e obviamente não se caça uma parte, mas um animal vivo inteiro. Isto prova que não se pretendia fazer o corpo do canguru aberto ou "transparente". De modo similar, o desenho de um gorila que acaba de jantar, feito por uma criança (Figura 140), não é nem uma secção nem uma vista de raio X.

Figura 140

A mesma situação é criada no diagrama esquemático da Figura 141. O desenho da casa não é nem uma vista frontal transparente nem uma secção. É o equivalente bidimensional de uma casa. O retângulo representa o espaço cúbico e seu contorno, as seis superfícies que o limitam. A figura encontra-se dentro, completamente rodeada pelas paredes. Somente uma abertura do contorno poderia constituir uma passagem. A invenção da criança perdura através das idades, de modo que mesmo a arte altamente realística de um Dürer ou a Sagrada Família de Altdorfer se abriga numa construção sem parede frontal, dissimulada de modo não convincente numa ruína em decadência. E, naturalmente, em nosso teatro moderno, o palco é aceito sem hesitação pelas mesmas pessoas que acusam a criança por suas "imagens de raio X".

Figura 141

Como indica a Figura 141, os desenhos deste tipo representam os cabelos como uma única fileira de linhas, todas elas ligadas ao contorno da cabeça. Isto é perfeitamente correto, uma vez que a linha circular da cabeça representa a superfície completa da mesma, que assim se mostra toda coberta de cabelo.

Todavia, neste método, há uma ambiguidade resultante do fato da criança o estar usando inevitavelmente para duas finalidades diferentes e incompatíveis ao mesmo tempo. Obviamente, não se pretende que o rosto se encontre dentro da cabeça, mas sobre sua superfície externa; e que as duas linhas oblíquas representem braços e não capa aberta que caem dos ombros envolvendo todo o corpo. Isto é, as unidades bidimensionais dos desenhos equivalem a sólidos, aos aspectos bidimensionais da superfície externa dos sólidos, ou a ambos, dependendo da exigência. A relação entre planura e profundidade não é diferenciada, de modo que por recursos puramente visuais não é possível dizer se uma linha circular representa um anel, um disco ou uma bola. É devido a esta ambiguidade que este método é usado principalmente em níveis rudimentares e que seja abandonado muito cedo pelas crianças ocidentais.

O processo foi bem documentado por meio de um experimento feito por Arthur B. Clark, no qual se pediu a crianças de diferentes idades que desenhassem uma maçã com um alfinete atravessando-a horizontalmente e colocado obliquamente em relação ao observador. A Figura 142*d* ilustra a posição na qual as crianças viram o modelo. A Figura 142*a* mostra a solução mais elementar do problema. A lógica consiste em que o alfinete atravesse ininterruptamente a parte interna do círculo que representa o interior da maçã. Mas é ambíguo, visto que a linha reta inevitavelmente representa um objeto unidimensional (alfinete), e não uma superfície. No estágio seguinte, *b*, a criança faz uma primeira concessão à representação projetiva mostrando a parte central do alfinete escondida no interior da maçã. (Para a criança mais nova, isto pareceria um desenho de dois alfinetes tocando a maçã pelo lado externo.) Mas o contorno do círculo ainda representa toda a superfície da maçã, o que é revelado pelo fato do alfinete não ultrapassar o contorno. Em *c*, o contorno tornou-se a linha do horizonte e a área do círculo representa a parte frontal da maçã. Com algum aperfeiçoamento formal, isto leva à solução realística *d*. Este desenho final é espacialmente coerente, mas sacrifica a notável clareza visual com que a essência da concepção tridimensional foi traduzida no meio bidimensional no estágio *a*. A diferenciação entre forma bidimensional e tridimensional foi conseguida, mas somente pelo artifício suspeito de fazer a figura plana aparecer como uma imagem do espaço tridimensional.

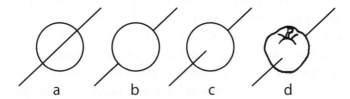

Figura 142

Enquanto a vista bidimensional não se diferencia da projetiva, a superfície pictórica plana serve para representar ambas. Isto pode-se fazer de duas maneiras. A criança pode usar a dimensão vertical de seu plano pictórico para distinguir entre alto e baixo, e a horizontal para direita e esquerda e assim conseguir "espaço vertical" (elevação). Ou pode usar suas duas dimensões para mostrar as direções da bússola num plano horizontal, o que produz "espaço horizontal" (Figura 143). Objetos verticais como seres humanos, árvores, paredes, pernas de mesa aparecem clara e caracteristicamente no espaço vertical, enquanto jardins, ruas, tampos de mesa, pratos ou tapetes exigem espaço horizontal. Para assuntos mais complicados, no espaço vertical apenas um entre os inúmeros planos verticais pode ser representado diretamente, de modo que a representação pode cuidar da fachada frontal de uma casa, mas não, ao mesmo tempo, das fachadas laterais sem recorrer a algum artifício de representação indireta. De modo similar, o espaço horizontal pode mostrar os pratos sobre a mesa, mas não, no mesmo desenho, o cachorro deitado sob a mesma.

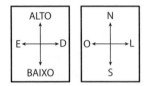

Figura 143

Ao tratar do "método egípcio", mostramos como, a um nível inicial de representação espacial, o artista escolhe para cada objeto, ou para parte de um objeto, o aspecto que o represente de modo mais característico. Pode-se mencionar aqui que a técnica mais altamente sofisticada e realística do cinema retomou alguns dos efeitos notáveis da representação elementar. Decompondo-se o mundo visual em uma sucessão de vistas parciais, o filme pode, por exemplo, voltar ao princípio de que as unidades de uma proposição visual são basicamente de igual tamanho. Quando se mostra uma pessoa observando uma borboleta, um *close up* pode fazer o inseto parecer tão grande quanto a pessoa. De modo similar, uma mudança no ângulo da câmara fará a imagem da tela desviar do espaço vertical para o horizontal, de modo que o espectador pode ter uma vista lateral de pessoas sentadas à mesa de jantar, e, um segundo depois, a comida vista de cima. Este procedimento é "justificado" realisticamente pela sucessão de tomadas no tempo, que permite uma mudança em distância ou ângulo. Na experiência real do observador, contudo, estas mudanças do ponto de observação não são claramente percebidas como tal. Essencialmente, aceita as coisas como se fossem apresentadas num tamanho e ângulo que lhes sejam mais adequados, sem se preocupar se tal exatidão visual é ou não "fiel à realidade". Em muita arte moderna, naturalmente, renunciou-se decididamente a toda a pretensão realística: os objetos recebem claramente qualquer tamanho ou ângulo de acordo com o propósito visual.

Consequências educacionais

Ao discutir alguns dos aspectos iniciais da forma visual, tentei mostrar, na sua clareza primitiva, alguns dos elementos sobre os quais a feitura de imagem se constrói em definitivo. Mas um entendimento deste desenvolvimento inicial também deve ajudar o educador a avaliar e orientar o trabalho de seus alunos. A mensagem principal é, naturalmente, que o trabalho das crianças, "primitivos" etc., não deve ser considerado negativamente como algo abaixo do padrão, algo a ser superado o mais depressa possível no caminho para a arte "qualificada". As secções precedentes deste capítulo devem ter sugerido que, quando se permite que a forma visual cresça sem perturbações, esta passe legitimamente de um estágio a outro, e que cada um deles tenha sua própria justificativa, suas próprias capacidades de expressão, sua própria beleza. Uma vez que estes estágios iniciais dependem um do outro e estabelecem os fundamentos para qualquer realização madura, devem ser trabalhados vagarosamente. Isto é verdadeiro não apenas para as crianças, mas para qualquer artista em desenvolvimento. "Um artista não omite etapas", disse Jean Cocteau, "se o fizer, será uma perda de tempo porque terá que as escalar posteriormente."

Em nossa análise, deve ter ficado claro também que desvios da representação realística não se devem às deficiências, mas a uma sensibilidade notável, espontânea em relação às exigências do meio. À medida que o professor observa a manifestação deste invejável talento inato, a certeza da decisão intuitiva, a progressão lógica do simples para o complexo, perguntar-se-á se a melhor coisa a fazer não seria deixar seus alunos sozinhos, encarregados de sua própria orientação. Não seria a arte uma daquelas habilidades que se pode ou se deve aprender sozinho? Até certo ponto isto é exato. Cada intervenção desfavorável por parte do professor pode desorientar o próprio julgamento visual do estudante ou impedi-lo de uma descoberta que ele próprio teria feito com maior proveito. Nesta circunstância, o professor antiquado que oferece a seus alunos recursos de perspectiva central é tão culpado quanto seu colega progressista que faz a criança preencher com tinta as acrobacias acidentais de seus rabiscos, ou o primitivista estilo novo que a censura: "Este é um belo desenho, mas na segunda série ainda não se fazem narizes!" Insistir para que uma criança faça "abstrações" é tão prejudicial como forçá-la a desenhar representações realísticas.

Isto é válido a qualquer nível educacional. O estudante de arte que copia um mestre notável corre o risco de perder seu sentido intuitivo do certo e do errado na luta com a forma de representação que pode imitar, mas não dominar. Sua obra, em vez de ser convincente e congenial, torna-se desconcertante para ele. Perdeu a honestidade da criança, o que cada artista de sucesso preserva e que dá a configuração mais simples possível a qualquer proposição, complicado que possa ser objetivamente o resultado. Arnold Schönberg, autor de algumas das mais intrincadas músicas já escritas, dizia a seus alunos que suas obras musicais deviam ser-lhes tão naturais quanto suas mãos e pés. Quanto mais simples lhes parecessem, melhor seriam, "Se algo que tenhais escrito vos parecer muito complicado, fareis bem em duvidar imediatamente de sua autenticidade."

E ainda há muito que o professor de arte pode fazer. Como seus colegas em outras áreas, deve trilhar entre os dois caminhos de fácil saída: ensinar tudo e não ensinar nada. A sugestão mais útil que provém do estudo dos estágios de desenvolvimento é que todo o ensino deve se basear numa consciência de que a concepção visual do estudante está se desenvolvendo de acordo com seus próprios princípios, e que as intervenções do professor devem ser dirigidas pela exigência do processo individual de crescimento em qualquer tempo.

O melhor exemplo que posso encontrar vem da história da arte. A descoberta da fórmula geométrica para perspectiva central foi feita no século XV, depois de muitos pintores terem tentado intuitivamente unificar o espaço pictórico fazendo convergir linhas de profundidade. É fascinante observar como, nas pinturas e xilogravuras da época, essas linhas de perspectiva tentam atingir um centro comum, alcançam-no aproximadamente, ou criam pontos de convergência separados para secções diferentes do quadro. A fórmula geométrica, que prescreve um ponto de fuga comum, apenas codificou a solução para um problema que tinha sido inteiramente pesquisado pela intuição. A época estava propícia para isto.

Em qualquer período histórico anterior, o ensino do recurso geométrico devia ter sido frágil ou inútil. Algo muito semelhante é válido para o desenvolvimento do indivíduo. O professor sente-se tentado em comunicar seu conhecimento a fim de satisfazer suas próprias aspirações juntamente com as do estudante que solicita a seu instrutor que lhe mostre como se consegue que as coisas "se afastem" no espaço. Contudo, estas são apenas necessidades sociais que não provêm das exigências da obra em si. Além da ambição, o estudante quer igualar os padrões de alguma realização de prestígio, e logo alcançaria esse alvo agradável com um mínimo de esforço. Tais motivos sociais devem ser separados dos motivos cognitivos que surgem do estado de desenvolvimento visual do estudante. O primeiro não deve ser satisfeito à custa do último.

Em anos recentes, os professores de arte têm legitimamente se esforçado para ir além do desenho e modelagem tradicionais e familiarizar seus alunos com muitos materiais e técnicas. Isto não apenas está de acordo com as práticas de nossos artistas modernos, como também mantém desperta a atenção dos estudantes e faz uso legítimo de seu amor pelas bugigangas. Os adolescentes, em particular, prestigiam mais a tecnologia do que a arte. É essencial, contudo, que sejam selecionados materiais e empregados de tal modo que desafiem o estudante a trabalhar em tarefas de organização visual em seu próprio nível de concepção e lhe possibilite fazê-lo. As técnicas que propiciam a confusão visual ou criam dificuldade ou complexidade excessivas são destrutivas; assim também é a prática de mudar as tarefas com tanta frequência que o estudante não possa explorar inteiramente as características visuais de um determinado meio. Há suficiente distração improdutiva fora da sala de aula.

É natural para o artista e para o educador em arte considerar seu campo como isolado, governado por suas próprias regras e dedicado a seu próprio propósito. Contudo, não se pode esperar cultivar o sentido da forma visual em uma área do currículo se este sentido é negligenciado ou mesmo mal-empregado em qualquer outra. Em um outro livro, fiz a seguinte observação: "A um nível de desenvolvimento no qual o trabalho livre de arte da criança ainda emprega formas geométricas relativamente simples, o professor de arte pode respeitar o estágio inicial de concepção visual de seus alunos, mas na aula de geografia as mesmas crianças podem ser forçadas talvez pelo mesmo professor a traçar as linhas de contorno do continente americano ou a sinuosidade irracional dos rios – configurações que podem não ser nem percebidas, entendidas nem lembradas. Quando um estudante de faculdade é solicitado a copiar o que vê sob o microscópio, não pode pretender, mecanicamente, mera perfeição e clareza. Ele deve decidir o que importa e que tipo de formas relevantes são representadas nos espécimes acidentais. Por isso, seu desenho não pode possivelmente ser uma reprodução; será uma imagem do que vê e entende, de um modo mais ou menos ativo e inteligente. A disciplina da visão inteligente não pode se limitar ao estúdio de arte; ela pode ter sucesso apenas se o sentido visual não for embotado e desvirtuado em outras áreas do currículo. Tentar estabelecer uma ilha de capacidade visual num oceano de cegueira é, em última análise, malogro. O pensamento visual é indivisível."

Finalmente, é necessário apontar uma limitação do presente livro. Ele examina a organização e invenção visual como derivadas das funções cognitivas da mente: a percepção sensória do mundo exterior, a elaboração da experiência do pensamento visual e intelectivo, a conservação da experiência e pensamento na memória. Deste ponto de vista, o trabalho pictórico é um instrumento para a tarefa de identificar, entender e definir coisas, para investigar relações e criar ordem de complexidade crescente. Não se deve esquecer, contudo, que as funções cognitivas se acham a serviço da personalidade total. Elas refletem atitudes e satisfazem desejos, como os psicólogos enfatizaram ao usar experiências visuais para fins de diagnóstico ou terapia. Alguns educadores de arte fizeram o mesmo, interpretando como "emocional" muitos aspectos oriundos das condições de percepção e representação visuais.

Inúmeros são os exemplos na literatura; limitar-me-ei a um. Em seu livro sobre educação artística, Herbert Read comenta um desenho feito por uma menina com pouco menos de cinco anos. Representa um tigre de modo muito simples por um traço horizontal correspondendo ao corpo e dois verticais às pernas. As linhas se cruzam com listas curtas, que pretendem representar a pele do animal. Read fala da base "inteiramente introvertida, inorgânica" do desenho. A criança, diz ele, não demonstrou nenhuma relação com qualquer imagem de tigre que possa ter tido; criou "um símbolo expressivo que [não] corresponde... a sua consciência perceptiva ou conhecimento conceitual do tigre". Em realidade, o desenho é um exemplo típico do estágio horizontal-vertical, no qual a média das crianças representa um animal exatamente desta maneira. Com muita frequência, nenhuma diferenciação entre forma orgânica e inorgânica é possível neste estágio; as linhas retas representam ambas. Tais desenhos são pobres em conteúdo não porque a criança seja incapaz, ou não tenha vontade de observar e usar observações, mas porque o estágio elementar de representação não lhe permite usar muito do que viu. Se esta criança em particular é introvertida, retraída ou não, não se pode determinar com base apenas em seu desenho e idade. A introversão pode retardar a diferenciação de formas, mas a forma não diferenciada em si não sugere introversão. O mesmo desenho poderia vir de um extrovertido vivamente expansivo, apaixonadamente interessado na aparência e comportamento dos animais.

Aqui, então, uma ênfase unilateral sobre fatores da personalidade leva a uma má interpretação dos traços que de fato surgem do estágio de desenvolvimento cognitivo da criança e das propriedades do meio pictórico. Inversamente, contudo, uma concentração igualmente unilateral nos aspectos cognitivos pode dar a impressão de que o organismo jovem se ocupa somente com o desenvolvimento perceptivo e intelectual e que a mente é apenas um tipo de mecanismo de processamento, manejando as formas do mundo exterior em um nível de crescente complexidade. O presente livro, tentando preencher algumas lacunas deixadas por outros, pretende contribuir para uma concepção mais ampla. O educador do amanhã deve estar apto a observar a mente pensante e perceptiva na interação com as aspirações, paixões e temores do ser humano total.

A ênfase nos fatores da personalidade induziu alguns educadores de arte a considerar como suspeitas as técnicas que favorecem a precisão da forma. Substituímos o lápis antiquado por materiais que favorecem os traços espontâneos, o brilho impulsivo, o efeito cru da cor amorfa. A expressão espontânea é, certamente, desejável, mas a expressão se torna caótica quando interfere na organização visual. Os pincéis largos e a pintura gotejante obrigam a criança a criar um quadro unilateral de seu estado mental, e não se pode excluir a possibilidade de que o tipo de pintura que lhe é permitido fazer possa, por sua vez, influir no estado mental em que se encontra. Indubitavelmente, métodos modernos permitiram um desabafo aos aspectos mentais da criança reprimidos pelo procedimento tradicional que a fazia copiar modelos com lápis pontiagudo. Mas há igual perigo em impedir que a criança use seu trabalho pictórico para aclarar sua observação da realidade e para aprender a concentrar-se e a criar ordem. A emoção informe não é o resultado final desejável da educação e, portanto, não pode ser usada como seu meio. O equipamento da classe de arte e a mente do professor devem ser suficientemente amplos e variáveis para permitir que cada criança aja como uma personalidade completa o tempo todo.

O nascimento da forma na escultura

Os princípios do desenvolvimento visual definidos neste capítulo são tão fundamentais que não se aplicam somente às formas no desenho e na pintura. Provavelmente controlam também o uso da cor. A arte primitiva faz o possível com algumas cores simples, especialmente as três primárias fundamentais, que servem para separar as formas uma das outras, mas não as ligam. Cores misturadas introduzem as mais complexas inter-relações. Da mesma forma, o colorido homogêneo dos objetos e das áreas pertence a um estágio mais inicial do que as compostas de partes variadamente coloridas ou modulação de cor deliberada dentro de uma forma. Conhecimento mais preciso neste campo aguarda mais pesquisa.

Nossos princípios podem ser aplicados mais diretamente às artes visuais do teatro, coreografia, cinema e arquitetura. Há na história dos estilos, bem como no desenvolvimento do próprio diretor de cena ou do coreógrafo, formas compositivas iniciais, distintas talvez pelas disposições simétricas e uma preferência pela orientação espacial frontal e retangular, ou agrupamentos de acordo com as figuras geométricas simples? Pode-se demonstrar que a diferenciação procede gradativamente destas concepções a outras cada vez mais complexas? Na arquitetura, seria possível mostrar as mudanças de simples plantas circulares e retangulares para outras mais intrincadas, a gradual quebra do bloco e parede unificados, o abandono da fachada simétrica, a introdução da orientação oblíqua e curvas de ordem cada vez mais elevada.

A escultura certamente presta-se para o mesmo tipo de descrição, embora a tridimensionalidade conduza a relações mais complexas. Por razões técnicas, é difícil documentar os primeiros estágios do trabalho escultórico das crianças. Os problemas mecânicos envolvidos no manuseio da argila e materiais similares e a preocupação em conservar as construções firmes tornam mais difícil para a criança produzir as formas que tem em mente; e as superfícies rústicas do trabalho das crianças não se prestam para uma boa fotografia. As seguintes análises são por isso ilustradas com o trabalho escultórico de adultos.

Poder-se-ia supor que os objetos tridimensionais da natureza são com maior facilidade representados na escultura do que no papel ou na tela, porque o escultor trabalha com volumes e, por isso, não se defronta com o problema de traduzir três dimensões em um meio bidimensional. Realmente, isto é verdade até certo ponto, porque a massa de argila ou um pedaço de pedra apresentam-se ao escultor como três dimensões apenas materialmente. Ele ainda tem de conquistar a concepção de organização tridimensional, etapa por etapa, e seria lícito sustentar que a tarefa de dominar espaço é mais difícil na escultura do que nas artes pictóricas pela mesma razão que jogar o jogo da velha tridimensional requer um nível mais elevado de inteligência visual do que a versão bidimensional.

Quando a criança desenha seu primeiro círculo, ela ainda não dominou o espaço bidimensional, mas apenas se apossou de um pedaço de território no papel. Vimos que ela deve passar pelo lento processo de diferenciação das várias relações angulares antes que se possa dizer que tenha o verdadeiro domínio das possibilidades formais do meio. Analogamente, o fato de modelar uma primeira bola de argila não significa a conquista da organização tridimensional. Apenas reflete o tipo mais elementar de conceito de forma que não diferencia nem configuração nem direção. Se pudermos julgar por meio da analogia com o que acontece no desenho, há a "esfera primordial" que representará qualquer objeto compacto – uma figura humana, um animal, uma casa. Não posso dizer se este estágio existe no trabalho das crianças, tampouco encontrei exemplos na história da arte. Os exemplos mais próximos parecem ser as figurinhas de pedra do paleolítico representando mulheres gordas, sendo a mais conhecida delas a "Vênus de Willendorf". Estas figuras, com suas cabeças, barrigas, seios e coxas arredondadas, na verdade parecem como se tivessem sido concebidas como combinações de esferas modificadas para ajustar-se à forma humana. Pode-se perguntar se sua obesidade deva ser explicada apenas pelo assunto – símbolos de maternidade e fertilidade, uma preferência por mulheres gordas por parte dos homens pré-históricos – ou também como uma manifestação de concepção formal primitiva no estágio da esfericidade.

Hastes e placas

A maneira mais simples de representar uma direção na escultura, correspondendo a uma linha reta no desenho, é por meio de uma haste. Uma haste é naturalmente sempre um objeto fisicamente tridimensional; mas da mesma maneira que largura de um traço de pincel não é "levada em consideração" nos desenhos e pinturas iniciais, também a haste na escultura é o produto da concepção unidimensional, sendo considerada principalmente por sua direção e comprimento. Pode-se encontrar bons exemplos entre as figuras de terracota feitas em Chipre e Micenas durante o segundo milênio a.C. (Figura 144). Os corpos de homens e de animais – pernas, braços,

Figura 144

Figura micênica de um boi em terracota. 1400-1100 C. Metropolitan Museum of Art, Nova York.

focinhos, caudas e chifres – são feitos de unidades semelhantes a hastes de diâmetro aproximadamente idêntico. Elementos em forma de haste são encontrados também nos pequenos bronzes do período geométrico da Grécia, por volta do oitavo século a.C. As crianças fazem suas figuras de argila ou plastilina com hastes em forma de salsicha. Provavelmente este estágio existe universalmente no início da modelagem. Têm-se produzido também construções muito refinadas de escultura moderna, nas quais hastes de metal são combinadas em arranjos espacialmente intrincados.

Para descrever a diferenciação posterior num meio tridimensional, necessitamos de dois termos. As dimensões espaciais de um objeto referem-se a sua própria forma (*dimensões do objeto*) e ao padrão que ele cria no espaço (*dimensões espaciais*). Assim, um anel de arame é semelhante a uma haste, ou unidimensional como objeto, mas bidimensional como padrão no espaço.

A mais simples combinação de hastes conduz a padrões de duas dimensões espaciais – isto é, um arranjo dentro de um plano, limitado a princípio à relação retangular (Figura 145*a*). Posteriormente, a terceira dimensão é acrescentada em padrões que ocupam mais de um plano (*b*). Neste caso, novamente, a relação mais inicial é em ângulo reto. Uma diferenciação posterior de orientação produz conexões oblíquas entre unidades em duas ou três dimensões (*d*) e curvatura e torsão (*c*). O comprimento das unidades é provavelmente, a princípio, indiferenciado, exatamente como o consideramos no desenho (compare a Figura 136). Distinções de comprimento se verificam apenas gradualmente.

Nos exemplos precedentes, a dimensão do objeto conservou-se constante enquanto apenas as dimensões espaciais foram modificadas. Na Figura 145*e* a forma do próprio objeto mudou de modo mais simples possível pela introdução de uma diferença na circunferência: o tronco é mais grosso que as pernas. A Figura 145*f* introduz placas, uma forma bidimensional, e, nas formas cúbicas de *g*, a terceira dimensão do objeto torna-se uma parte ativa da concepção visual em vez de estar apenas fisicamente presente. Finalmente, em *h* há uma diferenciação de forma dentro da unidade bidimensional ou tridimensional. Entender-se-á que as variações na orientação espacial e tamanho indicadas para os objetos indiferenciadas em *a-e* podem também ser aplicadas a estes objetos mais complexos, o que leva a composições de considerável complexidade.

As dimensões do objeto oferecem alguma dificuldade, especialmente problemas escultóricos. Uma esfera tem a mesma aparência de todos os lados porque é simétrica em relação a um ponto central. Uma haste, um cilindro ou um cone são simétricos em relação a um eixo central e por isso não mudam o aspecto quando girados ao redor do eixo. Mas tais formas simples não satisfazem por muito tempo as necessidades do escultor. A figura humana, em particular, logo requer a representação de padrões que são simétricos em duas dimensões e por isso mais simplesmente traduzidos numa superfície plana. Considere o exemplo do rosto. Se

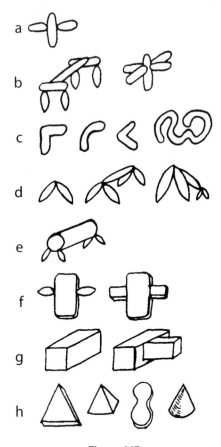

Figura 145

a cabeça for representada por uma esfera, as feições do rosto podem ser riscadas na sua superfície. Esta solução, contudo, pode parecer absolutamente insatisfatória. Em primeiro lugar, escolhe-se um lado na superfície da esfera, cuja forma torna tal distinção absolutamente arbitrária; também, a simetria bidimensional do rosto é representada numa superfície curva, em vez de sê-lo em uma plana mais simples. O mesmo é exato para o corpo humano como um todo. O que se pode fazer? Em se tratando do rosto, a solução mais simples é esquecê-lo completamente. Pode-se encontrar exemplos entre as figuras paleolíticas de "Vênus". Por exemplo, a mulher de Willendorf tem uma cabeça rodeada simetricamente por dobras de cabelos, mas não tem rosto. Novamente podemos considerar que isto foi feito, em parte ou inteiramente, para evitar interferir na lógica da simplicidade visual.

Há outras soluções. Pode-se cortar uma fatia da esfera e colocar o rosto no plano segmentário resultante. Rostos em forma de máscara, planos, deste tipo, são frequentes nos estilos primitivos de escultura, nas figuras africanas e na terra-cota, *haniwa* japonesa, bem como nas primeiras tentativas de retrato escultórico feitas por estudantes de arte ocidental. Picasso às vezes representava uma cabeça como uma combinação de duas peças: um volume esférico ligado a um escudo vertical plano sustentando o rosto. O problema pode ser resolvido mais radicalmente reduzindo ao plano toda cabeça ou figura. A Figura 146 ilustra uma estatueta índia na qual a simetria frontal do corpo recebe a forma bidimensional mais simples. A variedade mais primitiva dos pequenos ídolos de pedra encontrados em Troia e nas ilhas Cíclades foi feita de placas de mármore em forma de violino. Mesmo onde as vistas, anterior e posterior, desenvolvem algum relevo, ainda não há uma vista lateral que possa ser considerada uma parte ativa de um conceito tridimensional. Na mesma cultura, encontram-se combinações de forma bi e unidimensional; por exemplo, o tronco do corpo é um escudo plano frontal, enquanto a cabeça e as pernas têm a rotundidade em forma de vaso, indiferenciada, do estágio inicial.

Figura 146
Estatueta indiana. Boston Museum of Fine Arts.

Algumas partes do corpo não se adaptam ao plano frontal: narizes, seio, pênis, pés. Pode-se encontrar uma solução radical deste problema na cabeça do bebê, no colo da figura à esquerda na Figura 147. A cabeça é presa como a lâmina de um machado – nada sendo nariz, por assim dizer, com os olhos marcados lateralmente.

Figura 147
Estatuetas de Chipre. Metropolitan Museum of Art, Nova York.

No estágio das conexões retangulares, narizes e seios ressaltam perpendicularmente do plano frontal. A Figura 148*a* mostra a secção de uma cabeça plana com nariz proeminente em ângulo reto. Quando, no decurso de diferenciação posterior, este padrão se suaviza em uma forma mais orgânica (b), chegamos, com absoluta lógica, às curiosas cabeças em forma de pássaro das estatuetas cipriotas na Figura 147 – uma solução também encontrada, talvez completamente independente, nas esculturas iniciais de outras culturas.

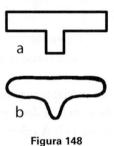

Figura 148

A estrita simetria frontal da escultura primitiva é abandonada gradualmente. Mesmo na arte egípcia e na grega primitiva, contudo, a simetria é tão evidente que Julius Lange a ela se refere como a lei básica da composição escultórica destes estilos arcaicos.

Como no desenho, a diferenciação da figura surge não apenas pela adição de unidades à base principal, mas também por subdivisão interna. Nas Figuras 146 e 147, a roupa é representada por linhas sulcadas. Ao mesmo tempo, essas figuras primitivas mostram como a subdivisão se desenvolve dos sulcos a um procedimento mais escultórico, tridimensional. As linhas sulcadas remanescentes da técnica do desenho são substituídas por modelagens. Aplicam-se faixas sobre a superfície para sublinhar os olhos. Nas estátuas de jovens da época arcaica grega (sexto século a.C.), tais faixas são usadas, por exemplo, para marcar a linha divisória entre o abdômen e a coxa. Desníveis bruscos, em vez de meras linhas divisórias, separam o tórax saliente do estômago. Estas modelagens suavizam-se gradualmente e se fundem com o plano da superfície de fundo; as linhas sulcadas transformam-se em cavidades que representam coisas como boca ou a cavidade do olho. Um relevo contínuo gradualmente se desenvolve de uma combinação de unidades separadas. A Figura 149 ilustra esse desenvolvimento por meio de duas secções esquemáticas.

Figura 149

O cubo e a esfera

A figura plana, da qual os ídolos de mármore cicladenses servem como exemplos, concebe o corpo humano em duas dimensões do objeto. Uma diferenciação posterior acrescenta a terceira dimensão ao objeto. A mais simples realização desta configuração é o cubo tridimensional, no qual as três direções do espaço se encontram em ângulos retos. Em acréscimo ao plano frontal e ao posterior, há agora duas vistas laterais. A construção visual da figura baseada nas quatro principais vistas que se encontram em ângulos retos entre si foi pela primeira vez formulada por Emanuel Löwy como lei para a escultura arcaica grega. Pode-se aplicar de um modo mais geral, contudo, a toda a escultura desse estágio particular de desenvolvimento inicial. A rotundidade contínua do corpo humano ou do animal se reduz em vistas parciais independentes e relativamente autocontidas, isto é, face frontal, perfis e parte posterior – os aspectos perceptivamente mais simples. Isto torna possível ao escultor se concentrar a qualquer momento dado em uma composição parcial relativamente fechada, que ele pode examinar sem mudar seu ponto de observação. Ele pode trabalhar na vista frontal, mais tarde na vista lateral, e assim sucessivamente. A combinação das vistas é transferida para uma segunda fase do processo.

A independência das quatro vistas é ilustrada de uma maneira mais evidente pelos touros alados e os leões que servem de guardiões dos palácios assírios (Figura 150). Visto de frente, tal animal mostra duas pernas frontais simétricas em posição ereta e firmes. A vista lateral apresenta quatro pernas em movimento. Isto significa que de um ângulo de visão oblíquo se contam cinco pernas. Mas acrescentar desta forma elementos não relacionados é violar o conceito pretendido. O importante para os assírios era a inteireza de cada vista em si.

Figura 150

Todo aquele que se inicia na arte da escultura acha que a simplicidade do conceito cúbico se impõe em seu trabalho. Quando tenta abandoná-lo em favor de um tipo de rotundidade que se conseguiu durante a Renascença, deve superar o "egípcio" que está em si. Além do que, será constantemente tentado a terminar um aspecto do trabalho à medida que aparece de um determinado ponto de observação, apenas para descobrir que, quando gira a sua figura, o horizonte de sua visão anterior não é mais válido como um limite. Consequentemente defrontar-se-á com interrupções e saliências inesperadas e com planos incompletos que se projetam no espaço exterior, em vez de contornar a figura. A capacidade de conceber o volume total como um todo contínuo denota um domínio posterior do espaço tridimensional. Seria um engano afirmar que isto foi conseguido já na conformação da esfera primordial. Em vez, foi preciso um desenvolvimento gradual da haste unidimensional e a diferenciação etapa por etapa por meio dos corpos planos e cúbicos para chegar à rotundidade genuína das figuras de Michelangelo ou de Bernini.

Na escultura barroca, a subdivisão em aspectos bem definidos é abandonada, e às vezes é impossível encontrar uma vista principal. Cada um dos aspectos é uma parte inseparável da forma constantemente mutável. A ênfase no escorço oblíquo impede que o olhar se detenha. De qualquer ponto de observação, os planos levam para além da vista em questão e exigem uma mudança de posição infinita. A espiral é o padrão estrutural subjacente, que se aplica com mais simplicidade nos frisos de relevos pictóricos espiralando ao redor das colunas romanas de Trajano ou Marco Aurélio. O Cristo de Michelangelo que se encontra na Igreja de Santa Maria Sopra Minerva em Roma é um exemplo característico. Cada segmento da figura é situado obliquamente em relação ao seguinte, de modo que em qualquer aspecto dado, a frontalidade de um dos segmentos está equilibrada pela obliquidade dos outros. Isto contribui para um movimento espiralado de todo o corpo. De acordo com Lomazzo, Michelangelo aconselhava seus alunos que fizessem suas figuras "semelhantes a serpentes".

É desnecessário dizer, o estilo de tais figuras não é da mais alta qualidade artística comparando-se com os cubos mais simples dos egípcios ou do escultor africano. É apenas mais complexo; e embora a riqueza do fluir sinfônico interminável possa encantar o olho educado, o artista que se esforça para consegui-lo arrisca-se a perder o controle e acaba numa multiformidade visualmente incompreensível ou imitações amorfas da natureza. O perigo diminui quando o artista chegou gradualmente à forma completa pela sequência orgânica de estágios nunca indo além do que seus olhos aprenderam a organizar, acostumando-se a não aceitar nada que não possa dominar. O perigo é maior quando o estilo altamente diferenciado, quer realismo ou cubismo, surge prematuramente no estudante despreparado. Não há quaisquer atalhos no caminho para as manifestações refinadas de uma cultura avançada.

Mencionarei apenas um dos outros estágios posteriores de complexidade. Em toda a história da escultura, há uma distinção clara entre o bloco sólido e o espaço vazio circundante. A figura está limitada por superfícies planas ou convexas, e os vazios que separam os braços do corpo ou uma perna da outra não prejudicam a compacidade do volume principal. No próximo capítulo, terei ocasião de mostrar como a adoção da forma côncava introduz espaço no domínio da figura e por isso supera a distinção elementar entre figura e espaço vazio. O bloco começa a se desintegrar, até que em nosso século encontramos esculturas que abarcam o espaço vazio, além de ser envolvidas por ele.

5. ESPAÇO

A geometria nos diz que três dimensões são suficientes para descrever a forma de qualquer sólido e as localizações dos objetos em relação mútua a qualquer momento dado. Se for necessário considerar também as mudanças de forma e localização, deve-se acrescentar a dimensão do tempo às três dimensões do espaço. Pode-se dizer psicologicamente que, embora nos movimentemos livremente no espaço e tempo desde o início da consciência, a captação ativa que o artista faz destas dimensões desenvolve-se gradualmente, de acordo com a lei da diferenciação.

No estágio da primeira dimensão, a concepção espacial limita-se a um sulco linear. Não há especificação de forma. Entidades descorporificadas, definidas apenas por sua localização relativa, podem ser concebidas em termos de sua distância, suas velocidades relativas, e a diferença entre duas direções, o vir e o ir. Uma mente limitada a esta concepção elementar de espaço seria realmente primitiva. Não apreenderia mais do que se pode perceber acontecendo por detrás de uma fenda.

Uma concepção bidimensional produz dois grandes enriquecimentos. Primeiro, oferece extensão de espaço e, portanto, as variedades de tamanho e forma: coisas pequenas e coisas grandes, redondas e angulares e as mais irregulares. Segundo, acrescenta à simples distância as diferenças de direção e orientação. Podem-se distinguir as configurações de acordo com muitas direções possíveis para as quais apontam, e sua colocação, em relação mútua, pode ser infinitamente variada. Pode-se agora conceber o movimento em toda a série de direções, como as curvas que um patinador imaginativo poderia executar.

O espaço tridimensional, finalmente, oferece liberdade completa: a forma estendendo-se em qualquer direção perceptível, arranjos ilimitados de objetos, e a mobilidade total de uma andorinha. A imaginação não pode ir além destas três dimensões espaciais; pode-se estender a série apenas pela construção intelectual.

Se para nosso propósito específico aplicarmos estes fatos à representação visual, descobriremos, primeiro de tudo, que uma atuação puramente unidimensional parece não ser realizável para a mente humana normal. Mesmo um simples ponto de luz que se movimenta no escuro, de um lado para outro, ou um único ponto animado que se movimenta numa tela vazia, é percebido como se estivesse agindo em espaço pleno e em relação a tal espaço. Da mesma maneira, não se pode ver uma única linha em si desenhada num pedaço de papel simplesmente. Antes de tudo, relaciona-se sempre com a extensão bidimensional ao seu redor. Dependendo do âmbito e também da configuração deste ambiente vazio, a aparência da linha muda. Além disso, parece também não ser possível ver a linha estritamente numa superfície plana. Em vez, é vista como se estivesse apoiada na frente (ou dentro) de um fundo ininterrupto. A Figura 151 mostra uma série de pontos e linhas ativas na frente do espaço vazio.

Figura 151
Paul Klee. *A Escrita*. Cortesia de Curt Valentin.

Nossa primeira descoberta surpreendente, então, é o fato de que não existe uma coisa tal como uma imagem estritamente plana, bidimensional. Faz-nos lembrar aqui das lutas do pintor Piet Mondrian, que durante os últimos anos de sua vida renunciou todas as referências ao tema físico, mesmo a qualquer configuração, exceto as faixas retas indiferenciadas. Mas havia um remanescente do mundo visual que não pôde dominar: a distinção entre objetos e espaço vazio circundante. Embora tentasse, estes traços básicos da realidade física permaneceram.

Linha e contorno

A linha se apresenta de três modos basicamente diferentes: como *linha objeto, linha hachurada* e *linha de contorno*. Na pintura de Klee (Figura 151), percebem-se as linhas como *objetos* unidimensionais, como se fossem lavradas em ferro ou feitas de algum outro material sólido. Quando cruzadas, elas continuam objetos independentes como achas de lenha empilhadas para uma fogueira ou se fundem em objetos mais complexos, cujas ramificações se assemelham aos membros de animais ou a árvores.

A combinação visual de linhas é controlada pela lei da simplicidade. Quando a combinação produz uma figura mais simples do que a mera soma de linhas separadas produziria, é vista como um todo integrado. Obtém-se um caso extremo de tal simplicidade pelo que se chama sombreado: um grupo composto de linhas paralelas muito próximas cria um padrão global tão simples que se combinam para formar uma superfície coerente. As linhas deixam de ser objetos individuais e agem como *linhas hachuradas*. Esta maneira de criar superfícies com um meio linear é usada em desenho, gravura e xilogravura. O detalhe da xilogravura de Dürer na Figura 118 mostra como a curvatura de linhas hachuradas paralelas é usada para representar a flexão de uma superfície em profundidade. Podem-se fazer várias famílias de paralelas que se cruzam a fim de mostrar a curvatura em mais uma direção, por exemplo, na forma de uma sela.

Podem-se usar também linhas hachuradas na escultura. Naum Gabo e Antoine Pevsner criaram conchas transparentes partindo de superfícies compostas de fios paralelos, e Picasso e Henry Moore fizeram ocasionalmente o mesmo. No século XVIII, William Hogarth, em sua *Análise da Beleza*, recomendou a interpretação do volume pelos sistemas de linhas: "Formas côncavas, compostas de tais linhas, são extremamente belas e agradáveis aos olhos; em muitos casos, mais ainda do que as dos corpos sólidos". Moholy-Nagy relacionando com isto mostrou os esqueletos de certas construções tecnológicas, por exemplo, zepelins e torres de rádio. O veio natural da madeira ajuda os olhos a interpretar configurações escultóricas. No ambiente físico, aleias de árvores ou postes telegráficos, cercas, persianas e suas sombras, bem como várias grades arquitetônicas, combinam unidades lineares em padrões similares.

Agora o terceiro tipo de linha – a *linha de contorno*. Se desenharmos uma linha curva fechada, por exemplo, um círculo, o resultado será percebido de vários modos, mas especialmente de uma das duas maneiras seguintes. A forma pode parecer um pedaço de arame, apoiada sobre um fundo; isto é, nós a vemos como uma linha-objeto. Como o nosso exemplo de Klee mostra, tais linhas circulares vazias serão percebidas com razoável facilidade quando vistas em companhia de outras linhas-objeto. Mesmo sob tais condições favoráveis, contudo, esta percepção tende a ser desagradável e difícil de apreender. Isto acontece porque a forma circular vazia requer que vejamos a superfície do papel como um fundo contínuo, ou, por assim dizer, que vejamos os espaços de ambos os lados da linha como se relacionados com ela simetricamente. Isto funciona bem, contanto que se trate de uma linha reta, mas a simetria não é sustentada pela forma da linha circular que cria uma nítida diferença entre o espaço pequeno, fechado, circundante interno (Figura 152a), e o espaço ilimitado, amplo, circundante externo. A experiência visual global ganha em simplicidade quando esta diferença de configuração é logicamente sustentada por uma diferença de qualidade espacial. Isto é conseguido quando a forma circundada é percebida como um objeto substancial e seus arredores como fundo vazio. No processo, a linha muda de função: de um objeto independente unidimensional transforma-se em *contorno* de objeto bidimensional. Torna-se parte de um todo.

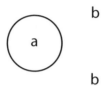

Figura 152

A área limitada pela linha do círculo dá impressão de maior densidade do que a área externa é de aparência mais sólida; enquanto o fundo é mais amplo, menos limitado a um plano estável dado. Esta impressão talvez pareça ser nada mais que um transporte de nossa experiência com objetos físicos, que são vistos contra o espaço vazio de seus arredores. Experimentos sugerem contudo que ele provavelmente deriva dos fatores fisiológicos subjacentes no próprio processo perceptivo, completamente independente da experiência anterior. Alguns destes estudos demonstraram que, em comparação com o fundo externo, a área dentro do contorno oferece maior resistência à aparência de um objeto visual projetado sobre ela com aumento gradual de resistência – isto é, é preciso luz mais forte para tornar o objeto apenas visível dentro do contorno. Outros experimentos provaram que os objetos visuais diminuem de tamanho quando sua imagem cai numa área da retina sobre a qual uma figura em contorno fora projetada antes. Assim, a densidade percebida ou natureza coesiva da área circundada não parece ser atribuída a meras suposições baseadas em experiência passada.

Quando a linha do círculo funciona como contorno, é vista como limite de um objeto circular ou esférico. Se quisermos relacionar os desenhos a situações do mundo físico, podemos dizer que as linhas de contorno (para usar uma formulação de John M. Kennedy) representam descontinuidades espaciais, quer de profundidade ou direção de inclinação, ou de textura, claridade ou cor. Mesmo considerado apenas isoladamente, o desenho de contorno produz, como acabamos de observar, tais descontinuidades – um pulo espacial do primeiro plano para o plano de fundo, uma diferença na densidade das superfícies – às quais um pintor pode acrescentar diferenças de cor, de claridade ou de textura e, portanto, reforçar a ação da linha.

Uma linha envolvendo uma área cria um objeto visual; por exemplo, uma linha circular cria um disco plano. Tendemos a tomar como certo este fenômeno perceptivo até nos perguntarmos por que o contorno induz uma superfície plana (ver a secção na Figura 153a) em vez de qualquer das miríades de outras superfícies das quais o desenho poderia servir como projeção, tais como *b* ou *c*.

A planura da pele de um tambor é apenas uma das inúmeras formas que se poderia obter se, em vez da pele esticada, se cobrisse o tambor com uma toalha de mesa. Neste caso, uma vez mais a lei da simplicidade está em ação. Desde que a

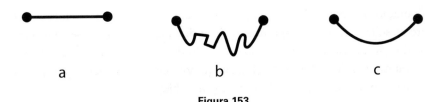

Figura 153

superfície ocorre somente por vias indiretas, a organização perceptiva tira vantagens da liberdade derivada da estimulação e produz a superfície mais simples possível. A superfície aplanada é a superfície mais simples com que se pode preencher um círculo. Qualquer alteração do contorno implica em uma mudança correspondente da superfície interna, assumindo sempre a forma mais simples possível. Faz-nos lembrar dos experimentos da física destinados a resolver o problema de Plateau: como encontrar a superfície da menor área limitada por um dado contorno fechado no espaço. Se mergulharmos contornos de arame em uma solução de sabão, a película de sabão resultante mostrará a menor superfície possível – que, contudo, perceptivamente não é de modo algum sempre a mais simples.

A influência do contorno na superfície interna induzida varia com a distância. Quanto maior for a área fechada, mais fraca será a influência da linha de contorno, e o efeito diminui em direção ao centro à medida que aumenta a distância. O tamanho da área também é relevante em comparação com outras formas próximas. Se confrontarmos os desenhos lineares de Rembrandt com os de Matisse ou Picasso, notaremos que o mestre mais antigo obtém solidez conservando as unidades contornadas relativamente pequenas. Rembrandt, além disso, reforça as superfícies limitadas por meio de desenho interno, tais como dobras de planejamento. Nos desenhos modernos, por contraste, as unidades são com frequência tão grandes que o contorno acaba por perder sua capacidade de modular espaço. O caráter de linha divisória dos contornos de Matisse é fraco; eles têm muito da qualidade das linhas-objeto isoladas. Os corpos parecem soltos e tendem a revelar que nada mais são que pedaços de superfície vazia de papel. O desenho encontra-se como uma rede transparente de linhas sobre o fundo. O efeito tridimensional é reduzido ao mínimo. Naturalmente, isto é feito deliberadamente. Enquanto os artistas mais antigos queriam acentuar o volume sólido e a profundidade claramente discerníveis, os modernos quiseram desmaterializar os objetos e minimizar o espaço. Os desenhos modernos pretendem ser produtos de pouco peso, criações óbvias do homem, ficções da imaginação, mais do que ilusões da realidade física. Pretendem acentuar a superfície da qual surgem.

Até certo ponto, isto se aplica não apenas aos desenhos de contorno, mas também às superfícies pintadas. Elas, também, são determinadas em grande parte pela configuração de seus limites. Uma grande extensão de cor não modulada tende a parecer solta e vazia. Nas pinturas mais antigas, esse efeito é reservado para a representação de espaço vazio, como no fundo dourado dos mosaicos bizantinos ou no fundo azul dos retratos de Holbein ou nos céus das paisagens; nas pinturas modernas com frequência se aplicam também a objetos sólidos.

Rivalidade de contorno

Um problema estrutural criado pela unilateralidade de contornos ainda não foi examinado. Se o contorno for monopolizado por uma das superfícies que com ele se limita, em nosso exemplo, o disco, o que acontece com o outro? O fundo circundante entra em conflito; ele toca a borda, que o impede de se expandir mais, mas ele não tem demarcação, uma vez que a borda pertence à forma interna. A situação é visualmente paradoxal. Sugere-se uma saída pelo que se observa mesmo no caso da linha objeto única: o fundo não é visto como se estivesse dividido pela linha mas continua sem interrupção abaixo dela. Isto é indicado na Figura 154*a*, onde o ponto representa uma secção da linha. De modo similar, o fundo continua também abaixo da superfície limitada (Figura 154*b*). Deste modo, o problema estrutural consegue uma solução estável.

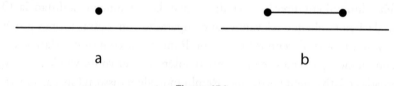

a   b

Figura 154

Surge outra questão. O que acontece quando duas superfícies competidoras igualmente qualificadas reclamam o contorno? Na Figura 155, observamos o que se conhece como rivalidade de contorno. Percebida como um todo, a figura parece

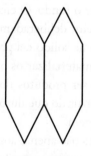

Figura 155

suficientemente estável, mas, quando nos concentramos na vertical central comum, notamos uma luta pela supremacia. Ter bordas comuns é incômodo, e os dois hexágonos mostram uma necessidade de se apartarem, uma vez que cada figura tem uma forma própria simples, independente.

Sob condições especiais, pode-se realmente ver a separação ocorrer. Quando o controle do estímulo sobre as forças organizadoras do cérebro enfraquece – por exemplo, pela exposição de figuras pouco visíveis por uma fração de segundo –, descobre-se às vezes que um padrão como o da Figura 156a é executado pelo observador como um semelhante ao b, mostrando uma tendência a dar a cada unidade seu próprio contorno. Quando Piaget pedia às crianças que copiassem desenhos geométricos nos quais círculos e triângulos se tocavam mutuamente, elas, com frequência, eliminavam o contato em suas reproduções. Num teste de capacidade desenvolvido por Rupp, pediu-se às pessoas que desenhassem um padrão de colmeia (Figura 157a). Elas, com frequência, faziam os hexágonos independentes uns dos outros, deixando espaço entre eles (b), e mesmo enfatizavam os interstícios sombreando as figuras (d); ou produziam sobreposições que interferiam na forma de uma figura a fim de libertar sua vizinha (c).

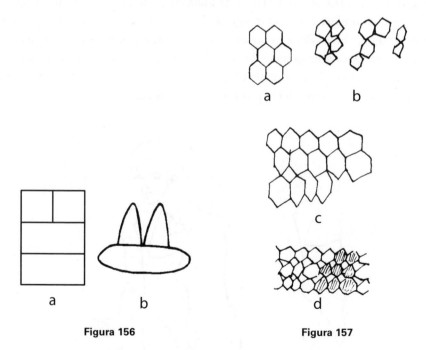

Figura 156   Figura 157

A ambiguidade do contorno comum é agravada pelo fato de que, embora fisicamente imutável, sua forma, com frequência, parece diferente, dependendo de qual das duas superfícies vizinhas pareça pertencer. Isto foi notavelmente demonstrado por Edgar Rubin, autor do primeiro e fundamental livro sobre o fenômeno de figura e fundo. Ele dá exemplos nos quais a situação figura-fundo é ambígua e, portanto, reversível. Todos estão familiarizados com o cálice cujos contornos podem ser vistos alternadamente como dois rostos de perfil confrontando-se. Quando se vê o cálice, seus contornos parecem tão diferentes dos rostos que a identidade pode apenas ser entendida intelectualmente, não reconhecida pelos olhos. Tampouco podem as duas versões ser vistas ao mesmo tempo.

Contorno comum é perceptivamente ambíguo porque a dinâmica, que determina a identidade visual das formas, é reversa. O reconhecimento baseia-se sempre na dinâmica, não nas configurações mortas em si, que não existem perceptivamente. Por exemplo, a linha circular na Figura 152 é convexa em relação à superfície interna, côncava com respeito à externa. A convexidade e a concavidade não são apenas mutuamente exclusivas, elas são também dinamicamente opostas, uma se expande ativamente, a outra se retrai passivamente. Considere a Figura 158a. Caracterizada por várias proeminências, é uma vaga reminiscência talvez das figuras pré-históricas de "Vênus". Na Figura 158b, adaptada de um detalhe da pintura *La Vie* de Picasso, o mesmo padrão – agora uma parte de um todo maior – perdeu o máximo de sua identidade. A unidade de contorno foi dividida em partes, seu lado esquerdo agora pertencendo à mulher, seu lado direito, ao homem. Ainda mais, o lado esquerdo tornou-se uma sobreposição; não mais se confina com a superfície, que, por sua vez, continua embaixo. De modo mais decisivo, contudo, a dinâmica das formas tornou-se reversa. Por exemplo, o intervalo côncavo entre as duas saliências mais ativas em *a* torna-se o cotovelo ativamente proeminente da mulher em *b*.

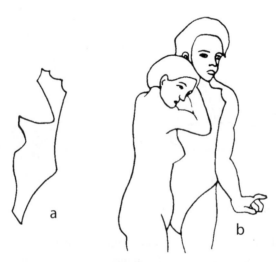

Figura 158

Talvez o exemplo da Figura 159, tomada de uma pintura de Braque, seja ainda mais instrutivo. A forma da linha de perfil muda inteiramente, dependendo do rosto ao qual parece pertencer. O que era vazio torna-se cheio; o que era ativo, passivo. Alguns artistas surrealistas, tais como Dalí, Tchelitcheff e, particularmente, Maurice Escher, usaram o fenômeno para brincar de esconde-esconde com o observador, produzindo imagens ambíguas, susceptíveis a vistas diferentes que se excluem, mutuamente. Esta técnica, que se originou historicamente com alguns pintores da escola maneirista, destina-se a abalar o observador na sua confiante fé na realidade. Pintado à maneira *trompe l'oeil*, os objetos criam a ilusão de estar materialmente presentes, apenas para mudar, sem perceber, em algo completamente diferente, mas igualmente convincente.

Figura 159

O desenho *Madame Réjane* de Aubrey Beardsley (Figura 160) pode ser usado como exercício no estudo dos fatores de figura-fundo. Beardsley os manipula de tal modo que tende a tornar as relações espaciais ambíguas em quase todo o quadro.

Figura e fundo

Como já disse antes, não há algo como uma imagem bidimensional verdadeiramente plana. Há muitos exemplos, contudo, nos quais a bidimensionalidade prevalece no sentido de que a imagem consiste de dois ou mais planos ou espaços pouco profundos que se estendem paralelamente ao plano frontal e aparecem a distâncias diferentes do observador.

Figura 160

A bidimensionalidade como sistema de planos frontais é representada na sua forma mais elementar pela relação figura-fundo. Não se consideram mais que dois planos. Um deles tem de ocupar mais espaço do que o outro e, de fato, tem de ser ilimitado; a parte imediatamente visível do outro tem de ser menor e confinada por uma borda. Uma delas se encontra na frente da outra. Uma é a figura, a outra, o fundo.

As inúmeras investigações do fenômeno figura-fundo destinaram-se mormente para explorar as condições que determinam qual das duas formas se encontra na frente. A situação é ambígua com mais frequência do que se poderia suspeitar. Nas velhas cosmologias, as estrelas às vezes eram vistas como orifícios na cortina do céu noturno, por meio dos quais se recebem relances de um mundo mais brilhante, celestial; assim, segundo Kant, o cientista francês Maupertuis interpretou as nebulosas como aberturas no firmamento por meio das quais o empíreo é visto. Já me referi ao cálice que pode ser percebido como espaço vazio entre dois perfis – um artifício que recentemente encontrou uma nova aplicação quando alguém descobriu que a folha vermelha de bordo da nova bandeira canadense poderia ser vista como o fundo vazio entre dois perfis brancos zangados, Liberal e Conservador, investindo um contra o outro. Tais padrões ambíguos se aproximam de um estado de "multiestabilidade", como Fred Attneave a chamou, na qual vários fatores de figura-fundo se equilibram mutuamente em direções opostas.

Quando consideramos alguns destes fatores, devemos ter em mente que mesmo o exemplo mais simples contém mais do que um deles, e que o percebido provém das contribuições acumuladas de todos eles. Edgar Rubin identificou alguns desses fatores. Descobriu, por exemplo, que a superfície limitada circundada tende a ser vista como figura, a circundante, ilimitada, como fundo. Se se percebem as estrelas como cintilando na frente do céu escuro, elas estão de acordo com as regras de Rubin. Se as percebemos como orifícios, o céu se torna a figura e o empíreo brilhante, suposto existir além, torna-se o fundo. Notamos que, quando as formas circundadas são vistas como fundo, ambos os planos envolvidos na situação figura-fundo tornam-se ilimitados.

Da primeira regra de Rubin deduz-se uma segunda, de acordo com a qual as áreas proporcionalmente menores tendem a ser vistas como figura. Na Figura 161, o plano da figura é representado pelas faixas ou setores mais estreitos. Isto pressupõe a "regra da similaridade de localização" (pp. 71-2), que afirma que as linhas mais próximas se agrupam. Note-se neste caso que, estritamente falando, estes exemplos vão além do ambiente do fenômeno figura-fundo: o fundo não é ilimitado, mas contornado como a figura, e se coloca num terceiro plano, a superfície da página do livro.

Se tentarmos inverter a situação espacial na Figura 161 fazendo as faixas e os setores maiores avançarem, experimentamos uma forte resistência e conseguimos sucesso apenas por breves momentos. Os dois padrões nos fazem lembrar que, numa situação figura-fundo, todas as formas pertencentes ao plano do fundo tendem a ser vistas como partes de uma cortina de fundo de cenário, contínua. Nos presentes exemplos, esta cortina de fundo toma forma de um grande retângulo ou de um disco que se apresenta na frente do plano de fundo. Na Figura 162, a situação é reversa. As unidades maiores ficam na frente porque os quadrados e setores pequenos são percebidos como as porções visíveis de uma barra horizontal fortemente ligadas ou de um pequeno disco.

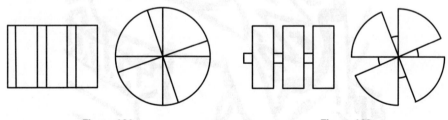

Figura 161   Figura 162

Deve-se lembrar que, mesmo num simples desenho linear, a figura limitada possui maior densidade do que o fundo mais amplo. Pode-se dizer que as duas áreas têm diferentes texturas. Seguindo este exemplo, descobrimos que, quando a densidade de textura é aumentada por meios gráficos, a situação figura-fundo criada pelo contorno pode ser reforçada (Figura 163a) ou invertida (b). A textura favorece a figura. Na xilogravura de Matisse (Figura 164), os fatores de forma fechada e textura se opõem mutuamente. O corpo relativamente vazio da mulher parece quase como uma abertura no tecido do ambiente. O artista deliberadamente desmaterializa o corpo – um efeito especificamente moderno ao qual me referi anteriormente.

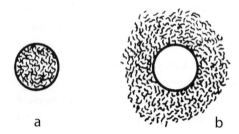

Figura 163

Figura 164

Henri Matisse. *Nu Reclinado*, 1940, Xilogravura, 1906.

No capítulo sobre "Regras para a probabilidade de que a superfície seja percebida como figura", Rubin relata que se o campo consiste de duas áreas horizontalmente divididas (ver, exemplo, Figura 165), a inferior tende a ser vista como figura. Ele relaciona isto com a situação típica no mundo físico onde "árvores, torres, pessoas, vasos, lâmpadas são amiúde percebidos sob circunstâncias nas quais o fundo, por exemplo, o céu ou a parede, ocupa mais ou menos a parte superior do campo". Isto está de acordo com a nossa observação anterior de que a parte inferior do quadro suporta mais peso.

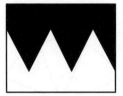

Figura 165

Note também que a regra de Rubin se aplica à Figura 165 mesmo quando ela está invertida e a parte preta aparece embaixo. Este é o caso, mesmo que, em geral, as áreas mais claras aparentemente tendem a ser figura quando outros fatores permanecem iguais. Em se tratando da cor, não nos surpreendemos em descobrir que um vermelho saturado favorece a figura mais fortemente que um azul saturado; isto corresponde à tendência geral do vermelho de avançar e do azul de se retrair.

A simplicidade de configuração, a simetria, especialmente, predispõe uma área a funcionar como figura. A figura mais simples prevalecerá. Nos balaústres mágicos da Figura 166, a contradição entre os lados direito e esquerdo de cada um dos desenhos torna possível obter-se uma imagem estável. Mas, nesta flutuação, experimentamos de um modo um tanto vívido o efeito dos vários fatores perceptivos. Em *a*, ambas as versões produzem padrões simétricos. Para a maioria das pessoas, as colunas convexas são com maior frequência vistas como figuras, porque, con-

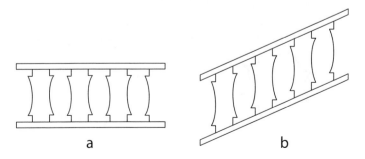

Figura 166

forme afirma uma das regras de Rubin, a convexidade tende a predominar sobre a concavidade. Mas, em *b*, as unidades côncavas prevalecem claramente, porque dão à imagem maior simetria.

A simplicidade afeta não apenas a configuração de um padrão, mas também sua orientação espacial. As duas cruzes de Malta na Figura 167 são idênticas exceto quanto à orientação em relação à moldura do campo visual. Sob estas condições, a cruz, cujos eixos principais coincidem com as coordenadas vertical e horizontal do campo visual, tende a se tornar figura, enquanto a outra, com maior frequência, se esvanece no fundo.

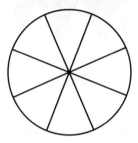

Figura 167

É de interesse particular do artista o fato de que a convexidade tende a ser figura, a concavidade a ser fundo. A Figura 168a tende a parecer um orifício no plano, embora ambos, *a* e *b*, sejam áreas limitadas, sendo assim mais provável serem vistas como figura. O fenômeno varia um pouco dependendo da parte do padrão que prende a atenção do observador. Se ele olhar para as saliências, *a* será mais claramente um orifício, e *b*, uma mancha sólida sobre o fundo. O efeito oposto é comum quando ele fixa os ângulos em ponta entre as saliências porque seu estreitamento favorece o caráter de figura. Os exemplos da Figura 168 também mostram de um modo notável que figura-fundo não é apenas uma questão de localização espacial

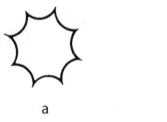 

a   b

Figura 168

estática, mas envolve uma diferença de dinâmica. Saliências e ângulos em ponta são como cunhas que avançam para a frente. Assim a "figura" tem o caráter de avanço ativo. Em *a*, a figura circundante se fecha ativamente no orifício central, de todos os lados; em *b*, a roseta central se expande vigorosamente pelo fundo. Uma vez que o fundo não tem nenhuma forma, carece de uma dinâmica própria.

Finalmente, o movimento relativo pode realçar vigorosamente o efeito de figura-fundo. De acordo com o que eu disse antes sobre movimento como um fator de agrupamento (p. 71), uma figura pouco perceptível pode tornar-se nítida quando se move no fundo. E ainda mais, James J. Gibson mostrou que o movimento relativo também ajuda a esclarecer qual área é figura e qual é fundo. Quando ocorre movimento no campo, a figura mantém sua integridade enquanto o fundo sofre anulação de um dos lados, e aumento de outro, revelando-se portanto como a área que se submete à interferência. A estereoscopia também torna um efeito de figura-fundo visível mesmo quando não é vista nas duas imagens isoladamente e quando, como Bela Julesz mostrou, nenhum contorno se não apenas uma ligeira deslocação de textura distingue as duas áreas.

Níveis de profundidade

Os termos "figura" e "fundo" são adequados somente quando se trata de um padrão fechado, homogêneo, num ambiente igualmente homogêneo, ilimitado. Mas as condições são raramente assim tão simples. Mesmo na maioria de nossos exemplos elementares, mais de dois níveis foram envolvidos. Por exemplo, na Figura 167, a cruz aparece sobre o fundo que não é ilimitado, mas circular, que por sua vez se encontra como um disco no topo do plano vazio circundante. O disco é o fundo para a cruz, mas figura para a superfície circundante. Esta terminologia é inadequada. Além disso, alguns dos fatores organizadores mais interessantes não entram em jogo enquanto se trata apenas de dois planos, um dos quais deve ser ilimitado e portanto sem forma. Parece mais adequado falar de padrões distribuídos sobre diversos níveis de profundidade sendo o padrão figura-fundo básico um caso especial, isto é, uma organização de dois níveis apenas.

Se consultarmos os princípios até agora descritos, a Figura 169 deveria ser vista como um disco por sobre uma base quadrada, que por sua vez repousa sobre o fundo. Contudo, a figura é percebida mais estavelmente como um quadrado com uma abertura circular nele. Isto se deve aparentemente a uma tendência à simplificação por economia, o que significa que o número de níveis de profundidade num dado padrão é tão pequeno quanto as condições permitem. Se o círculo produz um disco que repousa sobre o quadrado, o resultado é uma distribuição em três níveis, enquanto o quadrado perfurado leva a um total de apenas dois níveis. Isto nos deixa com um número menor de planos – isto é, com um padrão espacialmente mais simples. Conclui-se que, quando a perfuração (interrupção) do quadrado é comparada com os arranjos em três níveis, o primeiro representa a solução mais simples. As razões fisiológicas desta preferência são desconhecidas.

Figura 169

Um exemplo um tanto mais complexo pode posteriormente ilustrar a questão. A Figura 170 é uma xilogravura de Hans Arp. O artista equilibrou os fatores perceptivos entre si, de tal modo que várias concepções espaciais são igualmente possíveis. Pode se ver uma disposição em quatro planos (Figura 171*a*): uma pirâmide consistindo de uma pequena mancha preta no topo, outra branca maior embaixo,

Figura 170

Jean Arp. De *Onze Configurações*. Xilogravura. Cortesia do artista.

esta repousa por sua vez sobre uma mancha preta, e o todo se encontra sobre um fundo branco ilimitado. A Figura 171*b* ilustra uma solução em três planos, na qual um anel branco se encontra sobre uma mancha preta. Duas soluções em dois planos são dadas em *c* e *d*: um anel preto grande com uma mancha preta no centro se encontra sobre um fundo branco; ou tudo que é branco se encontra na frente e um fundo preto é visto através dos recortes. O princípio da economia favoreceria, naturalmente, uma solução em um plano como sendo a mais simples (*e*); mas isto envolveria uma série de interrupções, o que é evitado por uma concepção tridimensional. A única solução que tem a vantagem de evitar todas as interrupções é a pirâmide (*a*), que é também favorecida pela regra do fechamento. A pirâmide, contudo, requer número maior de planos. Se a claridade favorecer, o caráter de figura será favorecido; esta versão é também realçada pelas duas pontes estreitas do anel branco. Finalmente, a semelhança de claridade tenda a agrupar todos os brancos contra todos os pretos em dois planos separados (*c* e *d*).

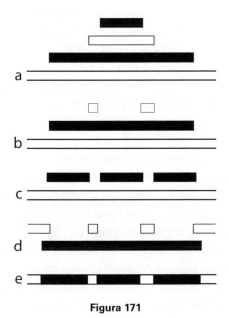

Figura 171

Aplicação na pintura

Há, então, regras definidas de acordo com as quais os fatores perceptivos determinam a localização em profundidade dos planos frontalmente orientados no espaço pictórico. Os artistas aplicam estas regras intuitiva ou conscientemente para tornar as relações de profundidade visíveis. Ao olhar para fotografias ou pinturas representativas, o observador é auxiliado até certo ponto pelo que conhece sobre o espaço físico com base em sua própria experiência. Ele sabe que uma figura humana grande significa estar mais próxima do que uma casa pequena. O artista, contudo, não pode confiar muito no mero conhecimento. Se ele quiser que uma figura se sobressaia num fundo, deve usar o efeito visual direto dos fatores perceptivos, tais como aqueles que acabamos de examinar. Pode também preferir reverter a maneira que estes mesmos fatores são usualmente empregados para obter um efeito paradoxal, conforme foi exemplificado nas obras de Matisse e Lipchitz aqui reproduzidas (Figuras 164 e 172). O desenho de Lipchitz contém áreas brancas limitadas na maior parte por concavidades. A contradição entre a solidez dos corpos orgânicos sugerida pelo assunto e o vazio perceptivo dos espaços brancos devido às cavidades e ausência de textura intensifica o conflito que o desenho pretende expressar.

Em realidade, há uma diferença básica a este respeito entre a visão do artista e o comportamento diário. Na orientação prática, concentramo-nos em identificar objetos. O quanto somos propensos a negligenciar o fundo é algo que todo fotógrafo amador sabe, pois ele próprio, para seu desapontamento, ao olhar suas cópias, descobre que alguns ramos que não foram notados ou sinais de rua desviam a atenção da figura da senhora retratada no primeiro plano. A. R. Luria mostrou, por meio de um experimento, no qual crianças de três a cinco anos tinham de distinguir padrões de diferentes cores, que as crianças reagiam às cores das figuras em primeiro plano, mas ignoravam mudanças de cor no fundo. De modo similar, quando se solicitou aos adultos que copiassem o padrão da Figura 173 da maneira mais exata possível, muitos deles reproduziram a forma e o tamanho das cruzes e quadrados satisfatoriamente, mas negligenciaram completamente o fato das bordas internas dos quadrados se alinharem com as bordas externas das cruzes. Esta conexão não foi vista como parte do padrão. Mesmo nos borrões de tinta de Rorschach, nos quais a reversão figura-fundo é facilitada pela ambiguidade estrutural, diz-se que o uso positivo dos interstícios sugere a diagnose de negativismo, obstinação, dúvida, suspeita ou mesmo paranoia incipiente. Tal critério clínico, contudo, dificilmente se aplica aos artistas, que são treinados a executar rotineiramente reversões perceptivas.

Um pintor não pode ignorar os interstícios entre as figuras porque as relações entre elas só podem ser entendidas se os espaços que as separam forem tão cuidadosamente definidos como as próprias figuras. Se, por exemplo, a distância entre as duas mulheres na taça ática com figuras vermelhas de Douris (Figura 174) não fosse precisamente controlada, as relações sutis entre as figuras ricamente moduladas perderiam a qualidade de um acorde musical. Isto significa que os espaços negativos como muitos pintores os chamam devem receber suficiente qualidade de figura para que sejam percebidos por direito próprio. Se for necessário evitar ambiguidade, eles permanecem subdominantes; mas os espaços pretos, estreitos, fechados e, parcialmente, convexos da taça grega são suficientemente fortes para se

Figura 172
Jacques Lipchitz. *Prometeu Estrangulando o Abutre*, 1936. Cortesia de Curt Valentin.

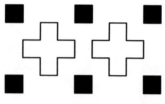

Figura 173

Figura 174
Douris. Taça de figura vermelha, de cerca de 470 a.C. Metropolitan Museum of Art, Nova York.

adaptarem a uma superfície contínua de configurações vermelhas e pretas que num jogo se alternam e, de modo constante, se definem mutuamente. Um efeito similar é obtido no desenho de Jacques Lipchitz (Figura 172). Aqui, as áreas dos corpos do homem e do abutre são retidas pelas fortes concavidades dos contornos, que fazem o fundo escuro penetrar ativamente nas figuras.

O espaço pictórico, por isso, é mais bem definido como um relevo contínuo, no qual áreas a distâncias diferentes se limitam uma com a outra. Num caso relativamente simples, como o da decoração grega, o conteúdo da imagem acomoda-se essencialmente em dois planos frontais. Em obras mais diferenciadas, o relevo pictórico pode dar pouca ênfase à frontalidade. Ela pode receber a forma de um funil côncavo com os objetos no centro permanecendo a distância considerável; ou, ao contrário, no centro uma saliência convexa pode avançar para a frente. O relevo pode ser profundo ou raso, pode operar com poucos valores de distância ou com muitos, com intervalos abruptos, por exemplo, entre o primeiro plano e o fundo ou com escalas "cromáticas" com intervalos muito pequenos. Tal análise de relevo em profundidade poderia ser aplicada à escultura e à arquitetura também, e poderia servir como um meio de descrever diferenças entre estilos.

Com relação ao problema mais específico dos espaços negativos, pode-se acrescentar que a delicada tarefa de determinar as distâncias adequadas entre os objetos pictóricos provavelmente requer uma atenção sensível às atrações e às repulsões fisiologicamente determinadas no campo visual. O biólogo Paul Weiss mostrou um equilíbrio similarmente sutil dos objetos e interstícios conforme condições do campo físico ou fisiológico, por exemplo, nas redes das ramificações das descargas eletrostáticas, ou nos capilares sanguíneos do tecido orgânico e na nervura das folhas. A interação entre os elementos separados cria uma ordem sistemática que mantém as distâncias entre os ramos quase todas constantes, mesmo que os detalhes individuais das ramificações sejam totalmente imprevisíveis.

Molduras e janelas

A função das molduras de quadros relaciona-se também com a psicologia da figura e fundo. A moldura como a conhecemos hoje desenvolveu-se durante a Renascença, a partir da construção tipo fachada de lintéis e pilastras que circundavam os retábulos. Quando o espaço pictórico se emancipou da parede e criou vistas em profundidade, tornou-se necessária uma distinção visual definida entre o espaço físico da sala e o mundo do quadro. Este mundo veio a ser concebido como se fosse ilimitado não apenas em profundidade como também lateralmente – de modo que as bordas do quadro determinavam o fim da composição, mas não o fim do espaço representado. A moldura era considerada como uma janela, através da qual o observador espiava o mundo exterior limitado pela abertura de observação, mas ilimitado em si. Em nossa presente análise, isto significa que a moldura era usada como figura, com o espaço de quadro suprindo um fundo subjacente sem limites. Esta tendência alcançou um clímax no século XIX, quando (por exemplo, na obra de Degas) a moldura cortava corpos humanos e objetos de modo muito mais ostensivo que antes. Isto enfatizou o caráter acidental do limite e, portanto, a função de figura da moldura.

Ao mesmo tempo, contudo, os pintores começaram a reduzir a profundidade do espaço pictórico e a acentuar a planura. Em vez de representar um mundo pictórico absolutamente separado do espaço físico da tela e do observador, eles começaram a considerar o quadro como uma elaboração da superfície da tela. O espaço pictórico não era mais ilimitado, mas tendia a terminar nas bordas da composição. Isto significava que a linha de limite entre a moldura e a tela não era mais o contorno interno da moldura, mas o contorno externo do quadro. O quadro não era mais o fundo atrás da moldura, mas a figura. Sob essas condições, o caráter de figura da pesada moldura tradicional e o intervalo espacial entre a janela em frente e o mundo pictórico atrás tornou-se inadequado. A moldura adaptou-se a sua nova função ou estreitando-se em uma faixa fina, um mero contorno, ou mesmo inclinando-se para trás ("secção reversa") estabelecendo assim o quadro como uma superfície limitada – uma "figura", bem colocada sobre a parede.

Um problema um tanto semelhante existe em arquitetura, no aspecto perceptivo das janelas. Originalmente, a janela é uma abertura na parede – uma área relativamente pequena de contorno simples dentro da grande superfície da parede. Isto envolve um paradoxo visual peculiar, pois uma pequena área limitada num plano de fundo está destinada a ser "figura". Ao mesmo tempo, ela é fisicamente uma abertura na parede e como tal pretende parecer.

Talvez isto seja a razão de haver algo perceptivamente desagradável nas janelas modernas que são meros recortes. As bordas nuas da parede ao redor da janela não parecem convincentes. Isto não nos surpreende se lembrarmos que, devido ao contorno perceptivamente pertencer à figura, o fundo é ilimitado e tende a continuar sob a figura sem interrupção. Esta solução não é exequível, contudo, quando a figura é uma abertura profunda, que interrompe a continuidade do fundo. Assim, a parede deve interromper-se, mas não tem limite. Há vários meios de tratar este dilema. Um é a cornija tradicional. A cornija não é apenas decoração; é um modo de emoldurar a janela. Ela confirma o caráter de figura da abertura e proporciona uma saliência sob a qual a superfície de fundo da parede pode terminar. Outra solução consiste em ampliar a área das janelas de modo que a parede é reduzida a faixas ou fitas, tanto verticais como horizontais. Na arquitetura gótica, onde os remanescentes da parede são com frequência disfarçados por relevos, o efeito típico consiste em uma alternância de unidades abertas e sólidas, das quais nenhuma resulta claramente em figura ou fundo. Uma transformação ainda mais radical se encontra na arquitetura moderna, onde, por uma efetiva reversão da situação perceptiva, as paredes se tornam grades de barras horizontais e verticais por meio das quais o interior do edifício pode ser visto como um cubo vazio. A rede de barras que se cruzam, uma contraparte visível da construção metálica, tornou-se figura dominante, em posse dos contornos, enquanto as janelas são partes do fundo subjacente contínuo e vazio. A Figura 175 ilustra esquematicamente os três princípios.

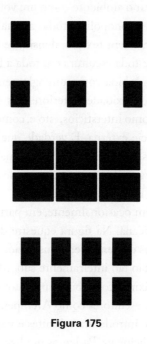

Figura 175

Concavidade na escultura

As regras que governam a relação de figura e fundo podem ser aplicadas ao volume tridimensional, notadamente à escultura. Procurar-se-á isto, aqui, somente para a concavidade e convexidade.

Mesmo na pintura e no desenho, a convexidade e a concavidade são encontradas não apenas nos contornos lineares de superfícies, mas também nos limites das superfícies dos volumes. O corpo humano é representado principalmente por meio de formas salientes, enquanto uma cavidade é traduzida apropriadamente como côncava. O que chamei de relevo de profundidade de um quadro pode ser côncavo, como no espaço cúbico vazio de um interior holandês, ou convexo, como em alguns quadros cubistas que são construídos a partir das margens em direção a um relevo central.

Obviamente as relações figura-fundo entre volumes podem ser percebidas visualmente somente quando o volume externo é transparente ou vazio. Não podemos ver a depressão da cavidade que abriga o globo ocular numa cabeça humana, embora, como mencionei antes, sabe-se que os escultores cegos, não ligados à percepção da superfície de visão, modelam a cavidade ocular primeiro e, em seguida, inserem um globo de argila para representar o olho. Visualmente, uma estátua e o espaço circundante podem ser considerados como dois volumes contíguos – se na verdade desejarmos considerar o ambiente como um volume, em vez de mero vazio, uma vez que a estátua parece monopolizar todas as qualidades da figura. A estátua é o volume limitado, menor, e tem textura, densidade e solidez. A estas qualidades perceptivas praticamente toda escultura em toda a história da arte acrescentou convexidade. A estátua é concebida como um aglomerado de formas esféricas ou cilíndricas que apresentam convexidades exteriores. As intrusões no bloco e mesmo as perfurações são tratadas como interstícios, isto é, como espaço vazio entre sólidos que monopolizam a superfície externa. É verdade que, como o pintor, o escultor tem observado estes espaços negativos, mas tradicionalmente eles desempenham um papel menor na escultura do que na pintura, onde mesmo o fundo é parte de uma superfície substancial e limitada.

As concavidades ocorrem ocasionalmente, em particular na escultura helenística, medieval, barroca e africana. Na figura equestre de Luis XIV, de Bernini, os cachos e as dobras ondulantes colhem ar em seus vazios côncavos. Nestes exemplos, contudo, as concavidades estão tão inteiramente subordinadas às convexidades das unidades maiores que no máximo contribuem para um enriquecimento menor. Foi somente depois de 1910 que escultores como Archipenko e Lipchitz, e mais tarde, especialmente Henry Moore introduziram limites e volumes côncavos para rivalizar com as convexidades tradicionais. Podemos predizer o efeito partindo do que se pode encontrar nos padrões como a Figura 168*a*. As cavidades e aberturas assumem o caráter de – embora vazias – saliências, cilindros, cones positivos. De fato não parece nem mesmo correto chamá-los vazios. Seu interior parece peculiarmente substancial, como se o espaço adquirira a quase solidez. Os receptáculos côncavos parecem cheios de massas de ar, uma observação que concorda com a regra de que o caráter de figura favorece o aumento de densidade.

Como resultado, a escultura supera os limites de seu corpo material. O espaço circundante, em vez de permitir passivamente ser deslocado pela estátua, assume um papel ativo. Invade o corpo e se apodera das superfícies do contorno das unidades côncavas. Esta descrição indica que, exatamente como observamos nas relações figura-fundo bidimensionais, espaço e escultura interagem aqui de uma maneira eminentemente dinâmica. A agressividade da forma convexa e a compressão passiva da concavidade são simbolizadas pelas flechas na Figura 176. O que poderia ser a secção de uma peça de escultura moderna é representada esquematicamente em *c*, mostrando como as saliências avançam para fora enquanto o espaço circundante invade as concavidades.

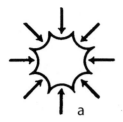 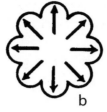 

Figura 176

É tentador pensar que esta ousada extensão do universo escultórico pode ter se tornado possível pelo advento do avião de passageiros. Vivemos numa época em que uma vívida experiência cinestésica nos ensinou que o ar é uma substância material como a terra, a madeira ou a pedra, um meio que não apenas transporta corpos pesados, mas que os empurra com força e contra o qual se pode chocar como contra uma rocha.

Tradicionalmente, a estátua era a imagem de uma entidade autossuficiente, isolada em um meio inexistente e única depositária de toda a atividade. Uma comparação do tratamento de um assunto semelhante por Maillol e Moore (Figura 177) mostra que a convexidade de todas as formas em Maillol preserva um elemento ativo, apesar do tema essencialmente passivo. A figura parece expandir-se e elevar-se. Na obra de Moore, uma qualidade passiva e receptiva é conseguida não apenas por meio da atitude da mulher, porém ainda mais convincentemente por meio da concavidade da forma. Desta maneira, a figura chega a corporificar o efeito de uma força externa, que se introduz e comprime a substância material. Um elemento feminino foi acrescentado à masculinidade tradicional da forma escultórica – um aspecto especial do tema mais universal da atividade e passividade.

Observou-se que a convexidade torna uma estátua essencialmente autocontida e independente. Isto cria um problema para qualquer combinação de uma peça de escultura com outras de seu tipo ou com a arquitetura. Os grupos escultóricos de figuras humanas, exceto aqueles fundidos num bloco, nunca foram muito além de fileiras de unidades isoladas ou tipo de agrupamento solto conseguido pelos bailarinos ou atores. De modo similar, a fim de adaptar mais intimamente a escultura aos edifícios, estes tinham de proporcionar a concavidade de nichos.

O uso da concavidade na escultura moderna parece permitir uma adequação mais completa de uma unidade a outra. Um grupo constituído de uma família, feito por Henry Moore, mostra um homem e uma mulher sentados um ao lado do outro, segurando uma criança. Os abdômens ocos transformam as duas figuras sentadas num grande regaço ou bolsa. Nesta concavidade sombreada, o espaço parece palpável, inerte, aquecido pelo calor do corpo. No seu centro, a criança suspensa repousa

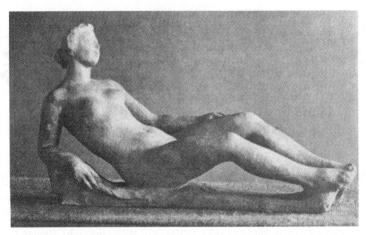

MAILLOL, Aristide. *Nu em Repouso*. Bronze. 1912. © Maillol, Aristide/ AUTVIS, Brasil, 2016.

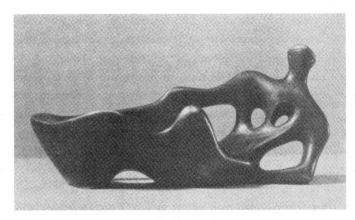

Figura 177

MOORE, Henry. *Figura Reclinada*. Bronze. 1946. Henry Moore Foundation, Reino Unido.

em segurança, como se estivesse contida em um útero suavemente forrado. A convexidade do corpo da criança casa com a concavidade do receptáculo.

O volume vazio como um elemento legítimo da escultura levou a trabalhos nos quais o bloco de material é reduzido a uma concha circundando um corpo central de ar. O *Helmet* de Moore, uma cabeça vazia, ofereceria a um visitante do tamanho de um camundongo a experiência de estar dentro de uma escultura. Mais recentemente, os escultores tentaram proporcionar tais experiências aos observadores adultos. A arquitetura, naturalmente, sempre se relacionou com interiores vazios. A concavidade das abóbadas e arcos faz o espaço interno assumir a função de figura positiva como se fosse uma poderosa extensão do visitante humano, que então se sente capaz de ocupar a sala com uma presença que se eleva e se expande. Os portais das igrejas medievais parecem atrair os fiéis pela sua forma convergente. A Figura 178 mostra como o arquiteto barroco Borromini usou o contraponto de convexidade e concavidade para animar a forma arquitetônica. Acima do vazio arredondado das paredes do pátio, ergue-se a cúpula, cujas protuberâncias são, por sua vez, compensadas numa escala menor pelos nichos reentrantes no zimbório. O espaço exterior parece reagir à expansão vigorosa do edifício beliscando travessamente aqui e ali a compacta solidez.

Figura 178
Francesco Borromini. Capela de Santo. Ivo, Roma, cerca de 1650. Foto de futureGalore/Shutterstock.

Por que se vê profundidade?

À medida que se prossegue da relação figura-fundo limitada entre dois planos até o amontoado de objetos visuais frontais de modo mais geral, entendemos que se trata de um caso especial de subdivisão. Na organização de figuras planas, descobriu-se que a subdivisão ocorre quando uma combinação de partes autocontidas produz um padrão estruturalmente mais simples do que o todo indiviso. Esta regra serve não apenas para a segunda dimensão, mas também para a terceira. Áreas fisicamente localizadas no mesmo plano pictórico se separam em profundidade e assumem uma configuração figura-fundo porque a simplicidade aumenta quando a unilateralidade do contorno é incontesta e quando o fundo pode ser visto como se continuasse sem interrupção, sob a figura.

Na Figura 179, aparece um círculo adaptado a um quadrado embora o padrão pudesse ser a projeção de duas figuras, uma localizada a certa distância da outra. O padrão se liga à segunda dimensão porque é fortemente unificado: os centros do quadrado e do círculo coincidem, e o diâmetro do círculo é igual ao lado do quadrado. A situação é completamente diferente em *b* e *d*, onde os dois componentes são muito mais independentes um do outro. De fato, eles tendem a se desligar um do outro em profundidade porque esta separação os libera da acentuada combinação que existe na projeção plana. A tendência é mais fraca em *c*, onde a estrutura projetiva tem certa simplicidade: o centro do círculo se encontra num dos ângulos do quadrado e, portanto, produz simetria ao redor de uma diagonal do quadrado. Em *e*, a separação tornou-se completa, ambas as formas mostram sua simplicidade sem interferência da outra. Não se pode mais observar a necessidade de se separarem em profundidade, com a diminuição de tensão. A relativa localização em profundidade do quadrado e círculo é agora indefinida.

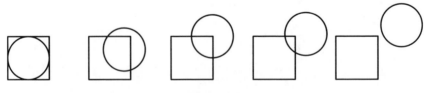

Figura 179

Enquanto o olho se fixa nestas figuras, sua localização dentro do plano frontal é imutável; ela é controlada pelo padrão de estímulo na retina. Este padrão, contudo, não prescreve a localização na dimensão de profundidade. Como projeção, ela pode representar figuras ou partes de figuras a qualquer distância aparente do olho. A terceira dimensão é por isso uma "via livre", que permite mudanças no interesse da simplificação da estrutura. Se a separação aumenta a simplicidade, a segregação em profundidade pode ser conseguida sem qualquer modificação do padrão projetivo.

Estamos prontos agora para responder à pergunta: *por que se vê profundidade?* A resposta pode parecer estranha. Enquanto olhamos para o mundo físico, a tridimensionalidade da visão parece não oferecer problema – até que nos lembremos que o "input" óptico para toda a nossa experiência visual consiste da projeção bidimensional na retina. Isto não sugere que a experiência visual seja fundamentalmente bidimensional. Não é, mas a razão de não ser requer explicação.

A utilidade da percepção tridimensional é óbvia para os humanos e os animais que precisam se localizar no mundo físico. Contudo, a causa final é uma coisa, a causa eficiente é outra. Nossa pergunta é: como ocorre a percepção em profundidade? A resposta é particularmente relevante para o artista que está ligado à representação visual numa superfície plana; porque para ele todos os indícios fisicamente derivados, de cuja eficiência teremos ocasião de falar, proclamam que os olhos se defrontam com uma superfície. Por isso, a experiência de profundidade deve ser proporcionada pela própria imagem.

O artista compreende que não pode simplesmente confiar no que o observador conhece sobre o mundo físico. Tal conhecimento deve sempre ser reafirmado com recursos visuais a fim de ser artisticamente efetivo, e é facilmente solapado pela contra-evidência perceptiva. Quando olhamos um mapa dos Estados Unidos, vemos que um canto do Wyoming está acima de um canto de Utah, e que um canto do Colorado está acima de Nebraska. Nenhum conhecimento de que isto não é assim nos impede de ver o que vemos. Quais são os fatores que criam a profundidade?

O princípio básico de percepção em profundidade provém da lei da simplicidade e indica que *um padrão parecerá tridimensional quando pode ser visto como a projeção de uma situação tridimensional que é estruturalmente mais simples que uma bidimensional.* Na Figura 179, observamos este princípio em ação.

Profundidade por sobreposição

Enquanto os contornos se tocam ou se cruzam, mas não se interrompem reciprocamente, o efeito espacial é nulo ou fraco. Contudo, quando um dos componentes realmente corta uma parte do outro, como na Figura 180a, a necessidade perceptiva de ver uma sobreposição torna-se forçada porque serve para completar a configuração incompleta.

Esta afirmação implica uma suposição importante. Pressupõe-se que na Figura 180a, a forma de cima é vista como um retângulo incompleto. Mas por que acontece isso? Por si só, deveria ser vista como uma forma em L; e *a* poderia ser a projeção de uma situação física na qual uma forma em L permanece próxima a um retângulo ou na frente ou atrás de um. Porém, temos dificuldade em ver outra coisa a não ser um retângulo interrompido. A fim de explicar isto, devemos entender sob que condições uma configuração parece incompleta.

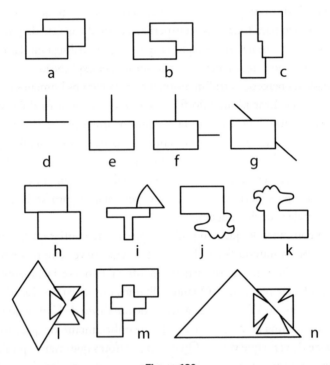

Figura 180

Se um de dois objetos visuais contíguos for de conformação tão simples quanto possível, sob dadas circunstâncias, enquanto o outro pode tornar-se mais simples por complementação, o primeiro incorporará a linha limite entre eles. Na Figura 180a, o retângulo não pode se tornar mais simples, mas a forma em L sim. Quando o retângulo incorpora o limite, a outra forma fica sem borda. É forçada a continuar abaixo de seu vizinho. Por isso, é vista como parcialmente oclusa, isto é, como incompleta. A oclusão provê a figura incompleta com uma série de liberdades: uma cobertura atrás da qual ela pode se completar.

É tentador procurar o critério para a sobreposição nas condições locais sob as quais os objetos visuais se encontram. Os dois contornos da Figura 180a encontram-se em dois pontos, nos quais uma linha continua enquanto a outra para. Esta diferença por si só não é motivo suficiente para designar o último como ocluso, o primeiro como superposto? Helmholtz pensava assim. Em 1866, ele escreveu:

"O simples fato de que a linha de contorno do objeto que se sobrepõe não muda sua direção onde ela se junta ao contorno daquele que se encontra atrás dela possibilitar-nos-á, de um modo geral, determinar qual é qual". Mais recentemente Philburn Ratoosh formulou esta condição em termos matemáticos, assegurando que é decisiva em todos os casos. "A interposição pode oferecer um indício apenas nos pontos onde os contornos de dois objetos se encontram." O objeto com o contorno contínuo será visto como colocado na frente. Ratoosh também disse, "O que acontece num ponto de intersecção é independente do que acontece em outro".

Estamos tratando aqui daquilo que de fato é um aspecto estrutural influente. A regra prediz corretamente que a unidade cujo contorno for interrompido tomará a posição de trás na Figura 180a, enquanto em b condições conflitantes produzirão uma situação ambígua correspondente, cada unidade sobrepondo-se a outra num dado lugar e sendo sobreposta por ela em outro. Um exemplo instrutivo "c" foi uma contribuição de James J. Gibson. Neste caso, ambas as versões espaciais poderiam produzir um retângulo completo atrás e um quebrado na frente; no entanto, a unidade cujos contornos continuam ininterruptos no ponto da intersecção é o que se vê na frente.

É bem verdade que o fator da "forma consistente" é o decisivo na maioria das vezes, mas parece improvável que o que acontece em dois pontos independentes deva ser o único a determinar a situação espacial do padrão total. Nas Figuras 180d--g um tanto relacionadas, observamos que o que acontece nos pontos de intersecção depende do contexto. Em d e e, a linha interrompida não manifesta tendência espontânea alguma em continuar por baixo do obstáculo. Em f, há uma débil tendência à tridimensionalidade, diretamente relacionada com o fato de que as duas linhas interrompidas não são independentes uma da outra, mas podem ser vistas como partes de uma totalidade angular. Em g, onde a regra da forma consistente intensifica a conexão entre as duas linhas, elas se fundem claramente para formar uma única que continua por baixo do retângulo.

Naturalmente, as Figuras 180d-g não se encontram na condição a que se refere Ratoosh, mas h e i, sim. De acordo com a regra, a situação contraditória nos pontos de intersecção deveria criar ambiguidade espacial, como em b. Em vez, não há traço de tridimensionalidade. Se alguém afirmasse que esses exemplos não têm relação com o problema em questão porque não apresentam superposição, estaria incorrendo em uma petição de princípio, pois o problema consiste precisamente em determinar em que condições se cumpre a percepção da superposição. A Figura 180h poderia muito bem ser produzida pela união de dois recortes da forma k.

As Figuras l, m e n mostram que é possível construir padrões nos quais a unidade cujos contornos são interrompidos tende a se situar na frente. De modo significativo, o efeito é menos convincente, quando se concentra no contorno comum, e mais forte quando se observa o padrão como um todo, desse modo dando à estrutura total uma oportunidade para exercer sua influência. O efeito Helmholtz-Ratoosh é fortemente contrabalançado pela forma completa, simples da unidade teoricamente destinada à oclusão pela interrupção de seus contornos. O essencial desta demonstração é que a estrutura do todo pode reverter o efeito de uma configuração local.

Em geral, contudo, a regra dos contornos que se interceptam é absolutamente útil para predizer o efeito perceptivo, especialmente se, como no decalque do *O Anjo da Guarda* (Figura 181) de Paul Klee, é reforçada por outros fatores figura-fundo agindo na mesma direção. Nota-se, contudo, que a convexidade de *a* se opõe à oclusão de *d*. Outras ambiguidades podem ser estudadas em *b* e *c*.

Figura 181

A sobreposição é particularmente útil para criar uma sequência de objetos visuais na dimensão de profundidade quando a construção espacial do quadro não se baseia em outros recursos de perspectiva. Isto se observou mesmo na Antiguidade. O sofista grego Philostratus anota na descrição de uma pintura: "O hábil artifício do pintor é encantador. Cercando os muros com homens armados, ele os representa de modo que alguns são vistos inteiros, outros com as pernas ocultas, outros da cintura para cima, depois apenas os bustos de alguns, somente cabeças, apenas capacetes, e finalmente apenas pontas de lanças. Isto, meu rapaz, pode ser conseguido por *analogia*, uma vez que o problema é enganar os olhos à medida que eles percorrem em direção ao fundo, ao longo dos planos do quadro que se afastam adequadamente".

(Por *analogia*, o autor aparentemente se refere à arte de completar as partes ocultas de um objeto por meio da similaridade com o que é visível.) A orientação dos olhos em seu percurso da frente para trás é evidente na Figura 182, onde sobreposições criteriosas determinam a cada objeto seu lugar na escala das localizações espaciais, partindo do homem e seu braço com o remo até a criança, a mãe, a proa do barco, a água e a linha costeira. O papel da construção espacial da superposição na pintura da paisagem chinesa é bem conhecida. A localização relativa dos picos das montanhas ou as nuvens é estabelecida visualmente por sobreposições, e o volume de uma montanha é frequentemente concebido como um esqueleto de cortes escalonados de formação surpreendente. A curvatura complexa do sólido é assim obtida por meio de um tipo de "integral" baseada na soma dos planos frontais.

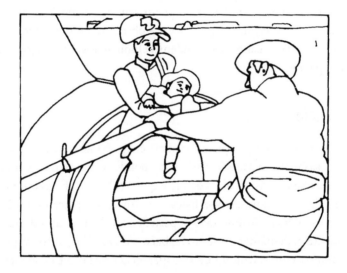

Figura 182

O efeito perceptivo da sobreposição é suficientemente forte para dominar as diferenças físicas reais de distância. Hertha Kopfermann desenhou os componentes de um padrão em diferentes pranchas de vidro, dispondo-as em frente uma da outra, de modo que os observadores vissem o padrão total através de uma abertura. Se a prancha *a* (Figura 183), com cerca de 13 centímetros de altura, for vista a uma distância de cerca de 2 metros e *b* estiver a 2 centímetros e meio na frente de *a*, a combinação que se vê não corresponde aos fatos físicos; em vez, o triângulo maior é visto como se sobrepondo ao menor "*c*". Isto acontece mesmo que o observador perceba prontamente a situação física correta quando os dois itens são mostrados separadamente nas duas pranchas.

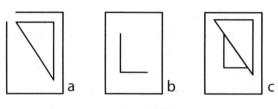

Figura 183

Finalmente, deve-se mencionar que a oclusão sempre cria tensão visual. Sente-se o esforço da figura oclusa para se libertar da interferência em sua integridade. É um dos recursos usados pelo artista para dar ao seu trabalho a dinâmica pretendida. Quando a tensão é indesejável, evitam-se as oclusões; e uma vez que toda a superposição produz complicação estrutural, em níveis iniciais de concepção visual os objetos são tipicamente alinhados no plano, sem interferência mútua. De modo similar, quando, em experimentos, pede-se aos observadores que copiem, de memória, um quadro que viram antes, eles tendem a eliminar as sobreposições e, portanto, simplificar o padrão.

Transparência

Um caso especial de superposição é a transparência. Neste caso, a oclusão é apenas parcial, pois os objetos visuais são vistos sobrepondo-se um ao outro, embora o objeto oculto permaneça visível atrás daquele que o sobrepõe. É necessário, antes de tudo, distinguir entre transparência física e transparência perceptiva. Fisicamente, obtém-se transparência quando uma superfície ao cobrir a outra deixa passar luz suficientemente para manter o padrão de baixo visível. Véus, filtros, vapores são fisicamente transparentes. Contudo, a transparência física não é de maneira alguma uma garantia de transparência perceptiva. Se pusermos óculos de lentes coloridas, que cubram o campo visual inteiro, não veremos uma superfície transparente na frente de um mundo normalmente colorido, mas um mundo cor-de-rosa ou verde. Tampouco vemos uma camada transparente cobrindo uma pintura quando uma cobertura de verniz foi aplicada uniformemente. Na roupa feminina, uma calcinha de náilon transparente não é vista como tal, mas sua cor e textura fundem-se com as da perna.

Concluímos que, se a forma de uma superfície fisicamente transparente coincidir com a forma do fundo, não se vê nenhuma transparência. Tampouco a transparência é visível quando um pedaço de material transparente é colocado sobre um fundo homogêneo. São necessários três planos para que se possa criar transparência. Por outro lado, podem-se obter os efeitos de transparência perceptiva como os da Figura 184, sem quaisquer materiais fisicamente transparentes. Os estudantes de arte aprendem a conseguir transparência convincente por meio de papéis coloridos opacos ou tinta opaca. Josef Albers, em *Interação da Cor*, oferece exemplos notáveis. Por isso, nossa pergunta é: em que condições ocorre a transparência perceptiva?

Figura 184

Por meio de três papéis coloridos – vermelho, azul e púrpura – constroem-se padrões da Figura 185 sobre um pedaço de papel branco. Observa-se forte transparência em *c*, nenhuma em *a*, e talvez alguma em *b*. É óbvio que as condições formais são as mesmas daquelas que controlam a superposição: *c* produz uma forte separação dos dois objetos em profundidade, *a* não produz nenhuma, *b* talvez alguma. Por isso, a superposição de formas é um pré-requisito da transparência – uma condição perceptiva necessária, embora não suficiente.

Na Figura 185*c*, a regra da simplicidade prediz que veremos dois retângulos que se cruzam, em vez de dois hexágonos absolutamente irregulares limitando um quadrilátero igualmente irregular. A subdivisão, neste caso, produzirá dois, não três componentes porque os retângulos são as figuras mais simples, mais regulares

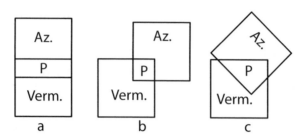

Figura 185

possíveis. Até aqui nos achamos em território conhecido. Contudo, a presença de três cores diferentes se opõe a esta solução e de fato impedirá que isto aconteça, a menos que a relação entre as cores satisfaça outra condição. A cor da parte sobreposta deve ser vista como uma combinação das outras duas, ou pelo menos como uma aproximação satisfatória de tal combinação. De fato, a púrpura é uma combinação do vermelho e azul. Se esta condição for satisfeita, a área da parte sobreposta dividir-se-á em dois componentes correspondentes às duas outras cores, tornando possível, desse modo, uma subdivisão de acordo com a forma mais simples.

Quando se olha para a área da parte sobreposta através de uma abertura que exclui o resto do padrão, não se vê transparência. Assim, a transparência é inteiramente induzida pelo contexto; é o recurso pelo qual a cor encontra as exigências criadas por um conflito de configurações. O mecanismo estrutural em ação neste caso pode tornar-se mais evidente se citarmos uma aplicação similar na música. Todos os sons que alcançam o ouvido num dado momento são processados pelo tímpano em uma vibração complexa, que deve ser separada pelo mecanismo analisador no ouvido interno, quando isto for necessário. Na música polifônica, como o exemplo extraído de Adrian Willaert (Figura 186), as partes devem ser ouvidas como linhas melódicas separadas; por isso, a cada momento o "input" sonoro unitário é dividido em seus componentes a fim de satisfazer as exigências estruturais impostas pelo contexto horizontal. Na música harmônica, por contraste, por exemplo, a passagem extraída de Wagner (Figura 187), conjuntos de sons semelhantes são ouvidos como uma sequência de acordes complexos porque o contexto não requer nenhuma divisão em tons simples. Assim, na música, a estrutura da forma na dimensão temporal determinará se um som emitido num dado ponto será subdividido em seus elementos ou não. O contexto espacial fará o mesmo no domínio visual.

Observamos que a cor da parte sobreposta deve se aproximar de uma combinação visual das outras duas. Contudo, há alguma margem de tolerância nesta regra. Os artistas modernos experimentaram opor a forma sulcada à cor para ver o grau de desvio da condição satisfatória da cor que pode ser dominada pela forma que pede subdivisão, e vice-versa. Isto não se verifica somente para o matiz, mas, também,

Figura 186

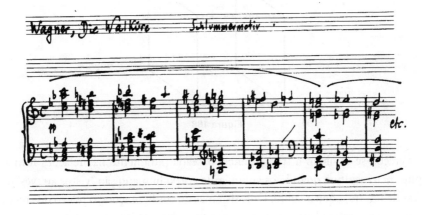

Figura 187

notadamente, para a claridade. Dependendo da claridade da área de transparência, obtém-se o efeito de uma mistura de luz quer aditiva quer subtrativa (cf. p. 332). Se a área for um tanto clara, vê-se algo semelhante a duas manchas coloridas de luz projetadas sobre uma tela e sobrepondo-se parcialmente uma a outra: a área da parte sobreposta reflete aproximadamente tanta luz quanto as outras duas somadas. Por outro lado, na situação representada pelo designer na Figura 184, os numerais pretos subtraem mais brancura do raio do projetor do que o fundo cinzento.

A claridade da área de transparência é também um dos fatores que determinam qual das formas competidoras é vista na frente. Experiências feitas por Oyama e Morinaga sugerem que, quando alguém vê uma barra branca cruzada por uma preta, a branca tende a ser vista na frente quando a área de transparência é cinzento claro, enquanto a barra preta aparece na frente, quando a área central é cinzento escuro. Isto significa que o menor grau de claridade promove uma forma frontal ininterrupta. Pode-se mencionar neste caso que a transparência não se limita necessariamente a duas configurações. Na Figura 184, a relação de transparência entre as letras pretas e o raio de luz branca cria, por indução, uma transparência adicional do raio em relação ao fundo cinza.

Finalmente, pode-se obter um efeito fraco de transparência sem qualquer ajuda da cor ou da claridade pela força de transparência das formas. No desenho linear de um "cubo de arame" (Figura 188), por exemplo, percebe-se uma dupla representação distinta de superfícies, uma face vítrea frontal que se coloca, em cada caso, transparentemente na frente de uma face de trás. Pode-se estudar isso em alguns dos desenhos de contorno de Josef Albers.

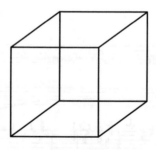

Figura 188

Percebe-se também a transparência baseada puramente nas relações formais na pintura e escultura quando os volumes do corpo humano são "vistos através" das dobras de um traje que o cobre. Dois sistemas de configurações, o relevo dos membros e o relevo das dobras, cruzam-se, e este padrão de interferência produz uma subdivisão do relevo unitário realmente oferecido pelo pintor ou escultor. Os dois sistemas são suficientemente organizados dentro deles mesmos e suficientemente discordantes entre si para provocar divisão em profundidade como uma resolução do conflito das formas. Quando se olha para o relevo de mármore de uma peça da escultura clássica grega, é com dificuldade que se pode acreditar que se vê apenas uma superfície, não um corpo coberto por um tecido maleável de pedra.

Para evitar confusão, o termo "transparência" deve ser aplicado apenas quando o artista pretende o efeito de "mostrar através". A ideia das duas coisas aparecendo no mesmo lugar é sofisticada e encontrada apenas em estágios aprimorados de arte, por exemplo, na Renascença. Os artistas modernos, incluindo os cubistas e especialmente Lyonel Feininger e Paul Klee, usaram o recurso para desmaterializar a substância física e interromper a continuidade do espaço. Tal mentalidade se encontra a mundos de distância da dos habitantes das cavernas paleolíticas ou dos aborígines australianos, cujas pinturas foram comparadas com as dos artistas modernos por Siegfried Giedion. Ele interpretou erroneamente dois aspectos, a superposição dos corpos ou linhas e a representação pictórica simultânea do lado interno e externo – dos quais nenhum tem nada a ver com a transparência.

As deformações criam espaço

Até aqui a terceira dimensão do espaço foi analisada essencialmente como uma variável da distância para localização dos objetos visuais. Os objetos se colocam atrás ou na frente um do outro, mas por si próprios, na realidade, não participam da terceira dimensão. Embora alguns deles fossem relevos, em vez de superfícies planas, adaptaram-se aos planos frontalmente orientados, perpendiculares à linha de visão do observador.

Os objetos podem participar da terceira dimensão de dois modos: afastando-se por inclinação do plano frontal e adquirindo volume ou rotundidade. Esta outra diferenciação da concepção espacial pode ser observada em todas as artes visuais, na escultura, na arquitetura, na cenografia e coreografia, mas representa um passo particularmente decisivo no meio pictórico. Na superfície plana, a tridimensionalidade pode ser representada apenas indiretamente, e toda via indireta enfraquece a imediação da proposição visual. Quando comparamos duas maneiras de representar pessoas sentadas ao redor de uma mesa (Figuras 86 e 87), observamos que um destes procedimentos traduziu o espaço físico com roupagem bidimensional. Embora este método signifique renunciar inteiramente à terceira dimensão, ele consegue grande exatidão e rapidez. O outro procedimento deve distorcer tamanhos, configurações, distâncias espaciais e ângulos a fim de comunicar profundidade, violentando assim consideravelmente não apenas o caráter do meio bidimensional, mas também os objetos do quadro. Entendemos por que o crítico de cinema André Bazin chamou a perspectiva de "o pecado original da pintura ocidental". Ao manipular objetos para criar a ilusão de profundidade, a feitura de quadros abandona a sua inocência.

A Figura 189 tende a inclinar-se para trás, para longe do observador. Esta inclinação é fraca num desenho no papel, mais forte quando a figura delineada é substituída por uma superfície colorida; é ainda mais forte quando uma figura é projetada numa tela, ou quando uma forma clara é vista numa sala escura. Libertada da textura da superfície do papel, a figura pode inclinar-se tanto para frente como para trás.

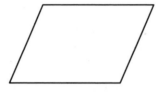

Figura 189

O que faz o padrão se desviar do plano no qual está localizado fisicamente? Com algum esforço podemos em realidade forçá-lo para o plano frontal. Quando assim fazemos observamos que o paralelogramo não é percebido como uma figura por valor próprio, mas como um desvio de outra, mais simples, mais regular: ela é vista como um retângulo ou um quadrado inclinado. Em vez de um paralelogramo vemos uma figura retangular deformada.

A deformação é o fator-chave na percepção de profundidade porque diminui a simplicidade e aumenta a tensão no campo visual e cria, desse modo, uma necessidade no sentido de simplificação e relaxamento. Esta necessidade pode ser satisfeita sob certas condições transferindo-se configurações para a terceira dimensão.

Mas o que é exatamente deformação? Não apenas qualquer alteração da configuração. Se eu cortar o campo de um quadrado e acrescentá-lo a algum outro lugar do contorno, resultará uma mudança de forma mas nenhuma deformação. Se eu aumentar o quadrado inteiro, não conseguirei nenhuma deformação. Mas se olhar para um quadrado ou para meu próprio corpo num espelho curvo, ocorrerá deformação. Uma deformação sempre produz a impressão de que foi aplicado ao objeto algum impulso ou atração mecânicos, como se ele tivesse sido esticado ou comprimido, torcido ou dobrado. Em outras palavras, a configuração do objeto (ou de parte do objeto) como um todo sofreu uma mudança em sua estrutura espacial.

A deformação sempre envolve uma comparação entre o que é e o que *deve* ser. O objeto deformado é visto como uma distorção de alguma outra coisa. Como se comunica esta "outra coisa"? Às vezes apenas por meio do conhecimento previamente adquirido. O longo pescoço de Alice é percebido como uma deformação, enquanto o caule de uma flor, não. Quando um camponês, em sua primeira visita ao zoológico, disse da girafa, "Um animal assim não existe!", comparava-a com algum modelo vago da forma de animal.

Alberto Giacometti relata que, depois de ter passado muito tempo com um amigo japonês, que também lhe serviu de modelo, assustou-se um dia por achar que seus amigos caucasianos pareciam doentiamente rosados e balofos. Neste caso, a deformação não era inerente à forma dada, mas surgia da interação entre o que era visto num dado momento e a imagem modelo gravada na memória do artista. Tais deformações são usadas, por exemplo, em caricatura. Por ouro lado, o efeito da Figura 189 não depende do conhecimento anterior. Para qualquer pessoa acostumada a ver profundidade numa superfície pictórica, o retângulo ou o quadrado é imediatamente visível como uma projeção de um paralelogramo inclinado, e, sob a pressão da tendência no sentido da estrutura mais simples, a oportunidade é espontaneamente apreendida.

Nem todas as distorções da forma mais simples servem ao nosso propósito Muitas das assim chamadas imagens anamórficas não servem. O exemplo mais conhecido é a caveira no *Embaixadores*, de Holbein. Parece que foi pintada em uma folha de borracha e em seguida esticada além do reconhecimento. Considerar esta longa faixa de tinta como projeção de uma caveira normal está além da capacidade da percepção humana; além disso, seu ambiente espacial na pintura não favorece tal visão. John Locke referiu-se a tais quadros dizendo que eles "não são discerníveis naquele estado para pertencer nem ao nome homem, ou César, nem ao nome babuíno, ou Pompeu". Pode-se definir um retângulo tecnicamente como um quadrado distorcido, mas ele não é visto como tal porque é uma figura estável, simétrica por direito próprio.

Enquanto o paralelogramo inclinado é registrado nas retinas dos olhos, ele não pode se transformar em um retângulo ou quadrado no plano frontal. Mas como observei antes, a dimensão de profundidade é uma via livre desde que a mesma projeção sirva para toda a extensão de distâncias. Podemos considerar o centro de processamento do cérebro como um tipo de ábaco tridimensional (Figura 190), no qual os vários componentes do estímulo podem mover-se livremente de um lado para outro como contas, mas são presas às suas barras pela configuração da projeção retiniana. Assim o paralelogramo inclinado pode ser mudado para uma figura retangular sendo visto como inclinado para trás. Ele portanto obedece a nosso princípio, segundo o qual "um padrão parecerá tridimensional quando pode ser visto como a projeção de uma situação tridimensional que é estruturalmente mais simples do que a bidimensional" (p. 239).

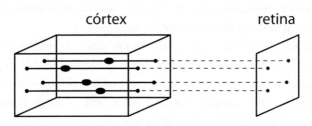

Figura 190

Lembrem-se de que qualquer padrão visual pode ser a projeção de uma infinidade de configurações. Isto é indicado pelo modelo do ábaco. Enquanto nosso paralelogramo é uma projeção de um retângulo inclinado, um retângulo ou quadrado é, pelo mesmo motivo, uma projeção de uma infinidade de paralelogramos inclinados. (Deixo de lado por enquanto a modificação adicional que ocorre devido ao tamanho depender da distância.) Contudo, ninguém vê um quadrado frontal como um paralelogramo inclinado ou um círculo frontal como uma elipse inclinada. A figura frontal é vista como uma projeção somente quando a forma tridimensional resultante é estruturalmente mais simples.

Notem além disso que, vendo um paralelogramo como um quadrado ou um retângulo inclinado, ao mesmo tempo que ganhamos simplicidade, também perdemos alguma. Pois, embora o quadrado seja certamente a forma mais simples, a frontalidade é uma orientação espacial estruturalmente mais simples do que uma inclinação oblíqua para trás, que se inscreve na terceira dimensão. O que ocorre neste caso é realmente um intercâmbio entre os fatores de simplicidade das duas versões. *Quando chamamos a versão tridimensional a mais simples, queremos dizer que ela vence no intercâmbio.* Isto é válido para todas as aplicações do princípio de simplicidade. Há ainda necessidade de muita experimentação antes que possamos estabelecer o peso comparativo dos vários fatores de simplicidade, e, só com muito conhecimento da fisiologia da visão, seremos capazes de entender por que se comparam suas forças exatamente desta maneira. Por enquanto, devemos nos contentar em afirmar que, quando a percepção visual tem de escolher entre a forma e a orientação espacial mais simples, escolhe a primeira.

Caixas em três dimensões

O que aqui foi dito sobre as figuras planas inclinadas, pode ser também aplicado aos sólidos geométricos. A Figura 191*a*, que vemos como um cubo, é a combinação de três paralelogramos oblíquos, cada um dos quais tende a se transformar numa figura retangular, afastando-se em profundidade. O sólido resultante é visto como um cubo ou, se as três arestas centrais se afastarem em profundidade, como um interior aberto, composto de teto, parede de trás e face lateral. A versão do cubo, que permite que o objeto se apoie no suporte, é a mais estável.

Contudo, não podemos tratar estas figuras mais complexas simplesmente como uma tríplice aplicação do que aprendemos na Figura 189. Na Figura 191*b*, o efeito de profundidade é muito reduzido porque os três planos se combinam para formar uma figura simétrica que goza de considerável estabilidade na orientação frontal. Mesmo assim, é difícil ver *b* como um hexágono no plano, enquanto *c* dificilmente pode ser visto como algo diferente de um hexágono mesmo que esta figura seja uma projeção mais completa de um cubo do que as outras. Em *c*, todas as arestas estão presentes, mas a simetria da figura não apenas serve para tornar sua simplicidade irresistivelmente estável, mas também destrói as relações entre elementos necessários a um cubo: os ângulos centrais dos lados quadrados desaparecem em cruzamentos, arestas frontais e arestas posteriores se fundem em linhas contínuas, etc. Neste caso, novamente ocorre a tridimensionalidade apenas quando a figura frontal for vista como a projeção de uma forma mais simples em terceira dimensão.

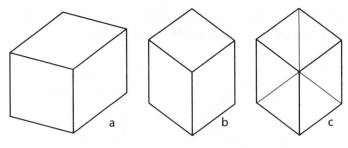

Figura 191

É notável o fato de as Figuras 189 e 191 parecerem razoavelmente convincentes. Se tirarmos fotografias de uma prancha retangular ou de um cubo de madeira inclinado no espaço, nenhuma das duas bordas parecerá rigorosamente paralela. Todas as superfícies serão trapezoides convergindo em profundidade. O mesmo se verifica nas projeções recebidas pela retina. Por isso, nossos desenhos lineares devem parecer absolutamente inaturais. Até certo ponto parecem. Na Figura 191*a*, as bordas posteriores do cubo parecem um tanto mais longas do que as bordas frontais, de modo que o topo e as faces laterais parecem divergir à medida que se afastam na distância. O efeito é tão forte que criou a crença de que nas pinturas japonesas e chinesas as bordas paralelas divergem, embora as medidas demonstrem que tal princípio não é operativo.

Podemos interpretar este fenômeno com o significado de que nossos olhos esperam que o paralelismo seja representado por linhas convergentes. Contudo, foi necessária a introdução da perspectiva central para prover tal convergência em quadros, enquanto a representação de paralelas por paralelas continua sendo o procedimento mais comum e mais natural. É usado espontaneamente em estágios iniciais de arte sempre que a representação de espaço vai além da planura do procedimento "egípcio" – nos desenhos infantis, nas obras de pintores domingueiros e outros "primitivos" –, mas é também comum na arte altamente requintada do Extremo Oriente. Além disso, é universalmente preferida pelos matemáticos, arquitetos, engenheiros – sempre que as representações ambíguas de sólidos geométricos são exigidas. Quais são as virtudes deste procedimento "inatural"?

É verdade que as linhas convergentes em uma fotografia ou em um desenho executado em perspectiva central produzem um efeito mais forçado de profundidade. Mas é igualmente verdade que o cubo feito com linhas paralelas parece mais com a forma de cubo. Isto acontece porque o paralelismo preserva uma propriedade essencialmente objetiva do cubo. A vantagem é ainda mais notável nas aplicações tecnológicas. Se um carpinteiro ou construtor fosse solicitado para construir uma réplica exata dos objetos da Figura 192, ele poderia ficar embaraçado em saber se os ângulos irregulares e formas oblíquas seriam consideradas como propriedades dos próprios objetos ou apenas como convergência de perspectivas. Ambos os fatores em qualquer proporção poderiam contribuir para o efeito.

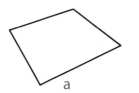

Figura 192

O método de representação espacial que estamos considerando agora é conhecido por vários nomes; eu prefiro chamá-lo *perspectiva isométrica*. A fim de avaliá-la adequadamente, deve-se ter em mente que a forma pictórica não se desenvolve a partir de uma fiel imitação da natureza. Os objetos do mundo físico não são esmagados no quadro como uma abelha no para-brisa. A forma pictórica, ao contrário, origina-se das condições do meio bidimensional. A regra que controla a representação de profundidade no plano prescreve que *nenhum aspecto da estrutura visual será deformado a menos que a percepção espacial o exija* – a não ser que uma projeção mecanicamente correta exija.

Uma breve análise dos estágios de desenvolvimento aclarará o assunto. Em um nível inicial, a criança representa um objeto cúbico, por exemplo, o corpo de uma casa, como um simples quadrado ou retângulo (Figura 193*a*). Isto não é uma face frontal, mas o equivalente bidimensional "não marcado" do cubo como um todo. A etapa seguinte no sentido da diferenciação surge da necessidade de subdividir o cubo em várias faces. O quadrado ou retângulo originais agora assumem a função mais particular da fachada, à qual faces laterais são acrescentadas simetricamente, a princípio dentro do plano frontal "*b*". Em seguida, vem a necessidade de diferenciar entre dimensão frontal e dimensão de profundidade. Isto é conseguido pela descoberta de que sob certas condições a obliquidade é percebida como recuo em profundidade – uma invenção das mais importantes.

A deformação, disse antes, é o principal recurso pelo qual se representa a profundidade no plano. A obliquidade é a deformação mais elementar da configuração que resulta em percepção de profundidade. Admite-se, nem todas as formas oblíquas produzem profundidade, mas apenas aquelas que podem ser lidas como desvios da estrutura normal da vertical e horizontal. Quando se satisfaz esta condição, a obliquidade desaparece em favor de uma reversão à estrutura mais simples. Isto é o que a criança descobre quando produz a Figura 193c. Em todas as aplicações da perspectiva isométrica, a obliquidade por si só é considerada suficiente para representar a profundidade.

Se a Figura 193c não for entendida como um desvio lógico das condições do meio bidimensional, será com facilidade erroneamente interpretada como "perspectiva invertida". Ela aparece então como o oposto do que a imitação da natureza sugeriria. Em vez de convergir para a distância, as formas divergem. Este tipo de interpretação pode apenas confundir o problema. As formas divergentes não ocorrem como um desvio de uma adesão inicial à perspectiva convergente, mas são executadas como um recurso elementar de representação espacial, muito antes do artifício sofisticado da perspectiva central ser concebido.

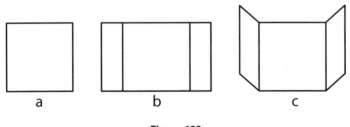

Figura 193

A Figura 194 é uma ilustração do tratado de Vitrúvio sobre arquitetura na edição Cesariano, publicada em Como, em 1521. Para os olhos modernos, a xilogravura pode representar um edifício prismático com paredes laterais que se afastam obliquamente para trás. Mas ambos, a planta do edifício e o texto ilustrado pela gravura, nos asseguram que se pretende realmente a forma cúbica. ("Os gregos projetavam seus fóruns na forma de um quadrado circundado por colunatas duplas muito espaçosas..."). De fato, a ilustração satisfaz seu propósito. A obliquidade das paredes laterais define suficientemente sua posição espacial. Estas paredes laterais seriam invisíveis se a vista frontal do edifício fosse desenhada em perspectiva convergente.

Isto nós faz entender que a perspectiva divergente é um dos artifícios empregados pelo desenhista para lutar contra o traço característico do meio pictórico: exceto para o caso especial da transparência, *não mais de uma coisa a um tempo pode ser claramente visível em qualquer ponto da superfície.* Quando o espaço físico é projetado so-

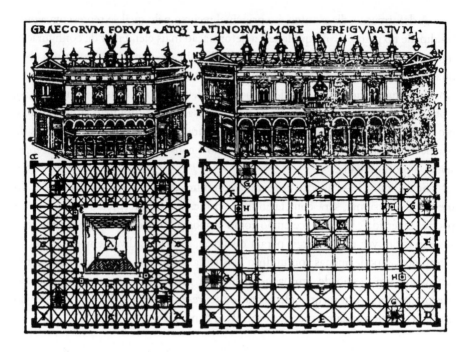

Figura 194
Tirado da edição Cesare Cesariano, de Vitrúvio, *Dez Livros de Arquitetura*, Como, 1521.

bre uma superfície, cada localização do plano projetivo corresponde inevitavelmente a mais de um objeto ou parte de um objeto. O primeiro plano esconde o fundo; o lado frontal esconde o lado posterior. A perspectiva convergente esconde as faces laterais; a perspectiva divergente as revela.

Considere a Figura 195*a*, um detalhe de um retábulo espanhol do século XIV; *b* mostra o mesmo assunto desenhado em perspectiva convergente. Observamos que *a* revela claramente as partes laterais do objeto cúbico e, desse modo, dá-lhe mais volume. Além disso, os ângulos obtusos dos vértices frontais em *a* fazem com que a superfície de topo se alargue para trás e envolva o Menino Jesus com um tipo de fechamento semicircular, enquanto a base convergente intercepta o Menino em *b*. As conveniências visuais do artifício são tão óbvias que foram usadas novamente, sem surpresa, pelos artistas modernos, logo que a arte ocidental se livrara da obrigação da perspectiva "realista". Podem-se encontrar exemplos na obra de Picasso (Figura 196). Em alguns estilos arquitetônicos, uma preferência pelas configurações hexagonais e semi-hexagonais (do tipo *bay window*) está também diretamente relacionada com o fato de que as faces laterais divergentes revelam o volume da estrutura muito mais diretamente do que os dos cubos retangulares.

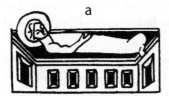 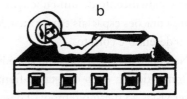

Figura 195

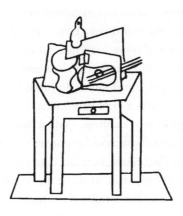

Figura 196

Uma vez que a representação pictórica dos sólidos cúbicos provém do quadrado fundamental (Figura 193*a*), há boas razões para o uso universal de formas tais como aquelas na Figura 197. O quadrado original é ainda visível e, no decurso da diferenciação, ele assumiu agora a função de face frontal. Como tal, não precisa ser deformado porque não representa nenhum desvio do plano frontal. Acrescentados a ele estão os lados superior e lateral, que expressam profundidade por obliquidade. Tudo isso é bastante lógico, e, de fato, a maioria das pessoas olhará para esse tipo de desenho durante a vida toda vendo-o apenas como a imagem

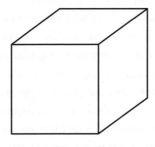

Figura 197

correta e convincente de um cubo. Acostumamo-nos desde a infância a perceber as representações espaciais em termos do meio bidimensional. No âmbito daquele meio, o desenho é correto.

Não obstante, é erradíssimo do ponto de vista da projeção óptica. Quando a face frontal de um cubo é vista de frente, as faces laterais possivelmente não podem ser vistas ao mesmo tempo. O desenho apresenta a projeção de um hexágono assimetricamente inclinado, que poderia conter ângulos oblíquos. Mesmo assim, a economia visual e a lógica desta combinação de vista frontal e obliquidade isométrica nos fazem ver um cubo coerente, satisfatoriamente retratado.

O quadrado frontal não deformado tem a vantagem de oferecer aos olhos uma base estável, uma "tônica" no sentido musical do termo, a partir do qual tudo o mais pode ser percebido como um desvio claramente definido. Por esta razão, as faces que se afastam produzem um efeito de profundidade mais convincente do que deveriam se não fossem ligadas a uma base modelo da qual pudessem se desviar. A forma frontal em ângulo reto também ajuda a harmonizar o espaço pictórico com a moldura de referência do observador por ser orientado perpendicularmente para sua linha de visão. E, finalmente, se usada como conjunto arquitetônico numa pintura, a fachada frontal provê uma cortina de fundo estabilizadora para exibições dentro do plano frontal, tais como cortejos ou outras cenas com figuras.

A Figura 198 é uma reprodução em preto e branco de uma pintura de Horst Scheffler. Faz uso da perspectiva isométrica em combinação com a frontalidade para estudar a inter-relação ambígua entre planura e profundidade. A borda oblíqua, curta, do centro, é vista como uma parte da inclinação isométrica em profundidade quando se aproxima pela esquerda, mas como uma borda inclinada no plano frontal quando se aproxima pela parte inferior. O paralelismo mantido na perspectiva isométrica possibilita o recuo forçado para dentro do plano frontal, pelo menos por breves momentos, e a instabilidade do equilíbrio entre segunda e terceira dimensões produz uma dinâmica particularmente moderna, desagradável.

Ao mesmo tempo, a acomodação ao plano frontal pode ser experimentada como um obstáculo ao movimento livre no espaço. Isto é ilustrado na Figura 199. A perspectiva isométrica em duas direções é usada em *b*. Tendo abandonado todos os elementos de frontalidade, o objeto pictórico se movimenta com muito mais liberdade e, embora esteja fixo na estrutura espacial do espaço pictórico, parece flutuar em relação ao observador, a cujas coordenadas ortogonais não está mais ligado. Este é o padrão compositivo das pinturas japonesas tradicionais, tais como as ilustrações antigas para o *Conto de Genji*, e também o Ukiyo-e, xilogravuras do século XVIII. O observador, em vez de estar diretamente relacionado com o mundo pictórico, espia-o obliquamente. Ele vê um mundo que poderia parecer totalmente

Figura 198
Horst Scheffler. *Gegenwinkel-Modulation*, 1971.

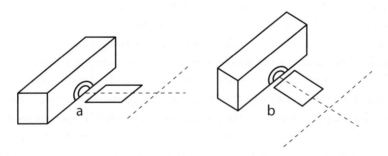

Figura 199

independente dele se a dimensão vertical não mantivesse sua completa frontalidade. Esta inconsistência resulta mais clara nas figuras humanas que não são nem escorço nem são vistas de cima como a construção espacial exigiria, mas encontram a linha de visão do observador perpendicularmente em sua extensão completa.

Finalmente, mencionarei uma prática encontrada nos desenhos isométricos, por exemplo, de Theo van Doesburg. Uma vez que o ângulo entre as duas direções para representações do tipo da Figura 199*b* pode ser selecionado à vontade, pode ser feito com 90 graus. Tal ângulo reto produz uma nova ligação com o plano frontal que, de outra maneira, seria abandonado – um artifício sutilmente paradoxal sendo este um daqueles exemplos difíceis de se conseguir nos quais o conjunto espacial nos pede para ler os ângulos retos como a projeção de ângulos agudos.

Ajuda do espaço físico

Deve ter ficado claro que todos os efeitos de profundidade na experiência visual devem ser criados pelo sistema nervoso e pela mente. Isto se torna particularmente evidente quando se trata de imagens bidimensionais, mas é também verdade quando se olha os objetos ou imagens no espaço físico, por exemplo, obras de arquitetura ou de escultura. Admite-se, o efeito de profundidade produzido por objetos no espaço físico ou hologramas é muito mais convincente do que o criado por quadros. Isto acontece porque o "input" de luz provindo destas fontes permite o uso de critérios de profundidade adicional poderosos e quase nenhum que contrabalance a profundidade.

Estes indicadores adicionais são geralmente mencionados como "indícios fisiológicos" em livros de texto de psicologia – um termo inapropriado porque ele oculta o fato de que todo "input" da percepção de profundidade tem uma base fisiológica. Ele cria também a errônea impressão de que estes fatores são um tanto diferentes em princípio dos daqueles inerentes às formas, claridades e cores registradas na retina. Realmente, os indicadores que podem ser chamados "profundidade-determinada" são de modo algum puramente fisiológicos; eles se baseiam na percepção visual tanto quanto aqueles que não são assim determinados.

O mais efetivo destes indicadores de profundidade-determinada é a visão binocular, que produz a estereoscopia. Como Wittgenstein mostrou, é de modo algum evidente por si que a cooperação dos dois olhos levaria à percepção de profundidade; poderia igualmente produzir uma imagem esfumada. A Figura 200 mostra esquematicamente que, quando os dois olhos focam nos mesmos objetos, por exemplo, dois pontos localizados a distâncias diferentes, receberão imagens diferentes. No caso presente, os dois pontos estarão mais separados em relação ao olho esquerdo *a* do que em relação ao direito *b*, sendo as duas imagens indicadas em *e* e *f*. Confrontando-se com duas imagens diferentes, o sentido da visão enfrenta um dilema. O padrão de estímulo registrado pelas retinas é invariável, mas neste caso, uma vez mais, exatamente como nos casos de figura-fundo e superposição, a terceira dimensão oferece uma via livre que permite a fusão das duas imagens planas em uma imagem tridimensional. Assim, mais uma vez, a tridimensionalidade é provocada pela tendência no sentido da simplificação e redução de tensão.

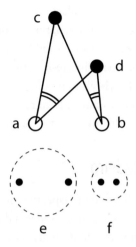

Figura 200

Na estereoscopia, o conflito entre imagens provém da paralaxe espacial, isto é, da diferença entre imagens devido a diferentes localizações dos dois olhos. Um mecanismo similar é operante na paralaxe de tempo, quando diferentes imagens resultam porque o observador muda de localização. Quando alguém movimenta a cabeça de um lado para outro recebe imagens diferentes, que novamente podem ser fundidas em uma imagem unitária tridimensional. Experimentos, tais como aqueles feitos por Eleanor J. Gibson sobre o "penhasco visual", sugerem que este indicador de profundidade já funciona em recém-nascidos e em filhotes de animais. Nas artes, é empregado quando os olhos do observador ou a câmara cinematográfica se movimenta de uma posição para outra, aumentando consideravelmente, portanto, o efeito de profundidade dos sólidos percebidos. Um efeito correspondente é provocado quando se faz girar uma escultura num cavalete giratório.

Nem a paralaxe espacial nem a temporal podem ser empregadas para aumentar a profundidade em imagens planas. Ao contrário, serve para revelar a planura da superfície. O efeito de profundidade de uma imagem é aumentado quando se elimina a paralaxe olhando com um olho de uma posição completamente imóvel. Em holografia, contudo, a paralaxe funciona exatamente como o faz no espaço real porque esta técnica não produz imagens planas; ela reconstrói o "input" de luz da situação original.

Finalmente, podem-se mencionar dois indicadores de profundidade que obtém informação a partir da percepção cinestésica. A fim de registrar imagens do mesmo objeto, os dois olhos devem fazer as linhas de visão convergir. O ângulo formado pelos eixos dos olhos é grande quando o objeto está próximo, tornando-se menor com o aumento de distância. A tensão mutável dos músculos que prendem e movimentam os globos oculares correlaciona-se com a distância por meio do sistema nervoso. A convergência é ativada, naturalmente, pela tendência de fazer as duas imagens coincidirem e, portanto, de simplificar a situação perceptiva.

De modo similar, as sensações cinestésicas provindas do músculo ciliar que controla a curvatura da lente do cristalino no olho são usadas pelo sistema nervoso como um indicador indireto de distância. Este recurso focalizador é dirigido pelo gradiente a partir da imagem indistinta, até a nítida, no campo visual.

Simples em vez de verdadeiro

Quando se abandona o paralelismo da perspectiva isométrica e se acrescenta a variação de tamanho como outro indicador da terceira dimensão, obtém-se um efeito de profundidade de forma correspondente mais forte (Figura 192). Neste caso, as bordas mais distantes da figura são mais curtas do que as mais próximas. Mesmo assim, talvez possamos perceber um retângulo ou cubo mais ou menos convincente. Esta capacidade do sentido da visão para corrigir a projeção deformada e percebê-la como um objeto obliquamente orientado, em ângulo reto, é comumente atribuída à "constância de tamanho e forma".

Este termo tem algumas conotações errôneas. É com frequência usado para significar que, a despeito das deformações projetivas, os objetos visuais são vistos de acordo com sua configuração física objetiva. Diz-se que os objetos permanecem "constantes". Há certa verdade nesta observação, mas não se sustenta tão universalmente como se pretende, e substitui um princípio secundário de explanação por um fundamental. É essencial para o artista entender que a constância de tamanho e forma depende da tendência para a forma mais simples, que pode ou não produzir uma percepção "verdadeira".

Suponhamos um trapezoide luminoso instalado no piso de uma sala escura a certa distância do observador de tal modo que produza uma projeção de forma quadrada nos olhos do mesmo (Figura 201). Se o observador olhar para a figura através de um orifício (não indicado na ilustração), verá provavelmente um quadrado frontal. Isto acontecerá não porque a projeção tenha a forma quadrada, mas porque o quadrado frontal é a impressão mais simples que a projeção produzirá. Quanto ao objeto físico sobre o piso, ele vê a coisa errada, o que significa que neste caso o princípio de constância não produz uma imagem fiel. Conclui-se que o percebido *corresponderá à forma de um objeto físico em escorço quando, e somente quando, acontecer que esta forma seja a figura mais simples da qual o padrão projetivo possa ser visto como uma deformação.* Infelizmente isto ocorre com muita frequência. No mundo feito pelo homem são frequentes as paralelas, os retângulos, os quadrados, os cubos e os círculos, e na natureza há também uma tendência à forma simples.

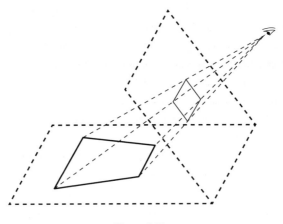

Figura 201

O tipo de artifício ilustrado na Figura 202 é bem recebido no mundo da ilusão visual, por exemplo, no teatro e em certos estilos arquitetônicos. Deseja-se com frequência criar a impressão de maior profundidade do que se pode conseguir fisicamente. Se um cenógrafo construir uma sala regular com piso nivelado e paredes com ângulos retos (Figura 202*a*, plano de fundo), o espectador receberá o padrão projetivo *b* e, consequentemente, verá a sala aproximadamente da maneira que se apresenta em (*c*). Se, contudo, o piso inclinar-se para cima, o teto para baixo, as paredes trapezoidais convergirão para trás (*d*), a inclinação física se associará com a inclinação perspectiva e resultará a projeção *e*. Devido à maior diferença do tamanho entre a abertura frontal e a parede de fundo, será vista uma sala cúbica de maior profundidade (*f*).

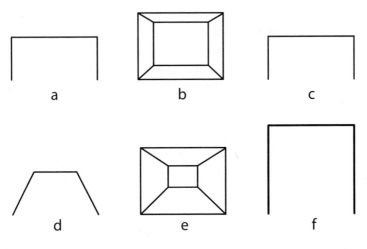

Figura 202

Isto contradiz o princípio de constância, mas corresponde exatamente ao que nos faria supor o princípio de simplicidade. Pode-se encontrar um exemplo notável no Palazzo Spada em Roma. Quando Francesco Borromini reconstruiu o Palazzo por volta de 1635, sua intenção era conseguir uma profunda vista arquitetônica que terminasse em um peristilo, abobadado. Quando um observador se encontra em pé no pátio e olha para o peristilo vê um longo túnel, flanqueado por colunas, que leva a um espaço aberto, no qual se nota a estátua razoavelmente grande de um guerreiro. Mas logo que caminha para o peristilo, experimenta uma forte sensação de estar mareado, causada pela perda de orientação espacial. Borromini tinha apenas um espaço limitado a sua disposição e o peristilo é na realidade curto. Do arco frontal ao posterior, ele mede cerca de 8,50 metros. O arco frontal tem quase 5,80 metros de altura por 3 de largura. O posterior se reduz a uma altura de 2,45 metros e a uma largura de cerca de 0,91 cm. As paredes laterais convergem, o piso se eleva, o teto se inclina para baixo, e os intervalos entre as colunas diminuem. Quando o observador chega à estátua do guerreiro, surpreende-se por achá-la tão pequena.

Há outros exemplos. A praça de São Marcos em Veneza tem 82 metros de largura no extremo leste, mas somente 55,50 no oeste. Os edifícios laterais, a Procuradoria, divergem em direção à igreja. Assim, encontrando-se frente à igreja no lado leste e olhando para a praça de 132,30 metros de comprimento, o observador acha a vista muito mais profunda do que se a observasse do lado oeste. Os arquitetos medievais aumentavam o efeito de profundidade em muitas igrejas fazendo com que os lados convergissem ligeiramente em direção ao coro e diminuindo gradualmente os intervalos entre as colunas.

O recurso oposto tende a manter a forma regular em oposição à influência distorciva e a diminuir a distância aparente. O mesmo se verifica com o quadrângulo formado pelo peristilo de Bernini na praça de São Pedro em Roma e a praça de Michelangelo na frente do Capitólio. Ambas convergem para o observador que se aproxima. De acordo com Vitrúvio, os gregos aumentavam a largura da parte superior das colunas em relação à da parte inferior à proporção que aumentava a altura das mesmas. "Pois os olhos estão sempre à procura de beleza, e se não satisfizermos seu desejo de prazer por meio de uma ampliação proporcionada destas medidas e compensarmos assim a decepção ocular, uma aparência desgraciosa e deselegante apresentar-se-á ao observador."

Platão menciona uma prática similar entre escultores e pintores. "Porque, se os artistas dessem as verdadeiras proporções a suas belas obras, a parte superior, que está mais afastada, pareceria desproporcionada em relação à inferior, que está mais próxima; e assim eles renunciam a verdade em suas imagens e fazem apenas as proporções que parecem ser belas, deixando de lado as reais." Durante o Renascimento, Vasari disse: "Quando as estátuas forem colocadas em posição elevada e abaixo não houver espaço para que possamos nos afastar o suficiente para olhá-las à distância, mas se formos forçados a permanecer quase abaixo delas, devem ser feitas com uma cabeça ou duas mais alta". Se isto for feito, "o que se acrescenta em altura se consome em escorço, e quando são observadas revelam-se realmente em proporção, corretas e não anãs, e, pelo contrário, cheias de graça".

Adalbert Ames deu exemplos notáveis de discrepância entre o espaço físico e o psicológico. Na mais conhecida destas demonstrações (Figura 203), o observador olha através de um orifício *(o)* para uma sala que parece ter uma forma retangular normal (*e* - *f* - *c* - *d*). A verdadeira planta da sala é *a* - *b* - *c* - *d*. A sala está construída de tal modo que a imagem retiniana do observador é idêntica à de uma sala cúbica regular. Para este propósito, as paredes, o piso e o teto estão adequadamente inclinados e deformados, e o mesmo acontece com o mobiliário. Coisas misteriosas acontecem em tal sala. Uma pessoa em pé em *p* é percebida como se estivesse em *q*, e por isso parece um anão em comparação a outra pessoa que se encontra em pé em *r;* um homem de 1,83 metro de altura em *p* parece menor que seu filhinho em *r*. Há duas janelas na parede de trás. O rosto de uma pessoa que olha através da janela à esquerda parece muito menor do que um rosto na janela à direita.

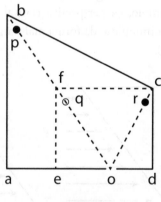

Figura 203

O fenômeno só é desconcertante se esquecermos que, para um homem que olha com um olho através de um orifício, a visão depende principalmente da estrutura projetada sobre a retina. Quer este padrão venha de uma sala deformada ou retangular ou de uma fotografia de qualquer dos dois é absolutamente indiferente. Se a sala deformada for vista como retangular, isto não exige nem mais nem menos explicação do que o fato de que a sala fisicamente retangular seja vista tal como é; pois a projeção de tal sala corresponde a um número infinito de formas cúbicas mais ou menos deformadas, entre as quais se escolhe a mais simples, a mais simétrica e regular. O próprio Ames usou esta demonstração para afirmar que vemos o que esperamos ver: ninguém espera ver uma sala torta. Isto pode ser verdade, mas quem espera que um pai seja menor do que seu filhinho ou uma pessoa encolha até atingir uma fração do seu tamanho quando caminha da direita para esquerda? O que a demonstração realmente revela é que, quando a visão tem de escolher entre uma sala cúbica deformada repleta de pessoas de tamanho normal e uma sala em ângulo reto regular com pessoas de tamanho estranhamente inatural, escolhe a última. "A inexperiência passada" não parece se apegar a nenhuma das duas visões.

Os gradientes criam profundidade

A obliquidade, observamos, cria profundidade quando é percebida como um desvio da estrutura vertical-horizontal porque a tensão pode ser reduzida e a simplicidade aumentada quando a obliquidade frontal se transforma na terceira dimensão. Para a nossa próxima etapa, devemos tratar a obliquidade como um caso especial de um aspecto perceptivo ainda mais amplo, afirmando que a obliquidade cria profundidade porque é um gradiente. Quando relacionamos um objeto visual oblíquo com as coordenadas padrão (Figura 204a), observamos que a distância a partir da vertical ou da horizontal aumenta ou diminui gradualmente. Se o princípio da convergência for empregado, por exemplo, na perspectiva central, obtém-se um gradiente adicional de tamanho, uma diminuição da forma mais larga para a mais estreita, na própria figura (Figura 204b).

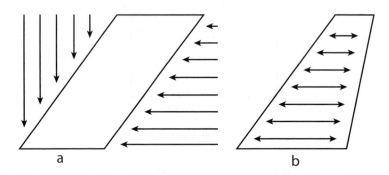

Figura 204

Um gradiente é o aumento ou a diminuição gradual de alguma qualidade perceptiva no espaço e no tempo. James J. Gibson foi o primeiro a chamar a atenção para a capacidade que tem o gradiente de criar profundidade. Enfatizou os gradientes de textura, tal como a mudança gradual de densidade do grão ou da sombra, a textura mais grossa relacionando-se com a proximidade, a mais fina, com a distância. Embora ele entendesse que os gradientes criam profundidade também em figuras lineares, ele considerou estas como "abstrações fantasmagóricas" daquilo que se observa na experiência diária. Uma vez que admitiu que os gradientes criam profundidade em quadros porque assim o fazem na percepção do mundo físico, acreditou que os gradientes de textura mais realísticos, por exemplo, na fotografia de uma praia pedregosa, criam profundidade com mais eficiência. Em realidade, o oposto é quase mais correto. Os desenhos lineares puramente geométricos, tais como os pisos em tabuleiros de dama convergentes ou as construções altamente abstratas do pintor Vasarely, contêm gradientes de profundidade mais fortes. Isto acontece porque a efetividade de um gradiente perceptivo depende da articulação visual do padrão. Quanto mais nitidamente for apresentado o gradiente na forma, cor ou movimento, mais convincente será o efeito de profundidade. A fidelidade ao mundo físico não é uma variável decisiva.

Quando, em desenho animado, um pequeno disco se expande, a percepção tem de escolher entre manter a distância constante e registrar uma mudança de tamanho, ou manter o tamanho constante e mudar a distância. Avaliando estes fatores de simplicidade em relação mútua, a percepção opta pela última alternativa. Ela transforma o gradiente projetivo de tamanho em gradiente de distância. Qualquer aspecto perceptivo pode servir para formar gradientes. A Figura 205 indica esquematicamente alguns deles: distância da estrutura horizontal-vertical, tamanho dos objetos, tamanho dos intervalos. Uma vez que nestes exemplos todos agem na mesma direção, reforçam-se mutuamente. Tais gradientes são a causa principal de vermos fileiras de postes telegráficos, cercas, árvores ou colunas afastarem-se em profundidade.

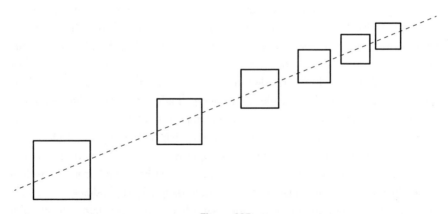

Figura 205

Quanto mais regular for o gradiente, mais forte será seu efeito. Uma fileira de quadrados de cartões iguais produz um gradiente convincente, como o da Figura 205. Se, contudo, os quadrados variarem irregularmente de tamanho, haverá confusão entre tamanho devido à projeção e tamanho devido às medidas físicas dos objetos, e por isso o gradiente será prejudicado ou mesmo destruído ou reverso. (Pode-se fazer experiências com uma fileira de quadrados cujo tamanho físico aumenta mais rapidamente do que seu tamanho projetivo diminui.) Um campo coberto com pedras de vários tamanhos pode produzir este tipo de gradiente parcial, enquanto as duas cadeiras de Van Gogh na Figura 206 produzem um forte efeito de profundidade porque não variam em nada mais que tamanho e localização.

Figura 206

O gradiente de tamanho é um dos primeiros recursos para representar a profundidade em quadros. As crianças logo aprendem que, quando fazem as figuras maiores, elas parecem mais próximas. Este recurso, junto com o gradiente de altura que correlaciona a profundidade com a distância vertical da linha de base do quadro, contribui muito para satisfazer às necessidades espaciais. Georges Seurat em sua pintura mais conhecida, *Uma Tarde no Grande Jatte*, organiza a dimensão de distância distribuindo figuras de tamanhos decrescentes em todo campo. Estas figuras não são ordenadas em fileiras, mas espalhadas irregularmente por toda a superfície. Contudo os vários tamanhos são representados de maneira um tanto ampla de modo que uma escala contínua leva o olhar da frente para o fundo.

Os gradientes criam profundidade porque eles dão às coisas desiguais uma oportunidade de parecerem iguais. Se os gradientes da Figura 205 forem absolutamente eficientes, veremos quadrados de tamanhos iguais alinhados em intervalos iguais. Além disso, criando profundidade, os gradientes transformam o declive oblíquo da fileira em um arranjo mais estável sobre um plano horizontal. Há assim uma grande vantagem para a simplicidade visual.

O gradiente abrupto determina a extensão de profundidade percebida: se construirmos duas fileiras de quadrados igualmente longas, aquela onde a diferença de tamanho entre o primeiro e o último quadrados for maior produzirá a vista mais profunda. Como veremos, gradientes abruptos eram preferidos pelos artistas barrocos como Piranesi. Opticamente, eles podem ser obtidos em fotografia e em filme com ajuda das lentes de foco curto.

Todas as vezes que o tamanho muda de acordo com uma razão constante, o observador vê um aumento de profundidade correspondente, constante. Assim, a Figura 207*a* pode ser vista como uma cerca em linha reta. Contudo, quando a proporção do gradiente muda, a proporção da distância crescente muda também. Na Figura 207*b*, o gradiente se aplana e resulta perceptivamente numa cerca curva (mesmo que nestas figuras a negligência de todos os outros gradientes, tais como a grossura das barras, os intervalos entre elas e a orientação no espaço, se oponham ao efeito de profundidade).

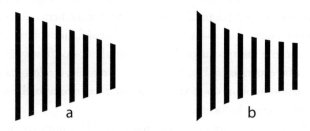

Figura 207

De modo similar, como James J. Gibson mostrou, uma mudança repentina na proporção criará uma borda entre as duas superfícies de inclinação diferente, e uma lacuna na série contínua do gradiente criará um hiato ou uma falha na dimensão de profundidade. Alguns pintores e fotógrafos preferem uma série contínua razoavelmente densa de espaço, levando o olhar sem interrupção, da frente para o fundo. Eles obtêm, desse modo, um recuo constante numa composição de orientação oblíqua. Outros com um interesse maior na parte frontal empregam intervalos grandes – por exemplo, entre o primeiro plano e o fundo mantendo, desse modo, o simples dualismo de figura e fundo. Em retratos tradicionais, como a *Mona Lisa* de Leonardo, os olhos devem pular da figura frontal diretamente para a paisagem distante.

Observamos que os gradientes sustentam a constância de tamanho. Se houver lacunas no gradiente, a constância tende a se desfazer, uma vez que não ocorre sozinha, mas deve ser criada por fatores visuais. As figuras numa paisagem distante não parecem do mesmo tamanho como a pessoa retratada em primeiro plano; e quando perscrutamos do alto de uma torre ou de um avião, as coisas não são, em absoluto, do tamanho natural. "Uma nuvenzinha fora do mar, como a mão de um homem", diz a Bíblia.

O que foi mostrado em relação aos gradientes de tamanho serve também para outros fatores perceptivos, por exemplo, para gradientes de movimento. Da mesma forma como os intervalos espaciais entre os quadrados ou postes telegráficos diminuem, também a velocidade de um objeto num desenho animado deve diminuir se se quiser que ele se afaste numa velocidade constante. Um gradiente de movimento também contribui para o efeito de profundidade numa paisagem quando a observamos de um carro. Os edifícios e as árvores no primeiro plano passam por nós numa velocidade muito maior do que os que estão distantes, e a diferença em velocidade aparente correlaciona-se com a distância existente entre nós e o que vemos.

A perspectiva aérea baseia-se em gradientes de claridade, saturação, nitidez, textura e, até certo ponto, de cor. Na natureza, o fenômeno é devido à massa de ar sempre crescente através da qual os objetos são vistos. Contudo, a perspectiva aérea é efetiva na pintura, não principalmente porque sabemos que indica espaços distantes da natureza. Ao contrário, aquelas vistas da natureza são tão profundas por causa dos gradientes perceptivos que produzem. Os fotógrafos sabem que a escala de foco que vai de uma imagem desfocada até uma nítida configura volume de um objeto de modo convincente mesmo que as lentes zoom de nossos olhos não nos tenham preparado para tal experiência. Em retratos, por exemplo, o relevo da cabeça pode ser realçado quando os olhos do modelo estão em foco, mas as orelhas e a ponta do nariz estão ligeiramente desfocadas.

Nem todos os gradientes criam profundidade. Nas pinturas de Rembrandt, pode-se ver a escala de luz, levando da claridade próxima da fonte para a completa obscuridade, não produz seu intenso efeito de profundidade usual quando se estende como um halo em todas as direções ao redor de um centro. Em tal caso, o padrão frontal não é visto como a projeção de um mais simples em profundidade. O mesmo é válido por exemplo para o gradiente de obliquidade. Em uma das pinturas-enigma de René Magritte *Passeios Euclideanos*, os contornos oblíquos de uma avenida são colocados próximos a um campanário cônico que tem a mesma configuração e, enquanto a avenida se afasta em profundidade, o campanário não.

Os gradientes de tamanho como os da Figura 205 levam eventualmente a um ponto de convergência, que nosso padrão alcançaria, se os quadrados e os intervalos entre eles se tornassem cada vez menores. Este ponto de convergência representa o infinito no espaço pictórico. E o ponto de fuga da perspectiva central *e* se coloca na maioria das vezes no horizonte. De fato, nossa escala de quadrados é um setor estreito de um mundo pictórico construído de acordo com o princípio da perspectiva central.

No sentido de uma convergência de espaço

A perspectiva isométrica, que examinamos antes, é um dos grandes sistemas de unificação do espaço pictórico tridimensional. Ela acomoda todo o assunto do quadro em sistemas de linhas paralelas, que entram de um lado, atravessam diagonalmente o quadro e o deixam novamente de outro lado. Isto provoca a sensação de um mundo que não nos defronta em uma localização estável, mas passa por nós como um trem. Quase sempre o quadro é assimetricamente orientado para um lado e parece destinado a se estender interminavelmente em ambas as direções. Não tem centro, mas apresenta um segmento de uma sequência em faixa. Como tal, adapta-se muito bem aos arabescos manuais dos japoneses que, de fato, correm interminavelmente num panorama horizontal e não poderiam acomodar a imagem de um mundo centralizado.

Há algo curiosamente paradoxal sobre o mundo apresentado em perspectiva isométrica, que se afasta na distância por causa de sua obliquidade, mas ao mesmo tempo permanece a uma distância imutável porque o tamanho fica permanentemente constante. Embora inclinado, este mundo nunca parece realmente deixar o plano frontal do quadro – uma propriedade que a recomenda ao estilo basicamente confinado à superfície pictórica. Mas é demasiadamente restrito para uma necessidade no sentido do infinito ilimitado do espaço.

Além disso, em um quadro construído isometricamente, tudo é visto do mesmo lado. Este é um recurso quando o mundo representado se ajusta dentro de si mesmo com tal paralelismo, como o faz, por exemplo, o arranjo ordenado dos aposentos japoneses nos quais os pintores do Genji nos permitem espiar de cima. Mas é um obstáculo para o artista em cujo mundo as coisas ocupam o espaço tridimensional em várias direções e por isso exigem diferentes pontos de vista.

A Figura 208, que reproduz os contornos principais de um relevo em prata feito na Alemanha por volta do ano 1000 d.C., mostra um mundo onde a unidade do paralelismo isométrico foi abandonada. A figura de perfil do evangelista Mateus é apresentada num plano frontal, mas é rodeada de elementos de mobiliário e de arquitetura, dos quais cada um tem seu sistema próprio de representação perspectiva. Há torres frontais, telhados inclinados de vários modos, escabelo, banco e estante do coro avançando uns para os outros em ângulos diferentes. Cada elemento é unificado em si mesmo em relação ao espaço – a maioria deles é organizada isometricamente –, mas a unidade do espaço total foi abandonada. Se o efeito, não obstante, não é caótico, é porque elementos contrastantes estão delicadamente equilibrados. Isto não pode deixar de nos fazer lembrar das composições cubistas; contudo, o deleite deliberado do conflito, a contradição e a interferência mútua que a arte do início do século XX cultivou não existiam nos séculos que precederam a Renascença. Em vez, o que nos defrontamos nos exemplos como os da Figura 208 é a luta que resulta quando um princípio de unidade espacial mais simples foi superado e a busca de um novo, a um nível de complexidade mais alta, ainda está em progresso.

Figura 208

É fascinante observar a procura, por tentativas, de uma convergência espacial nas pinturas europeias nos séculos XIV e XV. Numa transição a partir da perspectiva isométrica, a convergência de um teto ou de um piso é representada primeiro pelos arranjos simétricos de bordas paralelas que se encontram deselegantemente ao longo de uma vertical central (Figura 209). Uma referência

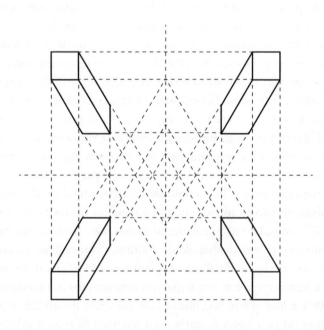

Figura 209

anterior a este princípio está contida na *Óptica* de Euclides, o procedimento era conhecido dos artistas da Renascença desde os murais pompeanos da Antiguidade e é descrito, por exemplo, no tratado sobre as técnicas de pintura de Cennino Cennini: "E apresentar os edifícios por meio deste sistema uniforme: que as molduras que fizerdes no alto do edifício inclinem-se para baixo, da borda próxima ao telhado; as molduras do meio do edifício, na metade da fachada, devem estar inteiramente niveladas e uniformes; as molduras da base do edifício abaixo devem inclinar-se para cima, no sentido oposto à moldura superior, que se inclina para baixo". Mais tarde este sistema se diferencia em uma família de bordas em forma de leque, que converge para um ponto de fuga de modo mais ou menos exato, dependendo do fato de serem construídas com uma régua ou desenhadas intuitivamente à mão livre. A mudança gradual de direção entre as bordas unifica espacialmente o plano do piso ou do teto. Contudo, um ponto de fuga separado é frequentemente empregado para cada superfície ortogonal, principalmente para evitar o escorço excessivo exigido por um foco comum.

Esta busca intuitiva de unidade espacial sustentada pelos sistemas de construção localmente aplicados encontrara sua codificação geométrica final no princípio da perspectiva central formulada pela primeira vez na história da humanidade na Itália por artistas e arquitetos como Alberti, Brunelleschi e Piero della Francesca.

As duas raízes da perspectiva central

É significativo para as características visuais da perspectiva central que ela tenha sido descoberta somente numa época e lugar em toda a história do homem. Os procedimentos mais elementares para representar o espaço pictórico, o método "egípcio" bidimensional, bem como a perspectiva isométrica, foram e são descobertos independentemente em todo o mundo em níveis primitivos da concepção visual. A perspectiva central, contudo, é uma deformação tão violenta e intrincada da configuração normal das coisas que somente ocorreu como resultado final de prolongada exploração e em resposta a necessidades culturais muito particulares. Paradoxalmente, a perspectiva central é ao mesmo tempo, sem dúvida, o modo de representar espaço óptico muito mais realístico e, portanto, dever-se-ia esperar não que fosse um refinamento esotérico reservado a eleitos, mas o método sugerido mais naturalmente a todos pela evidência da experiência visual.

Esta natureza paradoxal da perspectiva central manifesta-se nas duas raízes radicalmente diferentes das quais surge historicamente. Por outro lado, ela é, como já mencionei, a solução final para uma longa luta por uma nova integração do espaço pictórico. Neste ponto, a procura do princípio de convergência é um assunto estritamente do âmbito da pintura, recomendando-se ao artista pela sua elegante simplicidade. É uma construção geométrica que envolve regras elaboradas sobre como representar sólidos estereométricos de várias formas e localizações espaciais.

Em princípio, este jogo matemático de como unificar, por meio do esquadro, o assunto do quadro inteiro num todo simples e logicamente organizado não requeria qualquer observação da realidade, qualquer validade pelas propriedades visuais do mundo físico real. De fato, naturalmente, tal independência não existia. A perspectiva central ocorreu como um aspecto da busca de definições objetivamente corretas da natureza física – uma pesquisa que surgiu durante a Renascença, a partir de um novo interesse pelas maravilhas do mundo sensório, e levou às grandes viagens de exploração, bem como ao desenvolvimento da pesquisa experimental e a padrões científicos de exatidão e verdades. Esta tendência do espírito europeu gerou o desejo de encontrar uma base objetiva para a representação dos objetos visuais, um método independente das idiossincrasias dos olhos e da mão do desenhista.

O esforço para a reprodução mecanicamente correta recebeu sua base teórica a partir da noção da pirâmide visual adotada por Alberti em seu tratado sobre a pintura do ano de 1435. A relação óptica entre o olho do observador e o objeto para o qual ele olha pode ser representada por um sistema de linhas retas saindo de cada ponto da superfície frontal do objeto e encontrando-se no olho. O resultado é um tipo de pirâmide ou cone cujo ápice se encontra no ponto do olho. Se esta pirâmide de raios de luz for interceptada por um painel de vidro perpendicular à linha de visão, a imagem sobre o vidro será uma projeção do objeto, de modo que, traçando-se sobre o vidro os contornos do objeto como é visto do ponto de observação, o observador pode registrar uma duplicata exata da imagem.

Se este procedimento for aplicado a um ambiente geometricamente simples, tal como o interior de uma igreja, a imagem resultante corresponde aproximadamente às regras da perspectiva central. Ela é obtida, contudo, sem a ajuda de qualquer construção geométrica, exatamente como a câmara fotográfica, aplicando um método semelhante ao mesmo assunto, produzirá uma imagem na qual todas as ortogonais das cornijas, arcos, piso e teto convergem precisamente para um ponto de fuga, localizado talvez no altar. Contudo, este método de projeção mecânica não se limita de modo algum aos sólidos geométricos. Libertará os contornos de todo e qualquer objeto, e por isso pode ser usado, por exemplo, para se obter uma projeção correta dos escorços intrincados da figura humana.

A Figura 210 mostra o mecanismo posto em prática por Albrecht Dürer em seu tratado sobre medidas. O artífice observando através de uma abertura a fim de garantir um ponto imutável de observação traça os contornos de seu modelo na prancha vertical. Neste uso primitivo, o recurso encontrou pouco uso, mas tornou-se popular, como uma aplicação da câmara escura. A máquina com furo de alfinete foi inventada, parece, por Leonardo da Vinci, e foi mais tarde suprida com uma lente e uma construção de espelho pelo qual o pintor podia visualizar seu assunto

Figura 210

sobre um vidro horizontal de fundo. É bem provável que este recurso tenha sido usado pelos pintores como Vermeer e por outros em épocas mais recentes. A conquista que coroou este desenvolvimento tecnológico foi, naturalmente, a fotografia, que registra a imagem, sem qualquer ajuda manual.

Em sua forma mais primitiva, o método de traçar imagens fiéis numa superfície transparente estaria certamente dentro do âmbito de qualquer civilização razoavelmente avançada. Se, não obstante, não tivermos outra evidência deste tipo senão, digamos, o traçado dos contornos das mãos humanas nas pinturas dos aborígines australianos e outros artistas primitivos, a razão é certamente que não houve exigência de tal exatidão mecânica.

A descoberta da perspectiva central indica um perigoso desenvolvimento do pensamento ocidental. Ela marcou uma preferência cientificamente orientada pela reprodução mecânica e construções geométricas, aos produtos da imaginação criadora. William Ivins mostrou que a perspectiva central não foi descoberta por mera coincidência apenas alguns anos depois das primeiras xilogravuras terem sido imprimidas na Europa. A xilogravura estabeleceu para a mente europeia o princípio quase completamente novo da reprodução mecânica. Deve-se à fé dos artistas ocidentais e a seu público o fato de, a despeito do engodo da reprodução mecânica, o produto da imaginação ter sobrevivido como uma criação do espírito humano. Mesmo na época da fotografia foi a imaginação que engajou o serviço da máquina, não a máquina que baniu a imaginação. Não obstante, desde a Renascença, o engodo da fidelidade mecânica tem sempre tentado a arte europeia, especialmente na produção do padrão medíocre para consumo de massa. A velha noção de "ilusão" como ideal artístico tornou-se uma ameaça ao gosto popular com o advento da Revolução Industrial.

Não uma projeção fiel

Embora as regras da perspectiva central produzam imagens que se pareçam sobremaneira com as projeções mecânicas produzidas pelas lentes dos olhos e das câmaras, há diferenças significativas. Mesmo neste método mais realístico de representação espacial, a regra que prevalece é de que nenhum aspecto da imagem visual deverá ser distorcido a menos que a tarefa de representar profundidade o exija. Nas aplicações iniciais e mais simples da perspectiva de um ponto, os objetos são colocados frontalmente todas as vezes que for possível. Apenas as ortogonais se submetem à convergência e se encontram num único ponto de fuga (Figura 211). As outras duas dimensões espaciais ajustam-se no plano frontal e permanecem sem deformações. A um nível mais alto de diferenciação, a perspectiva de dois pontos define o objeto cúbico por meio da intersecção de duas famílias de bordas convergentes (Figura 212). Mas mesmo neste sistema mais aprimorado, todas as

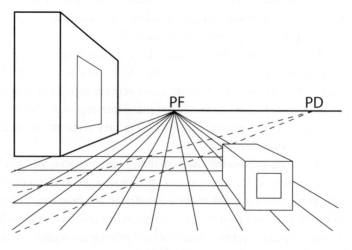

Figura 211

verticais permanecem paralelas indiferenciadas em relação à estrutura do quadro. Em fotografias de edifícios altos, vemos as bordas verticais desviarem-se do paralelismo de maneiras que podem ser codificadas aproximadamente, introduzindo-se um terceiro ponto de fuga, para o qual todas convergem.

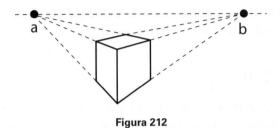

Figura 212

Mas mesmo os três pontos de fuga restituem apenas uma simplificação geométrica do fato de que todas as configurações se tornam menores em todas as direções com o aumento da distância entre elas e o olho. Considere um grande retângulo frontal, talvez a fachada de um edifício. Tais configurações frontais são representadas em quadros como não deformadas; apresentam-se-nos como um retângulo regular. Contudo, desde que todas as áreas da superfície, com distância crescente a partir do ponto de vista dos olhos do observador, devem tornar-se menores, isto se poderia representar, por exemplo, em contornos convexos. Esta convexidade é de fato observada em fotografias tiradas em um ângulo suficientemente aberto. Não é usada pelo desenhista porque tal deformação não é traduzível em termos de recuo e, portanto, seria lida pelo olho como uma distorção do objeto frontal.

A construção geométrica em perspectiva central aproxima-se da projeção que seria recebida pelo olho num ponto de vista especial. Por isso, a fim de ver o quadro "corretamente", o observador teria de assumir a posição correspondente, ficando de pé do lado oposto do ponto de fuga com seus olhos ao nível do horizonte. Teria também de estar a distância relativa adequada, que no exemplo da Figura 211 seria igual a distância entre PF e o ponto de distância PD. De fato, quando o observador assume esta posição (o que é possível se o desenho for suficientemente ampliado), ele achará o efeito de profundidade mais convincente e a forma dos objetos menos distorcida. Na prática, contudo, caminhamos despreocupadamente de um lado para outro na frente de, digamos, uma paisagem urbana de Veneza de Guardi ou Canaletto, e mudamos a distância de visão à vontade. A constância de forma nos ajuda um pouco a compensar a distorção lateral, e a construção em perspectiva é uma das invariáveis que sobrevive à mudança de proporções.

A insistência na posição de observação "correta" pode realmente interferir na percepção de uma pintura. Se o pintor colocou o ponto de fuga fora do quadro, mesmo um observador mais exigente dificilmente fica ao lado do quadro para fixar a parede. Mas quando o foco da perspectiva se encontra dentro da moldura, embora colocado lateralmente (Figura 217), ele pode ter a tentação de encarar aquele foco, ortogonalmente. Contudo, assim fazendo perderá completamente o quadro, que é composto para um observador que se coloca na frente de seu centro. O equilíbrio será destruído; o foco da perspectiva, pretendido como um realce dinâmico lateral, assumirá a função de centro; e o efeito de profundidade tornar-se-á tão forte a ponto de cavar uma depressão no relevo espacial.

Espaço piramidal

A noção de constância perceptiva levou muitos teóricos a afirmar que, quando olhamos o mundo físico ao nosso redor, vemos coisas em seu tamanho real e em sua distância real. Isto não acontece necessariamente. Mesmo dentro de *uma* extensão considerável de distância os observadores podem, em condições favoráveis, ver corretamente o tamanho e a forma das coisas; isto não significa que, quando realmente eles comparam os objetos próximos com os objetos afastados, percebam coisas fisicamente iguais como iguais. Esta situação confusa é de alguma importância para nossos propósitos.

O efeito de profundidade depende, recordemos, da relação entre a estrutura da projeção bidimensional e a estrutura adequada na terceira dimensão. Se o padrão frontal tiver muita simplicidade, influenciará o percebido na direção da planura. Admitamos que as Figuras 213*a* e *b* sejam os contornos de um cenário visto de dois lugares diferentes no piso principal. O cenário parecerá mais plano para a pessoa que está vendo a de um lugar central porque sua projeção é simétrica e, portanto, tende a prevalecer, enquanto a visão da esquerda (*b*) é assimétrica na projeção, mas pode se transformar em simétrica pela versão tridimensional.

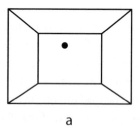 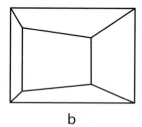

a b

Figura 213

De modo similar, quando olhamos para dentro de uma igreja tradicional, da entrada vemos um padrão simétrico, que tende a reduzir o efeito de profundidade.

Além disso, experimentos têm mostrado que a atitude mental do observador pode influenciar fortemente o grau de efeito de profundidade que ele vê. Pode-se solicitar que ele se concentre na situação "como ela realmente é" em oposição à maneira que ela parece ser ou inversamente puxar o cenário para o plano frontal como se fosse um quadro plano. Esta atitude realçará certos aspectos espaciais e desprezará outros. Um estudante de arte, treinado no desenho em perspectiva, deleita-se vendo projetivamente fileiras de prédios mais do que o "homem comum"; o psicólogo Robert Thouless descobriu que os estudantes da Índia, menos familiarizados com a representação perspectiva, viam objetos inclinados mais próximos de sua forma e tamanho "reais" do que os estudantes britânicos.

Ora, distância e tamanho estão rigorosamente correlacionados. Observando atentamente um ponto preto pode-se criar uma pós-imagem branca, que em seguida pode ser projetada sobre vários lugares na sala. Notar-se-á que quando o ponto branco é visto numa peça de mobiliário próxima, parecerá pequeno, enquanto sobre o teto mais distante, parecerá grande (lei de Emmert). Isto acontecerá também quando alguém projeta a pós-imagem sobre áreas próximas ou distantes de uma pintura que mostra um efeito de profundidade convincente. Concluímos que tamanho e distância definem-se mutuamente. Quando duas formas são de tamanhos objetivamente iguais, uma delas parecerá maior se for vista como se estivesse localizada mais distante; e duas formas de tamanhos objetivamente desiguais serão percebidas como se localizadas em distâncias correspondentemente diferentes, se forem vistas como igualmente grandes.

A convergência nunca se transforma inteiramente. Quando olhamos para a garganta de uma rua de cidade, vemos fileiras paralelas de edifícios que se estendem em profundidade, mas também vemos convergência. Os edifícios próximos de nós parecem maiores do que os que estão afastados no gradiente de distância, mas eles também parecem do mesmo tamanho. Ou nos colocamos perante uma pintura da Renascença: as figuras em primeiro plano parecem maiores do que as do fundo, mas nós a vemos semelhantes. Esta contradição confusa não se deve à diferença entre ver uma coisa e conhecer outra. Não, é um paradoxo visual genuíno: aqueles objetos parecem diferentes e semelhantes ao mesmo tempo.

A situação é embaraçosa e paradoxal apenas enquanto aplicamos os padrões do espaço euclidiano. Estamos acostumados a considerar o mundo como um cubo infinitamente grande, cujo espaço é homogêneo, no sentido em que as coisas e as relações entre elas não mudam quando sua localização muda. Mas imaginem agora um lado do cubo diminuindo até atingir o tamanho de um ponto. O resultado será uma pirâmide infinitamente grande. (Deve-se entender que não estou falando sobre um interior de configuração piramidal contido no mundo "cúbico" comum de nosso raciocínio, mas de um mundo que é em si piramidal.) Tal mundo deveria ser não euclidiano. Todos os conceitos geométricos comuns serviriam, mas eles seriam aplicados a fenômenos surpreendentemente diferentes. Paralelas saindo do lado que diminuirá para um ponto divergiriam em todas as direções, permanecendo paralelas ao mesmo tempo. Contudo, objetos de tamanhos muito diferentes seriam iguais se suas distâncias desde o ápice fossem proporcionais aos seus tamanhos. Um objeto que se move em direção ao ápice diminuiria sem se tornar menor e diminuiria a velocidade enquanto mantinha uma velocidade constante. Se um objeto mudasse sua orientação espacial, mudaria sua configuração, mas manteria a mesma forma, contudo.

Todas essas contradições malucas são resolvidas quando entendemos que o tamanho, a configuração e a velocidade são percebidos em relação à estrutura espacial na qual aparecem. No espaço euclidiano, as linhas de tamanho igual são vistas como se fossem iguais (Figura 214*a*); no espaço piramidal, os componentes de um gradiente de tamanho são vistos como se fossem iguais (*b*). As regras que governam este espaço anisotrópico são menos simples do que aquelas do espaço euclidiano, mas são, não obstante, simples e suficientemente consistentes que, por exemplo, um computador pode produzir um quadro em perspectiva central de qualquer conjunto de sólidos geométricos como se fossem vistos a partir de qualquer ponto de observação, impondo-se aos dados um princípio de convergência convenientemente simples.

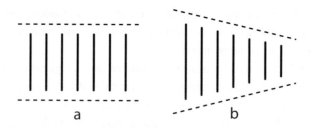

Figura 214

O sentido da visão humana se apresenta com tal espaço piramidal em virtude do fato de que, na percepção, as projeções convergentes se transformam apenas parcialmente. Vemos profundidade, mas vemos convergência ao mesmo tempo. E os fenômenos perceptivos que ocorrem naquele mundo convergente são processados pelo sistema nervoso, em relação à estrutura espacial, com a eficiência de um computador. James J. Gibson referindo-se a isto afirmou: "A escala, não o tamanho, é realmente o que permanece constante na percepção". E a natureza da escala é determinada pela estrutura espacial.

Há o que se poderia chamar "oásis newtoniano" no espaço perceptivo. Dentro de um plano frontal, o espaço é aproximadamente euclideano; e até a alguns metros do observador, a configuração e o tamanho são realmente vistos como se fossem imutáveis. É dessas áreas que nosso raciocínio visual obtém configuração quando a um nível elementar de diferenciação espacial ele concebe tamanho, forma e velocidade como se fossem independentes da localização. Mas mesmo no mundo mais claramente piramidal, as relações com a estrutura são percebidas tão diretamente que é totalmente impossível ao observador novato "ver em perspectiva"; porque ver em perspectiva significa perceber o mundo não homogêneo como um mundo homogêneo distorcido, no qual o efeito de profundidade aparece como se tivesse o mesmo tipo de deformação que observamos quando uma coisa torcida é vista num plano frontal.

Talvez a influência perceptiva da estrutura espacial sobre os objetos visuais seja mais facilmente entendida se considerarmos o espaço convergente da perspectiva central como uma das "ilusões ópticas", que, como Edwin Rausch mostrou, são deformações causadas por sistemas espaciais não homogêneos. Mesmo na superfície plana, é quase impossível ver como iguais as duas linhas verticais na Figura 215. Nesta versão da assim chamada ilusão de Ponzo, as duas linhas parecem desiguais, porque permanecemos fora da deformação criada pelo sistema espacial do desenho, enquanto em um exemplo satisfatório de perspectiva central entramos no sistema espacial o suficiente para ver tais formas como se fossem iguais e desiguais ao mesmo tempo.

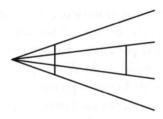

Figura 215

Até agora descrevi a dinâmica da perspectiva central unilateralmente, como um efeito da estrutura espacial sobre objetos visuais particulares. Mas, naturalmente, a estrutura nada mais é que uma constelação de tais objetos, e o que estamos tratando realmente é da interação entre coisas visuais. A influência determinante pode ser exercida por um objeto único. Isto é visto de maneira mais convincente quando uma configuração isolada cria seus próprios arredores espaciais. Se o trapezoide da Figura 216 é mostrado sobre uma superfície vazia, pode ser percebido como a vista em olho de pássaro de um retângulo plano sobre o piso. Nesse caso, a forma do retângulo estabelece o espaço circundante por indução espontânea como se fosse limitado por um horizonte; e é graças ao princípio da simplicidade que, entre a infinidade de tais conjuntos espaciais adequados, o mais simplesmente relacionado com a figura é automaticamente percebido nos arredores vazios. Em princípio, poderíamos também ver um trapézio irregular num sistema espacial definido por pontos de fuga em diferentes localizações, ou um retângulo inclinado para cima com pontos de fuga localizados acima do horizonte etc. Estas versões seriam menos simples.

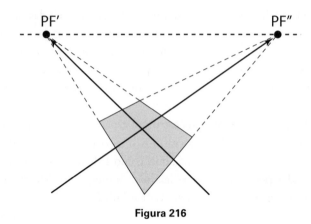

Figura 216

Quando as estruturas espaciais de conjunto e objeto contradizem-se mutuamente, uma luta interessante pode ser observada. Há três soluções possíveis: (1) o conjunto se impõe e o objeto cede, assumindo uma deformação; (2) o objeto se afirma e o contexto espacial torna-se distorcido; (3) nenhum dos contendores cede e a imagem se divide em sistemas espaciais independentes. Na sala de Ames (Figura 203), o conjunto tende a se impor sobre o tamanho das figuras. Alguns exemplos mais complexos serão examinados no fim deste capítulo.

Entre os efeitos dinâmicos do espaço piramidal, encontra-se o da compressão. Devido ao fato das deformações das configurações que se afastam serem apenas parcialmente compensadas, todos os objetos aparecem comprimidos na terceira dimensão. Esta experiência é particularmente forte porque a compressão é vista não apenas como um fato consumado, mas desenvolvendo-se gradualmente. Na periferia, como mostra a Figura 217, as distâncias são grandes, e a diminuição de tamanho ocorre em velocidade lenta. À medida que os olhos se movem em direção ao centro, as linhas vizinhas se aproximam umas das outras cada vez mais rapidamente, até que se atinja um grau quase intolerável de compressão. Este efeito é explorado naqueles períodos e por aqueles artistas que favorecem um ponto alto de emoção. No estilo barroco, mesmo as vistas arquitetônicas estão sujeitas a este procedimento dramático. Nas gravuras de Piranesi, as longas fachadas das ruas romanas são absorvidas pelo foco do espaço com um crescente empolgante. Entre os artistas modernos, Van Gogh favoreceu a convergência acentuada; e um exemplo de Henry Moore (Figura 218) mostra como o tema objetivamente estático das duas fileiras de pessoas dormindo num tubo subterrâneo adquire, através da contração da perspectiva, o impacto dramático, apropriado para a representação de um abrigo antiaéreo. Outros artistas evitaram o efeito de linhas que se afastam. Cézanne raramente as usava, e quando elas realmente ocorriam em seu trabalho, com frequência, diminuía seu efeito modificando-as na direção da horizontal ou vertical.

ESPAÇO 281

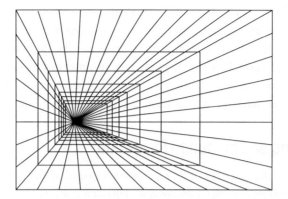

Figura 217

Figura 218

Henry Moore. *Perspectiva de Abrigo em Tubo*. Aquarela, 1941. Gallery, Londres.

Entre os diretores de cinema, Orson Welles é conhecido pelo uso dramático das lentes de foco curto em seus primeiros filmes. As lentes não modificam a perspectiva, mas uma lente de forte curvatura abarcará um ângulo mais amplo do espaço a uma distância curta. Isto produz gradientes abruptos entre o primeiro plano e o fundo, resultando em uma tensão barroca à medida que os personagens diminuem e se ampliam rapidamente quando se afastam ou se aproximam da câmara.

O simbolismo de um mundo focalizado

O método inicial, bidimensional de representação espacial, encontrado na arte infantil e na pintura egípcia, faz a imagem se defrontar com o observador como uma parede plana, expondo-lhe generosamente todo o conteúdo para sua exploração, mas, ao mesmo tempo, excluindo-o. É um mundo isolado, fechado. A perspectiva isométrica amplia o espaço pictórico em três dimensões, mas este espaço, também, é fechado. Seu forte movimento lateral ocorre num âmbito além do plano frontal.

Com a perspectiva central, a relação com o observador muda. Suas principais linhas estruturais constituem um sistema de raios que saem de um foco dentro do espaço pictórico e negam a existência do plano frontal, à medida que avançam para frente e o interrompem. Embora sejam necessários fortes recursos ópticos para dar a um observador a ilusão real de estar envolvido por este funil de espaço que se amplia, mesmo uma pintura comum, executada em perspectiva central, estabelecerá uma conexão um tanto direta entre os acontecimentos do espaço pictórico e o observador. Em vez de se defrontar com o observador perpendicular ou obliquamente, o funil da perspectiva central se abre como uma flor em direção ao observador aproximando-se diretamente dele e quando se desejar, simetricamente, fazendo o eixo central do quadro coincidir com a linha de visão do observador.

Este reconhecimento explícito do observador é ao mesmo tempo uma imposição violenta sobre o mundo representado no quadro. As distorções da perspectiva não são causadas por forças inerentes ao próprio mundo representado. Elas constituem a expressão visual do fato de que este mundo está sendo observado. E a construção da óptica geométrica determina e prescreve a posição do observador.

Até esta altura podemos concordar com a interpretação da perspectiva central, comumente aceita, como uma manifestação do individualismo da Renascença. A imagem apresenta um mundo como se fosse visto do ponto de vista de um observador individual e, assim fazendo, eleva a concepção pictórica de espaço a um novo nível de diferenciação. Contudo, observamos que na prática o observador é completamente independente do ponto prescrito. Dentro de limites consideráveis, ele pode livremente mover-se para os lados, para trás e para frente. E o que vê é – em contradição parcial com o que acabo de dizer – um mundo que contém dentro de si e por si mesmo, isto é, completamente independente do observador, uma convergência para um centro. O ponto de fuga não é apenas o reflexo da localização do qual o observador ideal olha para o quadro; é também, e principalmente, o ápice do mundo piramidal retratado no quadro. "A perspectiva emprega, em distâncias, duas pirâmides opostas", escreveu Leonardo da Vinci, "uma das quais tem seu ápice no olho e sua base tão longe quanto o horizonte. O outro tem a base em direção ao olho e o ápice no horizonte".

Simbolicamente, tal mundo centralizado corresponde a uma concepção hierárquica da existência humana. Dificilmente se adaptaria às filosofias Taoístas ou Zen do Oriente, que se expressam no contínuo descentralizado das paisagens chinesas e japonesas conformadas pela perspectiva isométrica.

No Ocidente, completamente separado da perspectiva, os retábulos da arte medieval criam uma hierarquia religiosa pela disposição de seu assunto. A figura principal é grande e centralizada, rodeada pelas figuras secundárias menores. A perspectiva convergente pode ser usada para o mesmo propósito. Na *Última Ceia*, de Leonardo (Figura 219), a figura de Cristo é colocada no centro da composição, que é ao mesmo tempo o ponto de fuga. A mesa orientada para a frente e a parede de trás suportam a estabilidade majestosa da figura principal, enquanto as paredes laterais e o teto se abrem num gesto de revelação. Todas as formas e bordas da sala emanam do centro como um feixe de raios; e inversamente todo o conjunto aponta em uníssono em direção ao centro. O efeito de profundidade é reduzido e a solenidade da cena é aumentada pela simetria de toda a composição.

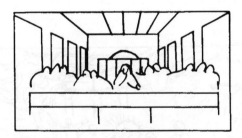

Figura 219

Erwin Panofsky cita o arquiteto Palladio que disse que o ponto de fuga deveria ser colocado no centro a fim de dar ao quadro *maestà e grandezza*. Como a visão estilística muda, também muda o uso da perspectiva. A Figura 217 indica esquematicamente o efeito de um foco descentralizado. A tensão é criada pela distância que existe do ponto de fuga ao centro do quadro. A assimetria do padrão produz um efeito de profundidade muito mais forte. Em vez do mundo representado por Leonardo, no qual a lei do todo determina harmoniosamente tudo nos mínimos detalhes, vemos agora um sistema espacial inclinado apresentado na estrutura frontal do quadro. A tarefa pictórica e filosófica é a de mostrar um mundo no qual um centro vital com necessidades, exigências e valores próprios, desafia a lei do todo e por sua vez é desafiado por ele.

Como estes modos contrastantes de existência podem ser contrabalançados num todo organizado? A Figura 217 mostra como o próprio sistema de perspectiva proporciona certo equilíbrio, no qual a forte compressão à esquerda combina com uma área menor enquanto o espaço grande à direita combina com tensão menor. Ele sugere um tipo de fórmula pela qual o produto da tensão e área permanece constante em todo o quadro.

Pode-se dizer que o tema de uma composição baseado em tal padrão tão descentralizado é a busca de uma lei mais complexa que permite maneiras contraditórias de existência combinar-se entre si. O preço da unidade e harmonia elevou-se. Foi introduzido o conflito dramático na imagem da realidade. Tal concepção não poderia corresponder nem à filosofia de um taoísta nem às doutrinas da Igreja medieval. Em realidade, adaptam-se a um período da história do pensamento ocidental no qual o homem tomou sua posição contra Deus e a natureza e o indivíduo começaram a afirmar seus direitos contra autoridades de qualquer tipo. A discórdia empolgante que geralmente consideramos como tema principal da arte moderna é anunciada aqui em uma data prematura.

Aos dois centros do padrão formal – o centro da tela e o ponto focal da perspectiva –, o conteúdo do quadro pode acrescentar um terceiro. Em uma das representações da *Última Ceia*, de Tintoretto (Figura 220), pintada uns sessenta anos

Figura 220

depois da de Leonardo, o foco da sala, conforme estabelecem as linhas da mesa, do piso e do teto, se encontra no canto direito superior. Mas o centro da história é a figura de Cristo (circunscrita). A descentralização do espaço indica que a lei do mundo perdeu sua validade absoluta. Apresenta-se como um modo de existência entre muitos outros, igualmente possíveis. Sua "inclinação" particular é revelada ao olho, e a ação que ocorre nesta estrutura exige seu próprio centro e padrões em desafio à totalidade. A ação individual e a autoridade governante tornaram-se parceiras antagônicas gozando de direitos iguais. De fato, aqui a figura de Cristo ocupa o centro da estrutura, considerando-se o plano horizontal, de modo que, desviando das exigências do mundo circundante, o indivíduo aborda uma posição de absoluta validade – uma reviravolta que reflete o espírito da nova era. Outras variações desta interação entre os três centros podem ser estudadas em outras composições de Tintoretto e seus contemporâneos.

Centralidade e infinito

A perspectiva central envolve um paradoxo importante. Por um lado, mostra um mundo centralizado. O foco deste mundo é um ponto real na tela, sobre o qual o observador pode pôr o dedo. Na projeção completa do espaço bidimensional, este centro fica no plano frontal. Com profundidade crescente, o centro se afasta na distância, e, no espaço totalmente estendido, com 100% de constância, ele se colocaria no infinito.

Numa verdadeira composição pictórica, por isso, o *status* perceptivo do ponto focal é ambíguo. O centro palpável da estrutura espacial que o desenhista pretende atingir com sua régua é ao mesmo tempo o ponto de fuga, que por definição está no infinito, onde as paralelas se encontram. Nem a perspectiva bidimensional nem a isométrica defrontaram-se claramente com o problema dos limites de espaço. Elas significavam que o espaço continua infinitamente em sua solidez tangível. Com a introdução da perspectiva central, o artista inclui uma afirmação sobre a natureza do infinito pela primeira vez. Dificilmente pode ser uma coincidência que isto acontecesse no mesmo século em que Nicolas Cusanus e Giordano Bruno levantaram o problema para a filosofia moderna.

A centralidade e o infinito tinham sido ideias contraditórias desde a Antiguidade. Um mundo centralizado, da concepção aristotélica, exigia um sistema finito de conchas concêntricas. O mundo infinito dos atomistas Demócrito e Epicuro, por outro lado, excluía a possibilidade de um centro; seu seguidor Lucrécio escreveu: "Tudo ao nosso redor em todas as direções, em ambos os lados, acima e abaixo, através do universo não tem limite, exatamente como eu mostrei; o fato em si grita alto, e a natureza da profundidade insondável o elucida". A noção de que não apenas Deus é infinito, como os filósofos da Idade Média afirmavam, mas que o mundo também é infinito, é uma concepção da época do Renascimento. Cusanus tentou reconciliar a centralidade e o infinito descrevendo Deus e o mundo como esferas infinitas, cujos limites e centros estavam em todas as partes e em nenhuma. Na perspectiva central, a precária relação entre as duas concepções espaciais é inteiramente visível. Os artistas tendem a ocultar o conflito, procurando evitar colocar claramente o ponto de fuga. Sua localização é envolvida pelas direções convergentes das linhas e formas ortogonais, mas seu verdadeiro lugar de encontro é comumente conservado sob uma nuvem. Apenas nas pinturas do teto e nas paisagens do barroco, recebemos a imagem de um mundo francamente aberto que continua infinitamente.

Finalmente, deve-se observar que a perspectiva central retrata o espaço como um fluxo orientado na direção de um fim específico. Transforma, portanto, a simultaneidade atemporal do espaço tradicional, não deformado, num acontecimento no tempo – isto é, uma sequência de acontecimentos dirigidos. O mundo do ser é redefinido como um processo de acontecimentos. Desta maneira também, a perspectiva central prognostica e inicia um desenvolvimento fundamental na concepção ocidental da natureza e do homem.

Jogando com as regras

A perspectiva central continua a interessar o artista em três aspectos. Ela oferece uma imagem rigorosamente realística do espaço físico; proporciona um padrão compositivo rico e aprimorado; e a concepção de um mundo que converge comunica sua própria expressão característica.

Com respeito ao padrão compositivo, será suficiente mostrar que o espaço bidimensional do início da arte apresentava essencialmente uma estrutura de verticais e horizontais, localizadas paralelas ao plano frontal com um mínimo de tensão (Figura 221a). A perspectiva isométrica reveste estas coordenadas fundamentais com um ou dois conjuntos de paralelas, obliquamente orientadas em direção às coordenadas. Isto produz uma riqueza de relações e ângulos novos e também introduz profundidade por meio da obliquidade (Figura 221b). A perspectiva central, finalmente, reveste as verticais e horizontais frontais com um sistema de raios convergentes, os quais criam um centro focal e proporcionam uma série completa de ângulos (Figura 221c).

O efeito realístico da perspectiva central foi o mais notável nas mentes dos artistas que desenvolveram seu sistema no século XV. Deve-se notar, contudo, que desde o início os artistas estavam querendo desviar-se das regras porque elas levavam a distorções de má aparência e coerção indesejável do assunto e da expressão, quando aplicadas mecanicamente. As várias partes de um conjunto arquitetônico em uma pintura nem sempre são feitas para se conformar com o mesmo ponto

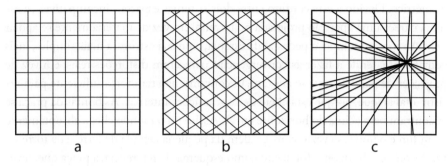

Figura 221

de fuga. De um modo mais técnico, o psicólogo Zajac sugeriu que a convergência acima do nível do olho age mais intensamente do que a que atua abaixo do nível do olho e que por isso a primeira deve ser reduzida e a última aumentada.

As modificações deste tipo são aplicadas intuitivamente, a fim de fazer o quadro se adaptar à expressão pretendida ou parecer mais natural. Em nosso próprio século, os surrealistas manipularam a estrutura espacial para reforçar o sentido de fantástico. Giorgio de Chirico, em particular, fez isto, introduzindo contradições de perspectivas em suas paisagens arquitetônicas. A Figura 222 é tomada de uma pintura de de Chirico, *A Lassidão do Infinito*. A qualidade misteriosa, onírica daquilo que à primeira vista parece uma composição estritamente realística, é obtida essencialmente pelo desvio das regras de perspectiva. O conjunto como um todo é desenhado em perspectiva focalizada, enquanto a estátua repousa sobre um cubo

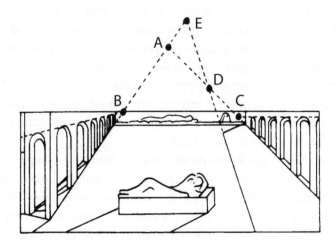

Figura 222

isométrico. Devido a este conflito entre dois sistemas espaciais incompatíveis, a estátua parece uma aparição projetada no terreno, em vez de materialmente se apoiar nele. Ao mesmo tempo, o pedestal da estátua, com sua estrutura mais simples, mais convincente, tende a fazer as convergências parecerem distorções reais, em vez de projeções de paralelas que se afastam. O conjunto não tem força suficiente para resistir a tal ataque, porque está cheio de contradições internas. As bordas da praça se encontram bem acima do horizonte em A. Assim ou o mundo chega abruptamente a um fim e o universo vazio começa além da pequena estrada de ferro e da torre no fundo, ou, se o horizonte for aceito como esquema de referência, a praça que deveria convergir para lá parece imensamente estendida para os lados – uma expansão mágica, criada onde nada poderia existir e por isso mais deserta. Em consequência, as duas colunatas parecem ter se separado pelo abismo plano. Ou, se o olho aceitar a forma da praça, as colunatas, que convergem para os pontos sobre ou ligeiramente abaixo da margem superior do quadro (B, C), se encurtam de modo paradoxal. Observadas isoladamente do resto do conjunto, estas colunatas parecem absolutamente normais, exceto o arco frontal da extrema esquerda, que estranhamente adapta sua altura à fuga da fachada retrocedente. Finalmente, a sombra da colunata direita produz mais dois pontos de fuga (D, E), incompatíveis com os outros. Assim, diversas inconsistências inerentes criam um mundo que parece palpável, mas irreal, e muda a configuração dependendo de onde olhamos e que elemento aceitamos como base para julgar o resto.

A mesma irrealidade sonhadora impregna outra das pinturas de De Chirico, *Melancolia e Mistério de uma Rua* (Figura 223). À primeira vista, a cena parece suficientemente sólida, não obstante temos a sensação de que a menina com o aro, despreocupada, está ameaçada por um mundo prestes a desmoronar ao longo de fendas invisíveis ou partir-se em fragmentos incoerentes. Uma vez mais um sólido aproximadamente isométrico, o vagão denuncia as convergências dos edifícios como distorções reais. Além disso, as perspectivas das duas colunatas negam-se reciprocamente. Se a da esquerda, que define o horizonte como colocado acima, é tomada como base da organização espacial, a da direita perfura o chão. Na condição oposta, o horizonte permanece invisível, um tanto abaixo do centro do quadro e a rua que se eleva com a colunata clara é apenas uma miragem fictícia que guia a menina em direção a um salto para o nada.

A fim de tomar estas ilusões convincentes, os surrealistas, como De Chirico, adaptaram seus sistemas espaciais incompatíveis a um todo realístico, sem ruptura, com uma aparência digna de confiança. Os cubistas usaram um procedimento diferente para um propósito diferente. Tentaram retratar o mundo moderno como um jogo precário de unidades independentes, cada uma delas coerente e legítima em si mesma, mas não relacionada com as coordenadas espaciais que governam suas

Figura 223
DE CHIRICO, Giorgio. Melancolia e Mistério de uma Rua. Óleo sobre tela. 1914. Col. Stanley R. Resor. THE BRIDGEMAN ART LIBRARY / KEYSTONE BRASIL. © DE CHIRICO, Giorgio/ AUTVIS, Brasil, 2016.

vizinhas. Mencionei os cubistas, primeiro em comparação com os estágios transicionais entre perspectivas central e isométrica (Figura 208), e mostrei que o conflito visual resultante, as contradições e interferências mútuas eram deliberadamente procuradas pelos artistas como Braque e Picasso. O que eles queriam mostrar não era um acúmulo caótico de objetos, comparáveis a um declive de uma montanha, coberto com pedras espalhadas, uma vez que isto seria um exemplo de desordem num conjunto espacial perfeitamente coerente. Eles estavam atrás de uma desordem muito mais fundamental, isto é, a incompatibilidade inerente ao próprio espaço total. Cada uma das pequenas unidades, que juntas constituem uma natureza morta cubista ou figura, obedece sua própria estrutura espacial. Com frequência, estas unidades são simples retângulos isométricos. Contudo, sua inter-relação espacial é deliberadamente irracional. Elas não devem ser vistas como partes de um todo contínuo, mas como pequenas individualidades isoladas, que se cruzam uma com outra cegamente.

A fim de mostrar que estas superposições não ocorrem no espaço coerente, os cubistas usaram o recurso de fazer as unidades tornarem-se transparentes ou se dissiparem no fundo neutro da pintura. O efeito psicológico torna-se evidente se lembrarmos que os mesmos recursos são usados no cinema para representar descontinuidade de espaço. Se a cena muda da sala de visitas para o vestíbulo do hotel, a sala se desvanece numa ausência de espaço – isto é, por um momento o espaço pictórico cede lugar à superfície física da tela, depois do que o processo oposto introduz o novo espaço do vestíbulo. Ou, então, numa breve dissolvência, ambas as cenas aparecem por um momento como sobrepostas, indicando, desse modo, sua independência espacial a quem olha. Mas enquanto na história cinematográfica convencional o desaparecimento e a dissolvência representam apenas lacunas dentro do espaço homogêneo e ordenado, os filmes experimentais e pinturas cubistas usam-nos como parte de suas tentativas para obter uma integração de ordens discordantes.

Sendo forçadas à simultaneidade espacial, as unidades individuais não podem se substituir como cenas de filmes, mas devem refutar a solidez uma da outra. Do ponto de vista de qualquer uma delas, as outras são irreais. Somente um equilíbrio delicado das inúmeras forças que se encontram em ângulos inúmeros pode proporcionar uma aparência de unidade. Talvez este seja o único tipo de ordem possível ao homem moderno em suas relações sociais e no trato com os poderes contraditórios de sua mente.

6. LUZ

LUZ

Se quiséssemos começar com as primeiras causas da percepção visual, um exame da luz devia ter precedido todos os outros porque sem luz os olhos não podem observar nem forma, nem cor, nem espaço ou movimento. Mas a luz é mais do que apenas a causa física do que vemos. Mesmo psicologicamente, ela continua sendo uma das experiências humanas mais fundamentais e poderosas, uma aparição compreensivelmente venerada, celebrada e solicitada nas cerimônias religiosas. Para o homem, como para todos os animais diurnos, é o pré-requisito para a maioria das atividades. É a contraparte visual daquele outro poder animador, o calor. Ela interpreta para os olhos o ciclo vital das horas e das estações.

Todavia, uma vez que a atenção do homem se dirige na maioria das vezes para os objetos e suas ações, a dívida que se tem para com a luz não é amplamente reconhecida. Tratamos visualmente com seres humanos, edifícios ou árvores, não com o meio gerador de suas imagens. Analogamente mesmo os artistas têm se ligado muito mais com as criaturas da luz do que com ela própria. Sob condições culturais especiais, a luz entra na cena da arte como um agente ativo, e pode-se dizer que somente nossa própria época gerou experiências artísticas que tratam unicamente do jogo de luz descorporificada.

A experiência da luz

Os físicos nos dizem que vivemos de luz tomada de empréstimo. A luz que ilumina o céu é enviada pelo sol de uma distância acima de 172 milhões, 236 mil quilômetros através de um universo escuro, para uma terra escura. Muito pouco da definição do físico está de acordo com nossa percepção. Para o olho, o céu é luminoso por sua própria virtude e o sol nada mais é que o atributo mais resplandescente do céu, preso a ele e talvez por ele criado. Segundo o Livro da Gênese, a criação da luz produziu o primeiro dia, enquanto o sol, a lua e as estrelas foram acrescentados somente no terceiro. Em entrevistas de Piaget com crianças, uma de sete anos afirmou que é o céu que provê a luz. "O sol não é como a luz. A luz ilumina tudo, mas o sol apenas onde ele está." E outra criança explicou: "Às vezes quando o sol se levanta pela manhã, percebe que o tempo está mal, de modo que vai para onde ele estiver bom".

Uma vez que o sol se parece apenas com um objeto brilhante, a luz deve atingir o céu de algum outro lugar. R. S. Driver, em seus comentários sobre a Gênese, diz: "Parece então que, de acordo com a concepção hebraica, a luz, embora recolhida e concentrada nos corpos celestes, não se limita a eles; o dia surge não somente do sol, mas porque a matéria luminosa abandona seu esconderijo e se estende sobre a terra, à noite se retira e as trevas avançam de seu lugar, cada uma por um caminho oculto, misterioso". Isto está mais claramente expresso na pergunta que o Senhor faz para Jó: "De que lado a luz habita? E quanto às trevas, onde é seu lugar, onde vós as deveis conduzir aos seus confins, sendo conhecedor das sendas de sua moradia?"

Em vez de ser um efeito exercido por algumas fontes sobre todos os outros objetos, "dia" neste caso é uma coisa clara que chega do além e se move na abóboda celeste. Do mesmo modo, a claridade dos objetos sobre a terra é vista basicamente como uma propriedade que lhes é inerente e não como um resultado da reflexão da luz. Independente de condições especiais a serem examinadas mais adiante, a luminosidade de uma casa, de uma árvore ou de um livro sobre a mesa não aparece ao olho como uma dádiva vinda de uma fonte distante. No máximo, a luz do dia ou de uma lâmpada parecerá evocar a claridade das coisas, como um fósforo incendeia um feixe de lenha. As coisas são menos claras do que o sol e o céu, mas não diferentes em princípio. São emissores de luz mais fracos.

Segue-se que a escuridão é vista ou como a extinção da claridade inerente ao objeto ou como o efeito de objetos escuros que ocultam os claros. A noite não é o resultado negativo da retirada da luz, mas a chegada positiva de um manto escuro que substitui ou cobre o dia. A noite, segundo as crianças, consiste de nuvens negras que se movem muito próximas, de modo que nada do branco pode atravessá-las. Alguns artistas como Rembrandt ou Goya, pelo menos alguma vez, mostram o mundo como um lugar intrinsecamente escuro, iluminado aqui e ali pela luz. Por coincidência, eles endossam a descoberta dos físicos. Mas a visão que prevalece em todo mundo parece ter sido e ser que a luz, embora originalmente criada das trevas primordiais, é uma virtude inerente do céu, da terra e dos objetos que os povoam e que sua claridade é periodicamente ocultada ou extinta pela escuridão.

Afirmar que estas são concepções errôneas de crianças e primitivos, erradicadas pela ciência moderna, seria fechar os olhos a experiências visuais universais que se refletem nas representações artísticas. O conhecimento nos fez deixar de falar como as crianças, cronistas antigos ou ilhéus da Polinésia. A imagem que temos do mundo, contudo, está longe de ter mudado, porque é ditada por condições perceptivas convincentes que prevalecem em todos os lugares e sempre. Mesmo assim, somos treinados para confiar mais no conhecimento que no sentido da visão, a tal ponto que é preciso explicação dos ingênuos e dos artistas para nos fazer entender o que vemos.

Claridade relativa

Outra discrepância entre fatos físicos e perceptivos é revelada quando tentamos responder à pergunta: qual é o grau de claridade das coisas? Tem sido frequentemente observado que um lenço à meia-noite parece branco como um lenço ao meio-dia, embora talvez ele envie menos luz aos olhos do que um pedaço de carvão sob o sol de meio-dia. Neste caso novamente, como no caso da percepção de tamanho ou configuração, não podemos responder pelos fatos falando a respeito da "constância" de claridade, certamente não no simples sentido de afirmar que os objetos são vistos "tão claros quanto realmente são". A claridade que vemos depende, de um modo complexo, da distribuição de luz na situação total, dos processos óptico e fisiológico nos olhos e sistema nervoso do observador, e da capacidade física de um objeto em absorver e refletir a luz que recebe.

Esta capacidade física é chamada luminância ou qualidade refletiva. É uma propriedade constante de qualquer superfície. Dependendo da força da iluminação, um objeto refletirá mais ou menos luz, mas sua luminância, isto é, a porcentagem de luz que ele reflete, permanece a mesma. Um pedaço de veludo preto que absorve muito da luz que recebe pode, sob intensa iluminação, emitir tanta luz quanto um pedaço de seda branca pouco iluminado, que reflete a maior parte da energia.

Perceptivamente, não há maneira direta de distinguir entre o poder refletivo e a iluminação, uma vez que o olho recebe apenas a intensidade resultante da luz, mas nenhuma informação sobre a proporção na qual os dois componentes contribuem para este resultado. Se um disco escuro, suspenso numa sala parcamente iluminada, for atingido por uma luz, de tal modo que o disco seja iluminado, mas não o ambiente, o disco parecerá de cor clara ou luminosa. A claridade ou a luminosidade parecerão como propriedades do próprio objeto. O observador não pode distinguir entre a claridade do objeto e a iluminação. Na verdade, sob tais condições, ele não vê nenhuma iluminação, embora possa saber que a fonte luminosa está em ação e possa mesmo vê-la. Se, contudo, se iluminar mais a sala, o disco parecerá proporcionalmente mais escuro. Em outras palavras, a claridade que se observa no objeto depende da distribuição de valores de claridade no campo visual total.

O fato de um lenço parecer ou não branco é determinado não pela quantidade absoluta de luz que ele envia ao olho, mas por seu lugar na escala de valores de claridade proporcionada pelo conjunto todo. Leon Battista Alberti disse: "O marfim e a prata são brancos, os quais, quando colocados próximos das plumas do cisne, parecem pálidos. Por esta razão as coisas parecem muito claras na pintura, quando há uma boa proporção de branco e preto, como há entre as partes iluminadas e as sombreadas dos próprios objetos; assim todas as coisas são conhecidas por comparação".

O fenômeno do brilho ilustra a relatividade dos valores de claridade. O brilho encontra-se num certo ponto entre as claras fontes de luz (sol, fogo, lâmpadas) e a fraca luminosidade dos objetos do cotidiano. Um objeto brilhante é visto como uma fonte que propaga energia luminosa que lhe é própria. Este ponto de vista, contudo, não pode equiparar-se com a condição física. A mera luz refletida pode produzir a percepção do brilho. Para assim fazer, o objeto precisa apresentar uma claridade bem acima daquela que corresponde ao seu lugar esperado na escala estabelecida pelo resto do campo. Sua claridade absoluta pode ser bastante baixa, como conhecemos dos famosos tons dourados brilhantes de Rembrandt, que brilham através da poeira de três séculos. Numa rua escura, um pedaço de jornal brilha como uma luz. Se o brilho não fosse um efeito relativo, a pintura realística nunca teria sido capaz de representar o céu, a luz de vela, o fogo e mesmo o relâmpago, o sol e a lua, convincentemente.

Podemos notar a diferença entre um lugar escuro e um intensamente iluminado mesmo quando nenhuma comparação direta é possível. Mas dentro de certos limites transpomos o nível de claridade de um conjunto todo de tal maneira que a diferença não é percebida. Podemos nos tornar tão acostumados com a escassez de luz de um quarto que depois de um certo tempo não a percebemos, do mesmo modo como acontece com um odor constante. Podemos nos mergulhar numa velha pintura ou num programa de televisão, a tal ponto que nos surpreendemos em descobrir quão escura a tela ou a imagem do vídeo realmente é. Até certo ponto tal transposição se deve aos mecanismos de adaptação do sistema nervoso. As pupilas dos olhos aumentam automaticamente quando a claridade diminui, admitindo assim uma quantidade maior de luz. Os órgãos receptores da retina também adaptam sua sensibilidade à intensidade do estímulo.

A claridade relativa dos objetos é percebida com maior segurança quando todo o conjunto está sujeito a igual iluminação. Sob tais condições, o sistema nervoso pode tratar o nível de iluminação como uma constante e atribuir a cada objeto simplesmente a claridade que apresenta, na escala total que vai do objeto mais escuro ao mais claro do conjunto. É digno de nota, contudo, o fato de o mecanismo funcionar muito bem, mesmo quando a iluminação não é homogênea, mas vai, por exemplo, da intensa claridade próxima da fonte de luz até a sombra escura. Se eu comparar um envelope branco sobre o peitoril de uma janela com um que se encontra no fundo da sala, não tenho de me basear no conhecimento ou no cálculo intelectual para entender que ambos são do mesmo branco. Eu o vejo direta e espontaneamente porque vejo cada envelope em relação ao gradiente de claridade do conjunto todo.

Esta realização perceptiva corresponde diretamente ao que observamos sobre a percepção de tamanho no espaço tridimensional. A claridade na iluminação uniforme pode ser comparada a uma situação espacial na qual todos os objetos se encontram a igual distância do observador. Um gradiente de claridade, por outro lado, corresponde ao espaço piramidal, onde o tamanho de qualquer objeto deve ser determinado em relação a sua posição dentro daquele espaço. Contudo, no caso da claridade, bem como no do tamanho, o sistema nervoso pode realizar suas notáveis computações apenas se a desigualdade que se percebe do conjunto total for suficientemente simples em si e claramente distinguível da condição dos objetos. Os gradientes regulares são suficientemente simples para serem gerados por um computador. O computador pode impor sobre o desenho de um cilindro o crescendo e o decrescendo gradual de claridade que imita a distribuição de luz e sombra e, desse modo, dá ao cilindro sua rotundidade tridimensional.

Quando os objetos são de luminância fisicamente idêntica, como no exemplo dos envelopes brancos, sua claridade é mais facilmente diferenciada da do gradiente. Mas se pintássemos destramente um gradiente do preto ao branco numa longa faixa de papel e a observássemos num ambiente permeado por um gradiente de luz de inclinação similar, o gradiente pintado reforçará ou neutralizará o gradiente da iluminação, dependendo de como for colocado. Este tipo de artifício é usado pelos cenógrafos para comunicar a ilusão de iluminação ou para contrabalançar o efeito da luz. O mesmo recurso é operativo tanto na camuflagem feita pelo homem quanto na camuflagem natural. "Em inúmeros animais, pertencentes a grupos tão diversos como lagartas e gatos, cavalas e camundongos, camaleões e cotovias, o contraste de tons constitui a base de sua coloração. Tais animais são de coloração mais escura em cima, mais clara em baixo, com tons graduados nos flancos... Vistos sob iluminação difusa vinda do céu parece que falta solidez a tais animais." Quando numa sala as paredes que contêm as janelas são pintadas de um tom mais claro do que as atingidas pela luz do dia, o efeito de iluminação de um único lado é parcialmente compensado e a claridade da sala parece mais uniforme – o que pode ser suavizante ou desconcertante para o observador, dependendo do fato dele tender a ignorar ou a considerar o mundo fora das janelas.

Outro paralelo à percepção de profundidade relaciona-se com o grau de constância. Mesmo quando o padrão da iluminação é claramente visto, a constância não elimina o efeito de iluminação. Podemos relatar com segurança que os dois envelopes são ambos brancos, mas observamos que parecem ao mesmo tempo diferentes. Na pintura de Rembrandt reproduzida na Figura 224, vemos Potifar como mais escuro que sua esposa. Isto é essencial para a função da luz na composição. Para este fim, contudo, é da mesma forma tão necessário que vejamos o efeito como se derivasse da iluminação, não de uma diferença na compleição entre marido e mulher.

Iluminação

O termo "iluminação" não se explica por si. À primeira vista, pareceria que a iluminação deve estar envolvida todas as vezes que se vê algo, porque, a menos que a luz incida num objeto, ela permanece invisível. Isto, contudo, é a maneira de raciocinar dos físicos. O psicólogo e o artista podem falar de iluminação somente se e quando

Figura 224
Rembrandt. *José e Potifar*, 1655. Staatliche Museum, Berlim.

a palavra serve para dar nome a um fenômeno que os olhos discernem diretamente. Isto existe, e sob que condições é observado?

Um campo uniformemente iluminado não mostra indícios de receber sua claridade de fonte alguma. Sua luminosidade, como disse antes, apresenta-se como uma propriedade inerente à própria coisa. O mesmo acontece com uma sala uniformemente iluminada. Parece mesmo justificável afirmar que um palco observado a partir de um teatro escurecido não dá necessariamente a impressão de estar iluminado. Quando a luz se distribui uniformemente, o palco pode parecer um mundo muito claro, uma grande luminária. Mas a iluminação é outra coisa.

Olho para o pequeno barril de madeira na prateleira. Sua superfície cilíndrica apresenta uma rica escala de valores de claridade e de cor. Próximo ao contorno esquerdo há um marrom-escuro, quase um preto. À medida que minha vista se move pela superfície, a cor torna-se mais clara e mais nitidamente marrom, até começar a ficar cada vez mais pálida, aproximando-se de um ponto culminante no qual a brancura simplesmente substituiu o marrom. Ultrapassando o ponto culminante a cor volta a ser marrom.

Mas esta descrição é correta somente enquanto eu examino a superfície centímetro por centímetro, ou melhor, se eu a examino cuidadosamente através de um pequeno orifício feito num pedaço de papel. Quando olho para o barril sem preocupação e espontaneamente, o resultado é completamente diferente. Agora o objeto inteiro parece uniformemente marrom. De um lado, é coberto por um véu de obscuridade que se torna mais fino e desaparece enquanto uma camada cada vez mais densa de claridade começa a substitui-la. Sobre a maior parte de sua superfície, o barril mostra um valor duplo de claridade e cor, um pertencente ao próprio objeto e outro, por assim dizer, que o envolve – um efeito de transparência. Isto acontece mesmo que o olho receba um estímulo unitário de cada ponto do objeto. Perceptivamente, a unidade se divide em duas camadas. Aqui está um fenômeno que requer um nome. A camada inferior do barril será chamada a claridade e cor do objeto. A camada superior é a iluminação.

Do mesmo modo que, na perspectiva central, um sistema de convergência é imposto sobre um conjunto de formas, *a iluminação é a imposição perceptível de um gradiente de luz sobre a claridade e cores do objeto do conjunto.* A superposição observada na superfície das coisas iluminadas é, como já disse, um efeito de transparência. Tal transparência pode ser conseguida na pintura por camadas e superposição reais. Por volta de 1500, os artistas, com frequência, usavam folhas de papel colorido para seus desenhos como suporte de claridade média, aos quais eles acrescentavam brilhos aplicando tinta branca, sombras por meio de hachurado preto. Os pintores, com frequência, começavam com uma pintura monocromática subjacente, que dispunha as sombras e era em seguida coberta com camadas transparentes de cor local. Esta separação da iluminação e da cor do objeto refletia a divisão perceptiva observada pelo pintor quando olhava as coisas do mundo físico; manifestava também uma atitude prática orientada para o objeto, com a intenção de distinguir entre propriedades dos próprios objetos e efeitos transitórios momentaneamente impostos sobre eles.

Uma atitude completamente diferente é expressa pelos pintores do século XIX que representavam a soma da claridade local, cor local e a claridade e cor da iluminação por um único tom de pigmento. Esta técnica não apenas confirmou a sensação puramente visual como a realidade definitiva; também afirmou filosoficamente que o ser das coisas não é intocavelmente permanente. Elementos acidentais são vistos como participantes da essência das coisas tanto quanto suas propriedades invariáveis. Este procedimento pictórico também define o indivíduo como sendo parcialmente a criatura de seu ambiente, sujeita a influências que não podem simplesmente cair como véus.

Como em outros exemplos de transparência, o efeito de iluminação é provocado pela tendência no sentido da estrutura mais simples. Quando a iluminação é percebida como uma superposição, o objeto iluminado é capaz de manter uma claridade e cor constantes, enquanto as sombras e os brilhos são atribuídos a um gradiente de luz, que tem uma estrutura própria simples. Deve-se notar que não há uma resposta óbvia à pergunta de como o valor claridade-cor do objeto é determinado. Voltando a pensar no exemplo do barril de madeira atingido pela luz, compreendemos que o que os olhos realmente recebem é uma gama de tons. É um deles designado como a cor "verdadeira" do objeto, talvez porque seja o mais saturado, o menos contaminado pelo acinzentado? Delacroix admitiu a existência de tal tom verdadeiro *(le ton vrai de l'objet)* e observou que ele é encontrado próximo do "ponto luminoso", isto é, o brilho. Mas talvez esse tom não esteja realmente presente no objeto percebido, e a claridade do objeto e a cor do objeto sejam, em vez, valores médios, que servem como denominadores comuns dos vários tons.

A luz cria espaço

Todos os gradientes têm a capacidade de criar profundidade e os de claridade se encontram entre os mais eficientes. Isto é válido para os conjuntos espaciais, tais como interiores e paisagens, mas também para objetos isolados. Num experimento feito por Gehrcke e Lau, um cone de madeira pintado de branco, cuja base tinha um diâmetro de cerca de 12 centímetros, era visto a uma distância de cerca de 11 metros. O cone foi colocado com seu vértice em direção ao observador, cuja linha de visão coincidia com o eixo principal do cone. Quando o cone era uniformemente iluminado de todos os lados, o observador não o via; via apenas um disco plano branco. O cone ficava visível quando a luz insidia apenas de um lado. Evidentemente uma vista tridimensional não poderia prover nenhuma simplificação estrutural enquanto a iluminação fosse uniforme. Quando foi usada a iluminação lateral, contudo, esta introduziu um gradiente de sombra, que resultou num intenso efeito tridimensional revelando a configuração do cone.

O aumento de relevo produzido pela iluminação lateral é bastante conhecido. A respeito do sol, diz Goethe que ele recebe uma visão imaculada do mundo "porque ele nunca viu a sombra", e o fotógrafo amador obtém fotografias planas quando ele monta o "flash" na câmara. Na lua cheia, suas montanhas e depressões aparecem como simples manchas, mas elas se sobressaem em relevo ousado logo que a luz atinge a crescente, de lado.

Irresistível é o testemunho do microscópio eletrônico de esquadrinhamento que introduziu o mundo do infinitamente pequeno em nossa experiência visual comum proporcionando intensos efeitos de iluminação. As secções planas providas pelo microscópio óptico ou pelo microscópio eletrônico de transmissão têm sua própria beleza e valor informativos, mas dificilmente podem ser sentidos como pertencentes ao mesmo mundo dos animais e plantas conhecidos a olho nu. Sob o microscópio de esquadrinhamento, os minúsculos cones e bastonetes da retina parecem os troncos ressequidos de uma floresta petrificada, e as células vermelhas do sangue humano parecem um campo onde os fungos crescem densamente ou um depósito de pneus usados. Dando a estes pequenos objetos o volume palpável das coisas como as conhecemos, o microscópio de esquadrinhamento estendeu o contínuo da experiência visual aos limites dos mundos orgânicos e inorgânicos.

As superfícies curvas são obtidas acelerando-se os gradientes de claridade, que correspondem ao fato de que a curvatura de um objeto é quase plana onde a linha de visão a atinge em ângulo reto, mas aumenta com velocidade crescente do centro em direção aos limites (Figura 225). Variando a inclinação do gradiente, pode-se controlar a forma da curvatura percebida. Um gradiente mudando a uma razão constante produz o efeito de um plano inclinado, refletindo o fato físico de que o ângulo de inclinação é constante em toda a superfície.

Na Figura 225, o gradiente de *a* tende a criar volume perceptivo mais convincente do que o de *b*, porque em *b* o sombreado é tão simétrico quanto a própria forma esférica. Estruturalmente não é muito vantajoso perceber tal padrão simétrico como tridimensional. Tampouco neste caso o objeto comunica uma forte impressão de estar iluminado por uma fonte de luz externa. Em 225a, por contraste, o gradiente introduz uma assimetria, que pode ser destacada do objeto quando o padrão é visto como uma esfera atingida obliquamente por uma luz.

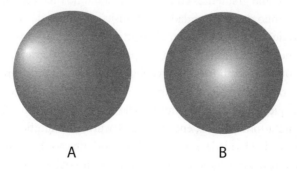

Figura 225

Quando olhamos para um objeto isolado, nem sempre fica claro se quaisquer diferenças de claridade que apresenta em si são devidas à iluminação ou às reais diferenças físicas entre a tinta branca, preta e cinzenta. Isto foi bem demonstrado há muito tempo atrás por Ernest Mach. Quando olhamos para a Figura 226, provavelmente vemos uma asa branca e uma escura, a despeito do fato de vermos um padrão plano ou um dobrado, e a borda central na frente ou atrás. Se alguém então tomar um pedaço de cartão branco dobrado e o colocar sobre a mesa, com sua borda central em direção ao observador e a luz incidindo da direita, o que se percebe corresponderá aos fatos físicos: vê-se um cartão branco sombreado de um lado por estar afastado da fonte luminosa. A constância de claridade está em ação. Contudo, se alguém fechar um olho e forçar o objeto a inverter, de modo que ele pareça com algo semelhante a um livro aberto com a borda central formando um sulco distante, a situação muda radicalmente. Agora a asa esquerda aparece com um colorido escuro, tanto mais escuro porque a luz deve atingi-la diretamente, e a asa direita é branca tanto mais branca porque deve estar na sombra. Assim, os efeitos de iluminação são fortemente influenciados pela distribuição da luz percebida no ambiente espacial total.

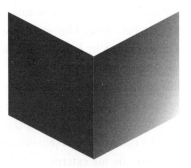

Figura 226

Em conjuntos globais, bem como em objetos isolados, os gradientes constantes de claridade, como gradientes constantes de tamanho oferecem um aumento ou decréscimo contínuo de profundidade. As transições súbitas de claridade ajudam a produzir saltos de distância. O assim chamado *repoussoirs*, objetos maiores no primeiro plano, que pretendem fazer o fundo parecer mais distante, são reforçados na pintura, na fotografia, nos filmes e em cenografia se houver uma forte diferença de claridade entre o primeiro plano e o fundo.

Uma vez que a claridade da iluminação significa que uma dada superfície está voltada para a fonte de luz, enquanto a obscuridade significa que está afastada, a distribuição de claridade ajuda a definir a orientação dos objetos no espaço. Ao mesmo tempo, mostra como as várias partes de um objeto complexo se relacionam entre si. As áreas de orientação espacial similar correlacionam-se visualmente por sua claridade similar. Quanto mais próximo da perpendicularidade incidente da luz elas se encontrarem, mais claras parecem. Sabemos que unidades de claridade similar são agrupadas na percepção. Assim um agrupamento por semelhança de claridade indiretamente produz um agrupamento de similaridade de orientação espacial. Os olhos ligam as superfícies paralelas em qualquer lugar no relevo em que podem ocorrer, e esta rede de relações é um meio poderoso de criar ordem e unidades espaciais. Enquanto uma mosca que caminha por um objeto não experimenta nada senão uma sequência irregular desconcertante de altos e baixos, os olhos inquiridores organizam o todo correlacionando todas as áreas de orientação espacial semelhantes.

Uma distribuição de luz criteriosa serve para dar unidade e ordem não apenas à configuração de objetos isolados, mas igualmente à de um conjunto inteiro. A totalidade dos objetos que aparecem dentro da moldura de uma pintura ou num palco pode ser tratada como um ou vários objetos grandes, dos quais todos os elementos menores são partes. A luz lateral intensa usada por pintores como Caravaggio simplifica e coordena a organização espacial do quadro. Roger de Piles, um escritor francês do século XVII, disse que, se os objetos forem dispostos de tal modo que todas as luzes se aglomerem de um lado e as partes escuras do outro, este conjunto de luzes e sombras evitará que os olhos fiquem vagando. "Ticiano chamou-o de *cacho de uvas* porque as uvas, estando separadas, têm cada uma sua luz e também sombra e dividindo assim a vista em muitos raios causaria confusão; mas quando reunidas em um único cacho, e assim se tornando uma única massa de luz e uma de sombra, os olhos as abarcam como um único objeto."

A pura analogia entre claridade e orientação espacial sofre interferência das sombras projetadas, porque elas podem escurecer uma área que de outra maneira seria clara, e por reflexos que iluminam lugares escuros. Diferenças de claridade local também interferem no esquema de iluminação. Na escultura, manchas de sujeira sobre o mármore ou irregularidades de claridade no grão de madeira, com frequência, distorcem a forma sendo passíveis de interpretações errôneas como sendo efeitos de sombra.

Estamos novamente às voltas com o problema que surge da inabilidade do olho em distinguir diretamente entre capacidade refletiva e força de iluminação. Roger de Piles escreve numa análise de *claro-obscuro*: "*Claro* implica não apenas algo exposto a uma luz direta, mas também todas as cores que são por natureza luminosas; e *obscuro*, não apenas todas as sombras diretamente causadas pela incidência e ausência de luz, mas, da mesma forma, todas as cores que são naturalmente marrons, tais que, mesmo quando expostas à luz, mantenham obscuridade, e são capazes de se agrupar com as sombras de outros objetos".

A fim de evitar a confusão entre a claridade produzida pela iluminação e claridade devida ao colorido do próprio objeto, a distribuição espacial de luz no ambiente deve ser inteligível aos olhos do observador. Isto é conseguido com mais facilidade quando não mais que uma fonte de luz é usada. Mas com frequência na fotografia ou no teatro várias fontes de luz são combinadas a fim de evitar sombras excessivamente escuras.

Tais sombras escuras, pode-se mencionar de passagem, destruirão a forma não apenas ocultando porções relevantes do objeto, mas também interrompendo a continuidade da curvatura com nítidas linhas de contorno entre claridade e obscuridade. Em anos recentes, os museus e as galerias de arte têm desfavorecido a escultura iluminando-a com focos de "spotlights" para criar um efeito dramático. Experimentos têm mostrado que sombras próprias mantêm seu caráter de película transparente somente quando suas bordas são gradientes esfumados. Hering observou: "Uma sombra pequena, projetada numa superfície de uma folha de papel, parece como um ponto casual de cinzento esfumado sobreposto ao papel branco. Em circunstancias normais, o papel branco é visto *através* da sombra. Não há nenhuma sugestão de que ela seja de algum modo uma parte da cor genuína do papel. Se, agora, uma linha preta pesada for desenhada ao redor da sombra de modo que coincida exatamente com seu contorno, pode-se observar uma notável mudança ocorrer. A sombra deixa de parecer uma sombra e torna-se uma mancha cinzenta escura na superfície do papel, não mais uma mancha casual sobreposta, mas uma parte real de sua cor". O *spotlight* focalizado cria os mesmos contornos nítidos semelhantes às linhas pretas de Hering e por isso interrompe a continuidade da superfície escultórica impiedosamente e produz um arranjo de formas brancas e pretas sem sentido. A luz do dia, por outro lado, torna a escultura tão agradavelmente visível porque sua difusão suplementa a incidência direta da luz do sol e cria gradientes suaves.

Para evitar a unilateralidade irritante na iluminação em galerias de arte, estúdios cinematográficos ou teatros, devem-se combinar fontes de luz num todo organizado. Várias luzes devem unir-se para uma iluminação uniforme, ou cada uma delas pode criar um gradiente de valores de claridade nitidamente autossuficiente. O resultado total pode comunicar ordem visual. Mas as fontes de luz podem também interferir mutuamente, aumentando ou revertendo parcialmente os efeitos das outras. Isto tornará a forma dos objetos bem como suas relações espaciais incompreensíveis. Se várias fontes de luz devem cooperar, o fotógrafo procura organizá-las numa hierarquia, dando a uma delas a parte da liderança da "fonte motivadora" e papéis de suporte nitidamente mais fracos às outras.

Sombras

As sombras podem ser próprias ou projetadas. As sombras próprias acham-se diretamente nos objetos por cujas formas, orientação espacial e distância da fonte luminosa são criadas. As sombras projetadas são lançadas de um objeto sobre um outro ou de uma parte sobre outra do mesmo objeto. Fisicamente ambos os tipos de sombras são da mesma natureza; elas ocorrem nos lugares do ambiente onde a luz é escassa. Perceptivamente são completamente diferentes. A sombra própria é uma parte integrante do mesmo objeto, tanto assim que na experiência prática geralmente não é notada, mas serve simplesmente para definir volume. Uma sombra projetada, por outro lado, é uma imposição de um objeto sobre outro, uma interferência na integridade do receptor.

Por meio da sombra projetada, uma casa atravessa a rua e atinge a casa da frente e uma montanha pode escurecer as vilas no vale, com a imagem de sua própria forma. Desta maneira, as sombras projetadas dotam os objetos de um estranho poder de provocar obscuridade. Mas este simbolismo torna-se artisticamente ativo somente quando a situação perceptiva resulta compreensível aos olhos. Há duas coisas que os olhos devem entender. Primeiro, a sombra não pertence ao objeto sobre o qual é vista; e segundo, ela na verdade pertence a outro objeto, que ela não atinge. Com frequência, a situação é entendida intelectual, mas não visualmente. A Figura 227 indica os contornos das duas principais figuras da *Ronda Noturna* de Rembrandt. No uniforme do tenente, vemos a sombra de uma mão. Podemos entender que é projetada pela mão gesticulante do capitão, mas para os olhos a relação não é óbvia. A sombra da mão não tem nenhuma conexão significativa com o objeto sobre o qual aparece. Pode parecer uma aparição vinda não se sabe de onde, porque adquire significado apenas quando relacionada com a mão do capitão. Essa mão se encontra a alguma distância; não está diretamente ligada à sombra, e, devido ao escorço, é de forma completamente diferente. Apenas se (1) o observador tiver

Figura 227

uma consciência clara da direção da qual a luz provém, comunicada pela pintura como um todo, e (2) se a projeção da mão evocar sua forma objetiva tridimensional, podem a mão e sua sombra ser verdadeiramente correlacionadas pelos olhos. É claro que a Figura 227 é injusta com Rembrandt ao isolar suas figuras e mostrar uma sombra isolada da exposição impressiva de luz, da qual faz parte. Não obstante, os efeitos de sombra deste tipo levam a capacidade de compreensão visual a seu limite.

As sombras projetadas devem ser usadas com cautela. Nos casos mais simples, ligam-se diretamente ao objeto dos quais provém. A sombra de um homem encontra seus pés no chão, e, quando o chão é nivelado e os raios do sol incidem num ângulo de cerca de 45 graus, a sombra produzirá uma imagem de seu dono, sem distorção. Esta duplicata de uma coisa viva ou morta obtida por meio de um objeto que a ela se liga e imita seus movimentos e, ao mesmo tempo, é curiosamente transparente e imaterial, sempre atraiu a atenção. Mesmo sob condições perceptivas muito favoráveis, as sombras não são espontaneamente entendidas como um efeito de iluminação. Conta-se que certos aborígines da África ocidental evitam atravessar uma praça aberta ou uma clareira ao meio-dia porque têm medo de "perder sua sombra", isto é, de se encontrarem sem uma. O fato de saber que as sombras são curtas ao meio-dia não implica entendimento da situação física. Quando se lhes perguntar por que não ficam igualmente amedrontados quando a escuridão da noite torna as sombras invisíveis, talvez respondam que não há tal perigo na escuridão, porque "à noite todas as sombras repousam na sombra do grande deus e adquirem novo poder". Depois da "renovação" noturna, elas aparecem fortes e grandes pela manhã – isto é, a luz do dia alimenta-se de sombra em vez de criá-la.

O pensamento humano, tanto perceptivo como intelectual, procura as causas dos acontecimentos mais próximos do lugar de seus efeitos quanto possível. Em todo o mundo, a sombra é considerada como um efeito do objeto que a projeta. Neste caso, uma vez mais descobrimos que a escuridão não aparece como a ausência de luz, mas como uma substância positiva com direito próprio. O segundo eu frágil da pessoa é idêntico ou relacionado com sua alma ou poder vital. Pisar a sombra de uma pessoa é uma grave ofensa, e um homem pode ser assassinado por ter sua sombra apunhalada. Num funeral, deve-se tomar cuidado para evitar que a sombra de uma pessoa viva seja apanhada pela tampa do caixão e enterrada com o cadáver.

Tais crenças não devem ser ignoradas como superstições, mas aceitas como indicações daquilo que o olho humano espontaneamente percebe. A aparência sinistra do eu fantasmagórico mais escuro nos filmes, no teatro ou na pintura surrealista continua exercendo seu fascínio visual, mesmo em pessoas que estudaram óptica na escola; e Carl Gustav Jung usa o termo "sombra" para "a parte inferior e menos recomendável de uma pessoa".

Quanto às propriedades mais sóbrias das sombras projetadas, percebe-se que, como as sombras próprias, definem espaço. Uma sombra projetada através de uma superfície define-a como plana e horizontal ou talvez como curva e inclinada; desse modo, cria indiretamente espaço ao redor do objeto pelo qual é projetada. Ela opera como um objeto adicional, criando um campo ao se colocar nele. Na Figura 228, o retângulo *a* repousa plano sobre uma superfície frontal ou pelo menos não cria nenhum espaço articulado ao seu redor. Em *b* há um destaque mais evidente a partir do fundo, em parte, devido ao contraste criado pela barra preta e, em parte, devido à obliquidade da pequena borda sugerir profundidade. Mas de um modo geral, *b* mostra muito menos tridimensionalidade do que *c*, ou *d*, pelo fato de que o padrão retangular formado pela barra e sua sombra ser simples e estável e dificilmente poder ser mais simplificado por meio de maior profundidade. Em *c* a versão tridimensional elimina um ângulo oblíquo e permite que a barra preta seja vista como um retângulo completo. Em *d*, a sombra converge – uma distorção adicional que acentua cada vez mais a profundidade. Em outras palavras, o sólido e sua sombra funcionam como objeto único, ao qual se aplicam as regras de aparência espacial dos objetos. A Figura 229 mostra como as sombras criam espaço de maneira efetiva, definindo a diferença entre vertical e horizontal e contribuindo para os gradientes de tamanho da perspectiva convergente.

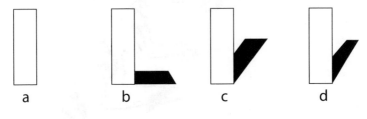

Figura 228

Uma palavra sobre a convergência das sombras. Uma vez que o sol se encontra tão longe que, dentro de uma pequena extensão de espaço, seus raios são praticamente paralelos, sua luz produz uma projeção isométrica de sombra; isto é, linhas que são paralelas no objeto são também paralelas na sombra. Mas como qualquer coisa percebida, uma sombra está sujeita à distorção perspectiva, e por isso será vista como convergindo de sua base de contato com o objeto, quando ela se encontra atrás do mesmo e como divergindo quando se encontra na frente dele. Além disso, uma fonte luminosa próxima, tal como uma lâmpada ou uma chama, produzirá um conjunto piramidal de raios e, consequentemente, sombras de formas físicas divergentes. Esta divergência objetiva será ou aumentada ou compensada pela perspectiva dependendo da posição da sombra em relação ao observador.

A Figura 230 mostra que a iluminação acrescenta os efeitos de outro sistema piramidal àqueles resultantes da convergência de configurações. Assim como a forma do cubo é deformada porque suas bordas fisicamente paralelas se encontram

Figura 229

num ponto de fuga, também a forma de sua sombra projetada é deformada por convergir em direção a outro ponto de foco, criado pela localização da fonte luminosa. A iluminação também distorce a claridade local homogênea do cubo, obscurecendo partes de suas superfícies com sombras próprias. Em ambas, perspectiva e iluminação, a estrutura do sistema de distorção é suficientemente simples em si para que o olho possa distingui-la das propriedades constantes do objeto. O resultado é uma dupla subdivisão visual. Os olhos distinguem tanto a configuração como a claridade local do objeto das modificações impostas pela orientação espacial e pela iluminação.

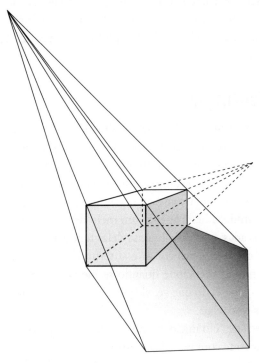

Figura 230

Os padrões de claridade de tom não apenas se confundem com os valores de claridade e obscuridade do próprio objeto, como também interferem na claridade das cores locais do objeto e suas inter-relações. Quando os pintores começaram a criar volume e espaço por meio dos efeitos de iluminação, descobriu-se logo que esta técnica de *chiaroscuro* perturbava a composição de cor. Enquanto as sombras foram concebidas como aplicações da obscuridade monocromática, elas inevitavelmente turvaram e obscureceram as cores e, deste modo, não apenas adulteraram de modo desagradável a saturação das cores, como também embotaram sua identidade. Um manto azul sombreado com preto não mais parecia verdadeiramente azul e perdia a simples homogeneidade de sua cor local; um braço ou uma perna com uma camada de tinta escura subjacente nem parecia a cor de pele e nem apresentava um razoável matiz de rosa claro.

É bem possível que Leonardo da Vinci, a quem Heinrich Wölfflin chamou de pai do *chiaroscuro*, fosse incapaz de completar algumas de suas pinturas porque o desejo de produzir relevos espaciais vigorosos por meio de sombreado coincidiu, no tempo, com uma nova sensibilidade em relação à organização de cor. A unificação dos dois sistemas competitivos de forma pictórica deu-se gradualmente. A sombra foi redefinida como uma modificação de matiz – um desenvolvimento que foi de Ticiano por meio de Rubens e Delacroix a Cézanne. "A luz não existe para o pintor", escreveu Cézanne a Emile Bonnard. Em nosso próprio século, o estilo de cor dos fovistas com frequência eliminou o problema, omitindo todo o sombreado, compondo com matizes saturados.

Pintura sem iluminação

Embora o pintor que utiliza efeitos de iluminação tenha bastante consciência da força dos mesmos na vida cotidiana, experimenta-se a influência de luz e sombra, na maioria das vezes, de maneiras muito práticas. A procura ou a evitação da luz é comum em todos os níveis do mundo animal e da mesma forma o homem procura a luz quando quer ver ou ser visto e a evita em outras circunstâncias. Para estes objetivos práticos, contudo, a luz é apenas um meio de tratar com os objetos. A luz e a sombra são observadas, mas dificilmente delas tendo a noção exata. Elas definem a forma e a posição espacial das coisas e aí termina sua tarefa. É improvável que o observador ingênuo as mencione quando se lhe pede para fazer uma descrição cuidadosamente detalhada do que vê; ele afirma que lhe perguntam sobre objetos e suas características essenciais.

Ernst Mach relata: "No início de minha juventude, as sombras e as luzes sobre os quadros pareciam-me com manchas destituídas de significado. Quando comecei a desenhar considerei o sombreado como uma mera prática dos artistas. Uma ocasião desenhei o retrato de nosso pastor, um amigo da família, e sombreei de preto, não por qualquer necessidade, mas simplesmente por ter visto algo semelhante em outros quadros, toda a metade de seu rosto. Por isto fui submetido a uma severa crítica por parte de minha mãe e meu orgulho de artista profundamente ofendido, provavelmente, é a razão destes fatos permanecerem tão profundamente impressos em minha memória". A arte primitiva, em toda a parte, representa objetos por seus contornos, claridade e cor locais e algumas culturas têm conservado esta prática mesmo em um alto nível de aprimoramento. No trabalho de arte das crianças pequenas, os valores de claridade servem especialmente para marcar diferenças. Cabelos escuros podem ser realçados contra um rosto claro. Fontes luminosas, tais como o sol ou uma lâmpada, são com frequência mostrados como emissoras de raios, mas não se dá nenhuma indicação de que são estes raios que tornam visíveis os objetos. O mesmo acontece com a pintura egípcia. Nos vasos gregos, as figuras se destacam do fundo por meio de contraste forte, mas estas diferenças aparecem como resultado da claridade ou obscuridade do objeto, não da iluminação. Fontes literárias indicam que, no decorrer dos séculos, os pintores gregos aprenderam o uso das sombras e os resultados dessas descobertas podem ser vistos nas pinturas murais helenísticas ou nos retratos de múmias egípcias por volta do segundo e primeiro séculos a.C. Neste caso, o *chiaroscuro* foi manejado com um virtuosismo não redescoberto até o fim do Renascimento.

Quando surge a necessidade de traduzir a rotundidade dos sólidos, introduz-se o sombreado, mais tarde complementado pelos realces. No espaço físico, estes efeitos são produzidos pela iluminação. Mas o uso do sombreado não se origina necessariamente da observação da natureza, e certamente nem sempre é usado de acordo com as leis da iluminação. No entanto, podemos supor que depois de trabalhar por um certo tempo com os recursos perceptivamente mais simples da linha de contorno e das superfícies homogeneamente coloridas, o pintor descobre as virtudes espaciais da claridade distribuída de maneira não uniforme. O efeito perceptivo dos gradientes torna-se evidente aos olhos. O sombreado escuro fará a superfície se afastar em direção aos contornos. Os pontos de maior claridade farão com que ela ressalte. Estas variações são utilizadas para criar rotundidade ou concavidade; não implicam necessariamente uma relação com a fonte luminosa. Amiúde a distribuição de "sombras" obedece a princípios diferentes. O sombreado pode proceder do contorno ao redor do padrão, e ceder lugar gradualmente a valores mais claros em direção ao centro. Nas composições simétricas dos pintores medievais, as figuras à esquerda com frequência têm suas luzes altas do lado esquerdo, enquanto as da direita, no lado direito; ou nos rostos em escorço lateral, a metade maior pode sempre parecer clara, a mais estreita, escura. Assim, ao se adaptar às exigências da composição e forma, a claridade é frequentemente distribuída de um modo que seria incorreto, se julgada segundo as leis da iluminação.

O mesmo acontece quando diferenças de claridade são usadas para destacar objetos que se sobrepõem. Quando se quer mostrar intervalo profundo entre os objetos de claridade quase idêntica, introduz-se, amiúde, o sombreado. Conforme indica a Figura 231, o contraste de claridade conseguido desta maneira serve para realçar a sobreposição, e não há necessidade de justificar o resultado como um efeito de iluminação. De fato, Henry Schaefer-Simmern mostrou que uma concepção de iluminação pictórica genuína só pode se desenvolver depois que se tiver dominado as propriedades formais do sombreamento. Seguindo a conduta de Britsch, ele dá exemplos de pinturas orientais e tapeçaria europeia, nas quais o princípio da Figura 231 é aplicado a séries de rochas, edifícios e árvores que se sobrepõem. Falar aqui simplesmente de "sombras" é não levar em conta a função pictórica principal deste recurso.

Tal interpretação de sombreamento e contraste torna-se particularmente convincente quando descobrimos que, mesmo depois que se adquiriu a arte de traduzir a iluminação realisticamente, alguns pintores usam valores de claridade de um modo que não obedecem às leis e, às vezes, até as contradizem. James M. Carpenter mostrou que Cézanne separava planos no espaço "por meio de uma iluminação ou

Figura 231

escurecimento graduais de um outro plano onde os dois se superpõem". Usando um exemplo semelhante àquele da Figura 232, ele mostrou que Ticiano possuía a mesma técnica. Particularmente notáveis são o escurecimento dos edifícios próximos do céu e o aclaramento da estrutura em forma de castelo no fundo, que é, por isso, realçado contra os telhados. Carpenter também demonstra que Cézanne às vezes escurecia o fundo atrás de uma figura clara e arredondava uma face num retrato,

Figura 232

TICIANO, Vecellio. Noli Me Tangere (Detalhe). Óleo sobre tela. c. 1514. National Gallert, Londres.

aplicando um gradiente de obscuridade, o que constitui uma prática "abstrata" do recurso perceptivo, em vez da representação de um efeito de Iluminação; são dadas ilustrações de Filippino Lippi e de Rembrandt para provar que neste caso, também, Cézanne seguia uma tradição. Um pouco mais tarde, os cubistas, como mencionei antes, usaram gradientes de claridade para mostrar a independência espacial mútua das formas sobrepostas.

Goethe uma vez chamou a atenção de seu amigo Eckermann para uma incongruência de iluminação numa gravura baseada em Rubens. A maior parte dos objetos da paisagem era vista como se fosse iluminada de frente e portanto como se estivesse com seu lado mais iluminado voltado para o observador. Em particular, a luz clara, caindo sobre um grupo de trabalhadores em primeiro plano, era realçada efetivamente contra o fundo escuro. Este contraste foi conseguido, contudo, por meio de uma ampla sombra, que era projetada por um grupo de árvores, em direção ao observador, em contraste com outros efeitos de luz do quadro. "A dupla luz", comenta Goethe, "é na realidade forçada e, poder-se-ia dizer, inatural. Mas se for inatural, direi, ao mesmo tempo, que é mais elevada que a natureza".

O simbolismo da luz

No início do Renascimento, a luz ainda era usada essencialmente como um meio de modelar o volume. O mundo é claro, os objetos são por si só luminosos e as sombras são aplicadas para sugerir rotundidade. Observa-se concepção diferente na *Última Ceia* de Leonardo da Vinci. Aqui a luz incide como uma força, a partir de uma dada direção, penetrando numa sala escura, dando toques de claridade a cada figura, ao tampo da mesa e às paredes. O efeito alcança a chave mais alta nas pinturas de Caravaggio ou La Tour, que preparam os olhos para os refletores elétricos do século XX. Esta luz, fortemente focalizada, anima o espaço com um movimento dirigido. Às vezes quebra a unidade dos corpos, traçando as linhas de limite de obscuridade através das superfícies. Estimula o sentido da visão desfigurando jocosamente a configuração familiar e o estimula por meio de contraste violento. Uma comparação feita com os filmes de Hollywood não é inteiramente fora de propósito, porque, tanto num caso como no outro, o impacto dos raios ofuscantes, a dança das sombras e o mistério da obscuridade proporcionam um tônico excitante para os nervos.

O simbolismo da luz, que encontra sua expressão pictórica mais comovedora na obra de Rembrandt, data provavelmente de época tão antiga como a história do homem. Mencionei antes que, na percepção, a obscuridade não aparece como uma mera ausência de luz, mas como um contraprincípio ativo. Encontra-se o dualismo das duas forças antagônicas na mitologia e filosofia de muitas culturas – por exemplo, da China e da Pérsia. O dia e a noite tornam-se a imagem visual do conflito entre o bem e o mal. A Bíblia identifica Deus, Cristo, a verdade, a virtude e a salvação com a luz, e o ateísmo, o pecado e o Diabo com a obscuridade. A influente filosofia do neoplatonismo, baseada inteiramente na metáfora da luz, encontrou sua expressão visual no uso da iluminação pela luz do dia e velas nas igrejas da Idade Média.

O simbolismo religioso da luz era, naturalmente, familiar aos pintores da Idade Média. Contudo, os fundos dourados, auréolas e figuras geométricas de estrela – representações simbólicas da luz divina – apareciam aos olhos não como efeitos de iluminação, mas como atributos brilhantes. Por outro lado, os efeitos de luz dos séculos XV e XVI, corretamente observados, eram essencialmente produtos da curiosidade, da pesquisa e do aprimoramento sensório. Rembrandt personifica a confluência final das duas fontes. A luz divina não é mais um ornamento, mas a experiência realística da energia radiante, e o espetáculo sensual de claridades e sombras se transforma em uma revelação.

Os quadros de Rembrandt apresentam de modo característico uma cena estreita, escura, para onde o raio de luz leva a mensagem animadora de um além, desconhecido e invisível em si, mas que pode ser percebido através de seu reflexo poderoso. Como a luz vem do alto, a vida da terra não está mais no centro do mundo, mas no seu fundo escuro. Os olhos são feitos para entender que o hábitat humano nada mais é que um vale de sombras, dependendo humildemente da verdadeira existência das alturas.

Quando a fonte de luz se localiza no quadro, o significado muda. Agora a energia geradora de vida estabelece o centro e a extensão de um mundo restrito. Nada existe além dos ângulos que os raios atingem. Há uma *Sagrada Família* de Rembrandt na qual a luz parece originar-se no livro, intensamente iluminado, que Maria lê, porque a própria vela está oculta. A luz da Bíblia revela a criança adormecida no berço, e José, que escuta, torna-se anão perto de sua sombra gigantesca, que é projetada na parede atrás e acima dele. Em outro quadro de Rembrandt, a luz, uma vez mais oculta, ilumina o corpo de Cristo, que está sendo deposto da cruz. A cerimônia se desenrola num mundo escuro. Mas à medida que a luz ascende, enfatiza o corpo exânime e confere a majestade de vida à imagem da morte. Assim, a fonte luminosa, que se inclui no quadro, conta a história do Novo Testamento – isto é, a história da luz divina transferida para a terra e enobrecendo-a com sua presença.

Nas pinturas de Rembrandt, os objetos recebem passivamente a luz como o impacto de uma força externa, mas, ao mesmo tempo, tornam-se eles próprios fontes de luz, que irradiam ativamente energia. Uma vez iluminados, transmitem a mensagem. O esconder a vela é um meio de eliminar o aspecto passivo do acontecimento – o objeto iluminado torna-se a fonte fundamental. Desta maneira, Rembrandt faz com que um livro ou um rosto emanem luz sem violar as exigências de um estilo realístico de pintura. Por meio deste artifício pictórico, ele faz frente ao mistério central da história do Evangelho, a luz que se tornou matéria.

Como Rembrandt obtém sua luminosidade vibrante? Já mencionei algumas das condições perceptivas. Um objeto se apresenta luminoso não só em virtude de sua claridade absoluta, mas superando o nível de claridade média estabelecido por sua localização pelo campo total. Assim o misterioso brilho de objetos mais escuros surge quando são colocados em ambiente ainda mais escuro. Além disso, a luminosidade aparece quando não se percebe a claridade como um efeito da iluminação. Para este fim, as sombras devem ser eliminadas ou reduzidas a um mínimo. E a luz mais intensa deve aparecer dentro dos limites do objeto. Rembrandt frequentemente coloca um objeto claro num campo escuro, conserva-o quase isento de sombra, e elimina parcialmente os objetos ao seu redor. Assim no *Casamento de Sansão,* Dalila encontra-se entronizada como uma pirâmide luminosa frente a um cortinado escuro, e o reflexo de seu esplendor é visto sobre a mesa e nas pessoas que a rodeiam. De modo semelhante, na *Toalete de Betsabá,* o corpo da mulher se destaca por meio de uma luz intensa, enquanto o ambiente, incluindo as duas criadas que a servem, permanece no escuro.

O brilho se associa também à ausência de textura de superfície. Os objetos aparecem opacos e sólidos devido à textura, que define a superfície frontal. Um objeto brilhante não detém o olhar com semelhante invólucro externo. Seus limites não são claramente definidos para os olhos. Segundo as expressões de David Katz, tem mais "cor de película" do que "cor de superfície". A luz parece originar-se dentro do objeto a uma distância indefinida do observador. Rembrandt realça a luminosidade, evitando detalhes nas áreas de mais alta claridade. A indeterminação da superfície externa dota seus objetos luminosos de uma qualidade transfigurada, imaterial.

Num sentido mais didático, a iluminação tende a guiar a atenção seletivamente, de acordo com o significado desejado. Um objeto pode ser destacado sem que seja grande ou colorido ou situado no centro. De modo similar, os aspectos secundários da cena podem ser subordinados à vontade. Tudo isto, sem "intervenções cirúrgicas" que alterariam o inventário da própria cena. Pode-se fazer a luz incidir ou afastá-la de qualquer objeto. Uma certa disposição de bailarinos no palco pode dar ao público diferentes impressões, dependendo do esquema de iluminação. Rembrandt utiliza este recurso de interpretação constantemente, sem estar muito preocupado com a justificação realística do efeito. No já mencionado *Descendimento da Cruz,* uma luz brilhante incide em Maria, que desfalece, enquanto os observadores próximos a ela permanecem relativamente escuros. Ou vemos as mãos de Sansão intensamente iluminadas quando explicam um enigma aos convivas das bodas, enquanto seu rosto é mantido no escuro porque sua contribuição é secundária. Em sua representação da história de Potifar, Rembrandt traduz as palavras acusadoras da mulher em linguagem visual, projetando a luz mais forte na cama (Figura 224).

Em estilos de pintura que não concebem a iluminação, o caráter expressivo e simbólico da claridade e obscuridade é traduzido por meio de propriedades inerentes aos próprios objetos. A morte pode aparecer como uma figura vestida de preto ou a brancura do lírio pode representar a inocência. Quando se representa a iluminação, luz e sombra tendem a assumir a tarefa de produzir estes climas. Um exemplo elucidativo pode ser encontrado na gravura de Dürer, *Melancolia*. Representava-se tradicionalmente a melancolia com um rosto negro, porque se supunha que um escurecimento do sangue – a palavra "melancolia" significa literalmente "bile preta" – fosse a causa do estado depressivo da mente. Dürer coloca a mulher melancólica com as costas voltadas contra a luz, de modo que seu rosto fique na sombra. Deste modo, a obscuridade de seu rosto é, pelo menos em parte, justificada pela ausência de luz.

Para o pintor realista, este método tem a vantagem de dar a um objeto o grau de claridade que serve seu propósito, sem interferir em sua aparência "objetiva". Ele pode tornar escura uma coisa branca, sem sugerir que é escura em si. O procedimento é usado constantemente nas águas-forte de Goya. No cinema também, a iluminação vinda de trás serve para dar a uma figura a sinistra qualidade da obscuridade. A misteriosa sensação conseguida desta maneira se deve, em parte, ao fato de que a figura escura não se apresente positivamente como um corpo sólido material com textura de superfície perceptível, mas apenas negativamente, como um obstáculo à luz, sem volume e sem materialidade. É como se uma sombra se movesse no espaço, como uma pessoa.

Quando a obscuridade é tão profunda que produz uma não existência de realce negro, o observador tem a convincente impressão de que as coisas emergem de um estado de não ser e de tender provavelmente a retornar a ele. Em vez de apresentar um mundo estático com uma dotação constante, o artista mostra a vida como um processo de aparecer e desaparecer. O todo é apenas parcialmente presente, e a mesma forma a maioria dos objetos. Uma parte de uma figura pode ser visível enquanto o resto se encontra oculto na obscuridade. No filme *O Terceiro Homem*, o protagonista misterioso permanece em pé invisível, no umbral de uma porta. Apenas as pontas de seus sapatos refletem a luz da rua e um gato descobre o estranho invisível e cheira o que a audiência não pode ver. A assustadora existência das coisas que se encontram além do alcance de nossos sentidos e que, não obstante, exercem seu poder sobre nós, é representada pela escuridão.

Os objetos pictóricos se desvanecem não apenas na obscuridade, mas também na brancura. Nas paisagens do Extremo Oriente, com mais brilhantismo na "tinta salpicada" ou técnica do *haboku* do pintor japonês Sesshu, vemos as montanhas emergirem de uma base oculta na neblina. Seria absolutamente errôneo dizer que em tais exemplos a "imaginação completa" o que o pintor omitiu. Ao contrário, o significado da representação depende exatamente do espetáculo dos objetos que emergem do nada, para desenvolver cada vez mais a forma articulada, à medida que se elevam em direção ao pico. O peso da base da montanha é paradoxalmente substituído pela leveza etérea da seda ou papel brancos que agem como figura, em vez de fundo, mas parecem, contudo, imateriais. Assim, as formações mais gigantescas da terra transformam-se em aparições.

Finalmente duas reinterpretações modernas de iluminação na pintura devem ser mencionadas. Os impressionistas desprezaram a diferença entre luz e sombra e borraram os contornos dos objetos. Também substituíram a variedade das texturas realísticas por uma qualidade de superfície uniforme de pequenos golpes de pincel que fizeram as diferenças materiais entre paredes de pedra, árvores, água e céu desvanecerem na uniformidade. Todos estes recursos tendem a substituir a iluminação dos objetos sólidos por um mundo de luminosidade insubstancial. O efeito é particularmente forte no pontilhismo, a forma extrema do estilo impressionista. Neste caso, a unidade pictórica não é o objeto representado. A pintura consiste de pontos isolados, cada um dos quais possui apenas um valor de claridade e cor. Isto cada vez mais exclui inteiramente o conceito de uma fonte luminosa externa dominante. No entanto, cada ponto é uma fonte luminosa em si. O quadro é semelhante a um painel de lâmpadas radiantes, cada uma igualmente forte e independente das outras.

De uma maneira muito diferente, pintores como George Braque foram além da iluminação, não por criar um universo de luz, mas por transformar novamente a obscuridade das sombras em uma propriedade do objeto. A Figura 233a mostra esquematicamente uma imagem de antagonismo, na qual o preto e o branco participam como parceiros iguais. Não podemos dizer se vemos uma garrafa preta atingida por luz forte vinda da direita ou uma garrafa branca parcialmente na sombra. Em vez disso, vemos um objeto plano desmaterializado, independentemente de qualquer fonte externa, mantendo sua precária unidade contra o contraste poderoso dos dois valores de claridade extrema. O antigo jogo das forças de luz e obscuridade é feito para render o objeto único, no qual o conflito entre a unicidade e dualidade cria um alto nível de tensão dramática e o conflito de dois opostos, numa união não consumada.

Figura 233a

Luz e sombra não mais são aplicadas aos objetos, mas deles fazem parte. No decalque extraído do *Pintor e Modelo* de Braque (Figura 233*b*), o eu escuro da mulher é delgado, limitado por muitas concavidades, apresentando vigorosamente o perfil do rosto e estendendo o braço. A parte clara da mulher é maior, rodeada de concavidades, assentada numa posição frontal mais estática e ocultando o braço. No homem, domina o eu escuro; o claro nada mais é que uma ampliação do contorno posterior subordinado. Ambas as figuras estão em si tensas, bem como em sua relação mútua, com o antagonismo das forças contrastantes, que refletem uma interpretação moderna da comunidade humana e da mente humana.

Figura 233b

7. COR

Se for verdade que gatos e cães não veem cores, o que é que lhes falta? De uma coisa podemos estar certos: a ausência da cor os priva da mais eficiente dimensão de discriminação. Uma bola que rola sobre um gramado pode ser localizada e apanhada com muito mais certeza se for identificada não apenas por seu movimento, configuração, textura e talvez claridade, mas também pelo vermelho intenso que a separa da grama verde. Além disso, é possível que animais que possuam visão da cor sejam impressionados pela qualidade fortemente vivificadora que para nós distingue um mundo colorido de um monocromático.

Esta última diferença deve ter sido importante na mente do pintor Odilon Redon quando, depois de três décadas devotadas quase que inteiramente ao que chamava "seus pretos", isto é, centenas de desenhos a carvão e litografias, sua obra repentinamente irrompeu em pinturas plenas de cor. Ele escrevera: "Deve-se respeitar o preto. Nada o prostitui. Ele não agrada à vista ou desperta um outro sentido. É muito mais agente da mente que a bela cor da palheta ou prisma". Mas quando em 1890 ele abandonou a reservada pureza do claro-escuro monocromático, ele deve ter apreciado profundamente a possibilidade de definir, digamos, a figura de um gigante ciclópico, não apenas por meio de uma configuração fantástica, mas pela qualidade particular da cor de um marrom terroso espreitando acima de uma paisagem de rochedos púrpura; ou a oportunidade de criar uma figura verde da morte impulsionada por meio de um mundo de alaranjado queimado tão profundamente diferente do sóbrio saudável das cores primaveris que pôde usar para o retrato de seu jovem filho.

Da luz à cor

Nunca alguém terá certeza de que seu vizinho vê uma determinada cor exatamente da mesma maneira como ele próprio. Podemos apenas comparar as relações de cor e mesmo isso suscita problemas. Pode-se pedir a alguém para agrupar cores que harmonizem ou para combinar uma certa nuança como uma amostra idêntica. Tais procedimentos podem evitar qualquer referência aos nomes de cor, mas não podemos supor que diferentes pessoas de formação similar, não mencionando membros de culturas diferentes, tenham os mesmos padrões para o que eles consideram "parecido" ou "o mesmo" ou "diferente". Dentro destes limites, contudo, é seguro afirmar que a percepção de cor é a mesma para pessoas de diferentes idades, diferentes formações ou diferentes culturas. Excetuando a patologia individual, como o daltonismo, todos nós temos o mesmo tipo de retina, o mesmo sistema nervoso.

É verdade, contudo, que, quando se pede aos observadores que mostrem certas cores do espectro, o resultado varia um pouco. Isto acontece porque o espectro é uma escala móvel, um contínuo de gradações, e também porque as pessoas designam diferentes sensações por meio de diferentes nomes de cor.

Os nomes de cor são um tanto indeterminados porque a conceituação das próprias cores é problemática. Admite-se, o mundo da cor não é simplesmente uma série de inúmeros matizes; é claramente estruturado na base das três primárias fundamentais e suas combinações. Contudo, é necessária uma atitude mental particular para organizar o mundo colorido de alguém de acordo com estas características puramente perceptivas. Porém, o mundo de uma pessoa é um mundo de objetos, cujas propriedades perceptivas dadas importam em graus variados. Uma determinada cultura pode diferenciar as cores das plantas das do solo ou da água, mas pode não se aplicar para qualquer outra subdivisão de matizes – uma classificação perceptiva que será refletida no vocabulário. Uma tribo agrícola pode possuir muitas palavras para indicar diferenças sutis das cores do gado, mas nenhuma para diferenciar o azul do verde. Em nosso próprio ambiente, certas ocupações requerem distinções apuradas da cor e um vocabulário sofisticado correspondente. Outras não exigem absolutamente nenhuma.

Para o nosso presente propósito, a diferença mais interessante da conceituação da cor relaciona-se com o desenvolvimento cultural. Estudos recentes sugeriram que os nomes básicos de cor, relativamente poucos em número, são comuns a todas as línguas, mas também que abarcam diferentes variações de matizes e que nem todas as línguas possuem todos estes nomes. Pesquisa antropológica feita por Brent Berlin e Paul Kay indica que os nomes de cor não ocorrem em seleções arbitrárias. A nomenclatura mais elementar distingue apenas entre obscuridade e claridade e todas as cores são classificadas segundo esta simples dicotomia. Quando uma língua contém o nome de uma terceira cor, é sempre o vermelho. Esta nova categoria absorve os vermelhos e alaranjados e a maioria dos amarelos, rosas e púrpuras, incluindo o violeta. O restante é dividido entre obscuridade e claridade (preto e branco).

Se estes dados, coletados de vinte línguas, forem dignos de fé, eles nos dizem que a lei de diferenciação, que aplicamos ao desenvolvimento da concepção de forma, vale também para a cor. A nível mais primário apenas as distinções mais simples são feitas e, com o progresso na diferenciação, as categorias mais amplas limitam-se a domínios mais específicos. Da mesma forma que a relação em ângulo reto das formas substitui, a princípio, todos os ângulos, mas se limita mais tarde ao ângulo particular como um entre outros, assim a obscuridade e a claridade, a princípio, abrangem todo o domínio das cores, mas eventualmente indicam apenas os pretos, os brancos e os cinzentos.

A configuração diferencia-se gradualmente a partir da estrutura mais simples até os padrões de complexidade crescente. Isto parece aplicar-se à cor apenas no sentido quantitativo. É certamente mais simples dividir o mundo das cores em apenas duas categorias do que empregar seis ou oito. Mas nenhuma de tal base lógica é evidente na sequência das cores descobertas por Berlin e Kay. Por que deveria o vermelho sempre ser o primeiro a modificar a dicotomia escuro-claro? É ele o matiz mais notável ou mais importante na prática? Por que deve ser o verde ou o amarelo a adição seguinte? Descobriu-se que as línguas do nível das seis cores têm nomes para o escuro, claro, vermelho, verde, amarelo e azul. Outra diferenciação completa o conjunto de cores básicas com o marrom, púrpura, rosa, alaranjado e cinzento.

As descobertas de Berlin e Kay sustentam as observações dos primeiros escritores que descobriram, com base na literatura como os poemas de Homero e os relatos antropológicos, que algumas civilizações pareciam carecer de certos nomes de cor. O vermelho era bem representado, mas havia uma deficiência de verdes e azuis. Alguns daqueles primeiros exploradores sugeriram mesmo que na evolução biológica, a retina humana respondia a princípio apenas a cores de ondas longas e estendia sua série gradualmente – uma teoria insustentável. Compreendemos agora que, enquanto o mecanismo fisiológico da visão capacita cada ser humano normal a distinguir milhares de nuanças, as categorias perceptivas pelas quais apreendemos e conceituamos o mundo sensório desenvolvem-se do simples ao complexo.

Configuração e cor

Estritamente falando, toda a aparência visual deve sua existência à claridade e cor. Os limites que determinam a configuração dos objetos provêm da capacidade dos olhos em distinguir entre áreas de diferentes claridade e cor. Isto é válido mesmo para as linhas que definem a configuração em desenhos; elas são visíveis apenas quando a tinta difere do papel, na cor. Não obstante, pode-se falar de configuração e cor como fenômenos separados. Um disco verde sobre um fundo amarelo é exatamente tão circular quanto um disco vermelho sobre um fundo azul e um triângulo preto é tão preto quanto um quadrado preto.

Uma vez que a configuração e cor podem ser diferenciadas entre si, podem também ser comparadas como meios perceptivos. Se consideramos, em primeiro lugar, seu poder de discriminação, admitimos que a configuração nos permite distinguir um número quase infinito de objetos individuais diferentes. Isto se aplica especialmente para os milhares de rostos humanos que podemos identificar com considerável certeza com base nas mínimas diferenças de formas. Por meio de medição objetiva, podemos identificar as impressões digitais de uma pessoa específica entre milhões de outras. Mas se tentássemos construir um alfabeto de vinte e seis cores em vez de configurações, acharíamos o sistema impraticável. O número de cores que podemos reconhecer com segurança e facilidade dificilmente excede seis, a saber, as três primárias mais as secundárias ligando-as, mesmo que os sistemas padrão de cor contenham várias centenas de nuanças. Somos bastante sensíveis em distinguir diferenças sutis de tons entre si, mas quando é preciso identificar de memória uma determinada cor ou a uma distância espacial distinguir de outra, nossa capacidade de discriminação é seriamente limitada.

Isto acontece principalmente porque as diferenças em grau são muito mais difíceis de guardar na mente do que diferenças de tipo. As quatro dimensões da cor que podemos distinguir com confiança são o avermelhado, o azulado, o amarelado e a escala de cinzentos. Mesmo as secundárias podem gerar confusão devido a seu parentesco com as primárias, por exemplo, entre um verde e um azul ou amarelo; e na hora que tentamos diferenciar a púrpura de um violeta, somente a justaposição imediata permite certeza. Isto é evidente no código de cor usado para mapas, guias e outros instrumentos de orientação. Por outro lado, quando acrescentadas às distinções de configuração, mesmo algumas dimensões de cor cruamente aplicadas enriquecem grandemente a discriminação visual. A plateia assistindo a um filme em branco e preto, com frequência, fica incapaz em identificar o estranho alimento que os atores têm nos pratos. Nos sinais, nas bandeiras, nos uniformes, a cor estende o âmbito de diferenças comunicáveis.

Por si só, a forma é um meio de identificação melhor do que a cor, não somente porque oferece muito mais tipos de diferença qualitativa, mas também porque suas características distintivas são muito mais resistentes às variações do ambiente. Embora a assim chamada constância de forma não seja de maneira alguma tão segura quanto se considera, notamos que as pessoas são extraordinariamente capazes de reconhecer um objeto, mesmo que o ângulo do qual eles o percebem possa apresentar uma projeção completamente diferente do mesmo. Identificamos uma figura humana de quase todos os pontos de observação. E ainda mais, a configuração é quase inteiramente insensível às mudanças de claridade ou cor do ambiente, enquanto a cor local dos objetos é a mais vulnerável neste aspecto.

A constância da cor existe realmente até certo ponto, não apenas para os seres humanos, mas também para os animais dotados de uma visão de cor. Num experimento famoso feito por Katz e Révérsz, frangos eram treinados para bicar apenas grãos de arroz branco e para rejeitá-los quando eram pintados de várias cores. Quando se lhes apresentavam grãos brancos iluminados por uma forte luz azul, as aves bicavam sem hesitação. A constância de cor é auxiliada pelo fato fisiológico de que a retina se adapta à iluminação dada. Da mesma maneira como a sensibilidade à luz diminui automaticamente quando os olhos estão olhando para um campo muito claro, assim também os diferentes tipos de receptores de cor adaptam suas respostas seletivamente quando uma determinada cor domina o campo visual. Quando se defrontam com a luz verde, os olhos diminuem sua resposta ao verdor.

Esta compensação atinge um nível que reduz o efeito da iluminação colorida sobre a cor local dos objetos. Entretanto, justamente por isso, também percebemos a cor da própria iluminação incorretamente. Um efeito de adaptação, descrito por Kurt Koffka e também por Harry Helson, nos faz perceber a cor dominante como "normal", isto é, como a mais aproximadamente incolor, e todas as cores do campo como transpostas em relação a este nível normal. Adaptados à iluminação vermelha, vemos uma superfície cinzenta de fato como cinzenta, mas somente enquanto sua claridade se iguala à da que prevalece no campo. Se a superfície cinzenta for mais clara, é vista como vermelha; se for mais escura, como verde.

Relacionando com isto, devo também me referir ao efeito da intensidade da luz sobre a cor. Sob forte iluminação, os vermelhos parecem particularmente claros porque os cones da retina executam a maior parte do trabalho e são os mais responsivos aos comprimentos de ondas mais longas. A luz mortiça trará os verdes e os azuis para a frente, mas também os fará parecer mais esbranquiçados porque agora os bastonetes retinianos, que são mais responsivos à luz de comprimento de onda mais curta, participam do trabalho, embora não contribuam para a percepção de matiz. (Este fenômeno recebeu o nome de Johannes E. Purkinje, que primeiro o descreveu.)

Por todas estas razões, as cores de um artista estão muito mais à mercê da iluminação que predomina, enquanto suas formas são pouco afetadas por ela. Wolfgang Schöne mostrou que o esquema de cor dos murais medievais altera-se inteiramente quando as janelas originais são substituídas pelo vidro incolor moderno. As janelas da igreja do início da Idade Média tinham uma coloração esverdeada ou amarelada e eram translúcidas, mas não transparentes. É desnecessário dizer que o vitral dos últimos séculos influenciou a iluminação de um modo espetacular, e não apenas a pintura mural, mas também as ilustrações de livro, foram adaptadas às condições de iluminação predominantes.

Quando uma pintura de Monet ou Van Gogh feita a plena luz do dia é vista sob a cor das lâmpadas de tungstênio, não podemos querer perceber os matizes pretendidos pelo artista; e como as cores mudam, assim também sua expressão e organização. Os artistas de nossa época que afirmam que seus quadros produzidos sob luz elétrica podem ser vistos à luz do dia sem prejuízo querem dizer que as qualidades e as relações de cor importam a seu trabalho somente no sentido mais cru e mais geral.

Concluímos que, para propósitos práticos, as configurações constituem um meio mais seguro de identificação e orientação do que a cor, a menos que a discriminação da cor se limite às primárias fundamentais. Quando uma pessoa é obrigada a escolher entre relações de forma e relações de cor, seu comportamento será influenciado por uma variedade de fatores. Numa proposta experimental usada por vários pesquisadores, apresentaram às crianças, por exemplo, um quadrado azul e um círculo vermelho. Perguntaram-lhes se um quadrado vermelho era mais parecido com o quadrado ou com o círculo. Sob tais condições, as crianças até três anos de idade fizeram sua escolha com mais frequência na base da forma, enquanto as que se situavam entre três e seis selecionavam pela cor.

As crianças acima de seis perturbavam-se com a ambiguidade de tarefa, mas, com maior frequência, optavam pela forma como critério. Heinz Werner revendo o resultado sugeriu que a reação das crianças menores é determinada pelo comportamento motor e desse modo pelas qualidades "palpáveis" dos objetos. Uma vez que as características visuais se tornaram dominantes, a maioria das crianças pré-escolares é dirigida pela forte atração perceptiva das cores. Mas à medida que a cultura começa a treinar as crianças nas habilidades práticas, as quais dependem em grau muito maior da forma do que da cor, elas se voltam cada vez mais para a forma como um meio decisivo de identificação.

Trabalho mais recente de Giovanni Vicario mostrou que o resultado de tais experimentos depende em parte das formas que são usadas. Por exemplo, quando uma criança tem de escolher entre um triângulo e um círculo em vez de entre um quadrado e um círculo, as atribuições na base da forma em vez da cor aumentarão. Aparentemente é mais fácil não considerar a diferença entre quadrado e círculo do que a que existe entre triângulo e círculo.

As escolhas entre cor e configuração podem também ser estudadas nos testes de borrões de tinta. Alguns dos cartões de Rorschach dão ao observador uma oportunidade para basear a descrição do que vê na cor com prejuízo da forma ou vice-versa. Uma pessoa pode identificar uma figura por seu contorno, mesmo que a cor contradiga a interpretação; outra pode identificar dois retângulos azuis simetricamente colocados como "o céu" ou "miosótis", desprezando assim a forma em favor da cor. Rorschach e seus seguidores, cujas observações foram originalmente feitas em pacientes portadores de doenças mentais, afirmam que esta diferença de reação se relaciona com a diferença de personalidade. Rorschach descobriu que os indivíduos de caráter alegre respondem à cor, enquanto as pessoas depressivas, com mais frequência, respondem à forma. O predomínio da cor indicava uma abertura aos estímulos externos. Diz-se que tais pessoas são sensíveis, facilmente influenciadas, instáveis, desorganizadas, dadas a explosões emocionais. Uma preferência pelas reações a formas em pacientes combina com uma disposição introvertida, forte controle sobre os impulsos, uma atitude pedante, de pouca emotividade.

Rorschach não ofereceu explicação teórica para a relação que ele coloca entre comportamento perceptivo e personalidade. Ernest Schachtel, contudo, sugeriu que a experiência de cor assemelha-se a do afeto ou da emoção. Em ambos os casos, tendemos a ser receptores passivos de estimulação. A emoção não é o produto da mente ativamente organizadora. Ela apenas pressupõe um tipo de abertura, que, por exemplo, uma pessoa deprimida pode não ter. A emoção nos atinge como faz a cor. A configuração, por contraste, parece exigir uma resposta mais ativa. Nós examinamos o objeto, estabelecemos seu esqueleto estrutural, relacionamos as partes com o todo. De modo similar, a mente controladora age sobre os impulsos, aplica princípios, coordena uma variedade de experiências e decide sobre o andamento da ação. Em termos gerais, na visão da cor, a ação parte do objeto e afeta a pessoa; mas para a percepção da forma, a mente organizadora vai ao encontro do objeto.

Uma aplicação literal desta teoria poderia levar à conclusão de que a cor produz uma experiência essencialmente emocional, enquanto a forma corresponde ao controle intelectual. Tal formulação parece demasiadamente estreita, particularmente com referência à arte. É provavelmente verdade que a receptividade e rapidez da experiência são mais características para as respostas à cor, enquanto o controle ativo caracteriza a percepção da forma. Mas só se pode pintar ou entender um quadro, organizando-se ativamente a totalidade dos valores da cor; por outro lado, submetemo-nos passivamente à contemplação da forma expressiva. Em vez de falar de respostas à cor e respostas à forma, podemos, com maior propriedade, distinguir entre uma atitude receptiva aos estímulos visuais, que é encorajada pela cor, mas que se aplica também à forma, e uma atitude mais ativa, que prevalece na percepção da forma, mas que se aplica também à composição de cor. De um modo mais geral, é provável que as qualidades expressivas (fundamentalmente da cor, mas também da forma) afetem de modo espontâneo a mente passivamente receptiva, enquanto a estrutura tectônica do padrão (característica da forma, mas encontrada também na cor) engaja a mente ativamente organizadora.

Seria interessante explorar estas correlações entre comportamento perceptivo e a estrutura da personalidade nas artes. A primeira atitude poderia ser chamada de romântica; a segunda, de clássica. Poderíamos considerar, na pintura, por exemplo, a abordagem de Delacroix, que não apenas baseia suas composições em esquemas de cor surpreendentes, mas também acentua as qualidades expressivas da forma em oposição a Jacques Louis David, que concebe principalmente em termos de forma, empregada para a definição relativamente estática dos objetos, e subordina e esquematiza a cor.

Matisse disse: "Se o desenho pertence ao espírito e a cor aos sentidos, deve-se desenhar primeiro para cultivar o espírito e ser capaz de conduzir a cor ao caminho do espiritual". Ele interpreta a tradição segundo a qual a forma é mais importante e mais dignificada do que a cor. Poussin disse: "As cores na pintura são, por assim dizer, engodos para seduzir os olhos, como a beleza dos versos na poesia é uma sedução para o ouvido". Pode-se encontrar uma versão alemã deste ponto de vista nas obras de Kant: "Na pintura, na escultura e na verdade em todas as artes visuais, na arquitetura, horticultura, na medida em que são consideradas belas artes, o design é essencial porque serve como fundamento do gosto somente pelos prazeres oriundos da configuração, não pelo entretenimento da sensação. As cores que iluminam o padrão de contornos pertencem à estimulação. Elas podem dar vida à sensação do objeto mas não podem torná-lo digno de contemplação e belo. Em vez, são, com frequência, grandemente reprimidas pelas exigências da forma bela e, mesmo onde se admite a estimulação, enobrecida apenas pela forma".

Dados tais pontos de vista, não é de se surpreender que a forma se encontre identificada com as virtudes tradicionais do sexo masculino, a cor com as tentações do feminino. Segundo Charles Blanc, "a união do design e cor é necessária para criar pintura, da mesma maneira que a união do homem e da mulher deve gerar a humanidade, mas o design deve manter sua preponderância sobre a cor. De outro modo a pintura se precipita para sua ruína: cairá por meio da cor do mesmo modo que a humanidade caiu por causa de Eva".

Como as cores acontecem

Não há necessidade aqui de descrever em detalhe os princípios da óptica e da neurofisiologia pela qual a percepção da cor foi explicada no passado e é explicada hoje. Contudo, alguns aspectos gerais, úteis ao esclarecimento do caráter total do fenômeno da cor, são facilmente negligenciados, à medida que o estudante de artes tenta escolher cuidadosamente seu caminho por meio dos assuntos técnicos das partículas atômicas e comprimentos de onda, cones e bastonetes, luzes e pigmentos. Além disso, certos conceitos-chave têm sido comumente apresentados de uma maneira errônea.

Os nomes dos três primeiros pioneiros da teoria da cor podem ser responsáveis pelos três principais componentes do processo a ser explicado. Newton descreveu as cores como devidas às propriedades dos raios que compõem as fontes luminosas; Goethe proclamou a contribuição dos meios físicos e superfícies encontradas pela luz quando ela viaja de sua fonte aos olhos do observador; e Schopenhauer anteviu numa teoria de imaginação, embora estranhamente profética, a função das respostas retinianas dos olhos.

"Como os raios de luz diferem em graus de refrangibilidade", escreveu Newton em seu relatório de 1672 para a Royal Society, "assim também diferem em sua disposição para expor esta ou aquela determinada cor. As cores não são qualificações da luz, derivadas das refrações ou reflexões dos corpos naturais (como geralmente se acredita), mas propriedades originais e inatas, que em raios diferentes são diversos. Alguns raios estão preparados para exibir uma cor vermelha e não outra; alguns um amarelo e não outra; alguns um verde e não outra e assim sucessivamente. Não só não existem raios próprios e particulares para as cores mais importantes, como nem mesmo para todas as suas gradações intermediárias."

Isto significa que o que Newton reconheceu ser fundamental para os objetivos da física não foi a fonte luminosa indivisa e essencialmente incolor, confirmada por experiência direta, mas os muitos tipos de raios inerentemente diferentes, que ele caracterizou e isolou por meio de seus diferentes graus de refrangibilidade. A cor não era o que acontecia na visão quando a luz branca original foi deformada ou mutilada por circunstâncias eventuais. Era uma sensação que correspondia a um atributo que constitui qualquer tipo de luz. Estava escondida da vista apenas porque diferentes tipos de luz eram lançados juntos e desse modo neutralizavam o caráter particular mútuo.

Afirmar que a luz "branca" do dia compunha-se de cores do arco-íris era contra toda a evidência visual e, por essa razão, as teorias de Newton encontraram oposição. Um século depois de Newton, o poeta Goethe, acostumado a confiar no testemunho direto dos sentidos, levantou-se em defesa da pureza da luz do sol. Para ele, isto era uma saída eminentemente moral. Ele também não pôde se libertar dos preconceitos aristotélicos de que, uma vez que todas as cores eram mais escuras do que a luz, aquelas não poderiam estar contidas nesta. Mencionei antes que, para o observador ingênuo, a escuridão não é a ausência de luz, mas um antagônico substancial fisicamente real. Goethe referiu-se com aprovação ao jesuíta padre Athanasius Kircher, que no século XVII descreveu a cor como *lumen opacatum*, isto é, luz sombreada; e adotou a noção aristotélica de que as cores se originam da interação da luz e da obscuridade. As cores, dizia ele, são os "feitos e aflições da luz", e as aflições eram o que acontecia quando a pureza virginal da luz se submetia aos meios um tanto opacos e nebulosos e à absorção parcial por meio de superfícies refletivas.

Há uma terna verdade poética para as fantasias ópticas de Goethe, e ninguém falou mais eloquentemente do que ele das vicissitudes sofridas pela luz quando ela se dirige por meio do mundo de obstáculos físicos, penetrando e saltando para trás e mudando sua natureza no processo. Mas foi o jovem filósofo Schopenhauer que, devotando-se à teoria da cor por sugestão de Goethe, foi além do mestre, especulando o papel decisivo da retina na criação da experiência de cor. Argumentando a importância do subjetivo, somente por meio do qual o objetivo existe, Schopenhauer propôs que a sensação do branco acontece quando a retina responde com uma ação plena, enquanto o preto resulta da ausência de ação. E apontando para as cores complementares produzidas por pós-imagens, propôs que pares de cores complementares acontecem por meio de bipartições qualitativas da função retiniana. Assim vermelho e verde, sendo de igual intensidade, dividiam a atividade retiniana em metades iguais, enquanto amarelo e violeta eram produzidas por uma proporção de três para um e alaranjado e azul numa proporção de dois para um. Isto levou à seguinte escala:

Schopenhauer foi incapaz de oferecer mesmo o gérmen de uma teoria fisiológica. Ele admitiu que "por enquanto estas proporções não podem ser provadas, mas devem tolerar ser chamadas hipotéticas". Mas sua escala de diferenças quantitativas é de interesse para nós, mesmo agora, e sua concepção básica dos pares de complementares no funcionamento retiniano antecipa notavelmente a teoria da cor de Ewald Hering. Hering propôs que "o sistema visual englobava três processos qualitativamente distintos, e que cada um destes processos fisiológicos é capaz de dois modos opostos de reação. Por analogia com o metabolismo da planta, ele descreveu os modos oponentes de respostas como catabolismo e anabolismo, respectivamente" (Hurvich e Jameson).

Em seu tratado sobre a teoria da sensação de luz, Hering afirmou: "Todos os raios do espectro visível têm um efeito dissimilador sobre a substância preto-branco, mas os diferentes raios em graus diferentes. Mas apenas certos raios têm um efeito dissimilador sobre a substância azul-amarela ou verde-vermelha, alguns outros têm um efeito assimilador, e certos raios absolutamente nenhum". Na opinião dos especialistas em cor, a teoria do processo antagônico de Hering é necessária para complementar a teoria do receptor-tríplice de Thomas Young, a qual mencionarei brevemente, a fim de responder pelos fatos observados na visão da cor.

As primárias geradoras

Para o nosso presente propósito, devemos nos referir a dois princípios subjacentes da óptica, da fisiologia e da psicologia das várias teorias da cor, a saber, as cores primárias e as complementares. Muita confusão tem-se perpetuado devido ao termo "primárias", que tem sido aplicado a dois conceitos totalmente diferentes. Deve-se fazer uma distinção nítida entre *primárias geradoras* e *primárias fundamentais*. Por primárias geradoras, referir-me-ei às cores necessárias para produzir física ou fisiologicamente uma ampla série de cores; enquanto as primárias fundamentais são as cores puras básicas sobre as quais o sentido da visão constrói perceptivamente a organização de padrões de cor. *As primárias geradoras referem-se aos processos pelos quais as cores acontecem; as primárias fundamentais são os elementos dos quais vemos uma vez as cores aparecerem no campo visual.* As últimas serão examinadas quando tratar da composição da cor na arte visual; apenas as primeiras estão em questão agora.

Todos os sistemas de teoria da cor e todos os procedimentos práticos para a produção das cores baseiam-se no princípio de que um pequeno número de matizes é suficiente para produzir, por combinação, um número completo ou suficientemente amplo delas. Nem o homem, nem a natureza teriam a possibilidade de usar um mecanismo que proporcionasse um tipo especial de receptor ou gerador para cada tom de cor. Não há nada inviolável quer sobre o número ou a natureza das primárias geradoras. Como já mencionei, a teoria da visão da cor, de Hering, exige sensibilidade a seis cores básicas: preto e branco, azul e amarelo, verde e vermelho. Helmholtz, defendendo a teoria tricromática de Thomas Young, advertiu sobre a convicção popular de que as cores puras básicas, vermelho, amarelo e azul, eram as naturalmente mais apropriadas para o trabalho. Ele mostrou, por exemplo, que não se poderia obter o verde combinando uma luz azul pura com uma amarela pura. De fato, Young concluíra, com base em seus experimentos com luzes coloridas que ele combinava projetando-se numa tela, que a luz branca poderia ser composta de "uma mistura de vermelho, verde e violeta apenas, na proporção de cerca de duas partes de vermelho, quatro de verde e uma de violeta".

Estas mesmas três cores, vermelho, verde e violeta, foram propostas por Young e mais tarde por Helmholtz como sendo as primárias geradoras mais prováveis para a visão da cor. Nenhum dos dois cientistas pôde tentar provar anatomicamente que assim acontecia. Somente em 1960, experimentos estabeleceram que "a visão da cor nos vertebrados é mediada por três pigmentos sensíveis à luz, segregados em três tipos diferentes de células receptoras da retina, e que um destes pigmentos é basicamente responsável pela sensação da luz azul, um pela sensação do verde e um pelo vermelho" (MacNichol). Observe neste caso que os nomes de cor tais como "azul" ou "violeta" significam pouco, a menos que saibamos exatamente a que tom de cor se referem. Apenas medindo os comprimentos de onda espectrais correspondentes podem-se conseguir descrições objetivas. Os experimentos indicam que os três tipos de receptor de cor são mais sensíveis à luz de cerca de 447 milimícrons (azul-violeta), 540 (verde) e 577 (amarelo). Cada um destes valores numéricos representa o ápice de uma curva de sensibilidade que cobre uma extensão bastante ampla do espectro e se sobrepõe a outras duas. Assim, o ápice da curva do amarelo se estende o suficiente até a região vermelha do espectro para deixar o tipo correspondente de célula receptora sentir o vermelho também. Os comprimentos de onda exatos obtidos variam um tanto de experimentador para experimentador.

Estas três primárias geradoras particulares provaram sua importância na evolução biológica. Em princípio, contudo, três cores quaisquer servirão, de acordo com James Clerk Maxwell, desde que nenhuma delas possa ser obtida por uma mistura das duas outras. Duas primárias serão suficientes se um resultado incipiente for suficiente; mais primárias produzirão uma imagem mais sutilmente fiel. É uma questão de equilibrar economia com qualidade.

Adição e subtração

As cores que melhor criam a série completa dependem também da combinação a ser feita pela adição ou pela subtração. Neste caso, novamente, a informação errônea é desmedida. Particularmente errônea é a afirmação de que as luzes se misturam aditivamente, enquanto os pigmentos se misturam subtrativamente. Em realidade, pode-se combinar as luzes aditivamente sobrepondo-as numa tela de projeção; mas pode-se usar os filtros de luz colorida para fazê-los agir subtrativamente sobre a luz que passa por meio deles. De modo similar, dois ou três filtros coloridos dispostos em sequência subtraem da luz. Por outro lado, as partículas dos pigmentos misturadas pelo pintor ou os pontos de cor usados na impressão colorida são, em parte, justapostos e, em parte, superpostos numa combinação tão intrincada de adição e subtração que é difícil de predizer o resultado.

Na combinação *aditiva*, o olho recebe a soma das energias da luz que se agrupam num lugar, por exemplo, numa tela de projeção. Por isso, o resultado é mais luminoso do que cada um dos seus componentes. Sob condições ideais uma combinação adequada de componentes produz branco ou cinzento claro. Por exemplo, uma combinação aditiva de elementos azuis e amarelos comportar-se-á assim. Se se arranjar segmentos de cor e claridade diferentes em um disco giratório, eles se combinarão em proporção ao tamanho da superfície que cobrem no disco. As cores recebidas pelo sentido da visão são o resultado de um processo aditivo porque os três tipos de receptores de cor, colocados lado a lado na área central da superfície retiniana, associam os estímulos que recebem. Assim, a luz, estimulando todos os três tipos de receptores na proporção exata, causará a sensação de branco.

A *subtração* produz sensações de cor com o que sobra depois da absorção. Os vitrais são filtros coloridos, que diminuem a luz externa que passa por meio deles. As cores locais dos objetos resultam da luz que eles refletem depois que suas superfícies absorveram sua quota de iluminação; uma superfície vermelha absorve tudo, exceto os comprimentos de onda correspondentes ao vermelho. As três primárias geradoras que melhor se adaptam aos filtros subtrativos são um azul esverdeado (ciano), um amarelo e um magenta, dos quais dois quaisquer combinam por subtração com azul, vermelho e verde, respectivamente. Assim as cores que finalmente compõem a imagem são mais ou menos as mesmas que as primárias geradoras do processo aditivo.

A combinação aditiva de cor acontece de acordo com algumas regras simples que dependem inteiramente do tipo de estímulo produzido no olho pelas cores participantes. O resultado da subtração, por outro lado, depende não apenas de como as cores aparentam, mas de sua constituição espectral. Como Manfred

Richter mostrou, as duas cores que se assemelham são constituídas de diferentes componentes espectrais, podem produzir resultados diferentes quando combinadas subtrativamente com uma mesma terceira cor. E enquanto o resultado da adição corresponde à soma dos espectros das luzes individuais, o da subtração deriva do produto da transmissibilidade pelos filtros envolvidos. Em vista deste fato, George Biernson sugeriu que a combinação subtrativa de cor poderia ser mais adequadamente chamada "multiplicativa".

Complementares geradoras

Se o leitor ainda estiver comigo, gostaria agora de mostrar que, pelo fato da adição e subtração das cores serem processos tão diferentes, envolvem condições diferentes para complementaridade. Quando esta diferença é negligenciada, facilmente se fazem errôneas suposições ou se confundem por contradições aparentes entre afirmações que realmente se referem a fatos diferentes. Em um notável artigo sobre a técnica dos impressionistas, J. Carson Webster registrou a crença difundida, mas errônea, de que estes pintores obtinham o efeito de verde brilhante colocando toques de azul e amarelo lado a lado, deixando-os fundir no olho do observador. Webster acha que os impressionistas não fizeram tal coisa, pela boa razão de que a justaposição do azul e amarelo produziria o efeito aditivo de branco ou cinzento. Somente misturando pigmentos azul e amarelo obtém-se o verde.

Diferenciamos entre primárias geradoras e fundamentais. A mesma diferença deve agora ser aplicada às cores complementares. As *complementares geradoras* são cores que, em combinação, produzem um branco ou um cinzento monocromático. As *complementares fundamentais* são cores que, no julgamento do olho, precisam uma da outra e complementam-se mutuamente. Confundir estas duas noções é criar problema desnecessário. Assim, um círculo diagramático de cor originado dos resultados da superposição óptica de luzes designará o amarelo e o azul como um par de complementares, apresentando-as em oposição diametral. Isto provocará protestos dos pintores que afirmarão que, em seu sistema de cor, o par amarelo e azul produz um efeito parcial e incompleto; para o pintor, o amarelo é complementar de um violeta ou púrpura, e o azul do alaranjado. Não há contradição neste caso. As duas facções estão falando de coisas diferentes.

Podem-se verificar as complementares geradoras por vários métodos. Não se deve de imediato esperar necessariamente que as cores que se acrescentam ao branco ou cinzento na combinação de luzes sejam as mesmas que se combinam quando superfícies coloridas são giradas num disco rotativo. Contudo, o que se pode informar com bases nos resultados publicados é que os diferentes métodos aditivos, todos, produzem os mesmos resultados. Woodworth e Schlosberg citam os seguintes pares de complementares:

> vermelho e verde azulado
> alaranjado e azul esverdeado
> amarelo e azul
>
> verde amarelado e violeta
> verde e púrpura

Os resultados parecem concordar também com os pares de complementares obtidos pelos mecanismos fisiológicos que operam no sistema nervoso. Isto é válido para o contraste simultâneo, pelo qual, por exemplo, um pedacinho de papel cinzento colocado num fundo verde parece púrpura, e para pós-imagens que, segundo Helmholtz, produzem os seguintes pares de complementares:

> vermelho e verde azulado
> amarelo e azul
> verde e vermelho rosado

Diferenças menores podem não ficar claras pelo fato de que os nomes de cor indicam apenas aproximadamente os matizes exatos observados em experimentos.

É surpreendente que os resultados para as complementares geradoras devam estar em concordância tão consistente, uma vez que, em pelo menos um aspecto óbvio, eles deixam de corresponder ao sistema de complementares fundamentais sobre o qual os artistas têm insistido por boas razões. Como mencionei antes, nesse sistema de cores, azul e amarelo não são de modo algum aceitáveis como complementares, porque falta à combinação o vermelho, a terceira primária fundamental. Aparentemente tratamos aqui de um princípio de relações visuais que não refletem apenas os opostos fisiológicos básicos, manifestos nos fenômenos do contraste, e que não são nem mesmo perturbados por eles.

Por amor à simplicidade, falei, na maioria das vezes, de pares de complementares. Mas é claro que qualquer número de cores, se adequadamente escolhidas, pode combinar para produzir um efeito monocromático. O grupo de três operando na visão da cor, na impressão em cores, televisão colorida, são complementares: das três cores, duas quaisquer são complementares à terceira. E a descoberta principal de Newton equivale a dizer que cada matiz do espectro é complementar a todo o resto delas juntas. Finalmente, deve-se notar que a complementaridade vigora não apenas para matiz, mas também para claridade. Um quadrado preto produzirá um branco como sua pós-imagem; e um verde claro será contrastado por um vermelho escuro.

Um meio instável

Muito pouco tem sido escrito sobre a cor como um meio de organização pictórica. Há descrições da palheta usada por determinados pintores; há julgamentos críticos louvando ou condenando o uso que um artista faz da cor. Mas no geral só se pode concordar com o fato de que, segundo as palavras do historiador de arte Allen Pattillo, "uma grande parte daquilo que se tem escrito sobre pintura, é oportuno dizer, tem sido feito quase como se as pinturas fossem obras em preto e branco". Em alguns departamentos universitários de arte, os "slides" em preto e branco são preferidos, ou porque as cores "desviam a atenção" das formas ou, por motivo mais razoável, porque as reproduções não são dignas de confiança.

Qualquer pessoa que trabalhe com "slides" coloridos sabe que dois "slides" do mesmo objeto não se assemelham e que as diferenças estão, com frequência, longe de ser sutis. Mesmo sob condições ideais, a projeção de transparências sobre a tela transforma as cores da superfície subjacente das pinturas em brilhantismos de joias luminosas, e a alteração de tamanho também influi na aparência, bem como na composição. As reproduções coloridas em livros de arte e revistas variam desde o excelente até o desprezível. Na maior parte das vezes, o observador não pode julgar quanto de uma verdade ou de uma mentira lhe estão dizendo.

Não considerando o falso testemunho, os próprios originais nos desapontam. A maioria das obras-primas da pintura pode ser vista apenas por meio de camadas de verniz escurecido, que absorveram a poeira das idades. Podemos ter uma vista mais segura dos peixes nadando na água verde lamacenta de um aquário do que da Mona Lisa. Ninguém vê os Ticianos e os Rembrandts há séculos, e a limpeza e a restauração das pinturas levaram a resultados notoriamente inseguros. Além disso, sabe-se que os pigmentos alteram quimicamente. Quando se veem azuis agressivos danificarem as composições de um Bellini ou Rafael, ou uma estampa de Harunobu ou uma aquarela de Cézanne descoradas além do reconhecível sob o efeito da luz do sol, compreende-se que o conhecimento dos quadros que possuímos baseia-se num grau considerável sobre o ouvir dizer e a imaginação.

Mencionei como a cor é inteiramente modificada pela iluminação. Tais modificações não são meras transposições: a luz de uma dada cor afetará diferentes cores de um quadro de modo diferente. Ainda mais fundamental é a interação perceptiva constante entre as cores por contraste ou assimilação. Coloque um triângulo próximo a um retângulo e descobrirá que eles continuam sendo o que são, embora as formas se influenciem um tanto mutuamente. Mas uma cor azul colocada próxima de um vermelho forte muda em direção ao verde, e dois quadros dependurados lado a lado numa parede, um pode modificar profundamente a cor do outro.

Uma matriz verde que parecia conservadoramente retraída num mostruário da loja de tintas nos oprime quando cobre as paredes. As árvores e cones coloridos projetados por Munsell e Ostwald como apresentações sistemáticas de cores segundo o matriz, claridade e saturação prestam-se admiravelmente para nos fazer entender a complexa interação das três dimensões; mas uma cor vista no contexto de suas vizinhas mudará quando colocada num meio diferente.

Não se pode falar "como uma cor realmente é" num sentido seguro, ela é sempre determinada por seu contexto. Um fundo branco de modo algum é um fundo zero, mas tem fortes idiossincrasias próprias. Wolfgang Schóne mostrou que nas pinturas europeias dos séculos XVI ao XVIII, a luz é mais importante que a cor e por isso elas são prejudicadas quando apresentadas em paredes brancas ou muito claras. Tal falha ocorre, diz ele, em museus como o Louvre, a Uffizi, a National Gallery, em Londres, e no Kunsthalle, em Hamburgo, que sob a influência da pintura moderna acentuam mais a cor do que a luz – um efeito realçado pelas paredes levemente coloridas.

A todas estas incertezas deve-se acrescentar os problemas da identificação perceptiva e verbal. Quando se apresenta aos observadores uma sucessão das cores do arco-íris, por exemplo, com um aspectro de luz, eles não chegam a um acordo quanto à posição em que as cores principais aparecem na sua maior pureza. Isto é válido mesmo para as primárias fundamentais, especialmente para o vermelho puro que pode ser localizado pelos observadores em qualquer lugar entre 660 e 760 milimícrons. Consequentemente qualquer nome de cor refere-se a uma extensão de matizes possíveis, de tal modo que a comunicação verbal, na falta da percepção direta, é absolutamente imprecisa. Newton, por exemplo, usou "violeta" e "púrpura" indiferentemente – um assunto que não deve ser negligenciado, uma vez que, de acordo com o uso moderno, o violeta é encontrado no espectro de luz, mas o púrpura não. Em nossa própria época, Hilaire Hiler compilou um catálogo de nomes de cores que indica, por exemplo, que a cor correspondente ao comprimento de onda de 600 milimícrons é descrita por vários autores como cromo alaranjado, papoula dourada, alaranjado-espectral, alaranjado-agridoce, vermelho-oriental, vermelho--Saturno, alaranjado-avermelhado de cádmio ou alaranjado-avermelhado.

Torna-se evidente por que a discussão dos problemas de cor é repleta de obstáculos e por isso ocorrem tão poucas discussões úteis. Contudo, não se devem considerar estes fatos para significar que o que vemos quando olhamos para uma pintura é ilusório, acidental ou arbitrário. Ao contrário, em qualquer composição bem organizada, o matiz, lugar e tamanho de qualquer área de cor, bem como sua claridade e saturação, são estabelecidos de tal modo que todas as cores juntas se estabilizam mutuamente num todo equilibrado. Ambiguidades resultantes das relações entre partes compensam-se mutuamente no contexto total, e o trabalho completo, quando adequadamente examinado, representa uma proposição objetivamente definida.

Cores individuais resistem à generalização abstrativa. Elas estão ligadas a seu lugar e tempo particulares. Mas dentro de qualquer ordem dada elas se comportam legitimamente e obedecem a regras estruturais que sentimos intuitivamente, mas sobre as quais até agora sabemos pouco demais.

A busca da harmonia

Como as cores se relacionam entre si? A maioria dos teóricos tratou desta questão como se ela significasse: quais as cores que se harmonizam? Eles tentaram determinar quais as seleções de cores nas quais todos os itens se misturem pronta e agradavelmente. Suas prescrições provieram das tentativas para classificar todos os valores da cor em um sistema padronizado objetivo. Os primeiros sistemas deste tipo eram bidimensionais, representando a sequência de algumas inter-relações de matizes por meio de um círculo ou de um polígono. Mais tarde, quando se entendeu que a cor é determinada pelo menos por três dimensões – matiz, claridade e saturação –, foram introduzidos esquemas tridimensionais. A pirâmide de cor de J. H. Lambert data de 1772. O pintor Philipp Otto Runge publicou em 1810 uma descrição ilustrada de um esquema esférico, do qual escreveu: "Será impossível considerar qualquer nuança produzida por uma mistura dos cinco elementos (azul, amarelo, vermelho, branco e preto) e não contida nesta estrutura; nem pode todo o sistema ser representado por qualquer outra figura correta e completa. E, uma vez que cada nuança recebe sua relação correta em relação a todos os elementos puros bem como a todas as misturas, esta esfera deve ser considerada um catálogo universal, possibilitando qualquer um de orientar-se quanto ao contexto total de todas as cores". Mais tarde, o psicólogo Wilhelm Wundt também propôs uma esfera de cor, bem como o tipo de cone duplo desenvolvido depois dele por Ostwald. A árvore de cor projetada pelo pintor Albert Munsell em 1915 é também em princípio esférica. Um design particularmente atraente entre todos os sistemas foi feito por Paul Klee para seus estudantes na Bauhaus. Ele o chamou "Cânone da Totalidade Cromática".

Embora diferindo na forma, os vários esquemas de classificação da cor baseiam-se todos no mesmo princípio. O eixo vertical central apresenta a escala de valores de claridade acromáticos desde o branco mais claro na parte superior, até o preto mais escuro na parte inferior. O equador, ou o contorno poligonal que a ele corresponde, contém a escala de matizes a um nível de claridade médio. Cada seção horizontal, por meio do sólido, apresenta todos os graus possíveis de saturação para todos os matizes a um dado nível de claridade. Quanto mais próxima da borda externa da secção, mais saturada é a cor; quanto mais próxima do eixo central, maior sua mistura com um cinzento da mesma claridade.

As pirâmides duplas, os cones duplos e os sólidos esféricos de cor, todos se identificam em ter um diâmetro máximo a uma altura média e de ir afinando-se em direção aos polos. Estas idealizações negligenciam o fato de que matizes diferentes atingem sua máxima intensidade de saturação a níveis de claridades diferentes; assim, o amarelo é mais puro a um nível relativamente alto de claridade, o azul púrpura a um mais baixo.

O cone e a pirâmide de um lado, e a esfera de outro implicam teorias diferentes sobre a proporção em que a área de saturação muda com a alteração da claridade. Além disso, a diferença entre a rotundidade do cone e da esfera e a angularidade da pirâmide servem para diferenciar as teorias que apresentam a sequência de matizes como uma escala móvel contínua, de outras que enfatizam três ou quatro cores elementares como pedras angulares do sistema. Finalmente, há uma diferença entre os esquemas de cor de forma regular que proporcionam espaço para todas as cores consideradas possíveis em princípio, e os de forma irregular, que – como, por exemplo, a árvore de cor de Munsell – acomodam apenas as cores obteníveis com os pigmentos que hoje temos à nossa disposição.

Supõem-se que esses sistemas têm duas finalidades: permitir uma identificação objetiva de qualquer cor e indicar quais as cores que se harmonizam entre si. Interessa-me aqui a segunda função. Ostwald procedeu da suposição básica de que "para que duas ou mais cores se harmonizem, devem possuir elementos essenciais idênticos". Na incerteza de que a claridade pudesse ser considerada um elemento essencial, baseou suas leis de harmonia na identidade tanto de matiz, como de saturação. Isto implicava que todos os matizes eram consonantes desde que fossem iguais na saturação. Mesmo assim, Ostwald acreditava que certos matizes se adaptavam entre si particularmente bem, notadamente aqueles que se enfrentavam no círculo de cor e constituíam um par de complementares. Esperava-se, também, que qualquer tripartição regular do círculo traduzisse uma combinação especialmente harmoniosa, porque tais tríades também eram complementares; isto é, quando misturadas em partes iguais, tendiam para o cinzento. Nota-se aqui a suposição subjacente de que as cores que *dão origem* a uma cor acromática por sua combinação serão também *percebidas* como complementares fundamentais.

Munsell também baseou sua teoria da harmonia no princípio dos elementos comuns. Um círculo horizontal ao redor do eixo de seu esquema de cor representava um conjunto de cores harmoniosas porque continha todos os matizes de igual claridade e saturação. Qualquer linha vertical determinava a harmonia como o conjunto de todas as cores que diferiam apenas em claridade. E uma vez que todo raio horizontal agrupa todos os tons de saturação para um matiz de uma dada claridade, estes gradientes também foram considerados harmoniosos. Contudo, Munsell foi além, sugerindo que "o centro da esfera é o ponto natural de equilíbrio para todas as cores", de modo que qualquer linha reta que passe pelo centro ligaria as cores que se harmonizam. Isto significava que dois matizes complementares poderiam combinar-se de tal modo que a maior claridade de um seria compensada pela menor claridade do outro. Munsell também admitiu cores localizadas numa superfície esférica "numa linha reta", presumivelmente significando um grande círculo.

Ora, a harmonia é realmente necessária no sentido amplo de que todas as cores de uma composição devem se ajustar num todo unificado, se é que devem se relacionar uma com as outras. É também possível que todas as cores empregadas numa pintura bem-sucedida ou por um bom pintor mantêm-se dentro de certos limites que excluem alguns matizes, valores de claridade ou níveis de saturação. Uma vez que agora possuímos padrões relativamente seguros de identificação objetiva, seria útil aquilatar a palheta de obras de arte e artistas específicos. Tal tentativa foi feita por Egbert Jacobson. O que é muito menos provável é que as cores usadas pelos artistas, em muitos casos, estejam de acordo com quaisquer regras bastante simples como aquelas sugeridas pelos sistemas de harmonia de cor.

Primeiro, a inter-relação de cores é fortemente modificada por outros fatores pictóricos. Tanto Ostwald como Munsell reconheceram a influência do tamanho e sugeriram que as grandes superfícies deveriam ter cores apagadas, enquanto as cores de alto grau de saturação deveriam ser usadas somente para as pequenas. Mas parece que mesmo este fator adicional complicaria tanto as regras de harmonia propostas, ao ponto de torná-las praticamente inúteis – e há muitos outros fatores relevantes, que não podem ser controlados tão facilmente por medições quantitativas como o tamanho. O influente professor Adolf Hölzel sugeriu, no início do século, que "uma pintura consegue harmonia apenas quando todas as suas cores, introduzidas numa adequada variedade e arranjo artísticos, tendem para o branco". Se uma aproximação desta condição fosse testada experimentalmente por meio de um círculo cromático, poder-se-ia esperar que não confirmasse a teoria.

Há, contudo, objeções mais fundamentais ao princípio sobre o qual se baseiam as regras da harmonia de cor. Este princípio concebe uma composição de cor como um todo onde tudo se ajusta a tudo o mais. Todas as relações locais entre vizinhos mostram a mesma agradável conformidade. Obviamente este é o tipo de harmonia mais elementar, adequada, no melhor dos casos, aos esquemas de cor dos berçários e guarda-roupa de bebês. O historiador de arte Max J. Friedlander falou do "tipo de harmonia mais barata" na pintura, obtida pelo exagerado calor e obscuridade das cores, quando vistas por meio de camadas de verniz. Uma composição de cor baseada unicamente em tal denominador comum poderia descrever apenas um mundo de paz absoluta, destituído de ação, estático quanto ao clima. Representaria aquele estado de serenidade mortiça na qual, usando a linguagem do físico, a entropia se aproxima do seu máximo absoluto.

Um rápido olhar pela música pode apresentar a prova. Se a harmonia musical se relacionasse apenas com as regras que determinam uma boa consonância, limitar-se-ia a um tipo de etiqueta estética para entretenimento de jantar. Em vez de indicar ao músico por que meios ele pode expressar-se, ensiná-lo-ia somente como ser moderado. Realmente, este aspecto da harmonia musical provou não ser de validade permanente porque depende do gosto da época. Efeitos proibidos no passado são aprovados hoje. Às vezes tais regras são obsoletas mesmo enquanto proferidas. Isto também aconteceu a certas normas de harmonia de cor. Por exemplo, Wilhelm Ostwald, comentando em 1919 uma regra que afirmava que as cores saturadas deveriam se apresentar apenas em pequenas áreas, afirmou que superfícies de grandes tamanhos de vermelhão puro como as encontradas em Pompeia são cruas, "e toda a crença cegamente supersticiosa na superioridade artística do 'antigo' foi incapaz de manter vivas as tentativas de repetição de tais atrocidades". Ao ler isto hoje, lembramos de uma pintura de Matisse na qual seis mil polegadas quadradas de tela são cobertas quase que inteiramente e de modo satisfatório com um vermelho intenso e nota-se que a pintura foi feita em 1911.

Mas – voltando à música – as regras de boa forma raramente se referem a tais assuntos. Arnold Schönberg diz em sua *Teoria da Harmonia:* "O assunto da doutrina da composição musical está comumente dividido em três áreas: harmonia, contraponto e a teoria da forma. A harmonia é a doutrina dos acordes e suas possíveis conexões com respeito aos valores tectônicos, melódicos e rítmicos e ao peso relativo. O contraponto é a doutrina do movimento das vozes com respeito à combinação de motivos. ... A teoria da forma trata da disposição da construção e desenvolvimento dos pensamentos musicais". Em outras palavras, a teoria musical não se preocupa com os sons que se combinam agradavelmente, mas com o problema de como dar forma adequada a um determinado conteúdo. A necessidade de que tudo se integre num conjunto unificado é só um aspecto deste problema, e, na música, não se satisfaz compondo a obra com base em um conjunto de elementos que se mesclam facilmente em qualquer combinação.

Afirmar que todas as cores contidas numa composição pictórica são parte de uma sequência simples que provém de um sistema de cor não significaria mais – e provavelmente muito menos – do que dizer que todos os tons de uma certa peça musical se ajustam entre si porque pertencem a mesma clave. Mesmo que a afirmação fosse correta, ainda quase nada teria dito a respeito da estrutura da obra. Não saberíamos quais seriam as partes componentes ou como estas partes se relacionam entre si. Não se saberia nada a respeito dos arranjos particulares dos elementos no espaço e tempo; e, todavia, é verdade que o mesmo conjunto de tons tornará uma melodia compreensível em uma sequência e um caos de sons, quando misturados ao acaso, exatamente como o mesmo grupo de cores produzirá uma confusão sem sentido num arranjo e um todo organizado, em outro. Além disso, não há necessidade de dizer que as separações são tão essenciais à composição como as conexões. Quando não há partes segregadas, não há nada a ligar, e o resultado é uma pasta amorfa. É útil lembrar que a escala musical pode servir como "palheta" do compositor precisamente porque seus tons não se combinam em consonância fácil, mas também apresentam dissonâncias de vários graus. A teoria tradicional da harmonia da cor trata apenas de obter conexões e evitar separações; é, por isso, no melhor dos casos, incompleta.

Os elementos da escala

Quanto sabemos a respeito da sintaxe da cor – isto é, sobre as propriedades perceptivas que tornam possíveis os padrões organizados de cor? Em primeiro lugar, quais são as unidades elementares da composição da cor, e quantas delas existem? A matéria-prima dá-se em escalas de variação contínua. A escala de matizes é a mais conhecida a partir do espectro solar. A claridade e a saturação também produzem escalas, que levam desde os mais baixos até os mais altos graus destas propriedades. O número máximo de tons de cinzento que o observador comum pode distinguir na escala entre branco e preto é, de acordo com algumas fontes, cerca de 200. Vale a pena notar que o número de matizes que se podem distinguir num espectro de cores puras entre os dois extremos de violeta e vermelho púrpura é aparentemente um tanto menor, cerca de 160.

Na música, o número de tons usados é consideravelmente menor do que o número de níveis de altura que o ouvido humano pode distinguir. Daí a afirmação familiar de que o meio musical se limita a um número de elementos padronizados, enquanto o pintor se move com liberdade por meio de todo o contínuo das cores: na linguagem de Nelson Goodman, segundo a qual a música tem uma notação desarticulada, enquanto a pintura é sintaticamente densa. É verdade num sentido puramente mecânico, naturalmente, que um pintor pode trabalhar com gradações contínuas de tons de cor. Contudo, se em vez de examinar meticulosamente a superfície com um colorímetro, considerarmos a pintura como é realmente percebida, descobrimos que nenhuma organização visual é passível de leitura, a menos que se baseie em um número limitado de valores perceptivos que constituem o esqueleto da estrutura ao qual as gradações mais sutis se ajustam. As misturas mais sutis aparecem como inflexões secundárias ou variações desta escala fundamental, ou formam uma variedade de acordes nos quais os elementos comuns continuam discerníveis. Assim a cor de uma toalha de mesa pode modular em nuanças compostas de dúzias de matizes sem perder a sua brancura básica, ou uma tríade de verde, violeta e amarelo pode combinar-se em qualquer número de proporções e ainda permanecer visível em todos os pontos de um quadro como chave subjacente.

O mesmo tipo de gradação é, naturalmente, encontrado na música se alguém ouvir a execução real e não confundir a música que se ouve com sua notação. Especialmente no ensaio de cantores e instrumentistas de corda, nas improvisações livremente elaboradas e harmonizações de conjuntos de jazz, na música primitiva e folclórica, a entonação alterada, os deslizes e arpejos são bastante comuns e absolutamente apropriados.

Se examinarmos a matéria-prima das gradações cromáticas, por exemplo, num espectro, observamos que, embora a sequência leve ininterruptamente de um matiz ao próximo, certas cores se distinguem por sua pureza. Entendo por *pureza* duas qualidades que devem manter-se distintas: (1) um alaranjado ou um verde parece puro quando é apenas ele próprio, por exemplo, sem uma mistura que nos faria falar de um alaranjado avermelhado ou de um verde amarelado; (2) um azul ou amarelo ou vermelho é puro porque é um elemento irredutível, isto é, ele não parece uma mistura no sentido em que o verde parece uma combinação de azul e amarelo ou púrpura com uma de vermelho e azul.

Tal pureza perceptiva nada tem a ver com a pureza física ou espectral. No espectro um simples comprimento de onda pode produzir um azul esverdeado que se parece muito com uma mistura, ou um vermelho puro pode ser obtido por meio da sobreposição de filtros amarelo e magenta. Tampouco a distinção dos matizes puros parece se refletir nos comprimentos de onda que lhes correspondem fisicamente ou no modo que eles são compostos pela cooperação aditiva dos receptores retinianos.

As três cores puras indivisíveis – azul, amarelo, vermelho – são as *primárias fundamentais*. Tem sido um assunto de controvérsia se o verde deve ser acrescentado como uma quarta primária, em parte porque a diferença entre primárias fundamentais e geradoras não foi considerada. Por exemplo, Hering apresentou um círculo de cor dividido em quatro quadrantes iguais, no qual o azul se opõe ao amarelo diametralmente como um par de complementares. Embora ele advirta sobre a possibilidade de confundir "a cor como qualidade sensorial e os materiais aos quais a cor parece pertencer", parece ter sido influenciado pela maneira como as cores se originam em combinações aditivas de luzes, tal como o processo antagônico de receptores retinianos descritos na sua própria teoria fisiológica. Pode ser verdade que uma escala contínua de matizes tem um ponto crítico exato no verde puro, enquanto o vermelho pode inclinar-se mais facilmente numa mudança contínua de proporção por meio do alaranjado para o amarelo. Se, por outro lado, se coloca um verde entre um azul e um amarelo, ele se comporta de modo completamente diferente de um vermelho na mesma posição. Parecerá intermediário entre os dois, ao passo que o vermelho não. Talvez o verde pareça elementar sob certas condições e como uma combinação de amarelo e azul em outras.

Artistas, desde o pintor inglês Moses Harris do século XVIII até Turner e Delacroix, Goethe, Van Gogh e Albers, concordaram que o sistema de cor do pintor baseia-se na tríade de vermelho, azul e amarelo. "Isto realmente fere!" disse Paul Klee referindo-se ao círculo de cor baseado nas quatro fundamentais.

Uma vez que as três primárias fundamentais são indivisivelmente puras, elas não podem se relacionar reciprocamente com base em um denominador comum. Cada uma delas exclui completamente as outras duas. A única maneira na qual se pode dizer que se atraem reciprocamente é por seus desempenhos como membros de uma tríade complementar. Isto será examinado brevemente. Por outro lado, elas podem ser relacionadas apenas por meio de sua claridade ou saturação, não como matizes.

Contudo, pode-se estabelecer uma ligação entre quaisquer das duas primárias fundamentais por meio de misturas. O alaranjado proverá tal elo entre amarelo e vermelho. Todas as misturas de amarelo e vermelho podem ser dispostas e comparadas de acordo com proporções particulares dos dois componentes. O verde desempenha o mesmo papel para o azul e amarelo, e o púrpura para o vermelho e azul.

Os matizes puros nunca podem servir como tais transições. Eles são os polos. Eles permanecem isolados, ou aparecem no início ou no fim de uma sequência de valores cromáticos; ou marcam um clímax no qual a sequência toma outra direção. As manchas vermelhas nas paisagens de Corot estão em contraste e em equilíbrio com as cores que as rodeiam mas não estão ligadas a elas por qualquer caminho. Cézanne, com frequência, indica o ponto mais alto de uma convexidade – uma face ou uma maçã – por meio de uma mancha vermelho-escura. Ou põe um azul puro no fundo de uma concavidade – por exemplo, o canto de um olho. Matizes não misturados também proporcionam lugares de repouso à composição, com notas-chave, que servem para estabelecer um marco de referência estável para as misturas. Nas últimas aquarelas de Cézanne, nas quais evita matizes sem misturas, os violetas, verdes e amarelo-avermelhados parecem mover-se sem âncora, em um fluxo constante, sem nenhum repouso em lugar algum, exceto no equilíbrio supremo do quadro como um todo.

As secundárias e outras misturas das primárias derivam seu caráter do fato de serem percebidas como híbridas. Elas têm uma dualidade vibrátil, esforçando-se em direção ao mais forte de seus dois polos ou tentando, por meio de uma inter-relação dinâmica constante, manter o equilíbrio entre seus dois matizes de origem. Numa composição pictórica baseada na tríade secundária alaranjado, púrpura e verde, há interação incessante entre as três. Cada cor tem uma primária em comum em relação a cada uma das outras duas, de modo que cada uma delas é atraída em duas diferentes direções. Por exemplo, o alaranjado é atraído em direção ao amarelo no verde e em direção ao vermelho no púrpura. Devido a este elemento comum, cada par se sobrepõe ao outro, e pode-se dizer que eles deslizam um para o outro. Ao mesmo tempo, contudo, ambos os vizinhos do alaranjado contêm a terceira fundamental, a saber, o azul, do qual o alaranjado é excluído mas em direção ao qual ele se esforça para a inteireza complementar (Figura 234). Daí o padrão altamente dinâmico de atrações e repulsões em tal esquema.

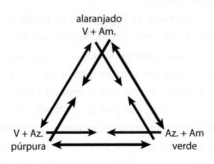

Figura 234

Quando as primárias puras atuam como elementos subordinados numa composição baseada nas três secundárias, elas funcionam como a tríade básica da escala musical: elas constituem o referencial para as várias combinações e também aumentam a tensão, indicando a base da qual as misturas se desviam. Quando, ao contrário, as três primárias constituem o tema dominante, consegue-se uma estabilidade clássica, a preferida, por exemplo, por Poussin. Neste caso, as secundárias numa posição subordinada ajudam a vivificar os acordes estáticos do tema.

Sintaxe das combinações

Referir-me-ei novamente, de um modo mais específico, à diferença entre misturas que mantêm as duas fundamentais em equilíbrio e aquelas nas quais uma das fundamentais predomina. Se, para simplificar, excluímos os matizes adicionais resultantes das combinações com preto ou branco – tais como os tons de marrom –, obtemos um sistema de nove misturas principais:

Azul	violeta	azul + vermelho	púrpura	*Vermelho*
Vermelho	vermelho-amarelado	alaranjado	amarelo-avermelhado	*Amarelo*
Amarelo	amarelo-esverdeado	verde	azul-esverdeado	*Azul*

Essas misturas podem servir como estágio de transição entre as fundamentais. Comparadas com a primeira e terceira colunas de misturas, as misturas equilibradas da coluna do centro apresentam estabilidade relativamente alta e independência, a despeito das inter-relações mencionadas acima. As outras seis misturas, nas quais uma fundamental domina a outra, têm as propriedades dinâmicas de "tons dominantes", isto é, elas aparecem como desvios da fundamental dominante e manifestam uma tensão em direção à pureza dessa fundamental. Assim como na clave de dó, o si se converte em dó, o mesmo acontece na que vai do amarelo ao vermelho, como o amarelo-avermelhado volta-se em direção ao amarelo, e um vermelho-amarelado em direção ao vermelho.

Observamos que as misturas se ligam devido a seus elementos comuns, mas repelem-se mutuamente ao mesmo tempo. Neste caso, devemos considerar o papel dos constituintes de cada mistura. Compare a justaposição de um amarelo-avermelhado e de um azul-avermelhado com a de um amarelo-avermelhado e um vermelho-azulado. Descobrir-se-á que o primeiro par combina-se facilmente, enquanto o segundo frequentemente parece produzir repulsão mútua. Qual é a diferença? Ambos contêm um elemento comum – o vermelho. Mas no primeiro par, o vermelho mantém a mesma posição estrutural em ambas as cores; ele está subordinado. No segundo par, as posições estruturais são reversas; o vermelho é subordinado em uma cor, dominante na outra. Aparentemente essa contradição estrutural amiúde produz um conflito ou choque e por essa razão, repulsão mútua, enquanto no primeiro par a correspondência de similaridade estrutural permite que o vermelho estabeleça uma ligação entre o amarelo e o azul.

Os dois pares de cores exemplificam dois tipos de misturas. O primeiro tipo pode ser chamado de *"Similaridade da Subordinada"* (Figura 235), o segundo, de *"Contradição Estrutural em um Elemento Comum"* (Figura 236). Ver-se-á que na Figura 235 cada par se encontra equidistante dos polos, isto é, em relação simétrica a ele, determinando a cor das subordinadas. As duas dominantes de cada par equidistam também de seus polos. Na Figura 236, não há tal estrutura simples. Cada par de mistura é colocado assimetricamente em relação aos três polos. A cor partilhada pelas duas misturas de cada par permanece próxima de seu polo para uma mistura (dominante) e distante dele para a outra (subordinada).

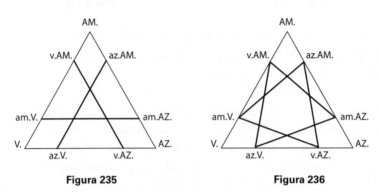

Figura 235   Figura 236

Levemos essa especulação um pouco além. O que acontece quando emparelhamos misturas por *"Similaridade da Dominante"* (Figura 237)? Por exemplo, colocamos um vermelho amarelado em relação a um vermelho-azulado. Neste caso, novamente, cada par é colocado simetricamente em relação a um polo, mas desta vez as duas misturas permanecem próximas daquele polo, isto é, elas participam da dominante. A diferença do tipo ilustrado na Figura 235 é que, enquanto a similaridade das subordinadas produz duas cores essencialmente diferentes, relacionadas pela mesma mistura, a semelhança da dominante produz duas cores essencialmente idênticas, distintas por misturas diferentes. A mesma cor divide-se em duas escalas distintas, por exemplo, o vermelho para a escala amarelo-vermelha e para a escala azul-vermelha. O efeito parece ser discordante e produzir alguma repulsa mútua.

A *"Inversão Estrutural"* (Figura 238) ocorre quando os dois elementos trocam as posições, isto é, quando a cor que serve como subordinada em uma mistura é a dominante da outra e vice-versa. Por exemplo, combinamos um azul-avermelhado e um vermelho-azulado. À primeira vista poder-se-ia esperar que a dupla contradição levaria aqui a uma repulsão duplamente forte. Deve-se observar, contudo, que na contradição estrutural para um elemento comum (Figura 236) as duas misturas sempre se apresentam em duas escalas diferentes, ao passo que aqui elas se apresentam na mesma. Além disso, há um elemento de simetria na troca de lugares estruturais. Experimentos podem mostrar que isto leva a uma relação harmoniosa.

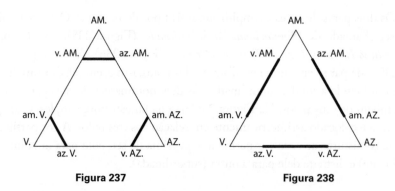

Figura 237   Figura 238

O que acontece com a justaposição de uma fundamental pura e um tom dominante que a contenha? Há duas possibilidades. A fundamental pode aparecer como a dominante da mistura, por exemplo, quando se combina amarelo e amarelo-azulado (Figura 239). Ou a fundamental pode aparecer como a subordinada, por exemplo, quando o amarelo é combinado com o azul-amarelado (Figura 240). Em ambas as circunstâncias, as duas cores a serem combinadas permanecem na mesma escala. Além disso, na primeira elas são essencialmente parecidas. Um matiz domina o par. Mas quando tais cores são coordenadas, surge algum distúrbio do fato de uma delas ser uma fundamental pura, enquanto que a outra tem uma mistura de uma outra cor. Elas são assimétricas. No segundo par, há ainda maior motivo para um conflito. A fundamental pura reaparece como a subordinada da mistura, o que produz contradição estrutural além da assimetria. Neste caso, novamente, experimentos sistemáticos são necessários para nos dizer como os observadores reagem. Outras combinações, como aquelas que envolvem as três misturas equilibradas (alaranjado, verde e púrpura), deveriam também ser testadas.

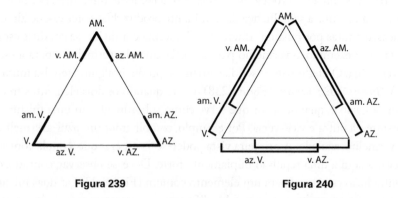

Figura 239   Figura 240

O efeito de conflito ou de repulsão mútua não é "mal" proibido. Ao contrário, é um instrumento precioso para o artista que quer fazer uma proposição articulada em termos de cor. Pode ajudá-lo a destacar o primeiro plano do plano de fundo ou as folhas de uma árvore de seu tronco e galhos, ou impedir que os olhos sigam na composição caminhos indesejáveis. Contudo, a discordância deve se adaptar à estrutura total da obra conforme estabelecida pelos outros fatores perceptivos e pelo assunto. Se ocorre uma discordância onde uma conexão é necessária, ou se a justaposição parece arbitrária, o resultado é a confusão.

As complementares fundamentais

Na maioria dos artigos sobre o assunto, as cores complementares são definidas por sua capacidade de criar um cinzento ou branco acromáticos. Combinados aditiva ou subtrativamente, certos pares ou grupos de cores produzirão este efeito óptica, química ou fisiologicamente. É bastante provável que estes mecanismos tenham uma relação com as afinidades puramente perceptivas que passarei a examinar. Afinal de contas, afirmamos que qualquer coisa que se observe na experiência deve ter sua contraparte em algum lugar no sistema nervoso. Particularmente, uma vez que nada em nossa consciência conhecedora é responsável pelo efeito curioso da complementação mútua que experimentamos quando certas cores são colocadas lado a lado, este fenômeno deve ser de origem fisiológica. Como já mostrei, contudo, há diferenças notáveis entre os pares complementares obtidos, por exemplo, por meio de pós-imagens e os estabelecidos pelos pintores por meio de sua experiência visual. Não há então relação simples entre complementares geradoras e complementares fundamentais, e ao falar da última faríamos melhor ignorando a primeira.

É apenas por meio de exame sensível que percebemos o efeito da complementação mútua quando certos pares ou tríades ou grupos maiores de matizes são apresentados. Qualquer número de tais combinações produz o mesmo efeito, mas todas elas podem no final ser reduzidas a uma, a saber, a tríade de vermelho, amarelo e azul.

Estas três primárias fundamentais comportam-se como os três pés de um banco. Todos os três são necessários para criar apoio e equilíbrio completos. Quando se tem apenas dois deles, estes exigem o terceiro. A tensão suscitada pelo trio incompleto cessa logo que a lacuna é preenchida. Isto nos encoraja, mesmo agora, a generalizar e concluir que há algo incompleto em toda e qualquer cor em particular. Pode-se dizer que tal ausência de integridade transtorna o equilíbrio do campo visual logo que uma cor aparece sozinha. O caráter único dessa cor, sua frieza ou calor, tal importunidade ou distância, nos afeta unilateralmente e aponta por sua mera presença para a existência de uma contraparte que poderia restabelecer o equilíbrio em nossa experiência visual.

Entre todos os grupos de cores que produzem a inteireza, as três primárias fundamentais são ímpares. Elas constituem o único conjunto de complementares no qual todos os constituintes são matizes puros e, portanto, excluem totalmente os outros dois. Não há nada do amarelo no azul puro, nada do azul no vermelho puro, e assim por diante. Ao mesmo tempo, as três cores solicitam-se reciprocamente. Esta combinação estrutural particular de exclusão e atração mútuas é a base de toda a organização cromática – tanto quanto a estrutura particular da escala diatônica é a base da música ocidental tradicional.

Vemos essa estrutura de cor evoluir de sua base quando descobrimos que no próximo nível mais alto de organização, ela agrupa cada duas primárias contra a terceira (Figura 241). Isto produz um sistema simétrico de três pares entrelaçados e complementares. Cada par consiste de um matiz puro e a mistura equilibrada dos outros dois: azul e alaranjado, amarelo e púrpura (ou violeta – não importa a palavra que se prefira para descrever azul-vermelho equilibrado), azul e alaranjado. Isto equivale a uma hierarquia de dois níveis, consistindo dos três matizes puros primários e das três misturas secundárias equilibradas. Goethe descreve a inter-relação destes seis matizes em sua *Teoria da Cor*: "As cores isoladas nos afetam, por assim dizer, patologicamente, despertando-nos sentimentos particulares. Lutando vivamente ou desejando suavemente, sentimo-nos elevados no sentido da nobreza ou diminuídos em direção ao medíocre. Contudo, a necessidade da totalidade inerente a nosso órgão nos leva para além desta limitação. Ela se liberta produzindo os opostos dos particulares exigidos sobre ela e assim ocorre a inteireza satisfatória".

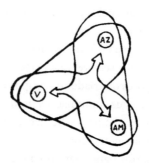

Figura 241

Este é o sistema do pintor dos três pares de complementares básicas, talvez mais claramente visualizado no esquema triangular que Delacroix desenhou num de seus cadernos de croquis (Figura 242). Qualquer que seja sua base fisiológica no sistema nervoso, o sistema se recomenda ao artista pela simplicidade de sua lógica visual. Descartes observou que uma pessoa cega de nascimento não poderia chegar a perceber cores em sua mente por meio de qualquer raciocínio; "mas se uma pessoa na realidade percebeu uma vez as cores primárias, embora ela nunca tenha visto tons intermediários ou misturados, é possível que ela construa as imagens das cores que ela não viu a partir da semelhança com as outras, por uma espécie de dedução".

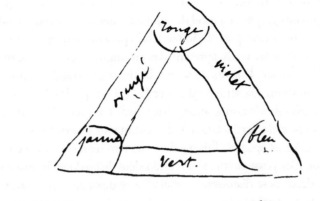

Figura 242
Eugène Delacroix. De um livro de esboços de sua viagem ao Marrocos, 1832.

Quando ouvimos os artistas descreverem o uso que fazem das complementares, percebemos que há duas aplicações de aparência completamente contraditória. Por um lado, pares de complementares representam a unidade calma dos opostos. Assim Van Gogh pensou expressar os climas das quatro estações por meio de quatro pares: vermelho e verde (os botões da macieira e o trigo em broto da primavera), azul e alaranjado (o céu de verão e o bronze dourado do grão maduro), amarelo e violeta (as folhas de outono), e o preto e branco do inverno. Ele também escreveu em 1888 que a afeição de dois enamorados poderia ser representada pelo "casamento de duas cores complementares, sua mistura, sua complementação mútua e a vibração misteriosa dos tons afins".

Mas o mesmo Van Gogh disse que, em seu *Café Noturno*, ele tentou expressar a paixão terrível dos homens por meio do vermelho e verde. Ele foi provavelmente influenciado por Delacroix que frequentemente usava o contraste de vermelho e verde como um símbolo de violência e terror. De fato, Van Gogh descreve o *Cristo no Lago de Genezaré* de Delacroix da seguinte maneira: "Cristo com seu halo de amarelo-limão pálido, adormecido, luminoso num conjunto de violeta dramático, azul sombrio e vermelho-sangue, formado pelo grupo de discípulos amedrontados, sobre o mar atemorizante esmeralda, que se eleva cada vez mais até a moldura".

A contradição entre essas duas aplicações tão diferentes do mesmo recurso parecerá menos confusa se lembrarmos que a inteireza conseguida pela complementaridade envolve não apenas contraste máximo, mas também neutralização mútua. O contraste é mais evidente quando amplas áreas de cores são colocadas em oposição. Quando as mesmas cores são combinadas em muitas doses pequenas, como por exemplo nos golpes de pincel das pinturas divisionistas, ou quando vistas à distância, elas se combinam por adição tendendo para um cinzento, prateado.

A variedade das forças vitais, apresentadas em muitas fases suaves, produz riqueza em vez de contraste. Em vez de serem divididas em grandes campos que se opõem, as cores mostram sua série total em cada área do quadro. O cinzento total resultante é carregado de vida, mas sereno. Kurt Badt escreveu: "Nas últimas obras dos grandes mestres, cada particularidade de sentimento se extingue por meio de uma unidade de todos os opostos. Tais quadros não têm nem encanto, nem grandeza, nem esplendor. Eles possuem tudo, mas estão além de qualquer limitação. Nestas últimas obras os detalhes se dissolvem, as melodias se dissipam e mesmo as realizações da vida mediana, a saber, clareza, riqueza, beleza de cor, desaparecem. Persiste uma máxima simplicidade de efeito e contra-efeito, do espiritual e do material, da superfície e do espaço, da cor e da linha. Nada mais existe isolado, nada predomina".

A afinidade antagônica dos pares de complementares é encantadoramente expressa no poema *Uma Visão*, de Denise Levertov, no qual dois anjos, um com asas vermelhas, o outro com asas verdes, são "colocados à beira da disputa" porque eles sentem a ameaça de revelar a falta de integridade mútua. O conflito é resolvido quando cada anjo contemplando

> on the angelic wings of the other,
> the intelligence proper to great angels flew into their wings,
> the intelligence called *intellectual love*, which,
> understanding the perfections of scarlet,
>
> leapt up among blues and green strongshafted,
> and among amber down illumined the sapphire bloom,
>
> so that each angel was iridescent with the strange newly-seen
> hues he watched, and their discovering pause
> and the speech their silent interchange of perfection was
>
> never became a shrinking to opposites,
>
> and they remained free in the heavenly chasm,
> remained angels, but dreaming angels,
> each imbued with the mysteries of the other.*

---

* sobre as asas angélicas do outro, /
a inteligência própria dos grandes anjos voou para suas asas, /
a inteligência chamada *amor intelectual*, que, /
entendendo as perfeições do escarlate, /
lançou-se entre os azuis e o verde bem seguros, /
e entre o âmbar iluminou os botões de safira, /

Uma vez que o olho espontaneamente procura e liga as cores complementares, elas são, com frequência, usadas para estabelecer conexões numa pintura entre áreas que se encontram a alguma distância uma da outra. Contudo, um forte duo ou tríade complementar tende a ser tão isolado e autossuficiente que não apenas ajuda a manter a pintura unida, mas também introduz um problema compositivo. Semelhante à forma circular perfeita, que não se adapta facilmente a um contexto e por essa razão, com frequência, recebe uma posição central ou francamente isolada, o padrão complementar só com dificuldade subordina-se a um esquema cromático mais amplo. Ele funciona melhor como uma subtotalidade relativamente independente, ou como um núcleo central ou tema, ao redor do qual outros valores cromáticos são dispostos.

Finalmente, a inteireza que se pode conseguir por meio de pares de complementares serviram, entre os pintores, aos coloristas para tornar o volume tridimensional dos objetos, como frutas e corpos humanos, mais salientes. Mostrei que a terrível competição entre as cores locais dos objetos, por um lado, e as luzes e sombras introduzidas pelo claro escuro, por outro, foi resolvida na pintura ocidental pela introdução de sombras coloridas. Esta técnica, na obra de Rubens ou Delacroix, não apenas serve para criar um meio unitário de representação que traduz a coloração local e os valores de claridade de iluminação pelo mesmo artifício; ela também dá forma à rotundidade de um objeto pictórico de um modo particularmente convincente. O tom monocromático é certamente efetivo ao expressar volume por meio de escalas de cinzento. Mas a escala de cinzentos não pode marcar os polos antagônicos de luz e escuridão por meio de duas cores fortemente contrastantes, como o colorista faz quando coloca em oposição um rosa na área iluminada de uma coxa ou de uma maçã com um verde na sombra, ou quando a luz amarela combina com a obscuridade do violeta. Também a integridade do par de complementares das cores confirma os limites do objeto, ao passo que a escala de cinzentos é, por assim dizer, ilimitada: poderia haver um branco mais claro e uma sombra mais escura do que aquelas usadas para a gradação no objeto, e desse modo a modelagem por sombreamento dá menos definição ao volume.

Embora sejam necessárias cores complementares para produzir contraste máximo, há outras confrontações, tal como azul e amarelo, que também apresentam matizes que se excluem mutuamente. Não há amarelo no azul puro, não há azul no amarelo puro e por isso as duas cores revelam sua diferença claramente, mesmo de

---

de modo que cada anjo tornou-se irridescente com o estranho/
matiz recém-visto que ele observa, e sua pausa reveladora/
e o discurso era seu intercâmbio silente de perfeição/
nunca se tornaram um retraimento de opostos, /
e eles continuaram livres no abismo celeste, /
permaneceram anjos, mas anjos sonhadores, /
cada um imbuído do mistério do outro.

modo ostensivo. Contudo, não há polaridade real em tal oposição porque ocorre dentro de um setor limitado do sistema cromático. Ambas as cores possuem a mesma expressividade parcial: uma frieza metálica talvez no azul e amarelo, ou uma doçura no vermelho e azul. Sugeri antes que há algo de unilateral em qualquer cor particular. De modo semelhante, um clima unilateral impregna uma pintura baseada numa palheta que exclui uma das primárias. A ausência do azul nas últimas obras de Rembrandt apresenta a experiência humana por meio de um temperamento particular.

Interação da cor

Referi-me antes à desconcertante instabilidade das cores. Elas constituem a demonstração mais impressionante do fato de que a mesma parte em duas totalidades diferentes não é a mesma coisa. A mesma cor em dois contextos diferentes não é a mesma. John Ruskin alertou o pintor: "Cada matiz em todo o seu trabalho é alterado por cada toque que você acrescentar em outros lugares; de modo que o que era quente há um minuto torna-se frio quando tiver colocado uma cor mais quente em um outro lugar, e o que estava em harmonia torna-se discordante quando você coloca outras cores ao seu lado". Devido a esta extrema instabilidade e dependência recíproca, não é de se admirar que experimentos psicológicos nos quais séries de cores isoladas feitas ao acaso ou pares de cores que foram apresentadas a observadores conduziram a resultados caóticos. É significativo, contudo, que Johannes von Allesch, cuja pesquisa salientou mais claramente esta ambiguidade, afirma que a relevância ou variabilidade de qualquer cor é reduzida quando ela é colocada num contexto. Devemos enfatizar aqui, uma vez mais, que a ordem de uma composição pictórica estabiliza o caráter de cada cor, tornando-a tão inequívoca quanto necessário para a proposição artística ser válida.

Isto significa que a identidade da cor não reside na cor em si, mas é estabelecida por relação. Temos consciência desta transfiguração mútua que torna cada cor dependente do apoio de todas as outras, da mesma forma que as pedras de um arco prendem-se mutuamente para se manter no lugar. Mas enquanto as pedras contrabalançam o peso recíproco fisicamente, a rede das cores em interação é criada apenas pelo olho, e esta subjetividade – completamente diferente da vigorosa objetividade das formas – confere-lhes a qualidade de aparições. Kandinsky escreveu em suas *Reminiscências:* "Vi que não havia nada mágico sobre qualquer ampla superfície isolada e que qualquer uma de tal superfície revelava imediatamente seu desvio da palheta; mas em outra superfície, a ela oposta, esta superfície adquiria na verdade um poder mágico, de modo que sua origem na palheta parecia inacreditável à primeira impressão".

O mais proeminente entre os fenômenos de interação é, naturalmente, o *contraste de cor*. O princípio recebeu sua formulação clássica por Michel Eugéne

Chevreul, químico francês e diretor dos trabalhos de tapeçaria de Gobelin. Ele descreveu o contraste simultâneo da seguinte maneira: "Se alguém observar ao mesmo tempo duas áreas de claridade diferente mas do mesmo matiz, ou da mesma claridade mas de matiz diferente, em justaposição, isto é, limitando-se reciprocamente, o olho observará (contanto que as áreas não sejam demasiadamente grandes) modificações que teriam relação no primeiro caso com a intensidade da cor e, no segundo, com a composição óptica das duas cores justapostas".

Uma vez que o efeito do contraste de cor opera na direção da complementaridade fisiológica, ele serve para aumentá-la onde ela já existe, por exemplo, na relação entre azul e amarelo, ou para modificar as cores na direção de tal complementaridade, se estiverem já razoavelmente próximas a ela. Von Allesch experimentou amarelo-esverdeado e amarelo-avermelhado cujas misturas eram tão leves que, quando examinadas separadamente, ambas as cores pareciam amarelos puros. Juntas, tendiam a enfatizar sua diferença, parecendo claramente esverdeada e avermelhada e presumivelmente produzindo o tipo de conflito já examinado como o efeito da "Similaridade da Dominante". Mas se um terceiro amarelo de tom intermediário fosse colocado entre os dois, o contraste diminuía e o arranjo global mostrava um amarelo mais unificado. Tais efeitos de assimilação são também observados quando, por exemplo, uma mancha intensamente vermelha numa pintura destaca componentes sutilmente vermelhos nas cores ao redor dela.

Deu-se muita atenção ao contraste de cor. Foi demonstrado de modo excelente na *Interação da Cor* de Josef Albers. O contra-efeito, a saber, a *assimilação,* é um tanto negligenciado, embora o antagonismo dos dois mecanismos perceptivos tornem imperativo que um não deva ser considerado sem o outro. Uma vez que os padrões perceptivos tendem no sentido da organização mais nítida possível a configuração das cores tenderá ou no sentido do contraste ou da assimilação, dependendo do que estiver mais próximo da informação do estímulo dado. Podemos também aplicar os conceitos de *aguçamento* e *nivelamento,* que nos servem para descrever as modificações de formas.

A assimilação está intimamente relacionada com a combinação aditiva de cores. Quando os matizes que se justapõem são suficientemente semelhantes, ou quando as áreas que suportam os matizes são suficientemente pequenas, as cores se aproximarão entre si, em vez de enfatizar o contraste. Jameson e Hurvich propuseram uma teoria fisiológica que é responsável pelo menos por alguns aspectos do fenômeno. Eles nos lembram que os receptores microscopicamente pequenos da retina não agem isoladamente, mas como constituintes de campos receptivos, cada um dos quais combina a ação de um grande número de receptores e se comunica como uma unidade com uma única célula ganglionar. Dentro de cada campo, os receptores respondem antagonicamente: na área central, a resposta à intensidade e à cor da luz é positiva, nos receptores circundantes, é negativa. Quando estes campos receptores são relativamente pequenos discriminam nitidamente entre áreas de estímulo de tamanho razoavelmente grande e enfatizam o contraste entre elas.

Quando as áreas de estímulo são pequenas, por exemplo, quando elas formam um padrão de pontos finamente granulados, visto da mesma maneira como uma pintura divisionista atingiria o olho, não haverá dissolução, e o resultado será uma verdadeira mistura aditiva. Quando as unidades são um tanto maiores, contudo, a assimilação (às vezes chamada Efeito de Propagação de Bezold) pode resultar, devido ao fato de que os campos receptores variam no tamanho. Alguns são mais de seis vezes o tamanho dos outros. Em consequência, os campos mais estreitos serão suficientemente discriminadores para indicar a diferença entre áreas de cores diferentes, enquanto os mais amplos abarcarão as diferentes áreas, e assim reduzirão a diferença de claridade e cor entre elas, por meio da interação aditiva.

As relações entre matizes não podem ser descritas adequadamente sem referência à saturação e claridade. Experimentos mostraram que a diferenciação de cor depende mais da claridade do que do matiz. Susanne Liebmann descobriu que, quando, por exemplo, uma figura vermelha é colocada sobre um fundo verde, exatamente da mesma claridade, os contornos tornam-se fluidos, suaves, coloidais. A distinção figura-fundo se desfaz, os objetos parecem incorpóreos e as diferenças de distância são difíceis de se distinguir; a forma tende a se diluir, as pontas das estrelas desaparecem, os triângulos parecem arredondados, as fileiras de pontos misturam-se. Por isso, não é de se surpreender que os pintores comumente reforcem matizes que diferem por meio de claridade diferente. Quando eles realmente conferem distinção entre áreas vizinhas a um matiz isolado, confiam grandemente no que chamei de conflito ou repulsão mútua. Por exemplo, pode haver um fundo verde-azulado limitando uma camada azul-avermelhada de claridade e saturação aproximadamente idênticas. Isto pareceria confirmar o ponto de vista de que a distinção mais efetiva entre matizes é conferida pelo conflito.

Matisse e El Greco

Uma breve análise dos esquemas cromáticos em duas pinturas pode servir para ilustrar alguns dos nossos princípios sintáticos. Um exemplo é tirado da pintura *Luxúria*, de Matisse (Figura 243), que mostra três mulheres numa paisagem. Duas das figuras encontram-se no primeiríssimo plano, a terceira está mais para trás. Uma ligeira sobreposição liga as figuras frontais e também define sua relação espacial. A terceira é menor; mas, a fim de atenuar a diferença de profundidade, ela está isenta de qualquer sobreposição. O colorido idêntico também tende a colocar todas as três mulheres no mesmo plano. O ambiente divide-se em três áreas principais: o primeiro plano alaranjado com o panejamento branco, a água verde no centro, e o fundo com o céu ligeiramente violeta, nuvem branca e duas montanhas, uma vermelho-azulada e a outra alaranjada. Há, então, uma espécie de simetria cromática entre a parte superior e a inferior. A veste branca no primeiríssimo plano corresponde à nuvem branca no plano de fundo mais afastado; o alaranjado aparece em ambas as áreas, o mesmo acontecendo com o amarelo dos corpos nus. O centro aproximado desta simetria é indicado pelo buquê de flores. Não podemos deixar de sentir que a mulher pequena está gastando toda a sua surpreendente energia e concentração segurando o pivô do quadro em suas mãos. O buquê é pequeno, mas chama a atenção porque sua forma tem a simplicidade de um círculo, contornado com um azul-escuro puro, que é o único na pintura. O buquê é paralelo ao umbigo da figura alta, assim tornando claro que o centro daquela figura ajuda a estabelecer o eixo de simetria de toda a composição.

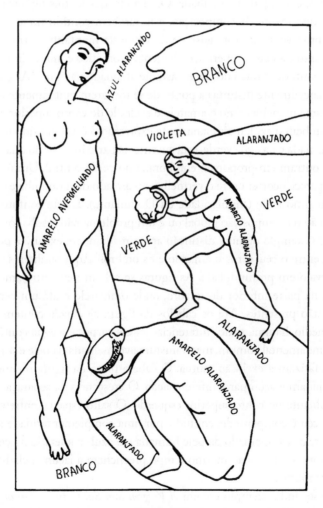

Figura 243

A simetria serve para contrabalançar a profundidade da paisagem criada pela sobreposição de formas. Os dois brancos, nos extremos de toda a extensão de espaço, tendem a se colocar no mesmo plano e, portanto, a comprimir a expansão tridimensional. As áreas alaranjadas fazem o mesmo. As três figuras amarelas se sobrepõem à paisagem inteira e se encontram na sua frente. Mas são levadas para trás no contexto espacial pela distribuição dos valores de claridade. As duas áreas brancas, sendo os pontos mais claros da pintura, destacam-se com mais vigor – isto é, elas movimentam as figuras humanas um pouco mais escuras para um lugar na escala de distância, fechando-as entre os tons mais claros e os mais escuros.

Com exceção dos brancos e dos pequenos pontos de preto e azul, não há primárias puras no quadro. O amarelo dos corpos torna-se mais quente por meio de uma ligeira coloração avermelhada. O amarelo, que as três figuras estabelecem como a cor dominante da composição, está também contido no alaranjado e no verde, mas provavelmente está ausente do céu e da montanha vermelho-azulada. Assim, no canto esquerdo superior, o elemento cromático comum limita-se ao vermelho, que, contudo, é fraco no céu e bastante atenuado na figura. As cores naquela área são essencialmente distintas a ponto de se tornarem mutuamente exclusivas.

Da mesma maneira como o amarelo é excluído do canto superior da paisagem de fundo, também o azul, mais claramente expresso no céu e contido na montanha vermelho-azulada e na água verde, está ausente da parte interior do quadro. As duas cores se encontram em proporção equilibrada no verde central. Um único choque de matizes parece ocorrer entre o vermelho-amarelado da montanha e o vermelho-azulado próximo a ele (Similaridade da Dominante). É este conflito justificado por sua função na composição global ou é um problema não resolvido?

O único exemplo de uma distinção aproximadamente exclusiva ocorre, como disse antes, entre o céu, o rosto amarelo e os ombros. Aqui também se encontra o maior intervalo em profundidade. As figuras se acham mais intimamente ligadas à paisagem na parte inferior do quadro, onde o amarelo e até um certo ponto o vermelho estão presentes. Até os cabelos da figura ajoelhada contêm alaranjado. No plano médio, há uma maior diferenciação. Os corpos e a água contêm amarelo como cor fundamental comum, mas a mistura avermelhada da pele e o azul contido no verde enfatizam a exclusão mútua. O cabelo preto da figura menor e as cores do buquê ajudam a acentuar a diferenciação. O crescendo da separação atinge seu ponto culminante no canto superior esquerdo. O salto espacial entre a cabeça, os ombros e o céu é compensado, contudo, por uma complementaridade aproximada entre o amarelo-avermelhado da pele humana e o azul-avioletado do céu. As cores produzem forte divisão e ao mesmo tempo preenchem a lacuna pela harmonia de sua inteireza mútua.

Como segundo exemplo escolhi *A Virgem com Santa Ines e Santa Tecla* de El Greco (Prancha II). O esqueleto básico da composição é simétrico. A Virgem, ladeada por dois anjos, ocupa o centro da metade superior do quadro; as duas santas defrontam-se na metade inferior. A simetria básica das formas é animada, contudo, pelos desvios, dos quais os que seguem são relevantes neste caso. As atitudes da Virgem e do Menino criam um eixo inclinado. A inclinação da direita superior, em direção à esquerda inferior, liga a figura nas nuvens mais diretamente à santa à esquerda. Esta conexão é realçada ainda mais pelo estreito contato do manto da Virgem com a cabeça da mulher à esquerda, que olha para cima e faz um gesto de eflúvio com a mão. Em contraste, a mulher à direita está afastada da figura central, os olhos para baixo como se mergulhada em meditação, e a mão apontando para si mesma.

Prancha II. GRECO, El. A Virgem e o Menino com Santa Martina e Satna Agnes. Óleo sobre tela. c. 1597-99. National Gallery of Art, Washington.

O esquema cromático do quadro faz eco ao tema da composição. A forma oval da Virgem, fechada em si mesma, subdivide-se em quatro secções principais, que produz um tipo de simetria central ao redor do Menino Jesus. As duas partes da capa azul estão diametralmente opostas e o mesmo acontece com a vestimenta vermelha. O azul e o vermelho diferenciam-se claramente um do outro, mas também ligam-se por uma sugestão daquilo que chamei de inversão estrutural, uma vez que o vermelho é um tanto azulado e o azul é um tanto avermelhado. O âmbito cromático da Virgem mantém-se dentro das áreas do vermelho e do azul e, desse modo, requer inteireza. O amarelo, ausente, é suprido pelos cabelos do Menino. O Menino desempenha o papel de pedra fundamental, não apenas devido à localização central, mas também porque possui a cor necessária para criar a tríade das primárias.

Os cabelos amarelos dos quatro anjinhos aos pés de Maria relacionam-se por semelhança com o manto amarelo, com os cabelos da santa à esquerda, com ramo de palma e com o leão. O azul do manto da Virgem é retomado pela manga azul. O azul e o vermelho da figura superior tendem para o púrpura; o azul e o amarelo da figura inferior são os componentes de um verde; e o púrpura e o verde são complementares. Daí a fácil união entre a figura central e a mulher à esquerda. Compare isto com o conflito entre o manto alaranjado da mulher à direita e o esquema púrpura da Virgem. O vermelho, dominante em ambas as áreas, participa das escalas conflitantes do vermelho-amarelo, e a barreira criada por este choque impede o olho de deslizar por meio do intervalo entre as duas figuras.

Na pintura original, há suficiente coloração dourada nas sombras do manto amarelo à esquerda para impedir um verdadeiro choque entre ele e o vermelho alaranjado do manto à direita. O olho pode ligar as duas cores por inversão estrutural, exatamente como o contato das duas mãos frontais, o paralelismo das outras duas mãos, a forma simétrica do grupo das duas mulheres e o tema do reino da paz do leão e do cordeiro, todos reforçam a ligação horizontal.

Em suma, descobrimos que, na metade inferior do quadro de El Greco, a configuração e a cor se combinam na representação de dois aspectos ligados da atitude religiosa, inspiração e contemplação, o receber e o meditar, a dependência da graça e a liberdade da vontade. A simetria total da obra faz o contraste da dupla atitude humana de conciliar com a maior harmonia entre Deus e o homem, domínio das alturas e submissão da terra.

Reação à cor

Ninguém nega que as cores carregam intensa expressividade, mas ninguém sabe como tal expressividade ocorre. Admite-se, é amplamente aceito que a expressividade se baseia na associação. Diz-se que o vermelho é excitante porque nos faz lembrar fogo, sangue e revolução. O verde suscita os pensamentos restauradores da natureza, e o azul é refrescante como a água. Mas a teoria da associação não é, neste caso, mais esclarecedora do que em outras áreas. O efeito da cor é demasiadamente direto e espontâneo para ser apenas o produto de uma interpretação ligada ao que se percebe pelo conhecimento.

Por outro lado, não temos nem mesmo uma hipótese para oferecer sobre o tipo de processo fisiológico que talvez fosse responsável pela influência da cor. Claridade intensa, alta saturação e os matizes de vibração de onda longa produzem excitação. Um vermelho claro, puro, é mais ativo do que um azul acinzentado quebrado. Mas não temos informação sobre o que a intensa energia luminosa provoca no sistema nervoso ou por que o comprimento de onda das vibrações deve ter importância. Alguns experimentos demonstraram uma resposta corpórea à cor. Féré descobriu que a força muscular e a circulação sanguínea aumentam com a luz colorida "na sequência que vai do azul (menos), passando pelo verde, amarelo, alaranjado até o vermelho". Isto está de acordo com as observações psicológicas sobre os efeitos destas cores, mas não se pode dizer se se trata, neste caso, de uma sequência secundária da experiência perceptiva ou uma influência nervosa mais direta da energia luminosa sobre o comportamento motor e a circulação sanguínea.

O mesmo acontece com as observações feitas por Kurt Goldstein, que descobriu em sua prática neurológica, por exemplo, que uma paciente portadora de um distúrbio do cerebelo sofria perda do sentido de equilíbrio, tornando-se atordoada, e em perigo de cair, quando usava vestido vermelho – sintomas que desapareciam quando usava verde. Goldstein investigou o fenômeno por meio de experimentos que merecem continuidade. Ele solicitava a pacientes com defeitos similares no cérebro que olhassem para uma folha de papel colorido enquanto conservavam seus braços estendidos para a frente. Os braços ficavam escondidos da vista por uma prancha horizontal. Quando o paciente olhava para um papel amarelo, os braços, controlados pelo centro cerebral imperfeito, sofriam um desvio de cerca de 55 centímetros da linha média. O desvio era de 50 centímetros para o vermelho, 45 centímetros para o branco, 42 centímetros para o azul e 40 centímetros para o verde. Quando ele fechava os olhos, o desvio era de 70 centímetros. Goldstein concluiu que as cores correspondentes aos comprimentos de ondas longas combinam com uma reação expansiva, enquanto os comprimentos de ondas curtas favorecem a contração. "O organismo inteiro... por meio de cores diferentes é impelido para o mundo exterior ou dele se retrai concentrando-se em direção ao centro do organismo."

Esta reação física encontra paralelo nas observações feitas por Kandinsky sobre a aparência das cores. Ele afirmou que um círculo amarelo revela "um movimento de expansão a partir do centro que se aproxima quase que sensivelmente do espectador"; um círculo azul "desenvolve um movimento concêntrico (como um caracol escondendo-se em sua concha) e se afasta do observador".

Cor quente e cor fria

Quase nenhuma tentativa tem sido feita para agrupar as várias cores em termos de suas qualidades expressivas gerais. A distinção entre cores quentes e cores frias é bastante comum. Os artistas usam estes termos, e referências a elas são encontradas em livros sobre a teoria da cor. Mas observações apenas esboçadas, baseadas em impressões subjetivas, não nos levam muito longe. As observações experimentais de Von Allesch sobre este ponto parecem não ter levado a resultados conclusivos até onde se pode julgar partindo destas breves referências ao assunto. Sob essas condições, parece-me lícito dar minha própria sugestão. Não foi testada sistematicamente e pode vir a ser absolutamente errada; mas pelo menos é algo contra o qual se lançar.

As primárias fundamentais puras dificilmente podem ser chamadas de quentes ou frias. Seria um vermelho puro claramente mais quente do que um azul puro de igual saturação? É um amarelo puro frio ou quente? Mas a qualidade da temperatura parece ser mais significativa quando aplicada à mistura de uma cor. Um amarelo ou vermelho-azulados tendem a parecer frios, e o mesmo acontece com um vermelho ou um azul-amarelados. Ao contrário, um amarelo ou azul-avermelhados parecem quentes. Minha opinião é que não a cor principal, mas a cor no sentido da qual ela se desvia pode determinar o efeito. Isto levaria a resultado talvez inesperado de um azul-avermelhado parecer quente enquanto um vermelho-azulado parece frio. Johannes Itten designou o par de complementares de vermelho alaranjado e azul-verde como os polos da temperatura. Isto apoiaria nossa observação de que uma mistura de vermelho aquecerá a cor enquanto uma coloração de azul a tornará fria. As misturas de duas cores uniformemente equilibradas não deveriam mostrar o efeito claramente, embora uma mescla de amarelo e azul possa estar mais próxima da cor fria. Combinações equilibradas de vermelho e azul ou de vermelho e amarelo poderiam tender ao neutro ou ao ambíguo.

Naturalmente, a instabilidade das cores tem influência em sua temperatura. Assim como a cor muda seu matiz em resposta aos matizes de suas vizinhas, sua temperatura pode também mudar. A claridade e a saturação podem também ter relação com o fenômeno. No círculo cromático de Albers, os âmbitos da cor fria e quente dificilmente coincidem com aqueles do escuro e claro, e Itten associa o frio com o sombreado e o quente com o ensolarado.

Se minha abordagem for válida, pode ser aplicada de um modo mais geral às qualidades expressivas das cores. Talvez não seja tanto o matiz dominante, mas suas "aflições" que dão à cor seu caráter. Observamos que as primárias fundamentais puras não possuem as qualidades dinâmicas das misturas; elas podem também ser mais neutras na expressividade, enquanto que uma cor que produz um efeito de tensão dinâmica tendendo para uma outra pode ser mais expressiva. A qualidade do avermelhado, amarelado e azulado, desviando uma outra cor do seu caráter fundamental próprio, pode produzir a tensão, sem a qual nenhuma expressividade é possível. Neste caso, então, estão sugestões que convidam à verificação por meio de experimentos.

Finalmente, vamos ponderar por um momento sobre o hábito de usar as sensações de temperatura para descrever as cores. Qual é o denominador comum? Dificilmente nos lembramos de um banho quente ou do calor do verão quando percebemos o vermelho-escuro de uma rosa. No entanto, a cor desperta em nós a reação também provocada pela estimulação do calor, e as palavras "quente" e "fria" são usadas para descrever cores, simplesmente porque a qualidade expressiva em questão é mais forte e biologicamente mais vital no âmbito da temperatura.

Estamos descrevendo uma qualidade que emana do objeto bem como nossa reação a essa qualidade. A experiência não precisa ser perceptiva. Também falamos de uma pessoa fria, uma recepção calorosa, um debate acalorado. Uma pessoa fria nos faz afastar. Sentimo-nos como se nos defendêssemos contra um poder maléfico – nós nos recolhemos e fechamos os portões. Ficamos constrangidos, inibidos em ventilar nossos pensamentos e impulsos. Uma pessoa calorosa é aquela que nos faz abrir. Somos atraídos com vontade de expor livremente qualquer coisa que tenhamos de dar. Nossas reações à frieza ou ao calor físicos são obviamente semelhantes. Do mesmo modo, as cores quentes parecem convidar-nos enquanto as frias mantêm-nos à distância. As cores quentes são salientes, as frias afastam-se. Para as finalidades do artista, naturalmente, ambas são benvindas. Elas expressam propriedades diferentes da realidade, exigindo respostas diversas.

Se quiséssemos analisar a expressividade das cores além do que foi dito até agora, teríamos de nos reportar ao caráter atribuído a determinadas cores por vários artistas, escritores, civilizações. Na primeira versão deste livro, dei exemplos de tais atribuições. É um assunto que entretém, e as observações de Goethe ou Kandinsky sobre o caráter do vermelho ou amarelo são atraentemente poéticas. Mas nenhum propósito suficientemente útil parece se servir de tais anedotas. Primeiro, estas caracterizações são tão sobrecarregadas de fatores pessoais ou culturais que não podem reivindicar muita validez geral. Quando Kandinsky ensinou em seu seminário da Bauhaus que a cor amarela era aparentada com a forma de um triângulo, o azul com um círculo e o vermelho com um quadrado, estava ele exprimindo mais do que uma impressão pessoal? E quando o amarelo simbolizava esplendor imperial na China, mas indicava vergonha e desonra na Idade Média europeia, pode-se ter certeza de que, como Goethe afirma, os chineses se referiam a um amarelo dourado, enquanto a cor das prostitutas e dos judeus perseguidos tinham uma vil coloração esverdeada?

Se nossa tarefa for a de procurar o objeto percebido pelos fatores formais que determinam o que os olhos veem, podemos reivindicar ter examinado os fatores da estrutura da cor pelo menos esquematicamente. Mas exatamente como no capítulo sobre a expressividade da forma nos abstivemos da especulação prolongada sobre o estado da mente que se afeiçoa a certas formas, eu proponho não repetir aqui os fatos da preferência de cor. No caso da configuração, podemos analisar as características formais com considerável precisão. As analogias entre com o que as formas se parecem e o que expressam podem portanto ser exploradas com alguma segurança. Estaríamos consequentemente em terreno relativamente firme se perguntássemos, como os historiadores de arte o fazem, por que as configurações de Rafael diferem das de Dürer. Mas em se tratando da cor, podemos fazer mais do que refletir vagamente sobre o porquê de Picasso preferir o azul nos primeiros anos de nosso século ou deixar Van Gogh nos dizer o que quis significar por meio do amarelo.

Os estudos quantitativos sobre as preferências de cor de várias populações têm sido numerosos, em parte porque as modas passageiras são de interesse dos pesquisadores de mercado, e em parte porque as reações aos estímulos não analisados são mais fáceis para o experimentador manusear do que estudos que requerem análise estrutural. É verdade também que a noção de "prazer estético", considerada importante na filosofia da arte tradicional, foi imposta aos psicólogos pelos filósofos. Pensava-se ser relevante descobrir quem se satisfazia, com que cores. Os resultados não têm sido excepcionalmente compensadores. Nada de validez geral surgiu. Além disso, a preferência tem pouco a ver com a arte. "Que destino miserável para um pintor que gosta de louras", disse Picasso a Christian Zervos, "ter que deixar de colocá-las num quadro porque não combinam com a cesta de frutas!"

8. MOVIMENTO

O movimento é a atração visual mais intensa da atenção. Um cão ou um gato podem estar descansando tranquilamente sem se impressionarem com todas as luzes e formas que constituem o cenário imóvel ao seu redor; mas logo que algo se agita, seus olhos voltam-se para o local e seguem o curso do movimento. Os gatinhos parecem completamente à mercê de qualquer coisa que se mova como se seus olhos estivessem atados a ela. Os seres humanos, de modo similar, são atraídos pelo movimento; basta mencionar a efetividade dos anúncios móveis, quer se trate de sinais de néon cintilante ou comerciais de televisão, ou o apelo popular muito maior das execuções com movimento, comparadas com a fotografia, pintura, escultura ou arquitetura, imóveis.

É compreensível que se tenha desenvolvido no animal e no homem uma resposta tão intensa e automática ao movimento. O movimento implica em uma atenção nas condições ambientais, e mudança pode exigir uma reação. Pode significar a aproximação do perigo, o aparecimento de um amigo ou de uma presa desejável. E como os olhos se desenvolveram como instrumentos de sobrevivência, adaptaram-se a sua tarefa.

Acontecimentos e tempo

Fazemos distinção entre coisas e acontecimentos, imobilidade e mobilidade, tempo e atemporalidade, ser e vir a ser. Essas diferenças são decisivas para toda a arte visual, mas seu significado está longe de ser claro. Chamamos o aeroporto de coisa, mas a chegada de um aviso, de acontecimento. Eventos são quase sempre atividade das coisas. Ação pura, independente, é rara, mas existe. Wertheimer descobriu em seus experimentos com movimento estroboscópico que o que seus observadores percebiam sob certas condições não era um objeto que se movia de uma posição para outra, mas, em vez, "movimento puro", ocorrendo entre dois objetos e sem relação com nenhum deles. Quando se distinguem os padrões voláteis de uma andorinha distante dos de um avião, o objeto é reduzido a um ponto informe e pode-se dizer que se vê puro movimento – uma experiência semelhante àquela de ouvir um som musical deslocar-se ao longo dos movimentos ascendentes e descendentes de uma melodia.

A maioria das vezes encontramo-nos na presença de objetos que se nos apresentam como unidades estáveis, e de ações executadas por eles. Os gestos de um orador são ações, mas ele próprio é percebido como uma coisa estável, por mais que os biólogos e físicos possam dizer o contrário. Mesmo uma nuvem é experimentada não como um evento, mas como um objeto em transformação e o mesmo acontece com exemplos nos quais a mudança não depende do movimento – uma lagosta tornando-se vermelha, uma batata tornando-se tenra.

Fisicamente todas as coisas e acontecimentos localizam-se no tempo. Nos dias de hoje, quando a escultura é atacada pela poluição do ar, observamos com espanto que mesmo o mármore ou o bronze movem-se sobre uma linha vital própria que distingue seu estado de ser hoje do de ontem. Psicologicamente, contudo, uma estátua situa-se fora do tempo. Não a percebo ativa persistindo na maneira como os pedestres e automóveis, quando ativos, passam por ela. A qualquer momento o pedestre se encontra em uma determinada fase de sua caminhada pela praça. Para a estátua, nenhuma comparação como esta de seus estados em diferentes momentos ocorre; não "permanece a mesma" nem "permanece imóvel". De modo semelhante, as figuras representadas na urna grega de John Keats não estão paralisadas em suas trilhas. Isto acontece porque em cada um destes exemplos o cenário como um todo – a cidade, a sala, o vaso – é percebido como estando fora da dimensão temporal. Dentro do cenário certas alterações ou ações podem ocorrer. Como as descrevemos? Nós as experimentamos como ocorrendo no tempo?

A distinção entre coisas imóveis e móveis são suficientemente evidentes. Mas é ela idêntica à discriminação entre atemporalidade e tempo? E ela realmente a experiência da passagem do tempo que distingue a execução entre a atuação de uma bailarina e a presença de uma pintura? Quando a bailarina salta pelo palco, é um aspecto de nossa experiência, não mencionando o aspecto mais significativo, de que o tempo passa durante esse salto? Ela chega do futuro e salta por meio do presente para o passado? E exatamente que parte de seu desempenho pertence ao presente? Seu mais recente segundo, ou talvez uma fração desse segundo? E se o salto na sua totalidade pertencer ao presente, em que ponto da atuação antes dele cessa o passado?

As perguntas passam a ser absurdas. É óbvio, percebemos a ação da bailarina como uma sequência de fases. O desempenho contém uma seta, ao passo que a pintura não. Mas não se pode realmente dizer que o desempenho ocorre no tempo. Comparemos os dois seguintes eventos de um filme de aventuras. De um helicóptero, o detetive observa o automóvel do bandido em alta velocidade ao longo da estrada. Dobrará a estrada lateral ou continuará para a frente? Este episódio, como o salto da bailarina, é experimentado como um acontecimento no espaço, não no tempo com exceção de nossa própria sensação de suspense, que não é uma parte da situação observada. Todos os seus aspectos relevantes são espaciais. Mas agora vemos o herói correndo em direção à casa de campo da vítima. Chegará "a tempo" de impedir o acontecimento vil? Neste caso, o elemento tempo faz parte da essência. Dois sistemas espaciais independentes, a aproximação do herói e os acontecimentos na casa de campo, relacionam-se somente por sua colocação no tempo, que levará ou não à coincidência desejada.

Quando se observa um homem explorando uma caverna, seu progresso é experimentado como um acontecimento no espaço. Novos aspectos da caverna revelam-se em sucessão. Tal evento, no qual um cenário físico provê a moldura, não é realmente em princípio diferente de outros nos quais nenhuma de tais molduras existe. Em uma discussão animada, o assunto também se move ao longo de uma trilha, com um pensamento levando ao seguinte em uma sequência lógica. Será que percebemos o progresso em forma de etapas do assunto como ocorrendo no tempo, tanto quanto a exploração da caverna? Não, a menos que o "tempo esteja escoando" e o resultado da discussão seja ansiosamente esperado.

Nossa embaraçosa descoberta tem sérias consequências para a apreensão dos desempenhos artísticos. Evidentemente, a fim de criar ou de entender a estrutura de um filme ou de uma sinfonia, tem-se que captá-la como um todo, exatamente como se captaria a composição de uma pintura. Deve ser aprendida como uma sequência, não pode ser temporal no sentido de que uma fase desaparece à medida que a próxima ocupa nossa consciência. A obra toda deve estar simultaneamente presente na mente se quisermos entender seu desenvolvimento, sua coerência, as inter-relações de suas partes. Somos tentados a chamar o objeto desta sinopse de estrutura espacial. De qualquer modo, requer simultaneidade e por isso dificilmente é temporal.

Em uma carta de 1789, atribuída a Mozart, mas provavelmente não escrita por ele desta forma, o fenômeno da simultaneidade musical é admiravelmente descrito. Quando um tema desperta a atenção do compositor, "torna-se cada vez maior, e eu o desenvolvo cada vez mais ampla e claramente, e a coisa realmente passa a ser quase completa em minha mente, mesmo que seja longa, de modo que dali para a frente eu a avalio em minha mente de um relance, como um belo quadro ou uma pessoa bela. E a ouço em minha imaginação, não em sequência, em que terá que se desdobrar dali para frente, mas, por assim dizer, exatamente junta (*wie gleich alles zusammen*)".

Algo muito semelhante é exigido para o verdadeiro entendimento de uma sinfonia, de um filme ou de uma dança. A qualquer momento particular podemos não saber o que virá em seguida, mas não devemos descartar de nossa consciência o que ouvimos ou vimos antes. O trabalho cresce etapa por etapa no sentido de um todo, e à medida que acompanhamos seu progresso devemos constantemente voltar ao que desapareceu da percepção direta pelo ouvido ou olho, mas que sobrevive na memória. O passado como tal nunca é acessível à mente. As percepções e sensações, não somente de ontem, mas de um segundo atrás, já passaram. Elas sobrevivem apenas na medida em que dentro de nós deixaram vestígios, isto é, traços de memória.

Qualquer que seja a natureza destes traços no cérebro, eles certamente persistem em simultaneidade espacial, influenciam-se reciprocamente e são modificados por novas aquisições. Os compassos introdutórios de uma dança não são mais os mesmos se já vimos o resto da composição. O que acontece enquanto a execução está em progresso não é simplesmente a adição de novas contas ao cordão. Tudo que veio antes é constantemente modificado pelo que vem mais tarde.

Assim, cada nova percepção que se obtém encontra seu lugar na estrutura espacial da memória. No cérebro, cada traço tem um endereço, mas não data. A estrutura da execução provém da interação dos traços que deixa dentro de nós.

Compreendemos agora que o que diferencia a percepção de acontecimentos da percepção de objetos não é que a primeira envolva a experiência do tempo que passa, mas que durante um acontecimento testemunhamos uma sequência organizada na qual fases se seguem umas às outras em uma ordem significativa unidimensional. Quando o acontecimento é desorganizado ou incompreensível, a sequência se interrompe tornando-se uma mera sucessão. Perde sua principal característica; e mesmo a sucessão dura apenas enquanto seus elementos estão sendo pressionados por meio de desfiladeiros próximos. A execução torna-se caleidoscópica: há mudança constante, mas nenhuma progressão, e não há motivo para lembrar fases passadas do espetáculo, exceto talvez para admirar sua variedade. Nenhum tempo liga estas fases momentâneas, porque só o tempo pode criar sucessão, mas não ordem. Ao contrário, qualquer experiência de tempo pressupõe algum tipo de ordem.

Simultaneidade e sequência

Estamos tentando descrever a diferença entre dois tipos de meios. Em um deles, a sequência em que as partes de uma composição são apreendidas é definida pelo próprio trabalho, enquanto no outro é imaterial. Lembro-me de uma discussão entre dois estudantes, um pintor e um músico. O pintor dizia: "Não posso compreender como você pode manter unidas as partes de uma peça musical, uma vez que elas nunca se apresentam ao mesmo tempo!" O músico assegurou-lhe que esta não era uma dificuldade tão grande, mas, disse, "o que eu não entendo é como se encontra caminho na pintura, não se sabendo onde começa e onde acaba, nem onde virar para o seguinte em qualquer ponto!"

A diferença entre os dois tipos de meios não coincide com a diferença entre a mobilidade e a imobilidade. Há pinturas que devem ser lidas em uma sequência determinada, por exemplo, da esquerda para a direita como a escrita. As histórias em quadrinhos são deste tipo, e assim também eram certas pinturas narrativas populares no século XV, nas quais se via, da esquerda para a direita, como Eva foi criada da costela de Adão, como ela lhe apresentou a maçã, como foram repreendidos por Deus e finalmente como o anjo os expulsou do paraíso.

De modo inverso, há trabalhos móveis que não são sequenciais. Espera-se que uma composição de dança se desenvolva logicamente desde o início até o fim, mas o mesmo não se dá em relação a uma valsa de salão. De modo similar, certos tipos de música, que pretendem estabelecer um clima particular, são estacionários, sem um começo, fim, ou desenvolvimento. Os movimentos de um móbile escultural não têm progressão. Eles revelam as variedades da relação espacial dentro de um conjunto de elementos ligados. A ordem e coordenação dos deslocamentos aos vários níveis são permitidos mudar ao acaso e as surpresas das configurações não prescritas constituem o que nos agrada.

Quando a sequência é confundida com a mobilidade, resultam interpretações errôneas. Por exemplo, tem-se afirmado que a pintura e a escultura são "arte temporal" tanto quanto a música e o teatro porque o observador deve mover seus olhos por toda a superfície da obra e por isso percebe suas partes em sucessão. Em realidade, a ordem de uma pintura existe apenas no espaço, em simultaneidade. O quadro contém um ou vários temas dominantes aos quais todo o resto se subordina. Esta hierarquia é válida e compreensível somente quando todas as relações que ela envolve são captadas como sendo coexistentes. O observador examina cuidadosamente as várias áreas da pintura em sucessão porque nem o olho nem a mente são capazes de apreender tudo simultaneamente, mas a ordem em que a exploração ocorre não importa. O caminho do olhar não precisa aderir às direções vetoriais criadas pela composição. Uma "flecha" compositiva levando da esquerda para a direita pode ser percebida corretamente, mesmo que o olho se mova na direção oposta, ou na realidade cruze a extensão em um ziguezague arbitrário. As barreiras levantadas na pintura pelos contornos ou conflitos de cor não detêm o olho. Ao contrário, elas são percebidas e experimentadas enquanto são atravessadas. Já mencionei os vários estudos recentes dos movimentos do olho. Eles mostram, de modo não surpreendente, que o observador gasta a maior parte de suas fixações nos itens de maior interesse. Mas a ordem das fixações é grandemente acidental e irrelevante.

Em uma peça teatral ou em uma composição musical, em oposição, a sequência é essencial. Mudar a ordem dos acontecimentos significa alterar e, provavelmente, destruir a obra. É imposta ao observador e ao ouvinte e deve ser obedecida. Em uma dança há um ou vários temas dominantes, exatamente como em uma pintura; mas a ordem de sua apresentação é ligada a fases definidas do desenvolvimento total, e diferentes significados aderem a localizações diferentes na sequência perceptiva. Um tema pode ser apresentado logo no início e então demonstrado e explorado por meio de diversas mudanças ou variações. Ou pode sujeitar-se a encontros com outros temas e desdobrar sua natureza por meio das atrações e repulsões resultantes, vitórias e derrotas. Mas o tema, talvez corporificado na primeira bailarina, pode também apresentar-se tardiamente, depois de uma construção lenta que vai por meio de um crescendo ao ponto culminante. Esta ordem diferente no tempo produz uma estrutura completamente diferente.

Mesmo o movimento objetivo de uma peça de escultura difere em princípio da mudança de aspectos que experimentamos ao caminhar ao seu redor; de outra forma os escultores não se preocupariam, como acontece com alguns, em montar seus trabalhos em cavaletes móveis. Em tais casos, o passo e a direção da rotação são propriedades prescritas da própria exibição escultórica. Além disso, descobrimos que há muita diferença para a percepção e para a expressividade se alguém vê uma coisa em movimento ou caminha passando por ela ao redor dela ou atravessando-a.

Quando uma obra baseada em sucessão linear narra uma história, ela realmente contém duas sequências, a dos acontecimentos a serem relatados e o desenvolvimento para a revelação. Em um simples conto de fadas, as duas coincidem. A importância duplica a ordem dos acontecimentos. Em obras mais complexas, a viagem que o autor prescreve para o espectador ou leitor pode diferir consideravelmente da sequência objetiva da trama. Por exemplo, em *Hamlet* a sequência inerente conduz do assassinato do rei por meio do casamento da rainha com o irmão do rei à descoberta do crime por Hamlet, e assim para o final. O caminho da revelação começa em algum ponto no meio daquela sequência e se move primeiro para trás e, em seguida, para a frente. Ela procede da periferia do problema para seu centro, introduzindo primeiro os guardas, em seguida o amigo de Hamlet, depois o fantasma misterioso. Assim, enquanto se desenrola o conflito dramático, a peça também trata das maneiras do homem descobrir os fatos da vida – uma trama secundária, da qual o espectador é o protagonista. E exatamente como a rota de um viajante em direção a uma cidade desconhecida influenciará a noção que ele recebe da mesma, também o caminho da revelação encorajará uma resposta particular ao assunto de uma obra dando precedência a alguns de seus aspectos e retendo outros. A abordagem indireta de Shakespeare à história de Hamlet enfatiza os efeitos do crime antes mesmo de apresentá-lo, e coloca as ênfases iniciais da noite, conturbação da paz, mistério e suspense.

Devemos dar um passo além e entender que em última análise mesmo uma obra baseada em sequência apresenta não apenas um acontecimento, mas, por meio dele, uma condição de ser. Para usar o preceito oferecido por Lessing no *Laocoonte*: enquanto a pintura ou escultura narrativas apresentam a ação por meio de objetos, os dramaturgos ou romancistas usam a ação para apresentar condições de acontecimentos. ("As coisas que existem próximas umas das outras ou cujas partes assim o fazem são chamadas objetos. Por isso os objetos, com suas propriedades visíveis, constituem o conteúdo verdadeiro da pintura. As coisas que se seguem uma após outras ou cujas partes assim o fazem são chamadas ações. Por isso as ações constituem o verdadeiro conteúdo da literatura.")

O drama de Hamlet revela uma configuração subjacente de forças antagônicas, amor e ódio, lealdade e traição, ordem e crime. O padrão poderia ser representado em um diagrama que não conteria referência à sequência da história. Este padrão é gradualmente revelado pela peça, explorado em suas várias relações, testado pela introdução de situações cruciais. A biografia de um homem, que descreve sua vida desde o nascimento até o túmulo, deve acrescentar à apresentação de um personagem uma condição de ser e de se comportar na sua interação constante com a polaridade da vida e da morte. E exatamente como a *Pietá* do jovem Michelangelo, na igreja de São Pedro, mostra uma mãe segurando seu filho e ao mesmo tempo um homem deixando sua mãe para trás, assim também faz a história do Evangelho, como toda a grande narrativa, que contém seu fim em seu início e o seu começo no seu fim.

Juntos, os meios sequenciais e não sequenciais interpretam a existência em seu aspecto duplo de permanência e de transformação. Esta complementaridade se expressa em uma relação recíproca entre espaço e força. As forças representadas em uma pintura são fundamentalmente definidas pelo espaço. A direção, configuração, tamanho e localização das formas que carregam essas forças determinam onde elas se aplicam, para onde vão, e quão fortes são. A expansão do espaço e seus aspectos estruturais – por exemplo, seu centro – servem como moldura de referência para a caracterização das forças. Ao contrário, o espaço de um teatro ou cenário para dança é definido pelas forças motoras que neles se encontram. A expansão torna-se real quando o bailarino percorre este espaço, a distância é criada pelos atores que se afastam um do outro; e a qualidade particular da localização central surge quando as forças corporificadas se esforçam para atingi-lo, repousam nele e, a partir dele, têm o predomínio. Em suma, a interação do espaço e força é interpretada com ênfase diferente.

Quando vemos o movimento?

Em que condições percebemos o movimento? Um trator se arrasta pela rua. Por que o vemos em movimento e a rua em repouso em vez de ver toda a paisagem, incluindo nós próprios, deslocados na direção oposta, permanecendo apenas o trator no mesmo lugar? O fenômeno não é explicado simplesmente mediante aprendizagem ou conhecimento porque, contrariando nosso melhor conhecimento, vemos que o sol se move por meio do céu e a lua por meio das nuvens. Dante observa que uma pessoa quando olha para cima, para uma das torres inclinadas de Bolonha, estando "embaixo de sua inclinação" enquanto uma nuvem se move em direção oposta, a torre parece tombar. Sentados em uma cadeira de balanço, encontramo-nos em movimento e a sala em repouso. Mas quando um experimento faz toda a sala girar como um barril que rola, e a cadeira do observador permanecer perfeitamente imóvel, a sensação de que a cadeira está girando é tão convincente que o observador cairá, a não ser que esteja amarrado. Isto acontece mesmo que as sensações cinestésicas do observador indiquem o verdadeiro estado das coisas.

Podemos esclarecer pelo menos alguns elementos desta complicada situação observando que a experiência visual de movimento se deve a três fatores: movimento físico, movimento óptico e movimento perceptivo. A estes podemos acrescentar os fatores cinestésicos, que por si só podem produzir, sob certas condições, a sensação de movimento, por exemplo, por vertigem.

Vejo o trator em movimento porque está realmente se arrastando; isto é percepção de movimento baseado no movimento físico. Mas, como mostram nossos exemplos, o movimento físico não corresponde necessariamente ao que acontece nos olhos ou na percepção. Podemos falar de movimento óptico quando as projeções dos objetos ou de todo o campo visual são deslocadas na retina. Tal deslocamento óptico ocorre quando os olhos do observador não seguem os movimentos dos objetos percebidos. Mas o movimento físico pode ser registrado como parada óptica, por exemplo, quando meus olhos se prendem ao trator enquanto ele se arrasta pela rua ou quando vejo a cabine do avião ao meu redor em perfeita imobilidade mesmo que ambos, avião e eu, estejamos em movimento. Por outro lado, a projeção de minha sala de trabalho, imóvel, move-se por meio das retinas opticamente logo que movimento os olhos ou a cabeça ou me levanto da cadeira. Se alguém pudesse observar o que acontece em meus olhos enquanto examino as várias partes de uma pintura na parede, descobriria que, cada vez que mudo a fixação de meu olhar, todo o quadro se move nas retinas em direção oposta. E no entanto, na maioria das vezes, tal informação opticamente falha não se reflete na experiência perceptiva. Vejo um inseto se arrastar embora meus olhos estejam presos a ele, e a pintura permanece imóvel mesmo que meus olhos a examinem cuidadosamente.

O fator mais forte que compensa tal errôneo "input" é a percepção cinestésica. Qualquer movimento feito pelos olhos, pela cabeça ou pelo corpo é transmitido para o centro sensorial motor do cérebro, e, de fato, o mero impulso para se mover é um acontecimento cerebral. O *feedback* a partir desses processos motores influencia a percepção visual. A informação de que estou movendo a cabeça induz o sentido da visão a atribuir o movimento à cabeça visualmente também, e a perceber o ambiente como se fosse imóvel. Em um filme, contudo, o cenário fotografado pela câmara em movimento é visto como movimentando-se pela tela, na maior parte das vezes porque o espectador recebe a informação cinestésica de que seu corpo está em repouso. Somente em casos extremos, por exemplo, quando o suficiente do ambiente inteiro é visto como se em movimento, o "input" visual dominará a cinestesia.

Além disso, há fatores especificamente *visuais* atuando dentro do campo perceptivo os quais determinam como o sentido da visão maneja as ambiguidades motrizes. Karl Duncker demonstrou que no campo visual os objetos são vistos em uma relação hierárquica de dependência. A mosca está ligada ao elefante, não este a ela. O bailarino é uma parte do cenário, não este a borda externa daquele. Em outras palavras, pondo de lado o movimento, a organização espontânea do campo visual atribui a certos objetos o papel de moldura, da qual os outros dependem. O campo representa uma hierarquia complexa de tais dependências. A sala serve de moldura de referências para a mesa, e essa para a fruteira, a última para as maçãs. As leis de Duncker indicam que, em um deslocamento motor, a moldura de referência tende a ser percebida como se estivesse imóvel e o objeto dependente, em movimento. Quando não existe nenhuma dependência, os dois sistemas podem ser vistos movendo-se simetricamente, aproximando ou afastando-se um do outro.

Duncker e, posteriormente, Erika Oppenheimer estabeleceram alguns dos fatores que criam dependência. O fechamento é um deles. A "figura" tende a mover-se, o "fundo" a permanecer imóvel. A variabilidade é outro. Se um objeto muda sua forma e tamanho e o outro permanece constante – por exemplo, uma linha que "sai de" um quadrado –, o objeto variável assume o movimento. O observador vê a linha que sai do quadrado, em vez do quadrado se afastar da linha imóvel. A diferença de tamanho é efetiva no caso de objetos contíguos: quando dois objetos se encontram próximos um do outro, quer lateralmente ou em superposição, o menor assumirá o movimento. A intensidade desempenha também um papel. Uma vez que se vê o objeto mais escuro dependente do mais claro, o mais escuro se move quando ocorre deslocamento e o mais claro permanece imóvel.

O próprio observador age como uma moldura de referência. Quando ele permanece sobre uma ponte e olha para as águas em movimento, sua percepção será "correta"; mas quando ele olha fixamente a ponte, ele e a ponte podem ser vistos como se se movessem ao longo do rio. Duncker explica este fenômeno mostrando que o objeto fixado assume o caráter de "figura" enquanto a parte não fixada do campo tende a converter-se em fundo. Uma vez que, como regra, a "figura" executa o movimento, o ato de fixar leva ao movimento.

Em qualquer exemplo particular, a interação dos vários fatores determinará o efeito perceptivo final. O movimento físico do objeto contribui apenas na extensão em que produz movimento óptico na retina. O experimento feito por Metelli, mencionado antes (Figura 46), mostrou que a secção giratória do disco não é vista em movimento porque opticamente há uma exposição sucessiva de segmentos, mas nenhum deslocamento do disco como um todo. Sob tais condições, a percepção comunica imobilidade.

No palco, os atores são comumente vistos em movimento contra o fundo de um cenário imóvel. Isto acontece porque o cenário é grande e abarcante, e além disso se encontra inserido em um ambiente ainda maior do teatro no qual o espectador se encontra sentado. Ele serve de moldura de referência para os atores. Consequentemente, o palco apresenta um conceito de vida que investe a maior parte das atividades físicas e mentais no homem, em oposição ao mundo das coisas, que serve principalmente como base e o alvo de tal ação e, de fato, como mencionei antes, é definido pelas forças motoras que nele se encontram. Uma concepção diferente pode ser comunicada pelo filme. A imagem captada por uma câmara que se desloca ao longo de uma rua não proporciona a mesma experiência que temos quando nós mesmos caminhamos pela rua. Então, a rua nos rodeia como um vasto ambiente e nossas experiências musculares nos dizem que estamos em movimento. A rua na tela é uma parte relativamente pequena, delimitada, de um cenário mais amplo, na qual o espectador se encontra em repouso. Por isso vê-se a rua em movimento. Parece vir ativamente ao encontro do espectador como também dos personagens do filme, e assume o papel de um ator entre atores. A vida parece um intercâmbio de forças entre o homem e o mundo das coisas, e as coisas amiúde, desempenham a parte mais energética.

Isto acontece também porque o filme representa com facilidade movimento natural como o do tráfego na rua ou o fluxo e refluxo do oceano, que é quase impossível no teatro. Em um filme como *O Homem de Aran* de Robert Flaherty, o movimento natural das ondas é reforçado pelo movimento cinematográfico imposto à cena pela câmara em movimento. O filme oferece ao mundo das coisas uma oportunidade para manifestar seus poderes intrínsecos e para agir com ou contra o homem. Além disso, pode-se fazer com que as coisas na tela apareçam e desapareçam à vontade, o que se percebe também como um tipo de movimento e que permite a qualquer objeto, grande ou pequeno, entrar e sair da cena como um ator. Por exemplo, um filme de dança pode ser organizado de tal maneira que os bailarinos não monopolizem o movimento. Em vez, eles interagem com o cenário e com outros objetos, sendo o movimento criado pelo movimento da câmara e pela montagem. Isto foi tentado em filmes experimentais, por exemplo, por Maya Deren, e também nas cenas coreográficas de alguns filmes "musicais". Em tal composição visual, a parte do bailarino não é mais independente ou completa do que a de um instrumento da orquestra. A imagem da tela como um todo apresenta uma interação complexa de espaços, cenários, objetos e as figuras humanas que se movem, cujos movimentos aparecem somente como elementos integrados no todo. Alguns espetáculos de televisão, que pretendem simplesmente registrar o que acontece objetivamente no teatro, não são somente monótonos, mas distorcidos, a ponto de serem incompreensíveis porque o desempenho que se apresenta foi composto para o teatro, não para a tela.

Enquanto a moldura de referência predominante permanece imóvel, qualquer objeto imóvel é percebido como se estivesse "fora do tempo", exatamente como a própria moldura de referência. Uma moldura de referência móvel, contudo, imprime a ação ao cenário todo e aos objetos que ele contém, e pode traduzir a temporalidade em resistência ativa ao movimento. Do mesmo modo que uma pedra no meio de uma correnteza apresenta oposição obstinada ao movimento, também uma pessoa parada em uma corrente circundante de pessoas que caminham ou correm não será percebida como fora da dimensão de movimento, mas aparecerá, em termos de movimento, como se estivesse aprisionada, petrificada, resistente. Observa-se o mesmo fenômeno quando pausas são inseridas em uma sequência cinematográfica. Elas parecem congeladas, paralisadas em suas trilhas. Ou um bailarino que para por um momento durante uma corrida parece aprisionado, em vez de em repouso. O músico está familiarizado com a diferença entre intervalos mortos e vivos de silêncio. A pausa entre dois movimentos de uma sinfonia não se impregna de movimento porque se exclui do contexto. Mas quando a estrutura de uma peça é interrompida pelo silêncio, a pulsação da música parece ter parado e a imobilidade do que seria movimento cria suspense.

Direção

Os aspectos mais específicos do movimento, tais como direção e velocidade, são também percebidos de acordo com as condições que prevalecem no campo visual. Mencionei que, sob certas condições, a direção objetiva do movimento inverte-se na percepção. Embora fisicamente as nuvens possam estar se movimentando para leste, podemos ver, contudo, a lua precipitar-se para oeste. Uma cena cinematográfica tomada da janela traseira do automóvel do bandido pode mostrar o carro do perseguidor retroceder, embora em realidade avance mais lentamente, porém, que o automóvel que ele persegue.

Erika Oppenheimer projetou sobre uma tela escura em um quarto escuro duas linhas luminosas na posição indicada na Figura 244. Objetivamente a vertical movia-se para a direita e a horizontal para cima, de modo que, depois de um instante, assumiam as posições indicadas pelas linhas pontilhadas. Os observadores, contudo, viam a linha vertical mover-se para baixo e a horizontal deslocar-se para a esquerda (flechas pontilhadas). Quanto à estrutura é evidentemente mais simples, perceber-se uma linha sob tais condições, como se movesse na direção de sua própria extensão do que em ângulo reto em relação a si mesma.

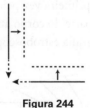

Figura 244

A relação da direção percebida com o contexto no qual o movimento ocorre também já foi demonstrada em estudos sobre a rotação das rodas. O eixo de uma roda movimenta-se, é claro, ao longo de uma trilha paralela ao da roda inteira. Qualquer outro ponto da roda estará sujeito a dois movimentos: o caminho de translação e a rotação ao redor do eixo. A combinação dos dois movimentos resulta fisicamente em uma trilha ondulante, segundo indicação na Figura 245. Isto é, de fato, o que se vê quando a roda se move em um quarto escuro e nada dela é visível, exceto um ponto luminoso que não se localiza no centro. Se, contudo, for possível ver o eixo, o padrão global de movimento subdividir-se-á em dois estruturalmente mais simples: a roda gira em torno de si mesma e percorre sua trilha ao mesmo tempo. Isto mostra que o princípio de simplicidade governa não apenas a subdivisão da forma, mas também a de movimento.

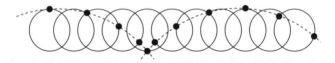

Figura 245

Se o princípio de simplicidade não funcionasse, as plateias teriam as experiências mais estranhas provindas de muitos movimentos da dança. Quando o bailarino dá saltos acrobáticos, vê-se seu corpo movimentar-se pelo piso e ao mesmo tempo girar em torno de seu centro. Todo movimento, exceto o mais simples, é uma combinação de subsistemas que funcionam independentemente e se integram em um todo. Quando os braços se movimentam para cima e para baixo enquanto o corpo avança, os dois temas devem ser, e são, distintos entre si. Os movimentos parciais, contudo, não parecem ser estritamente independentes todo o tempo. A Figura 246 mostra de um modo esquemático o que acontece fisicamente quando uma reverência se combina com o ato de avançar. Pareceria que algo da curva resultante aparece na percepção. Poder-se-ia estudar, com vantagem, os princípios estruturais que determinam a segregação e a fusão, comparando-se tomadas cinematográficas de movimentos de dança com outras obtidas a partir dos mesmos movimentos executados no escuro, com apenas um ponto do corpo marcado por uma luz aplicada – uma técnica desenvolvida pela primeira vez pelo fisiólogo francês Jules-Etienne Marey. O percurso que qualquer parte do corpo atravessa fisicamente pode ser traçado aproximadamente pela fotografia estroboscópica.

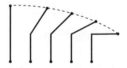

Figura 246

As revelações da velocidade

O movimento, como qualquer outro tipo de mudança, só pode ser percebido dentro de certos limites de velocidade. O sol e a lua se deslocam tão lentamente que parecem estar imóveis. Um relâmpago é tão rápido que todo o seu percurso aparece simultaneamente como uma linha. Um rápido olhar para o relógio nos indica que o limite mínimo de velocidade que se pode perceber se encontra em algum ponto entre o ponteiro dos minutos, cujos movimentos não se percebem, e o dos segundos, cuja marcha é visível. No relógio de Mark Twain, que avançava estações inteiras em um dia, depois de ter sido reparado por um relojoeiro, o movimento dos ponteiros devia resultar indistinto como as hélices de um ventilador. Não podemos ver o crescimento de uma criança ou o envelhecimento de um homem; mas se encontrarmos um conhecido após um lapso de tempo, podemos em uma fração de segundo vê-lo crescer ou enrugar-se por meio de um tipo de movimento estroboscópico entre o traço de memória e a percepção do momento presente.

Evidentemente a velocidade de mudança a que nossos sentidos respondem adaptou-se durante a evolução àquela do tipo de acontecimento cuja observação nos é vital. É biologicamente essencial que vejamos as pessoas e os animais moverem-se de um lugar para outro; não temos necessidade de ver a grama crescer.

Será que uma tartaruga, que leva uma vida lenta, vê as coisas se movimentarem mais rapidamente do que vemos nós? O tráfego de uma cidade grande parece realmente mais rápido depois de uma permanência por algum tempo no campo. A música e a dança também estabelecem níveis de adaptação para a velocidade; um movimento resulta ou parece rápido quando aparece em um contexto lento, e vice-versa. Alguns experimentos sugerem que o grau dos processos químicos do corpo podem influir na percepção de tempo. Assim, Piéron solicitou às pessoas que pressionassem um teclado de Morse três vezes por segundo, aproximando-se o máximo possível da unidade de tempo que deviam calcular. Quando fez com que a temperatura do corpo dos observadores se elevasse um pouco diatermicamente, eles pressionaram o teclado com mais rapidez, indicando assim que a velocidade do tempo subjetivo havia aumentado. Lecomte du Nouy ao referir-se a estes e a outros experimentos conclui que a redução da velocidade do "relógio químico" durante a vida de uma pessoa é a responsável pelo fato bem conhecido de que à medida que se envelhece, os anos parecem passar mais depressa. Parece duvidoso, contudo, que os fatores químicos em vez dos psicológicos sejam responsáveis por esse fenômeno.

O cinema ampliou não apenas nosso conhecimento, como também nossa experiência de vida, ao capacitar-nos a ver movimentos que de outra forma seriam demasiadamente rápidos ou lentos demais para nossa percepção. Se o grau de velocidade da filmagem for inferior ao da projeção, por exemplo, se se toma apenas um quadro por hora, a ação que ocorre na tela se acelera, e podemos ver em realidade o que de outra forma poderíamos apenas reconstruir intelectualmente. Se, contudo, o filme passa por meio da câmara a toda velocidade, os espectadores podem ver uma gota de leite saltar de uma superfície na forma de uma bela coroa branca, ou uma bala penetrar lentamente em um tabique de madeira.

A aceleração do movimento natural, em particular, impressionou nossos olhos com uma unidade do mundo orgânico do qual, no melhor dos casos, tínhamos apenas conhecimento teórico. Conseguiu-se mais com a possibilidade de ver uma planta crescer e morrer no transcurso de um minuto do que simplesmente fazendo-se um exame do processo. A câmara de quadro a quadro revelou que todo o comportamento orgânico caracteriza-se por gestos expressivos e significativos que antes considerávamos um privilégio dos homens e dos animais. A atividade de uma planta trepadeira não aparece meramente como um deslocamento no espaço. Vemos a videira buscar seus arredores, tatear, estirar-se e, finalmente, apoderar-se de um apoio adequado exatamente com o tipo de movimento que indica ansiedade, desejo e feliz realização. Os brotos, cobertos por uma placa de vidro, removem o obstáculo mediante uma ação que não se assemelha ao trabalho mecânico das máquinas. Há uma luta desesperada – um esforço visível, uma libertação orgulhosa e vitoriosa da opressão para a liberdade. Os processos orgânicos manifestam estes traços "humanos" mesmo ao nível do microscópio. Sherrington cita a descrição que faz um fisiólogo de um filme que mostra uma massa celular no processo formativo de um osso. "O trabalho de equipe feito pelas massas de células. Veem-se nas telas espículas gredosas de osso no processo de se formarem, como se fossem operários levantando as tábuas de um andaime. A cena sugeria comportamento intensional por parte de cada célula em particular, e ainda mais por parte das colônias de células dispostas como tecidos e órgãos."

Mesmo onde falta o atrativo particular do movimento orgânico, a transformação de mudanças a longo prazo em movimentos visíveis vivifica as forças da natureza e, deste modo, impressiona a mente com seu impacto. Sabemos que o sol se locomove no céu; mas quando um filme, ao condensar um dia em um minuto, mostra o jogo de sombras velozes traduzir o relevo plástico da forma arquitetônica, somos levados a considerar a luz como um acontecimento que assume seu lugar entre os outros movimentos produtivos da vida quotidiana.

Quando a máquina de filmar ainda era acionada por meio de manivela, o operador estava acostumado a aumentar um tanto a velocidade quando fotografava ação rápida. Isto tornava mais lento os movimentos na tela de modo que eles podiam ser percebidos de modo mais satisfatório. Ao contrário, uma cena lenta tomada com um movimento de manivela ligeiramente reduzido condensava a cena na tela e dessa maneira tornava a estrutura global das mudanças visíveis mais convincentes. Contudo, a mudança de velocidade serviu não apenas para adaptar o movimento visual ao âmbito da percepção humana, mas também alterou as qualidades expressivas de uma ação. Quando cenas de rua eram fotografadas com velocidade menor que a normal para os primeiros filmes cômicos, os automóveis não avançavam simplesmente com maior rapidez. Eles se precipitavam de um lado para outro em pânico agressivo – um clima dificilmente sugerido por seu comportamento normal. Ao contrário, as tomadas a alta velocidade não somente tornavam os movimentos de um esportista ou de um bailarino mais lentos como também suaves e brandos.

Além de serem afetadas as qualidades expressivas do objeto em movimento, também o são as do meio não visível. O jogador de futebol em movimentos em câmara lenta parece estar se movendo submerso na água – isto é, por meio de um meio mais denso, que opõe resistência ao movimento e diminui o efeito da gravidade. Mesmo olhando-se normalmente para um cardume de peixes que se desloca velozmente, a água parece ser tão rarefeita quanto o ar, enquanto uma carpa preguiçosa parece mover-se submersa em óleo. Este fenômeno é o resultado da ambiguidade da dinâmica visual. A alta velocidade de um objeto pode ser percebida como sendo causada por uma grande potência motora do próprio objeto, por pouca resistência do meio ou por ambos. Vê-se a lentidão como debilidade de esforço por parte do objeto, da grande resistência do meio ou de ambos.

Este efeito de *movimento frenato* foi investigado por Gian Franco Minguzzi, que fez um disco preto atravessar um campo cuja metade era branca e a outra, cinzenta. Quando o disco atingia a área cinzenta, sua velocidade era abruptamente diminuída para cerca de um sétimo de seu índice anterior. A maioria dos observadores via o disco retardar devido ao atrito mais forte encontrado na zona cinzenta, que parecia "mais viscosa, densa, gelatinosa". De maneira bastante interessante, quando Minguzzi inverteu a situação fazendo o disco começar vagarosamente na área cinzenta e aumentar sua velocidade abruptamente ao entrar na área branca, o efeito foi completamente diferente. Somente uma em dez pessoas atribuiu o aumento de velocidade à redução do atrito na área branca. Quatro dos observadores não viram relação entre a mudança de velocidade e a alteração da claridade do fundo; e cinco relataram positivamente que o disco "começou a acelerar". O aumento de velocidade foi mais convincentemente atribuído à iniciativa do objeto do que à diminuição de velocidade.

A velocidade visual também depende do tamanho do objeto. Os objetos grandes parecem mover-se mais lentamente que os pequenos. Um campo circundante menor dá a impressão de movimento mais rápido. J. F. Brown pôs em movimento fileiras de figuras que se deslocavam por meio de molduras retangulares. Quando o tamanho da moldura, bem como o das figuras eram dobrados, a velocidade parecia reduzir-se à metade. Para que resultassem constantes, as velocidades teriam de estar na exata proporção em relação às dimensões de tamanho. Isto nos leva a supor que, em um cenário estreito, os bailarinos parecerão mover-se mais rapidamente, e que quanto maiores forem as figuras humanas ou outros objetos na tela cinematográfica, mais lentos seus movimentos parecerão, se suas imagens se deslocarem pela retina do observador a uma velocidade objetivamente idêntica.

Movimento estroboscópico

Toda percepção de movimento é basicamente estroboscópica. Quando um pássaro voa por meio do meu campo de visão, seu deslocamento físico é contínuo. O que vejo do voo, contudo, é proveniente de uma sequência de registros feitos pelos receptores individuais ou "campos receptivos" na retina. Quando o pássaro vem da esquerda, os receptores do lado direito das retinas serão estimulados em primeiro lugar, os da esquerda, por último. O sistema nervoso cria a sensação de movimento contínuo integrando a sequência dessas estimulações momentâneas, das quais nenhum registra nada, senão uma mudança estática. H. L. Teuber relata que devido a certas lesões cerebrais uma motocicleta em movimento é vista como uma série de círculos sobrepostos, cada um deles em repouso. Se a integração ocorre ao nível retiniano ou cortical, o fato básico é que a experiência de mobilidade provém de uma série de "inputs" imóveis.

Por isso, quando o acontecimento físico é em si descontínuo, temos uma diferença em magnitude, mas não em princípio. O exemplo mais óbvio é o cinema. Com a exposição de um mínimo de cerca de vinte quadros por segundo, pode-se ver movimento contínuo. O mesmo acontece com os painéis luminosos de anúncios publicitários, nos quais o acender e apagar das lâmpadas produz a movimentação das imagens das letras, formas geométricas ou figuras humanas, ainda que objetivamente nada se mova.

Os experimentos pioneiros sobre o movimento estroboscópico foram feitos por Max Wertheimer. Investigou os efeitos perceptivos induzidos pelo lampejo sucessivo de dois objetos luminosos, por exemplo, duas linhas no escuro – um fenômeno que nos é familiar nas luzes de sinalização dos aviões e do tráfego. Quando os dois estímulos se encontram próximos no espaço ou acendem, em um intervalo curto de tempo, parecem simultâneos. Quando as distâncias de espaço e tempo são grandes, veem-se dois objetos separados aparecendo um após o outro. Mas quando as condições são favoráveis, vê-se um único objeto mover-se da primeira posição para a segunda. Por exemplo, uma linha vertical é vista inclinando-se, vindo a repousar em uma posição horizontal. Em tais casos, portanto, os observadores veem movimento mesmo que fisicamente haja uma simples sucessão de estímulos imóveis. Isto pressupõe que os dois estímulos produziram um processo integrado de deslocamento completo em algum lugar no cérebro. Wertheimer concluiu que em tais casos as duas estimulações, ocorrendo próximas no tempo e no espaço, provocam um tipo de curto-circuito fisiológico, que faz a excitação fluir do primeiro ponto ao segundo. A contraparte fisiológica deste processo cerebral hipotético é o movimento percebido.

Os experimentos de Wertheimer foram sugeridos por um brinquedo de crianças inventado e descrito pela primeira vez em 1834 por W. G. Homer. Uma série de imagens representando fases sucessivas do movimento de algum objeto, por exemplo um cavalo que salta, foram inseridas em um cilindro e vistas em sucessão por meio de fissuras, enquanto o cilindro girava. Este dispositivo, que seu inventor chamou de Daedaleum, e outros do mesmo tipo eventualmente levaram ao cinema. A fusão das imagens em quaisquer destes dispositivos é com frequência atribuída somente à tendência das estimulações retinianas em persistirem por um momento após a ocorrência e, portanto, combinarem-se com estimulações posteriores em um fluxo coerente. Contudo, os encarregados da montagem sabem que em condições adequadas mesmo um fotograma pode ser experimentado como uma sequência de imagens distintas, embora não claramente discerníveis. Como os experimentos de Wertheimer mostram, tratamos aqui não tanto com a fusão, como com a criação de formas coerentes na dimensão temporal. As regras da organização estrutural são aplicadas neste caso.

Por que os estímulos criados por duas formas luminosas no escuro combinam-se em um fluxo unitário de excitação? Antes de tudo notamos que o fenômeno ocorre somente quando duas formas se encontram bastante próximas uma da outra, e devemos lembrar que a similaridade de localização produz uma ligação visual entre vizinhos. Em segundo lugar, os dois estímulos se encontram sozinhos em um campo vazio. Eles desempenham uma parte semelhante no todo. E uma vez que descobrimos que a semelhança serve para relacionar elementos no espaço, somos levados a imaginar que também o faz no tempo.

Considere uma bola voando. As sucessivas posições da bola no campo visual são representadas na Figura 247 como se fossem fotogramas de um filme. Se deste modo eliminarmos a dimensão tempo, entendemos claramente que o objeto descreve um percurso de configuração simples; e como tentativa concluímos que o princípio da forma consistente, que agrupa os elementos de padrões imóveis, pode ser válido também na preservação da identidade do objeto em movimento no tempo.

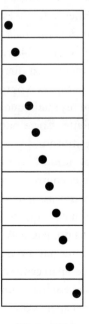

Figura 247

Os experimentos feitos por Albert Michotte sobre o "efeito de túnel" mostraram que a identidade perceptiva pode também ser preservada quando o percurso do movimento é interrompido, por exemplo, quando um objeto em movimento desaparece da vista enquanto passa por meio de um túnel ou atrás de uma parede. Em condições favoráveis de espaço e tempo, o observador vê o objeto idêntico seguir um percurso unitário, embora temporariamente oculto – uma experiência completamente diferente do fato de simplesmente saber ou admitir que o objeto que surge por detrás do obstáculo permaneceu o mesmo.

Os outros princípios conhecidos de agrupamento desempenham também suas funções. É mais provável que um objeto em movimento preserve sua identidade quanto menos mudar seu tamanho, forma, claridade, cor ou velocidade. A identidade é ameaçada se um objeto em movimento mudar de direção – por exemplo, se a bola da Figura 247 voltar repentinamente para trás. Como de costume, em qualquer exemplo particular, estes fatores ou se reforçarão ou se equilibrarão mutuamente, e o resultado dependerá de sua força relativa. Se uma lebre perseguida voltar-se repentinamente em seu caminho, a mudança de direção pode não nos impedir de vê-la ainda como o mesmo animal. Se no momento da virada ela se transformar em um peru, a identidade pode se interromper e poderemos ver um segundo animal que parte do ponto onde o primeiro desapareceu. Mas se a transformação da configuração e cor ocorrer sem uma mudança de percurso, a constância de percurso e de velocidade podem ser suficientemente fortes para nos fazer ver um e o mesmo animal transformando-se durante a perseguição.

A interação de forma e movimento foi investigada por W. Metzger, que queria descobrir o que acontece quando dois ou mais objetos em movimento cruzam o próprio percurso reciprocamente (Figura 248a). No ponto de encontro, pode-se ver cada objeto mudar repentinamente sua direção e retroceder ou continuar seu curso de maneira constante passando para o outro lado. Descobriu-se que a última versão geralmente prevalecia – um resultado que está de acordo com o princípio de agrupamento pela forma consistente. Entre outras coisas, os experimentos mostraram que, quando os objetos se movem de uma maneira estritamente simétrica (Figura 248b), o resultado é menos nítido. Nesse caso, muitos observadores veem os objetos retrocederem ao ponto de encontro e permanecerem na sua própria ala do campo. Isto indica que no movimento, assim como nos padrões imóveis, a simetria cria uma subdivisão ao longo do seu eixo, que tende a desencorajar os cruzamentos mesmo onde as consistências locais do percurso os favorecem.

Os experimentos de Wertheimer haviam demonstrado que, em condições estruturais favoráveis, os objetos que aparecem em momentos sucessivos de tempo em diferentes localizações serão percebidos como dois estados de um objeto idêntico. Esta organização básica envolvia apenas dois estímulos. O que acontece quando o número de estímulos é aumentado e uma configuração mais complexa propor-

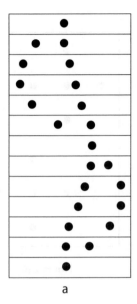 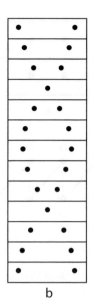

a   b

Figura 248

ciona uma alternativa entre várias conexões possíveis? As Figuras 249-251 dão três exemplos tirados de um estudo que Josef Ternus fez deste problema. Suponha que três pontos luminosos na posição indicada pela fileira superior da Figura 249*a* são substituídos por aqueles da fileira inferior, aparecendo ao mesmo nível no espaço. Uma vez que as localizações coincidem para dois dos pontos, poderíamos esperar que *b* e *c* (Figura 249*b*) sejam identificados com *d* e *e* – *isto* é, permaneçam imóveis – enquanto *a* será substituído por *f* ou talvez pule para a posição *f*. No entanto, todos os três pontos se movem na maneira indicada pelas setas oblíquas: *a* torna-se *d*, *b* torna-se *e*, *c* torna-se *f*. Ou melhor, o trio inteiro se move para a direita. Em outras palavras, o padrão se move para a posição estruturalmente análoga da segunda configuração. Cada ponto identifica-se com sua contraparte estrutural. Esta é a mudança mais simples possível dentro da organização total do campo.

Pela mesma razão, a cruz inteira da fase inicial da Figura 250 move-se para a posição da cruz da segunda fase, mesmo que dois dos pontos pudessem permanecer novamente no lugar se seu comportamento não fosse afetado pelas exigências de todo o padrão. A Figura 251 oferece uma comparação útil. Os seis pontos de *a* formam um arco fortemente unificado. Consequentemente o arco inteiro é visto movimentando-se para a direita em uma trilha curva. Em *b*, a quebra angular produz uma subdivisão que deixa os dois trios um tanto independentes entre si. Nestas condições, o trio horizontal fica livre para adotar a solução confortável de permanecer em seu lugar, enquanto o trio esquerdo salta para se tornar sua própria contraparte no lado direito.

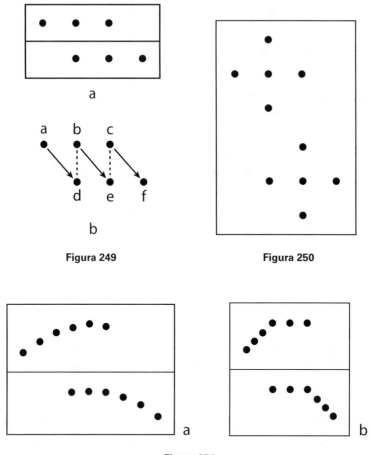

Figura 249

Figura 250

Figura 251

O movimento estroboscópico na visão encontra um paralelo direto na sequência de tons na música, como demonstrou Victor Zuckerkandl. A progressão de uma melodia é construída com tons, cada um dos quais permanece sem movimento a um nível de altura; não há nenhum equivalente físico para as ascensões e declínios do movimento que ouvimos quando um tom substitui outro. De fato, a notação musical que apresenta cada tom ao olho como entidade separada desmente o fato psicológico de que o que ouvimos é realmente apenas *um* tom que sobe e desce ao longo do perfil da melodia.

Alguns problemas de montagem de filme

A identidade visual não é problemática enquanto um objeto permanece no mesmo lugar e não altera sua aparência – por exemplo, quando a máquina de filmar, sem mudar sua localização, faz uma tomada de um edifício. De modo similar, um ator que, caminhando, atravessa a tela será visto persistindo em sua identidade quando se move ao longo de um percurso simples (Figura 247) e não muda sua forma ou tamanho de modo visível. Os problemas começam quando as condições visuais sugerem identidade onde não se pretende nenhuma, ou vice-versa.

O encarregado da montagem, como o artista da história em quadrinhos, enfrenta dois problemas ao estabelecer a sequência das cenas referentes a pontos diferentes no tempo e no espaço. Ele deve preservar a identidade por meio dos saltos, e deve assegurar que itens diferentes sejam vistos como diferentes. O espectador conhece apenas o que vê. A sucessão rápida sugere unidade, e portanto é necessário um forte recurso para fazer com que uma ruptura se torne aparente. O movimento estroboscópico ignora a origem física do material visual. Se um policial na delegacia aparece do lado esquerdo da tela, e, imediatamente após, uma senhora de configuração e posição gerais semelhantes aparece em sua sala de estar, do mesmo lado da tela, pode-se ver o policial transformando-se na mulher. Quando suas posições não são absolutamente as mesmas, mas outras condições são suficientemente similares, o policial executará um salto estroboscópico e transformar-se-á na mulher. Este fenômeno pode ser usado para os truques mágicos, como fazia George Mélies no início do século. A continuidade de fatores perceptivos estabelecerá uma ligação sobre a lacuna espaço-tempo. Em um dos filmes experimentais de Maya Deren, o salto de um bailarino começa em uma cena e se completa em outra. As duas fases do salto se integram tão perfeitamente que se pode ver um movimento unificado a despeito da mudança de cena. Comumente, contudo, é preferível que não se verifiquem semelhantes fusões entre tomadas.

O problema oposto tem a mesma importância. Se uma cena for composta de fotogramas tomados em ângulos diferentes, os mesmos objetos, personagens e cenários parecerão diferentes; e é necessário fazer os espectadores perceberem que a figura vista de frente à esquerda no primeiro fotograma é idêntica à figura apresentada de costas à direita no segundo fotograma. De modo similar, se a primeira tomada apresentar um canto de uma sala com uma janela e um piano, deve ficar evidente que o canto com a porta e a mesa na próxima tomada pertencem ao mesmo lugar. Uma conexão perceptiva deve ser estabelecida, a qual, contudo, não deve ser tão íntima a ponto de produzir saltos estroboscópicos.

Aqui, como em muitas outras áreas, as regras práticas desenvolvidas nos treinos dos artistas deveriam se sujeitar à experimentação sistemática pelos psicólogos. Os resultados beneficiariam ambas as partes. Enquanto isso, alguns exemplos podem servir. É provável que nenhum curto-circuito estroboscópico ocorra enquanto os objetos aparecem a distância suficiente entre si na tela. Se sua localização for idêntica ou similar, somente uma mudança considerável de aparência impedirá a fusão. Uma simples mudança de tamanho, obtida quando o objeto é fotografado a duas distâncias diferentes da câmara, é insuficiente: o objeto parecerá encolher ou expandir-se como por mágica. Um giro da cabeça, digamos, de 30 graus talvez produza movimento: mas um corte feito de um rosto de frente para um de perfil envolve uma mudança tão acentuada daquilo que chamei de "esqueleto estrutural" que a transição pode ser considerada um pouco mais segura.

Se um homem atravessar a tela da esquerda para a direita e na tomada seguinte atravessá-la da direita para a esquerda, o movimento será visualmente descontínuo. Portanto, outro recurso de identificação deve entrar em jogo para garantir uma leitura correta. Fortes diferenças de iluminação podem também prejudicar a identidade. Uma gaivota é branca quando iluminada de frente; preta, quando tomada contra luz. A similaridade do padrão do voo pode ser suficiente para nos fazer ver a mesma ave, embora a mudança repentina do clima permaneça.

Um exemplo final que ilustra os problemas de localização pode ser tomado de um artigo de Rudy Bretz. Se uma partida esportiva for televisionada por duas câmaras localizadas em lados opostos da arena, um corte de uma câmara para outra naturalmente inverterá a imagem. O pugilista da esquerda repentinamente estará à direita e vice-versa. A melhor maneira de superar o obstáculo consiste em fazer o corte ocorrer durante uma ação marcante, o que define a atuação dos antagonistas de modo tão claro que seja preservada a identificação correta, a despeito da localização e movimento paradoxais.

Forças motoras visíveis

Pode-se definir a locomoção, geometricamente, como uma simples mudança de localização, mas para o observador ingênuo, assim como para o físico, os deslocamentos são dinâmicos. O comportamento das forças é sempre a parte mais importante da história. Artisticamente são estas forças que dão expressividade visual a um acontecimento e lhe dão vida. Contudo, tais forças não são visíveis em si ou por si mesmas; elas se incorporam apenas nas ações dos objetos que vemos. As condições que produzem estes efeitos exigem pesquisa.

O movimento dos automóveis e aviões quando observados a uma certa distância, frequentemente, possuem uma qualidade "morta". Os veículos não apresentam sinal de serem possuídos por forças. Mágica e incompreensivelmente impulsionados exibem locomoção pura e pouco convincente – a exceção que confirma a regra. Em comparação, cavalos galopando em campos distantes ou andorinhas cruzando o ar são visivelmente ativas, e vistos em toda a sua beleza, assim também são os carros em corridas automobilísticas, os filmes cômicos ou aviões de combate em luta.

Quando se trata do comportamento humano, as qualidades expressivas do movimento se envolvem com o que sabemos sobre seu significado. Talvez o espectador se emocione com o gesto de Orfeu que torce as mãos apenas porque soube que as pessoas fazem o mesmo quando estão em desespero e porque a história lhe contou que Orfeu perdeu Eurídice. É por isto bastante desejável observar o movimento expressivo destituído de significado a ele ligado. Pode-se encontrar bom material nos desenhos animados não miméticos ("abstratos"). A experimentação sistemática foi iniciada por Albert Michotte cujo trabalho será descrito aqui com algum detalhe. Nas linhas seguintes, selecionei o material e reordenei um tanto a teoria para se adaptar ao nosso propósito particular.

Michotte, limitado por uma técnica rudimentar, trabalhou com padrões muito simples, na maioria das vezes com quadrados, que se moviam ao longo de linhas retas. Alguns dos experimentos ilustram o problema da identidade. Como já mencionei, o poder unificador de um movimento consistente é tal que o objeto que se move é visto como se permanecesse o mesmo, ainda quando sua forma muda bruscamente. Em um dos experimentos de Michotte – que põe em prova o meu exemplo anterior da lebre e do peru –, um pequeno quadrado preto aparece do lado esquerdo de um campo branco e se move horizontalmente em direção ao centro. Em um dado momento, desaparece e é substituído por um quadrado vermelho do mesmo tamanho, que aparece próximo a ele e que se move imediatamente para a mesma direção e com a mesma velocidade. Neste caso, os observadores veem um objeto, que no decurso de um movimento unitário muda de cor.

Um efeito diferente resulta da seguinte demonstração (Figura 252). Um quadrado preto A, novamente à esquerda, começa a se mover horizontalmente e se detém exatamente acima ou abaixo do quadrado vermelho B, que estava presente, mas imóvel. No momento da chegada de A, B começa a se mover na mesma direção. Neste experimento, os observadores veem dois objetos executando dois movimentos quase independentes entre si. O mesmo acontece com a organização da Figura 253, na qual B se move em ângulo reto para A.

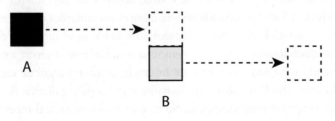

Figura 252

Entre os extremos do movimento indiviso unitário de um lado, e os movimentos bastante ou completamente independentes de outro, vários tipos de interação, que são percebidos como relações causais, podem ocorrer entre os objetos visuais. O experimento básico de Michotte sobre a causalidade perceptiva é o seguinte. O quadrado vermelho (B) está no centro do campo; o preto (A) se encontra a al-

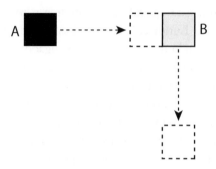

Figura 253

guma distância dele, à esquerda. Em um dado momento, A começa a se mover na direção de B. Quando os dois se tocam, A se detém e B começa a se mover. Os observadores veem A empurrar B, fazendo com que este se mova. Em outras palavras, o acontecimento parece envolver causa e efeito.

É claro que nenhuma causalidade física existe ali. Os dois quadrados são desenhados ou projetados em uma tela. Por que, então, os observadores veem um processo causal? De acordo com a opinião bem difundida de Hume, o percebido por si só não contém nada além de uma sucessão neutra de acontecimentos. Acostumada com o fato de que um tipo de acontecimento é seguido de outro, a mente supõe ser necessária a conexão e espera que se realize sempre. A qualidade de causa e efeito é assim acrescentada em segundo lugar ao que é percebido mediante uma associação formada durante toda a vida.

Em oposição a este ponto de vista, Michotte demonstra que a causalidade é tanto um aspecto do percebido em si mesmo como da configuração, cor e movimento dos objetos. Se, e até que ponto causalidade é vista, depende exclusivamente das condições perceptivas. A forte causalidade resulta mesmo em situações onde a experiência prática deve considerá-la absurda – por exemplo, quando se vê uma bola de madeira empurrar um disco luminoso projetado em uma tela. Pode-se observar a causalidade também quando uma situação comum é invertida, como no seguinte experimento. O quadrado vermelho B se move com bastante rapidez para a direita. A, movendo-se ainda mais rapidamente, alcança B. No momento do contato, B repentinamente diminui bastante sua marcha e continua seu percurso em velocidade reduzida. Nestas condições paradoxais, a causalidade percebida é particularmente convincente.

O tipo de relação causal observada nestas demonstrações consiste na transmissão visível de energia de um objeto a outro. Em contato, a força que anima o que se move em primeiro lugar é vista passar para o segundo objeto colocando-o, portanto, em movimento. Este tipo de causalidade acontece quando os objetos são distintos entre si o suficiente para não parecerem idênticos, e quando ao mesmo tempo a sequência de suas atividades é suficientemente integrada ao ponto de parecer como um processo unitário. Um leve intervalo de repouso no momento de contato interromperá a continuidade do movimento e eliminará a sensação de causalidade.

Quando a unidade do movimento diminui, mas é suficiente, resultam outras formas de causalidade. Se, por exemplo, no momento em que A alcança seu parceiro imóvel, B começa a se mover a uma velocidade consideravelmente maior do que a previamente vista em A, a energia motora de B não mais parece proveniente de A. B começa a se mover com sua própria força. Há ainda causalidade, mas limita-se ao "dar o sinal de partida" de A para B. Os observadores de Michotte descrevem este efeito de libertação de várias maneiras. "A chegada de A é ocasião para a partida de B." "A estabelece um contato elétrico que faz B partir." "B se assusta com a chegada de A e foge." Esta última descrição é um exemplo do efeito humorístico com frequência produzido pelo fenômeno da liberação. Michotte o explica pela desproporção entre o reduzido antecedente e a grande consequência. Quando, por outro lado, a sequência de velocidade se reverte, isto é, quando A se move com mais rapidez do que B, o efeito de impulso ativo é forte. Percebe-se B como se adquirisse alguma energia de A.

Quando um objeto entra no campo a uma velocidade constante, vê-se isto como a ação de algum tipo de energia, mas de um modo bastante neutro, inexpressivo. Não se pode dizer se o objeto se move por próprio impulso ou se é empurrado ou atraído. Obtém-se um efeito diferente quando, como no experimento básico de Michotte, A está em repouso por um momento antes de começar a mover-se para B. Sem nenhuma outra fonte de energia à vista, A é visto então como se "partisse", isto é, como se gerasse sua própria energia motora. Daí a expressividade de iniciativa inerente comunicada por A. Poderíamos imaginar que A poderia também ser visto como se fosse atraído magneticamente por B. Isto, contudo, não acontece, evidentemente porque B não é nitidamente caracterizado como um objeto equipado com o tipo de energia que poderia atrair outros.

O resultado essencial dos experimentos é que todas as propriedades dos objetos devem ser "implicitamente definidas" pelo que se pode ver. Os objetos não comunicam quaisquer propriedades senão as reveladas perceptivamente por seu comportamento. Um quadrado em repouso não parecerá um centro de atração pelo simples fato do observador, por algum motivo, o imaginar como tal. Esta regra se aplica mesmo em situações em que o conhecimento completa o que se percebe diretamente. Quando se vê uma linda moça atrair um admirador, a cena "funcionará" apenas se os traços expressivos de comportamento e forma em ambos os atores comunicarem a dinâmica de atrair e ser atraído.

Pode-se usar também a técnica de Michotte para mostrar que o efeito dinâmico depende não apenas das condições locais no momento de contato, mas do contexto mais amplo do episódio global. Em um de seus experimentos, vê-se B pôr-se em movimento. Ele se move de um lado para outro horizontalmente e repete esta ação várias vezes. Então A parte, encontrando B no momento em que B retorna a seu ponto de partida para a última viagem. A menos que os observadores focalizem o ponto de encontro, eles não veem impulso nestas condições, mesmo que a última fase da execução repita exatamente o experimento básico, descrito anteriormente. Por suas oscilações, B definiu-se como se estivesse em movimento por sua própria força, e sua última viagem para a direita parece simplesmente uma continuação deste movimento autônomo, mesmo que tenha feito agora contato com A.

Pode-se dizer que este experimento traduz em ação uma das demonstrações de Wertheimer (Figura 254). Quando o olho se move ao longo da linha em ziguezague para cima a partir da parte inferior, vê-se a linha como se continuasse seu próprio percurso para além do ponto de encontro, mesmo que haja uma continuação em linha reta em um dos lados do octógono. Ambos os experimentos mostram que a consistência íntima dos dois elementos não conseguirá fazê-los fundir se a estrutura do padrão global separar os elementos um do outro.

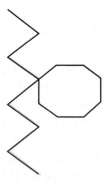

Figura 254

Uma escala de complexidade

Um objeto é visto como se gerasse sua própria capacidade motriz quando, depois de um período de imobilidade, ele repentinamente entra em movimento sem qualquer causa externa visível. Este efeito é fortemente aumentado quando a mudança da imobilidade para o movimento não ocorre para o objeto inteiro simultaneamente, mas uma parte dele inicia o movimento e o transmite ao resto. Nesse caso, vê-se a ação como se gerada por uma mudança interna. Michotte usou uma barra horizontal com as proporções 2:1, localizada à esquerda do campo (Figura 255). A barra começa a ficar mais comprida em sua extremidade direita até alcançar cerca de quatro vezes seu comprimento original. Quando a extremidade direita se detém, começa uma contração na extremidade esquerda, e continua até que a barra se torne tão curta quanto era originalmente. Agora a extremidade esquerda se detém, todo o processo começa novamente e se repete três ou quatro vezes, o que faz a barra se transferir para o lado direito do campo. A Figura 255 mostra os principais estágios de duas fases completas.

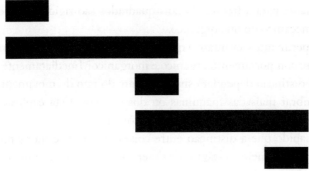

Figura 255

O efeito é muito forte. Os observadores exclamam: "E uma lagarta! Move-se por si!" Um aspecto notável é a elasticidade interna que a barra exibe. Todo o corpo participa da mudança a ela imposta pelo deslocamento de uma de suas extremidades. Não há distinção rígida entre as partes imóveis e as partes móveis. O corpo começa a se estender por uma de suas extremidades, e a extensão gradualmente envolve uma área cada vez maior. O mesmo acontece na contração. Esta flexibilidade interna puramente perceptiva produz uma qualidade orgânica surpreendente.

Obtém-se um efeito muito diferente pela modificação que segue (Figura 256). O experimento começa, como antes, com o retângulo de proporção 2:1 no lado esquerdo do campo; mas, em vez de prolongar-se, agora o retângulo se divide em dois quadrados, o esquerdo permanece imóvel, o direito avança para o lugar ocupa-

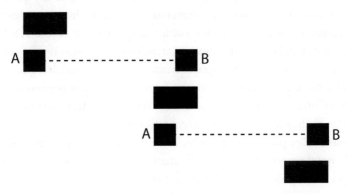

Figura 256

do pela extremidade frontal da lagarta do experimento precedente. B se detém ali, apenas para ser seguido por A, até que os dois se juntem e novamente formem um retângulo do tamanho original. Agora toda a ação se repete. Embora os movimentos dos dois quadrados sejam iguais àqueles da cabeça e da cauda da lagarta, o efeito sobre o observador é completamente diferente. A é visto como se corresse atrás de B e o empurrasse para a frente. Os dois quadrados são rígidos e todo o processo parece mais mecânico do que orgânico.

Estes experimentos levantam a questão: há critérios perceptivos precisos para a distinção entre comportamento orgânico e inorgânico? Imediatamente poderíamos supor que tal distinção dependerá simplesmente do fato do movimento observado nos fazer lembrar mais das máquinas ou dos animais. Esta explicação, contudo, desprezaria o aspecto mais importante do fenômeno.

É bem sabido que a distinção entre coisas orgânicas e inorgânicas acontece muito tarde. Nos primeiros estágios de desenvolvimento, os primitivos, bem como as crianças, guiados pelo que veem, não fazem distinção em princípio entre coisas mortas e coisas vivas. Alguns primitivos acreditam que as pedras sejam machos ou fêmeas, que reproduzam e cresçam. Elas vivem eternamente, enquanto os animais e os homens morrem. A distinção é artificial também para o artista. O pintor não vê diferença, em princípio, entre a curva de uma praia e a ondulação de uma cobra. A percepção comum não sugere distinção na natureza; indica, em vez disso, vários graus de vitalidade. A água da fonte parece mais viva que uma flor.

O que se observa neste caso não é apenas uma diferença na quantidade ou velocidade do movimento. Há também uma escala que vai do comportamento mais simples ao mais complexo. E neste caso deve-se entender que a distinção entre coisas que têm consciência, sentimentos, desejos, intenções e outras que não os têm é igualmente alheia a uma visão do mundo baseada na percepção espontânea. Há uma diferença em grau entre a chuva que cai sem muita consideração com o que atinge e um crocodilo que persegue sua presa. Mas esta não é uma diferença entre ter ou não ter uma mente ou uma alma. Refere-se ao grau em que um comportamento parece dirigido por metas externas, como também à complexidade das reações observáveis. Supõe-se que um ocidental que viva no século XX faça uma distinção fundamental entre um homem caminhando ao longo de um corredor de hotel à procura do número de seu quarto e um carrinho de madeira, guiado por um par de células fotoelétricas, que se põe em movimento por si mesmo e se dirige a qualquer foco luminoso intenso. Mas mesmo o ocidental fica fortemente impressionado pelas qualidades "humanas" do robô fototrópico.

Há boas razões para a comparação. Distingue-se o comportamento tanto do hóspede do hotel como o do carrinho de madeira por um esforço visível para finalidades específicas, o que é completamente diferente do que observamos quando o pêndulo de um relógio oscila de um lado para outro ou quando um aborrecido guarda de museu perambula pelas salas que se encontram sob seus cuidados. Bem se poderia afirmar que a diferença entre uma atuação de alto nível e outra de baixo nível é mais essencial do que o fato de se supor que o hóspede do hotel e o guarda tenham consciência, enquanto o robô e o pêndulo não.

Em suas entrevistas com crianças, Jean Piaget estudou seus critérios de como considerar o que seja alguma coisa viva e dotada de consciência. Para as de pouca idade, qualquer coisa envolvida em alguma ação é considerada viva e consciente, quer se mova ou não. Em um segundo estágio, o movimento é que importa. Uma bicicleta tem consciência, uma mesa não. Em um terceiro nível, a criança baseia sua distinção no fato de se os objetos geram seu próprio movimento, ou se são movidos a partir do exterior. As crianças de mais idade consideram que apenas os animais têm vida e se acham de posse de uma consciência, embora possam considerar as plantas entre as criaturas vivas.

Veremos que o critério para distinguir entre formas animadas e inanimadas, inteligentes ou não inteligentes, usado por um cientista moderno, não é válido para a percepção espontânea. Repetindo, não vale também para o artista. Para o diretor de cinema, um temporal pode ser mais vivo do que os passageiros sentados impassivelmente nos bancos de um bonde. A dança não é um meio de nos comunicar os sentimentos ou as intenções da pessoa que o bailarino representa. O que sentimos é muito mais direto. Quando vemos agitações ou calma, fuga ou perseguição, observamos o comportamento de forças cuja percepção não requer uma diferenciação entre um exterior físico e um interior mental.

O importante é o nível de complexidade no comportamento observado. Se tentamos informalmente esboçar alguns dos critérios pertinentes, encontraremos o seguinte: de acordo com as opiniões de crianças, há, primeiro, a diferença entre o que se move e o que não se move. Segundo, o movimento flexível que envolve mudança interna, e encontra-se a um nível de complexidade mais elevada do que o mero deslocamento de objetos rígidos ou partes de objetos. Terceiro, um objeto que mobiliza sua própria capacidade e determina seu próprio curso encontra-se em nível mais alto do que um que é movido e guiado – isto é, que passivamente se submete a ser empurrado, arrastado, repelido, atraído – por um agente externo. Quarto, entre os objetos "ativos", há uma distinção entre aqueles que se movem somente por um impulso interior e outros cujo comportamento é influenciado por centros de referência externos. Neste último grupo, há comportamento de um nível mais baixo, que requer o contato direto do agente externo (por exemplo, a "partida" do objeto B quando trocado por A), e um comportamento de nível mais alto, que envolve resposta ao objeto de referência a certa distância no espaço (por exemplo, vê-se A pôr-se em movimento "em direção" a B, ou B afastar-se enquanto A se aproxima).

O nível do quarto grupo não pressupõe que os objetos "possuam consciência". Tudo que se indica é que o padrão de comportamento das forças observadas é mais complexo quando envolve uma troca recíproca entre o objeto e seu ambiente. Tal interação pode ocorrer mesmo que as forças sejam puramente físicas, como no robô) fototrópico; por outro lado, a "cegueira" obtusa do nível inferior pode se encontrar em um sonhador sofisticado, que segue o seu caminho sem prestar atenção aos acontecimentos ao seu redor.

Quando um objeto se move ao longo de um caminho complexo em velocidades variadas, parece ser controlado por forças complexas correspondentes. Comparemos, por exemplo, a diferença entre o movimento de *A* em direção a *B* em uma linha reta e em movimento constante com as situações hipotéticas seguintes. *A* reduz a velocidade enquanto se aproxima e repentinamente "salta sobre" *B*, com um brusco aumento de velocidade. Ou então, *A* diminui a velocidade, para, prossegue novamente, detém-se outra vez e repentinamente vira e se afasta com muita rapidez. Ou, *A* parte em direção "errada", avança vagarosamente ao longo do caminho em ziguezague indicado na Figura 257, e depois da última volta se une a *B* rapidamente. É provável que estas demonstrações deem a impressão de andar furtivamente, de hesitar, de fugir e de procurar. Sua dinâmica é mais complexa do que a do movimento retilíneo à velocidade constante, pois observamos o efeito de uma interação de força e contraforça, de forças contraditórias que predominam em momentos diferentes, de mudanças de curso devidas ao que se encontra ou não se encontra em um dado lugar e assim sucessivamente.

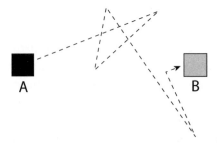

Figura 257

Estas qualidades expressivas aparecem não apenas no comportamento dos objetos visíveis, mas também nos movimentos indiretamente percebidos da câmara cinematográfica. Enquanto estes movimentos são relativamente simples – por exemplo, quando a câmara avança ou retrocede em linha reta e à velocidade constante, ou quando ela gira no tripé para uma tomada panorâmica vertical ou horizontal –, aparecem como deslocamentos bastante neutros. A atenção do espectador se concentra sobre os novos aspectos do cenário revelados pela câmara. Mas o percurso da câmara pode descrever curvas de uma ordem mais elevada. Seus movimentos podem se tornar sumamente irregulares, particularmente quando controlados pela mão. Sua velocidade pode variar. Pode buscar e vacilar, explorar, voltar sua atenção repentinamente para algum acontecimento ou objeto, saltar sobre sua presa. Movimentos tão complexos não são neutros. Retratam um eu invisível, o qual assume o papel ativo de um personagem da trama. As intenções e reações deste personagem são transmitidas por um esquema de forças que se evidenciam no comportamento motor da câmara.

Deve-se notar aqui que estes movimentos de câmara preenchem sua função apenas quando traduzem impulsos e respostas expressivas, em vez de efeitos meramente mecânicos de ação física. Assim como imagens de relações sexuais tendem a parecer lúdicas em vez de apaixonadas quando reduzem o homem a uma máquina de brincar, assim o balanço rítmico das imagens tomadas por um operador que caminha provoca mais náuseas do que significado.

A nível ainda mais complexo, podemos observar efeitos de *feedback* do que acontece antes sobre o que acontece depois. Por exemplo, enquanto *A* se aproxima, *B* repentinamente se precipita para *A* e o empurra para trás. *A* aproxima-se novamente; mas enquanto *B* parte para um novo ataque, *A* se retira "a tempo". Fritz Heider e Marianne Simmel prepararam um filme de curta-metragem com propósitos experimentais no qual um triângulo grande, um triângulo pequeno e um círculo eram os protagonistas de uma história. Descobriu-se que os observadores espontaneamente dotavam as figuras geométricas com base em seus movimentos com propriedades "humanas". Por exemplo, o triângulo maior era descrito por 97% dos observadores como: "agressivo, belicoso, beligerante, pugnaz, irascível, importuno, ignóbil, irado, de mau gênio, temperamental, irritável, susceptível, valentão, patife, prepotente, abusivo, dominante, amante de poder, possessivo". A expressividade surpreendentemente forte das figuras geométricas em movimento foi demonstrada nos filmes "abstratos" mais elaborados de Oskar Fischinger, Norman MacLaren, Walt Disney e outros.

Quanto mais complexo for o esquema de forças que se manifesta no comportamento motor, tanto mais "humana" parece sua atuação. Mas não podemos indicar um nível particular de complexidade em que o comportamento começa a parecer humano, animado, consciente. A conduta humana é com frequência notavelmente mecânica. De fato, Henri Bergson sustentou em seu livro sobre o riso que o que nos impressiona como cômico é a descoberta de aspectos mecânicos na conduta humana. Além disso, no mesmo mecanismo orgânico ou inorgânico o comportamento motor pode variar bastante em sua complexidade e sutileza. Entre os órgãos do corpo humano, a mão tem o comportamento motor mais aperfeiçoado que se pode encontrar em qualquer parte da natureza, enquanto um joelho pode realizar pouco mais que a junta articulada de uma máquina.

Estas considerações aplicam-se também à configuração. Alguns artistas – por exemplo, os cubistas – deram à figura humana a angularidade dos objetos inorgânicos, enquanto Van Gogh representou árvores e mesmo colinas e nuvens por meio de curvas flexíveis, humanizadoras. Na obra de Picasso ou de Henri Moore, encontramos toda a escala de complexidade, desde os cubos rígidos até as curvas de inflexão sutil de ordem elevada.

O corpo como instrumento

Um bailarino tem um corpo de carne e osso, cujo peso físico é controlado por forças físicas. Tem experiências sensoriais do que acontece dentro e fora de seu corpo, e também sentimentos, desejos e propósitos. Como instrumento artístico, contudo, o bailarino consiste – pelo menos para o público – somente daquilo que dele se pode ver. Suas propriedades e ações, como as dos quadrados de Michotte, são implicitamente definidas por aquilo que parece e aquilo que faz. Setenta quilos de peso não existirá se para o olho tiver a leveza alada de uma libélula. Seus anseios se limitam ao que aparecem na postura e no gesto.

Isto não significa que a figura humana seja a mesma de um padrão abstrato. A Figura 258a mostra uma tentativa feita pelo pintor Kandinsky de traduzir uma fotografia da bailarina Palucca, que aproximadamente se assemelha com a Figura 258b, em um esquema linear. Ver-se-á que o desenho conserva, talvez mesmo intensifique, certas propriedades do corpo dançante – sua simetria, suas proporções ensanchadas, a irradiação dos membros a partir de uma base maciça. Mas carece

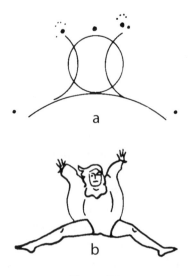

Figura 258

de outras características, algumas delas provenientes do conhecimento que temos do corpo humano. A fotografia da bailarina proporciona propriedades dinâmicas pelo fato de percebermos a pose como um desvio de uma posição normal ou chave. As pernas não são apenas uma curva plana circular; estendem-se separadas. Os braços não estão apenas dirigidos para o alto; eles estão levantados. A cabeça é mais do que um dos três pontos; ela é a sede dos órgãos do sentido e da mente – isto é, o centro das forças de acesso e de partida. E toda a figura é vista como se impelida do fundo, em vez de repousar em um pedaço de papel de desenho, neutro.

Assim algumas das propriedades e funções conhecidas do corpo constituem parte inseparável de seu caráter visível. Isto coloca um problema peculiar para o bailarino. O centro do sistema nervoso, que recebe toda informação e dirige toda ação, localiza-se não no centro visível do corpo, mas na cabeça, um apêndice relativamente pequeno e destacado. Somente de um modo limitado pode-se mostrar a atividade como se emanasse deste apêndice – por exemplo, pela expressão facial ou fazendo a cabeça voltar em direção a um objeto de interesse, assentir ou sacudir. Mas mesmo esses movimentos são difíceis de se coordenar com o resto do corpo. Na vida cotidiana, a cabeça por si própria executa um bom número de ações, enquanto o corpo permanece em repouso, uma base essencialmente desinteressada. O mesmo acontece com as mãos. O bailarino pode excluir francamente o corpo, como nas danças hindus, que podem ser executadas mesmo quando o bailarino está sentado; elas consistem de histórias contadas pelas mãos enquanto a cabeça e o rosto suprem o acompanhamento responsivo. Mas quando todo o corpo deve ser envolvido, a ação deve partir de seus centros visíveis e motores no tronco, em vez de partir do centro do sistema nervoso. Se o homem fosse construído como uma estrela do mar não haveria nenhuma dificuldade. Mas a discrepância peculiar da constituição humana desvia o centro apropriado da ação do bailarino do centro visível da mente.

É verdade que desde a Antiguidade as secções do corpo têm sido identificadas com as funções principais do organismo. O professor francês de dança François Delsarte afirmava que o corpo humano como um instrumento de expressividade é "dividido em três zonas: sendo a zona mental, a cabeça e o pescoço; a zona espiritual emotiva, o tronco; a zona física, o abdômen e os quadris. Os braços e as pernas constituem os contatos que temos com o mundo exterior – mas os braços, sendo ligados ao tronco, assumem uma qualidade predominantemente espiritual-emotiva, as pernas, ligadas à parte inferior pesada do tronco, assumem uma qualidade predominantemente física. Cada parte do corpo se subdivide por sua vez nas mesmas três zonas: no braço, por exemplo, a parte superior pesada é física; o antebraço é espiritual-emotivo; a mão, mental. Na perna: a coxa, físico; a panturrilha, espiritual--emotivo; o pé, mental". Esta descrição combina o que conhecemos sobre as funções mentais e físicas e sua localização no corpo com o simbolismo espontâneo do mesmo como imagem visual.

Isadora Duncan raciocinava como bailarina quando afirmava que o plexo solar era a habitação corporal da alma porque o centro visual e motor do movimento da dança é o tronco. Mas sua afirmação oculta o fato de que, quando o movimento surge do tronco, a atividade humana apresenta-se como se dirigida pelas funções vegetativas, em vez de o ser pelas capacidades cognitivas da mente. A dança centralizada no tronco mostra o homem fundamentalmente como um filho da natureza, não como um portador de espírito. Muitas das dificuldades de uma jovem bailarina envolvem uma resistência consciente ou inconsciente à substituição do controle seguro da razão por uma "impudica" aceitação do instinto. Seria tentador acompanhar o paralelo com a escultura, onde o tema compositivo frequentemente se desenvolve a partir do centro do corpo e às vezes se limita ao tronco acéfalo e sem membros.

Como em outras formas de arte, todo o movimento na dança e na ação teatral deve-se subordinar a um tema dominante. Na vida cotidiana, o corpo executa coordenação motora com pouca dificuldade, uma vez que os estágios iniciais de treinamento foram superados. Quando uma criança aprende a andar, cada passo é inervado refletida e separadamente. Pode-se observar a mesma falta de integração todas as vezes que se quer adquirir uma nova destreza motora. Para os propósitos da dança e da ação teatral, todo o comportamento motor deve ser aprendido de novo, até que se torne espontâneo novamente a um nível mais elevado de forma e controle.

Quando se sente autoconsciente, a fácil submissão ao tema dominante de um movimento é perturbada pelo controle repentinamente consciente dos centros de ação secundários. Em um ensaio sobre o teatro de fantoches, o poeta Heinrich von Kleist recomendou à bailarina o exemplo da marionete a qual, em sua opinião, tem a vantagem negativa de nunca ser afetada. "Porque a afetação, como você sabe, aparece quando a alma *(vis motriz)* se encontra em outro ponto diferente do centro de gravidade do movimento. Uma vez que o titeriteiro, quando segura os fios, não tem outro ponto em seu poder, mas apenas este, todos os outros membros estão como deveriam estar, mortos; são somente pêndulos e seguem exatamente a lei da gravidade; uma qualidade excelente que procuramos em vão em nossos bailarinos ... Olhem para o jovem F. quando, como Páris de pé entre as três deusas, entrega a maçã a Vênus; sua alma – horrível de se olhar – está localizada em seu cotovelo. Tais erros ... são inevitáveis desde que comemos da árvore da sabedoria. Mas o Paraíso está trancado e o querubim está atrás de nós; devemos fazer a viagem ao redor do mundo e verificar se, talvez, esteja aberto de novo em qualquer ponto às nossas costas." Admite-se, Kleist simplificou a condição da graça. Não se produz nenhum modelo de perfeição a um nível mais baixo de integração quando os membros mortos se arrastam atrás do movimento de um ponto central. Mesmo o titeriteiro enfrenta a tarefa delicada de organizar os vários centros de movimento de acordo com suas funções no todo.

A imagem corporal cinestésica

Na dança e na arte dramática, o artista, seu instrumento e seu trabalho fundem-se em uma coisa física: o corpo humano. Uma consequência curiosa é que o desempenho é essencialmente criado em um meio, enquanto aparece ao público em um outro. O espectador recebe uma obra de arte estritamente visual. O bailarino usa ocasionalmente um espelho; ele tem também às vezes uma imagem visual mais ou menos vaga de seu próprio desempenho; e naturalmente como membro de um grupo ou como coreógrafo vê o trabalho de outros bailarinos. Mas, quanto ao seu próprio corpo, cria, principalmente no meio das sensações cinestésicas de seus músculos, tendões e articulações. Vale a pena observar estes fatos, mesmo que seja apenas porque alguns estetas têm afirmado que apenas os sentidos superiores de visão e audição constituem meios artísticos.

Toda forma cinestésica é dinâmica. Michotte observou que "o movimento parece ser essencial à existência fenomênica do corpo, e a postura é provavelmente sentida apenas como a fase final do movimento". Merleau Ponty observa que "meu corpo se me apresenta como postura"; e que, em contraste com os objetos visualmente observados, ele não tem uma capacidade de posição, mas de situação. "Quando estou de pé em frente a minha escrivaninha e nela me apoio com ambas as mãos, a concentração está toda em minhas mãos enquanto meu corpo inteiro segue atrás delas como a cauda de um cometa. Não que eu não tenha consciência da localização de meus ombros e de meus quadris, mas eles estão implicados apenas na de minhas mãos, e toda a minha postura, por assim dizer, pode ser lida pelo fato delas se apoiarem na escrivaninha."

O bailarino constrói sua obra com as sensações de tensão e relaxamento, o sentido de equilíbrio que distingue entre a orgulhosa estabilidade da vertical e a das aventuras arriscadas de se lançar e cair. A natureza dinâmica da experiência cinestésica é a chave para a correspondência surpreendente entre o que o bailarino cria por meio de suas sensações musculares e a imagem de seu corpo vista pelos espectadores. A qualidade dinâmica é o elemento comum que une os dois meios diferentes. Quando o bailarino levanta o braço, experimenta fundamentalmente a tensão do ato de levantar. Uma tensão similar é transparente visualmente ao espectador pela imagem do braço do bailarino.

Quando os bailarinos e atores coordenam o meio cinestésico com o visual, o maior problema é saber controlar. A incerteza inicial do executante a esse respeito pode ser em parte o resultado do fato de que, como Michotte assinalou, a imagem dinâmica que temos de nosso corpo tem limites pobremente definidos. É uma "ameba cinestésica"; não tem contorno. Michotte explica que isto acontece porque o corpo é um e o único conteúdo do campo cinestésico. Não há nada além e ao redor dele, nenhum "fundo" do qual pudesse se destacar como figura. Deste modo, podemos julgar a dimensão e a intensidade de nossos movimentos em relação um com o outro, mas temos bem pouca noção de seu impacto como imagem visual sobre o campo circundante. O bailarino deve aprender a amplitude ou velocidade que deveria ter um gesto para conseguir o efeito desejado.

É claro que as dimensões apropriadas dependem também da função do padrão de movimento em toda a atuação e do tamanho da imagem recebida pelo espectador. O movimento do bailarino pode ser mais amplo do que o do ator, cujo comportamento visual é subordinado à palavra. Pela mesma razão, os gestos tiveram de ser moderados quando o cinema sonoro acrescentou o diálogo às imagens. A atuação teatral requer movimento mais amplo do que a cinematográfica, e o leve levantar de uma sobrancelha em um *close-up* equivaleria a um gesto intenso de surpresa a uma tomada a grande distância. Para ir ao encontro desses requisitos o bailarino e o ator devem desenvolver escalas cinestésicas de amplitude e velocidade.

Finalmente, é essencial para o desempenho do bailarino e do ator que a dinâmica visual seja claramente distinta da mera locomoção. Observei antes que o movimento parece morto quando dá a impressão de mero deslocamento. É claro que fisicamente todo o movimento é causado por algum tipo de força. Mas o que conta para a atuação artística é a dinâmica comunicada aos espectadores visualmente; pois a dinâmica em si é responsável pela expressividade e pelo significado.

A diferença entre o mero deslocamento do corpo e dos membros e a expressão visual conseguida por meio da ação dinâmica é claramente explicada com maiores detalhes na análise de sistema de dança de Rudolf von Laban. Na versão inicial deste sistema, um movimento era definido simplesmente pelos atributos dos vetores físicos, a saber, pelo Percurso (sua direção no espaço), Peso (seu ponto de aplicação) e Duração (sua velocidade). Esta descrição puramente métrica deixa de lado a propriedade mais importante do comportamento motor humano: a natureza do impulso ou do esforço que Laban chamou de *Antrieb*. A configuração do movimento no espaço tinha de se relacionar com o impulso que dava início a ele, porque somente o impulso apropriado poderia criar o movimento adequado. Irmgard Bartenieff ao explicar este Effort-Shape Analyses mostrou, por exemplo, a seguinte diferença. Um deslocamento puramente gesticulado de uma parte do corpo é criado por um impulso local restrito, em oposição a uma ação de postura, que se estende do centro por todo o corpo, afetando visivelmente todas as partes e atingindo sua manifestação final no gesto particular de apontar, empurrar ou estender. O sistema inicial de Laban podia descrever estes dois exemplos de comportamento em termos idênticos, enquanto suas últimas categorias enfatizam a diferença decisiva.

As três variáveis do último sistema são qualitativas: o *Espaço* refere-se ao percurso do movimento que pode ser retilíneo e direto ou flexível e indireto; a *Força* indica a diferença entre força vigorosa e leveza delicada; o *Tempo* faz distinção entre a hesitação lenta e partida repentina. Ao conceber atividades dele ou dela nestes termos, o estudante aprende, não por imitação das posições corporais do exterior, mas entendendo os impulsos que produzem o efeito desejado. O que o bailarino ou ator deseja obter não é semelhante à linguagem sígnica de um semáforo que transmite sua mensagem codificada ao intelecto do receptor, mediante gesticulação. É antes um padrão de forças visuais cujo impacto se sente imediatamente. Este exemplo nos leva ao assunto dos capítulos finais deste livro: a dinâmica da tensão dirigida e a expressividade inerente a ela.

9. DINÂMICA

Ao tentar descobrir o que faz um objeto visual ou um acontecimento parecer do modo como aparece, fomos até aqui seguramente guiados pelo que chamei de princípio da simplicidade. Este princípio, uma linha de conduta básica da psicologia gestaltiana, afirma que, para o sentido da visão, qualquer padrão visual tenderá para a configuração mais simples possível, em dadas condições. Este princípio nos esclareceu por que certas formas ou cores se fundem em unidades ou se separam, por que algumas coisas parecem planas, enquanto outras têm volume e profundidade; possibilitou-nos entender a base lógica da inteireza e do ser incompleto, o todo e a parte, a solidez e a transparência, o movimento e a imobilidade. Se um princípio básico elucida tantos fenômenos diferentes, devemos-lhe gratidão. Contudo, neste ponto é necessário saber que a tendência à simplicidade por si só não pode fazer justiça ao que vemos; ela nos leva a descrições unilaterais, a menos que seja contrabalançada por um segundo princípio igualmente influente.

A simplicidade não é o suficiente

Se a simplicidade fosse o único objetivo dominante da arte, as telas uniformemente pintadas, os cubos perfeitos seriam os objetos artísticos mais agradáveis. Em anos recentes, os artistas nos proporcionaram de fato tais exemplos da "minimal art". Historicamente foram necessários para aliviar os olhos de uma geração que se perdera na complexidade e na desordem, mas também serviram para provar que, uma vez cumprida sua função terapêutica, uma dieta tão branda não satisfaz.

A lição foi das mais úteis, pelo menos por causa de uma tradição de estetas clássicos que nos ensinaram a descrever e avaliar a forma artística exclusivamente em termos de harmonia e de equilíbrio – aquela "nobre simplicidade e calma grandeza" que Johann Joachim Winckelmann proclamara no século XVIII como o ideal da arte grega antiga e o modelo permanente para o presente. Começamos a entender que a descrição de qualquer objeto visual, seja ele grego ou "minimal" ou qualquer outro, continua fatalmente incompleta se se limitar a mostrar que tudo se integra muito bem. A análise do equilíbrio e da unidade, embora indispensável, evita a pergunta sem a qual qualquer proposição visual continua incompreensível: o que está sendo equilibrado e unificado? Esta pergunta não pode ser respondida exclusivamente com referência ao assunto. Refere-se em primeiro lugar à forma que vemos.

No mundo físico, o princípio da simplicidade governa sem resistência, somente em sistemas fechados. Quando nenhuma nova energia pode penetrar, as formas que constituem o sistema se reorganizam até alcançar o equilíbrio e nenhuma outra mudança se torna possível. Este estado final demonstra-se visualmente pela exibição da forma mais simples possível nestas condições. Assim, a água despejada em um sistema de vasos verticais comunicantes chegará a alcançar o mesmo nível em cada um deles. O organismo, contudo, não é, de modo algum, um sistema fechado. Fisicamente, ele contrabalança dispêndio da energia utilizável dentro de si mesmo, extraindo constantemente recursos de calor, oxigênio, água, açúcar, sal e outros nutrientes do meio. Psicologicamente, também, a criatura viva reabastece seu combustível para a ação absorvendo informações por meio dos sentidos, processando-as e transformando-as internamente. O cérebro e a mente enfrentam a mudança e dela necessitam; esforçam-se no sentido do crescimento, solicitam desafio e aventura. O homem prefere a vida à morte, a atividade à inatividade. A preguiça, longe de ser um impulso natural, geralmente é causada por doença, temor, protesto ou algum outro distúrbio. Ao mesmo tempo, a tendência à simplicidade está constantemente em ação. Ela cria a organização mais harmoniosa e unificada obtenível para dada constelação de forças, assegurando, portanto, o melhor funcionamento possível tanto da mente e do corpo, como em suas relações com o ambiente social e físico.

Consideramos a mente humana como uma interação de esforços no sentido da elevação e diminuição de tensão. A tendência à redução de tensão não pode seguir seu processo sem resistência, até a desintegração final, da morte. É controlada pelo que chamei em outro lugar de tendência anabólica ou construtiva, a criação de um tema estrutural. Este tema estrutural constitui-se naquilo que a mente está empenhada, no que ela busca. O mesmo acontece para todas as funções e atividades específicas da mente. Nem mesmo o ato mais elementar de ver poderia materializar-se, se o cérebro fosse governado somente pela tendência à simplicidade. O resultado seria um campo homogêneo, no qual cada *input* particular se dissolveria como cristais de sal na água. No entanto, quando o olho se volta na direção de um objeto, a projeção óptica desse objeto se impõe sobre o campo de visão como uma coação, um tema estrutural. Se este padrão de estímulo oferecer alguma margem para ação, as forças inerentes ao campo visual organizá-lo-ão ou mesmo modificá-lo-ão para dar-lhe a maior simplicidade possível. Neste caso, novamente, uma interação entre as tendências de elevação e redução de tensão está agindo. O resultado deste processo altamente dinâmico é o objeto visual, como o vemos.

A mesma dinâmica dupla se reflete em todo o trabalho de composição visual. Há um tema estrutural, sugerido talvez pelo assunto, mas constituído, antes de tudo, de uma configuração de forças percebidas. Este tema recebe a forma mais simples, compatível com o caráter da proposição. Dependendo da mensagem e do estilo do trabalho, a tensão pode ser baixa e a ordem simples, como, por exemplo, numa fileira de figuras frontais de um mosaico bizantino ou a serenidade de um perfil grego; ou a tensão pode ser alta e a ordem complexa como nos perfis denteados dos burgueses de Daumier ou nas figuras balouçantes, contorcidas em escorço violento de Tiepolo. Poder-se-ia tentar atribuir a cada estilo particular de arte seu lugar numa escala que vai de um mínimo a um máximo de tensão visual. Em situações perceptivas elementares, vimos estas diferentes proporções de redução de tensão aumentarem agindo, quando analisamos os fenômenos do nivelamento e aguçamento visuais.

A dinâmica e suas interpretações tradicionais

Verifica-se que cada objeto visual é uma questão eminentemente dinâmica. Este fato, fundamental a toda percepção, é facilmente omitido quando se adere à prática comum de descrever os fenômenos sensórios por meio de propriedades puramente métricas. O que é um triângulo equilátero? Uma combinação de três linhas retas de igual comprimento que se encontram em ângulos de sessenta graus. O que são os vermelhos e os alaranjados que se encontram numa tela? Comprimentos de ondas de 700 a 610 milimícrons. E um movimento? Ele é definido por sua velocidade e direção. Embora úteis para fins práticos e científicos, tais descrições métricas omitem a qualidade fundamental de toda percepção, a ponta agressiva do triângulo, o choque dissonante dos matizes, o arremesso do movimento.

Estas propriedades dinâmicas, inerentes a tudo que os olhos percebem, são tão fundamentais, que podemos dizer: *a percepção visual consiste da experimentação de forças visuais.* Isto acontece mesmo no sentido mais prático. Uma pedra que bloqueia meu caminho não é principalmente definida pelas dimensões de sua forma, tamanho e cor mas como uma interrupção brusca do fluxo para a frente, a experiência dinâmica da estrada que me leva para a frente. Qualquer observador não incorrigivelmente estragado pela prática de medições estáticas, que domina nossa civilização, confirmará a observação de Henri Bergson: "C'est que la forme est pour nous le dessin d'un mouvement".

A visão poética focaliza a dinâmica da percepção como portadora de expressão. Por exemplo, Howard Nemerov escreve:

> *The painter's eye attends to birth and death*
> *Together, seeing a single energy*
> *Momently manifest in every form,*
> *As in the tree the growing of the tree*
> *Exploding from the seed not more nor less*

Than from the void condensing down and in,
Summoning sun and rain.*

De modo similar, qualquer descrição adequada de obras de arte está carregada de palavras dinâmicas. Nikolaus Pevsner discute o propósito do estilo gótico na arquitetura: "Este propósito devia vivificar as massas inertes de alvenaria, acelerar o movimento espacial, reduzir um edifício a um sistema aparente de linhas inervadas de ação". A linguagem é metafórica. Ela descreve as forças visuais como se fossem forças mecânicas agindo sobre a matéria física. Contudo, não existe terminologia mais apropriada para descrever o que vemos quando olhamos para um edifício gótico. E somente apontando para a dinâmica podemos tornar claro que um edifício é mais que um aglomerado de pedras de vários modos conformadas.

É bastante natural que o termo "movimento" ou "locomoção" tenha sido usado coerentemente para descrever a dinâmica visual. T. S. Eliot fala de um jarro chinês que "se move eternamente em sua imobilidade". Os artistas atribuem grande importância a esta qualidade. Uma figura pintada que carece dela está, de acordo com Leonardo da Vinci, "duplamente morta, uma vez que está morta porque é uma ficção e morta novamente quando não mostra movimento nem da mente nem do corpo".

Uma vez, contudo, que falar de movimento é obviamente metafórico quando se refere à pintura, à escultura, à arquitetura ou à fotografia, onde nada se move fisicamente, qual é precisamente a natureza do fenômeno visual assim descrito? A única teoria que prevalece entre os filósofos e psicólogos evita o desafio afirmando que, em tais casos, o observador tem a ilusão de que a locomoção real ocorre ou de modo mais sutil, porém menos claro, de que a imagem dá a impressão de estar em movimento – talvez porque o espectador cria dentro de seu próprio corpo reações cinestésicas apropriadas. Pode-se encontrar esta última teoria, por exemplo, na análise de respostas de movimento aos borrões de tinta de Hermann Rorschach.

A suposição em que se baseia a teoria é que a imagem, tendo origem, como o faz, no objeto físico imóvel, não pode ela mesma possuir propriedades dinâmicas, e que estas propriedades, portanto, devem ser acrescentadas ao percebido a partir de algum outro recurso do observador. Este recurso é supostamente o conhecimento passado que o observador tem de coisas em movimento real. Olhando para a figura de bronze de um bailarino, o observador lembra de como é um bailarino em

---

* O olho do pintor assiste ao nascimento e à morte
   Juntos, vendo uma única energia
   Manifesta momentaneamente em cada forma,
   Como na árvore o seu crescimento
   Explodindo da semente nem mais nem menos
   Do que do vácuo reduzindo para baixo e dentro,
   Convidando sol e chuva.

movimento. Este conhecimento ilude-o, fazendo-o ver movimento onde não há nenhum, ou pelo menos dotando o objeto imóvel de uma vaga mobilidade.

É uma teoria comum que conflita com os fatos de várias maneiras. Os instantâneos provam todos os dias que, embora alguns quadros de ação mostrem um bailarino ou um jogador de futebol em movimento vivo, outros têm a figura humana desajeitadamente presa no ar como se atacada por repentina paralisia. Num bom quadro ou escultura, os corpos se balançam livremente. Nos maus, eles podem estar tesos e rígidos. Estas diferenças ocorrem mesmo que fotografias, pinturas ou estátuas boas e más tenham iguais oportunidades de se associarem com experiências passadas do observador. Nos maus, supomos que o movimento é representado; mas não somente não o vemos, achamos que está penosamente ausente.

Esta objeção pode ir de encontro a uma outra versão mais aperfeiçoada da mesma teoria, a qual poderia sustentar que a associação se baseia não nos objetos como tais (homem que corre, cachoeira), mas nas formas, direções, valores luminosos, com os quais os objetos são representados. Sabe-se de experiência cotidiana que certas propriedades perceptivas se associam com movimento e com objetos que se movem. Por exemplo, o movimento por meio da água deixa um traço em forma de cunha. Peixes, barcos, flechas, pássaros, aviões, automóveis possuem formas convergentes em ponta. De modo similar, uma posição oblíqua por parte dos objetos sugere movimento potencial ou real porque desvia das posições de repouso, isto é, das posições vertical ou horizontal. E ainda observam-se em rodas, automóveis, bandeiras, braços e pernas em movimento acelerado imprecisões ou escalas de sombras. Por isso, de acordo com esta versão da teoria tradicional, pode-se afirmar que qualquer imagem visual, que apresenta os objetos por meios de qualidades perceptivas tais como forma de cunha, direção oblíqua, superfície sombreada ou imprecisa, dará a impressão de movimento; enquanto os mesmos objetos parecerão rígidos nas imagens que não preenchem as condições perceptivas.

As propriedades perceptivas enumeradas por esta versão da teoria empírica tendem, de fato, a produzir dinâmica visual. Além disso, usando critérios formais, em vez de referir-se ao assunto, a teoria evita limitar o efeito às imagens de objetos móveis. Pode explicar por que as imagens de árvores ou montanhas podem parecer intensamente dinâmicas e por que isto se aplica também para todas as formas "abstratas" na arte ou na arquitetura.

Ambas as versões da teoria, contudo, procedem da dinâmica visual da experiência de locomoção e afirmam que a qualidade percebida na imagem é um reordenamento completo ou parcial dessa locomoção real. Esta suposição não é correta. De modo bastante paradoxal, quando formas imóveis se tornam mais próximas para dar a impressão de deslocamento real no espaço, não parecem dinâmicas, mas, ao contrário, penosamente paralisadas. Em composições equilibradas de modo imperfeito, por exemplo, as várias formas não estabilizam as localizações de uma em relação a outra, mas parecem como querendo mover para lugares mais adequados. Esta tendência, longe de fazer a obra parecer mais dinâmica, transforma o "movimento" em inibição. As formas parecem congeladas, presas em posições arbitrárias. A dimensão tempo, que não diz respeito às artes imóveis, foi introduzida e cria uma interpretação falsa.

Na obra *São Jerônimo* de El Greco (Figura 259), o ligeiro movimento da barba para a direita equilibra a localização das mãos e do livro à esquerda. Se se cobrir a parte abaixo da linha pontilhada, o equilíbrio é destruído. A barba agora parece como que soprada para um lado por um ventilador, querendo retornar a um estado vertical de repouso. Esta tendência a faz parecer mais dinâmica?

Pelo contrário, enquanto a barba flutua livremente no quadro completo, é desajeitadamente impedida de movimento na composição incompleta. A qualidade que os pintores e escultores chamam de o "movimento" da forma imóvel não apa-

Figura 259
El Greco. *São Jerônimo*. 1594-1600. Frick Coll., Nova York.

rece, a menos que se exclua cuidadosamente toda indicação de que o objeto possa realmente alterar-se ou mover-se.

Um diagrama de forças

Se quisermos fazer justiça à dinâmica visual, seria melhor falarmos do "movimento" o menos possível. Wassily Kandinsky, analisando as propriedades do ponto, da linha e da superfície, declarou: "Substituo o conceito quase universalmente aceito de 'movimento' por 'tensão'. O conceito corrente é impreciso e por isso leva a abordagens incorretas, que por sua vez causam outros mal-entendidos terminológicos. Tensão é a força inerente ao elemento; como tal, é apenas um componente do movimento ativo. A isto deve-se acrescentar direção".

Falamos então de tensão dirigida quando analisamos a dinâmica visual. É uma propriedade inerente às formas, cores e locomoção, não algo somado ao percebido pela imaginação de um observador que confia em sua memória. As condições que criam dinâmica devem ser procuradas no próprio objeto visual.

Considerando que a dinâmica é a própria essência da experiência perceptiva e assim prontamente reconhecida por poetas, artistas e críticos, é de se notar que teóricos e pesquisadores lhe tenham dado tão pouca atenção. Até mesmo um observador tão perceptivo como o filósofo Hans Jonas afirma que "nenhuma experiência de força, nenhum caráter de impulso e causalidade transitória entram na natureza da imagem". Tal cegueira para um fato conspícuo deve-se provavelmente ao que os psicólogos chamam de o "erro de estímulo", isto é, a suposição de que não se podendo encontrar uma propriedade no objeto de estímulo físico, ele também não pode existir na imagem perceptiva.

Aproximemo-nos do fenômeno por etapas. Os objetos naturais frequentemente possuem forte dinâmica visual, pois suas formas são os indícios das forças físicas que os criaram. O movimento, a expansão, a contração, o processo de crescimento – todos eles se manifestam como formas dinâmicas. A curva altamente dinâmica de uma onda oceânica é o resultado do impulso para o alto da água que se curva, devido a atração oposta pela gravidade. As marcas das ondas na areia molhada da praia devem seus contornos ondulados ao movimento da água; e nas convexidades expansivas das nuvens e nas elevações e contornos interrompidos das montanhas percebe-se imediatamente a natureza das forças mecânicas que os geraram.

As formas tortuosas, torcidas em expansão dos troncos, ramos, folhas e flores de árvore retêm e repetem os movimentos de crescimento. O biólogo Paul Weiss mostra que "O que percebemos como forma estática não é senão o produto, transitório ou duradouro, dos processos formativos"; e o trabalho de D'Arcy Thompson baseia-se no fato de que a forma de um objeto é "um diagrama de forças". Max Burchartz usa a seguinte ilustração. "Os caracóis, ao construírem suas conchas, dão um exemplo de construção rítmica. As conchas são feitas de excreções de uma pasta calcária líquida, que é conformada por movimentos rítmicos do corpo e em seguida se cristaliza. As conchas dos caracóis são movimentos expressivos estabilizados de primeira ordem." Assim, a natureza está viva para os nossos olhos em parte porque suas formas são fósseis dos acontecimentos que lhes deram origem. A história passada não é meramente inferida intelectualmente com base nos indícios, mas diretamente experimentada como forças e tensões presentes e ativas na forma visível.

As obras de arte raramente são produzidas fisicamente pelas forças que se percebem em suas formas. A torção espiral de uma figura barroca não foi criada pelo mesmo tipo de torção de materiais físicos responsáveis pela espiral de uma corda ou dos chifres de carneiro. Nenhuma força que possa produzir uma espiral configurou ou habita o mármore. A obra de arte é criada por forças externas aplicadas pelos braços e pelo corpo do artista e os golpes de escalpelo do escultor raramente têm qualquer afinidade com a forma de uma estátua.

Estes atos motores, contudo, deixam sua impressão naquilo que podemos chamar de suas qualidades grafológicas. Os movimentos da mão podem ser sentidos nos traços da pena sobre o papel ao escrever. Aqui as formas padronizadas das letras são recriadas pela atividade motora, e o grafólogo está habituado a avaliar o peso da contribuição do movimento diante do efeito da intenção de copiar visualmente o padrão modelo. Quando o fator motor é forte, ele inclina a letra obliquamente na direção do movimento – isto é, geralmente para a direita – para eliminar cantos, desprezar ângulos, omitir detalhes. A linha mostra um fluxo total contínuo, que frequentemente reduz à ilegibilidade os padrões pretendidos. Deste modo, o grafólogo, por via indireta, julga a força de temperamento e impulso vitais em sua relação com a vontade controladora, que tende a guiar a atividade de acordo com a tarefa prescrita. A caligrafia é um diagrama vivo de forças psicológicas.

Em algumas obras de artes visuais também, pode-se avaliar a força relativa dos dois fatores. Os desenhos que Picasso executou, movimentando uma lanterna numa sala escura, foram fotograficamente gravados. As curvas baloiçantes mostraram claramente a predominância do fator motor sobre a organização visual, diferindo assim daquilo que se vê na maioria dos desenhos que Picasso fez sobre papel. Os esboços rápidos são igualmente distintos da elaboração cuidadosa, e o estilo de qualquer artista ou período particular revela um estado característico da mente, na medida em que se dá liberdade ao fator motor. Quando, durante e depois da Renascença, desenvolveu-se uma tendência a considerar e apreciar a obra de arte como um produto de criação individual, o golpe de pincel claramente visível tornou-se um elemento legítimo da forma artística, e as impressões dos dedos dos escultores eram mantidas um tanto paradoxalmente, mesmo em fundições de bronze de figuras de argila. Os desenhos, a princípio meros estágios preparatórios do processo de oficina, eram agora coletados como obras de arte por direito próprio. A dinâmica do ato de criação tornara-se um acréscimo valorizado a qualquer ação contida nas próprias formas criadas.

Grafologicamente pode-se descobrir diferenças significativas entre os golpes desinibidos, espontâneos, de um Velázquez ou Frans Hals, os violentamente retorcidos de Van Gogh e as camadas de toques cuidadosa, mas levemente aplicadas nas pinturas dos impressionistas ou de Cézanne. Há algo penosamente mecânico nos pontilhados uniformes dos pontilhistas; e o alisamento cuidadoso de qualquer traço pessoal na textura e linha de Mondrian, Vasarely ou outros pintores da "hard-edge" combinam com a ausência de curva em seus padrões e com o distanciamento do assunto da vida e da natureza em seus temas.

Os artistas sabem que os traços dinâmicos do ato físico motor deixam reflexos em seu trabalho e aparecem como qualidades dinâmicas de caráter correspondente. Os artistas não somente exercitam a descontração de pulso e o movimento de braço, que se traduz em linha fluente transmissora de vida, como também muitos até tentam colocar seu corpo num estado cinestésico adequado à natureza do assunto a ser representado. Bowie discute o princípio do "movimento vivo" (Sei Do) da pintura japonesa: "Um traço característico peculiar da pintura japonesa é o vigor da pincelada, tecnicamente chamada *fude no chikara* ou *fude no ikioi*. Ao representar um objeto que sugere força, como por exemplo rochedos íngremes, o bico ou as unhas de um pássaro, as garras de um tigre, ou os troncos e galhos de uma árvore, no momento em que se aplica o pincel, deve-se invocar o sentimento de força que deve ser sentido em todo o sistema do artista e imprimido ao pincel por meio de seu braço e mão e, assim, transmitido ao objeto pintado". A qualidade morta de muitas reproduções impressas e cópias de gesso deve-se, em parte, ao fato de que os golpes, toques, linhas e bordas não são produzidos como o foram realmente nos originais, por forças ativas ao longo dos traços de movimento, mas por pressão perpendicular da prensa de impressão ou do líquido informe do gesso.

No final do capítulo precedente, mostrei que os bailarinos e atores também devem fazer um esforço especial para dotar seus movimentos de dinâmica visual adequada; e sabe-se que alguns produtores cinematográficos praticam as técnicas do caratê e ginástica chinesa, a fim de guiar a câmara manual com o tipo de movimento suave e concentrado que acontecerá na tela.

Experimentos sobre tensão dirigida

Nem todas as qualidades dinâmicas das obras de arte são criadas por forças físicas correspondentes. Michelangelo alisou cuidadosamente os volumes de suas figuras, eliminando desse modo as marcas do cinzel, que são ainda visíveis em algumas de suas obras inacabadas; e os músculos salientes do Moisés não se devem à expansão física partindo da parte interior do mármore.

Mas mesmo que se devesse toda a dinâmica visual à manifestação direta das forças físicas, este fato não seria responsável pelo efeito perceptivo do produto final na mente do observador. Este efeito não se deve ao fato do observador conhecer a causa. Em vez, deve-se procurar as propriedades visíveis do percebido, responsáveis pelo fenômeno.

De acordo com a situação de pesquisa, não se pode localizar a contraparte fisiológica da dinâmica perceptiva precisamente no sistema nervoso. Contudo, há evidência tangível de que o campo visual é permeado de forças ativas. Quando o tamanho ou a forma de padrões que vemos diferem daqueles da projeção na retina, os processos dinâmicos do sistema nervoso devem estar em ação para modificar o *input* de estímulo. As assim chamadas ilusões ópticas constituem as demonstrações mais notáveis do fato mais universal de que, adotando a linguagem de Edwin Rausch, na percepção o *phenogram* com frequência não repete exatamente o *ontogram*. O que vemos não é idêntico ao que é impresso no olho.

No início, ao analisar o equilíbrio, observamos que o espaço visual é anisótropo; por exemplo, a mesma linha parece mais longa na direção vertical, mais curta na horizontal. As distorções similares daquilo que se apresenta objetivamente são provadas por certos padrões dentro do campo visual. Rausch cita a bem conhecida ilusão Muller-Lyer (Figura 260). No *ontogram* desta figura, as duas linhas horizontais são de igual comprimento; no *phenogram*, que vemos, são desiguais. Dinamicamente, pode-se dizer que as cabeças de flechas da figura superior comprimem o padrão, enquanto as da figura inferior fazem-no expandir. Isto cria tensão, à qual as barras horizontais cedem: "Na medida em que a figura cede para a tendência no sentido de anular a tensão (*Entzerrungstendenz*), o efeito se manifesta na diminuição ou no alongamento da linha principal". A "vantagem" perceptiva da modificação é uma redução de tensão visual.

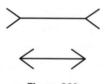

Figura 260

Rausch cita a ilusão de Poggendorf (Figura 261*a*) como outro exemplo do mesmo mecanismo. Qualquer forma obliquamente orientada cria tensão que produz um esforço no sentido da ortogonalidade. Na medida em que as duas linhas oblíquas cedem a esta tendência, tornando o ângulo com as verticais um tanto mais próximo do de 90 graus (a Figura 261*b* mostra um exagero do efeito), elas correm paralelas, em vez de parecer duas secções da mesma linha. Novamente o desvio do *ontogram* consegue uma diminuição de tensão.

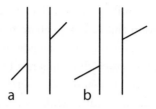

Figura 261

A ilusão de Hering (Figura 262*a*) ilustra uma situação um pouco mais complexa. Uma linha objetivamente reta, que atravessa uma irradiação de raios, curva-se em direção ao centro. Neste caso, o padrão central que expande cria um campo não homogêneo, no qual a retitude objetiva não é mais destituída de tensão, como seria num campo homogêneo *(b)*. Seu equivalente no campo central seria uma linha circular (Figura 262*c*) porque todas as secções de tal linha estariam na mesma relação com o campo e com seu centro. A linha reta em *a*, por outro lado, muda ângulo, tamanho e distância a partir do centro em cada uma de suas secções. À medida que a linha cede para a tendência no sentido da redução de tensão, vemo-la curvar-se, embora a qualidade do estímulo de retitude seja demasiadamente forte para permitir uma completa transformação de *a* em *c*.

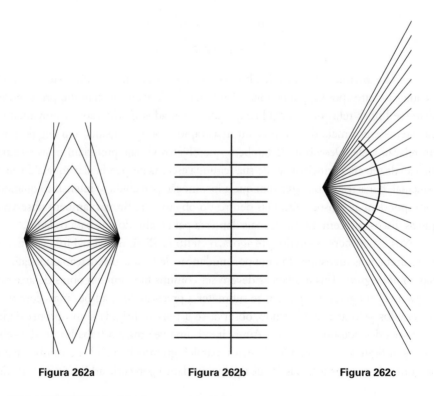

Figura 262a   **Figura 262b**   **Figura 262c**

Podem-se obter efeitos similares, como demonstraram os experimentos de Köhler e Wallach sobre o assim chamado pós-efeito figural, quando se fixa o olhar numa parte de tal padrão isoladamente e em seguida se observa a outra.

Outro conjunto de experimentos ainda ilustra a tendência direcional inerente a certas formas simples. Werner e Wapner descobriram que, quando colocavam num quarto escuro um quadrado luminescente ante um observador, de tal modo que o plano mediano coincidisse intencionalmente com a borda esquerda ou direita (Figura 263*a*), o observador tendia a deslocar o plano mediano em direção ao centro da figura, reduzindo desse modo a tensão criada pela colocação assimétrica do quadrado. Se um triângulo (20 cm de altura por 20 cm de largura) substituísse o quadrado, o plano sagital aparente era novamente deslocado em direção ao centro da figura, mas o deslocamento em direção à esquerda era de 6,4 cm para a Figura 263*b* e apenas 3,8 cm para a Figura 263*c*. Este resultado parece demonstrar que o impulso lateral era inerente ao triângulo, o qual exigia uma compensação mais forte quando apontava para a direita do que no caso oposto.

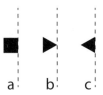

Figura 263

Estes experimentos fazem lembrar certas descobertas iniciais dos estudos sobre locomoção feitos por Oppenheimer e Brown, mencionados no capítulo precedente. Viam-se linhas retas ou retângulos, quando orientados na direção do movimento, moverem-se por meio do campo com mais rapidez do que quando em ângulo reto em relação a ele. Descobriu-se também que objetos visuais prefeririam mover-se na direção de seu eixo principal, sendo sua segunda escolha perpendicular àquela do eixo principal. Estes resultados sugerem que a locomoção percebida se intensifica quando correspondem às tensões dirigidas dentro do objeto. J. F. Brown também observou que os discos parecem mover-se mais depressa para o alto do que para os lados.

Nos experimentos citados até agora, o efeito na dinâmica visual foi evidenciado indireta, mas mensuravelmente por mudanças de forma, orientação ou localização do *phenogram*. Tais mudanças devem ser comuns também em obras de arte ou *design*, mas em geral não podem se submeter à precisão dos padrões mais complexos criados pelo artista. Contudo, observa-se a tensão dirigida como propriedade intrínseca de cada objeto visual. Aqui citarei uma vez mais o trabalho de Rausch, que usou figuras de retângulos lineares, paralelogramos inclinados e rombos para perguntar às pessoas testadas: "Que tipo de mudança pareceria arbitrária ou forçada nestas figuras? Quais outras mudanças pareceriam naturais, compatíveis, apropriadas ou mesmo potencialmente inerentes à figura?".

Como nos experimentos referidos anteriormente, uma tendência para desfazer a distorção e, desse modo, reduzir a tensão foi notada nas reações das pessoas testadas. Parecia-lhes natural colocar paralelogramos como o da Figura 264*a* na posição vertical ou comprimir rombos *(b)* ao longo de seu eixo mais alongado para os transformar em quadrados. Muitas pessoas testadas pareciam sentir que, ao fazer estas mudanças, apenas reconduziam as figuras a sua forma original. Viam o paralelogramo como um retângulo inclinado, o rombo como um quadrado alongado. Por outro lado, os observadores relutavam em propor mudanças para quadrados ou retângulos regulares. "Eles estão bem assim", era a reação típica.

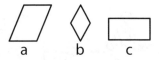

Figura 264

Movimento imóvel

A tensão dirigida é uma propriedade tão genuína dos objetos visuais como o tamanho, a forma e a cor. O sistema nervoso do observador cria, ao mesmo tempo que produz a sensação de tamanho, forma e cor com base no "input" de estímulo. Não há nada de arbitrário ou proposital nestes componentes dinâmicos das coisas percebidas, embora possam ser ambíguos. São estritamente determinados pela natureza do padrão visual, mesmo no âmbito de suas ambiguidades.

Talvez a diferença entre a dinâmica visual e a percepção de locomoção seja esclarecida por alguns exemplos que mostrem como o movimento é representado nos meios imóveis. A proposta mais sincera sobre como conseguir este feito é afirmar que, do processo de movimento, o artista escolhe um aspecto momentâneo, uma estrutura única, como se fosse tirada de um filme representando a sequência na dimensão temporal. Esta visão é claramente expressa numa afirmação feita por Alexander Archipenko quando tentou, em 1928, iniciar um tipo de pintura cinética: "A pintura estática deve recorrer a símbolos e convenções, para interpretar movimentos. Não sugeriu mais do que a fixação de um único 'movimento' da série de momentos que constituem um movimento; e todos os outros 'momentos' situados antes e depois do movimento fixo são deixados para a imaginação e fantasia do espectador". Já observei que os instantâneos, embora autênticos como o são, com frequência, fracassam ao transmitir um sentido de ação. Nenhuma imaginação ou fantasia suprirá o que está faltando.

Além disso, às vezes, a representação mais efetiva não corresponde a qualquer fase do acontecimento representado. Uma ilustração divertida foi oferecida por Salomon Reinach, o qual observa que "das quatro atitudes, nas quais a arte europeia representara o cavalo a galope durante os vários períodos de sua história, apenas uma foi confirmada por instantâneos fotográficos, e esta, usada pelos artistas áticos do quinto século a. C., foi completamente abandonada pela arte romana e continuou desconhecida da arte medieval ou moderna até a descoberta do friso do Partenon". As três outras revelaram-se inteiramente "erradas". A atitude convencional do cavalo a galope com pernas estendidas como no *Derby de Epsom* de Géricault (Figura 265) era usada nas artes micênica, persa e chinesa e reapareceu na Europa nas impressões coloridas britânicas dos fins do século XVIII, possivelmente sob influência chinesa.

Figura 265

Quando a fotografia desmentiu esse padrão antigo, os pintores sustentaram, com boa razão, que os instantâneos estavam errados e os artistas certos; pois somente a máxima extensão das pernas traduz a intensidade do movimento físico e da dinâmica pictórica, embora nenhum cavalo que corra possa assumir tal posição, exceto durante um salto. Mesmo no século XX encontramos, por exemplo, na obra de Kandinsky, animais a galope que, indiferentes às revelações da fotografia, continuam a exibir plena extensão das pernas.

As imagens de ação retratam o movimento precisamente no grau exibido pela figura. Numa das fotografias em série feitas por Muybridge, uma sequência mostrando um ferreiro em ação, o impacto total do golpe aparece apenas naquelas imagens nas quais o martelo é erguido ao máximo. As fases intermediárias não são vistas como fases de transição do golpe violento, mas como um levantar do martelo mais ou menos calmo, dependendo da intensidade do ângulo representado. Em instantâneos de um homem caminhando, o passo parecerá pequeno ou grande, dependendo do ângulo entre as pernas. O arremessador de disco de Myron e o David de Bernini mostram a deflexão do braço na intensidade extrema.

O fato mais importante a ser lembrado, contudo, é que, numa obra bem-sucedida de fotografia, pintura ou escultura, o artista sintetiza a ação representada como um todo, de um modo que traduz a sequência temporal numa pose atemporal. Consequentemente, a imagem imóvel não é momentânea, mas fora da dimensão do tempo. Pode-se combinar diferentes fases de um acontecimento na mesma imagem, sem cometer um absurdo. Wölfflin mostrou que, de modo absolutamente legítimo, o David de Donatello "ainda" segura a pedra na mão, embora a cabeça de Golias "já" se encontre aos pés do vencedor. E quando Judite, do mesmo escultor, levanta a espada, não está prestes a decapitar Holofernes, que já está morto, mas está fazendo um gesto de desafio e triunfo independente do movimento momentâneo.

A dinâmica da obliquidade

A orientação oblíqua é provavelmente o recurso mais elementar e efetivo para se obter tensão dirigida. Percebe-se a obliquidade espontaneamente como uma dinâmica que se afasta, ou em direção da estrutura espacial básica da vertical e horizontal, ou para longe da mesma. Com o domínio da orientação oblíqua, a criança, bem como o artista primitivo, adquire o recurso principal para estabelecer uma distinção entre ação e repouso – por exemplo, entre uma figura que caminha e uma que está parada. Auguste Rodin afirma que, a fim de indicar movimento em seus bustos, com frequência dava-lhes "uma certa inclinação, uma certa obliquidade, uma certa direção expressiva que enfatizava o significado de fisionomia".

A mais dramática demonstração daquilo que a obliquidade proporciona ao artista ocorreu quando, em meados de 1920, Theo Van Doesburg, um líder do grupo *De Stijl* na Holanda, anulou a severa doutrina de Piet Mondrian, que afirmava serem as formas verticais e horizontais as únicas admissíveis na pintura. Van Doesburg afirmou que o espírito moderno sentia necessidade de expressar um contraste acentuado à estrutura em ângulo reto que prevalecia na arquitetura, bem como na floresta e na paisagem. No desenho reproduzido na Figura 266, ele demonstrou como este contraste devia ser expresso por meio da direção oblíqua.

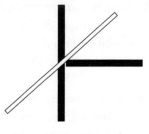

Figura 266

Os moinhos de vento nas paisagens holandesas ficam estáticos se suas asas forem pintadas numa posição vertical-horizontal (Figura 267). As asas apresentam-se com um pouco mais de dinâmica quando formam um par de diagonais simetricamente orientadas *(b)*. O efeito é mais forte numa posição assimétrica desequilibrada *(c)*, embora todos os três tipos de orientação sejam conhecidos como fases de movimento real possível ou de repouso. Às vezes o efeito de obliquidade se reforça pelo conhecimento que o observador tem da posição normal do objeto, da qual a atitude percebida se desvia. Um padrão em forma de Y mostra mais tensão quando representa um homem com os braços erguidos do que quando significa uma árvore; pois os galhos são vistos numa posição "normal", enquanto se sabe que os braços se encontram momentaneamente levantados. (Compare aqui minhas observações sobre o desenho de Kandinsky feito baseando-se na fotografia de um bailarino.) No último caso, a posição percebida está em relação de tensão, não somente com a moldura de referência claramente inerente ao quadro, mas também ao traço mnemônico da atitude normal do objeto (braços caídos, em repouso).

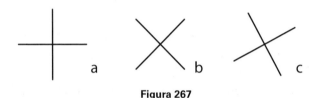

Figura 267

A tensão criada pela obliquidade é um impulso principal no sentido da percepção de profundidade. Em certas condições, a tensão pode ser diminuída por uma fuga para a terceira dimensão, o que endireita a obliquidade até certo grau. Observamos como os raios convergentes se aproximam do paralelismo quando os vemos em profundidade. Contudo, esta diminuição de tensão é apenas parcial, e portanto persiste um pouco da compressão da perspectiva. Isto explica por que a profundidade pictórica obtida pelas formas de orientação oblíqua sempre retém um pouco de seu caráter dinâmico – uma qualidade especialmente congênita do estilo barroco. Wöllfflin descreve como, durante a transição da Renascença à pintura barroca, as vistas oblíquas dominaram cada vez mais. A princípio somente figuras e objetos isolados são mostrados em posição diagonal. "Finalmente, o eixo de todo o quadro, espaço arquitetônico e composição de grupo são dirigidos obliquamente na direção do observador." Pode-se estudar o resultado, por exemplo, na obra de Tintoretto (cf. Figura 220).

A forma de cunha, observada na convergência dos trilhos ou nas bordas das calçadas de uma rua, conduz à dinâmica ativa, mesmo quando tal efeito de profundidade não está envolvido. Uma observação característica sobre a qualidade dinâmica de tais formas de cunha se encontra num tratado de Lomazzo, um pintor e escritor do século XVI. Falando sobre as proporções da figura humana nas pinturas, disse: "Por que a maior graça e vida que um quadro possa ter depende da expressão de movimento, o que os pintores chamam o espírito do quadro. Ora, não há forma

DINÂMICA   421

tão adequada para expressar este movimento do que a da chama do fogo, que, segundo Aristóteles e outros filósofos, é o elemento mais ativo entre todos os outros porque a forma da chama é a mais apta para o movimento. Ela tem um cone ou uma ponta aguda com a qual parece dividir o ar de modo que pode ascender à sua própria esfera". Lomazzo conclui que uma figura humana que tenha esta forma será mais bela.

Uma chama, embora pontiaguda, geralmente não se apresenta, quer na natureza quer em quadros, como uma forma de cunha no sentido geométrico estrito. Ela se curva e se retorce, e estas complicações da forma básica aumentam muito sua dinâmica visual. Enquanto os lados de uma cunha são retos, vemos um gradiente de largura que decresce em razão constante, não havendo nenhuma mudança de direção. A Figura 268*a* ilustra a rigidez de um crescendo ou decrescendo continuando ao longo de bordas retas. A dinâmica é aumentada se a razão do gradiente varia. Quando observamos a Figura 268*b* elevar-se da base, experimentamos uma aceleração da expansão à medida que o perfil do vaso se curva para fora. Ao contrário, a Figura 268*c* mostra uma diminuição gradual de velocidade, terminando em imobilidade na borda. Em ambos os exemplos, a dinâmica é mais viva, mais flexível; e a fórmula mais complexa favorece uma aparência mais "orgânica" (cf. Capítulo VIII). O movimento é ainda mais livre quando, em folhas ou vasos *(d, e)*, a orientação muda, da expansão à contração ou vice-versa. (Cobrindo os desenhos com um pedaço de papel e em seguida descobrindo-os devagar verticalmente, pode-se observar bem o efeito total da expansão e da convergência.)

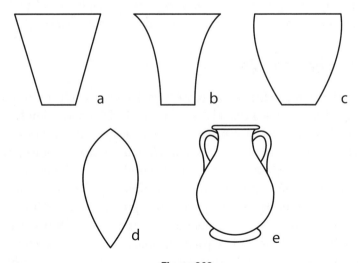

Figura 268

A arquitetura barroca usou a dinâmica das formas curvas para aumentar a tensão. As Figuras 269*a* e *b*, tomadas de Wölfflin, comparam o perfil de uma base típica de um edifício do início da Renascença com um de Michelangelo. Os festões de frutas e folhas tão familiares aos arquitetos barrocos combinam a curva do crescente lunar com uma dilatação em largura, e as volutas oblíquas em espirais acrescentam uma expansão crescente ao alargamento em forma de escada da fachada.

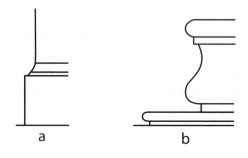

Figura 269

Finalmente, devem-se mencionar exemplos nos quais a obliquidade não se limita a formas particulares, mas aplica-se ao campo total da imagem. Vimos que, na perspectiva isométrica, uma grade de bordas paralelas inclinadas sustenta a composição conferindo, desse modo, um sentido de ação total ao que é, com frequência, uma cena de outra maneira calma. Os fotógrafos obtêm efeitos dinâmicos similares quando inclinam a câmara ou mudam o ângulo do negativo original com o propósito de acrescentar um elemento de vida intensa ou exaltação. Os cubistas e expressionistas imprimiram ação violenta a seus temas construindo torres Eiffel, igrejas, árvores ou figuras humanas por meio de blocos de unidades oblíquas.

A tensão na deformação

Por ora é evidente que toda a tensão provém da deformação. Quer estejamos tratando de uma lâmina de aço curvada, uma superfície de borracha, um espelho de casa de diversão, uma bolha em expansão, ou a emoção que nasce de um argumento acalorado, há sempre um forte desvio de um estado de tensão menor na direção do aumento de tensão. O efeito ocorre somente quando a base de partida continua implicitamente presente, exatamente como se percebe a dinâmica inerente às alturas variantes de uma melodia diatônica somente quando se ouvem as notas como se se elevassem acima da base zero (tônica) ou afastando-se dela para baixo. Nos exemplos de Rausch (Figura 264), o paralelogramo adquire sua dinâmica pelo fato de ser visto como se estivesse saindo de uma base retangular, e o rombo parece uma deformação de uma figura com aspecto mais de quadrado.

As proporções arquitetônicas nos suprem de exemplos simples. À medida que a Renascença evolui para o barroco, a preferência se volta das formas circulares para as formas ovais, do quadrado para o retângulo, criando "tensão nas proporções". Pode-se observar isto especialmente nas plantas das salas, pátios e igrejas. Numa área circular, as forças visuais irradiam-se simetricamente em todas as direções, enquanto na oval ou na retangular há tensão dirigida ao longo do eixo maior.

Wölfflin mostrou que quando o quadrado tende para o retângulo, as proporções favoritas do retângulo raramente são as da secção de ouro, cujo caráter é relativamente harmonioso e estável. O barroco prefere as proporções mais delgadas ou mais achatadas. Elas contêm mais tensão; parecem versões comprimidas ou alongadas de oblongos de proporções mais simples. Além disso, o balanço característico da fachada imprime tensão a todo o edifício. "A fachada curva-se um tanto para dentro nas extremidades, enquanto seu centro exibe um movimento vívido para frente, dirigido ao observador." Este movimento para frente e para trás é tão forte porque parece provir de uma compressão lateral do edifício. Resistindo a esta compressão, a fachada dramatiza para o olho os impulsos simétricos para fora, a partir do centro do edifício, em direção aos flancos.

Não só a forma dos objetos, mas também a dos intervalos entre eles, é dinâmica. O espaço vazio que separa os objetos ou partes deles entre si na escultura, pintura e arquitetura é comprimido pelos objetos e por sua vez os comprime. Segundo leis ainda inteiramente inexploradas, esta dinâmica depende não apenas do tamanho, forma e proporção dos próprios intervalos, mas também daqueles dos objetos vizinhos. Dado um conjunto de janelas de uma dimensão e forma especiais, os espaços das paredes entre elas parecerão demasiadamente grandes e portanto opressivos, excessivamente pequenos e portanto comprimidos, ou de tamanho adequado. Pode-se estudar o mesmo fenômeno nos *passe-partout* dos quadros emoldurados, nas margens brancas da página impressa, ou, em condições muito mais complexas, nas relações entre figura e fundo nas composições pictóricas. Na arquitetura barroca, diz Wölfflin "o acelerar do pulso é claramente indicado nas proporções alteradas dos arcos e dos intervalos entre as pilastras. Os intervalos se estreitam, os arcos se adelgaçam, a velocidade de sucessão aumenta".

Quando o artista representa formas familiares, pode confiar na imagem normal que o observador abriga dentro de si. Desviando desta imagem normal pode-se criar tensão. As últimas esculturas figurativas de Wilhelm Lehmbruck e os rostos ovais dos retratos de Modigliani devem sua tensa delgadeza não apenas às proporções do padrão visual como tal, mas também aos desvios das formas familiares do corpo humano. A fim de ler tais formas corretamente, o observador deve obedecer às regras do jogo, explícitas na imagem total ou, em realidade, no estilo do período. Uma caricatura distorce tudo e deste modo alerta o observador de que ele não está vendo aleijados, à moda dos anões de Velásquez, mas pessoas com proporções normais, sujeitas a exageros interpretativos. Ao mesmo tempo, contudo, os caricaturistas, com frequência, variam as proporções de seus personagens, retratando um homem como se fosse muito magro, outro muito gordo, o que nos indica que eles visam os traços particulares dos indivíduos. Isto difere da mensagem enviada quando uma única propriedade, por exemplo, alongamento, no trabalho de El Greco, se impõe à imagem como um todo. Em tal caso, uma proposição sobre a condição humana de um modo geral está sendo comunicada. No estilo gótico, o caráter astênico de formas alongadas se expressa nas proporções da arquitetura e também da estatuária.

Quando tais variações dinâmicas permeiam todas as manifestações de um dado estilo, elas tendem a se dissipar da consciência da população submersa nesse estilo, mesmo que constantemente reflitam e confirmem um modo de vida. Em nossa própria civilização, as mulheres absurdamente alongadas dos desenhos de moda nos parecem normais, não apenas por estarmos acostumados a elas, mas porque seus corpos delgados se conformam à imagem da mulher atraente, profundamente arraigada no homem moderno. Há, portanto, limites além dos quais a moldura de referência não se estenderá. É provável que para muitos espectadores as figuras alongadas do escultor Giacometti ou os nus obesos de Gaston Lachaise não podem relacionar-se inteiramente com o corpo humano; estas figuras aparecem como criaturas de sua própria espécie, cuja dinâmica visual em relação à norma humana só parcialmente se percebe e, por outro lado, de acordo com sua própria forma e proporção inerentes, como acontece quando olhamos uma girafa ou um porco.

As tensões dirigidas nas formas visuais são apresentadas mais diretamente quando a expansão total das formas se torna visível. Contudo, Henry Moore advertiu que "somente para fazer formas em relevo sobre a superfície do bloco se deve renunciar a força plena de expressão da escultura". O que Moore tem em mente foi esclarecido mais explicitamente antes dele por Auguste Rodin, ao contar que um de seus professores aconselhou-o a nunca observar formas em extensão, mas sempre em profundidade: "Nunca considere uma superfície senão como a extremidade de um volume, com sua ponta mais ou menos larga dirigida para você". Exige-se mais do que conclusão intelectual, contudo, fazer o observador ver os volumes de uma escultura como se empurrassem para fora a partir de um centro dentro do bloco. O artista deve definir de tal modo a parte visível do volume que sua continuação em profundidade seja vista como uma parte integrante da forma.

Quando um padrão bem estruturado se mostra incompleto ao olho, cria-se uma tensão no sentido do fechamento. Assim, na arquitetura islâmica, o arco em ferradura, que apresenta forma circular indo além da marca mediana, contém claramente forças na direção do círculo completo (Figura 270). A sobreposição impede frequentemente que uma figura se complete. Como disse anteriormente, o padrão sobreposto tende a se libertar do intruso destacando-se dele em profundidade. Não obstante, a sobreposição permanece visível, e faz com que as unidades entrosadas se esforcem para separar-se. Usa-se este artifício no estilo barroco, pela pressão do aprisionamento, para reforçar o movimento no sentido da liberdade. Na biblioteca de San Lorenzo, em Florença, Michelangelo introduz a parte posterior das colunas na parede; e em algumas de suas estátuas inacabadas, notadamente nas chamadas *Escravas*, o corpo permanece parcialmente aprisionado no bloco de mármore mostrando assim uma luta impressionante pela integridade, pela liberdade.

Amiúde as unidades arquitetônicas se sobrepõem mutuamente em escalas à moda de fuga, e as figuras pintadas ou esculpidas e os ornamentos atingem além dos limites a eles atribuídos pelo esqueleto arquitetônico do edifício. Determinados artistas e períodos culturais adotam ou evitam tais artifícios, dependendo do fato de aceitarem ou rejeitarem a tensão assim criada. Os cubistas obtinham composições altamente dinâmicas construindo os volumes a partir de unidades irregulares agrupadas, cujas formas constantemente interferem entre si.

Figura 270

No Capítulo 7, tive oportunidade de referir-me aos aspectos dinâmicos das experiências de cor, por exemplo, a atração entre opostos, tão característica das complementares. Aqui somente mostrarei uma analogia com o que acabamos de referir a respeito da dinâmica gerada pela deformação. Observei que se cria tensão pela presença implícita da base normal, da qual a forma se desvia. Pode-se ver algo semelhante nas cores bastante próximas ao matiz simples, por exemplo, um vermelho puro aflito com uma mistura subordinada de azul. Johannes von Allesch, em seu estudo fenomenológico das experiências de cor, mostrou que a percepção de cor pode ser dinâmica em duplo sentido: certas cores deixam o espectador livre para selecionar um dos matizes nela contido como base, de modo que a impressão que se recebe da mesma cor pode diferir para observadores diferentes; ao mesmo tempo, a própria cor pode mostrar um esforço a favor ou contra um matiz puro ao qual se relaciona tanto quanto o tom condutor na música está para a tônica. Descobrimos anteriormente que as primárias fundamentais puras parecem carecer de tensão. São modelos básicos tais como círculos ou quadrados.

Composição dinâmica

A dinâmica inerente a qualquer forma, cor ou movimento em particular pode fazer sentir sua presença apenas se se integrar na ampla dinâmica da composição total. Suprir uma linha única, uma forma apenas, com tensão dirigida, naturalmente, é muito mais fácil do que conseguir isto em um padrão complexo como um todo. Por isso pode-se observar amiúde elementos visuais que, embora absolutamente dinâmicos em si mesmos, se anulam reciprocamente e agregam-se para um bloqueio frustrador. Condições similares vigoram na música. Victor Zuckerkandl, que descreveu a dinâmica musical de modo mais convincente, escreve: "Uma ordem na qual cada grau revela sua posição no todo deve ser chamada uma ordem dinâmica. As qualidades dinâmicas dos sons podem ser entendidas apenas como manifestações de forças ordenadas. As notas de nosso sistema tonal são acontecimentos num campo de forças, e o soar de cada tom expressa a exata constelação de forças existentes no ponto do campo onde ele se localiza. Os sons da música são portadores de forças ativas. Ouvir música significa ouvir os efeitos das forças". Assim, a qualidade dinâmica particular de cada elemento é definida e sustentada pelo contexto. Os elementos estabilizam-se reciprocamente.

A dinâmica de uma composição terá sucesso somente quando o "movimento" de cada detalhe se adaptar logicamente ao movimento do todo. A obra de arte se organiza em torno de um tema dinâmico dominante, do qual o movimento se irradia pela área inteira. Partindo das artérias principais, o movimento flui para os capilares dos detalhes menores. O tema iniciado em nível mais alto deve continuar até o nível mais baixo, e elementos que pertencem ao mesmo nível devem ligar-se. O olho percebe o padrão acabado como um todo junto com as inter-relações de suas partes, ao passo que o processo de fazer um quadro ou uma estátua requer que cada parte se faça separadamente. Por esta razão, o artista é tentado a se concentrar sobre uma parte isolada do contexto.

De modo mais claro talvez do que em qualquer outro período da história, os inconvenientes da abordagem por parte revelaram-se nos artistas menores do século XIX que se concentraram nas cópias cuidadosas dos modelos da natureza. A falta de integração estende-se mesmo às suas invenções livres. Exemplos como o quadro de Hans Thoma reproduzido na Figura 271 nos faz estranhar como a dinâmica pode estar assim tão completamente ausente, mesmo nos temas eminentemente adequados para comunicá-la. Se examinarmos a figura do anjo mais de perto, observaremos, em primeiro lugar, diversas interrupções rígidas nos quadris, cotovelos e joelhos. Quebras angulares como essas não interferem no movimento, como se

Figura 271
Hans Thoma. Ilustração tirada de *Quickborn*, 1898.

pode facilmente ver na arte gótica. Nas águas-fortes de Martin Schongauer, a angularidade domina a imagem toda, as relações das figuras entre si, a postura de cada uma delas, e cada um dos detalhes de dobra ou de dedo. No desenho de Thoma não existe semelhante concepção unificada da forma. As interrupções das articulações interceptam a dinâmica porque conflitam com o suave fluir dos contornos. Além disso, a linha frontal do tórax e os contornos dos ombros e do braço esquerdo mostram uma ondulação titubeante, em vez de uma forma harmoniosamente ondulada, porque são construídas parte por parte. Seus elementos se interrompem mutuamente em vez de se adaptar a um fluxo total de tensão dirigida. Se consideramos a forma dos volumes, descobrimos que a maioria deles mostra relações complexas, irregulares, entre os contornos. Uma vez posto este alto nível de complexidade, a simplicidade dos braços em forma de chifre produz uma rigidez inorgânica. Na perna esquerda, os contornos anterior e posterior não conseguem traduzir volumes de forma e movimento inteligíveis, e a súbita simplicidade de paralelismo entre as partes anterior e posterior do joelho interrompe o ritmo pretendido da perna inteira. Podem-se também encontrar nas linhas das árvores, montanhas e nuvens exemplos de interferência de forma mecanicamente realística e portanto visualmente incompreensível na dinâmica integrada.

Tais exemplos de fracasso elucidam por que os artistas consideram a tensão dirigida tão fundamental. Se não há "movimento", a obra está morta; nenhuma das outras virtudes que possa possuir será capaz de fazê-la falar ao observador. A dinâmica da forma pressupõe que o artista conceba cada objeto ou parte dele como um acontecimento, em vez de um pedaço de matéria estática, e que ele considere as relações entre os objetos não como configurações geométricas, mas como interações mútuas. Às vezes esta natureza dinâmica da visão se expressa no modo como os artistas falam a respeito de sua obra; assim Matisse, analisando uma série de autorretratos, aponta "a maneira como o nariz está plantado no rosto, a orelha assentada no crânio, e a mandíbula pendente; o modo como os óculos se colocam sobre o nariz e as orelhas; a tensão do olhar e sua densidade uniforme em todos os desenhos".

Efeitos estroboscópicos

Os fortes efeitos da dinâmica resultam do que se pode chamar de equivalente imóvel do movimento estroboscópico. O movimento estroboscópico ocorre entre objetos visuais que são essencialmente semelhantes em sua aparência e função em todo o campo, mas diferem em algum aspecto perceptivo – por exemplo, localização, tamanho ou forma. Em condições favoráveis, tais constelações produzem um efeito dinâmico também em simultaneidade, sendo o exemplo mais óbvio as fotografias estroboscópicas, que mostram o mesmo objeto em várias localizações na mesma imagem ou série de imagens. A sequência das localizações forma um percurso de conformação simples e coerente, e as mudanças internas do objeto – por exemplo, a mudança de postura de um atleta durante o salto – também ocorrem gradualmente. A Figura 272 mostra uma série de formas, construídas por Franz Rudolf Knubel com base numa sugestão de Theodor Fischer. O bloco central é um cubo; os outros têm as razões dos intervalos musicais elementares: 2/1, 3/2, 5/4, 1/1, 4/5, 2/3, 1/2.

A semelhança de forma e a graduação das mudanças em altura e largura induzem o observador a ver um acontecimento de transformação coerente, em vez de uma sequência de formas independentes. O acontecimento é forçosamente dinâmico: o objeto se contrai e sobe mudando desse modo seu caráter de um repouso sólido no piso a uma força em elevação.

Figura 272

A ação visual de tal sequência é particularmente convincente quando os elementos se sobrepõem. O efeito tem sido usado por artistas, notadamente os futuristas que tentaram conseguir movimento por meio da multiplicação das figuras ou partes das mesmas. O *Nu Descendo uma Escada* de Duchamp e o cão de muitas pernas de Balla são exemplos bem conhecidos. De uma maneira menos óbvia, outros artistas usaram o mesmo recurso através das épocas. Os cegos de Brueghel foram citados anteriormente. Auguste Rodin, em conversa com Paul Gsell, sustenta que "movimento é a transição de uma posição a outra", e que portanto o artista, para expressar movimento, amiúde representa fases sucessivas de uma ação em diferentes partes de uma figura.

Em muitos quadros, diferentes figuras são arranjadas de tal modo que podem também ser percebidas como a mesma figura em posições diferentes. Desse modo, os anjos que choram no céu da *Lamentação* de Giotto representam gestos de desespero de tal modo que o grupo, como um todo, parece a imagem compositiva, altamente dinâmica, de uma única ação (Figura 276). Riegl mostrou que as figuras da Noite e do Dia de Michelangelo para o monumento de Giuliano de Medici em Florença, juntas, criam um efeito de rotação. O olho as combina devido as suas posições simétricas no todo e aos seus contornos similares. Não obstante, as duas figuras são inversões uma da outra. Vê-se a Noite de frente e parece se aproximar, enquanto o Dia mostra as costas e parece retroceder. Daí a rotação do grupo.

Um estudo útil destes fenômenos "estroboscópicos" poderia basear-se na prática de alguns pintores modernos, em especial Picasso, de duplicar partes de figuras ou de objetos. A Figura 273*a* mostra uma cabeça com duplo perfil. As duas cabeças são colocadas obliquamente. Distingue-se claramente uma da outra, mas ao mesmo tempo se impedem mutuamente de ser completas, e juntas também formam um todo perceptivo unificado. A conexão íntima do incompatível, junto à similaridade e paralelismo à moda de fuga das duas unidades sobrepostas, produz tensão na direção oblíqua que os aspectos análogos das duas cabeças, em particular dos dois olhos, estabelecem. Este impulso para frente e para o alto acentua a vigorosa atividade do perfil. Deve-se também notar que a transição da cabeça mais baixa para a mais alta envolve um aumento de articulação e ação dirigida. A cabeça mais baixa não tem linha de perfil e a pupila do olho se encontra numa posição central. Uma fronte polpuda se converte em um perfil nitidamente definido, e o olho sonhadoramente inativo, no olhar intensamente dirigido para a frente da cabeça mais alta. Experimentamos um crescendo de sutileza que aumenta, concordando inteiramente com o tema da pintura.

O procedimento oposto conduz a um resultado um tanto aterrador na Figura 273*b*. Na pintura, da qual se toma este detalhe, Picasso faz um perfil articulado, provido de um olho nítido, se transformar numa máscara plana na qual um círculo sem o olhar representa o olho. Vê-se aqui intensa vida degenerar-se em uma casca morta.

Figura 273

Na Figura 273*c*, o artifício limita-se a um par de olhos que substitui os dois olhos de um rosto humano, mas ao mesmo tempo constitui uma duplicação de um olho de perfil. Isto serve novamente para reforçar o movimento da cabeça para a frente – a expressão de uma mente ativa, inquiridora (Figura 273*c* é a cabeça de uma pintora trabalhando).

As figuras de Picasso demonstram também que o efeito dinâmico de tais deslocamentos não depende fundamentalmente do que o observador conhece sobre a posição espacial "correta" dos elementos envolvidos, mas, em vez, da estrutura do padrão perceptivo. A combinação do perfil e rosto frontal, como se vê, por exemplo, na *Menina Diante de um Espelho* (Figura 273d), constitui um efeito de substituição mais estática do que de movimento quando passamos de uma versão para a outra. Isto acontece mesmo que o observador saiba que no espaço físico ou ele próprio ou o objeto percebido devam fazer uma rotação de 90 graus, a fim de provocar uma mudança. As duas versões, contudo, são tão bem integradas, e o padrão como um todo se apoia de modo tão estável num esqueleto essencialmente vertical-horizontal, que pouca tensão resulta. De modo similar, quando num rosto de perfil se colocam dois olhos horizontalmente e não obliquamente, não existe quase movimento. O mesmo vale para os olhos ou bocas verticalmente orientados (*e*). A experiência passada exigiria o abandono da horizontal costumeira, mas a estabilidade perceptiva da vertical exclui o movimento.

Como ocorre a dinâmica?

Se em cada experiência visual, a configuração, a cor e o movimento possuem qualidades dinâmicas, deve-se perguntar mais explicitamente: como a dinâmica se introduz no percebido? Espero ter deixado bem claro que não estamos tratando simplesmente das adições subjetivas e arbitrárias que o observador acrescenta ao que vê. A dinâmica é uma parte integrante do que um observador vê, contanto que sua capacidade responsiva natural não tenha sido reprimida por uma educação ajustada à métrica estática dos centímetros e metros, comprimento de onda e quilômetros por hora. A dinâmica não é uma propriedade do mundo físico, mas pode-se mostrar que os padrões de estímulo projetados em nossas retinas determinam a série de qualidades dinâmicas inerentes ao que se percebe.

O material de estímulo, atingindo nossos olhos, adquire dinâmica enquanto está sendo processado pelo sistema nervoso. Como se deve entender isto? Lembre-se, antes de tudo, de que a matéria-prima perceptiva não é estampada mecanicamente sobre uma superfície receptora passiva, como os tipos entintados imprimem letras no papel. A percepção reflete uma invasão ao organismo por forças externas, que perturbam o equilíbrio do sistema nervoso. Abre-se um buraco num tecido resistente. Deve resultar uma luta quando as forças invasoras tentam se manter contra as forças do campo fisiológico, que procuram eliminar o intruso ou pelo menos reduzi-lo ao padrão mais simples possível. A resistência relativa das forças antagônicas determina o que se percebe como resultado.

Em momento algum a estimulação se congela em um arranjo estático. Enquanto a luz afeta os centros cerebrais da visão, o impulso e a atração continuam, e a estabilidade relativa do resultado não é senão o equilíbrio de forças opostas. Há alguma razão para se afirmar que somente o resultado da luta se reflete na experiência visual? Por que não deveria encontrar também sua contraparte na percepção o próprio jogo das forças fisiológicas? Sugiro que são estas forças que percebemos como "tensão dirigida" ou "movimento" em padrões imóveis. Em outras palavras, *trata-se da contraparte psicológica dos processos fisiológicos que resultam na organização dos estímulos perceptivos.* Estes aspectos dinâmicos fazem parte de qualquer experiência visual tão íntima e diretamente como as qualidades estáticas da forma, tamanho ou cor. Ao olho sensível, mesmo a imagem mais simples – uma mancha escura num fundo claro – apresenta o espetáculo de um objeto que se expande de seu centro, impulsionando para fora e sendo impedido pelas contraforças do meio circundante. O fato de toda a presença visual ser ação visual determina expressão, tornando possível deste modo usar as percepções como meio artístico.

Anteriormente citei experimentos indicando a ação palpável das forças do campo na experiência visual. Mencionarei aqui ainda um grupo de observações que têm uma grande afinidade com as tensões dirigidas que se percebem nas figuras geométricas. O assim chamado movimento gama ocorre quando objetos subitamente aparecem ou desaparecem. Um sinal de trânsito que se acende à noite parece expandir-se em todas as direções a partir do seu centro. De modo similar, vê-se seu desaparecimento como uma contração centrípeta. Experimentos têm demonstrado que este movimento varia com a forma e orientação do objeto. Ocorre essencialmente ao longo dos eixos do que chamei o esqueleto estrutural do padrão ou, usando a linguagem de Edwin B. Newman, ao longo das linhas de força. Ele parte de um ponto central vagamente circular e, num objeto em forma de disco, irradia em todas as direções (Figura 274*a*). Um quadrado ou retângulo se desdobram na direção de seus lados (*b*), mas há também movimento em direção aos vértices (*c*). Uma estrela aparece por meio do aguçado de seus vértices (*d*). Quando um triângulo equilátero se apoia em um de seus lados, a base permanece em repouso, enquanto os outros dois lados se voltam energicamente para fora e para o alto como se estivessem presos por dobradiças no ápice (*e*). Se a mesma figura for exposta por tempo muito breve, o ápice elevar-se-á violentamente a partir da base (*f*). Quando o quadrado ou triângulo se apoiam no vértice, os ângulos pressionam para fora mais ou menos simetricamente (*g, h*). Há, contudo, uma tendência do movimento a ser mais forte nas direções horizontais, e na vertical há impulso mais para cima do que para baixo. Demonstra-se isto no quadrado (*b*). O movimento lateral é mais pronunciado, o que se dirige para cima mais fraco, o que se volta para baixo quase ausente.

O movimento gama nos permite observar as forças perceptivas trabalhando na criação de padrões. E talvez possamos supor que ele também proporcione um tipo de anatomia de forças ou tensões que caracterizam os padrões quando estão

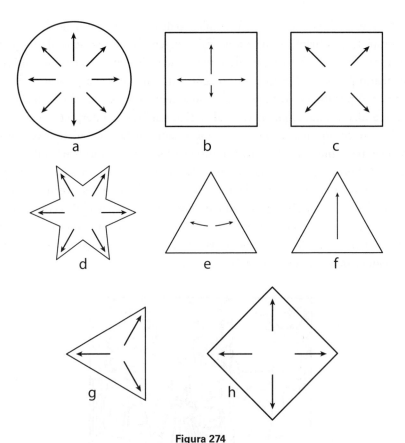

Figura 274

em repouso. Até agora o procedimento parece ter sido aplicado experimentalmente apenas a uns poucos padrões elementares. Seria de grande interesse, tanto para os psicólogos como para os artistas, que esses estudos fossem retomados com configurações e formas mais complexas.

Exemplos tomados da arte

A tensão dirigida é uma propriedade tão universal da percepção que vai muito além da representação visual dos objetos comprometidos com a locomoção. Numa paisagem pintada não existe nenhuma diferença em princípio entre o movimento percebido no contorno sinuoso de uma linha costeira e na forma das ondas. O contorno ondulado de uma boina num retrato de Rembrandt pode ser tão dinâmico quanto a saia de uma bailarina desenhada por Toulouse-Lautrec, mesmo que se saiba que a boina não tem movimento e que a saia se move.

De fato, pode-se comunicar o significado de uma obra por meio de uma reversão completa da dinâmica que a ação física sugere. Na *Ressurreição* de Piero della Francesca (Figura 275), a figura de Cristo, que se levanta, recebe um mínimo de movimento pictórico. Localiza-se no centro do quadro e sua posição é frontal e simétrica. A postura do corpo, a bandeira que tem na mão, a tumba da qual emerge – tudo se adapta a um esquema vertical-horizontal. Não se interpreta a ressurreição literalmente como uma transição da morte para a vida. Atribui-se a Cristo uma existência permanente, que contém tanto os aspectos da morte como da vida, representados pelas árvores nuas da esquerda e as cheias de folhas da direita. Estas árvores também carecem de toda a indicação de transição. São verticais, como a figura de Cristo a qual flanqueiam simetricamente. Tanto perceptiva como simbolicamente mostram-se como atributos dele. Refere-se ao assunto da elevação apenas como um tema secundário nas dobras da veste, cuja convergência forma uma cunha que aponta para a direita – a direção da vida.

Figura 275

Reserva-se aos quatro soldados romanos, que se encontram fisicamente em repouso, enérgico movimento pictórico. Muitos recursos perceptivos são usados para obtenção do efeito dinâmico. Os eixos principais dos corpos são oblíquos. As cabeças e braços oferecem variadas fases de postura, quase sugerindo a imagem de um homem que se debate num sono agitado. As figuras interferem-se fortemente entre si pela sobreposição; juntas formam um triângulo, cujo lado esquerdo avança para fora, arrebenta-se como uma bolha ante o pé de Cristo, e culmina obliquamente na cabeça do homem da lança. Evidentemente, o quadro de Piero representa a inquietude da vida material temporal em oposição à serenidade monumental de Cristo que, como o ápice da pirâmide, governa entre a vida e a morte.

A configuração dinâmica de um quadro e a sua relação com seu conteúdo serão agora examinadas com mais detalhes em um exemplo particular. Num dos afrescos de Giotto em Pádua, o pintor interpreta o tema da *Lamentação* (Figura 276) como uma história de morte e ressurreição, que em termos formais requer uma interação entre a horizontal e a vertical. Faz-se alusão à horizontal da morte, mas é postergada pelo corpo de Cristo, que foi levantado e assim dotado da qualidade dinâmica da posição oblíqua. Os braços, por sua vez, desviam-se obliquamente do corpo – um outro elemento de animação. Este motivo da ressurreição é retomado e desenvolvido em um dos dois temas dominantes do movimento, pela borda da diagonal da colina. Suficientemente larga para que um homem por ela possa caminhar, leva por meio de todo o quadro, desde a horizontal da morte até as verticais dos dois homens em pé, à borda vertical da moldura do quadro, e à árvore. A árvore inicia onde a diagonal da colina está para terminar e converte o acesso oblíquo em um elevar-se vertical. A concentrada verticalidade do tronco da árvore se dispersa suavemente em todas as direções dos ramos. À medida que o movimento ascende, desmaterializa-se, espalha-se pelo espaço, torna-se universal, e gradualmente desaparece da vista.

Figura 276

Mas devido à ambiguidade de direção que se encontra em todo movimento, a diagonal da colina também aponta para baixo, indicando a grande queda que ocorreu. Esta flecha descendente dirige-se de modo significativo da direita para a esquerda. O observador a segue com relutância porque ela segue na direção oposta do olhar. Um homem que se encontrava em pé, como as duas figuras masculinas, inclina-se. Há movimento "estroboscópico" entre as duas figuras masculinas de pé e o corpo morto que jaz no solo. O corpo morto está prestes a completar o giro de 90 graus da queda. A queda para a morte ocorre da direita para a esquerda, e é superada pelo movimento ascendente para a ressurreição da esquerda para a direita.

Os anjos espalham-se irregularmente pelo céu como um bando de pássaros agitado em pânico. O movimento de desespero que executam não se dá em etapas graduais, mas em suas fases extremas; desse modo, ao elevar a vista a partir do anjo central para seus vizinhos e novamente ao centro, vemos o corpo agitar-se convulsivamente para cima e para baixo.

De modo similar, no grupo das figuras humanas da esquerda, a mulher em pé com as mãos unidas está colocada próxima à que estende os braços – uma vez mais um salto de um extremo a outro. De modo igualmente repentino, a explosão se acalma pelas duas mulheres imóveis e sem rosto de cócoras no chão. Mas a partir deste nadir, na qual a angústia paralisou a ação e deixou a mente em branco, volta a surgir o sentimento; e o rosto distorcido pela aflição reaparece na mulher sentada da direita. Todavia a postura é ainda passiva. Serve como base para o impulso para a frente da mulher próxima. Os braços, não mais repousando no regaço, agora se estendem para segurar as mãos de Cristo. E finalmente, em outro violento contraste de movimento, os braços se estendem desesperadamente nas figuras de João por cima e por trás da mulher agachada.

Considere-se o segundo tema dominante de movimento – a curva expressiva formada pela fileira de pranteadores. Começa à esquerda com a mulher que ora, e volta-se para trás para seu vizinho; em seguida, mediante um intervalo tensamente prolongado, chega ao seu ponto culminante e de retrocesso na mulher coberta, agachada no canto. A curva "desconcerta-se" e se detém pela queda de Cristo. Quebrada pela figura do morto, mas retomada na segunda mulher coberta, agora sobe num desafogo emocional para a figura em pé, com os braços estendidos. Faz-me lembrar da curva da linha melódica do recitativo que narra o pranto de Pedro na *Paixão Segundo São Mateus* de Bach (Figura 277).

Figura 277

Mas junto ao clímax de emoção encontra-se a vertical conclusiva. Vemos os dois homens olhando em calma contemplação. Além da tragédia temporal, eles indicam o aspecto positivo do sacrifício, a estabilidade da doutrina a ser transmitida e – em sua relação visível com a árvore da ressurreição acima de suas cabeças – a imortalidade do espírito.

10. EXPRESSÃO

Se os capítulos precedentes cumpriram sua tarefa adequadamente, não sobrou muita coisa para se falar sobre expressão visual. Desde o início ficou evidente que não se pode fazer justiça ao que vemos descrevendo-o somente pelas medidas de tamanho, configuração, comprimento de ondas ou velocidade. As qualidades dinâmicas das configurações, cores e fatos provaram ser um aspecto inseparável de toda experiência visual. Admitindo a presença universal e direta de tais dinâmicas, não só tornamos a descrição dos objetos naturais e artificiais mais completa, mas também ganhamos acesso ao que agora resta para ser discutido explicitamente como "expressão". Enquanto se fala sobre meras medidas ou registros de objetos visuais, há possibilidade de se ignorar sua expressão direta. Observamos: este é um hexágono, um dígito, uma cadeira, um pica-pau, um marfim bizantino. Mas assim que abrimos os olhos para as qualidades dinâmicas transmitidas por quaisquer dessas coisas, inevitavelmente vemo-las carregadas de significado expressivo.

Isto pode ser observado, por exemplo, quando um escritor resolve limitar-se estritamente aos aspectos dinâmicos do que ele descreve. No pequeno ensaio "A teoria do modo de andar", Balzac apresenta um transeunte: "Ele andava com as mãos cruzadas para trás, ombros encolhidos e fortes, as espáduas quase unidas; parecia um filhote de perdiz assado sobre um pedaço de torrada. Parecia que ele se movia para a frente só com o pescoço e seu corpo todo recebia este impulso através do peito". Vaga, mas inevitavelmente, sente-se o tipo de caráter expresso nesses movimentos. O mesmo se dá com as formas pictóricas. Em muitos dos exemplos referidos nos capítulos anteriores deste livro, características expressivas vêm à tona explícita ou implicitamente logo que focalizamos a dinâmica da imagem.

Todas as qualidades perceptivas têm generalidade. Vemos a vermelhidão, a rotundidade, a pequenez, a distância e a rapidez incorporadas em exemplos individuais, mas transmitindo mais um *tipo* de experiência do que uma experiência exclusivamente particular. Isto aplica-se também à dinâmica. Vemos solidez, esforço, torção, expansão, submissão – as mesmas generalidades, mas neste caso não limitadas ao que os olhos veem. As qualidades dinâmicas são estruturais, elas são sentidas por meio do som, do tato, das sensações musculares, bem como da visão. Além disso descrevem também a natureza e o comportamento do espírito humano e assim o fazem de modo completamente forçado. A agressividade do relâmpago advém com o rápido ziguezague de sua queda, e desperta-se a sensação do rastejar sempre que os movimentos de uma cobra são vistos não apenas como meras curvas geometricamente definíveis. As cores servem para simbolizar temperamentos humanos, como o fizeram em muitas culturas, somente quando são percebidas em sua dinâmica. E as diferenças dinâmicas entre as arquiteturas românica e gótica traduzem-se automaticamente em estados de espírito que caracterizam períodos culturais correspondentes.

Assim definimos expressão como maneiras de comportamentos orgânico ou inorgânico revelados na aparência dinâmica de objetos ou acontecimentos perceptivos. As propriedades estruturais destas maneiras não são limitadas ao que é captado pelas sensações externas, elas são visivelmente ativas no comportamento da mente humana e são metaforicamente usadas para caracterizar uma infinidade de fenômenos não sensoriais; má disposição de ânimo, o alto custo da vida, a subida dos preços, a lucidez dos argumentos, a solidez da resistência.

Teorias tradicionais

É necessário distinguir a maneira particular em que uso o termo "expressão" para finalidades perceptivas e estéticas, a partir tanto dos significados mais restritos ou dos mais amplos a ele atribuídos no emprego comum. No sentido mais restrito, diz-se que a expressão só existe onde há um espírito a ser expresso. O rosto e os gestos de um ser humano expressam o que vai no seu íntimo e pode-se admitir o mesmo para o comportamento físico dos animais. Mas supõe-se que rochas, cachoeiras, nuvens tempestuosas carregam expressões somente em sentido figurado, por mera analogia com o comportamento humano.

Para nossa finalidade, esta limitação às criaturas com vida é inaceitável. O conceito torna-se imediatamente restrito ou amplo demais porque vai além das qualidades perceptivas. Podem-se obter informações sobre o espírito de uma pessoa não só por meio de suas feições e gestos, mas também pelo modo como fala, como se veste e conserva seu quarto, para não mencionar as opiniões que ela defende ou o modo como reage aos acontecimentos. Muitas destas informações podem ser interpretadas somente por inferência intelectiva, como, por exemplo, quando a maneira de um homem gastar seu dinheiro revela se ele é generoso ou mesquinho.

Expressões faciais e de gestos desempenham importante papel nos meios visuais da arte, do cinema e do teatro, e embora representem um caso especial discutirei isso primeiramente. Quando seres humanos se relacionam com seres humanos, animais com animais, ou, quando um gato e seu dono tentam entender-se um com o outro, eles constantemente leem o comportamento externo do parceiro e controlam o seu próprio. Isto parece uma realização notável quando compreendemos que os olhos da pessoa ou do gato não veem nada a não ser um relevo de músculos e ossos coberto de pele e sujeito a várias mudanças, contrações e expansões. O que podem tais padrões puramente físicos ter em comum com estados da mente, que não oferecem nenhuma forma perceptível? O que nos faz ver satisfação em um rosto sorridente?

Fisiognomonia como método de conhecimento direto tem sido seriamente sustentada e fortemente atacada desde a Antiguidade, quando Aristóteles escreveu um tratado sobre o assunto. Lemos de um edital sob o reinado da Rainha Elizabeth I que decretava que "todas as pessoas suspeitas de ter conhecimento de fisiognomonia ou imaginações fantásticas" estavam sujeitas a serem despidas da cintura para cima e "serem açoitadas publicamente até que o corpo fique ensanguentado". A arte de dizer o caráter das pessoas por meio de suas feições, especialmente do perfil, floresceu no século XVIII. A tradicional explicação de como isto devia ser realizado pode ser recolhida de uma revista jocosa de Johann Kaspar Lavater *Fragmentos Fisiognômicos para o Progresso do Conhecimento e do Amor de Nosso Companheiro*, escrito pelo poeta Matthias Claudius, por volta de 1775. "Fisiognomonia é uma ciência das feições. As feições são *concretas*, pois estão relacionadas *generaliter* com a realidade natural e *specialiter* estão firmemente ligadas às pessoas. Por isso levanta-se a questão se o famoso artifício da 'abstractio' e o 'methodus analytica' não deveriam ser aplicados aqui, no sentido de observar se a letra *i*, sempre que apareça, está provida do pingo e se o pingo nunca se encontra sobre uma outra letra; no caso em que teríamos certeza de que o pingo e a letra são irmãos gêmeos, de tal forma que, quando nos deparamos com Castor, podemos esperar que Polux não esteja distante. Por exemplo, suponhamos existir cem cavalheiros, todos eles muito medrosos e tinham dado exemplo e prova disto, e todos estes cavalheiros tinham uma verruga no nariz. Não estou dizendo que cavalheiros com verrugas no nariz sejam covardes, mas simplesmente suponho isto para tomar como exemplo ... Agora, *ponamus* que venha à minha casa um cidadão que me chame de desprezível rabiscador e que me cuspa no rosto. Suponhamos que eu relute a entrar numa briga de socos e também não tenha condições de dizer qual seria o resultado, e aí eu permaneça pensando numa saída. Nesse momento descubro uma verruga em seu nariz, e agora não posso mais me conter. Vou atrás dele corajosamente e sem dúvida nenhuma saio vencedor. Tal procedimento representaria, por assim dizer, o caminho fácil neste campo. O avanço seria lento, mas tão seguro quanto esse em outros caminhos fáceis."

Com uma índole mais séria, a teoria foi estabelecida no início do século XVIII pelo filósofo Berkeley. Em seu ensaio sobre a visão, ele fala sobre a maneira como um observador lê vergonha ou raiva nas feições de um homem. "Estas paixões são elas próprias invisíveis; entretanto elas se mostram nos olhos, bem como na cor e nas alterações do semblante, que são objeto imediato da visão, e que as revelam pela simples razão de terem sido percebidas para acompanhá-las: sem esta experiência não teríamos mais tomado o rubor por sinal de vergonha, por alegria". Charles Darwin, em seu livro sobre a expressão das emoções, dedicou algumas páginas ao mesmo problema. Ele acreditava que manifestações externas e seus correlativos psíquicos são ligados pelo observador baseado ou em um instinto inato ou por meio do aprendizado. "Além disso quando uma criança chora ou ri, de uma maneira geral ela sabe o que está fazendo ou o que sente; de tal forma que um pequeno esforço da razão lhe mostraria o que o choro ou o riso nos outros significam. Mas a questão é, será que nossas crianças adquirem o conhecimento da expressão exclusivamente pela experiência, por meio do poder de associação e da razão? Como a maior parte dos movimentos da expressão deve ter sido adquirida gradativamente, tornando-se instintiva depois, parece haver algum grau de probabilidade *a priori* que seu reconhecimento teria se tornado também instintivo."

Uma versão mais recente da teoria tradicional desenvolveu-se de uma tendência curiosa da parte de alguns cientistas sociais para admitir que quando as pessoas concordam sobre algum fato, este, provavelmente, é baseado em convenção infundada. De acordo com este ponto de vista, os julgamentos da expressão confiam em "estereótipos", que os indivíduos adotam prontos de seu grupo social. Por exemplo, disseram-lhes que o nariz aquilino revela coragem e que lábios salientes traem sensualidade. Os promotores da teoria geralmente insinuam que tais julgamentos estão errados, como se informações não extraídas de experiência em primeira mão não são dignas de crédito. Realmente o perigo consiste não na origem social da informação, mas, antes, no fato de que as pessoas tendem a adquirir conceitos simplesmente estruturados em base de evidência insuficiente, que podem ser obtidos de primeira ou segunda mão, e a preservar estes conceitos, apesar de experiência contrária. Embora isto possa levar a muitas avaliações unilaterais ou completamente erradas dos indivíduos ou grupos de indivíduos, a existência de estereótipos não explica a origem dos julgamentos fisionômicos. Se esses julgamentos se originam na tradição, qual é a fonte da tradição? Mesmo que frequentemente aplicadas de maneira errônea, as interpretações tradicionais do físico e do comportamento podem ainda ser baseadas em sólida observação. Elas podem mesmo ser tão resistentes porque são verdadeiras.

Dentro da estrutura do pensamento associativo, um passo foi dado por Lipps, que mostrou que a percepção da expressão envolve a atividade das forças. Sua teoria da "empatia" teve como objetivo explicar por que encontramos expressão mesmo em objetos inanimados tais como as colunas de um templo. O raciocínio desenvolveu-se da seguinte forma. Quando olho para as colunas, conheço, de experiência anterior, o tipo de pressão mecânica e contrapressão que ocorrem nelas. Igualmente de experiência anterior sei como me sentiria se eu estivesse no lugar das colunas e se estas forças físicas agissem sobre e dentro de meu próprio corpo. Projeto meus próprios sentimentos cinestésicos nas colunas. Além disso, as pressões e impulsos evocados dos armazenamentos da memória pela vista tendem também a provocar respostas em outras áreas da mente. "Quando projeto minhas forças e energias na natureza, faço o mesmo também em relação ao modo como minhas forças e energias fazem-me sentir, isto é, projeto meu orgulho, minha coragem, minha teimosia, minha brandura, minha confiança jocosa, minha calma complacência. Somente assim a empatia em relação à natureza torna-se verdadeiramente empatia estética."

Comum a todas as variedades de teorização tradicional era a negação de qualquer parentesco intrínseco entre a aparência percebida e a expressão que ela transmite. A relação entre os dois tinha de ser aprendida como se aprende uma língua. As letras PAIN significam dor em inglês e pão em francês, nada nas letras sugere tanto um como outro significado. Do mesmo modo, tem-se de aprender qual expressão condiz com que estado de espírito porque é possível, talvez, perceber como um foi produzido pelo outro, mas não é possível perceber a expressão tão claramente como se percebem as cores ou as configurações.

Mesmo de acordo com a teoria da empatia, as informações visuais serviam somente como dados ao observador da situação, a partir dos quais ele tinha de deduzir suas conclusões. "A coluna suporta uma carga" – este conhecimento bastava para dotar a vista de todos os sentimentos sobre o suporte de peso que o observador podia dispor a partir de sua própria experiência anterior. Não havia consciência explícita do quanto dependia das qualidades dinâmicas particulares do objeto de percepção. O historiador de arte Max J. Friedländer observou: "Uma coluna ruim dá a impressão de ter sido desenhada com uma régua. Para um bom arquiteto a coluna é um ser animado, sofredor, vitorioso, sustentador e oprimido. A suave intumescência dificilmente mensurável do contorno expressa, força, tensão, pressão e resistência". Dependendo destas qualidades dinâmicas impressionam o observador ou não, ele experimentará ou não a expressão arquitetônica, não importando como ele interpreta a estática da construção ou que cargas ele mesmo carregou em outras épocas.

Mencionarei, de passagem, que a teoria da empatia afligiu gerações de estetas com inúmeros pseudoproblemas. Perguntava-se: são os sentimentos expressos pelas vistas e sons os dos artistas que os criaram ou os do receptor? Deve-se estar em estado melancólico para produzir, executar ou aprender uma composição melancólica? As "emoções" podem ser expressas numa fuga de Bach ou num quadro de Mondrian? Estas e outras questões semelhantes tornam-se incompreensíveis, uma vez que se compreendeu que a expressão reside nas qualidades perceptivas do padrão de estímulo.

Expressão inserida na estrutura

William James estava menos certo de que o corpo e a mente não tenham intrinsecamente nada em comum. "Não posso deixar de observar que a disparidade entre movimentos e sentimentos, sobre os quais estes autores colocam tanta ênfase, é algo menos absoluto do que parece à primeira vista. Não só sucessão temporal, mas atributos como intensidade, volume, simplicidade ou complexidade, maciez ou mudança retardada, repouso ou agitação, são comumente atribuídos tanto a fatos físicos como a fatos mentais." Evidentemente James raciocinava que embora corpo e mente sejam meios diferentes – um sendo material, o outro, não –, eles deviam ainda assemelhar-se em certas propriedades estruturais.

Este ponto foi sustentado pelos psicólogos gestaltianos. Max Wertheimer, particularmente, afirmava que a percepção da expressão é imediata e evidente demais para ser explicável simplesmente como um produto da aprendizagem. Quando observamos uma bailarina, a melancolia da felicidade do estado da alma parece ser diretamente inerente aos próprios movimentos. Wertheimer concluiu que isto era verdade porque os fatores formais da dança reproduziam fatores idênticos do estado de espírito. O que ele queria dizer pode ser ilustrado pela referência a um experimento feito por Jane Binney. Pediu-se a membros de um grupo de dança de uma faculdade para improvisarem temas como tristeza, força ou noite. Os desempenhos dos bailarinos mostraram muita concordância. Por exemplo, na representação da tristeza os movimentos eram lentos e limitados a um âmbito estreito. Era de forma bem curvada e mostrava pouca tensão. A direção era indefinida, variável, oscilante, e o corpo parecia mais render-se passivamente à força da gravidade do que ser impulsionado por iniciativa própria. Deve-se admitir que o clima psíquico de tristeza tem um padrão similar. Numa pessoa deprimida, os processos mentais são lentos e raramente vão além dos assuntos intimamente ligados a experiências imediatas e a interesses momentâneos. Todos os seus pensamentos e esforços manifestam languidez e falta de energia. Mostra pouca determinação e a atividade é frequentemente controlada por forças externas.

Naturalmente, há um modo tradicional de representar a tristeza numa dança e as representações dos estudantes podem ter sido influenciadas por isto. Entretanto, o que importa é que os movimentos, quer espontaneamente inventados quer imitados de outros bailarinos, mostraram uma estrutura formal impressionantemente semelhante ao estado de espírito intencionado. E desde que qualidades visuais como velocidade, forma ou direção são alcançáveis de imediato, parece legítimo assegurar que eles são portadores de uma expressão diretamente compreensível aos olhos.

"Isomorfismo", isto é, o parentesco estrutural entre o padrão de estímulo e a expressão que ele transmite, pode ser mostrado mais claramente nas curvas simples. Se compararmos uma secção de um círculo a uma secção de uma parábola, observamos que a curva circular parece mais rígida, a da parábola mais suave. Qual a causa desta diferença? Provém da estrutura geométrica. A curvatura constante do círculo obedece a uma única condição: é o lugar geométrico de todos os pontos equidistantes de um centro. A parábola satisfaz a duas condições. É o lugar geométrico de todos os pontos que são equidistantes de um ponto e de uma linha reta. Devido a esta dupla dependência, a curvatura da parábola varia, a do círculo é constante. A parábola pode ser chamada um compromisso entre duas exigências estruturais. Cada condição conduz a outra. Em outras palavras, a persistência rígida da linha circular e a flexibilidade suave da parábola podem originar-se da constituição inerente das duas curvas.

Agora, um exemplo análogo da arquitetura. Nos contornos da cúpula que Michelangelo projetou para a basílica de S. Pedro, em Roma, admiramos a síntese do peso maciço com a livre elevação. Este efeito expressivo é obtido da seguinte maneira. Os dois contornos que formam a secção da cúpula externa (Figura 278) são partes de círculos, e assim possuem a firmeza das curvas circulares. Mas elas não são partes de um mesmo círculo. Elas não formam um hemisfério. O contorno da direita é descrito em volta do centro *a;* o da esquerda em volta do *b.* Num arco gótico, o cruzamento das curvas seria visível no ápice. Michelangelo esconde-o com a lanterna. Em consequência, ambos os contornos aparecem como parte de uma mesma curva que, no entanto, não tem a rigidez de um hemisfério. A curva ajusta-se entre duas curvaturas diferentes e assim parece flexível como um todo, ao mesmo tempo que preserva a rigidez circular em seus componentes. O contorno total da cúpula parece com um desvio de um hemisfério, um hemisfério que foi esticado para cima. Daí o efeito da força no sentido vertical.

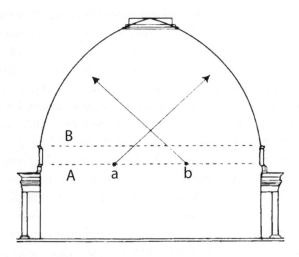

Figura 278

Ver-se-á também que, ao nível de A, a curvatura da cúpula alcança a vertical. Isto dar-lhe-ia uma aparência um tanto estática. Talvez, por esta razão, a verticalidade fica oculta por um tambor entre A e B. A cúpula é vista como em repouso mais em B do que em A. Consequentemente os contornos encontram-se com a base num ângulo mais oblíquo do que reto. Em vez de dirigir-se diretamente para cima, a cúpula pende para o interior, o que produz uma inclinação oblíqua, uma sensação de peso. O delicado equilíbrio de todos estes fatores dinâmicos cria uma expressão complexa e ao mesmo tempo uniforme do todo. "A imagem simbólica do peso", diz Wölfflin, "é mantida, embora dominada pela expressão da libertação espiritual". A cúpula de Michelangelo, assim, encarna "o paradoxo do espírito barroco em geral".

Estamos começando a ver que a expressão perceptiva não se relaciona necessariamente com uma mente "por trás dela". Isto é verdadeiro mesmo em relação a respostas ao comportamento humano. Köhler mostrou que as pessoas normalmente reagem mais ao comportamento exterior em si do que à ideia dele ser explicitamente uma mera reflexão de atitudes mentais. As pessoas percebem os movimentos lentos, Lânguidos, "abatidos" de uma pessoa, em contraposição aos movimentos bruscos, diretos, vigorosos de outra, mas não vão necessariamente além da aparência para pensar no cansaço psíquico ou na agilidade por trás deles. O cansaço e a agilidade estão contidos no próprio comportamento físico; eles não são diferenciados de nenhum modo essencial do cansaço de um alcatrão flutuando vagarosamente ou de enérgico toque da campainha do telefone. É verdade, naturalmente, que, durante uma conversa decisiva, uma pessoa esteja grandemente interessada em tentar ler os pensamentos e os sentimentos da outra por meio do que possa ser visto em seu rosto ou gestos. "O que ele está tramando? Como ele está levando?" Mas em tais circunstâncias vai-se claramente além daquilo que é aparente na percepção da expressão em si.

Daqui falta somente mais um pequeno passo para o reconhecimento de que a expressão visual consiste em qualquer objeto ou evento articuladamente formado. Uma rocha íngreme, um salgueiro, as cores de um pôr do sol, as fendas de um muro, uma folha que cai, uma fonte que flui, e, de fato, uma simples linha ou cor ou a dança de uma forma abstrata na tela cinematográfica têm tanta expressão como o corpo humano e da mesma forma podem servir bem ao artista. De algum modo, elas lhe servem ainda melhor, pois o corpo humano é um padrão particularmente complexo, não facilmente reduzível à simplicidade de configuração e movimento que transmite expressão convincente. Além disso, ele é sobrecarregado de associações não visuais. Vincent Van Gogh fez uma vez dois quadros, um chamado *Tristeza* representando uma moça nua sentada com a cabeça enterrada nos braços, o outro, um esboço de árvores sem folhas com raízes retorcidas. Numa carta a seu irmão Theo, ele explicou que tentou pôr o mesmo sentimento em ambos, "agarrados convulsiva e apaixonadamente à terra e contudo quase dilacerados pela tormenta. Eu queria expressar algo da luta pela vida naquela figura de mulher pálida, magra, da mesma forma como nas raízes negras, ásperas, nodosas". Realmente as formas quase abstratas das raízes carregam a mensagem com mais sucesso do que a figura desenhada convencionalmente. O corpo humano não é o mais fácil, mas o mais difícil veículo para a expressão visual.

Se a pessoa julga a expressão como algo reservado para o comportamento humano, ela pode considerar a expressão percebida na natureza somente como o resultado de "antropopatia" – uma noção aparentemente introduzida por John Ruskin que pretendia descrever, digamos, a tristeza dos salgueiros chorosos como uma invenção da empatia, do antropomorfismo, do animismo primitivo. Entretanto, se a expressão é uma característica inerente aos padrões perceptivos, suas manifestações na figura humana não são senão um caso especial de um fenômeno mais geral. A comparação da expressão de um objeto com o estado de espírito humano é um processo secundário. O salgueiro não é "triste" porque parece com uma pessoa triste. Antes, porque a forma, direção e flexibilidade dos ramos transmitem um cair passivo, uma comparação com o estado de espírito, e o corpo estruturalmente semelhante, que chamamos de tristeza, impõe-se de maneira secundária.

Uma vez que a expressão tenha sido antropomorfizada, é natural usar palavras derivadas de estados mentais humanos para descrever objetos, processos ou a dinâmica da música. Realmente seria instrutivo e apropriado fazer o oposto, e descrever o comportamento e expressões humanos pelas propriedades mais gerais, pertencentes à natureza como um todo. Goethe uma vez observou: "É nossa convicção de que de forma alguma esgotaram-se as possibilidades da busca de adjetivos para expressar as diversidades de caráter. Por exemplo, pode-se tentar usar metaforicamente as diferenças apresentadas na teoria física da coesão; haveria caracteres fortes, firmes, densos, elásticos, flexíveis, ágeis, rígidos, resistentes, fluidos e quem sabe quantos outros". Seguindo o conselho de Goethe, obter-se-ia um melhor sentido da expressão humana, considerando-a como um caso especial de comportamento orgânico e inorgânico, em vez de insistir no homem como o centro e a medida da natureza. Em relação a tais fenômenos, a ciência ainda está esperando o seu Copérnico.

Quando nos deixamos levar por padrões de forças percebidas, alguns objetos e acontecimentos se assemelham, outros não. Baseados em suas aparências expressivas, nossos olhos criam espontaneamente uma espécie de classificação lineana de todas as coisas existentes. Esta classificação perceptiva intercepta a ordem sugerida por categorias de outras espécies. Particularmente em nossa civilização ocidental moderna, estamos acostumados a fazer distinção entre coisas animadas e inanimadas, criaturas humanas e não humanas, entre o mental e o físico. Mas em termos de qualidades expressivas, o caráter de uma pessoa pode parecer-se mais com o de uma determinada árvore do que com o de uma outra pessoa. O estado dos negócios numa sociedade humana pode ser semelhante à tensão do céu antes da eclosão de um temporal. Poetas usam tais analogias, e assim também o fazem pessoas puras.

As assim chamadas línguas primitivas dão-nos uma ideia da espécie de mundo que provém de uma classificação baseada na percepção. Em vez de restringir-se ao verbo "andar", que um tanto abstratamente se refere à locomoção, a língua dos africanos Ewe cuida de especificar para cada tipo de andar as qualidades expressivas particulares do movimento. Há expressões para "o modo de andar de um homenzinho cujos membros balançam muito, para o andar com um passo arrastado como uma pessoa frágil, o modo de andar de um homem de pernas compridas que joga as pernas para a frente, de um homem corpulento que anda pesadamente, para o andar de uma maneira entorpecida, sem olhar para a frente, para um passo enérgico e firme" e muitas outras. Estas distinções são feitas não como um exercício estético, mas porque acreditam que as propriedades expressivas do modo de andar revelam informações importantes e úteis sobre o tipo do homem que está andando e suas intenções no momento.

Embora tais línguas frequentemente nos surpreendam pela riqueza de subdivisões para as quais não vemos nenhuma necessidade, elas também revelam generalizações que para nós podem parecer sem importância ou absurdas. Por exemplo, a língua dos índios Klamath tem prefixos para palavras referentes a objetos de configuração ou movimento semelhantes. Um tal prefixo pode descrever o "exterior de um objeto redondo ou esférico, cilíndrico, discoide ou bulbiforme, ou um anel, também volumoso, ou ainda um ato realizado com um objeto que tem tal forma; ou um movimento circular ou semicircular ou ondulante do corpo, dos braços, mãos ou outras partes. Por isso, este prefixo deve ser encontrado ligado a nuvens, corpos celestes, declives arredondados da superfície da terra, frutos em formas arredondadas ou bulbiformes, pedras, casas (estas sendo geralmente de forma circular). É empregado também para grande quantidade de animais, para cercados, reuniões sociais (uma vez que uma assembleia geralmente adota a forma de um círculo), e assim por diante".

Tal classificação agrupa coisas que para o nosso modo de pensar pertencem a categorias muito diferentes e que têm muito pouco ou não têm nada em comum. Ao mesmo tempo, essas características da língua primitiva fazem-nos lembrar que o fato poético de associar objetos praticamente disparatados por meio da metáfora não é uma invenção sofisticada dos artistas, mas provém e se apoia no modo espontâneo e universal de abordar o mundo da experiência.

Georges Braque aconselha o artista a procurar o comum no dessemelhante. "Assim o poeta pode dizer: A andorinha corta o céu e assim faz de uma andorinha uma faca." É função da metáfora fazer o leitor penetrar a casca convencional do mundo das coisas justapondo objetos que pouco têm em comum a não ser o padrão subjacente. Tal recurso entretanto funciona somente se o leitor de poesia está ainda vivo, em sua experiência pessoal diária, para a conotação simbólica ou metafórica de todas as aparências e atividades. Por exemplo, bater ou quebrar coisas normalmente evoca, mesmo que levemente, o estrondo de um ataque e destruição. Há um aspecto de conquista e realização em toda a escalada, mesmo em se tratando de subir uma escada. Se as sombras são expulsas e a sala for inundada de luz, experimenta-se uma sensação maior do que uma simples mudança na iluminação.

Um aspecto da sabedoria que pertence a uma cultura genuína é a consciência constante do significado simbólico expresso em um acontecimento concreto, a sensação do universal no particular. Isto dá sentido e dignidade para todas as buscas diárias e prepara o campo no qual a arte cresce. Em seu extremo patológico, tal simbolismo espontâneo manifesta-se naquilo que é conhecido pelos psiquiatras como "a fala do órgão" dos sintomas psicossomáticos e outros sintomas neuróticos. Há pessoas que se sentem impossibilitadas de engolir porque há em suas vidas algo que elas "não podem engolir" ou a quem uma sensação inconsciente de culpa obriga a passar diariamente horas lavando e limpando-se.

A prioridade da expressão

Deixe-me acentuar uma vez mais que, em nossa particular civilização, chegamos a considerar a percepção como o registro de configurações, distâncias, matizes, movimentos. A consciência destas características comensuráveis é realmente uma habilidade recente da mente humana. Mesmo no homem ocidental do século XX, pressupõem-se condições especiais. É a atitude de um cientista, de um engenheiro ou de um comerciante que calcula o tamanho da cintura do freguês, a tonalidade de um batom, o peso de uma mala. Mas quando eu me sento diante de uma lareira e observo as chamas, normalmente não registro as tonalidades do vermelho, as diversas gradações da claridade, formas geométricas definidas movimentando-se a tal ou qual velocidade. Vejo o gracioso jogo das chamas agressivas, a força flexível, a cor viva. O rosto de uma pessoa é percebido e lembrado mais prontamente como alerta, tenso e concentrado do que como triangularmente conformado, com sobrancelhas inclinadas, lábios retos etc. Esta prioridade da expressão, embora um tanto modificada nos adultos por uma educação cientificamente orientada, é chocante nas crianças e nos primitivos, como foi mostrado por Werner e Köhler. O perfil de uma montanha é suave ou ameaçadoramente severo; um cobertor atirado sobre uma cadeira é retorcido, triste e cansado.

A prioridade das propriedades fisionômicas não deve ser uma surpresa. Nossas sensações não são dispositivos de registro autônomos, operando para si próprias. Elas foram desenvolvidas pelo organismo como um auxiliar para reagir ao meio, e o organismo está interessado prioritariamente nas forças ativas circundantes – seu lugar, sua força, sua direção. Hostilidade e amabilidade são atributos das forças. E a percepção dos impactos das forças conduz ao que chamamos de expressão.

Se a expressão é o conteúdo primordial da visão na vida diária, o mesmo devia ser muito mais verdadeiro para o modo como o artista observa o mundo. As qualidades expressivas são seus meios de comunicação. Elas apreendem sua atenção, possibilitam-no a entender e a interpretar suas experiências e determinam os padrões formais que ele cria. Por isso deve-se esperar que o treinamento dos estudantes de arte consista basicamente em aguçar sua sensibilidade para essas qualidades e em ensinar-lhes a considerar a expressão como o critério orientador para cada golpe do lápis, pincel ou cinzel. De fato, muitos bons professores de arte fazem exatamente isto. Mas em outros casos a sensibilidade espontânea do estudante à expressão não só deixa de se desenvolver, mas é até prejudicada e suprimida. Há, por exemplo, uma maneira antiga, mas não extinta, de ensinar os estudantes a desenhar a partir de um modelo, pedindo-lhes para estabelecer o comprimento e a direção exatos das linhas do contorno, a posição relativa dos pontos, a forma das massas. Em outras palavras, os estudantes precisam concentrar-se nas qualidades técnica-geométricas daquilo que veem. Na versão moderna, este método consiste em estimular o jovem artista a pensar no modelo ou no *design* inventados livremente como uma configuração de massas, planos, direção. Outra vez o interesse se focaliza nas qualidades técnicas e geométricas.

    Tal ensino segue os princípios da descrição frequentemente empregados mais nas ciências físicas e matemáticas do que nas ciências da visão espontânea. Há, entretanto, professores que procedem de maneira diferente. Com um modelo sentado no assoalho, agachado, tal professor não começa fazendo os estudantes notarem que a figura toda pode ser inscrita em um triângulo. Em vez disso, ele pergunta sobre a expressão da figura; talvez lhe digam que a pessoa no assoalho parece tensa, amarrada, cheia de energia potencial. Ele sugerirá, então, que os estudantes tentem reproduzir esta qualidade. Ao fazer isso, o estudante observará as proporções e direções, mas não as propriedades estáticas, geométricas, "corretas" apenas por exatidão. Esses aspectos formais serão entendidos como meios de fazer a expressão primordialmente observada ir ao encontro do papel e da exatidão ou inexatidão de cada golpe e será julgada baseada no fato de aprender ou não o "clima" dinâmico do tema.

    Da mesma forma, numa aula de composição, devemos esclarecer que para o artista, bem como para qualquer ser humano puro, um círculo não é uma linha de curvatura constante cujos pontos são equidistantes do centro, mas, antes de tudo, uma coisa compacta, dura, estável. Uma vez que o estudante tenha entendido que a rotundidade não é idêntica à forma circular, ele pode tentar fazer composição cuja lógica estrutural seja controlada por um conceito primordial de algo a ser expresso. Uma tal concentração artificial nas simples formas e cores deixará o estudante perdido em relação a que padrão selecionar entre os inumeráveis e igualmente aceitáveis. Um tema expressivo lhe servirá como um guia natural para as formas que se adaptam a seu objetivo.

    É evidente que o que se defende aqui não é a assim chamada "autoexpressão". O método da autoexpressão negligencia ou mesmo aniquila o tema a ser representado. Ele aconselha um extravasamento passivo, "projetivo" daquilo que se sente internamente. Ao contrário, o método discutido aqui requer concentração ativa e disciplinada de todas as forças organizadoras sobre a expressão encontrada na visão que cada pessoa tem do mundo.

Pode ser argumentado que um artista deve praticar a técnica puramente formal antes de se esperar que ele possa reproduzir a expressão com sucesso. Mas esta noção inverte a ordem natural do processo artístico. De fato, toda boa prática é altamente expressiva. Isto ocorreu-me pela primeira vez há muitos anos, quando observava a bailarina Gret Palluca executar uma de suas peças mais populares do programa, que ela denominava "Improvisações Técnicas". Este número nada mais era do que o exercício sistemático que a bailarina praticava todos os dias em seu estúdio para tornar ágeis as articulações do corpo. Ela começava girando a cabeça, depois movia o pescoço, em seguida encolhia os ombros e terminava flexionando os dedos do pé. Esse exercício puramente técnico teve sucesso junto à audiência porque era inteiramente expressivo. Os movimentos forçosamente precisos e rítmicos apresentavam com muita naturalidade o repertório inteiro da pantomima humana. Passavam por todos os estados da alma, desde a felicidade preguiçosa até a sátira impertinente.

A fim de realizar movimentos tecnicamente precisos, um professor de dança competente pede aos alunos não para executar posições "geometricamente" definidas, mas para empenhar-se na experiência muscular de elevação ou ataque, ou de capitulação, que serão criados pelos movimentos executados corretamente. Métodos comparáveis são aplicados na terapia física hoje em dia. Por exemplo, pede-se ao paciente não para concentrar-se em exercício sem sentido, puramente formal de flexão e extensão do braço, mas num jogo ou num trabalho que envolvem movimentos adequados dos membros como meios para um fim com sentido.

Simbolismo na arte

Todas as qualidades perceptivas têm generalidade. Eu mencionei isto antes e, com esta afirmação, queria dizer que até certo ponto vemos a vermelhidão em todos os pontos vermelhos ou a velocidade em todos os movimentos rápidos. O mesmo é verdadeiro para a expressão. Quando Picasso nos comunica num quadro das maneiras dóceis com as quais a mãe guia os primeiros passos de seu filho, que anda inseguramente, vemos a docilidade como uma qualidade geral exemplificada num caso particular. Neste sentido, é válido dizer que o quadro de Picasso simboliza a docilidade. De fato, para nosso propósito, os termos expressão e simbolização podem ser usados um pelo outro. O exemplo sugere também que a tarefa de expressar ou simbolizar um conteúdo universal por meio de uma imagem particular é efetuado não só pelo padrão formal, mas também pelo assunto, se houver.

Somente considerando o assunto, pode o termo simbolismo ser usado num sentido mais restrito. Quando Rembrandt representa Aristóteles contemplando o busto de Homero, tem sentido perguntar se o artista pretendia narrar uma cena que aconteceu ou poderia ter acontecido num mundo da história ou da lenda, ou se a cena tem um sentido puramente "simbólico". Se for este o caso, o assunto e seu arranjo são planejados para corporificar uma ideia, e elas podem mostrar este objetivo pela improbabilidade de sua ocorrência em qualquer mundo real ou imaginário. Um exemplo claro de tal simbolismo é o quadro de Ticiano comumente referido como "Amor Sagrado e Profano"; dificilmente pode ser considerado como uma cena de gênero, na qual uma mulher vestida e outra nua estão sentadas juntas sobre um poço. Pode-se dizer o mesmo da gravura de Dürer, na qual uma mulher alada com um cálice na mão está de pé sobre uma esfera, movendo-se por meio das nuvens.

A leitura correta de tal quadro depende grandemente de convenções. Estas convenções tendem a generalizar o modo como uma ideia deve ser representada, como, por exemplo, na arte cristã, o lírio é conhecido como símbolo da virgindade de Maria, os cordeiros são discípulos e dois cervos bebendo em uma lagoa mostram a recreação dos fiéis.

Entretanto, quanto mais uma experiência depende de conhecimento, menor é a probabilidade de ser direta. Por isso, o simbolismo neste sentido é pouco importante para o assunto do presente livro. É de interesse menor também o "simbolismo" no sentido da psicanálise freudiana. A interpretação de Freud difere de uma maneira fundamental do que é considerada aqui a natureza da arte. Ele trata o simbolismo não como a relação entre uma imagem concreta e uma ideia abstrata, mas mais como uma relação entre objetos igualmente concretos, por exemplo, entre uma adaga e o órgão genital masculino ereto. Se, depois de aprofundarmos no trabalho de um grande artista, não nos resta nada a não ser referências a órgãos e funções do corpo humano, com razão, nós nos perguntaríamos o que torna a arte uma criação universal e supostamente vital da mente humana.

Um momento de reflexão mostra que o sexo, como qualquer outro assunto particular, nunca pode ser o conteúdo fundamental de uma experiência artística válida. Ele serve apenas como material formal, empregado pelo artista para mostrar as ideias que seu trabalho fundamentalmente visa. Este material formal é constituído pelo conjunto dos fatos visuais apresentados no trabalho. Neste sentido, encontramos simbolismo mesmo em obras que, à primeira vista, parecem ser pouco mais que um arranjo de objetos um tanto neutros. É só passar a vista nos esboços simples das duas naturezas mortas esboçadas na Figura 279 para experimentar duas concepções diferentes da realidade. O quadro de Cézanne (*a*) é dominado pela estrutura estável de verticais e horizontais do fundo, pela mesa e pelos eixos das garrafas e do copo. O esqueleto é bastante forte para dar apoio mesmo para as largas dobras do tecido. Uma ordem simples é comunicada pela simetria vertical de cada garrafa e pela do copo. Há abundância em volumes bojudos e ênfase na rotundidade e suavidade, mesmo na matéria inorgânica. Comparem esta imagem de paz próspera com a desordem catastrófica da obra de Picasso (*b*). Aqui encontramos pouca estabilidade. São evitadas orientações horizontais e verticais. A sala está inclinada, os ângulos retos da mesa, que está revirada, estão escondidos por posição oblíqua ou distorcidos. As quatro pernas não correm paralelas. A garrafa inclina-se para a frente, o cadáver da ave, desesperadamente esticado, está prestes a cair da mesa. Os contornos tendem a ser duros, nítidos e inertes, mesmo no corpo da ave.

Figura 279

Nas grandes obras de arte, o significado mais profundo é transmitido aos olhos com poderosa imediatez pelas características perceptivas do esquema compositivo.

A "história" da *Criação do Homem* de Michelangelo, no teto da capela Sistina, em Roma (Figura 280), é entendida por qualquer leitor do livro da Gênese. Mas mesmo a história está modificada de modo a torná-la mais compreensível e impressiva aos olhos. O Criador, em vez de soprar uma alma viva ao corpo de argila – um motivo difícil de se traduzir para uma configuração expressiva –, estende-se em direção ao braço de Adão, como se uma centelha animadora, saltando da ponta de um dedo para a ponta de outro, fosse transmitida do criador para a criatura. A ponte do braço liga visualmente dois mundos separados: a compacidade autocontida do manto que envolve Deus e o movimento para a frente é dado pela diagonal do corpo; e o pedaço incompleto e plano da terra, cuja passividade é expressa no declive posterior de seu contorno. Há passividade também na curva côncava sobre a qual o corpo de Adão é moldado. Ele está deitado no chão e com possibilidade de erguer-se parcialmente pelo poder atrativo do criador, que se aproxima. O desejo e a capacidade potenciais para erguer-se e andar são indicados como um tema secundário na perna esquerda, que também serve de apoio para o braço de Adão, impossibilitado de manter-se livremente como o braço de Deus, carregado de energia.

Figura 280

Nossa análise mostra que o tema fundamental da imagem, a ideia da criação, é comunicado pelo que atinge primeiro os olhos e continua a formar a composição quando examinamos seus detalhes. O esqueleto estrutural revela o tema dinâmico da história. E, desde que a forma da energia vivificante transmitida não é simplesmente registrada pelo sentido da visão, mas presumivelmente desperta na mente uma configuração correspondente de forças, a reação do observador é mais do que uma mera tomada de conhecimento de um objeto externo. As forças que caracterizam o significado da história chegam vivas ao observador e produzem a espécie de participação ativa que distingue a experiência artística da aceitação separada da informação.

O mais importante é que a imagem não esclarece só o sentido da história individual apresentada na obra. O tema dinâmico revelado pela forma da composição não se limita ao episódio bíblico à mão, mas é válido para qualquer número de situações que possam ocorrer no mundo psíquico e no físico. O padrão perceptivo não é só um meio para entender a história da criação do homem, mas a história torna-se um meio de ilustrar um tipo de acontecimento que é universal e, portanto, abstrato e, desse modo, com necessidade de ser vestido com carne e sangue de tal forma que os olhos possam vê-lo.

Consequentemente a forma visual de uma obra de arte não é nem arbitrária nem um mero jogo de formas e cores. Ela é indispensável como um intérprete preciso da ideia que a obra pretende expressar. Do mesmo modo, o assunto não é nem arbitrário nem sem importância. Ele está exatamente correlacionado com o padrão formal para prover uma corporificação concreta de um tema abstrato. O tipo de *connoisseur* que considera só o padrão, como o tipo do leigo que considera só o assunto, fazem pouca justiça à obra. Quando Whistler chamou o retrato de sua mãe *Arranjo em Cinzento e Preto*, ele tratou este quadro unilateralmente, como alguém que apenas vê uma senhora digna sentada em uma cadeira. Nem o padrão formal nem o assunto constituem o conteúdo final de uma obra de arte. Ambos são instrumentos da forma artística. Eles servem para dar corpo a um universo invisível.

Vista desta forma, a arte figurativa tradicional leva sem ruptura à arte "abstrata", não mimética de nosso século. Qualquer um que tenha apreendido a abstração na arte figurativa vê a continuidade, mesmo que a arte cesse de representar objetos da natureza. Em sua maneira própria, a arte não mimética faz o que a arte sempre fez. Cada obra bem-sucedida representa um esqueleto de forças cujo significado pode ser lido tão diretamente, quanto aquele inerente à história do primeiro homem de Michelangelo. Tal arte "abstrata" não é "forma pura", porque descobrimos que mesmo a linha mais simples expressa um significado visível e é, portanto, simbólica. Ela não oferece abstrações intelectuais, porque não há nada mais concreto do que cor, forma e movimento. Ela não se limita à vida interior do homem, nem ao inconsciente, porque para a arte a distinção entre o mundo exterior e interior do homem, entre o consciente e o inconsciente, é artificial. O espírito humano recebe,

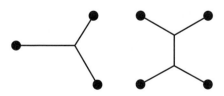

Figura 281

configura e interpreta a imagem que tem do mundo exterior com todo os poderes conscientes e inconscientes, e o domínio do inconsciente nunca poderia entrar em nossa experiência sem o reflexo das coisas perceptíveis. Não há nenhum modo de apresentar um sem o outro. Mas a natureza dos mundos exterior e interior pode ser reduzida a um jogo de forças, e esta abordagem "musical" é tentada pelos artistas erroneamente chamados de abstratos.

Não sabemos como será a arte no futuro. Nenhum estilo particular é o clímax final da arte. Cada estilo não é senão um modo válido de ver o mundo, uma vista da montanha sagrada que oferece uma imagem diferente de cada lugar mas que pode ser vista como a mesma de qualquer parte.

Notas

Capítulo 1 – Equilíbrio

A Estrutura Oculta de um Quadrado (p. 3-9)

Testes preliminares dos efeitos "magnéticos" aqui descritos foram feitos por um de meus alunos, Toni Cushing. Ver também Goude (163). (Os números entre parênteses referem-se à bibliografia).

A repulsão do disco a partir da borda do quadrado traz à mente experimentos feitos por Köhler e Wallach (249) sobre pós-efeitos visuais. Os observadores fixaram uma figura linear por alguns minutos, depois uma nova figura foi introduzida para inspeção a fim de testar a influência do padrão previamente observado. Descobriu-se que os objetos visuais se separavam das áreas previamente ocupadas por outros objetos visuais. O efeito era fraco quando os objetos estavam próximos um do outro; atingia um clímax a uma certa distância, e enfraquecia novamente quando a distância aumentava. Os autores oferecem uma explicação fisiológica.

Wertheimer (445), p. 79.

Que são Forças Perceptivas? (p. 9-10)

Compare Kepes (232), p. 29: "Os elementos visuais reais são apenas os pontos focais deste campo; são energia concentrada".

Sobre a fisiologia da percepção da forma ver, por exemplo, Lettvin (266) e Hubei (203).

Equilíbrio psicológico e equilíbrio Físico (p. 11-2)

Ross (376), p. 23.

Por que equilíbrio? (p. 13-5)

Compare Ross (376), p. 25: "Em qualquer relação de posições não simétricas (direções, distâncias, intervalos), nas quais o centro de equilíbrio não está clara e suficientemente indicado, há uma sugestão de movimento. O olho, não sendo preso por nenhum equilíbrio, prontamente segue essa sugestão". Ver também Arnheim (18), p. 76.

As Figuras 7-10 são adaptações das Figuras 21, 24, I, e 9 de Graves (165), com autorização da Psychological Corporation, Nova York.

Peso (p. 15-8)

Para o princípio da alavanca *e outros* fatores de equilíbrio ver Langfeld (261), capítulos 9 e 10, e a literatura precedente ali mencionada.

Puffer (356) sobre o efeito panorâmico.

Sobre a ênfase por isolamento no palco ver Dean (91), p. 146.

Direção (p. 18-20)

No Circo: O Tandem, de Toulouse-Lautrec, pintado em 1899, acha-se na Knoedler Collection, Nova York.

Para pós-efeitos perceptivos encontrados em experimentos feitos por James J. Gibson e outros, ver Köhler e Wallach (249), p. 269.

Padrões de Equilíbrio (p. 21)

Um estudo sistemático de padrões compositivos foi feito por Rudrauf (379). Distingue entre *compositores diffuses*, nas quais as unidades se distribuem regular e homogeneamente sem centro de irradiação ou ênfase (Bosch, Brueghel, miniaturas persas), e *compositions scandées*, que têm ritmo espacial e hierarquia de ênfases. Divide as últimas em (1) composições axiais, organizadas ao redor do pivô de uma figura ou grupo principais; (2) composições centradas, que irradiam a partir de um pouco de gravitação; e (3) composições polarizadas, constituídas de duas figuras ou grupos que se opõem, entre os quais há uma relação dinâmica.

Alto e baixo (p. 21-4)

Interferências na percepção correta da verticalidade foi demonstrada por Witkin (456) e Wappner (433).

Langfeld (261), p. 223.

Greenough (167), p. 24.

Uma de minhas alunas, Charlotte Hannaford, apresentou a observadores, ao acaso, pinturas abstratas em suas quatro posições espaciais, solicitando-lhes que encontrassem a orientação (A) pretendida pelo artista. De vinte observadores foram os seguintes os resultados obtidos:

	A	B	C	D
Bauer I	15	3	1	1
Bauer II	4	3	3	10
Bauer III	10	5	3	2
Mondrian	11	1	4	4
Kandinsky	10	2	8	0
	50	14	19	17

O resultado geral mostrou que exatamente 50% dos julgamentos estavam corretos. O resultado foi negativo no caso de Bauer II (observe-se, contudo a alta concordância sobre um julgamento "errado"), fraco no caso de Kandinsky, e claramente positivo nos outros três. A mera probabilidade teria dado resultado apenas para 25% dos julgamentos corretos. Os comentários obtidos dos observadores em tais experimentos são esclarecedores e merecem estudo mais aprofundado.

Kanizsa e Tampieri (223), p. 52, mostram letras e números nos quais as partes superior e inferior parecem "quase iguais" em sua posição vertical mas completamente diferentes quando vista invertidas.

Se se girar o quadro de uma mulher reclinada 90 graus, vê-se repentinamente que ela está pressionada violentamente na direção de seu suporte. A pressão para baixo, que não é percebida em condições normais, torna-se notável como pressão lateral.

Jackson Pollock pintando no chão: O'Connor (329), p. 40.

Direita e esquerda (p. 25-7)

Sobre a diferenciação esquerda-direita, ver Corballis e Beale (85-86) e Olson (332) p. 10; também o livro fartamente documentado de Fritsch (123), que cita a proposição de Goethe.

Wölfflin publicou dois artigos sobre o problema direita-esquerda (466). As primeiras observações de Gaffron apareceram num livro sobre as gravuras de Rembrandt (127). Um artigo dela em inglês cita a literatura que precede o assunto (126).

A proximidade na fotografia: Bartley (43).

Durante a controvérsia sobre se Rafael pretendeu as composições para suas tapeçarias como elas são nos projetos, ou invertidas como aparecem nas tapeçarias. A. P., Oppé mostrou que o efeito esquerda-direita é apenas reverso quando se aproxima do quadro e o observa obliquamente a partir do lado direito. Ver Oppé (334) e White e Shearman (449).

Dean (91), p. 132.

Não se sabe nada de decisivo até agora sobre a neurologia da assimetria visual. Cf. Gazzaniga (131) e Geschwind (136, 137).

Sobre a diferenciação de tamanho e movimento lateral, ver Van der Meer (424). Movimento do olho: Buswell (71) e Yarbus (474).

O equilíbrio e a mente humana (p. 27-8)

Freud (118), p. 1.

Sobre as relações de entropia para a arte, ver Arnheim (15).

Whyte (451).

A definição de motivação é uma citação de Freeman (117), p. 239. Compare também Krech e Crutchfield (255), capítulo 2, e Weber (434).

Com respeito ao organismo e à lei da entropia, ver Köhler (243) capítulo 8. *Madame Cézanne numa cadeira amarela* (p. 29-32)

Ross (376), p. 26.

Para a análise de um retrato semelhante feito por Cézanne, ver Loran (279), prancha 17.

Capítulo 2 – Configuração

Agnosia: Gelb e Goldstein sobre experimentos com pacientes portadores de lesões cerebrais em (134), p. 324 e segs.; também artigo mais recente de Gelb (133).

A visão como exploração ativa (p. 35-6)

Sobre mecanismos coletivos na percepção ver Lettvin (266).

Platão, *Timeo*, parágrafo 45; T. S. Eliot (103), p. 4.

Captação do essencial (p. 36-7)
Os chimpanzés de Köhler (244), p. 320.
Reconhecimento de instantâneos: Segall *e outros* (395), p. 32.
Conceitos perceptivos (p. 37-9)
Sobre a equivalência de estímulo, ver Gellermann (135); também Hibb (177), p. 12 e segs., que afirma que a captação dos aspectos perceptivos desenvolve-se gradualmente.
Lashley citado por Adrian (2), p. 85.
Os conceitos perceptivos são analisados com maior detalhes em Arnheim (18), p. 27-50, e (16).
A influência do passado (p. 41-4)
Kanizsa (224), p. 31.
Efeito da instrução verbal: Carmichael (72).
Gottschaldt (162). A Figura 23 não é um dos padrões de Gottschaldt. Encontrei-a esboçada a lápis na margem do artigo de Gottschaldt pelo finado Max Wertheimer em sua cópia pessoal da *Psychologische Forschung*.
Gombrich (158), p. 216. Ver também Bruner e Krech (67), p. 15-31.
Ver a configuração (p. 44-7)
A Figura 25 é reproduzida de uma gravura que se encontra em *Della Pittura e Della Statua* de Leon Battista Alberti, Milão, Societh Tipografica De'Classici Italiani, 1804, p. 123.
Agnosia: Gelb e Goldstein (134), p. 317.
A Figura 29, segundo Berliner (49), p. 24.
Simplicidade (p. 47-55)
Simplicidade e ordem não são a mesma coisa, mas certas observações sobre a natureza de uma valem também para a outra. A observação de Spinoza sobre a subjetividade da ordem (*Ética*, apêndice à Parte I) é citada num artigo de Hartmann e Sickles sobre a teoria da ordem (173). Estes autores que parecem considerar a ordem principalmente ou talvez exclusivamente como uma característica do agrupamento – isto é, como uma relação entre objetos isolados – afirmam que "ordem é o termo que se aplica a qualquer qualidade ou sensação subjetiva que é produzida por, e dependente do número de linhas retas que podem ser traçadas através de três ou mais pontos realmente presentes ou inferidos ou centros do campo sensorial; varia diretamente segundo o grau em que estas linhas tendem a se tornar paralelas entre si, e segundo o sistema de coordenadas vertical-horizontal natural ao organismo". Esta definição, que se pode aplicar também à simplicidade, indica corretamente a importância da moldura de referência espacial e da orientação paralela. Mas descreve o efeito do paralelismo em termos de uma soma de elementos e também é inadequada por considerar apenas dois fatores específicos. Por exemplo, os círculos, que não contêm paralelas, apresentam um alto grau de ordem. Em um segundo artigo, Sickles (401) entende que uma organização circular de objetos possuiria ordem, mas sustenta que nunca se percebe tal arranjo, porque "os olhos nunca veem curvas salvo quando estas estão objetivamente presentes – todos os intervalos subjetivos são linhas retas". Esta afirmação se baseia em observação insuficiente (ver, por exemplo, nossa Figura 28).
Alexander e Carey (4).

Hochberg *e outros* sobre simplicidade (195 e 197).

Peter Blake em uma crítica bibliográfica sobre o livro *The Road Is Yours* de R. M. Cleveland e S. T. Williamson, publicado no *New York Times*, 1951.

Chaplin: Cocteau (79), p. 16.

Parcimônia: Cohen e Nagel (80), p. 212-384.

Newton: *Princípios Matemáticos*, Livro III, regra 1.

Badt sobre simplicidade (36).

O relevo de Ben Nicholson é ilustrado em *Circle* (297), prancha 6.

O Boogie-Woogie da Vitória, quadro de Piet Mondrian (312), p. 55. *A Rebelião Dominada por um Governo Sábio* é o título de um quadro de Rubens, pintado por volta de 1631.

Isomorfismo: Koffka (250), p. 56-68.

Simplificação demonstrada (p. 55-7).

Lucrécio: *De Rerum Natura*, Livro IV, 353. Leonardo (291), vol. 2, p. 238.

Pode-se encontrar um exame detalhado de experimentos sobre as reações ante os estímulos debilitados na primeira edição de Woodworth (469), cap. IV, "Memory for Form". Consultar também Koffka (250), p. 493-505. Foi provocada considerável controvérsia pelos experimentos baseados no efeito da memória. O estudo pioneiro feito por Wulf (472) foi feito sob a orientação de Koffka. Entre as publicações mais recentes, o estudo de Goldmeier (153) é particularmente importante. Hebb e Foord (178) interpretaram seus resultados como sendo contrários aos prognósticos da Gestalt. Os exemplos de reações à Figura 38, que é uma adaptação tomada de Wohlfahrt na Neue Psychologische Studien 1928/32, provêm de demonstrações feitas em minhas aulas. A Figura 40*a* se baseia em Wulf, Figura 40d sobre Allport (6). Ver também Arnheim (16), p. 81-4.

Nivelamento e aguçamento (p. 58-9)

Sobre *Prägnanz*, ver Rausch (364), p. 904 e segs. Um exemplo da confusão criada por *pregnance*: Woodworth e Schlosberg (470), p. 419.

Sobre nivelamento e aguçamento na transmissão de rumores, ver Allport e Postman (7), reimpresso em Katz *e outros* (225), p. 394-404.

Um todo se mantém (p. 59-61)

Sobre os princípios da psicologia da Gestalt, ver os livros de Köhler (241) e Koffka (250), bem como as antologias editadas por Ellis (104) e Henle (188).

Torroja (421), p. 285.

A lei da simplicidade, como prefiro chamá-la, foi muitas vezes chamada lei da boa gestalt ou da *prägnanz*. A noção de "boa" sugere julgamento de valor subjetivo em vez de fato objetivo. Sobre *"prägnanz"* ver p. 59 e a nota que se relaciona com ela.

O livro de Köhler sobre *physical gestalten* (246) não foi traduzido mas são inúmeras as referências ao assunto em seus últimos artigos. A citação é de (240), p. 242.

Ivo Köhler sobre experimentos com óculos de proteção (253).

Hemianopia: Gelb (133) e Teuber (415), p. 1614 e segs.

As Figuras 41 e 46 foram tomadas de Metelli (303) com permissão do autor.

Subdivisão (p. 61-4)

A Figura 42 é adaptada de Arnheim, em Whyte (452), p. 202.

Sobre a seção de ouro, ver Arnheim (18), p. 102-19, e a literatura citada ali.
Por que os olhos com frequência dizem a verdade (p. 64-5)
O exemplo da ponte de Wetheimer figura à p. 336 do original alemão (444). O desenho é meu.
Stein (407), p. 11. Sobre a camuflagem na natureza, ver Cott (87).
Compare Köhler (241), p. 156-60. Wertheimer explica a correspondência entre a organização física e a perceptiva como uma adaptação evolutiva do sistema nervoso ao ambiente; p. 336 do original alemão (444), omitido no sumário de Ellis (104).
Subdivisão nas artes, (p. 65-7).
A escultura de pedra de Brancusi de 1908 encontra-se no Museu de Filadélfia.
O que é uma parte? (p. 68-70)
A Figura 50 à p. 323 do artigo original de Wertheimer (444).
As formulações iniciais do princípio da gestalt assumiram a existência de uma "qualidade de gestalt" adicional. Cf. Ehrenfels (102), reimpresso em Weinhandl (436), p. 11-43; também Arnheim em Henle (188), p. 90-6.
Em uma *gestalt*, a estrutura do todo é determinada pela estrutura das partes e vice-versa. Para uma lista de definições de *gestalt*, ver Katz (226), p. 91. Para uma introdução à teoria, ver Wertheimer (446), Köhler (241), e Koffka (250).
Os esboços de Picasso para Guernica: Arnheim (19).
O artigo de Waddington sobre a forma biológica em Whyte (452), p. 44-56. Waddington também critica a escultura moderna do ponto de vista do anatomista.
Semelhança e diferença (p. 69-79)
Regras de agrupamento: Wertheimer (445), Musatti (321). Sobre experimentos com animais, ver Ellis (104), seleções 18-21.
Dante: *Paradiso* III, 14.
Aristóteles sobre similaridade: *Sobre a Memória e a Reminiscência*, 451b. Ver também *Phaedo*, 74 de Platão.
Mosconi na *Rivista di Psicologia*, 1965.
As Figuras 52-56 são adaptadas de meu artigo em Whyte 452, p. 200.
O caráter fundamental das regras de agrupamento é com frequência não considerado. O próprio Wertheimer era consciente disso. Depois de introduzir suas regras, ele as chamou "uma pobre abstração", dando assim a seu artigo uma dramática reviravolta. Descreveu a lei da similaridade como "um caso especial da lei da boa gestalt", e afirmou que os padrões visuais não devem ser tratados em termos de "distâncias e relações entre partes".
A Figura 59 é o decalque de uma reprodução em Duncan (98), p. 54. A pintura data de 1908.
O Grande Mergulhador: reproduzido por permissão do Prof. Weiss (437).
Walter Piston (353), p. 20. Outros princípios encontrados na organização visual poderiam ser também aplicados com proveito na música.
Exemplos tomados da arte (p. 79-83)
A *Parábola dos Homens Cegos* de Brueghel, pintada em 1568, encontra-se no Museu de Nápoles. A referência bíblica é de Mateus 15:14.

O altar de Grunewald, terminado por volta de 1515, encontra-se no Museu de Colmar. Gombrich (156), p. 259.

São conhecidas cinco versões da *Expulsão do Templo* de El Greco. Refiro-me a da Frick Collection, Nova York.

O *Quarto*, de Van Gogh, pintado em Arles em 1888, encontra-se no Chicago Art Institute.

O esqueleto estrutural (p. 83-6)

Delacroix (93), I, Etudes Esthétiques, p. 69.

Movimentos do olho: Yarbus (474) e Buswell (71).

A Figura 72 provém de um procedimento sugerido por Wertheimer à p. 318 do artigo original (444).

Wittgenstein (458), parte II, seção XI.

Capítulo 3 - Forma

Ben Shahn (398), p. 61.
Wittgenstein (458), p. 235.
Goethe, *Dichtung und Wahrheit*, Livro II.
A Doutrina ilusionística: cf. Arnheim (14), p. 125.
Plínio sobre Zeuxis: Panofsky (339), p. 99.
Orientação no espaço (p. 91-5)
Gellermann (135).

Quadrado inclinado: ex., Piaget (348). A influência da orientação na forma do quadrado foi pela primeira vez mostrada em 1896 por Mach (293), p. 106.

Kopfermann (254), p. 352.

A natureza morta de Picasso *A Toalha Vermelha*, pintada em 1924, é reproduzida como prancha 187 por Barr (42).

Witkin (457).

Para dois estudos iniciais sobre respostas de crianças à orientação, ver Stern (408) e Rice (370); mais recentemente Ghent (139).

Projeções (p. 95-9)

Wölfflin, num artigo sobre a reprodução e interpretação das obras de arte (464), p. 66-76, lamenta o efeito da distorção de fotografias que mostram peças escultóricas a partir de pontos de vista inapropriados. Numa fotografia, tal distorção ocorre com mais facilidade do que na percepção direta porque ela apresenta um aspecto isolado sob condições de tridimensionalidade grandemente reduzida. Quando a configuração de uma estátua é um tanto complexa, uma fotografia tomada obliquamente pode produzir uma "pseudofrontalidade" – isto é, a impressão de que o observador está voltado para a vista frontal da estátua. Daí a distorção.

A geometria projetiva trata de problema semelhante ao determinar as "invariantes" estruturais, que permanecem intactas pela distorção através da projeção. Ver Courant e Robbins, (88), p. 165 e segs.

Bower sobre constância nas crianças de pouca idade (60).

A percepção de profundidade nas crianças de pouca idade: Gibson (140).
Qual é o melhor aspecto? (p. 99-103)
Galton (129), p. 68.
Imagens eidéticas: Haber (170).
Análise da Beleza de Hogarth, Introdução.
Gráficos de computador: Sutherland (411).
Chesterton em "The Eye of Apollo", uma de suas histórias do Pai Brown. Sobre Giacometti ver Lord (280), p. 14.
Kerschensteiner (236), p. 229-30.
O método egípcio (p. 103-7)
Mach (292).
Schäfer (386), p. 254, Figura 199; elevações da esfinge, p. 202.
Tischgesellschaft de Oskar Schlemmer, pintado em 1923, encontra-se na Sträher Collection Darmstadt.
O escorço (p. 107-12)
Se considerarmos as secções dos corpos em escorço, entenderemos com mais facilidade como uma configuração simples dada parcialmente tende para a integridade.

A Figura 88 é desenhada segundo um detalhe tirado de uma ânfora ática do início do século VI, pertencendo ao Metropolitan Museum of Art de Nova York (ilustrada em *Greek Painting* [166], p. 8). O poder convincente dos padrões estruturalmente simples é demonstrado pelo fato de que tais monstros podem ser produzidos num período em que o senso do visualmente significativo era de outra forma tão estrito que até os mais leves escorços, por exemplo, de cabeças ou pés, eram evitados. A simetria da vista frontal é tão atraente que sua inadequação é desprezada. Também proporciona uma solução simples ao problema de representar um conjunto de quatro cavalos (cf. p. 125). Rathe (360), p. 37, menciona casos semelhantes na arte do extremo oriente com exemplos do impacto ("Durchschlagskraft") de tais projeções.

Delacroix, *Journal* (94), vol. 3, p. 13, anotado em 13 de janeiro de 1857.

A Figura 90 é uma ampliação do filme *Ballet Mécanique* (1924) de Fernand Léger. Sou grato a Guido Aristarco, editor de *Cinema Nuovo*, pela fotografia.

O escorço da figura de Cristo de Mantegna encontra-se em Brera, Milão.

As Figuras 91*a* e *b* são esboços conforme as p. 9 e 36 de Cooper (84).

A citação de Barlach é traduzida de uma carta de junho, 1889 (41), p. 17.

Sobreposição (p. 112-14)

Os exemplos de Picasso da Figura 92 são esboços tirados de Cooper (84), p. 13 e 14.

Sou grato a Rockwell Kent, um detalhe de cuja xilografia *Os Amantes* me deu a ideia para a Figura 93.

O *Juízo Final* de Michelangelo na Capella Sistina do Vaticano foi pintado em 1536-1541.

Vestidos de decote baixo que terminam numa linha horizontal cortam os ombros do resto do corpo, enquanto o corte oblíquo em forma de V se desvia do eixo do corpo suficientemente para não interferir na sua unidade.

Qual é a vantagem da sobreposição? (p. 114-18)

A Figura 98 é tomada de um relevo egípcio de Abidos (aproximadamente 1300 a.C.) representando o Rei Sethos I e a deusa Isis.

O Pastor que Abraça uma Jovem de Rubens, de 1636-1638, encontra-se na Munich Pinakothek.

Para outros exemplos de como a superposição é usada para transmitir significado em filmes, ver Arnheim (20), p. 47 e segs.

Alschuler e Hattwick (8), vol. 2, p. 129.

A imagem de Santa Ursula segundo um calendário manuscrito de Stuttgart é reproduzida por Gombrich (156), p. 129.

O paralelo observado entre o desenvolvimento da música e das artes visuais se refere principalmente à sequência de etapas comparáveis e não a uma coincidência na História. Pode-se mencionar contudo, que, embora na cultura ocidental a superposição visual precede a harmonia musical em milhares de anos, a organização de imagens em fileiras horizontais só dá lugar a uma organização integrada da dimensão de profundidade no Renascimento. Ver Bunim (69) e White (448).

Interação entre o plano e a profundidade (p. 118-20)

O grupo da Figura 102 é um detalhe de um rolo pintado por um imperador Sung, Hui Tsung (1085-1135). O rolo é uma cópia de uma obra feita no período do Tang.

Minha apresentação da relação entre projeção perspectiva e concepção visual foi muito vantajosa devido à troca de ideias com Henry Schaefer-Simmern.

Aspectos competitivos (p. 120-24)

A Figura 104 é tomada de Boas (54), p. 224-225.

Morin-Jean (315), p. 86, 87, 138, 139, 152.

A Figura 105*a* é tomada do desenho de uma criança de cinco anos e meio, a 105b, da *Natureza Morta com Panela Esmaltada*, de Picasso, pintada em 1945 (Musée d'Art Moderne, Paris).

Sobre as interpretações dos procedimentos cubistas, ver, por exemplo, o artigo de Paul Laporte (262).

O esboço da cabeça de um touro, de Picasso, foi tomado de *Mise à Mort* de 1934.

Realismo e realidade (p. 124-26)

Wölfflin (468), p. 63. Figura 107 dá os contornos da figura de Abias das lunetas da Capela Sistina.

O que é que tem aparência de realidade? (p. 126-29)

Boccaccio sobre Giotto na quinta história no sexto dia do *Decamerone*.

Nível de adaptação: Nelson (184).

Sobre holografia, ver, por exemplo, Pennington (344).

Picasso sobre aparência de vida, cf. Ashton (33), p. 67; sobre originalidade, Couturier (89).

A forma como invenção (p. 129-34)

Giacometti: Selz (396), p. 17.

Hochberg e Brooks (196) sobre percepção de imagem nas crianças nos primeiros anos de vida.

Rudrauf sobre Anunciações (379).

Níveis de abstração (p. 134-42)

Partes da análise que segue são adaptações tomadas de Arnheim (28). Pode-se encontrar uma análise pertinente no livro de Worringer sobre abstração e empatia (471). Ver também Blanshard (53).

Worringer (471), p. 68, cita Von den Steinen sem especificar a referência.

Não trato aqui do problema especial do realismo na arte paleolítica ou bosquímana. Embora as imagens de animais do tipo de Altamira tenham a identificação de um estilo tardio, maduro, como Meyer Schapiro mostrou há muitos anos (390), não se sabe se as imagens altamente realísticas são sempre produzidas em um nível primitivo de desenvolvimento por um tipo de registro "fotográfico" espontâneo de impressões visuais momentâneas – isto é, se em certas condições especiais a concepção visual do objeto pode ser dominada pelo impacto daquilo que especificamente se percebe. No momento, não conheço nenhuma evidência que sustente esta afirmação.

Sobre o pensamento primitivo, consultar Lévy-Bruhl (269) e Radin (358).

Anastasi e Foley publicaram uma pesquisa da literatura sobre o "comportamento artístico no anormal" (10). Muitos exemplos podem ser encontrados no *American Journal of Art Therapy*, antes *Bulletin of Art Therapy*. Os desenhos de Nijinsky são reproduzidos em seu diário (327). No cap. 10 do livro de Kretschmer, dá-se uma boa caracterização do temperamento esquizoide sobre físico e caráter (257). Alfred Bader (35) publicou uma monografia sobre Friedrich Schroder-Sonnenstern.

Coomaraswamy (82), p. 85-99, mostrou que tradicionalmente um ornamento ou decoração é uma parte integral da obra de arte e não "artigos de modas", como hoje é considerado. Etimologicamente o latim "ornate" significa primordialmente "equipar, subministrar, prover com o necessário", e mesmo no século XVI lemos sobre os "cordames ou ornamentos de um navio". De modo similar, afirma Coomaraswamy, "décor" se relaciona com "decoroso" ou "decente", que significa "adaptado a um caráter ou tempo, lugar e ocasião" e com "decorum", isto é, "o que é adequado".

A pintura de Hodler *Silvaplanersee* de 1907 encontra-se no Kunsthaus, Zurique.

Hogarth (1929), caps. III e VII.

Devo a meu aluno Toni Cushing a observação de que a simetria é frequente na encenação de comédias.

Bergson em seu livro sobre o riso (47).

Tua res agitur: "Isto lhe diz respeito". Horácio, *Epístolas*, I, 18, 84.

La Source (p. 141-46)

Muther (322), vol. II I, p. 163.

Informação visual (p. 146-50)

Apontamentos de Leonardo da Vinci (291), vol. I, p. 105.

O mapa do metrô é reproduzido com permissão do London Transport.

Apontamentos (291) vol. I, p. 107.

Capítulo 4 – Desenvolvimento

As ideias principais apresentadas na primeira parte deste capítulo foram desenvolvidas antes num artigo meu sobre abstração perceptiva e arte (28).

A literatura sobre as comparações entre a arte infantil e a arte primitiva é resumida por Anastasi e Foley (10), vol. II, p. 48-65. Em particular, ver Levinstein (268), Eng (105), Britsch (64) e Löwenfeld (284).

A teoria intelectualista (p. 155-58)

Confrontar as observações de Herbert Read sobre a "falácia conceitual" (365), p. 134. Read analisa muitos dos mais importantes livros e artigos escritos até então sobre o assunto deste presente capítulo.

Luquet (287) afirma que os desenhos infantis atravessam três etapas principais: incapacidade de síntese, realismo intelectual e realismo visual. Ver também Goodenough (159).

Gesell (138) e Bower (59).

Sobre o perceber e o executar na criança, ver Olson e Pagliuso (333). A coleção consiste de artigos de Maccoby, McNeill, Olson, Staats e Arnheim.

Conceitos representativos (p. 159-62)

A anedota de Matisse é relatada por Gertrude Stein (407), p. 17.

Olson sobre diagonais (332). Citação de Arnheim em Olson, p. 206.

Com frequência, lemos que as crianças repetem infinitamente "esquemas estereotipados" que elaboram. O adulto tende a prestar mais atenção aos padrões básicos que se repetem nos desenhos do que às variações que com tais padrões se obtêm. É verdade que as crianças insistem em uma descoberta formal e experimentam suas possibilidades até esgotar suas virtudes e necessitam de algo novo. Esta é, contudo, uma boa prática que, afortunadamente, não se limita às crianças. A questão sobre os desenhos e pinturas infantis serem ou não "arte" pode seguramente ser deixada para os filósofos.

Pouco do ensinamento de Gustaf Britsch é obtenível por suas próprias palavras. O livro *Theorie der Kunst* (64), publicado em 1926 em seu nome com seu aluno Egon Kornmann indicado como editor, foi realmente escrito por Kornmann depois da morte de Britsch. Ele se baseou na comunicação oral e nas notas e artigos de Britsch, dos quais alguns são citados textualmente na última parte do livro. As ideias principais são resumidas em inglês na introdução (388) pelo discípulo de Britsch, Henry Schaefer-Simmern, que as aplicou e desenvolveu. Trocas de ideias frequentes com o professor Schaefer-Simmern foi-me de grande valor para escrever o presente capítulo.

O desenho como movimento (p. 162-65)

Sobre as pinturas realizadas por símios, ver Morris (316); também Köhler (244), p. 96.

Os textos básicos sobre grafologia, ainda não traduzidos, são da autoria de Klages (237) e Pulver (357).

Goodnow (161). Para exemplo de desenho desconexo feito por uma criança de vista fraca, ver Löwenfeld (284), p. 155, Figura 3. Tais desenhos também ocorrem ocasionalmente em crianças normais, mas não são bastante frequentes para representar uma fase típica ("incapacidade de síntese"), como afirmou Luquet (287). Luquet chegou a esta conclusão incluindo nesta categoria os assim chamados desenhos "girinos". Neste caso, baseou-se na tão frequente e errônea noção de que nestes desenhos os braços se prendem à cabeça ou às pernas. Confrontar também Piaget (350), p. 65.

Baudelaire em seu relatório sobre o salão de 1859. A passagem repete-se em "L'oeuvre et la vie d'Eugène Delacroix" de 1863. Ver (44), p. 1043 e 1121. A tradução é minha.

O círculo primordial (p. 165-69)

O exemplo dos cavalos foi às vezes usado por Max Wertheimer em suas palestras.

Cott (87) sobre camuflagem no animal.

Charlotte Rice (370), p. 133. Também Goodenough (159) e Spears (403) que registra a literatura recente sobre a preferência de forma nas crianças pequenas.

Piaget e Inhelder (350).

Jonas (211) contém seus dois ensaios sobre a visão e a feitura de imagem.

Experimentos nos quais as crianças são solicitadas a copiar figuras geométricas mostraram que entre três e quatro anos de idade elas amiúde empregam, por exemplo, dois círculos concêntricos para representar um triângulo inscrito em um círculo. Piaget (350), p. 75, e Bender (46), caps. 2 e 4.

A Figura 122k é um desenho baseado em Werner (440), p. 122; *a* e *g* são originais; os outros exemplos são copiados dos originais.

A lei da diferenciação (p. 169-72)

Sobre diferenciação biológica ver Arnheim (15), p. 40.

Piaget (349), p. 12.

Gombrich (157), cap. XI.

Sobre conceitos marcados e não marcados ver Lyons (289), p. 79.

Goodenough (159) e mais recentemente Harris (172).

Vertical e horizontal (p. 172-77)

Kellogg (230).

A Observação de Delacroix é citada conforme (92), p. 8, com a data de 1843.

A proposição de Kerschensteiner (236), p. 17, é substancial mas não inteiramente correta, uma vez que justamente os dois primeiros exemplos que reproduz mostram um tronco linear, que ele interpreta erroneamente como "uma perna, à qual se unem os pés". Contudo, mesmo nestes exemplos, cabeças, dedos e pés são interpretados como figuras de contorno, que mantêm, por assim dizer, todo o padrão visualmente flutuante.

Wölfflin (464), p. 79.

Sobre a cópia de figuras em testes de inteligência, ver Terman e Merrill (413), p. 92, 98, 219, 230. Também Piaget (350), cap. 2: o desenho de figuras geométricas.

Hubei e Wiesel (203) sobre pesquisadores de aspectos do cérebro do gato.

Attneave (34); Mondrian (312).

Obliquidade (p. 177-79)

Monografia de Olson sobre concepção que a criança tem da diagonal (332). Ver também *The Structurist*, 1969, #9, uma edição especial sobre o oblíquo em arte.

O mobiliário de escritório da Figura 130 é manufaturado pela Oxford Pendaflex Corporation em Garden City, N.I., como "The Cluster 120 Work Station".

A fusão das partes (179-84)
Para um desenho inicial de uma pessoa sentada em uma cadeira, ver Eng (105), p. 69.

Crianças de cinco anos de idade que se tornaram conscientes do efeito da perspectiva mas que ainda não são capazes de tentar resolver a deformação da forma desenham às vezes um disco inclinado como um círculo menor mas perfeitamente redondo, em vez de como uma elipse. Piaget (350), p. 214.

Tamanho (p. 184-86).
Löwenfeld (284), p. 25-31, e (282) Figura 26, p. 167. Para distâncias entre objetos ver p. 41, 47, 49, 77, 127, em Löwenfeld (284), que tende a explicar os longos braços como uma expressão da sensação muscular de estiramento experimentada em tais situações. Parece não haver necessidade de recorrer a um fator cinestésico específico quando um fator visual universal provê uma explicação completa.

Os erroneamente chamados girinos (p. 186-88)
Luquet (287) assume uma posição intermediária característica sobre a interpretação dos *têtards*. Ele entende que a omissão do tronco pode ser apenas aparente, mas a atribui à falta de importância para a criança.

A Figura 139 é tomada de Kerschensteiner (236) quadro 82.

Tradução para duas dimensões (188-92)
Abbott sobre Flatland (I). A pintura australiana em casca de árvores, do canguru, encontra-se no National Museum de Vitória em Melbourne.

Clark (76).

Consequências educacionais (p. 192-96)
Cocteau (78), p. 19.
Sobre as atividades docentes de Arnold Schonberg, ver Wellesz (439), p. 49 e segs.
Sobre os precursores da perspectiva central, ver White (448) e Bunim (69).
Citação de Arnheim (16), p. 306-7.
Herbert Read (365), prancha 18*b*.

Hastes e placas (p. 198-03)
Pode-se encontrar uma curiosa solução para o problema de como representar a cabeça-rosto nos pequenos bronzes sumérios que mostram divindades com quatro rostos simetricamente dispostos ao redor da cabeça. Exemplos encontram-se no Oriental Institute, Chicago. Ilustrados em Master Bronzes (299), pranchas 1 e 2. Sobre a planura dos primeiros rostos que aparecem na obra dos principiantes, ver, por exemplo, Schaefer-Simmern (388), p. 98-99.

Exemplos das primeiras esculturas nas pranchas 83, 86, 404-409, no livro de Bossert sobre a antiga Creta (58).

Lei da frontalidade de Lange (260).

A fusão de unidades na escultura pode ser comparada com o desenvolvimento análogo dos desenhos descritos antes na seção *A fusão das partes*.

O cubo e a esfera (p. 203-05)
Löwy (285)
A Figura 150 é um desenho baseado na prancha VIII de Perrot e Chipiez (345), vol. II, p. 130.

Para a citação de Lomazzo, ver Holt (200), p. 260.

Capítulo 5 – Espaço

Linha e contorno (p. 210-14)
Hogarth na introdução a sua Análise da Beleza (199).
Moholy-Nagy (311).
Experimentos sobre densidade em situações de figura-fundo feitas por Gelb e Granit são examinadas em Koffka (250), p. 187.
Kennedy sobre descontinuidade (231).
Courant e Robbins descrevem os experimentos com película de sabão (88), p. 386 e segs. Seria um erro afirmar que na física a forma mais simples possível e a conexão mais curta sempre se combinam. Por exemplo, a solução do problema de Plateau para as bordas de um cubo não leva a um cubo. De modo similar, as conexões mais curtas entre três ou quatro pontos não formam necessariamente triângulos ou quadriláteros. Ver Figura 281, tomada de Courant e Robbins (88), p. 355 e 361.

Rivalidade de contorno (p. 214-17)
A Figura 156 baseia-se em Hempstead (187).
Para a cópia de figuras geométricas, ver Piaget (350), p. 72 e segs. O experimento feito por Rupp (381).
O cálice de Rubin com as duas faces em (377). *La Vie de Picasso*, pintada em 1903, encontra-se no Cleveland Museum.

Figura e fundo (p. 217-23)
Uma análise completa do fenômeno figura-fundo em Koffka (250), cap. 5.
Percepção do céu estelar: Munitz (318), p. 236.
Sobre a bandeira canadense, ver Gardner (130). Attneave sobre multiestabilidade (34).
Proeminência das áreas mais baixas: Rubin (377), p. 83. A evidência sobre a distância espacial e densidade de cor é analisada por Argelander (12), p. 106-09. Ver também o experimento de figura-fundo de Goldhamer (152), que experimentalmente sugere que a superfície mais clara é provável ser o fundo.
Sobre o efeito da simetria, ver Bahnsen (39), examinado por Koffka (250), p. 195.
Efeito de movimento de figura-fundo: Gibson (146).
Esterioscopia: Julesz (212).

Aplicação na pintura (p. 225-29)
O experimento de Luria é citado por Olson (332), p. 88. Figura 157 é de Rupp (381), p. 277.
Weiss (437), p. 806, 807.

Moldura e janelas (p. 229-31)
O enquadramento das pinturas modernas é tratado por Kahnweiler (216), p. 86.

Concavidade na escultura (p. 231-35)
A seção sobre a concavidade na escultura baseia-se em Arnheim (26), reeditada em (18). Uma série útil de fotografias ilustra cinco estágios da escultura (1. a modo de bloco; 2. modelada ou desbastada; 3. perfurada; 4. suspensa; 5. móvel) pode ser encontrada em Moholy-Nagy (311).

Gibson (143), p. 183, observa a negligência com que se consideram os intervalos e a excessiva estimação dos sólidos.

Para uma interpretação psicanalítica das "aberturas" de Moore, ver Wight (454).

O *Grupo Familiar* de Henry Moore existe em uma pequena versão feita em 1946 e também em outra, de tamanho natural, de 1949. No Museum of Modern Art, Nova York, há fundição de bronze de ambas.

Sobre os espaços internos da arquitetura, ver Arnheim (21). A capela de Sto. Ivo no cemitério da Sapienza em Roma foi construída por Borromini por volta de 1650. A fotografia de Ernest Nash é reproduzida aqui com sua permissão.

Por que se vê profundidade? (p. 236-37)

A psicologia da Gestalt sobre a percepção de profundidade: Kopfermann (254) e Koffka (252).

Profundidade por sobreposição (p. 237-42)

Confronte a notável passagem de Aristóteles sobre a mutilação da forma na *Metafísica*, Livro 5, cap. 27.

Gibson sobre oclusão (146); também Dinnerstein (96).

Helmholtz sobre *Percepção de Profundidade* em (181), parte III, parágrafo 30, p. 281, 282. Citado por Ratoosh (361), cuja formulação matemática afirma que "a continuidade do primeiro derivativo do contorno do objeto nos pontos de intersecção é o único determinante da distância relativa".

Gibson (143), p. 142.

O diretor cinematográfico Josef von Sternberg disse-me uma vez que para ele o espaço era mais visível quando estava repleto de objetos. Para os olhos dos outros, uma expansão vazia pode cumprir a mesma tarefa.

O guache de Klee, com a data de 1939, pertencente a Douglas Cooper, é reproduzido em (83), prancha 26.

Philostratus: *Imagines*, Livro I, 4. Devo a interpretação do termoanalogia ao prof. Wolfgang M. Zucker.

A pintura de 1893, de Mary Cassatt, encontra-se na Chester Dale Collection, Nova York.

Kopfermann (254), p. 344-349.

Transparência (p. 242-47)

Devo a Jan Meyerowitz os exemplos de músicas polifônica e harmônica.

A Figura 184 é tomada de um folheto publicitário de cinema 16, Nova York.

Oyama (337, 338) e Morinaga (314).

Kanizsa (222) faz comentários sobre transparência por indução.

Giedion sobre transparência (148), p. 50.

As deformações criam espaço (p. 247-50)

Bazin sobre perspectiva (45), p. 12.

Sobre percepção das deformações ver Rausch (363).

Giacometti: Lord (280), p. 22.

O *Embaixadores* de Holbein, de 1533, encontra-se na National Gallery, Londres. Sobre imagens anamórficas, ver Gombrich (157), p. 252.

John Locke: *An Essay Concerning Human Understanding*, Livro 2, cap. 29, seção 8.

Caixas em três dimensões (p. 250-58)

Koffka (252), p. 166, formula: "Quando se pode conseguir simetria simples em duas dimensões, veremos uma figura plana; se forem necessárias três dimensões, então veremos um sólido".

Perspectiva invertida: Arnheim (14).

Agradeço a Arthur Wheelock a referência à ilustração de Vitrúvio.

Uma monografia feita por Kerr sobre desenhos infantis de cavalos (235). A Figura 195a é tirada de um retábulo espanhol de 1396 no Chicago Art Institute.

A Janela, um guache de Picasso de 1919, encontra-se na coleção Alice Paalen, México. A Figura 196 é um decalque de um detalhe.

Uma vista isométrica do escritório de Walter Gropius na Bauhaus foi executada em 1922 por Herbert Bayer. Consegue-se uma simetria plana pelo uso do mesmo ângulo para ambas as direções. Para um dos "desenhos axiomáticos" de Van Doesburg, ver, por exemplo, *The Structurist*, 1969, #9, p. 18 (57).

Ajuda do espaço físico (p. 258-60)

Wittgenstein (458), 248.

Penhasco visual: Gibson, (140).

Um exame dos fatores de profundidade determinada na percepção de espaço é feito por Woodworth e Schlosberg (470), cap. 16.

Simples em vez de verdadeiro (p. 260-64)

Sobre Borromini, consultar Hempel (186).

Vitrúvio (428), Livro 3, cap. 3. *O Sofista* de Platão, parágrafo 236. Vasari, *Sobre a Escultura*, cap. 1, parágrafo 36.

Demonstrações de Ames: Lawrence (264) e Blake e Ramsay (51), p. 99-103.

Os gradientes criam profundidade (p. 264-68)

Gibson sobre gradientes (143).

As cadeiras de Van Gogh são tomadas de seu *Quarto*, pintado em Arles em 1888. O quadro encontra-se no Art Institute, Chicago. O mesmo acontece com *Tarde no Grande Jatte de seurat*, de 1886.

A Bíblia sobre "uma pequena nuvem": I Reis, cap. 18:14.

Em seu trabalho para as Forças Aéreas (141) Gibson mostrou que o ponto do ambiente em direção ao qual um avião ou automóvel se dirige torna-se o centro de uma expansão centrífuga imposta aos arredores inteiros. O mundo parece abrir-se. Ao olhar para trás, descobrimos que o ponto do qual se afasta o veículo assinala o centro de um movimento de contração ou centrípeto.

O quadro de Magritte *Passeios Euclidianos* encontra-se no Minneapolis Institute of Art.

No sentido de uma convergência de espaço (p. 268-71)

As pinturas em rolo para o *Conto de Genji* são do século XII. Os fragmentos que sobreviveram encontram-se na Coleção Tokugawa no Museu Goto em Tóquio.

Os relevos, em prata, de São Mateus encontram-se no museu da catedral de Aachen.

Sobre o desenvolvimento da perspectiva central, consultar White (448), Bunim (69), Kern (233, 234), e Panofsky (340). A citação de Cennini encontra-se no cap. 87 de seu livro *Il Libro dell Arte o Trattato della Pittura*, escrito antes de 1437.

As duas Raízes da perspectiva central (p. 271-74)

O primeiro tratado sobre a perspectiva central, Della Pittura Libri Tre, foi escrito por Leon Battista Alberti em 1435.

O tratado de Durer *Underwaysung der Messung* foi publicado pela primeira vez em Nuremberg em 1525.

Sobre Vermeer e a câmara escura ver, Seymour (397) e Fink (112).

Ivins (206), p. 9.

Espaço piramidal (p. 276-82)

Thouless (418).

Pós-imagens e profundidade: sobre a lei de Emmert ver Woodworth (470), p. 486, e Koffka (250), cap. 6.

Gibson (143), p. 181.

Ilusões ópticas: Rausch (362).

Perspectiva de Cézanne: Novotny (328).

Sobre a perspectiva no cinema, ver Spottiswoode (406) p. 40-43, e Arnheim (20) p. 11, 58.

O Simbolismo de um mundo focalizado (p. 282-85)

Leonardo em (291), vol. 2, p. 376.

Panofsky (340), p. 161.

A Última Ceia, de Tintoretto, por volta de 1560, encontra-se na igreja de San Giorgio Maggiore em Veneza.

Centralidade e infinito (p. 285-86)

Lucrécio: *De Rerum Nature*, Livro 2: 1048.

Sobre infinito, ver, por exemplo, Weizsäcker (438) p. 118 e segs. Spengler (404) p. 175 e segs., examina a presença do infinito nas definições do finito como característica do pensamento europeu moderno.

Jogando com as regras (p. 286-90)

Zajac sobre perspectiva (477).

Lassidão do Infinito de Giorgio de Chirico, pintado em 1912, encontra-se na Collection Pierre Matisse, Nova York.

Capítulo 6 – Luz

A experiência da luz (p. 293-94)

Piaget (351), caps. 8 e 9.

Driver (97), p. 6. Jó 38: 19-20.

Claridade relativa (p. 295-97)

Sobre a relatividade da claridade, ver Wallach (430) e MacLeod (294). A citação de Alberti é extraída de seu tratado sobre pintura. Ver também Nelson sobre nível de adaptação (183, 184).

Sobre o efeito tridimensional dos gradientes de claridade, ver Turhan (422) e Gibson (143), p. 94 e segs. Para "sombreamento obliterativo", ver Cott (87), p. 124.

Iluminação (p. 297-300)

Sobre luz e iluminação na história da pintura, ver o tratado fundamental da autoria de Schöne (392).

Delacroix sobre a cor verdadeira (94), 13 de janeiro de 1857.

A Luz Cria Espaço (p. 300-04)

Gehrke e Lau (132).

Goethe, *Faust*, Parte II, Ato 3.

Sobre o uso da iluminação no cinema, ver Arnheim (20), p. 65 e segs.

Microscópio de esquadrinhamento: Everhart (107) e Gilmore (150).

Conferência de Mach, "Por que o Homem tem dois Olhos?" em (292) e (293), cap. 10, seção 6.

A citação de Roger de Piles foi tomada de Holt (200), p. 412-413.

Citação tomada de Hering por MacLeod (294), p. 11-12, que posteriormente investigou sistematicamente o efeito de "penumbra" (295).

Sombras (p. 304-10)

Sobre o efeito espacial das sombras, Lauenstein (263).

Ronda Noturna de Rembrandt, pintada em 1642, encontra-se no Rijksmuseum em Amsterdã. Fromentin (124) caps. 21 e 22 apresenta uma análise detalhada do uso da luz neste quadro.

Sobre a concepção primitiva da sombra, consultar Lévy-Bruhl (269), p. 54-56, e (270), p. 136 e segs.

Jung (213), p. 173.

A Figura 229 é tomada de um anúncio feito para Eleven Came Back, romance escrito por Mabel Seeley (Nova York: Doubleday, 1943).

Carta de Cézanne a Bernard de 23 de dezembro de 1904.

Pintura sem iluminação (p. 310-13)

Mach (292).

Bunim (69), p. 27, observa que Apollodorus, um pintor do quinto século a.C., era famoso pelos efeitos de luz e sombra que conseguia. O testemunho naturalmente é indireto uma vez que nada das obras dos primeiros pintores gregos sobreviveu.

Britsch (64), p. 34-35, e Schaefer-Simmern (388), p. 22-25.

A nuvem escura atrás do rosto no retrato de Simonetta de Piero de Cosimo, em Chantilly, constitui um exemplo surpreendente.

Carpenter (73). A Figura 232 é um detalhe de *Noli Me Tangere* de Ticiano, que se encontra na National Gallery, Londres.

Conversas de Goethe com Eckermann, 18 de abril de 1827. A descrição do quadro se adapta melhor, embora não completamente, a *Retorno do Trabalho nos Campos*, de Rubens, pintado por volta de 1640, no Palazzo Pitti em Florença. Talvez a gravura tenha sido feita segundo esta paisagem. Ver também a observação de Lindsay e Huppé de que no *Le Monde Renversé* de Brueghel (Provérbios Neerlandeses) do Berlin Museum os edifícios e as figuras humanas são iluminadas de frente embora o sol seja visível à grande distância acima do horizonte (276).

O simbolismo da luz (p. 313-18)

Wölfflin (467).

Ver o artigo sobre "Luz e Obscuridade" em Hastings (174), vol. 8.

A *Sagrada Família*, de Rembrandt, pintada por volta de 1644, encontra-se na Lennox Collection na Escócia. *O Descendimento da Cruz*, de 1634, encontra-se no Hermitage, Leningrado.

As Bodas de Sansão, de 1638, pertence à Dresden Callery. *A Toalete de Betsabá*, de 1643, encontra-se no Metropolitan Museum of Art, Nova York.

Katz (227), p. 7 e segs., sobre a aparência das cores. A relação entre luminosidade e qualidade de superfície é examinada por Wallach (430).

Panofscky e Saxl (341) e Wölfflin (465), p. 96-105, interpretam a *Melancolia*, de Dürer. Wölfflin (467), cap. 1.

O Terceiro Homem é um filme inglês, dirigido por Carol Reed em 1949.

Pintor e Modelo, de Georges Braque, de 1939, encontra-se na coleção de Walter P. Chrysler, Junior.

Sobre o "antagonismo de forças opostas", cf. doutrina de Freud sobre o ego e o id ou o processo dialético no marxismo.

Capítulo 7 – Cor

Percepção da cor nos animais: Ash (32).

Odilon Redon: Rewald (369).

Da luz à cor (p. 321-23)

Sobre aspectos antropológicos da visão de cor, ver Segall (395), p. 37-48, e Berlin (48). A lei da diferenciação é examinada do Cap. IV.

Configuração e cor (p. 323-28)

Constância de cor: Katz e Révész (229) e Wallach (431).

Helson (185) e Koffka (250), p. 254.

Experimentos com crianças: Werner (440), p. 234-237, e Vicario (427).

Rorschach (375) e Schachtel (384).

Kretschmer (257), cap. 13 ("Experimentelle Typenpsychologie"), p. 190-191, refere-se aos experimentos que mostram que os ciclotímicos são mais sensíveis à cor e os esquisotímicos, à forma. O primeiro grupo compreende indivíduos cujo temperamento é representado em seus extremos patológicos pelo maníaco-depressivo. O capítulo acrescentado ao livro de

Kretschmer na sétima edição não está incluído na tradução inglesa. Contudo, a tradução contém a referência de Kretschmer à maneira em que os dois tipos se expressam nas artes visuais (257), p. 239-241.

Matisse (300), p. 15.

A citação de Poussin encontra-se em Holt (200), p. 369.

Kant, *Crítica do Juízo*, parte I, seção I, Livro I, parágrafo 14.

Charles (52), p. 23.

Como as cores acontecem (pp. 328-30)

Newton: *Philos. Transactions of the Royal Society* #80, 1672, p. 131.

Goethe (151). Schopenhauer: *Ueber das Sehen und die Farben*, 1815. Helmholtz sobre a teoria de cor de Goethe (182), também a introdução de Deane Judd (151). Para uma visualização da quantificação de matizes de Schopenhauer, ver a seção sobre "contraste de quantidade" em Itten (205), que erroneamente atribui o princípio a Goethe.

Sobre Hering ver (190) e a introdução nesse sentido, feita por Jameson e Hurvich. Teevan e Birney (412) editaram um bom livro sobre as teorias de cor.

As primárias geradoras (p. 330-32)

Helmholtz sobre a teoria tricromática: Teevan e Birney (412), p. 10; também Young em (412), p. 7.

Receptores de cor na retina: MacNichol (296).

O princípio de Maxwell: Rushton (382).

Complementares geradoras (p. 333-34)

Webster sobre o impressionismo (435).

Woodworth e Schoosberg (470), p. 391.

Helmholtz sobre pós-imagens (181), vol. 2, p. 240, 267.

Sobre a Teoria das cores complementares, ver Parsons (342), p. 38 e segs., Woodworth (469), p. 552-553. Boring (56), p. 141-145.

Um meio instável (p. 334-36)

Pattillo, *Art Bulletin*, setembro de 1954, vol. 36.

Schöne (392), p. 109.

Os nomes de cor de Newton: Biernson (50). Hiler (193), p. 211.

A busca da harmonia (p. 336-40)

Runge (380).

"Cânone da totalidade da cor" de Klee em (238).

Jacobson (207).

Boring descreve a História dos diagramas de cor (56), p. 145-154. Wilhelm Ostwald em sua introdução à teoria da cor e Munsell em sua obra sobre notação de cor (319) descrevem as tentativas características de classificação da cor.

Ostwald, *Einfuhrung in die Farbenlehre*, p. 137, 146-148. Munsell (319).

A influência do tema sobre a cor é examinada por Kandinsky (220), p. 82-85.

Hölzel (198), p. 124.

Friedländer (122) na seção restauração de pintura.

Schönberg (391), p. 8. Retraduzido do original alemão.
O Estúdio de Matisse, de 1911 encontra-se no Museum of Modern Art, Nova York.
Os elementos da escala (p. 340-44).
Chandler (74), p. 69-70, afirma que uma média de 214 gradações de cinzentos podem ser discriminadas. Freeman (117), p. 380, fala de 700 dessas gradações.
Goodman (160), p. 133 e segs.
Hering (190), prancha I.
Sobre a controvérsia a respeito da natureza do verde, consultar Boring (56), p. 131.
O sistema de cor de Turner foi baseado no *Natural System of Colors*, de Moses Harris, publicado em 1766. Ver Gowing (164), p. 23.
Sintaxe das combinações (p. 343-47)
Agradeço a Meyer Schapiro por me sugerir que ilustrasse minha análise de pares de cor com diagramas triangulares.
As complementares fundamentais (p. 347-52)
Goethe em sua *Teoria das Cores* (Der Farbenlehre didaktischer Teil), parte 6, seção 812. Tradução minha.
O caderno de esboços de Delacroix encontra-se no Museu de Chantilly e reproduzido por Guiffrey (169).
Descartes: *Regras para Direção da Mente*, regra 14.
Van Gogh sobre as cores das estações, citação com base em Badt (37), p. 125, 124. A descrição da pintura de Delacroix encontra-se numa carta a Emile Bernard de 1888.
Nos experimentos feitos por H. e S. Kreitler (256), p. 36, 83% das cores chamadas "carregadas de tensão" descobriu-se que eram pares de complementares. Cf. também a análise em sua p. 374.
Badt sobre últimas obras dos mestres (36), p. 13.
As linhas de Denise Levertov são citações tomadas de *The Sorrow Dance*, p. 73, com autorização de New Directions.
McCandless (290), p. 56, falando a respeito de iluminação cênica diz: "Usando cores quentes e cores frias em lados opostos e variando a intensidade entre as duas, é possível reter uma quantidade considerável da qualidade plástica". Carpenter (73), p. 180, afirma que não se pode modelar sem gradações de claridade, "e Cézanne raramente tenta modelar a forma somente com mudanças de matiz". Ele conclui que modelar somente com mudança de cor não dá bom resultado. Confronte, contudo, Delacroix em seu *Journals* (10 de julho de 1847). Falando sobre a cabeça de Madalena em *Cristo na Tumba*, (Boston Museum), ele diz que "era suficiente colorir toda a área sombreada com tons quentes refletidos e embora as áreas claras e sombreadas sejam quase do mesmo valor de claridade, os tons frios de uma e os tons quentes da outra são suficientes para estabelecer os acentos no conjunto".
Interação da cor (p. 352-54)
Ruskin (383), p. 138. Von Allesch (5), p. 46.
Kandinsky (221), p. 17. Tradução minha. Ver também Herbert (189), p. 28.
Chevreul sobre contraste (75).

Albers (3).
Aguçamento e nivelamento: Wulf (472).
Assimilação: Jameson e Hurvich (209).
Liebmann (273), p. 308 e segs.
Matisse e El Greco (p. 354-58)
Le Luxe II de Matisse (1907 ou 1908), encontra-se no Copenhagen Statens Museum for Kunst. *Le Luxe I*, versão mais esboçada, encontra-se no Musée National d'Art Moderne de Paris. Dadas as consideráveis infidelidades das reproduções em cor, o leitor não deve se surpreender ao encontrar discrepâncias entre as descrições que aqui damos e suas próprias impressões de uma obra. No caso em questão, é possível que uma reprodução colorida apresente o primeiro plano e a colina à direita mais como um acastanhado ferruginoso do que como um alaranjado; a colina à esquerda pode aparecer mais com um violeta do que com um púrpura.
Friedländer (122) na seção sobre restauração de pintura.
Reações à cor (p. 358-59)
Féré (110), p. 43-47, é citado por Schachtel (384), p. 403.
Goldstein (154). Vol. 1942 de "*Occupational Therapy and Rehabilitation*": contém outros artigos sobre terapia da cor.
Kandinsky (220), p. 61-62.
Cor quente e cor fria (p. 360-62)
Von Allesch (5), p. 234-35.
Itten (205), Albers (3), seção 21.
Sobre qualidades expressivas partilhadas por diferentes meios sensoriais, ver Hornbostel (201).
Sobre a expressividade da cor, ver Kreitler (256), p. 67 e segs. Também Chandler (74), cap. 6. O tratamento clássico que Goethe deu ao assunto aparece na sexta seção na sua Teoria das Cores (151). Kandinsky sobre a "linguagem da forma e da cor" (220), p. 63-72.
Preferências por cor: Kreitler (256), p. 64, Chandler (74), p. 70 e segs., abre sua exposição do assunto com a observação, "Os primeiros esforços da estética experimental da cor dirigiram-se, naturalmente, ao problema do caráter agradável e desagradável da cor". Tal abordagem é "natural" somente quando uma teoria hedonista da arte é considerada verdadeira.
Picasso segundo Ashton (33), p. 35.

Capítulo 8 – Movimento

Sobre os movimentos dos olhos, Thomas (416).
Receptores retinianos para movimento: Lettvin (266).
Acontecimentos e Tempo (p. 365-68)
Wertheimer (443), p. 63.
Minha exposição sobre tempo é influenciada pelo tratamento que Merleau-Ponty dá ao assunto (302), p. 469 e segs.

Sobre a espacialização do tempo na memória, ver Koffka (250), p. 446. Com relação ao conceito psicológico do passado como aspecto do presente, ver Lewin (272). Confrontar também a afirmação de Freud em *Interpretação dos Sonhos* de que o sonho traduz relações temporais em espaciais.

Sobre o texto da carta atribuída a Mozart, ver, por exemplo, Storck (409), carta nº 179. Tradução minha.

simultaneidade e Sequência (p. 368-73)

As pessoas que afirmam que movimento e tempo são tão inerentes à pintura e escultura como são à dança ou ao cinema, porque os olhos e as pernas dos espectadores se movem, podem ter seu pensamento aclarado pela observação de Gregory (168), p. 25-26, de que o tempo está envolvido na geometria aplicada "no primeiro grau somente, isto é, no sentido puramente qualitativo que se observar, testar, medir, avançar, retroceder, fazer girar uma linha ao redor de um ponto, um plano ao redor de uma linha etc., tudo requer tempo, e envolve mudança de algum tipo. O importante, contudo, é que a quantidade de tempo empregado não tem consequência, [enquanto] que nos corpos que fazem rotação e revolução, nos pêndulos oscilantes, no movimento ondulante em geral, nas correntes cambiantes nos circuitos elétricos, o grau de movimento é uma quantidade adicional a ser determinada". Isto é, nos últimos casos o movimento é uma parte integrante do fenômeno em si.

Sobre movimentos dos olhos, Buswall (71), Yarbus (474), Thomas (416).

Sobre exemplos de "exposição" no cinema e na literatura, ver Arnheim (16), p. 248.

Lessing, *Laocoonte*, seção 16.

A Pietà, uma das primeiras obras de Michelangelo, 1498-1500, encontra-se na Basílica de São Pedro, Roma. Firestone (113) mostra que o motivo do menino Jesus dormindo representava e se entendia, durante a Renascença como uma prefiguração da morte de Cristo.

Quando vemos o movimento (p. 371-75)

Dante, *Inferno*, canto 31, versos 136-38.

Sobre a percepção de movimento, Gibson (145).

"Feedback" cinestésico: Teuber (415), p. 198.

Duncker (100), p. 170. Oppenheimer (335).

Metelli (303).

Direção (p. 375-76)

Sobre as rotações das rodas, ver Rubin (378) e Duncker (100), p. 168-169.

As revelações da velocidade (p. 376-79)

Citação de Piéron feita por Lecomte du Nouy (265), cap. 9, p. 145-177.

Spottiswoode (406), p. 120-122, sobre sintetização do espaço e tempo.

Em *The Sword in the Stone*, de T. H. White, o jovem filho do rei Artur é apresentado por seu tutor, a coruja Arquimedes, à deusa Atena, que, divinamente independente da percepção humana do tempo, mostra-lhe a vida móvel das árvores e das eras geológicas (450), p. 244-51.

Sherrington (400), p. 120, cita Dru Drury. Sobre movimento acelerado, ver também Arnheim (20).

Pirandello (352) descreve o trabalho de um cinegrafista na época do cinema mudo.

Minguzzi (309).
Brown (65-66) examinado por Koffka (250), p. 288 e segs.
Movimento estroboscópico (p. 379-84)
Teuber (415), p. 191.
Movimento estroboscópico: Borin (56), p. 588-602.
Wertheimer (443). O daedaleum de Horner (202).
O efeito de túnel de Michotte (308), parte 2.
A Figura 248, adaptada de Metzger (305), p. 12. Para produzir o efeito de movimento, o leitor pode cortar uma estreita abertura horizontal num pedaço de cartão branco e fazer o desenho deslizar verticalmente embaixo dele.
As Figuras 249-51 são adaptações de Ternus (414), p. 150 e 159.
Zuckerkandl sobre progressão em música (478), cap. 4.
Alguns problemas de montagem de filme (p. 384-86)
Sobre montagem: Reisz (367).
O filme de Maya Deren *Pas de Deux* (Choreographies for Camera) foi feito em 1945. Bretz (63).
Forças motoras visíveis (p. 386-90)
Michotte sobre percepção de causalidade (307). Ele diferencia o efeito de atração (*effet lancement*) do efeito de libertação (*effet déclenchement*).
A Figura 254 baseia-se no desenho de Wertheimer (444), p. 323 do original alemão. Não foi incluído no sumário inglês de Ellis (445).
Uma escala de complexidade (p. 390-96)
Percepção primitiva da vida: Lévy-Bruhl (270), Introdução. Também Piaget (351), parte 2; e Köhler (240), p. 376-97, também reimpresso em Henle (188), p. 203-21.
Heider e Simmel (179).
Ensaio de Focillon sobre a mão humana (116).
O corpo como instrumento (p. 396-98)
Psicologia da dança: Arnheim (18), p. 261-65.
A Figura 258 é adaptada de Kandinsky (219).
Dança hindu: La Meri (259).
A descrição do sistema de Delsarte baseia-se em Shawn (399), p. 14.
Kleist (239). Tradução revisada.
A imagem corporal cinestésica (p. 399-401)
Merleau-Ponty (302), p. 116.
Michotte (307), p. 196.
Os escritos de Irmgard Bartenieff sobre o método Laban estão disponíveis por meio do Dance Notation Bureau, Nova York.

Capítulo 9 – Dinâmica

A simplicidade não é o suficiente (p. 405-07)
Para um tratamento mais explícito da interação entre a redução e o aumento de tensão, ver meu ensaio sobre entropia e arte (15). Também Köhler (243), cap. 8.

A dinâmica e suas interpretações tradicionais (p. 407-11)
Bergson (947), p. 21.
A citação tomada do "The Painter Dreaming in the Scholar's House, de Howard Nemerov em (324), é usada com a autorização do autor.
Pevsner (346), p. 90.
Eliot (103), p. 7.
Leonardo, citado por Justi (215), vol. 3, p. 480.
Rorschach sobre respostas-M em (375). Ver também Arnheim (27), p. 74-101, e Schachtel (385).
Um diagrama de forças (p. 411-13)
Kandinsky (219), p. 51.
Jonas (211), p. 147.
Weiss (437), Thompson (417).
Burchartz (70), p. 156.
Sobre grafologia, ver Klages (237) e Pulver (357); em inglês: Klara G. Roman (374).
Bowie (61), p. 35, 77-9, citada por Langfeld (261), p. 129.
Experimentos sobre tensão dirigida (p. 413-17)
Rausch (362) e (363).
Köhler e Wallach (249).
Werner e Wapner (442); Oppenheimer (335); Brown (66).
Movimento imóvel (p. 417-19)
Archipenko (11).
Reinach (366). Rodin (373), p. 77, justifica as pernas esticadas dos cavalos a galope de um modo diferente do meu. Ogden (330) p. 213-5, reproduz a pintura de Géricault, de 1824 (no Louvre, Paris), e a compara com uma mais "correta", porém um desenho grotescamente imóvel de um cavalo correndo.
Muybridge (323).
Wölfflin (462), p. 72-76.
A dinâmica da obliquidade (p. 419-22)
Uma edição especial do *The Struturist*, dedicada ao oblíquo na arte foi editado por Bornstein (57).
Rodin (373), p. 66.
A Figura 266 é tomada de uma proposição de Van Doesburg sobre "contracomposição", publicada no *De Stijl*, 1926.
Wölfflin (467), cap. 2.
A citação de Lomazzo é adaptada da tradução em Holt (200), p. 261.
As Figuras 269*a* e *b* baseiam-se em Wölfflin (460), p. 47; *a* é da Cancelleria, *b* é do Palazzo Farnese, ambos em Roma.
A tensão na deformação (p. 422-26)
Rausch (363).
Henry Moore em "The Sculptor's Aims".
Rodin (373), p. 46.

Von Allesch (5).
Composição dinâmica (pp. 426-28)
Zuckerkandl (479), p. 39. Tradução minha.
Von Allesch (5).
O quadro Hans Thoma é reproduzido do *Quickborn*, vol. I, 15 de outubro de 1898.
Matisse (300), p. 33.
Efeitos estroboscópicos (p. 428-31)
A Figura 272, reproduzida por cortesia de Rudolf Knubel, baseia-se em Fischer (114), p. 78.
Rodin (373), cap. 4. Pareceria, contudo, que nos exemplos de escultura citados por Rodin, o "movimento" é obtido não tanto porque a figura representa fases diferentes de uma sequência de tempo, mas porque há uma mudança gradual da dinâmica visual – por exemplo, na *Idade de Ferro* – desde a posição relaxada das pernas até a alta carga de tensão do peito, pescoço e braços.
Riegl (372), p. 33.
As Figuras 273*a-e* são decalques de obras de Picasso reproduzidas como números 249, 209, 246, 216, por Barr (42).
Como ocorre a dinâmica? (p. 431-33)
Cf. Arnheim (18), p. 62.
Newman (325) e Lindemann (275) investigaram o movimento gama.
Exemplos tomados da arte (p. 433-37)
A *Ressurreição* de Piero della Francesca, por volta de 1450, encontra-se na Câmara Municipal de Borgo San Sepolcro.
Bach, *Paixão Segundo São Mateus*, nº 46, recitativo.

Capítulo 10 – Expressão

Balzac sobre a expressão do andar (40), p. 166.
Um tratamento mais teórico da psicologia da expressão aparece em Arnheim (24).
Teorias tradicionais (p. 442-45)
Artigo sobre "fisiognomia" na *Enciclopédia Britânica*, 11º edição, vol. 21, p. 550.
Citação traduzida de Claudius (77), vol. 1, p. 177.
Berkeley, *An Essay Towards a New Theory of Vision*, parágrafo 65.
Darwin (90).
A citação de Lipps foi traduzida de (278), p. 359. Ver também a apresentação de empatia dele e de Langfeld (261), p. 113 e segs. A posição teórica um tanto complexa de Lipps é examinada por Arnheim (24), p. 159-60, e (17).
Friedländer sobre colunas (122), p. 155.
Teorias estéticas da expressão são examinadas por Osborne (336), caps. 4 e 5.
Expressão inserida na estrutura (p. 446-51)
James (208), cap. 6, p. 147. Refere-se a um tema um tanto diferente – as relações entre o sistema nervoso e experiência psíquica –, mas seu raciocínio também se aplicou ao problema da expressão.

Sobre a psicologia gestaltica da expressão, ver Wertheimer (446), p. 94-6, Köhler (241), p. 216-47, Koffka (250), p. 654-61, Arnheim (24) e Asch (37), caps. 5-7.

Jane Binney, uma de minhas discípulas, realizou um experimento no Sarah Lawrence College em 1946. É examinado com mais detalhes em (24).

Em termos de geometria projetiva, a parábola como seção cônica é intermediária entre a seção horizontal do cone, isto é, o círculo e a seção vertical, isto é, o triângulo retângulo.

Wölfflin sobre a cúpula de São Pedro (460), p. 306. Observe, contudo, que depois de Michelangelo, o arquiteto maneirista Giacomo della Porta modificou um tanto o contorno externo e a lanterna, no sentido de maior leveza; cf. Frey (121), p. 66.

A Figura 278 deriva-se de Wölfflin (460), p. 297. Corrigi um erro mecânico no desenho de Wölfflin que resultou os centros dos círculos colocados um tanto altos demais.

A carta de Van Gogh é de 8 de maio de 1882.

Ruskin sobre "antropopatia" em *Pintores Modernos*, vol. 3, cap. 12.

Goethe comenta a descrição do caráter em um ensaio sobre Newton, contido em sua *Teoria da Cor*.

Sobre a percepção fisionômica, cf. Werner (440), p. 67-82, e Köhler (245).

Os exemplos das línguas primitivas baseiam-se em Lévy-Bruhl (269).

Braque (62). Sobre as metáforas ver Arnheim (29).

Os esquizofrênicos parecem regredir a um tipo de lógica primitiva. E. von Domarus, em seu estudo sobre as relações entre raciocínios normal e esquizofrênico, formula o seguinte princípio: "Enquanto a pessoa normal aceita a identidade somente tendo por base sujeitos idênticos, o paleológico a aceita com a base em predicados idênticos". Ver Arieti (13).

Simbolismo na arte (p. 453-58)

Sobre o simbolismo freudiano na arte, cf. Arnheim (18), p. 215-21.

Figura 279: a natureza morta de Cézanne, de cerca de 1890, encontra-se na National Gallery em Washington. *A Natureza Morta com Ave*, de Picasso, de 1942, é reproduzida em Boeck (55), p. 85.

Bibliografia

1. ABBOTT, Edwin A. Flatland. *A romance of many dimensions by A. Square.* Nova York, 1952.
2. ADRIAN, E. D. *The physical background of perception.* Oxford, 1947.
3. ALBERS, Josef. *Interaction of color.* New Haven, Conn., 1963..
4. ALEXANDER, Christopher e Susan Carey. "Subsymmetries". *Perception and Psychophysics.* 1968, vol. 4, pp. 73-7.
5. ALLESCH, G. J. von. "Die aesthetische Erscheinungsweise der Farben". *Psychol. Forschung.* 1925, vol. 6, pp. 1-91, 215-81.
6. ALLPORT, Gordon W. "Change and decay in the visual memory image". *Brit. Journal Psych.*, 1930, vol. 21, pp. 133-48.
7. _____; POSTMAN, Leo J. "The basic psychology of rumor". *Transact. New York Acad. Sciences*, 1945, Series II, pp. 61-81.
8. ALSCHULER, Rose H. e La Berta Weiss Hattwick. *Painting and personality.* Chicago, 1947.
9. AMES, Adalbert, Jr., C. A. Proctor e Blanche Ames. "Vision and the technique of art". *Proc. Amer. Acade. Arts and Sciences*, 1923, vol. 58, # 1.
10. ANASTASI, Anne e John P. Foley, Jr. "A survey of the literature on artistic behavior in the abnormal". I. *Journal General Psych.*, 1941, vol. 25, pp. 111-42; II. *Annals New York Acad. Science*, 1941, vol. 42, pp. 1-112; III. *Psychol. Monogr.* 1940, vol. 52, #6; IV. *Journal General Psych.*, 1941, vol. 25, pp. 187-237.
11. ARCHIPENKO, Alexander. *Archipentura – a new development in painting.* Catálogo. Nova York: Anderson Gall., 1928.
12. ARGELANDER, Annelies. *Das Farbenhören and der synaesthetische Faktor der Wahrnehmung.* Jena, 1927.
13. ARIETI, Silvano. "Special logic of schizophrenic and other autistic thought". *Psychiatry*, 1948, vol. 2, pp. 325-38.
14. ARNHEIM, Rudolf. *Inverted perspective in art: display and expression.* Leonardo, primavera de 1972, vol. 5, pp. 125-35.
15. _____. *Entropy and art: an essay on order and disorder.* Berkeley e Los Angeles, 1971.
16. _____. *Visual Thinking.* Berkeley e Los Angeles, 1969.
17. _____. "Abstraction and empathy in retrospect", *ConfiniaPsychiatrica.* 1967, vol. 10, pp. 1-15.
18. _____. *Toward a psychology of art.* Berkeley e Los Angeles, 1966.

19. _____. *Picasso's Guernica*. Berkeley e Los Angeles, 1962. (Relançado em 1973 como: *The genesis of a painting.)*
20. _____. *Film as art*. Berkeley e Los Angeles, 1957.
21. _____ et al. "Inside and outside in architecture". *Journal Aesth. Art Critic*. 1966, vol. 25, pp. 3-15.
22. _____. "The priority of expression". *Journal Aesth. Art Crit*. 1949, vol. 8, pp. 106-09.
23. _____. "Concerning the dance". *In* Arnheim (18), pp. 261-65.
24. _____. "The gestalt theory of expression". *In* Arnheim (18), pp. 51-73.
25. _____. "Gestalt psychology and artistic form". *In* Whyte (452), pp. 196-208.
26. _____. "The holes of Henry Moore". *In* Arnheim (18), pp. 245-55.
27. _____. "Perceptual and aesthetic aspects of the movement response". *In* Arnheim (18), pp. 74-89.
28. _____. "Perceptual abstraction and art". *In* Arnheim (18), pp. 27-50.
29. _____. "Psychological notes on the poetical process". *In* Arnheim *et al. Poets at Work*. Nova York, 1948.
30. _____; ABRAHAM, Klein. "Perceptual analysis of a Rorschach card". *In* Arnheim (18), pp. 90-101.
31. ASCH, Solomon E. *Social psychology*. Nova York, 1952.
32. ASH, Philip. "Sensory capacities of infrahuman mammals". *Psych. Bull.*, 1951, vol. 48.
33. ASHTON, Dore, ed. *Picasso on art*. Nova York, 1972.
34. ATTNEAVE, Fred. "Multistability in perception". *Scient. Amer.* dez. de 1971, vol. 225, pp. 63-72.
35. BADER, Alfred. *Geisteskranker oder Kunstler?* Bern, 1972.
36. BADT, Kurt. "Einfachheit in der Malerei". *In* Badt. *Kunsttheoretische Versuche*. Colônia, 1968.
37. _____. *Die Farbenlehre Van Goghs*. Colônia, 1961.
38. _____. *Eugene Delacroix' drawings*. Oxford, 1946.
39. BAHNSEN, Pout "Eine Untersuchung uber Symmetrie and Asymmetrie bei visuellen Wahrnehmungen". *Zeitschr. Psych.*, 1928, vol. 108, pp. 129-54.
40. BALZAC, Honoré de. *Traité de la vie elegante, suivi de la théorie de la démarche*. Paris, 1922.
41. BARLACH, Ernst. *Aus seinen Briefen*. Munique, 1949.
42. BARR, Alfred H., ed. *Picasso – 40 years of his art*. Nova York, 1939.
43. BARTLEY, S. Howard e H. J. Adair. "Comparisons of phenomenal distance in photographs of various sizes". *Journal Psych*. 1959, vol. 47, pp. 289-95.
44. BAUDELAIRE, Charles. *Oeuvres completes*. Paris, 1961.
45. BAZIN, André. *What is cinema?* Berkeley e Los Angeles, 1967.
46. BENDER, Lauretta. *A visual motor gestalt test and its clinical use*. Nova York, 1938.
47. BERGSON, Henri. *Le rire*. Paris, 1940. (Engl.: Laughter, Gloucester, Mass., n.d.)
48. BERLIN, Brent e Paul Kay. *Basic color terms: their universality and evolution*. Berkeley e Los Angeles, 1969.
49. BERLINER, Anna. *Lectures on visual psychology*. Chicago, 1948.
50. BIERNSON, George. "Why did Newton see indigo in the spectrum?" *Amer. Journal Physics*, 1972, vol. 40, pp. 526-33.
51. BLACKE, Robert R. e Glenn V. Ramsay, eds. *Perception, an approach to personality*. Nova York, 1951.

52. BLANC, Charles. *Grammaire des arts du dessin.* Paris, 1870.
53. BLANSHARD, Frances Bradshaw. *Retreat from likeness in the theory of painting.* Nova York, 1945.
54. BOAS, Franz. *Primitive art.* Cambridge, Mass., 1927.
55. BOECK, Wilhelm e Jaime Sabartés. *Picasso.* Nova York, 1961.
56. BORING, Edwin G. *Sensation and perception in the history of experimental psychology.* Nova York, 1942.
57. BORNSTEIN, Eli, ed. *The oblique in art.* Special issue of The Structurist 1969, #9.
58. BOSSERT, Helmuth Theodor. *The art of ancient Crete.* Londres, 1937.
59. BOWER, T. G. R. "The object in the world of the infant". *Scient. Amer.,* out. de 1971, vol. 225, pp. 30-8.
60. _____. "The visual world of infants". *Scient. Amer.,* dez. de 1966, vol. 215, pp. 80-92.
61. BOWIE, Henry P. *On the laws of Japanese painting.* Nova York, 1911.
62. BRAQUE, Georges. *Notebook 1917-1947.* Nova York, n.d.
63. BRETZ, Rudy. "Television cutting technique". *Journal Soc. Motion Pict. Engineers,* 1950, vol. 54, pp. 247-67.
64. BRITSCH, Gustaf. *Theorie der bildenden Kunst.* Munique, 1926.
65. BROWN. "J. F. Ueber gesehene Geschwindigkeiten". *Psychol. Forschung,* 1928, vol. 10, pp. 84-101.
66. _____. "The visual perception of velocity". *Psychol. Forschung,* 1931, vol. 14, pp.199-232.
67. BRUNER, Jerome S. e David Krech, eds. *Perception and personality.* Durham, N.C., 1950.
68. BRUNSWIK, Egon. "The psychology of objective relations". *In* Marx (298), pp. 386-91.
69. BUNIM, Miriam Schild. *Space in medieval painting and the forerunners of perspective.* Nova York, 1940.
70. BURCHARTZ, Max Albrecht. *Gleichnis der Harmonie.* Munique, 1949.
71. BUSWELL, G. Th. *How people look at pictures.* Chicago, 1935.
72. CARMICHAEL, Leonard, H. P. Hogan e A. A. Walter. "An experimental study of the effect of language on the reproduction of visually perceived form". *Journal Exper. Psych.,* 1932, vol. 15, pp. 73-86.
73. CARPENTER, James M. "Cézanne and tradition". *Art Bull.,* 1951, vol. 33, pp. 174-86.
74. CHANDLER, Albert R. *Beauty and human nature.* Nova York, 1934.
75. CHEVREUL, Michel Eugene. *De la loi du contraste simultané, etc.* Paris, 1899. (Ingl.: *Principle of harmony and contrasts of color.* Nova York, 1967).
76. CLARK, Arthur B. "The child's attitude towards perspective problems". *Studies in Education,* 1897, vol. 1.
77. CLAUDIUS, Matthias. *Sàmtliche Werke des Wandsbecker Boten.* Dresden, 1938.
78. COCTEAU, Jean. *Le rappel à l'ordre.* Paris, 1918.
79. _____. *La difficulté d'être.* Mônaco. 1957. (Ingl.: *Difficulty of being.* Nova York, 1967.)
80. COHEN, Morris R. e Ernest Nagel. *An introduction to logic and scientific method.* Nova York, 1934.
81. COOMARASWAMY, Ananda K. *Why exhibit works of art?* Londres, 1943. (Ed. americ.: *Christian and oriental philosophy of art.* Nova York, 1957.)
82. COOMARASWAMY, Ananda K. *Figures of speech or figures of thought?* Londres, 1946.
83. COOPER, Douglas. *Paul Klee.* Harmondsworth, 1949.

84. _____. *Pablo Picasso: Les Déjeuners*. Nova York, 1963.
85. CORBALLIS, Michael C. e Ivan L. Beale. "On telling left from right". *Scient. Amer.*, março 1971, vol. 224, pp. 96-104.
86. _____. "Bilateral symmetry and behavior", *Psych. Review*, 1970, vol. 77, 451-64.
87. COTT, Hugh B. "Animal form in relation to appearance". *In* Whyte (452), pp. 121-56.
88. COURANT, Richard e Herbert Robbins. *What is mathematics?* Nova York, 1951.
89. COUTURIER, Mari-Alain. *Se garder libre*. Paris. 1962.
90. DARWIN, Charles. *The expression of emotions in man and animal*. Westport, Conn., 1955.
91. DEAN, Alexander. *Fundamentals of play directing*. Nova York, 1946.
92. DELACROIX, Eugene. *Mein Tagebuch*. Berlim, 1918.
93. _____. *Oeuvres littéraires*. Paris, 1923.
94. _____. *Journal*. Paris, 1950. (Ingl.: *The journal of E. D.* Nova York, 1937.)
95. DENNIS, Wayne, ed. *Readings in general psychology*. Nova York, 1950.
96. DINNERSTEIN, Dorothy e Michael Wertheimer. "Some determinants of phenomenal overlapping", *Amer. Journal Psych.*, 1957, vol. 70, pp. 21-37.
97. DRIVER, S. R. *The book of Genesis*. Londres, 1926.
98. DUNCAN, David Douglas, *Picasso's Picassos*. Nova York, n.d.
99. DUNCKER, Karl. "Ueber induzierte Bewegung". *Psychol. Forschung*, 1929, vol. 12, pp. 180-259.
100. _____. "Induced motion". *In* Ellis (104), pp. 161-72.
101. DUTHUIT, Georges. *The fauvist painters*. Nova York, 1950.
102. EHRENFELS, Christian von. "Ueber Gestaltqualituten". *In* Weinhandl (436), pp. 11-43.
103. ELIOT, T. S. *Four quartets*. Nova York, 1943.
104. ELLIS, Willis, D., ed. *A source book of gestalt psychology*. Nova York, 1939.
105. ENG, Helga. *The psychology of children's drawings*. Nova York, 1931.
106. EVANS, C. R. e A. D. J. Robertson, eds. *Brain physiology and psychology*. Berkeley e Los Angeles, 1966.
107. EVERHART, Thomas E. e Thomas L. Hayes. "The scanning electron microscope". *Scient. Amer.*, . jan.de 1972, vol. 226, pp. 55-69.
108. FARNHAM-DIGGORY, Sylvia, ed. *Information processing in children*. Nova York, 1972.
109. FENOLLOSA, Ernest Francisco. *The Chinese Written characters as a medium for poetry*. Londres, 1936.
110. FÉRÉ, Charles. *Sensation et mouvement*. Paris, 1900.
111. FIEDLER, Konrad. *Vom Wesen der Kunst*. Munique, 1942.
112. FINK, Daniel A. "Vermeer's use of the camera obscura", *Art Bull.*, 1971, vol. 53, pp. 493-595.
113. FIRESTONE, G. "The sleeping Christ child in Italian Renaissance representations of the Madonna", *Marsyas*, 1942, vol. 2, pp. 43-62.
114. FISCHER, Theodor. *Vortröge fiber Proportionen*. Berlim, 1955.
115. FLEMING, William. "The element of motion in Baroque art and music". *Journal Aesth. Art Crit.*, 1946, vol. 5, 121-28.
116. FOCILLON, Henri. *Vie des formes*. Paris, 1939. (Ingl.: *Life of forms in art*. Nova York, n.d.)
117. FREEMAN, Ellis. *Principles of general psychology*. Nova York, 1939.

118. FREUD, Sigmund. *Beyond the pleasure principle.* Nova York, 1970.
119. _____. *Leonardo da Vinci.* Nova York, 1932.
120. _____. "The relation of the poet to daydreaming", *In* Freud, *Collected Papers,* vol. 4. Londres, 1949.
121. FREY, Dagobert. *Grundlegung zu einer vergleichenden Kunstwissenschaft.* Darmstadt, 1970.
122. FRIEDLÄNDER, Max J. *Von Kunst and Kennerschaft.* Berlim, 1957. (Ingl.: *On art and connoisseurship.* Los Angeles, n.d.)
123. FRITSCH, Vilma. *Links and rechts in Wissenschaft and Leben.* Stuttgart, 1964. (Ingl.: *Left and right in science and life.* Londres, 1968.)
124. FROMENTIN, Eugene. *Les maitres d'autrefois.* Viena, n.d. (Ingl.: *The masters of past time.* Nova York, 1948.)
125. FUCHS, Wilhelm. "On transparency". *In* Ellis (104), pp. 89-103.
126. GAFFRON, Mercedes. "Right and left in pictures", *Art Quarterly,* 1950. vol. 13, pp. 312-13.
127. _____. *Die Radierungen Rembrandts.* Mainz, 1950.
128. GALLATIN, A. E., ed. *Of art.* Nova York, 1945.
129. GALTON, Francis. *Inquiries into human faculty.* Nova York, 1908.
130. GARDNER, Martin. "Of optical illusions, etc". *Scient. Amer.,* maio de 1970, vol. 222, pp. 124-27.
131. GAZZANIGA, Michael S. "The split brain in man", *Scient. Amer.,* Ag. de 1967, vol. 217, pp. 24-9.
132. GEHRCKE, E. e E. Lau. "Ueber Erscheinungen beim Sehen kontinuierlicher Helligkeitsverteilungen". *Zeitschr. Sinnesphysiol,* 1922, vol. 53, pp. 174-78.
133. GELB, Adhemar. "Zur medizinischen Psychologie and philosophischen Anthropologic". *Acta Psychol.* 1937, vol. 3, pp. 193-271.
134. _____. GOLDSTEIN, Kurt. "Analysis of a case of figural blindness". *In* Ellis (104), pp. 315-25.
135. GELLERMANN, Louis W. "Form discrimination in chimpanzees and two-year-old children". *Psychol. Seminary and Journal Genet. Psych.,* 1933, vol. 42, pp. 2-27.
136. GESCHWIND, Norman. "Language and the brain". *Scient. Amer.,* abril de 1972, vol. 226, pp. 76-83.
137. _____. "The organization of language and the brain". *Science,* 1970, vol. 170, pp. 940-44.
138. GESELL, Arnold. "Infant vision". *Scient. Amer.,* fev. de 1950, vol. 182, pp. 20-2.
139. GHENT, Lila. "Recognition by children of realistic figures, etc.". *Canad, Journal Psych.,* 1960, vol. 14, pp. 249-56.
140. GIBSON, Eleanor J. e Richard D. Walk. "The `visual cliff'". *Scient. Amer.,* abril de 1960, vol. 202, pp. 64-71.
141. GIBSON, James J. "Motion picture testing and research". Report # 7. *U. S. Army Airforces Aviation Psych. Program.* Washington, D. C., 1947.
142. _____. "Adaptation, aftereffect, and contrast, etc". *Journal Exper. Psych.,* 1933, vol. 16, pp. 1-31.
143. _____. *The perception of the visual world.* Boston, 1950.
144. _____. "What is a form?" *Psychol. Review,* 1951, vol. 58, pp. 403-12.

145. GIBSON, James J. "What gives rise to the perception of motion?" *Psychol. Review*, 1968, vol. 5, pp. 335-46.
146. _____ et al. "The change from visible to invisible". *Perception and Psychophysics*, 1969, vol. 5, pp. 113-16.
147. _____; DORIS, Robinson. "Orientation in visual perception". *Psychol. Monogr.*, 1935, vol. 46, #6, pp. 39-47.
148. GIEDION, Siegfried. *The eternal present*, vol. 1: "The beginnings of art". Nova York, 1962.
149. GILINSKY, Alberta S. "Perceived size and distance in visual space". *Psychol. Review*, 1951, vol. 58, pp. 460-82.
150. GILMORE, C. P. *The scanning electron microscope*. Nova York, 1972.
151. GOETHE, Johann Wolfgang von. *Zur Farbenlehre*. (Ingl.: *Theory of colors*. Cambridge, Mass., 1970.)
152. GOLDHAMER, H. "The influence of area, position, and brightness in visual perception of a reversible configuration". *Amer. Journal of Psych.*, 1934, vol. 46, pp. 189-206.
153. GOLDMEIER, Erich. "Progressive changes in memory traces". *Amer. Journal Psych.*, 1941, vol. 54, pp. 490-503.
154. GOLDSTEIN, Kurt. "Some experimental observations concerning the influence of colors on the function of the organism". *Occup. Therapy and Rehabil*, 1942, vol. 21, pp. 147-51.
155. GOLOMB, Claire. "Evolution of the human figure in a three-dimensional medium". *Developm. Psych.*, 1972, vol. 6, pp. 385-91.
156. GOMBRICH, E. H. The story of art. Nova York, 1950.
157. _____. *Art and illusion*. Nova York, 1960.
158. _____. "Meditations on a hobby horse". *In* Whyte (452), pp. 209-22.
159. GOODENOUGH, Florence L. *Measurement of intelligence by drawings*. Yonkers, N.Y., 1926.
160. GOODMAN, Nelson. *Languages of art*. Indianapolis, Ind., 1968.
161. GOODNOW, Jacqueline J. "Rules and repertoires, rituals and tricks of the trade, etc." *In* Farnham-Diggory (108).
162. GOTTSCHALDT, Kurt. "Gestalt factors and repetition". *In* Ellis (104), pp. 109-22.
163. GOUDE, Gunnar; Inga Hjortzberg. *An experimental prövning, etc.* University of Stockholm, 1967.
164. GOWING, Lawrence. *Turner: imagination and reality*. Nova York, 1966.
165. GRAVES, Maitland. *Design judgment test*. Nova York, 1946.
166. GREGA, Pintura. "The Metropolitan Museum of Art". Nova York, 1944.
167. GREENOUGH, Horatio, *Form and function*. Berkeley e Los Angeles, 1947.
168. GREGORY, C. C. L. "Shape and distance considered by an astronomer". *In* Whyte (452), p. 23-42.
169. GUIFFREY, Jean, ed. *Le voyage de Eugene Delacroix au Maroc*. Paris, 1913.
170. HABER, R. N. "Eidetic images". *Scient. Amer.*, abril de 1969, vol. 220, pp. 36-44.
171. HANAWALT, Nelson Gilbert. "Memory traces for figures in recall and recognition", *Archives Psych.*, 1937, #26.
172. HARRIS, Dale. *Children's drawings*. Nova York, 1963.
173. HARTMANN, George W. e William R. Sickles. "The theory of order". *Psychol. Review*, 1942, vol. 49, pp. 403-21.

174. HASTINGS, James, ed. *Encyclopedia of religion and ethics*. Nova York, 1916.

175. HASTORF, A. H. "The influence of suggestion on the relationship between stimulus size and perceived distance", *Journal Psych.*, 1950, vol. 29, pp. 195-217.

176. HAYTER, Stanley William, "The convention of line", *Magazine of Art*, 1945, vol. 38, pp. 92-5.

177. HEBB. D. O. *The organization of behavior*. Nova York, 1949.

178. _____; Esme N. FOOD, "Errors of visual recognition and the nature of the trace", *Journal Exper, Psych.*, 1945, pp. 335-48.

179. HEIDER, Fritz e Marianne Simmel. "An experimental study of apparent behavior", *Amer. Journal of Psych.*, 1944, vol. 57, pp. 243-59.

180. HELMHOLTZ, Hermann von. *Popular scientific lectures*. Nova York, 1962.

181. _____. *Handbuch der physiologischen Optik*. Hamburg, 1910. (Ingl.: *Treatise on physiological optics*. Nova York, 1962.)

182. _____. "On Goethe's scientific researches". *In* Helmholtz (180), pp. 1-21.

183. HELSON, Harry. "Adaptation-level as frame of reference for prediction, etc". *Amer. Journal Psych.*, 1947, vol. 60, pp. 1-29.

184. _____. *Adaptation-level theory*. Nova York, 1964.

185. _____. "Fundamental problems in color vision". *Journal Exper. Psych.*, 1938, vol. 23, pp. 439-76.

186. HEMPEL, Eberhard. *Francesco Borromini*. Viena, 1924.

187. HEMPSTEAD, L. "The perception of visual form". *Amer. Journal Psych.*, 1900, vol. 12, pp. 185-92.

188. HENLE, Mary, ed. Documents of gestalt psychology. Berkeley e Los Angeles, 1961.

189. HERBERT, Robert L. *Modern artists on art*. Englewood Cliffs, N.J. 1964.

190. HERING, Ewald. *Outlines of a theory of the light sense*. Cambridge, Mass., 1964.

191. HERTZ, Mathilde. "Figural perception in the jay bird". *In* Ellis (104), pp. 238-52.

192. HILDEBRAND, Adolf. *Das Problem der Form in der bildenden Kunst*. Baden-Baden, 1961. (Ingl.: *The problem of form*. Nova York, 1907.)

193. HILER, Hilaire. "Some associative aspects of color". *Journal Aesth. Art Crit.*, 1946, vol. 4, pp. 203-17.

194. HOCHBERG, Carol Barnes e Julian E. Hochberg. "Familiar size and the perception of deph", *Journal Psych.*, 1952, vol. 34, pp. 107-14.

195. HOCHBERG, Julian. "The psychophysics of pictorial perception", *Audio-Visual Commun. Review*, set./out. de 1962, vol. 10, pp. 22-54.

196. _____; BROOKS, Virginia. "Pictorial recognition as an unlearned ability", *Amer. Journal Psych.*, 1962, vol. 75, pp. 624-28.

197. _____; McALISTER, Edward. "A quantitative approach to figural goodness". *Journal Exper. Psych.*, 1953, pp. 361-64.

198. HÖLZEL, Adolf. "Ueber ktinstlerische Ausdrucksmittel", *Kunst fir Alle*, dez. de 15, 1904.

199. HOGARTH, William. *The analysis of beauty*. Nova York, 1955.

200. HOLT, Elizabeth Gilmore, ed. *Literary sources of art history*. Princeton, N.J., 1947.

201. HORNBOSTEL, Erich Maria von. "The unity of the senses". *In* Ellis (104), pp. 210-16.

202. HORNER, W. G. "On the properties of the Daedaleum, a new instrument of optical illusion", Londres e Edinburgo Philos. *Magazine and Journal of Science*, 1834, vol. 4, pp. 36-41.

203. HUBEL, D. H. e T. N. Wiesel. "Receptive fields of single neurones in the cat's striate cortex". *In* Evans e Robertson (106), pp. 129-50.

204. HUNGERLAND, Helmut. "Consistency as a criterion in art criticism", *Journal Aesth. Art Crit.*, 1948, vol. 7, pp. 93-112.

205. ITTEN, Johannes. *The art of color.* Nova York, 1961.

206. IVINS, William M. "On the rationalization of sight", *Metropolitan Museum of Art Papers, #8.* Nova York, 1938.

207. JACOBSON, Egbert. *Basic color.* Chicago, 1948.

208. JAMES, William. *The principles of psychology.* Nova York, 1950.

209. JAMESON, Dorothea e Leo M. Hurvich. *From contrast to assimilation: in art and in the eye*, 1975.

210. JANIS, Harriet e Sidney. *Picasso – the recent years*, 1939-1946. Garden City, N.Y., 1946.

211. JONAS, Hans. *The phenomenon of life.* Nova York, 1966.

212. JULESZ, Bela. *Foundations of cyclopean perception.* Chicago, 1971.

213. JUNG, Carl Gustay. *The integration of the personality.* Nova York, 1939.

214. _____. *Modern man in search of a soul.* Londres, 1947.

215. JUSTI, Carl. *Winckelmann and seine Zeitgenossen.* Leipzig, 1923.

216. KAHNWEILER, Daniel-Henry. *Juan Gris, his life and work.* Nova York, 1947.

217. _____. *Klee.* Paris, 1950.

218. KAINZ, Friedrich. "Gestaltgesetzlichkeit and Ornamententwicklung", *Zeitschr. angew. Psych.*, 1927, vol. 28, pp. 267-327.

219. KANDINSKY, Wassily. *Punkt and Linie zur Fláche.* Munique, 1926.

220. _____. Concerning *the spiritual in art.* Nova York, 1946.

221. _____. Ruckblick. Baden-Baden, 1955. (Ingl.: "Reminiscences", *In* Herbert (189), pp. 19-44.)

222. KANIZA, Gaetano. "Condizioni ed effetti della transparenza fenomenica", *Rivista Psicol.* 1955, vol. 49.

223. _____; TAMPIERI, Giorgio. "Nuove osservazioni sull'orientamento retinico edambientale". *In* Kanizsa (224), pp. 49-68.

224. _____; VICARIO, Giovanni. eds. *Ricerche sperimentali sulla percezione.* Trieste, 1968.

225. KATZ, Daniel *et al. Public opinion and propaganda.* Nova York, 1954.

226. KATZ, David. *Gestalt psychology.* Nova York, 1950.

227. _____. *The world of color.* Londres, 1935.

228. _____. "Ein Beitrag zur Kenntnis der Kinderzeichnungen", *Zeitschr. Psych.*, 1906, vol. 41, pp. 241-56.

229. _____; RÉVÉSZ, G. "Experimentelle Studien zur vergleichenden Psychologie", *Zeitschr. angew. Psych.*, 1921, vol. 18, pp. 307-20.

230. KELLOGG, Rhoda. *Analyzing children's art.* Palo Alto, Calif., 1969.

231. KENNEDY, John M. "Icons and information". *In* Olson (331).

232. KEPES, Gyorgy. *Language of vision,* Chicago, 1944.

233. KERN, Guido Joseph. "Die Anfänge der zentralperspektivischen Konstruktion in der italienischen Malerei des 14. Jahrhunders", Mitt. Kunsthist. Inst. Florence, 1912. vol. 2, pp. 39-65.

234. _____. Die Grundzuge der linearperspektivischen Darstellung, etc. Leipzig, 1904.

235. KERR, Madeline. "Children's drawings of houses", *Brit. Journal Med. Psych.,* 1936, vol. 16, pp. 206.
236. KERSCHENSTEINER, Georg. *Die Entwicklung der zeichnerischen Begabung.* Munique, 1905.
237. KLAGES, Ludwig, *Handschrift and Charakter.* Leipzig, 1923.
238. KLEE, Paul. *The thinking eye.* Nova York.
239. KLEIST, Heinrich von. "Essay on the puppet theatre", *Partisan Review,* jan./fev. de 1947, pp. 67-72.
240. KÖHLER, Wolfgang. *Selected papers.* Nova York, 1971.
241. _____. *Gestalt psychology.* Nova York, 1947.
242. _____. *Dynamics in psychology.* Nova York, 1940.
243. _____. *The place of value in a world of facts.* Nova York, 1938.
244. _____. *The mentality of apes.* Nova York, 1931.
245. _____. "Psychological remarks on some questions of anthropology". *In* Köhler (240) pp. 376-397.
246. _____. "Die physischen Gestalten in Ruhe und im stationdren Zustand". Braunschweig, 1920.
247. _____; EMERY, David A. "Figural aftereffects in the third dimension of visualspace". *Amer. Journal Psych.* 1947, vol. 60, pp. 159-201.
248. _____; HELD, Richard. "The cortical correlate of pattern vision". *Science 1949, vol.*110, pp. 414-419.
249. _____; WALLACH, Hans. "Figural aftereffects". *Proc. Amer. Philos. Soc.* 1944, vol. 88, #4, pp. 269-357.
250. KOFFKA, Kurt. *Principles of gestalt psychology.* Nova York, 1935.
251. _____. *The growth of the mind.* Nova York, 1924.
252. _____. "Some problems of space perception". *In* Murchison (320), pp. 161-87.
253. KOHLER, Ivo. "Experiments with goggles". *Scient. Amer.,* maio de 1962, vol. 206, pp. 63-72.
254. KOPFERMANN, Hertha. "Psychologische Untersuchungen uber die Wirkung zweidimensionaler Darstellungen, etc.". *PsychoL Forschung 1930,* vol. 13, pp. 292-364.
255. KRECH, David e Richard Crutchfield. *Theory and problems of social psychology.* Nova York, 1948.
256. KREITLER, Hans e Shulamith. *Psychology of the arts.* Durham, N.C., 1972.
257. KRETSCHMER, Ernst. *Körperbau and Charakter.* Berlim, 1936. (Ingl.: *Physique and character.* Nova York, 1936.)
258. KÜHN, Herbert. *Die Kunst der Primitiven.* Munique, 1923.
259. LA MERI. *The gesture language of the Hindu dance.* Nova York, 1964.
260. LANGE, Julius. *Die Darstellung des Menschen in der älteren griechischen Kunst.* Estraburgo, 1899.
261. LANGFELD, Herbert Sidney. *The aesthetic attitude.* Nova York, 1920.
262. LAPORTE, Paul M. "The space-time concept in the work of Picasso". *Magazine of Art,* jan., 1948, pp. 26-32.
263. LAUENSTEIN, Lotte. "Ueber räumliche Wirkung von Licht and Schatten". *Psychol. Forschung* 1938, vol. 22, pp. 267-319.
264. LAWRENCE, Merle. *Studies in human behavior.* Princeton, N.J., 1949.

265. LECOMTE DU NOÜY, Pierre. *Biological time.* Nova York, 1937.

266. LETTVIN, J. Y. et al. "What the frog's eye tells the frog's brain". *In* Evans and Robertson (106) pp. 95-122.

267. LEVERTOV, Denise. *The sorrow dance.* Nova York, 1963.

268. LEVINSTEIN, Siegfried. *Kinderzeichnungen bis zum vierzehnten Lebensjahr.* Leipzig, 1905.

269. LÉVY-BRUHL, Lucien. *How natives think.* Nova York, n.d.

270. _____. The "soul" of the primitive. Chicago, 1971.

271. LEWIN, Kurt. "Ueber die Umkehrung der Raumlage, etc.". *Psychos Forschung* 1923, vol. 3, pp. 210-261.

272. _____. "Defining the 'field at a given time". *In* Lewin, *Field theory in social science,* pp. 43-59. Nova York, 1951.

273. LIEBMANN, Susanne. "Ueber das Verhalten farbiger Formen bei Helligkeitsgleichheit, etc.". *PsychoL Forschung* 1927, vol. 9, pp. 300-353.

274. LIESEGANG, P. *Zahlen and Quellen zur Geschichte der Projektionskunst,* etc. Berlim, 1926.

275. LINDEMANN, Erich. "Gamma movement". *In* Ellis (104), pp. 173-181.

276. LINDSAY, Kenneth e Bernard Huppé. "Meaning and method in Brueghel's painting". *Journal Aesth. Art Crit.,* março de 1956, vol. 14, pp. 376-386.

277. LIPPS, Theodor. "Aesthetische Einfühlung". *Zeitschr. Psych. PhysioL Sinnesorgane* 1900, vol. 22, pp. 415-50.

278. _____. "Aesthetik". *In* Lipps et al., *Systematische Philosophie,* Berlim, 1907.

279. LORAN, Erle. *Cézanne's composition.* Berkeley e Los Angeles, 1943.

280. LORD, James. *A Giacometti portrait.* Nova York, n.d.

281. LORENZ, K. Z. "The role of gestalt perception in animal and human behavior". *In* Whyte (452), pp. 157-78.

282. LÖWENFELD, Viktor. *The nature of creative activity.* Nova York, 1939.

283. _____. "Tests for visual and haptic attitudes". *Amer. Journal Psych.* 1945, vol. 58, pp. 100-111.

284. _____. *Creative and mental growth.* Nova York, 1947.

285. LÖWY, Emanuel. *Die Naturwiedergabe in der älteren griechischen Kunst.* Roma, 1900.

286. LUNEBURG, Rudolf K. *Mathematical analysis of binocular vision.* Princeton, N.J., 1947.

287. LUQUET, Georges Henri. "Les bonhommes têtards dans le dessin enfantin". *Journal de Psych.,* 1920, vol. 27, pp. 684 e ss.

288. LURIA, A. R. *Speech and the regulation of normal and abnormal behavior.* Nova York, 1961.

289. LYONS, John. *Introduction to theoretical linguistics.* Cambridge, Eng., 1968.

290. McCANDLESS, Stanley. *A method of lighting the stage.* Nova York, 1939.

291. McCURDY, Edward, ed. *The notebooks of Leonardo da Vinci.* Nova York, n.d.

292. MACH, Ernst. *Popular scientific lectures.* Chicago, 1910.

293. _____. *Die Analyse der Empfindungen.* Jena, 1911. (Ingl.: Analysis of sensations. Nova York, 1959.)

294. MacLEOD, Robert Brodie. "An experimental investigation of brightness constancy". *Archives Psych.* 1932, # 135.

295. _____. "The effects of artificial penumbrae, etc.". *Miscellanea Psychologica.* Albert-Michotte. Louvain, 1947.

296. MacNICHOL, Edward F., Jr. "Three-pigment color vision". *Scient. Amer.*, dez. de 1964, vol. 211, pp. 48-56.
297. MARTIN, J. L., Ben Nicholson, e N. Gabo, eds. *Circle. Intern. survey of constructive art.* Londres, 1937.
298. MARX, Melvin H., ed. *Psychological theory.* Nova York, 1951.
299. MASTER BRONZES. Obras de bronze. Albright Gallery, Buffalo, N.Y., 1973.
300. MATISSE, Henri. Catalogue of Philadelphia Museum of Art, 1948.
301. MAY, Renato. *Il linguaggio del film.* Milão, 1947.
302. MERLEAU-PONTY, Maurice. *Phénoménologie de la perception.* Paris, 1945. (Ingl.: Phenomenology of perception. Nova York, 1962.)
303. METELLI, Fabio. "Zur Theorie der optischen Bewegungswahrnehmung". *In* Reports on the 24th Congress of the Deutsche Gesellschaft fur Psych. Gottingen, 1965, pp. 85-91.
304. _____. "Zur Analyse der phänomenalen Durchsichtigkeitserscheinungen". *In* Muhlherand Fischl (317) pp. 285-394.
305. METZGER, Wolfgang. "Beobachtungen uber phanomenale Identitat". *Psychol. Forschung* 1934, vol. 19, pp. 1, -60.
306. _____. ed. *Handbuch der Psychologie.* Göttingen, 1966.
307. MICHOTTE, Albert. *La perception de la causalité.* Louvaina, 1946.
308. _____. *Causalité, permanence et réalité phénoménales.* Louvaina, 1962.
309. MINGUZZI, Gian Franco. "Sulla validità della distinzione fra percezione di nessi causali, etc.". *In* Kanizsa and Vicario (224), pp. 161-96.
310. MOCK, Elizabeth e J. M. Richards. "An introduction to modern architecture". Nova York, 1947.
311. MOHOLY-NAGY, Laszlo. *The new vision.* Nova York, 1947.
312. MONDRIAN, Piet. *Plastic art and pure plastic art.* Nova York, 1945.
313. MORGAN, Clifford T. "Some structural factors in perception. *In* Blake and Ramsay (51), pp. 25-55.
314. MORINAGA, Shiro *et al.* "Dominance of main direction in apparent transparency". *Japan. Psycof Research* 1962, vol. 4, pp. 113-18.
315. MORIN-Jean. *Le dessin des animaux en Grèce d'après les vases peints.* Paris, 1911.
316. MORRIS, Desmond. *The biology of art.* Londres, 1962.
317. MÜHLHER, Robert e Johann Fischl, eds. *Gestalt and Wirklichkeit.* Berlim, 1967.
318. MUNITZ, Milton K. *Theoris of the universe.* Nova York, 1957.
319. MULSELL, Albert H. *A grammar of color.* Nova York, 1969.
320. MURCHISON, Carl, ed. *Phychologies of 1930.* Worcester, Mass., 1930.
321. MUSATTI, Cesare L. "Forma e assimilazione". *Archivio italiano di psicologia,* 1931, vol. 9, pp. 61-156.
322. MUTHER, Richard. *Geschichte der Malerei.* Berlim, 1912.
323. MUYBRIDGE, Eadweard. *The human figure in motion.* Nova York, 1955.
324. NEMEROV, Howard. *Gnomes and occasions.* Chicago, 1973.
325. NEWMAN, Edwin B. "Versuche uber das Gamma-Phanomen". *Psychol. Forschung* 1934, vol. 19, pp. 102-121.
326. NEWTON, Sir Isaac. *Mathematical principles.* Berkeley, Calif., 1934.
327. NIJINSKY, Romola, ed. *The diary of Vaslav Niiinsky.* Berkeley e Los Angeles, 1968.
328. NOVOTNY, Fritz. *Cézanne and das Ende der wissenschaftlichen Perspektive.* Viena, 1938.

329. O'CONNOR, Francis V. *Jakson Pollock*. Nova York, 1967.
330. OGDEN, Robert Morris. *The psychology of art*. Nova York, 1938.
331. OLSON, David R., ed. "Media and Symbols: The Forms of Expression, Communication and Education". *73rd Yearbook of the Nat. Soc. for the Study of Education*. Chicago, 1974.
332. _____. *Cognitive development*. Nova York, 1970.
333. _____ e Susan M. Pagliuso, eds. "From perceiving to performing". *Ontario Journal of Educational Research* 1968, vol. 10, #3.
334. OPPÉ, A. Paul. "Right and left in Raphael's cartoons". *Journal Warburg and Courtauld Inst.*, 1944, vol. 1, pp. 82-94.
335. OPPENHEIMER, Erika. "Optische Versuche über Ruhe and Bewegung". *Psychol. Forschung*, 1935, vol. 20, pp. 2-46.
336. OSBORNE, Harold. *The art of appreciation*. Londres, 1970.
337. OYAMA, Tadasu. "Figure-ground dominance, etc.". *Journal Exper. Psych.* 1950, vol. 60, pp. 299-305.
338. _____; NAKAHARA, Jun-Ichi. "The effects of lightness, hue, and area upon apparent transparency". *Japan. Journal Psych.*, 1960, vol. 31, pp. 35-48.
339. PANOFSKY, Erich. "Idea. Studien Bibl. Warburg". Leipzig, 1924. (Ingl.: Idea. Colúmbia, S.C., 1968.)
340. _____. "Die Perspektive als 'symbolische Form'". *Vortrige* Bibl. Warburg, 1924-1925, pp. 258-330. Leipzig, 1927.
341. PANOFSKY, Erwin e Fritz Saxl. *Melencolia I. Studien Bibl.* Warburg. Leipzig, 1923.
342. PARSONS, John Herbert. *An introduction to the study of colour vision*. Cambridge, Eng., 1924.
343. PELT, John Vedenburgh van. *The essentials of composition as applied to art*. Nova York, 1913.
344. PENNINGTON, Keith S. "Advances in holography. *Scient. Amer.*, fev., de 1968, vol. 218, pp. 40-48.
345. PERROT, Georges e Charles Chipiez. *A history of art in Chaldaea and Assyria*. Londres, 1884.
346. PEVSNER, Nikolaus. *An outline of European architecture*. Baltimore, 1943.
347. PHILOSTRATUS. Imagines. Loeb Class. Libr. #256. Cambridge, Mass., n.d.
348. PIAGET, Jean. *Genetic epistemology*. Columbia Forum, out. de 1969, vol. 12, pp. 4-11.
349. _____. *Six psychological studies*. Nova York, 1968.
350. _____ e Barbel Inhelder. *La représentation de l'espace chez l'enfant*. Paris, 1948. (Ingl.: *The child's conception of space*. Nova York, 1967.)
351. _____. *La représentation du monde chez l'enfant*. Paris, 1926. (Ingl.: *The child's conception of the world*. Nova York, 1929.)
352. PIRANDELLO, Luigi. *Quaderni di Serafino Gubbio, operatore*. Florença, 1925.
353. PISTON, Walter, *Harmony*. Nova York, 1941.
354. PRATT, Carroll C. "The role of past experience in visual perception". *Journal Psych.* 1950, vol. 30, pp. 85-107.
355. PRESSEY, Sidney L. "The influence of color upon mental and motor efficiency". *Amer. Journal Psych.*, 1921, vol. 32, pp. 326-56.
356. PUFFER, Ethel D. "Studies in symmetry". *Psychol. Monogr.* 1903, vol. 4, pp. 467-539.
357. PULVER, Max. *Symbolik der Handschrift*. Zurique, 1931.

358. RADIN, Max. "Music and medicine among primitive peoples". *In* Schullian and Schoen (393), pp. 3-24.
359. RAPAPORT, David e Roy Schaefer. "Manual of diagnostic psychological testing". *Publ. Josiah Macy, Jr. Foundation.* Nova York, 1946.
360. RATHE, Kurt. *Die Ausdrucksfunktion extrem verkürzter Figuren.* Londres, 1938.
361. RATOOSH, P. "On interposition as a cue for the perception of distance". *Proc. Nat. Acad. Sciences,* 1949, vol. 35, #5, pp. 257-259.
362. RAUSCH, Edwin. *Struktur and Metrik figural-optischer Wahrnehmung.* Frankfurt. a.M., 1952.
363. _____. "Zur Phänomenologie figural-optischer Dynamik. Psychol". *Forschung,* 1950, vol. 23, pp. 185-222.
364. _____. "Das Eigenschaftsproblem *in* der Gestalttheorie der Wahrnehmung". *In* Metzger (306) vol. 1, pp. 866-953.
365. READ, Herbert. *Education through art.* Nova York, 1945.
366. REINACH, Salomon. "La représentation du galop dans l'art ancien et moderne". *Revue Archéologique,* 1900-1901, vol. 36, pp. 217-251, 441-450; vol. 37, pp. 244-259, vol. 38, pp. 27-45, 224-44; vol. 39, pp. 1-11.
367. REISZ, Karel. *The technique of film editing.* Londres, 1953.
368. REITMAN, Francis. *Psychotic art.* Nova York, 1951.
369. REWALD, John. "Odilon Redon". *In* Redon, Moreau, Bresdin. Museum of Modern Art. Nova York, 1961.
370. RICE, Charlotte. "The orientation of plane figures as a factor in their perception by children". *Child Devel.,* 1930, vol. 1, pp. 111-143.
371. RICHTER, Manfred. *Grundriss der Farbenlehre der Gegenwart.* Dresden, 1940.
372. RIEGL, Alois. *Barockkunst in Rom.* Viena, 1923.
373. RODIN, Auguste. *L'art.* Paris, 1951. (Ingl.: *On art and artists.* Nova York, n.d.)
374. ROMAN, Klara G. *Handwriting, a key to personality.* Nova York, 1952.
375. RORSCHACH, Hermann. *Psychodiagnostics.* Nova York, 1942.
376. ROSS, Denman W. A *theory of pure design.* Nova York, 1933.
377. RUBIN, Edgar. *Visuell wahrgenommene Figuren.* Copenhague, 1921.
378. _____. "Visuell wahrgenommene wirkliche Bewegungen". *Zeitschr. Psychologie,* 1927, vol. 103, pp. 384-92.
379. RUDRAUF, Lucien. "L'annonciation. Etude d'un theme plastique et de ses variations en peinture et en sculpture". Paris, 1943. (Ingl.: resumo, in *Journal Aesth. Art Crit.* 1949, vol. 7, pp. 325-54.
380. RUNGE, Philipp Otto. *Farbenkugel.* Hamburgo, 1810
381. RUPP, Hans. "Ueber optische Analyse". *Psychol. Forschung,* 1923, vol. 4, pp. 262-300.
382. RUPPTON, W. A. H. "Visual pigments in man". *Scient. Amer.,* nov. de 1962, vol. 207, pp. 120-32.
383. RUSKIN, John. *The elements of drawing in three letters to beginners.* Nova York, 1889.
384. SCHACHTEL, Ernest G. "On color and affect". *Phychiatry,* 1943, vol. 6, pp. 393-409.
385. _____. "Projection and its relation to character attitudes, etc.". *Psychiatry,* 1950, vol. 13, pp. 69-100.
386. SCHÄFER, Heinrich. *Von ägyptischer Kunst, besonders der Zeichenkunst.* Leipzig, 1922.
387. _____. *Grundlagen der ägyptischen Rundbildnerei, etc.* Leipzig, 1923.

388. SCHAEFER-SIMMEM, Henry. *The unfolding of artistic activity*. Berkeley e Los Angeles, 1948.
389. SCHAPIRO, Meyer. "On a painting of Van Gogh". *View*, out. de 1946, pp. 9-14.
390. _____. "Rendering of nature in early Greek art". *The Arts*, 1925, vol. 8, pp. 170-72.
391. SCHÖNBERG, Arnold. *Harmonielehre*. Leipzig, 1911. (Ingl.: *Theory of harmony*. Nova York, 1948.)
392. SCHÖNE, Wolfgang. *Ueber das Licht in der Malerei*. Berlim, 1954.
393. SCHULLIAN, Dorothy M. e Max Schoen. *Music and medicine*. Nova York, 1948.
394. SENDEN, M. von. *Raum – and Gestaltauffassung bei operierten Blindgeborenen, etc*. Leipzig, 1932.
395. SEGALL, Marshall H. et al. *The influence of culture on visual perception*. Indianapolis, Ind., 1966.
396. SELZ, Peter. *Alberto Giacometti*. Nova York, 1965.
397. SEYMOUR, Charles, Jr. "Dark chamber and light-filled room: Vermeer and the camera obscura". *Art Bull.*, 1964, vol. 46, pp. 323-32.
398. SHAHN, Ben. *The shape of content*. Cambridge, Mass., 1957.
399. SHAWN, Ted. *Fundamentals of a dance education*. Nova York, 1937.
400. SHERRINGTON, Charles. *Man on his nature*. Nova York, 1941.
401. SICKLES, William R. "Psycho-geometry of order". *Psychol. Review*, 1944, vol. 51, pp. 189-99.
402. SKIRA, Albert, ed. *History of modern painting from Picasso to Surrealism*. Genebra, 1950.
403. SPEARS, William C. "Assessment of visual preference and discrimination in the four-month-old infant". *Journal Compar. Physiol. Psych.*, 1964, vol. 57, pp. 381-86.
404. SPENGLER, Oswald. *The decline of the West*. Nova York, 1932.
405. SPITZ, René A. "The smiling response". *Genetic Psych. Monogr.*, 1946, vol. 34, pp. 57-125.
406. SPORTISWOODE, Raymond. *Film and its technique*. Berkeley e Los Angeles, 1951.
407. STEIN, Gertrude. *Picasso*. Londres, 1939.
408. STERN, William. "Ueber verlagerte Raumformen". *Zeitschr. ang. Psych.*, 1909, vol. 2, pp. 498-526.
409. STORK, Karl, ed. *Mozarts Briefe*, Elberfeld, n.d.
410. STRATTON, George M. "Vision without inversion of the retinal image". *Psychol. Review*, 1896, vol. 4, 342-51, 406-71. Reimpresso em Dennis (95), pp. 24-40.
411. SUTHERLAND, Ivan E. "Computer displays". *Scient. Amer.*, junho, 1970, vol. 222, pp. 57-81.
412. TEEVAN, Richard C. e Robert C. Birney, eds. *Color vision*. Princeton, N.J., 1961.
413. TERMAN, Lewis M. e Maud A. Merrill. *Measuring intelligence*. Boston, 1937.
414. TERNUS, Josef. "The problem of phenomenal identity". *In* Ellis (104), pp. 149-60.
415. TEUBER, Han-Lukas. "Perception". *In* J. Field et al. *Handbook of Physiology*, Seção I, "Neurophysiology", vol. 3, cap. 65, pp. 1595-668. Washington, D.C., 1960.
416. THOMAS, E. Llewellyn. "Movements of the *eye*". *Scient. Amer.*, ag. de 1968, vol. 219, pp. 88-95.
417. THOMPSON, D'Arcy. *On growth and form*. Cambridge, Eng., 1969.
418. THOULESS, Robert H. "Phenomenal regression to the real object". *Brit. Journal of Psych.*, 1931, vol. 21, pp. 339-59.

419. _____. "A racial difference in perception". *Journal Soc. Psych.*, 1933, vol. 4, pp. 330-39.
420. TINBERGEN, Niko. *The study of instinct*. Oxford, 1951.
421. TORROJA, Eduardo. *Philosophy of structures*. Berkeley e Los Angeles, 1967.
422. TURHAN, Muntaz. "Ueber räumliche Wirkungen von Helligkeitsgefallen". *Psychol. Forschung*, 1937, vol. 21, pp. 1-49.
423. VALÉRY, Paul, *Variété V.* Paris, 1945.
424. VAN DER MEER, Hendrika Christina. *Die Links-Rechts-Polarisation des phänomenalen Raumes*. Groningen; 1958.
425. VASARI, Giorgio. *Vasari on technique*. Londres, 1907.
426. VENTURI, Lionello. *Il gusto dei primitivi*. Bolonha, 1926.
427. VICARIO, Giovanni. "Il metodo dello smistamento nello studio della preferenza forma-colore". *In* Kanizsa (224), pp. 241-96.
428. VITRUVIUS, Polio. *The ten books of architecture*. Nova York, 1960.
429. WADDINGTON, C. H. "The character of biological form". *In* Whyte (452), pp. 43-52.
430. WALLACH, Hans. "Brightness constancy and the nature of achromatic colors". *In* Henle (188), pp. 109-25.
431. _____; GALLOWAY, Alice. "The constancy of colored objects in colored illumination". *Journal Exper. Psych.*, 1946, vol. 36, pp. 119-26.
432. _____; O'CONNELL, D. N. "The kinetic depth effect". *In* Henle (188), pp. 126-45.
433. WAPNER, S. *et al.* "Experiments on sensory-tonic field theory of perception". *Journal Exper. Psych.*, 1951, vol. 42, pp. 341-45.
434. WEBER, Christian O. "Homeostasis and servo-mechanisms for what?" *Psychol. Review*, 1949, vol. 56, pp. 234-39.
435. WEBSTER, J. Carson. "The technique of impressionism". *College Art Journal*, nov. de 1944, vol. 4, pp. 3-22.
436. WEINHANDL, Ferdinand, ed. *Gestalthaftes Sehen*. Darmstadt, 1960.
437. WEISS, Paul A. "One plus one does not equal two". *In* G. C. Quarton, ed., *The Neurosciences*. Nova York, 1967.
438. WEIZSÄCKER, Carl Friedrich von. *Zum Weltbild der Physik*. Stuttgart, 1949.
439. WELLESZ, Egon. *Arnold Schonberg*. Leipzig, 1921.
440. WERNER, Heinz. *Comparative psychology of mental development*. Chicago, 1948.
441. _____; KAPLAN, Bernard. "The developmental approach to cognition". *Amer. Anthropologist*, 1956, vol. 58, pp. 866-80.
442. _____; WAPNER, Seymour. "Studies in physiognomic perception, I". *Journal Psych.*, 1954, vol. 38, pp. 51-65.
443. WERTHEIMER, Max. "Experimentelle Studien über das Sehen von Bewegung". *Zeitschr. Psych.*, 1912, vol. 61, pp. 161-265. (Também em Wertheimer. *Drei Abhandlungen zur Gestalttheorie*. Erlangen, 1925.)
444. _____. "Untersuchungen zur Lehre von der Gestalt II". *Psychol. Forschung*, 1923, vol. 4, pp. 301-50.
445. _____. "Laws of organization in perceptual forms". *In* Ellis (104), pp. 71-88.
446. _____. "Gestalt theory". *Social Research*, 1944, vol. 11, pp. 78-99.
447. WERTHEIMER, Michael. "Hebb and Senden on the role of learning in perception". *Amer. Journal Psych.*, 1951, vol. 64, pp. 133-37.

448. WHITE, John. *The birth and rebirth of pictorial space.* Nova York, 1972.
449. WHITE, John; John SHEARMAN. "Raphael's tapestries and their cartoons". *Art Bull.*, 1958, vol. 40, pp. 193-222, 299-324.
450. WHITE, T. H. *The sword in the stone.* Nova York, 1939.
451. WHYTE, Lancelot Law. *The unitary principle in physics and biology.* Nova York, 1949.
452. _____, ed. *Aspects of form.* Bloomington, Ind., 1961.
453. WIENER, Norbert. *The human use of human beings.* Boston, 1950.
454. WIGHT, Frederick S. "Henry Moore: the reclining figure". *Journal Aesth. Art Crit.*, 1947, vol. 6, pp. 95-105.
455. WILHELM, Richard. *The secret of the golden flower.* Com comentário de C. G. Jung. Nova York, 1938.
456. WITKIN, H. A. et al. *Psychological differentiation.* Nova York, 1962.
457. _____. "The nature and importance of individual differences in perception". *In* Bruner e Krech (67), pp. 145-70.
458. WITTGENSTEIN, Ludwig. *Philosophische Untersuchungen.* Frankfurt a.M., 1967. (Ingl.: *Philosophical investigations.* Nova York, 1968.)
459. WITTKOWER, Rudolf. *Architectural principles in the age of humanism.* Nova York, 1965.
460. WÖLFFLIN, Heinrich. *Renaissance and Barock.* Munique, 1888. (Ingl.: *Renaissance and Baroque*, Ithaca, N.Y., 1967.)
461. _____. *Gedanken zur Kunstgeschichte.* Basileia, 1941.
462. _____. *Kleine Schriften.* Basileia, 1946.
463. _____. "Prolegomena zu einer Psychologie der Architektur". *In* Wölfflin (462), pp. 13-47.
464. _____. "Ueber Abbildungen and Deutungen". *In* Wölfflin (461), pp. 66-82.
465. _____. "Zur Interpretation von Durers 'Melancholie'". *In* Wölfflin (461), pp. 96-105.
466. _____. "Ueber das Rechts and Links im Bilde". *In* Wölfflin (461), pp. 82-96.
467. _____. *Principles of art history.* Nova York, 1950.
468. _____. *Classic art.* Londres, 1952.
469. WOODWORTH, Robert S. *Experimental psychology.* Nova York, 1939.
470. _____; SCHLOSBERG, Harold. *Experimental psychology.* Nova York, 1954.
471. WORRINGER, Wilhelm. *Abstraktion and Einfühlung.* Munique, 1911. (Ingl.: *Abstraction and empathy.* Nova York, 1963.)
472. WULF, Friedrich. "Tendencies in figural variation". *In* Ellis (104), pp. 136-60.
473. WULFF, Oscar. "Die umgekehrte Perspektive and die Niedersicht". *In* Kunstwiss. Beiträrge August Schmarrow gewidmet. Leipzig, 1907.
474. YARBUS, Alfred L. *Eye movements and vision.* Nova York, 1967.
475. YEATS, W. B. *The collected poems.* Nova York, 1951.
476. YIN, Robert K. "Looking at upside-down faces". *Journal Exper. Psych.*, 1969, vol. 81, pp. 141-45.
477. ZAJAC, J. L. "Studies in perspective". *Brit. Journal Psych.*, 1961, vol. 52, pp. 333-40.
478. ZUCKERKANDL, Victor. *Vom musikalischen Denken.* Zurique, 1964. (Ingl.: *The sense of music.* Princeton, N.J., 1959).
479. _____. *Die Wirklichkeit der Musik.* Zurique, 1963. (Ingl.: *Sound and symbol.* Nova York, 1956.)

Índice remissivo

A

Abbott, E. A., 188
Abstração, 23, 38, 39, 99, 130, 134, 137, 156, 457
Adaptação, 54, 127, 128, 296, 325, 377
Agnosia, 35, 44
Agrupamento, regras de, 70
Albers, Josef, 243, 246, 353
Alberti, Leon Battista, 44, 295
Alexander, Christopher, 47
Allesch, Johannes von, 352, 360, 425
Alschuler, Rose H., 116
Altdorfer, 190
Alto e baixo, 21
Ambiguidade, 15, 32, 44, 146, 190, 215, 226, 239, 326, 352, 379, 436
Ames, Adalbert, 263
Análise da Beleza, 100, 193, 211
Anatomia, 9, 131, 148, 189, 432
Ângulo reto, 8, 49, 86, 98, 125, 174, 178, 179, 199, 202, 256, 258, 260, 301, 375, 387, 416, 419
Anisotropia, 25
Antropopatia, 449
Anunciações, 134
Archipenko, Alexander, 417
Arcimboldo, Giuseppe, 74
Aristóteles, 70, 421, 443, 454
Arp, Hans, 224
Arquitetura, 254
    barroca, 24, 129, 205, 232, 282, 412, 420, 421, 423
    islâmica, 424
Arte abstrata, 129, 136, 454, 457
Arte bizantina, 137
Arte esquizofrênica, 138
Arte grega, 19, 203, 405
Aspectos, 120
Assimilação das cores, 335, 353, 354
Atonalidade, 451
Attneave, Fred, 175, 218
Autoexpressão, 452

B

Bach, Johann Sebastian, 445
Badt, Kurt, 52, 350
Baer, Karl von, 169
Balla, 429
Balzac, Honoré de, 441
Barlach, Ernst, 111
Bartenieff, Irmgard, 400
Baudelaire, Charles, 164
Bazin, André, 247
Beale, Joan L., 25
Beardsley, Aubrey, 217
Bergson, Henri, 141, 395, 407
Berkeley, George, 443
Berlin, Brendt, 323
Bernini, Lorenzo, 205, 232, 262, 418
Biernson, George, 333
Binney, Jane, 446
Blake, Peter, 51
Blanc, Charles, 328
Boccaccio, Giovanni, 127
Borromini, Francisco, 235, 262
Botticelli, 19
Bouvard et Pécuchet, 141
Bower, T. G. R., 97, 157
Bowie, Henry P., 413
Branco e preto, 295, 324, 341
Brancusi, Constantin, 65
Braque, Georges, 450
Bretz, Rudy, 386
Brilho, 36, 196, 295, 296, 300, 315
Britsch, Gustaf, 161
Brown, J. F., 379, 416
Brueghel, Pieter, 21, 79
Bruno, Giodano, 285

Burchartz, Max, 411

C

Camuflagem, 43, 64, 297
Caravaggio, Michelangelo de, 131, 303, 313
Carey, Susan, 47
Caricaturas, 249, 423
Carpenter, James M., 311
Causalidade, percepção de, 387
Cennini, Cennino, 271
Centralidade, 285, 286
Cézanne, Paul, 29
Chagall, Marc, 186
Chaplin, Charles., 51
Chesterton, G. K., 101
Chiaroscuro, 309, 311
Chimpanzés, 36, 37, 92, 162
Chirico, Giorgio de, 287, 288, 289
Chuang, Tzu, 67
Cinema, 20, 79, 192, 197, 247, 282, 290, 316, 377, 380, 393, 400, 442
Cinestesia, 157, 372
Círculo primordial, 165, 168, 169
Claridade, 295, 359
Clark, Arthur B., 191
Classicismo, 59, 128
Claudius, Matthias, 443
Cocteau, Jean, 51, 193
Cohen, Morris R., 51
Combinações aditiva e subtrativa, de cores, 332, 342
Complexidade, 10, 17, 20, 47, 50, 51, 52, 82, 115, 161, 172, 179, 194, 195, 196, 199, 205, 269, 323, 390, 392, 393, 395, 396, 405, 428, 446
Comportamento motor, 153, 156, 162, 163, 165, 166, 326, 359, 395, 398, 400
Composição dinâmica, 426
Concavidade. Ver Convexidade e concavidade, 146, 216, 222, 231, 232, 233, 234, 235, 343
Conceitos, 37, 159
  perceptivo, 37-39, 155-156
  representativo, 135, 163
Configuração, e cor, 323
Constância perceptiva, 96, 276
Conto de Genji, 256
Contorno, 216
Contraste, cor, 310, 349, 352, 353
Convergência de espaço, 268
Convexidade e concavidade, 235
Cor, 243, 348, 353, 360
Corballis, Michael C., 25
Cores complementares, 329, 333, 347, 349, 351
Cores primárias, 330, 348
Cor quente e fria, 360, 361
Crianças, 95, 164
Cubismo, 64, 121, 205
Cubista, 81, 123, 128, 131, 290

Cubo, 50, 98, 100, 101, 107, 131, 203, 230, 246, 250, 251, 252, 256, 260, 277, 287, 307, 308, 428
Cusanus, Nicolas, 285

D

Daedaleum, 380
Dalí, 217
Dança, 138, 139
Dante, 70, 371
Darwin, Charles, 444
Daumier, 407
David, Jacques Louis, 327
Dean, Alexander, 26
Deformação, 52, 96, 124, 125, 131, 132, 183, 248, 253, 260, 271, 275, 279, 280, 422, 425
Degas, 130, 229
Delacroix, Eugène, 349
Delsarte, François, 397
Demócrito, 285
Deren, Maya, 374, 385
Descartes, René, 348
Desenvolvimento da forma, 172
Diferenciação, lei da, 169, 171, 174, 188, 203, 209, 322
Dinâmica, 29 Ver também Forças visuais, 8, 18, 19, 32, 40, 84, 129, 401, 407, 408, 423
Direção, 18, 150, 375
Direita e esquerda, 25
Disney, Walt, 395
Doesburg, Theo van, 257, 419
Donatello, 419
Douris, 226, 228
Driver, R. S., 294
Duchamp, 429
Duncan, Isadora, 398
Duncker, Karl, 372
Dürer, Albrecht, 158, 272

E

Eliot, T. S., 36, 408
Emoção, 196, 280, 327, 422, 437
Empatia, 444, 445, 449
Entropia, 28, 339
Epicuro, 285
Equilíbrio, 11
Escher, Maurice, 217
Escorço, 104, 107, 109, 111, 112, 121, 183, 205, 257, 260, 263, 271, 305, 311, 407
Escultura grega, 19, 203, 246
Esopo, fábulas de, 184
Espaço, 166, 276, 400
Espaço anisotrópico, 278
Espaço bidimensional, 197, 285
Espaço euclidiano, 277, 278
Espaço físico, 24, 25, 64, 132, 226, 230, 247, 253, 258, 263, 286, 311, 431
Espaço piramidal, 276

Espaços negativos, 226, 229, 232
Esqueleto estrutural, 6, 8, 83, 84, 85, 86, 91, 94, 95, 96, 101, 164, 327, 386, 432, 456
Estereoscopia, 223, 258, 259
Estilo gótico, 408, 424
Estímulos, 35, 38, 55, 59, 174, 326, 327, 332, 362, 380, 381, 382, 432
Estrutura induzida, 4, 8, 244
Euclides, 271
Expressão, 446
Expressão facial, 397
Expressionismo, 59

F

Feininger, Lyonel, 247
Féré, Charles, 359
Figura e fundo, 217
Filme, 51, 72, 97, 130, 192, 267, 316, 324, 366, 367, 372, 373, 374, 377, 378, 381, 384, 395, 417
   montagem, 20, 374, 381, 384, 385
Fischer, 428
Fischinger, Oskar, 395
Fisiognomomia, 443
Fixação. Ver Movimento dos olhos., 372
Flaherty, Robert, 374
Flatland, 188
Flaubert, Gustave, 141
Força motora, 389, 412
Forças perceptivas, 8, 9, 10, 60, 432
Forças visuais, 8, 18, 19, 32, 40, 84, 129, 401, 407, 408, 423. Ver também Dinâmica, 29
Forma, 57, 89
Fotografia, 12, 37, 72, 97, 146, 164, 186, 197, 252, 263, 265, 267, 273, 274, 302, 304, 365, 376, 396, 397, 408, 418, 420
Freud, Sigmund, 28
Friedländer, Max J., 445

G

Gabo, Naum, 211
Gaffron, Mercedes, 25
Galton, Francis, 99
Gehrcke, E., 300
Gellermann, Louis W., 92
Geometria analítica, 44
Géricault, Théodore, 418
Gesell, Arnold, 156
Gestalt, teoria da, 47
Giacometti, Alberto, 101, 129, 248
Gibson, Eleonor J., 259
Gibson, James J., 223, 239, 264, 267, 278
Giedion, Siegfried, 247
Giotto, 127, 137, 429, 435
Girinos, 186
Goethe, Johann Wolfgang, 25 64 90 300 313 328 329 342 348 361 449
Gogh, Vincent van, 448

Goldstein, Kurt, 359
Gombrich, E. H., 171
Goodenough, Florence L., 172
Goodman, Nelson, 341
Goodnow, Jacqueline, 163
Gottlieb, Adolph, 21
Goude, Gunnar, 7
Goya, 294, 316
Gradientes, 264, 265, 266, 267, 268, 282, 297, 300, 301, 302, 304, 307, 311, 313, 338
Grafologia, 413
Grande Mergulhador (O), 74
Graves, Maitland, 14
Gravitação, 9 15 19 22 94 95 174
Greco, El, 356
Greenough, Horatio, 23
Gris, Juan, 128
Grünewald, Matthias, 26, 79

H

Hals, Frans, 413
Hamlet, 370
Harmonia, 340
Hattwick, La Berta Weiss, 116
Heidegger, M., 51
Heider, Fritz, 395
Helmholtz, Hermann, 238, 331
Helson, Harry, 127, 325
Hering, Ewald, 330
Hierarquia, 67, 115, 180, 184, 283, 304, 348, 369, 372
Hiler, Hilaire, 336
Hjortzberg, Inga, 7
Hochberg, Julian, 49
Hodler, Ferdinand, 139
Hogarth, William, 100, 140, 211
Holbein, Hans, 214, 249
Holograma, 258
Hölzel, Adolf, 339
Homem de Aran (O), 374
Homero, 323, 454
Hume, 388
Humor, 141, 389
Hurvich, Leo, 330, 353

I

Identificação, 35, 324, 326, 336, 338, 386
Iluminação, 297, 313
Ilusionística, doutrina, 90, 91
Ilusões ópticas, 279, 414
Imagem corpórea, 99
Imagens eidéticas, 99
Imaginação, 132
Impressionismo, 126, 317, 333, 413
Infinito, 287
Informação visual, 146
Ingres, Jean-Auguste, 143

Inhelder, Bärbel, 166
Instinto de morte, 28
Intelectualista, teoria, 155, 157
Interação das cores, 4, 196, 329, 335, 343, 352, 353, 354
Isomorfismo, 55, 446
Itten, Johannes, 360

J
Jacobson, Egbert, 339
Jameson, Dorothea, 330, 353
James, William, 446
Janelas, 5, 21, 69, 229, 230, 231, 263, 297, 325, 423
Jonas, Hans, 166, 411
Julesz, Bela, 223
Jung, Carl Gustav, 306

K
Kandinsky, Wassily, 411
Kanizsa, Gaetano, 41
Kant, Emmanuel, 218, 328
Katz, David, 315
Kay, Paul, 322
Keats, John, 366
Kellogg, Rhoda, 172
Kennedy, John M., 212
Kerschensteiner, Georg, 102
Klee, Paul, 210, 240, 247, 337, 342
Kleist, Heinrich von, 398
Knubel, Franz Rudolf, 428
Koffka, Kurt, 325
Köhler, Ivo, 60
Köhler, Wolfgang, 60
Kopfermann, Hertha, 93, 241

L
Laban, Rudolf von, 400
Lachaise, 424
Lambert, J. H., 337
Lange, Julius, 203
Langfeld, Herbert S., 22
Laocoonte, 370
Lashley, Karl, 37
Lau, E., 300
Lavater, Johann Kaspar, 443
Lecomte du Noüy, Pierre, 377
Le Corbusier, 18
Lehmbruck, 423
Leonardo da Vinci, 147, 272, 283, 309, 313, 408
Lessing, Gotthold Ephraim, 370
Levertov, Denise, 350
Liebmann, Susanne, 354
Linguagem, 36, 42, 54, 183, 315, 339, 341, 401, 408, 414, 432
Linha, 210
Lipchitz, Jacques, 128, 227, 228
Lipps, Theodor, 444

Locke, John, 249
Lomazzo, Giovanni, 205, 420, 421
Löwenfeld, Viktor, 184
Löwy, Emanuel, 203
Lucrécio, 55, 285
Luminância, 295, 297
Luria, A. R., 226
Luz, 318
Luz e cor, 293, 295, 299, 303, 314, 321, 328, 329, 332, 335, 336, 351
Lyons, John, 171

M
Mach, Ernest, 302
MacLaren, Norman, 395
MacNichol, Edward F., 331
Magritte, René, 268
Maillol, Aristide, 234
Manet, Edoward, 16, 17, 66, 67
Mantegna, Andrea, 24
Marcy, Jules-Etienne, 376
Marionetes, 398
Matisse, Henri, 220
Maupertuis, 218
Maxwell, James Clerk, 331
Meer, H. C. van der, 27
Méliès, Georges, 385
Memória, 42, 43, 56, 59, 70, 99, 102, 195, 242, 249, 310, 324, 367, 368, 377, 411, 445
Merleau-Ponty, M., 399
Metamorfoses, 167
Metelli, Fábio, 61, 64, 373
Método egípcio, 103, 105, 192
Metzger, Wolfgang, 382
Michelangelo, 24, 59, 70, 113, 124, 125, 145, 205, 262, 371, 413, 422, 425, 429, 447, 448, 456, 457
arquitetura de, 371
Michotte, Albert, 382, 387
Microscópio eletrônico, 301
Minguzzi, Gian Franco, 379
Móbiles, 369
Mock, Elisabeth, 17
Modigliani, 423
Moholy-Nagy, 211
moinhos, 419
Molduras, 229
Mondrian, Piet, 177, 210, 419
Moore, Henry, 211, 232, 233, 234, 280, 281, 424
Morinaga, Shiro, 246
Morin-Jean, 121
Morris, William, 18
Mosconi, Giuseppe, 70
Movimento, 379, 417
Movimento dos olhos, 27, 84, 85, 99, 372, 378
Movimento estroboscópico, 379
Movimento gama, 432
Movimento imóvel, 417

ÍNDICE REMISSIVO **507**

Mozart, Wolfgang Amadeus, 367
Munsell, Albert, 337
Musatti, Cesare L., 70
Música, 75, 115, 118, 137, 177, 186, 244, 339, 340, 341, 348, 369, 375, 377, 384, 425, 426, 449
Muther, Richard, 142
Muybridge, Eadweard, 418

N

Nagel, Ernst, 51
Nemerov, Howard, 407
Nevelson, Louise, 21
Newman, Edwin, 432
Newton, Isaac, 51
Nicholson, Ben, 52
Nijinsky, Vaslav, 138
Nivelamento e Aguçamento, 57
Nomes de cores, 321, 322, 323, 328, 331, 334, 336
Notre Dame de Paris, 23

O

Obliquidade, 177
Obscuridade, 268, 299, 302, 303, 304, 305, 309, 310, 313, 314, 315, 316, 317, 322, 323, 329, 339, 351
Olson, David R., 160
Oppenheimer, Erika, 373, 375
Ordenação, 50, 52, 112
Orientação espacial, 40, 70, 71, 81, 91, 92, 93, 94, 95, 183, 186, 199, 222, 250, 262, 278, 302, 303, 304, 309
Ornamento, 139, 141, 142, 314
Ortogonalidade, 414
Ostwald, Wilhelm, 335, 337, 338, 339
Ovídio, 167
Oyama, Tadasu, 246

P

Padrões radiantes, 172
Paisagem chinesa, 241
Palazzo Spada, 262
Palladio, Andrea, 283
Palucca, Gret, 396
Panofsky, Erwin, 283
Parábola, 79, 446, 447
Paralaxe, 98, 127, 259
Parcimônia, 50, 51
Páris, Julgamento de, 116
Partes, 67-69, 179-184
Passado, influência do, 41, 42, 70, 339
Pato-coelho, 86
Pattillo, Allen, 334
Penhasco visual, 259
Pensamento primitivo, 183
Perspectiva, 281
 aérea, 268

central, 4, 50, 105, 193, 194, 251-253, 264, 268, 271-275, 278, 279, 282, 285, 286, 299
 isométrica, 252, 253, 256, 260, 268, 269, 270, 271, 282, 283, 285, 286, 289, 307, 422
Peso, 15, 23, 400
Pevsner, Antoine, 211
Philostratus, 240
Piaget, Jean, 393
Picasso, Pablo, 83, 131
 proposições, 362
Piero della Francesca, 271, 434
Piéron, H., 377
Piles, Roger de, 303
Pintura australiana, 189
Pintura barroca, 129, 232, 282, 420, 423
Pintura cinética, 417
Pintura de piso, 24, 271, 272
Pintura de teto, 24, 286
Pintura japonesa, 413
Piranesi, Giovanni Battista, 267, 280
Piston, Walter, 75
Plano, 118-120
Plano e profundidade, interação, 100, 118, 119, 120, 229, 248, 279, 285, 354
Platão, 36, 262
Plínio, 91
Poggendorf, 414
Pollock, Jackson, 21, 24
Pós-efeito figural, 416
Pós-imagens, 61, 99, 329, 334, 347
Poussin, Nicolas, 327, 344
Prägnanz, 58
Preferência, cor, 362
Problema de Plateau, 213
Profundidade, 237
Projeção espacial, 40, 94, 95, 98, 100, 106, 118, 121, 212, 237, 249, 250, 252, 256, 258, 274, 276, 285, 307, 324
Puffer, Ethel, 16
Pureza das cores, 321, 329, 336, 341, 342, 344

Q

Quadrado, estrutura oculta de um, 3, 5, 8, 108
Qualidades perceptivas, 150, 232, 409, 441, 442, 445, 453

R

Rafael, 25, 335, 362
Ratoosh, Pilburn, 239, 240
Rausch, Edwin, 279, 414
Read, Herbert, 195
Realismo, 124
Redon, Odilon, 321
Referência vertical-horizontal, 178
Reflectivo. Ver Luminância
Reinach, Salomon, 418

Rembrandt, 20, 25, 52, 137, 213, 268, 294, 296-298, 305, 306, 313-315, 352, 433, 454
   cor, 52, 137, 213, 268, 294, 296, 306, 313-315, 352, 454
   luz, 268, 294, 296, 297, 305, 306, 313-315
Renoir, 128
Révérsz, G., 324
Rice, Charlotte, 165
Richards, J. M., 17
Richter, Manfred, 333
Riegl, Alois, 429
Rodin Auguste, 66, 419, 424, 429
Rorschach, Teste de, 44, 226, 326, 327, 408
Ross, Denman W., 12
Rotundidade, 38, 90, 100, 123, 130, 156, 159, 166, 168, 169, 171, 172, 201, 203, 204, 205, 247, 297, 311, 313, 337, 351, 441, 452, 455
Rousseau, H., 51
Rubens, Peter Paul, 52, 115, 158, 310, 313, 351
Rubin, Edgar, 215, 218
Rudrauf, Lucien, 134
Runge, Philipp Otto, 337
Rupp, Hans, 215
Ruskin, John, 352, 449

S

São Marcos, Praça de, 262
São Pedro, Basílica de, 447
Schachtel, Ernest, 327
Schäefer, Heinrich, 104
Schäefer-Simmern, Henry, 311
Scheffler, Horst, 256, 257
Schemata, 161
Schlemmer, Oskar, 105
Schlosberg, Harold, 333
Schönberg, Arnold, 193
Schöne, Wolfgang, 325
Schongauer, M., 427
Schopenhauer, Arthur, 137, 328, 329, 330
Schröder-Sonnenstem, Friedrich, 138, 139
Semelhança, 69, 77
Semproni, Pio, 75, 76
Sequência, 25, 47, 48, 74, 75, 79, 84, 97, 111, 120, 148, 154, 164, 172, 205, 240, 244, 269, 286, 303, 323, 332, 337, 340, 341, 342, 343, 359, 366, 367, 368, 369, 370, 374, 379, 380, 381, 384, 385, 389, 417, 418, 428, 429
Sesshu, 316
Seurat, Georges, 266
Shahn, Ben, 89
Shakespeare, William, 370
Sherrington, Charles, 378
Simbolismo, 453
Simetria, 14
Simmel, Marianne, 395
Simplicidade, 47
   princípio de, 250, 262, 376

Simultaneidade, 368
Sistina, Teto da, 24, 125, 456
Sobreposição, 112
Sombras, 304
Sombreamento, 311, 351
Spencer, Herbert, 169
Spinoza, Baruch, 47
Stein, Gertrude, 64
Stevens, Wallace, 51
Subdivisão, 61, 65
Superfície e película, cores de, 315
Superposição. Ver Sobreposição, 112, 241
Surrealista, 306
Surrealista, espaço, 306

T

Tamanho, 184
Tchelitcheff, 217
Teatro, 17, 20, 25, 190, 197, 261, 298, 304, 306, 369, 371, 373, 374, 398, 442
Tempo, 400
Tensão visual. Ver Dinâmica, 8, 59, 123, 242, 399, 406, 407, 411, 413, 414, 416, 417, 421, 423, 424, 429, 431, 449
Teorias tradicionais, 442
Ternus, Josef, 383
Testes Stanford-Binet, 174
Teto, pintura de, 24, 271, 272, 277, 286
Teuber, Hans Lukas, 380
Thoma, Hans, 426, 427
Thouless, Robert, 277
Ticiano, 52, 132, 145, 303, 310, 312, 454
Tintoretto, 284, 285, 420
Torroja, Eduardo, 59
Toulouse-Lautrec, Henri de, 18, 433
Transparência, 242
Túnel, efeito de, 262, 382

V

Van der Meer, H. C., 27
Vasarely, 265, 413
Vasari, Giorgio, 262
Velázquez, 423
Velocidade, 27, 72, 73, 79, 162, 173, 181, 186, 268, 278, 280, 301, 366, 375, 376, 377, 378, 379, 382, 387, 388, 389, 392, 394, 395, 400, 407, 421, 423, 441, 446, 451, 453
Vênus de Willendorf, 198, 200
Vertical-horizontal, 15, 177, 178, 180, 181, 264, 431, 434
Vicario, Giovanni, 326

W

Waddington, C. H., 69
Wagner, Richard, 244
Wallach, Hans, 416
Wapner, Seymour, 416

Webster, J. Carson, 333
Weiss, Paul, 74, 229, 411
Welles, Orson, 282
Werner, Heinz, 326
Wertheimer, Max, 8, 68, 109, 380, 446
Whistler, James MacNeil, 457
Whyte, Lancelot Law, 28
Willaert, Adrian, 244
Winckelmann, Johann J., 405
Witkin, Hermas A., 94
Wittgenstein, Ludwig, 86
Wölfflin, Heinrich, 25, 124, 174, 309
Woodworth, Robert S., 333
Worringer, Wilhelm, 135
Wright, Frank Lloyd, 18

Wulf, Friedrich, 58
Wundt, Wilhelm, 337

X

Xilogravura, 220, 224

Y

Young, Thomas, 330, 331

Z

Zajac, J. L., 287
Zervos, Christian, 362
Zeuxis, 91, 126
Zuckerkandl, Victor, 384, 426